Egon Cäsar Conte Corti wurde 1886 in Agram, Kroatien, geboren. Er entstammte einer lombardischen Adelsfamilie. Nach seiner Ausbildung an der Theresianischen Militärakademie in Wiener Neustadt diente er im Ersten Weltkrieg als Generalstabsoffizier. 1918 begann er sein Studium der Geschichte an der Universität Wien, wo er auch 1921 promovierte. Neben seinem bis heute an Spannung und Frische unübertroffenen klassischen Buch über die Vesuvstädte »Untergang und Auferstehung von Pompeji und Herculaneum« verfaßte Conte Corti zahlreiche historische Biographien und Anekdoten, die ihm weltweit einen großen Leserkreis verschafften. Conte Corti ist 1953 in Klagenfurt gestorben.

Von Egon Cäsar Conte Corti sind außerdem als Knaur-Taschenbücher erschienen:

»Ludwig I. von Bayern« (Band 2301)
»Maximilian von Mexiko« (Band 2306)
»Nelsons Kampf um Lady Hamilton« (Band 2310)
»Untergang und Auferstehung von Pompeji und Herculaneum« (Band 3661)

Vollständige Taschenbuchausgabe
Droemersche Verlagsanstalt Th. Knaur Nachf. München
Lizenzausgabe mit freundlicher Genehmigung
des Verlags Kremayr & Scheriau, Wien

Umschlaggestaltung Atelier Blaumeiser
unter Verwendung eines Gemäldes von Thomas Lawrence,
Kunsthistorisches Museum, Wien
Druck und Bindung Ebner Ulm
Printed in Germany · 1 · 5 · 1184
ISBN 3-426-02334-2

1. Auflage

Egon Cäsar Conte Corti:
Metternich und die Frauen

Mit 16 Abbildungen

Knaur

Dieser Auflage liegt die vom Autor seinerzeit selbst gekürzte Fassung des ursprünglich zweibändigen Werkes zugrunde.

ISBN 3-426-02334-2 1480

INHALTSVERZEICHNIS

VORWORT

»Die Geschichtsforschung über die ›politische Frau im Hintergrund‹ ist auch in ihren Vorarbeiten kaum noch bewußt begonnen«, sagt Clemens Brühl sehr richtig in seinem schönen, aufschlußreichen Buch über die Herzogin von Sagan. Ich möchte hier hinzufügen, daß es unendlich wichtig ist, die Rolle der Frauen in der Geschichte eifrig zu erforschen, weil sie eine viel größere ist, als man gemeinhin annimmt. Es ist auch ganz in der Ordnung, daß ihr Einfluß sich geltend mache, einfach weil die Menschheit ja zur Hälfte aus ihnen besteht. Daß noch so viel Dunkel über dieser Frage herrscht, liegt hauptsächlich auch daran, daß die lebensbeschreibende Wissenschaft alter Schule sich mit wenigen Ausnahmen ausschließlich mit dem Werk und Beruf der behandelten Persönlichkeiten und viel zuwenig mit ihrem Innen- und Privatleben beschäftigt, wozu das Verhältnis zu Frauen vornehmlich gehört.

Auch Metternichs Leben und Werk werden erst verständlich, wenn man nicht immer nur seine politischen Taten, sondern auch alle Umstände berücksichtigt, die ihn beeinflußten und sein Fortkommen entscheidend berührten, die auf sein Streben nach Macht, persönliche Interessen und Stimmungen sowie seine Arbeitskraft einwirkten. Da aber treffen wir bei diesem Staatsmann vor allem anderen auf Frauen. Solche, die seinen Namen geführt haben, andere, die er geliebt oder gehaßt, bekämpft oder umworben hat. »Sie reichen«, wie Martin Spahn sagt, »an den Nerv seines Daseins« und sind, um mit Gentz zu sprechen, »ja doch das Salz des Lebens.« Der Erforschung dieser Einflüsse und Eindrücke sucht die vorliegende Arbeit gerecht zu werden.

Wenn nun hier insbesondere der Einfluß der Frauen auf Leben und Werk Metternichs herausgearbeitet werden soll, so möge man mich nicht mißverstehen. Nicht Alkovengeheimnisse sollen da enthüllt werden, obwohl es manchmal schwer ist, daran vorbeizukommen; nein, hier sollen wohl Liebe und Verhältnis zu seinen drei angetrauten Gattinnen ebenso wie Liebeleien mit anderen ihren Platz finden, aber besonders die Frauen auftreten, mit denen er politische Kämpfe geführt, die Herrscherinnen und hohen Damen, denen er entgegentrat, die weiblichen Geschöpfe, denen er durch seine Politik das Lebensglück aufbaute oder zerstörte, die Frauen, deren er sich bediente oder die sich seiner bedienten. Sie alle sollen vor unserem geistigen Auge vorüberziehen. Man wird da erkennen, daß Liebe und Politik oft Hand in Hand gehen und die Geschicke der Welt in ihre Kreise ziehen. Man wird so erkennen, welchen Anteil die Frauen in verschiedenstem Sinne an dem Werk eines Mannes genommen haben, der durch fast vierzig Jahre einen bestimmenden Einfluß auf die ganze Welt ausübte. Dabei wird man Metternichs eigenen Ausspruch: »Le politique a ses caprices comme les jolies femmes« besonders würdigen können.

Sowohl neues Licht wie neuer Schatten kommt dabei über sein Bild, wenn auch sein großer, bisher vielfach gelungener Versuch, vergessen zu lassen, daß er vor 1812 sehr stark für Napoleon eingenommen war, und sein Vorgeben hinfällig werden, nie an den Bestand dessen Glücks geglaubt, sondern alles vorausgeahnt und gewußt zu haben.

Im übrigen bekenne ich mich hier zu Erzherzog Johanns Wort: »Die Geschichte, ist sie nicht die Wissenschaft aller Wissenschaften? Sie enthält ja die Resultate alles jenen, was in der Welt geschieht, die Erfahrung aller Zeiten.« Und ich will ihr in heiliger Begeisterung und nach besten Kräften tendenzlos unparteiisch dienen, um Rankes Ideal nachzustreben, die Dinge möglichst so herauszuarbeiten, wie sie wirklich waren.

Der Verfasser

1. TEIL

»Je sais aimer plus et mieux
que la plupart des hommes.«

Metternich an Gräfin Lieven, 30. 1. 1819.

I. VON DER JUGENDLIEBE ZUR HEIRAT

1792–1795

»Wer die Zeit des ausgehenden achtzehnten Jahrhunderts nicht miterlebt hat, weiß nicht, was leben heißt«, hat Talleyrand einmal gesagt, und dies natürlich vom Standpunkt seiner bevorzugten Kaste, der jene Zeit alles gab, was man sich nur für ein glückliches Menschenleben träumen kann. Reichtum, Glanz, Vornehmheit, während die Masse der anderen allein für die Steuern aufkommen, allein die Lebensmittel schaffen mußten und überall benachteiligt waren. Diese sozialen Ungerechtigkeiten hatten dann auch den Ausbruch der großen Französischen Revolution zur Folge.

Ein Kind dieser Zeit, zudem ein Sohn jenes fröhlichen, trinkfreudigen, einst so glücklichen Rheinlandes und dazu von Uradel, war Franz Georg Metternich-Winneburg-Beilstein. Nicht allzu tief veranlagt, stolz auf seine Abstammung, oberflächlich gebildet, aber liebenswürdig, elegant, galant, mit gefälligen Formen und wenig Tatkraft. Gegen Ende des achtzehnten Jahrhunderts waren solche Eigenschaften sowie Verbindungen, Verwandtschaft, Titel, Würden und Protektion unendlich viel wichtiger als persönliche Kenntnisse und eigenes Talent. Als besonderer Freund der Frauenwelt konnte Metternich vor allem in deren Kreisen auf beträchtliche Erfolge hinweisen.

Der Einfluß großer Damen war in dieser Zeit ein ungemein starker; auf zwei der mächtigsten Throne des Kontinents, auf jenem Rußlands und Wiens saßen Frauen, die Kaiserinnen Katharina und Maria Theresia, und am Hof Ludwigs XV. herrschte zwar nicht offiziell, aber in Wirklichkeit doch, eine verführerische Gestalt, Madame de Pompadour.

Nun sagt man, es sei im Jahre 1771 auch jener rheinische Graf Metternich auf Maria Theresias Veranlassung mit der Gräfin Maria Beatrix von Kageneck vermählt worden, weil sie aus einer alten Breisgauer Familie stammte, die von jeher Österreich besonders nahestand. Damit tritt an die Seite jenes Staatsmannes eine Frau, auf die der Kaiserhof zu Wien zählen kann, was um so mehr ins Gewicht fällt, als sie noch dazu neben lieblicher Schönheit ihrem nunmehr angetrauten Gemahl geistig und an Willenskraft unendlich überlegen ist. Ihr Scharfsinn ist erstaunlich, aber auch die Gabe, ihre Gedanken kurz und elegant in Worte zu fassen. Ein wenig unbedenklich, scheut sie vor kaum einem Mittel zurück, wenn es ihre Pläne und Entschlüsse fördern kann. Ehrgeizig, wie sie ist, wünscht sie, daß ihr Gatte zu hoher Würde gelange, und läßt ihre Verbindungen spielen, die bis in die höchsten Kreise Wiens reichen.

Bald erkennt sie, daß ihr Gemahl nicht im entferntesten die Gaben besitzt, die dazu notwendig sind, aber das tut nichts; sie will dafür sorgen, daß er immer wieder mit den wichtigsten Aufgaben betraut wird; sollte er versagen, so wollte schon sie für ihn in die Bresche treten. Dazu hilft nicht wenig die äußere Erscheinung der jungen Frau. Man sieht ihr von weitem die aristokratische Abstammung an; die große, schlanke Gestalt, die sich mit unnachahmlichem Charme bewegt, die klug blickenden, lebhaften Augen, die feingeschwungene Adlernase bilden zusammen mit der wie selbstverständlichen Ungezwungenheit ihrer gesellschaftlichen Formen ein Gesamtbild, das jedermann erfreut. Zählt man dazu ihre fast stets gute Laune, der oft und oft ein köstliches Scherzwort entspringt, so wird man sich leicht vorstellen können, wie dieses Geschöpf auf die Männerwelt überhaupt, aber auch auf deren mächtigen und maßgebenden Teil leichthin Einfluß gewinnen kann. So ist die Frau beschaffen, die am 15. Mai 1773 einem Sohn Clemens Wenzel Lothar in Coblenz das Leben gibt, den das Schicksal ausersieht, in der Welt einmal eine ungeheure Rolle zu spielen.

Der Einfluß der Gräfin am Wiener Hof ist vor allem anderen durch ihre Beziehungen zum Haus des Staatskanzlers Fürst Wenzel Anton Kaunitz gegeben, der besonders viel für die lebensprühende schöne Dame übrig hat. Seinem überragenden Einfluß ist jede Ernennung zu danken, die in den folgenden Jahren Metternichs Vater zu Amt und Würden bringt, und dies besonders auch, da die Gräfin in der Umgebung von Kaunitz eine Persönlichkeit gewonnen hat, die für den Staatskanzler unentbehrlich ist. Dieser Mann, Johann Georg Leykam, stammte aus einer bescheidenen Familie, die erst 1788 den Freiherrntitel erworben hatte. Durch Brauchbarkeit, Fleiß und Geschicklichkeit hatte er sich eine besondere Stellung beim Staatskanzler Fürst Kaunitz geschaffen. Die Gräfin Metternich zieht ihn in ihren Salon, den sie in vorbildlicher Weise zu einem Terrain zu gestalten versteht, auf dem man unmerklich maßgebende Persönlichkeiten beeinflussen und für seine eigenen Interessen gewinnen kann.

Aber das ist noch lange nicht alles. Kaiser Joseph hatte in den letzten Jahren seines Lebens in einem Kreis von fünf liebenswürdigen und edlen Damen Trost und Erholung gesucht. Zu diesen fünf zählte die Fürstin Eleonore Liechtenstein, eine liebenswürdige, schöne und kluge Frau, die, 1745 geboren, alle entzückt, die ihr nahe kommen; als Gattin des Feldmarschalls Karl Liechtenstein wird sie in ihrem Kreis kurzweg die Karlin genannt. Sie ist eine Schwester der Gräfin Leopoldine Kaunitz, der Schwiegertochter des Staatskanzlers, die Verkörperung einer Grande Dame, die alles, was in der Hauptstadt vornehm ist, in ihrem Haus vereint. Durch sie sucht Gräfin Metternich-Kageneck dem Kreis Kaunitz noch näher zu kommen. Sie verkehrt auch mit dessen Sohn und seiner Frau auf das allerfreundschaftlichste.

Dieser Ernst Kaunitz hat ein Töchterchen, das nach ihrer Taufpatin und Tante, der Fürstin Liechtenstein, Eleonore heißt und Lorel genannt wird, ein rechter kleiner Wildfang, nicht allzu hübsch, aber sehr vernünftig. Sie ist um mehr als zwei Jahre jünger als Beatrix Metternichs ältester Sohn, und diese behält die Enkelin des großen Staatskanzlers weitblickenderweise wohl im Auge.

Die Gräfin liebt alle ihre Kinder, wenn sie auch den älteren Sohn Clemens den anderen weitaus vorzieht. Er ist aber auch von angenehmerem Äußeren, begabter, fleißiger und geschickter als sein jüngerer Bruder Joseph. Unwillkürlich bleibt Metternich zeitlebens etwas von dieser Verwöhnung von Jugend auf zurück. Auch weist sein Auftreten und Wesen immer einen gewissen Zug ins Weibliche auf. Im übrigen aber hatte er vor allem die Vorzüge der Mutter, die geistige Regsamkeit, die gesellschaftlichen Gaben, das gefällige Äußere, die schöne französische Sprache und nicht zuletzt auch ihren Ehrgeiz geerbt. Vom Vater aber übernahm er die heißblütige Art der rheinischen Kavaliere und leichte Auffassung des Verhältnisses zu den Frauen, die ihn bei seiner anmutigen und verführerischen Erscheinung gleichwie Mutter und Schwester von frühester Jugend an herzten und verwöhnten.

Clemens Metternichs Äußeres lehnt sich weitgehend jenem der Mutter an; die gleiche schlanke, ebenmäßige Gestalt, das gleiche weiche blonde Haar, die gleiche, etwas blasse Gesichtsfarbe, die leichtgebogene Adlernase, der feingeschnittene, etwas sinnliche Mund, aber nichts Kraftvolles, Energisches, besonders Männliches in Gestalt und Auftreten. In früher Jugend gewohnt, als hübsches Kind betrachtet zu werden, wurde er von seiner Umgebung förmlich zu großer Eitelkeit erzogen. Man konnte schon in Clemens' Jünglingsalter voraussehen, daß dieser junge Graf, der einen mit seinen großen blauen Augen so liebenswürdig ansieht und mit seinem angenehmen Organ so gar nicht scheu, nett und unterhaltend zu plaudern weiß, einmal ein Liebling der Frauen und ein Salonlöwe werden würde. Zudem erhält er von seiner erfahrenen und in vielfältiger gesellschaftlicher Intrige bewährten Mutter geschickte und psychologisch tief begründete Ratschläge, deren Nichtbefolgung so manchem schon sehr geschadet hat. Es war zwar der Vater, der ihm einmal schrieb, er solle liebenswürdig mit aller Welt sein, besonders aber nicht die alten Damen vernachlässigen, deren Gerede, mehr als man glaube, die Meinung über junge Leute beeinflusse[1]. Aber das war sicher ein Wink der Gräfin, dem der Vater nur schriftlichen Ausdruck gab. Der junge Metternich wird so frühzeitig weltgewandt, weil ihn seine Eltern schon in zartem Knabenalter der Gesellschaft der Großen zuzogen, deren Damen sogleich Gefallen an dem hübschen Jungen finden. So vorbereitet, tritt er ins Leben.

Während Clemens in Straßburg auf die Universität geht und sich mehr unterhält als studiert, spielen sich große Ereignisse in der Welt ab. Die Zustände in Frankreich führen schließlich zu einem Aufruhr des Volkes, das sich zum erstenmal am 14. Juli 1789 in der Erstürmung der Bastille zu gewalttätigen Schritten hinreißen läßt. Noch kann man nicht absehen, wie weit diese Vorgänge in Frankreich führen werden; aber schon brechen auch in den angrenzenden Ländern, sowohl in Belgien wie im Elsaß, Unruhen aus, und der sich von Frankreich her überall verbreitende Geist des Aufruhrs verbittert Josephs II. letzte Erdentage. Der Mann, der wie kaum ein anderer besten Willens, seiner Zeit weit voraus, von der Größe seiner Bestimmung ernst und leidenschaftlich erfüllt ist, muß sich grausamer Krankheit ebenso wie dem Nichtverstehen seiner Ideen beugen.

Kurz bevor er am 20. Februar des Jahres 1790 seinen letzten Atemzug tut, klagt er dem aus Belgien stammenden Fürsten Ligne: »Es ist Ihr Land, das mich getötet hat.« Das letzte Schreiben, das er noch mühselig diktiert, gilt seinen vornehmen Freundinnen, darunter auch der Fürstin Eleonore Liechtenstein, die Joseph II. am meisten verehrt hatte. Beatrix Metternich aber schreibt ihrem siebzehnjährigen Sohn, daß des verstorbenen Kaisers Beispiel zeige, wie sehr ein Mann im Umgang mit edlen und schönen Frauen nicht nur Erholung, sondern auch Nützliches für sein Leben und seine Arbeit gewinnen könne.

»L'empereur est mort, vive l'empereur!« Einer der klügsten und besten Fürsten des Hauses Habsburg, Leopold II. von Toskana, ist Josephs Nachfolger. Er ist ruhiger und nicht so himmelstürmend wie sein Bruder. Am 15. November 1790 findet in Frankfurt seine Krönung statt, an der Metternichs Vater als Wahlgesandter teilnimmt. Bei dieser Gelegenheit zeigt er zum erstenmal seinen ältesten Sohn Clemens in der Öffentlichkeit, den er, um ihm irgendeinen Platz bei den Feierlichkeiten einzuräumen, bei all seiner Jugend zum Zeremonienmeister des westfälischen Grafenkollegs ernennen läßt. Es ist dies eine rein gesellschaftliche Würde, die es aber dem jungen Mann ermöglicht, sich bei den großartigen Feierlichkeiten in Frankfurt in der schmückenden Pracht des Malteserordens in seiner ganzen Frische und Schönheit zu zeigen. Bewundernd sehen die Damen der verschiedenen Fürstlichkeiten und ihrer Höfe ebenso wie die Bürgerinnen Frankfurts zu diesem Bild liebenswürdiger, schmucker Jugend auf.

Nach der Krönung des Kaisers setzt Clemens Metternich seine Studien an der Mainzer Hochschule fort, in jener selben Stadt, wo der Kurerzkanzler von Erthal seinen prunkvollen Hof hält. Verführerisch ist der Glanz dieses Kreises, verführerischer noch die schönen Frauen, die ihn beleben. Ein vielleicht schlüpfriger, aber heiterer Boden für den charmanten, glänzenden Kavalier, dessen Vater mit dem Kurerzkanzler verwandt ist und daher für seinen Sohn dort alle Türen öffnen kann. Der etwas frivole Rokokogeist des ausgehenden 18. Jahrhunderts umfängt den jungen Mann da mit seinen liebenswürdigen Versuchungen. Es dient ihm zu einer Lehre fürs Leben, wenn er dort sieht, wie die kokette, schöne, verschlagene Frau von Coudenhoven den Einfluß ihrer bestrickenden Erscheinung auf ihren Freund und Kurfürsten von Erthal nützt. Bald lernt er, daß man durch Damen oft viel leichter wichtige Dinge erfahren kann als auf normalem Weg. Frühzeitig zeigen ihm die Frauen, die er in Gesellschaft trifft, daß er ihnen gefällt, früh auch erkennt er, daß er den Spieß umdrehen und sie für seine Zwecke benützen kann. Wenn er dann gleichzeitig ihre Reize genießt, um so besser. Sein ihm von der Mutter und durch jene Damen genährter Ehrgeiz wird so schon in früher Jugend entwickelt, und bald lernt er aus Erfahrung, daß Kaiser Joseph in vielen Fällen recht hatte, wenn er einmal seinem Bruder Leopold schrieb: »Ich habe immer bemerkt, daß man, um Frauen zu gefallen, sie vor allem unterhalten muß, das übrige ergibt sich dann leicht. Ich besaß das Talent, sie zum Lachen zu bringen, das ist meiner Ansicht nach der richtige Weg zu ihrem Herzen[2].«

Franz Georg Metternich ist inzwischen am 8. Juli 1791 als bevollmächtigter Minister bei der wiederhergestellten Regierung der österreichischen Niederlande in Brüssel eingesetzt worden. Sein Sohn Clemens weilt zwar in Mainz, besucht aber während der Ferien seine Eltern in Brüssel. Diese Stadt ist zur Zeit von französischen Adeligen und Offizieren überflutet, die vor der Revolution die Flucht ins Ausland ergriffen haben. Zu ihnen gehört auch der Herzog Caumont-La Force mit seiner jungen Frau Marie Constance de Lamoignon. Die beiden waren als Kinder – sie stand im vierzehnten, er im sechzehnten Lebensjahr – von den Eltern miteinander verheiratet worden.

Gelegentlich eines seiner Aufenthalte in Brüssel lernt Clemens Metternich das junge Paar kennen. Da Caumont-La Force eine Beschäftigung suchte, so war es vielleicht Metternich, der ihm riet, nach Mainz zu gehen und an derselben Hochschule zu studieren, die er selbst besuchte. Dazu mag nicht wenig die reizende Erscheinung der jungen Frau beigetragen haben, die ihn nicht nur durch ihre Schönheit, sondern auch durch ihren

Geist, Geschmack und Witz im Nu gefesselt hat. Die junge Herzogin ist weniger regelmäßig schön als anmutig und fein und besitzt jenen persönlichen Reiz, den wir mit dem unübersetzbaren französischen Wort Charme bezeichnen. Lebhaft und angeregt, schlank und groß, mit schwebendem Schritt, atmet sie Eleganz und süßen Frauenreiz bei einem fast kindlichen und jungfräulichen Ausdruck.

Bald werden das blutjunge Paar – Constance ist 1792 erst achtzehn, ihr Gatte zwanzig Jahre alt – und die beiden Anbeter der jungen Frau, der dreiundzwanzigjährige Marquis von Bouillé und Clemens Metternich mit seinen losen neunzehn Jahren, unzertrennlich. Die drei Franzosen haben den etwas leichtsinnigen, spielerischen, aber schillernd feinen Geist ihrer Heimat und deren verführerische Sitten mit sich gebracht. Dies mußte den deutschen Jüngling um so leichter betören und bestricken, als die drei je vermeinen, alles das, was da in Frankreich vor sich ginge, wäre ja nur ein toller Spuk, der in Kürze zu Fall kommen müsse, um dann wieder dem alten lockeren Vorzugsleben Platz zu machen.

Indessen haben sich am Welttheater schwerwiegende Ereignisse vollzogen. Der kluge, bedächtige Kaiser Leopold II. war am 1. März 1792 einer bis zum heutigen Tag nicht ganz geklärten plötzlichen Erkrankung erlegen. Es folgt ihm nun im Alter von vierundzwanzig Jahren sein Sohn Franz, der ungleich weniger begabt ist als sein Vater. Schon Kaiser Joseph hatte bei der Erziehung dieses Neffen manche Bedenken wegen der Beeinflußbarkeit seines Charakters geäußert. Kaiser Franz ließ sich schon als Thronfolger von der Kriegspartei viel leichter vor ihren Wagen spannen, als es sein Vorgänger getan hätte. Und wirklich, bereits am 20. April 1792 wird Frankreich der Krieg erklärt.

Für den 14. Juli dieses Jahres, also den Jahrestag der Erstürmung der Bastille, wird die Krönung des neuen Kaisers in Frankfurt angesetzt. Darin liegt betonte Absicht, und wieder sehen wir den jungen Clemens Metternich an der Feier teilnehmen. Diesmal ist auch das Ehepaar Caumont-La Force mitgekommen. Strahlenden Auges sieht die junge Frau zu, wie in dem glänzenden Aufzug des Kaisers auch ihr guter Freund Clemens in scharlachrotem, goldgesticktem Malteserkleid einherschreitet, und sie freut sich seiner schmucken, ja berückenden Erscheinung. Sie ebensowenig wie ihr junger Kamerad konnten damals ahnen, daß der Monarch, der da nun mit solcher Pracht gekrönt wird, dereinst in der Hand jenes Jünglings zeitweise fast zu Wachs werden würde.

Die junge Frau lacht von dem Fenster, das sie gemietet, fröhlich über die Kämpfe, die das Volk aufführt, um auch nur *ein* Korn von dem aus silberner Schale auf den Weg gestreuten Hafer zu ergattern, weil es heißt, daß dies gegen alle Krankheiten schütze. Belustigt auch sieht sie zu, wie sich das Volk um den aus Brunnen sprudelnden roten und weißen Wein schlägt, und dankt einem Kavalier, der ihr ein Glas davon reicht, mit reizendem Lächeln, denn auch da sagt man, daß ein Schluck Glück bringe. Dessenungeachtet kann sie sich einer leicht abergläubischen Regung nicht entziehen, als plötzlich ein Platzregen auf die feierliche Prozession niedergeht und ihre Umgebung dies als bedenkliches Vorzeichen auslegt.

Am Abend beim großen festlichen Krönungsball sieht sie neidvoll, wie ihr deutscher Kavalier in prachtvoll goldgesticktem grünem Samtkleid der Zeit mit einer jugendschönen, blonden, blauäugigen Prinzessin von Mecklenburg den Ball eröffnen hilft. Weder sie noch das tanzende Paar ahnen damals, daß diese Prinzessin dereinst die schönste aller Königinnen Preußens werden sollte, die es je gegeben. Doch der Anblick, den das Paar bietet, läßt Clemens Metternich in Marie Constances Augen nur noch verführerischer erscheinen, was überdies durch die offenbar bevorzugte Stellung am kaiserlichen Hof gefördert wird. Denn nichts läßt neben dem schönen Äußeren eines Mannes die Liebe einer Frau heißer blühen, als wenn sie sieht, wie der Gegenstand ihrer Anbetung auch in der Umwelt glänzt und Ehren genießt. So wird ihre Neigung für Clemens Metternich zur lodernden Flamme.

Auf die Krönung folgen großartige Festlichkeiten beim Kurfürsten in Mainz, wohin das Caumontsche Viereck mittlerweile zurückgekehrt ist. Hunderte von adeligen Emigranten nehmen daran teil, alles hofft auf baldigen Glückwechsel, und die schönen Frauen spannen ihre bestrickenden Fäden, als gäbe es keine Schreckensherrschaft in Paris, als gäbe es keinen Krieg und würde sich das Königspaar dort nicht in äußerster Lebensgefahr befinden. Constance gibt ihrem jungen Anbeter bald zu verstehen, daß auch sie von Liebe zu ihm erfaßt ist, und das steigert Clemens' Neigung für die »Französin aus einer der besten Familien voll Geist, Geschmack und Verständnis«, wie er sich in späteren Jahren zu einer anderen Herzensfreundin äußert[3]. »Sie, die nichts Besseres zu tun hatte«, meint Metternich weiter, »liebte mich ›den ganzen Tag‹. Ihre Nächte verbrachte sie bei ihrem Mann, aber ich glaube, sie beschäftigte sich mehr mit mir als mit ihm.« Clemens liebt sie, »wie ein junger Mann liebt«, das heißt natürlich mit dem Herzen *und* mit den Sinnen, und sie erwidert diese Liebe. Er beteuert in späteren Jahren, sie wäre unerfüllt geblieben, obwohl er gewiß nicht der Mann war, sich damit zufriedenzugeben. Ein leidenschaftlicher, wenn auch vorsichtiger Briefwechsel setzt in dem Augenblick ein, da die Liebenden sich zeitweilig trennen müssen, und diese engen Beziehungen dauern volle drei Jahre, bis das Leben die beiden gänzlich auseinanderreißt.

Die Hoffnungen der Emigranten auf schnelle Rückkehr in ihre Heimat und Wiedereinsetzung in ihre alten Vorrechte erfüllen sich nicht. Die Heere der Französischen Revolution überfluten nach der Schlacht von Jemappes am 6. November 1792 Belgien abermals. Das Statthalterpaar, Marie Christine, eine Tochter Maria Theresias, und ihr Gemahl verlassen Belgien für immer; kurz nach ihnen flieht auch Vater Metternich aus Brüssel. Er kehrt erst wieder, als durch des jungen Erzherzogs Karl Sieg bei Neerwinden im März 1793 Belgien wiedererobert ist, begleitet von Clemens, der sich nur schweren Herzens von seiner jungen Liebe losreißen kann.

Indes nimmt der Feldzug gegen Frankreich, das im Jahre 1793 sein Herrscherpaar auf dem Schafott hingemordet hat, eine böse Wendung; die revolutionären Truppen dringen im Sommer des Jahres 1794 in Belgien ein, und in den ersten Julitagen müssen Regierung sowie österreichische Truppen und mit ihnen Franz Georg Metternich Brüssel räumen. Die Franzosen besetzen ganz Belgien, dann auch bis auf Mainz fast das ganze linke Rheinufer, und damit gehen Coblenz, die Stadt der Herkunft der Metternichs, sowie Trier, Köln und Bonn an sie verloren. Clemens' Vater kann also da keine Zuflucht mehr finden. So verliert er alle Güter am linken Rheinufer und den Großteil seiner Einkünfte, und es bleibt ihm kein anderer Zufluchtsort als Österreich. Metternich besitzt ja in Böhmen noch die Herrschaft Königswart und das Indigenat. Die Gräfin will ihre gesellschaftlichen Talente und Verbindungen am Kaiserhof zu Wien spielen lassen, um den Ihren dort wieder eine Stellung zu schaffen und insbesondere dem Lieblingssohn Clemens die Aussicht auf eine Laufbahn zu eröffnen. Dieser hat die schweren Monate in den Niederlanden nicht mitgemacht, denn sein Vater hat ihn zu Studienzwecken nach England gesandt. Als er zurückkommt, findet er sich heimatlos, Sohn eines fast zugrunde gerichteten Vaters. Doch seine Mutter denkt bei sich an einen glücklichen Ausweg: einmal in Wien, in dem ruhigen, gefestigten, reichen Kaiserstaat und seiner prächtigen, lebensfrohen Hauptstadt, in der die überreichen großen Familien in wundervollen Palästen wohnen und über weite Landgüter gebieten, würde sich für ihren schmucken, liebenswürdigen Sohn schon eine passende, nützliche Braut finden.

Wenn aber die Gräfin Metternich meint, es würde ihr ein leichtes sein, ihrem Gatten in Wien wieder so schnell zu einflußreicher Stellung zu verhelfen, so irrt sie, denn der nunmehrige Minister des Äußeren, der mächtige Thugut, der des Kaisers Gunst genießt, steht im Weg und klagt dem Kaiser über die Nachlässigkeit, die der Graf in Belgien gezeigt habe. Beatrix Metternich erkennt bald, daß ihre Bemühungen für den Gatten unter solchen Umständen unfruchtbar bleiben müssen und es vielleicht besser wäre, ihren liebenswürdigen und begabten Sohn Clemens, der noch politisch und staatlich ein unbeschriebenes Blatt ist, in den Vordergrund zu schieben. Dieser wünscht, seiner Neigung entsprechend, einmal in diplomatischem Dienst verwendet zu werden, aber auch da ist Thugut hinderlich. So muß die Gräfin daran denken, ihm vorerst dort einen Weg zu bahnen, wo des Ministers Hand nicht hinreicht, das heißt im Rahmen der vornehmsten Familien.

Zu ihnen gehört Thugut nicht; sein Vater war noch bürgerlich gewesen, und seine Familie hatte vielleicht nicht ohne Grund einmal Thunichtgut geheißen. So hat er gerade in den Kreisen der großen Familien heftige Widersacher, und dort schadet die Feindschaft des Ministers den zugewanderten Metternichs nicht nur nicht, sondern nützt sogar. Immerhin ist es auch da nicht leicht, denn Gräfin Beatrix findet auch Fürstin Lori Liechtenstein, die Karlin, die enge Freundin der einstigen Statthalterin der Niederlande, einigermaßen zurückhaltend. Das ist ihr besonders unangenehm, weil die Fürstin die Tante Eleonore Kaunitz' ist, der jungen Trägerin eines so stolzen Namens und dazu reichen Erbin. Das läßt vielleicht leichter vergessen, daß sie recht klein, etwas starkknochig, dabei mager ist und ihre Zähne nicht sehr gut angeordnet sind. Auch scheint sie schwächlich, dafür aber sehr distinguiert und von liebenswürdigem Charakter. Die Verbindung mit einem Mädchen, das Kaunitz heißt, kann bei dem mit diesem Namen eng verbundenen, überragenden Ruf der Laufbahn eines Mannes, der in der Diplomatie sein Glück versuchen will, gewiß nicht schaden.

Gräfin Beatrix beschließt also, erst einmal die persönlichen Vorzüge ihres schmucken und trotz seiner Jugend schon sehr welt- und gesellschaftsgewandten Sohnes ins Treffen zu führen, und stattet im Hause Kaunitz mit ihm Besuch ab, wobei sich die jungen Leute kennenlernen. Und was sich schon bei der jungen Herzogin Caumont-La Force und anderen Damen bewährt hat, zeigt sich auch hier. Der Eindruck, den der junge Mann auf das nicht besonders hübsche Mädchen macht, ist vom ersten Augenblick an tief, und Eleonore ist um so geneigter, dem Folge zu geben, als sie weiß, daß man über ihren Kopf hinweg an andere Freier denkt, die von dem Glanz ihres Namens und Vermögens angezogen werden. Schon spricht man in der Wiener Gesellschaft davon, als wären die beiden verlobt. Ein großes Ereignis jedenfalls, ist ja doch die Prinzessin Lorel eine der besten, wenn nicht die reichste und stolzeste »Partie« in der Haupt- und Residenzstadt. Mittlerweile hat Gott Amor das Mädchen gänzlich gewonnen; Clemens' hübsches Gesicht und sein höchst liebenswürdiges, einnehmendes Wesen hat auf allen Linien gesiegt und Lorels Herz lodernd Feuer gefangen. Es macht ihr nichts aus, »daß der Rhein«, wie er sagt, »durch seine Adern fließt«, und nicht die Donau.

Lorels Vater Ernst Kaunitz hat keineswegs die großen Geistes- und Charaktergaben des weltberühmten Staatskanzlers geerbt; er läßt sich in den meisten Dingen von seiner Tochter und seinem Sekretär Kienmayer leiten und beeinflussen. Das Mädchen hat sich auch hinter diesen Mann gesteckt; er vermittelt Briefe und Nachrichten zwischen den beiden Liebenden und wirkt bei seinem Herrn im Sinne des jungen Metternich.

Noch traut sich Lorel nicht, Clemens ihr Bild zu schenken; sie gibt es einem ihrer Lakaien, der dieses in einem Brief zu den Metternichs bringt, damit der Sohn des Hauses es ansehen könne, er müsse es aber gleich wieder zurückgeben. Der junge Graf beklagt sich, daß er das Bild nur wenige Augenblicke behalten durfte, und meint zu Lorel: »Ich glaube, Sie sind mehr als überzeugt davon, welch unaussprechliches Vergnügen mir einmal jenes Bild bereiten wird.«

Lorel ist in diesen Tagen auf einer Treppe gestürzt und hat sich leicht verletzt. Clemens ist voller Sorge. »Ich bin geradezu gräßlich unruhig, meine gute, ausgezeichnete Freundin«, schreibt er ihr, »und werde es bis zum Augenblick bleiben, da ich Sie wieder von Schmerzen frei wissen werde[4].« Die junge Prinzessin ist völlig im Bann der Liebe; wenn Clemens nur einen Tag nicht schreibt, ist sie außer sich, obwohl er doch in derselben Stadt weilt, und glaubt sich schon vergessen.

Lorel Kaunitz macht kein Hehl mehr aus ihrer Neigung für den jungen Mann. Befriedigt sieht dessen Mutter dieser Entwicklung zu, und sie soll selbst dafür gesorgt haben, daß die Hofgesellschaft in Wien bald darüber zu raunen und zu tuscheln begann. Dies geschieht allerdings nicht immer in günstigem Sinne. Fürstin Eleonore Liechtenstein verhält sich nach wie vor zurückhaltend, läßt sich aber doch schon herbei, die Metternichs »recht artige, manierliche Leute« zu nennen; bald findet sie auch Lorels Entscheidung begreiflich und meint: »Er ist einer von den jungen Leuten, in die ein Mädchen sich rasch verliebt, denn er ist scheu und unternehmend zugleich.«

Lorel sieht nach dem Verlust ihrer Mutter in Tante Lori nunmehr ihre engste Vertraute und bittet sie eines Tages, mit ihr in den Kaunitzschen Garten nach Mariahilf zu kommen, sie möchte ihr das Herz ausschütten. Dort überkommt die beiden die Erinnerung an die verstorbene Schwester und Mutter; mahnt doch jede Bank, jede Allee, jede Blume an die Dahingegangene, und beide klagen, wie sehr, wie sehr sie ihnen fehle. Und da auf einmal läuft Lorel das Herz über. »Wenn Mutter noch lebte, liebe Tante, würde ich so zu ihr sprechen, wie ich es jetzt dir gegenüber tun will, und ich bitte dich, mich ruhig anzuhören. Ich habe eine Schwäche für Clemens Metternich. Er gefällt mir ausnehmend gut, und ich habe Vertrauen zu ihm. Er ist sehr gebildet, dabei verständig und gemäßigt, immer Herr seiner selbst, mag keine Romane, sondern zieht ihnen ernste Bücher vor. Dabei ist er auch religiös und meinem Vater anhänglich, von allertiefster Verehrung für meinen Großvater erfüllt. Ihn könnte ich lieben und ihm eine gute Frau sein. Bitte, sprich doch einmal mit meinem Vater darüber.«

Der Fürstin Lori ist dieses Geständnis nicht sehr angenehm, und sie mahnt das Mädchen, sich die Sache noch sehr zu überlegen. Es sei doch der entscheidendste Schritt im Leben. Doch auf das Drängen Lorels verspricht sie endlich, dem Vater Ernst Kaunitz die Sache zu sagen, aber ohne ihn irgendwie zu beeinflussen, denn sie fühle sich hiezu nicht berechtigt.

Der alte Graf Metternich hatte gleichfalls schon zweimal versucht, mit der Fürstin Lori über seinen Sohn zu sprechen, jedesmal aber hatte sie ihn unter irgendeinem Vorwand nicht empfangen. Nun aber erkundigt sich der Graf, wann die Fürstin gewöhnlich im Garten ihres Hauses in der Landstraße weile, geht dahin, überfällt sie förmlich und zwingt sie auf diese Art, ihn anzuhören. Als die Fürstin ausweichend über politische Dinge sprechen will, erwidert er: »Nun habe ich einmal angefangen und höre nicht mehr auf. Man kann mir ja oder nein sagen, aber eine Entscheidung muß fallen.«

»Warum sagen Sie das *mir*? Das ist doch eine Angelegenheit, in der allein der Wille des Vaters und die Neigung des Mädchens entscheiden dürfen. Ich will mich da nicht einmischen.«

»Liebe Fürstin, man sagt von uns, wir wären Bettler. Ja, es ist wahr, wir haben den Großteil unseres Vermögens verloren, aber doch nicht für immer. Die Lage muß sich doch einmal wenden, und wir werden wieder zu unserem Hab und Gut gelangen. Im übrigen haben wir noch Besitzungen im Böhmischen, und was die Herkunft und das Alter meiner Familie betrifft, so kennt man sie vielleicht hier zuwenig, aber sie kann sich mit den ältesten und vornehmsten Familien des Landes messen ... Glauben Sie mir, Fürstin«, bemerkt er, »mein Sohn ist ein kluger, fleißiger junger Mensch, ich will ihn in der österreichischen Diplomatie unterbringen, und er wird ihr Ehre machen.«

Fürstin Lori bleibt bei ihrer ausweichenden Taktik, begibt sich aber zu ihrem Schwager Ernst Kaunitz und berichtet ihm von der Unterredung mit dem Vater des jungen Metternich. Da jedoch sieht sie mit Erstaunen, daß sich mittlerweile alles geregelt hat; als Lorel nämlich von überall auftauchenden Einwänden und Bedenken hört, setzt sie sich einfach über alle ihre Verwandten hinweg und schreibt Clemens in einem durch den Sekretär Kienmayer vermittelten Billett, sie wünsche seine Frau zu werden, komme, was da wolle, und bitte ihn, zu ihrem Vater zu gehen und um ihre Hand anzuhalten.

Clemens Metternich empfindet bei dieser Nachricht ein Gefühl des Triumphes, hat ihn doch wieder einmal sein »charmanter Charakter«, wie seine Schwester Pauline bemerkt, zu großem Erfolg geführt. Darein mischt sich nur ein schwaches Bedenken, sich schon so früh, so jung zu binden.

Lorel Kaunitz ist ein liebes Ding, besitzt aber, rein äußerlich genommen, nicht jene Schönheit und jenen Reiz, der allein ihn bisher bei Frauen entzücken konnte. Aber weg mit alldem: der Stolz über die Eroberung, der von der Mutter ererbte Ehrgeiz und deren Einfluß machen sich geltend; sie braucht ihm nicht erst vorzustellen, daß die erkorene Braut nicht nur Erbin großen Vermögens, sondern auch eines klangvollen Namens und der damit verbundenen Stellung in der großen Welt ist. Das bedeutet einen ungeheuren Glücksfall für einen jungen Mann, der nur ein geringes Erbe zu erwarten hat, noch gar nichts ist und dessen Eltern als Flüchtlinge am Kaiserhof einen schweren Stand haben. Da gibt es kein Schwanken, da gibt es nur Zugreifen. In späteren Jahren wird er über seinen Entschluß schreiben: »J'étais fâché de me marier, aber mein Vater wünschte es, und ich tat, was er wollte[5].« Und weiter: »Man heiratet, um Kinder zu haben, und nicht, um die Wünsche des Herzens zu befriedigen[6].« Aber dies sind Bemerkungen, die für die Zeit der Verlobung nicht gelten, denn auch Clemens zeigt sich in dem Maße verliebt, als die Neigung des Mädchens seiner Eitelkeit schmeichelt.

Nun erobert ihn die Liebe Lorel Kaunitz' restlos. Von nun an setzt ein inniger Briefwechsel zwischen den jungen Leuten ein, der dies außer Zweifel stellt. So kann man nicht schreiben, wenn man nichts fühlt. Ein Vierteljahrhundert später sieht man die Dinge anders, oder aber will sie einer Rivalin gegenüber anders sehen lassen. Auf Lorels Aufforderung jedenfalls begibt sich Clemens augenblicklich zu dem Vater des Mädchens und bittet ihn in einer Unterredung im Park des Kaunitzschen Hauses in Mariahilf um die Hand seiner Tochter, die der Fürst, schon durch seine Lorel und den Sekretär wohlvorbereitet, ihm auch zubilligt. So kehrt Metternich als erklärter Bräutigam zurück und weiß genau, daß er dies vor allem seinen körperlichen Vorzügen und gesellschaftlichen Talenten verdankt. Von nun an wird er sie stets wieder spielen lassen, wann und wo immer sich Gelegenheit bietet, daraus Vorteil zu ziehen.

Clemens wird nun im Juli 1795 nach Schloß Austerlitz, dem Kaunitzschen Sommerheim eingeladen, wo Lorel und ihr Vater die warmen Monate verbringen. Es sind glückliche Tage, die die beiden jungen Leute da verleben. »Die Worte fehlen mir«, schreibt Clemens, »um Deinem ausgezeichneten Vater für alle Güte zu danken, mit der er mich während meines hiesigen Aufenthalts überschüttet hat, den ich zu den schönsten Augenblicken meines Lebens zählen werde ... Vergiß mich nie und sei wohl überzeugt, daß unter allen Menschen, die Dich hätten lieben können, ich am eifersüchtigsten darauf bin, Dir Beweise davon zu geben. Adieu, meine liebste Freundin, denke manchmal an mich; ich werde alles, was von mir abhängt, tun, um die Zeit (bis zu unserer Heirat) abzukürzen, die mir eine

Ewigkeit erscheint. Dieser Zeitpunkt wird das Glück meines ganzen Lebens ausmachen ... dessen Schmied Du bist ... Die wenigen Tage, die ich mich von Dir getrennt sehe, scheinen mir wie Jahrhunderte ... Ich liebe Dich, wie ich wünsche, von Dir geliebt zu sein ... Deine Briefe beweisen mir, daß Du mich ein wenig liebst. Du kennst mich genügend, um nicht zu wissen, daß ich Dich tausendmal mehr liebe als mich selbst[7].« Nun, das ist reichlich viel gesagt, aber der Aufenthalt in Austerlitz, die verzehrende Neigung, die Lorel ihrem Bräutigam dort gezeigt hat, hat ihn aufs tiefste ergriffen, und die Worte in den Briefen sind nicht nur Phrasen; auch ihn hat dieses Gefühl überwältigt, wenn es auch nicht so stark ist wie das Lorels. Sie ist Clemens völlig verfallen.

Als die Post – zumindest schiebt der Bräutigam alles auf sie – drei Tage ausbleibt, während er mit der Ordnung der Angelegenheiten auf Schloß Königswart beschäftigt ist, gerät Lorel einfach außer sich, und ein Brief voll Unruhe und Besorgnis ist die Folge. »Hältst Du mich wirklich für fähig«, antwortet Clemens, »in drei Tagen das einzige Geschöpf zu vergessen, das ich für mein künftiges Glück gewählt habe? Sei meiner ebenso sicher wie Deiner selbst, mehr kann ich Dir nicht sagen ... Ich komme mir vor, als wäre ich allein auf der Welt, alles, was sich nicht auf Dich bezieht, hat keinerlei Reiz für mich! ... Ich lebe nun viel mehr in der Zukunft als in der Gegenwart[8].«

Inzwischen ist die Nachricht von der erfolgten Verlobung nach der Residenz gedrungen und wird von der Wiener Gesellschaft der Dreihundert nicht allzu freundlich aufgenommen. Die stolzeste Partie des Landes geht an einen eingewanderten, mehr oder weniger doch nicht zum engsten Kreis gehörigen Fremden. Die Erzherzogin Marie Christine, einstige Statthalterin der Niederlande, meint: »Ich kenne den Vater sehr gut, der Apfel fällt nicht weit vom Stamm, und da kann man nichts Gutes prophezeien. Die Metternichs sind intrigante Leute.« Auch sonst zerreißt man sich über diese Verlobung fleißig den Mund. Lorel Kaunitz ist dies ganz gleich; sie liebt den jungen Mann, für sie existiert nur mehr er, und die Leute mögen reden, was sie wollen. Aber mitteilen muß sie es ihrem Anbeter doch, Clemens denkt wie sie:

»Der getreue Kienmayer schreibt mir auf Deinen Befehl, daß sich in Wien alles gegen mich entfesselt ... Bei einem Ohr hinein und zum anderen Ohr hinaus, bellen lassen und seinen geraden Weg gehen ist das einfachste Spiel, das die Leute am meisten außer Fassung bringt ... Wenn nur Du, meine beste Freundin, mich liebst und Dein Vater nur seine Güte bewahrt, spotte ich aller anderen. Du wirst mich niemals anders kennen als so, wie Du mich gesehen hast, ohne Falsch und Prunk, einzig vom Wunsch beseelt, Dich zu lieben und von Dir geliebt zu werden[9].«

Nun wird die Hochzeit für den 27. September 1795 auf dem Kaunitzschen Besitz Austerlitz in Mähren vorbereitet. Bald treffen Vater und Mutter Metternich ein, ängstlich bestrebt, nicht zu zeigen, wie innig froh sie sind, sondern geltend zu machen, daß es sich um eine ganz ebenbürtige Heirat handelt und sie keineswegs gegenüber der Familie der Braut zurückständen. Mit ihnen kommt ihre Tochter Pauline, die wohl ein braves und nettes Mädchen ist, aber im geraden Gegensatz zu ihrem Bruder häßlich und dick, im ersten Augenblick auf jeden einen wenig guten Eindruck macht.

Man beabsichtigt, die Hochzeit nur ganz »en petit comité« zu veranstalten und erst später in Wien, wenn die großen Familien von ihren Schlössern zum Winteraufenthalt in die Residenz zurückkehren, mit einem nachträglichen großen Hochzeitsdiner das junge Paar in die Wiener Gesellschaft einzuführen.

Die Stimmung auf dem Schloß ist keine gute; etwas gepreßt sitzt man beieinander; Clemens Metternich hat bei aller Freude einen Augenblick doch das Gefühl, in Ketten gelegt zu werden, wenn es auch goldene sind. Lorel aber ist überglücklich und drängt das Gefühl leiser Sorge zurück, das sie zu erfassen droht, wenn sie ihren Bräutigam betrachtet. Denn sie ist klug und fürchtet, daß sie nicht imstande sein werde, ihm die gleiche unendliche Liebe einzuflößen, die Clemens in ihr zu erwecken verstanden hat. Aber sie drängt all diese Gedanken zurück und sagt sich, sie werde durch die Allmacht ihrer Liebe endlich ihren Gatten so sehr zu fesseln lernen, daß jene glückliche Ehe entsteht, die sich jedes Mädchen von diesem ernstesten Schritt im Leben erhofft. Sie sind ja beide noch so jung, die Braut zwanzig, der Bräutigam nur zwei Jahre älter; in ihrer Jugend werden sie übereinstimmen und Glück finden.

Der 27. September ist ein Sonntag; das Datum wurde gewählt, weil man es als Glückszeichen betrachtet, gerade an einem Sonntag in die Ehe zu treten. Wundervoll geschmückt wird die Braut zum Altar geführt, und der Schloßkaplan vollzieht nach einer rührend-mahnenden Rede die Trauung. Nach dieser führt der Schloßherr persönlich noch sechs weitere Brautpaare aus dem Kreis seiner Gutsbauern zum Altar, die er bei dieser Gelegenheit fürstlich beschenkt und ausstattet. Nun ist die Verbindung verwirklicht. Die Hofgesellschaft, die zuerst dagegen gewühlt und gearbeitet hat, findet sich damit ab, und mit einem Schlag eröffnen sich dem jungen Paar nun auch die zurückhaltendsten Salons. Die nun gegebene Verwandtschaft mit dem dem Hof zunächst stehenden Hause Liechtenstein tut ein übriges, und so sind nur mehr die persönlichen Widerstände bei Thugut und bei der Erzherzogin Marie Christine zu überwinden.

Dabei hilft dem jungen Paar eine Freundin Lorels, die Gräfin Rombeck,

Schwester des Grafen Ludwig von Cobenzl, dieses ausgezeichneten Diplomaten und Staatsmannes, der lange Gesandter in Petersburg gewesen war und zu dem vertrauten Kreis der Zarin Katharina II. gehörte. Sie empfängt bevorzugt Fremde und Emigranten aus Frankreich, um ihnen in ihrer schweren Lage zu helfen. Der junge Metternich verkehrt viel in ihrem Salon, und sie zeigt eine besondere Schwäche für den charmanten jungen Mann; auf sie kann er jederzeit zählen. Der Minister Thugut dagegen bleibt auch nach Clemens' Eheschließung seiner Familie abgeneigt, aber er hat ihnen gegenüber jetzt einen viel schwereren Stand, denn die Familie Liechtenstein nimmt nun Partei für die Metternichs. Sie hat ohnehin Thugut niemals geschätzt; Fürstin Karlin sprach von ihm stets wegwerfend als von »diesem schlechterzogenen Sohn eines Bootsmannes«. Thuguts Vater hat nämlich die Donauschiffahrt sehr in Gang gebracht und sich um sie hohe Verdienste erworben; aber das gilt nicht, denn er gehört nicht zum Kreis der großen Familien. Der unterirdische Krieg, den die Eltern Metternich nun gegen Thugut beginnen, wird dadurch besonders gefördert.

Inzwischen dehnte die fast überall siegreiche Französische Republik ihr Machtgebiet weiter aus; Preußen hat sich im April 1795 zurückgezogen, und schließlich ruht die Last des Kampfes nur mehr auf den Österreichern allein. Während sie im Jahre 1796 gegen die über den Rhein zwischen die fränkischen und obersächsischen Kreise vorgedrungenen, auch den Kaunitzschen Besitz Rittberg und seine Landeshoheit bedrohenden Franzosen Erfolge erzielen, siegt der geniale General Bonaparte 1796 überall in Italien, gründet dort neue Republiken, besetzt selbst Venedig und droht vom Süden her weit ins Österreichische einzufallen.

Die Stimmen, die von Frankreich herüberdringen, lassen auch nichts Gutes erwarten. »Die Neuigkeiten aus Paris sind schrecklich«, schreibt Clemens seiner Frau[10]. »Ich schwöre Dir, daß der Schlaf mich flieht, aus Furcht, sie zu erfahren. Ich sehe neues Unglück ohne Ende ... Der vielleicht mehr als je entfernte Friede wird sich nur unter furchtbaren Bedingungen und Opfern schließen lassen, und ich sehe keine Rettung mehr für das linke Rheinufer.«

Bei so schlechten politischen Aussichten, die auch den Rest Metternichschen Vermögens in Gefahr zu bringen drohen, findet Clemens Trost in seinem jungen Familienglück. Lorel hat ihm am 17. Jänner 1797 ein Töchterchen geschenkt, ein zartes, herziges Ding, das den Namen Marie erhält und das die beiden Eltern »zum Fressen« gerne haben. Metternich liebt es, auf seinem Gut in Böhmen zu weilen; Wien hingegen mag er nicht. Alles ärgert ihn dort; er spürt versteckte Feindschaft gegen sich. Der Minister des Äußeren Thugut schürt sie, ohne daß Clemens es genau weiß.

Auch die neugewonnenen Verwandten und Vettern der Kaunitzschen

Familie ärgern Clemens, und er hat gar nichts für sie übrig. »Ich wäre versucht zu glauben, daß Du eine Bastardin bist«, meint er zu Lorel[11], »wenn ich nicht der Tugend Deiner Mutter trauen würde und nicht Zeit gehabt hätte, die guten Eigenschaften Deines Vaters kennenzulernen; aber sicher ist, daß die Quintessenz eines Dutzends der übrigen Familie nicht entfernt Deinen einfachsten Eigenschaften nahe kommen würde. Du bist eine gute, unendlich gute Frau und Mutter, so recht, wie ich sie mir gewünscht habe. Der Himmel wird Dich dafür belohnen, und mit seiner Hilfe werden unsere Kinder besser geraten als all diese ›Cousinaille‹.«

Politisch hat Metternich mit seinem Pessimismus recht. Bonaparte zwingt im Oktober 1797 den Kaiserstaat zum Frieden von Campoformio, der Frankreich das linke Rheinufer nebst Mainz zubilligt. Das bedeutet die Aufgabe der Metternichschen Hoffnungen auf ihren verlorenen Besitz links des Rheins. Fürstin Eleonore Liechtenstein ist in der Zwischenzeit gerade infolge dieser Verhältnisse für Clemens Metternich gewonnen worden. Er hat die gleichen politischen Ansichten wie sie, haßt alles, was Republik heißt, und erklärt, ein Friede mit Frankreich sei unmöglich, bevor nicht das ganze System der Revolution gestürzt würde.

Die politischen Vorgänge haben aber die Stellung des Ministers des Äußeren Thugut etwas geschwächt und dafür den Einfluß des Unterhändlers von Campoformio, Ludwig Graf Cobenzl, gestärkt. Metternich, Vater und Sohn, die eine Verwendung anstreben, nützen die Lage, und der Erfolg zeigt sich in der Ernennung des ersteren zum Vertreter des Reichsoberhauptes beim nun zusammentretenden Kongreß. Er nimmt den Sohn, vorerst ohne amtliche Bestallung, als Privatsekretär mit zu diesem Kongreß nach Rastatt, der dort im Dezember 1797 zu tagen beginnt. Thugut hatte verhindert, daß Clemens dabei von Wien aus eine amtliche Aufgabe bekam; er sollte überhaupt von der Geschäftsführung nicht einmal Kenntnis erhalten. Da das dem Vater peinlich ist, erreicht er wenigstens, daß sein Sohn in ähnlicher Weise wie bei den beiden Kaiserkrönungen wieder als Bevollmächtigter des westfälischen Grafenkollegs und Bannerherr des unmittelbaren Adels fungiert.

Clemens trennt sich schwer von seiner jungen Frau. Hatte sie doch erst im Herbst ihren Vater verloren, dem sie sehr nachtrauerte, und zudem ist sie aufs neue in der Hoffnung. Er fürchtet, sie werde unter der durch seine Abreise nach Rastatt nötig werdenden Trennung sehr leiden. Darum schreibt er gleich aus der ersten Nachtstation an seine Frau[12]: »Ich rate Dir, meine gute kleine Freundin, Dich zu zerstreuen, wenig zu Hause zu bleiben – die Einsamkeit ist nichts für Dich, es ist in Deinem Zustand noch wichtiger als je, Dich zu unterhalten, man neigt da natürlicherweise der Traurigkeit zu, und Du mußt gutes Blut für zwei haben.«

In Augsburg angekommen, hört Metternich, daß Bonaparte mit einem Gefolge von siebzig Personen und unter »wahnsinnigem Aufwand« in Rastatt eingetroffen ist. Aber als die beiden Metternichs am 2. Dezember dort ankommen, ist der General nachts vorher wieder nach Paris abgereist, und sie bleiben allein mit den »Noyeuren und Guillotineuren«, die Frankreich vertreten, und all die »Eingeweide Clemens' empören sich«. Sonst aber fühlt sich der fünfundzwanzigjährige elegante junge Graf »so glücklich«, als er es »fern von seiner kleinen Familie, die er bis zum Wahnsinn liebt, nur sein kann«. Den besten Beweis dafür, daß dies wirklich wahr ist, liefert sein fast tägliches Schreiben an Lorel, seine steten Versicherungen, daß ihm die Worte fehlen, um zu sagen, wie sehr er seine Frau liebe und er nur zur Hälfte in Rastatt sei, weil die Seele bei ihr weile.

Mit den Vertretern des neuen Frankreich ist Clemens recht wenig zufrieden, er nennt sie »Spitzbuben«, ja »Werwölfe«, spricht von ihrem »scheußlichen« Chef, macht sich lustig über ihre riesigen Hüte mit noch größeren roten Kokarden. »Ich glaube alles zu sagen, wenn ich sie Revolutionäre nenne«, meint er zu Lorel.

Wenn Clemens seine Frau im Geiste mit den vielen reizvollen französischen Schauspielerinnen vergleicht, die mit dem Theater hier sind, muß er sich sagen, daß es doch viel verführerischere Geschöpfe unter der Sonne gibt als seine Lorel. Er liebt große Gesellschaft, ihr Leben und Treiben, ihr Scherzen und – Lieben. Wohl jung verheiratet und seiner Frau herzlich zugetan, ist es doch auch nicht zu verachten, sich einige Zeit fern von beobachtenden Verwandten wieder etwas freier bewegen zu können. Es ist viel los in Rastatt; die verschiedenen Gesandten halten offene Tafel, das Theater öffnet seine Pforten, und nachher geht man oft mit den Künstlern und Schauspielerinnen, zum Beispiel dem Fräulein mit dem blumenduftigen Namen Hyacinth und ihrem naiven, blühenden Gesichtchen, hinüber in die gastlichen Gemächer des Grafen Cobenzl, oder noch besser, in das von Hunderten Kerzenlichtern erleuchtete funkelnde Kaffeehaus des Herrn Saglio, wo man so erlesen essen und trinken und auch rasch ein kleines, recht hohes Spielchen machen kann.

Der Kongreß hat so manches leichte Dämchen nach Rastatt geführt, deren Versuchungen sich nicht nur der junge Clemens vielleicht nicht ganz stichfest zeigt, sondern auch der Vater, der bei seinen einundfünfzig Jahren noch lange nicht seine galanten Neigungen aufzugeben plant. Nun, in den Briefen Clemens' an Lorel ist natürlich davon nicht die Rede; im Gegenteil, sie sind innig und herzlich und zeigen, wie sehr er sich nach seiner Frau sehnt: »Wenn der Kongreß sich noch sehr lange hinauszieht, werde ich keine Ruhe haben, bis Du nach Rastatt gekommen bist . . . Ich küsse Dich in Gedanken ein millionen Male und würde gerne diese Million gegen einen einzigen kleinen Kuß bien vrai und bien en personne austauschen[13].« Neben solchen Liebesbeweisen verfehlt Clemens aber auch nicht, seiner kleinen Frau Einblicke in die große Politik und seine Besorgnis darüber zu geben, wie diese vierzig Millionen Revolutionäre »Europa bis in seine Grundfesten erschüttern« werden.

Zurzeit wird nur von einer beabsichtigten Landung in England gesprochen. »Die tollsten Projekte werden da gemacht, und selbst diejenigen, die es am wenigsten scheinen, sind genauso undurchführbar«, meint damals Metternich[14], während wir heute an Jules Vernes zur Wirklichkeit gewordene Phantasieromane denken müssen: »Ein gewisser Tillorier will im Ballon, ein Mann namens Garnier in ›patins élastiques‹ . . . nach England hinüber, ein dritter behauptet, eine Art Boot erfunden zu haben, mit dem man unter Wasser fahren und daher nicht gesehen werden könne, und ein vierter, der tollste von allen, wünscht, man solle versuchen, Geschütze zu konstruieren, die auf fünfzig Meilen schießend England aus den Batterien Frankreichs niederschmettern könnten!« Zweitausend solcher Projekte soll Bonaparte angeblich bekommen haben.

Lorel ist gerührt, daß Clemens ihr so viel und so ausführlich schreibt, und bittet ihn in allen Briefen, sich doch nicht so sehr damit zu plagen. Clemens aber schickt ihr schöne, neue, moderne Atlasbänder, belehrt sie, wie sie anzubringen sind, und meint: »Tausend und tausend Küsse, liebes, gutes, kleines, hübsches, artiges, bestes Weibchen . . . fürchte nicht, daß das Schreiben mich geniert, ich schwöre Dir, es sind die einzig guten Stunden am Tag.«

Lorel freut sich über die Nachrichten, folgt aber auch dem Rat ihres Gemahls, bleibt nicht zu Hause, geht viel aus, lacht und unterhält sich besonders einmal im Hause eines Herrn von Nassau. Sofort finden es einige alte Damen »unpassend für eine junge Strohwitwe«, und Lorel beklagt sich darüber bei ihrem Mann. Der aber lacht der »fünf oder sechs alten Vetteln oder Zierpuppen«, meint, Lorel solle das gleiche tun, sich weiter unterhalten, ihr Gatte weiß, daß sie mehr wert ist, als all diese Schreierinnen es jemals waren.

Allerdings verlangt Clemens das gleiche Recht auch für sich, bemüht sich aber, seiner jungen Frau daheim die wahre Lage dadurch etwas zu verdunkeln, daß er über die langweiligen offiziellen Bälle klagt, die da in Rastatt stattfinden und an denen nur verschwindend wenige und meist über fünfzig Jahre alte Frauen teilnähmen. Er meint damit die paar anwesenden Damen der Bevollmächtigten, verschweigt aber wohlweislich, daß es neben diesen offiziellen Festen auch viel lustigere, nette kleine Soupers mit Damen gibt, die weit unter fünfzig Jahre alt sind und wobei es keineswegs steif zugeht. Doch nun ergibt sich vielleicht bald eine Gelegenheit, nach

Lorel zu sehen, die guter Hoffnung ist. Wichtige Depeschen sind nach Wien zu bringen, deren Beförderung der junge Graf übernehmen will. Seine politischen Nachrichten sind aber nicht günstig. Der oft angesagte Bonaparte kommt nicht, und es ist schon klar: das linke Rheinufer ist unrettbar verloren, man sieht nur zu, daß Entschädigungen an die Betroffenen am rechten Ufer zugebilligt werden. Daran sind die Metternichs ja auch persönlich interessiert.

Hier in Rastatt, glaubt Clemens, entscheidet sich nun das Schicksal der Welt, der Friede Europas. Und schon finden wir ein Wort in den Briefen an Lorel, das er tausendmal wiederholen wird, auch wenn es gewiß nicht so war: »Alles, was ich voraussah, geschieht!« Sonst findet er Rastatt »détestable«, außer wenn Cobenzl wieder einmal ein Souper gibt, zu dem alle Mitglieder der Comédie Française geladen sind. Jedenfalls ist es besser, wenn Lorel direkt von ihrem Gatten über diesen Abend hört als vielleicht von dritter Seite! Doch der Brief schließt beruhigend: »Adieu, meine gute, ausgezeichnete Kleine, lieber, guter, bester Engel, ich liebe Dich, Dich und meine kleinen Kinder, und immer Dich und sie; der ganze Rest des Weltalls bedeutet mir nichts.« Gegen Ende des Monats fährt Clemens nach Wien und bleibt dort, bis seine Frau am 21. Februar 1798 einen Sohn zur Welt bringt, der den Namen Franz erhält. Der junge Vater ist höchst erfreut, denn über Familiengefühl verfügt er und ist stolz auf seine wachsende Nachkommenschaft. Der kleine Franz besitzt allerdings, wie sich bald herausstellt, eine sehr zarte Gesundheit, so daß man an seinem Aufkommen zweifeln muß. Auch die Mutter kann sich lange nicht erholen, und schon werden Andeutungen laut, daß die Gräfin schwach auf der Lunge ist und sehr auf sich achtgeben muß.

Anfang März muß der Gatte wieder zum Kongreß zurück und trennt sich schwer von seiner Familie. In Rastatt geht nun wieder das alte Leben an; in den politischen Fragen kommt man nicht recht weiter, Soupers und Diners, Karten- und sonstige Hasardspiele lassen die müßige Zeit verstreichen. Clemens ist noch ganz erfüllt von den Tagen, die er inmitten seiner Familie verbracht hat. Er freut sich über jede Zeile seiner Frau: »Ein Wort von Dir ist wie ein Blitz, der meine fern von allem, was ich liebe, eingeschläferte Seele erhellt ... Ihr drei seid so eng mit meiner Existenz und meiner Seele verwachsen, daß ich immer glaube, daß wir nur eins bilden ... Wie mächtig ist doch der Zauber einer echten Verbindung, eine solche allein ist der Gipfel des Glücks, die einzige Quelle reinen und dauerhaften Vergnügens, das alle Schicksalsschläge oder Ereignisse nur leicht berühren, niemals aber zerstören können ...« So schreibt Clemens; in einem Atem aber berichtet er auch über seine Spielleidenschaft, die ihn oft Hunderte gewinnen oder verlieren läßt. Von anderen Frauen weiß er seiner

Lorel freilich nichts zu berichten, und doch pflegt er den wenigen Schönen, die Rastatt aufzuweisen hat, nach wie vor nicht aus dem Weg zu gehen. So kämpfen in des jungen Mannes Seele die besten und gesündesten Gefühle immer wieder mit solchen, die zu Leichtsinn neigen und um so mehr freie Hand haben, als Lorel nicht um ihn ist. Aber dadurch wächst in der jungen Frau besonders der Wunsch, nun auch nach Rastatt zu kommen und ihren Gatten dort aufzusuchen. Er selbst äußert doch fortwährend und in den sehnendsten Ausdrücken den Wunsch nach einem Wiedersehen.

Clemens flüchtet sich in solche Gedanken, denn die Politik wird ihm immer unleidlicher. Er beginnt die Revolutionäre zu hassen und zu verachten, mit denen er notgedrungen zusammen sein muß, obwohl er immer gezwungen ist, ihr Gast zu sein. »Ich habe gestern bei Treilhard gegessen«, berichtet er am 7. April. »In der Mitte des Tafelaufsatzes gab es eine Art Pyramide aus Grillage mit einer ungeheuren Trikolore; ich schwöre Dir, ich verlor allen Appetit bei dem Anblick dieses verabscheuungswürdigen Aushängeschildes.«

Sowie der junge Graf kann, flieht er von Rastatt und macht Ausflüge, besonders gern an den Hof von Baden. So auch am 12. April in großer Gesellschaft. »Der berühmte Postillion meiner Eltern«, berichtet er Lorel, »hat glücklich Mittel und Wege gefunden, uns alle drunter und drüber in den Straßengraben umzuwerfen. Ich habe aber den Sturz kommen sehen, habe mich auf das Abenteuer gefaßt gemacht und daher nur einen blauen Fleck davongetragen.« Sogar das will Clemens vorausgewußt haben. Daß die Dinge am Kongreß aber so gar nicht weiterkommen, hat er doch nicht vorausgesehen. »Ich werde mich jedoch nicht viel darum kümmern, wenn einmal unser persönliches Interesse gerettet ist, kann mir das Ganze gestohlen werden (je m'en n'embarasse plus et je m'en fiche) . . . und ich denke nur daran, Dich zu küssen, oben, unten und von allen Seiten. Ich glaube sicher, daß unter allen Menschen dieser Erde keiner Dich hätte so lieben können. Ja, meine gute kleine Frau, Du bist alles, was ich in der Welt am meisten liebe, und ich werde niemals eine andere lieben[15] . . .«

Stolz hat Lorel ihrem Mann einmal geschrieben, sie hätte bei einer Soiree in der Gesellschaft großen Erfolg gehabt. »Ich bin gar nicht erstaunt darüber, meine gute kleine Freundin«, antwortet Clemens. ». . . Ganz Wien weiß . . . daß Du eine vortreffliche Mutter bist – sinnliche Liebe liest man in Deinen großen Augen, und in Deinem ganzen Gesichtsausdruck . . . liegt Eitel- und Weiblichkeit, das ist wahr, soweit sich dies mit den besten Eigenschaften vereinen läßt . . . Denke nur ein Viertel so viel an mich, wie ich an Dich denke, und ich bin schon zufrieden[16].«

Für die französische Nation, wie sie sich nun am Ausgang der Revolution darstellt, hat Clemens nur schärfste Worte: »Wo sich nur ein Franzose zeigt, wird niemals Frieden herrschen[17]«, meint er und flüchtet sich wieder zu den zahlreichen Briefen seiner Frau, die ihn »allein alle Widerstände und Unannehmlichkeiten des Augenblicks vergessen lassen[18].« Der junge Ehemann beschäftigt sich nun auch mit seiner Zukunft; er möchte gern in die Diplomatie eintreten, und sein Vater spricht mit dem Grafen Cobenzl darüber, der sich zustimmend äußert. Schon beraten die beiden, welchen diplomatischen Posten man ihm anvertrauen könnte. Die lange und fruchtlose Dauer des Hin- und Herredens am Kongreß bei Abwesenheit Bonapartes langweilt ihn schon unendlich.

Nun denkt Clemens doch, endlich den Bitten seiner Frau nachzugeben, die ihm unzählige Male geschrieben hat, sie wolle ihn besuchen kommen. Er gibt ihr genaue »Marschroute«, und Lorel trifft auch ohne Zwischenfall pünktlich in Rastatt ein. Hier stellt sie fest, daß ihr Kommen ganz gut war, denn trotz allen brieflichen Versicherungen hat sich der Gatte doch an ein recht lockeres Leben gewöhnt, das er selbst in Anwesenheit seiner Frau nicht ganz aufgibt. Äußerlich zollt er ihr jede gebührende Ehre, läßt sich aber im übrigen in seinen Gewohnheiten keineswegs stören. Eleonore Metternich kränkt sich anfangs ein wenig über diese Haltung ihres Gatten, wenn er aber dann wieder nach Hause kommt, zu ihr zurückkehrt, seinen Charme spielen läßt und ihr sagt: »Du stehst doch hoch über allen, denn du bist mein einziger, größter Schatz, so klein du auch schon immer bist«, da schmelzen ihr Ärger und ihr Kummer dahin, sie glaubt ihm und begreift, daß er aller Welt so wie ihr gefällt.

Die bisher nur heimlich zugestandene Abtretung des linken Rheinufers wird nun auch vom Reich bewilligt. Bald aber spitzen sich die Gegensätze so zu, daß Clemens Metternich, der ja nur eine nebensächliche Rolle spielt, erkennt, der Kongreß werde sich schließlich nicht gerade freundlich auflösen. So beschließt er, Mitte März 1799 nach Wien zurückzukehren, noch bevor die Lage in Rastatt bedrohliche Formen annimmt. Der Ausbruch des zweiten Koalitionskrieges gegen Frankreich unterbricht endlich jäh die langwierigen Verhandlungen. Die französischen Gesandten werden bei ihrer Abreise am 28. April 1799 von ungarischen Husaren überfallen und zwei von ihnen ermordet. Clemens schätzt sich glücklich, da nicht mehr in Rastatt geweilt zu haben.

Metternich Vater und Sohn verfolgen nun mit äußerster Spannung die Wechselfälle des zweiten Koalitionskrieges. In Wien nehmen Clemens und seine Frau das gewohnte Leben in der großen Gesellschaft wieder auf. Sehr häufig ist er besonders im Salon der Gräfin Rombeck zu sehen, der geistreichen und auch einflußreichen Schwester des Grafen Ludwig Cobenzl. Denn ganz im Gegensatz zu dem, was er später wahrhaben will – läßt er doch in den nachgelassenen Papieren über diesen Zeitraum sagen: »Ich hatte keinerlei Lust, in Dienst einzutreten[19]« –, wünscht der junge Mann in dieser Zeit sehnlichst eine diplomatische Verwendung und wird nur durch Thugut daran verhindert, dessen Abneigung er nun zu spüren bekommt.

In der jungen Ehe ereignen sich zur Zeit zwei schwere Schicksalsschläge. Am 10. Juni bringt Lorel wieder einen Knaben zur Welt, der nach seinem Vater benannt wird, aber schon fünf Tage nach seiner Geburt stirbt. Lorels Gesundheit wird ernstlich angegriffen, als am 3. Dezember desselben Jahres auch noch der schon bald zweijährige Franz plötzlich dahingerafft wird. Nun bleibt die kleine Marie allein zurück, und Clemens' Stolz, seine beiden Buben, sind nicht mehr. Doch die Hoffnung auf neue Nachkommenschaft bleibt bestehen, und darin finden die jungen Eheleute Trost.

Der Krieg gegen Frankreich geht indes für die Koalition ungünstig aus, da Rußland sich bald von ihr zurückzieht und Bonaparte als Erster Konsul die Herrschaft in Frankreich an sich reißt. Er erringt am 14. Juni 1800 den entscheidenden Sieg von Marengo, der allerdings um ein Haar gegenteilig ausgegangen wäre. Die Folge ist der höchst ungünstige Friede von Lunéville, der endlich die Kriege gegen die Revolution beendet. Nun ist der Rhein wirklich Frankreichs Grenze und der Kaiser gedemütigt. Die Fürsten, die dabei ihr Land und Gut verlieren, sollen durch Einziehung kleiner geistlicher und weltlicher Territorien (Säkularisation) entschädigt werden. Dazu gehören auch die Metternichs, die die Herrschaften Winneburg und Beilstein verlieren. Der so ungünstige Friede besiegelt das Schicksal Thuguts, der, obwohl er außenpolitisch höchst weitblickend ist und, wie die Folge zeigt, die Entwicklung vollkommen richtig voraussieht, über Druck der siegreichen Franzosen seinen Stein im Brett des Kaisers Franz verliert und bitteren Herzens seine Entlassung gibt.

Für die Metternichs aber ist der Rücktritt Thuguts von höchster Bedeutung; nun ist ihr ärgster Feind aus dem Weg geräumt. Ihr Beschützer, Graf Ludwig Cobenzl, Bruder jener Gräfin Rombeck, in deren Salon der junge Metternich ein so beliebter Gast ist und auf die er gleichwie auf so viele andere Frauen den angenehmsten Eindruck gemacht hat, wird nun Minister des Äußeren. Und wirklich, Ende Jänner 1801 erhält der achtundzwanzigjährige Metternich, der keinerlei diplomatische Studien hinter sich hat und noch dazu gar kein Österreicher ist, den Posten des Gesandten in Dresden, ohne auch nur Sekretär gewesen zu sein.

Der Name Kaunitz und der Ruhm, der sich an ihn knüpft, die nun hinter ihm stehende Clique der Cobenzl, Liechtenstein und der ihr angegliederten Familien hat gesiegt, das Sprungbrett für eine atemberaubende Laufbahn ist gegeben, und die Zeit wird zeigen, daß Clemens Metternich zu springen versteht.

II. IM FRÖHLICHEN DRESDEN UND ERNSTEN BERLIN

1801–1806

Am 4. November des Jahres 1801 kommt das junge Ehepaar Metternich in Dresden an. Es ist nicht gerade ein politisch weltbewegender Standort, doch ist diese Stadt immerhin interessant, weil sich von dem polnisch-sächsischen Königtum her dort immer noch große Familien aus Polen aufhalten und auch vielfach hohe Persönlichkeiten aus Rußland dorthin gelangen. Der Zar liebt es in jener Zeit, solche Kundschafter auf Reisen zu schicken, und benützt dazu mit Vorliebe schöne Frauen, die oft von girrenden Männern wichtige Dinge leichter in Erfahrung bringen als so mancher geeichte und gelernte Diplomat. Trotzdem, weltentscheidende Politik wird in Dresden nicht gemacht, und darum hat man den jungen Metternich zunächst dorthin gesandt, weil er da nicht viel verderben kann, wenn er sich als nicht geeignet erweisen sollte. Man will einmal beobachten, wie der junge Mann sich in der Stellung eines Gesandten benimmt. So denkt zumindest der mächtige Graf Colloredo.

In Dresden herrscht damals Kurfürst Friedrich August III., dessen Bruder und Thronfolger Anton die Schwester des Kaisers Franz, Erzherzogin Marie Therese, zur Gattin hat. Demzufolge wird der junge Vertreter Österreichs bei dem Thronfolgerpaar ausnehmend herzlich aufgenommen, und die Erzherzogin hat ihre besondere Freude an dem eleganten und hübschen Kavalier, der heiter und lustig zu erzählen weiß und dabei doch als Gesandter ein würdevolles Auftreten zeigt. Nur findet die hohe Frau gleich von Anfang an, daß das Ehepaar sich über viele Vorurteile hinwegsetzt und besonders Clemens für schöne Frauen trotz seiner jungen Ehe bemerkenswert hohes Interesse zeigt. Dazu ist viel Zeit und Gelegenheit, denn die Amtspflichten sind nicht allzu groß, und die Berichte an die Staatskanzlei erfordern demgemäß nur wenig Zeitaufwand.

Um so mehr stürzt sich der neue Gesandte sofort mitten in das gesellschaftliche Leben und faßt vor allem gleich in der polnischen Kolonie festen Fuß. Damals weilt die Fürstin Isabella Czartoryska in Dresden, die Gemahlin des berühmten Fürsten Adam, der zeitlebens mit Sicherheit darauf gerechnet hatte, von seinen Landsleuten zum König erwählt zu werden. Dieser ungeheuer reiche polnische Magnat hatte wegen des von ihm im Jahre 1794 gegen Rußland angezettelten Aufstandes, der durch den General Suworow niedergeschlagen worden war, aus seiner Heimat fliehen müssen.

Fürst Adams wunderschöne, außerordentlich temperamentvolle Frau, die ein bewegtes Leben hinter sich hatte, machte Dresden zu ihrem Hauptquartier, während ihr Gatte in ganz Europa umherreiste und für sein Vaterland Freunde zu werben versuchte. Auch ihr gefällt der jugendliche kaiserliche Vertreter. Metternich erinnert sich der Mahnungen, die älteren Damen nicht zu vernachlässigen; ganz besonders dann nicht, wenn sie zu jenen gehören, die in ihrer Jugend große Erfolge in Liebesdingen gefeiert haben und es einfach nicht über sich bringen, sich mit ihrem wachsenden Alter abzufinden. Zu ihnen gehört die Fürstin Isabella, und dazu ist sie die steinreiche Gemahlin eines hochgebildeten, stolzen Patrioten mit einer Feuerseele wie Adam Czartoryski, der zwar im Augenblick in Petersburg in Ungnade, doch ein Freund des gefühlvollen Thronfolgers Alexander ist, für dessen anmutige badische Gemahlin Elisabeth er glühend schwärmt. Eine solche Bekanntschaft muß gepflegt werden; so weiß die sechsundfünfzigjährige Matrone den jungen Diplomaten zu schätzen und hilft ihm, wo sie kann.

In ihrem Salon lernt er alles kennen, was eigentlich nicht nach Dresden gehört, aber doch dort weilt und von hoher Geburt, reich und schön ist. Vor allem eine entzückende junge Frau, die ihren Gemahl, den russischen General Fürst Peter Bagration nur selten und vorübergehend sieht. Der Gatte gehörte zu den unzähligen Russen, die bei dem halb wahnsinnigen Zaren Paul I. in Ungnade gefallen sind. So muß auch er im Ausland weilen und hat seine ihm im Jahre 1800 angetraute, nun bei Metternichs Erscheinen in Dresden im neunzehnten Lebensjahr stehende Frau Katharina Pawlowna, eine nahe Verwandte des nach der Ermordung Paul I. am 23. März 1801 zur Regierung gelangten Zaren Alexander I., ebendort untergebracht.

Jetzt, sagt sich Clemens Metternich, kann alles anders werden und der neue Kaiser gerade für diejenigen Familien Neigung empfinden, die von seinem starrsinnigen Vater schlecht behandelt worden waren; man muß sich also auch von der politischen Seite gesehen mit dieser jungen Frau, die verführerisch hübsch und dabei sehr kokett und zugänglich scheint, gut stellen, und das fällt einem jungen, lebenshungrigen, bildschönen Mann, der seine Ehefesseln nicht allzu genau nimmt, nicht schwer. Besonders wenn er sich vor Augen hält, daß diese süße kleine Frau mit ihrem Teint von rosig überhauchtem Alabaster ein ausdrucksvolles Gesicht mit sinnlichen Lippen besitzt. Sie ist eher klein geraten, ihre entzückend geformte Figur zeigt aber, wie Graf de la Garde[1] sagt, »orientalische Fülle vereint mit andalusischem Liebreiz«. Die Fürstin kennt die Wirkung ihrer Erscheinung, liebt es, ihre Reize zu zeigen, und in der diplomatischen Gesellschaft gibt es so manche weibliche Mitglieder, die sich darüber entrüsten, daß ihre Ballkleider besonders tief ausgeschnitten sind. Wenn man daraus schließt, daß die junge Frau nicht allzu prüde und zurückhaltend ist, so geht man nicht fehl. Clemens Metternich erobert sie im Fluge, und Gräfin Eleonore, die klug genug ist, um alles, was um sie herum vorgeht, sofort zu durchschauen, muß mit einiger Bitternis sehen, daß die Russin ihres Gatten Geliebte geworden ist. Und wirklich, das Verhältnis hat Folgen. Die schöne junge Frau bringt im Jahre 1802 eine Tochter zur Welt, an deren Erscheinen ihr Gatte wegen langer Abwesenheit nicht schuld sein kann und die Katharina Bagration ganz ungescheut Clementine nennt.

Aber nicht nur Erotik ist es, die Clemens an die Fürstin knüpft. Sie hat eine ausgesprochene Schwäche für Politik, zeigt nachhaltiges Interesse für alle Vorgänge in der hohen Diplomatie; wo es darüber etwas zu erfahren gibt, ist sie zu finden. »Sie erhört alles und alle«, spottet die böse Welt. Was sie erfährt, bespricht sie dann mit ihrem Liebhaber, der auf diese Weise auch zu manch wertvoller Nachricht gelangt.

Ein Salon zählt den jungen österreichischen Diplomaten am häufigsten zu seinen Gästen, jener einer gleichfalls Rußland nahestehenden, überaus reichen Familie. Auch deren Glück geht auf die Liebesneigung eines Mitglieds der Zarenfamilie, diesmal einer Frau, der Kaiserin Anna I. zurück. Die Herzogin Dorothea von Kurland, geborene Gräfin Medem, Witwe nach Peter, einstigem Herzog von Kurland, weilt mit ihren vier Töchtern hier. Dieser Fürst hatte im Jahre 1795 gegen gewaltige finanzielle Entschädigung auf das Herzogtum Kurland verzichtet und sich nach Sagan zurückgezogen, welches in Schlesien gelegene Lehen er im Jahre 1796 gekauft hatte. Nach seinem Tod war das Vermögen auf seine Witwe und die vier reizenden Töchter übergegangen, Grund genug, daß auf Freiersfüßen wandelnde junge Leute hohen Adels aufhorchen. Die zweite Tochter Pauline gewinnt im Jahre 1800 einen zwar kleinen, aber doch regierenden Fürsten. Aber in Sagan war es zu einsam, Herzogin Dorothea muß daran denken, auch ihre anderen Töchter günstig zu verheiraten.

Ihre Älteste, Wilhelmine, hatte schon eine bittere Erfahrung gemacht. Außerordentlich klug, frühreif, besitzt sie wundervolle Züge, über die eine majestätische Anmut ausgegossen ist, und die herrliche Erscheinung berückte schon in frühester Jugend alle Welt. Der Ruf ihrer Schönheit war auch bis an den preußischen Hof gedrungen. Prinz Louis Ferdinand, ein Neffe Friedrichs des Großen und liebenswürdiger, schmucker Mann, dem allerdings das Geld durch die Hände rann, interessierte sich für die reizende, reiche Erbin. Schon wurde der Besuch des Prinzen angesagt, da mischte sich der König von Preußen Friedrich Wilhelm ein und verbot die Werbung. Tief gekränkt heiratete die Prinzessin »par dépit« unmittelbar darauf, am 23. Juni 1800, den Prinzen Julius Rohan, einen Mann aus jener Familie, die sich der Abstammung nach höher dünkt als die Bourbonenkönige von Frankreich und deren Wappenspruch das stolze Wort »Roy ne puys, Duc ne daygne, Rohan suys« (König kann, Herzog mag ich nicht sein, bin ein Rohan) trägt.

Von Liebe ist da nicht viel zu merken. Bei ihm hat die große Partie eine ziemliche Rolle gespielt, bei ihr ist es mehr gekränkter Stolz gewesen. So ist auch diese junge Frau neuen Abenteuern um so eher zugänglich, als das Blut sowohl in den Adern der Mutter wie auch aller vier Töchter noch viel feuriger kreist als sonst bei jungen Leuten. Beweis dafür, daß sich die dritte Schwester Jeanne schon im sechzehnten Lebensjahr romantisch von einem Musikus entführen ließ und erst »unbeschreiblich verstört« durch nachgesandte Offiziere wieder heimgeholt werden mußte. Doch die Folgen konnten nicht verhindert werden.

Das war im Jahre 1799 gewesen, zwei Jahre vor der Übersiedlung der Herzogin Dorothea nach Dresden an den befreundeten Hof. Zudem war es nach der verunglückten Brautschaft Wilhelmines mit dem preußischen Prinzen und dem unglückseligen Abenteuer der kleinen Jeanne vorteilhaft, einen Luftwechsel vorzunehmen.

Die Herzogin von Kurland hat ihre wundervoll geformte, wenn auch nicht große Gestalt ebenso wie ihre schönen Augen, den sinnlichen Mund und die perlengleichen Zähne den Kindern vererbt. Sie hat ihnen Weltläufigkeit vermittelt und sie Sprachen gelehrt, deren sie mehrere fließend beherrschen. Da die Töchter außerdem auch von Natur aus klüger sind als ihre Mutter, haben sie es bald heraus, daß diese in Liebesdingen auch nicht allzu zurückhaltend gewesen war. Es fällt daher der Herzogin schwer, in dieser Beziehung zügelnd in das Leben der Töchter einzugreifen. So vermag sie auch der unverhohlenen Bewunderung ihrer ältesten Tochter Wilhelmine für Metternich nicht allzusehr entgegenzutreten, und Rohan hat nicht viel zu reden, er ist zunächst froh, eine so reiche, schöne Frau aus großem Hause sein eigen zu nennen, allerdings nur zu *nennen*.

Wilhelmine hat nach dem Tod ihres Vaters Sagan geerbt, und so gewöhnt man sich allmählich, sie nicht Kurland und auch nicht Rohan, sondern vornehmlich Herzogin von Sagan zu rufen. Ihr entgeht natürlich Metternichs Verhältnis zur Fürstin Bagration ebensowenig wie jedermann sonst in Dresden. Diese Beziehung läßt ihn damals ihr gegenüber etwas zurückhaltend erscheinen; immerhin berückt sie ihn durch ihren Geist und Witz, durch ein »überraschend kluges Urteil und unerschütterliche Ruhe«, wodurch sie sich allen anderen Frauen, denen er in Dresden begegnet, überlegen erweist. Verführerisch wirkt dieser schwarze Lockenkopf aber doch, der »liebt comme l'on dîne[2]«, das ist gar kein Zweifel, und in der Zukunft kann er noch sehr gefährlich werden.

Es ist zu erwarten, daß bei so vielen Versuchungen und der geringen Widerstandskraft, die Clemens Metternich schönen Frauen gegenüber aufbringt, die Gräfin diese Haltung ihres Mannes übelnehmen könnte. Aber nein! Eleonore Metternich ist nicht von eifersüchtiger Natur; als Grande Dame setzt sie sich über die Schwächen ihres Gatten hinweg, um so mehr, als Kinder für sie ein Band bedeuten, das die Ehe unauflöslich macht. Sie überwindet sich selbst und behandelt ihren Mann nun mit einer Art überlegenen Ironie, die den schönen Clemens manchmal nicht wenig in Verlegenheit bringt. Sie begreift schließlich die anderen Frauen und sagt selbst einmal in späteren Jahren wie entschuldigend: »Ich kann überhaupt nicht verstehen, wie irgendeine Frau ihm widerstehen kann[3].«

Wenn die Gräfin sich im Spiegel betrachtet, muß sie sich eingestehen, daß sich ihre Reize mit denen anderer Damen nicht messen können, und ihr Gatte hat niemals in leisester Weise angedeutet, daß er sie etwa verlassen wolle, um eine neue Ehe einzugehen, soweit hält ihn die Konvention streng in Schranken. So bleiben die inneren Beziehungen der beiden Gatten, ihr häuslicher Herd, mehr oder weniger unberührt. Seine Familie soll unter seiner Flatterhaftigkeit nicht leiden, das ist Metternichs fester Vorsatz. An seinem allein am Leben gebliebenen, freilich auch gesundheitlich zarten Töchterchen hängt er mit größter Zärtlichkeit und Liebe. Gräfin Eleonore ist auch entschlossen, ihm noch weitere Kinder zu schenken und ihn so für immer an sich zu fesseln, mag er daneben flirten, soviel er will. Clemens verteidigt sich seiner Frau gegenüber auch damit, daß sein Beruf es erfordert, Damen den Hof zu machen, um durch sie sowohl Nachrichten zu erfahren als sich auch Verbindungen zu schaffen, die dem allerhöchsten Dienst zugute kommen. So findet sich Lorel mit der Lage ab und bemüht sich, ihm in seinen politischen Bestrebungen und seiner Laufbahn in jeder Weise zu helfen. Je höher er steigt, desto stolzer wird auch ihre Stellung in der Welt, desto leichter wird sie auch über äußeren Glanz und Verbindungen in der Welt verfügen und eine große Rolle spielen können.

Die Bemerkung ihres Gatten, »Tröpfe allein behaupten, daß das Herz nicht mehrerer gleich starker Neigungen fähig ist«, die sie sicherlich auch einmal von ihm gehört hat, gibt ihr zu denken. Aber noch ist sie zu sehr in ihren Gatten verliebt, von dem sie wieder ein Kind unter dem Herzen trägt, als daß sie auf die Idee käme, diesen Gedankengang etwa auf sich selbst anzuwenden.

Im Sommer 1802 macht nun der junge Gesandte die Bekanntschaft eines Mannes, von dem er es gewiß nicht lernen wird, sich in Liebesdingen zu bescheiden: der achtunddreißigjährige Friedrich von Gentz wird ihm im Salon des englischen Gesandten Elliot vorgestellt. Der sehr begabte Mann der Feder ist von einfacher Herkunft, sein Vater ein preußischer Münzbeamter, seine Mutter eine Französin namens Ancillon. In dem Kind aus dieser Ehe haben sich deutsche Gründlichkeit, französischer Charme und leichter Sinn zu einer hervorragenden Mischung genialer Tüchtigkeit und leichtester Lebensauffassung entwickelt. Er ist ein Mann, der, genauso wie Metternich, »ohne Frauen«, oder besser gesagt, ohne viele Frauen, nicht leben kann. Auch er ist überall dort zu finden, wo eine schöne Frau die Menschen berückt, und sieht sich in dieser Eigenschaft eines Sinnes mit Clemens Metternich, der ihm von Haus aus sehr gefällt, genauso wie der Diplomat Gentz' geschmeidiges Wesen und vor allem seine ausgezeichnete Feder schätzenlernt.

Der gewandte Schriftsteller war damals gerade drauf und dran, aus preußischen in österreichische Dienste zu treten, und so ist der Ausgangspunkt für eine lebenslange enge Beziehung dieser beiden Männer zueinander gegeben. In seinem bescheidenen Zimmer im Gasthof »Zum Engel« vereint Gentz täglich, wie er stolz bemerkt, alles, was Dresden nur an interessanten Leuten besitzt, und da wird »über den Zustand Europas« beratschlagt. Er ist auch einer der ersten, die Clemens zu der am 15. Jänner 1803 erfolgten Geburt eines Sohnes Viktor Glück wünschen, der nun zur größten Freude Metternichs den Verlust seiner ersten beiden Söhne ersetzt. Überhaupt ist diese Zeit für die Familie glückbringend. Kaiser Franz, der sich mehr und mehr mit Metternichs Vater versöhnt, da er auf Thugut nicht mehr hört und seine übrige Umgebung seit der Kaunitzheirat den Metternichs wieder gewogener geworden ist, schenkt ihm die Abtei Ochsenhausen im Württembergischen mit allen ihren Einkünften und dem Reichsfürstentitel für seine Person, allerdings auch ein wenig aus egoistischen Gründen, weil er die damit verbundene Virilstimme für die Kaiserwahl braucht.

In Wien hat man inzwischen sehr genau beobachtet, wie sich Metternich und seine Frau benehmen, denn der Name Kaunitz bedeutet in der Welt soviel wie Freundschaft mit Frankreich, und deshalb hat man daran gedacht, den Schwiegerenkel des großen Kanzlers vielleicht einmal nach Paris zu senden, für welchen Posten man krampfhaft einen geeigneten Mann sucht. Vorerst jedoch wird der junge Diplomat auf Vorschlag Colloredos nach Berlin bestimmt. Dort pulsiert das Leben ungleich lebhafter, wenn auch die politische Richtung des Landes unter der Führung des zwar sittenreinen und pflichttreuen, aber sonst durchaus mittelmäßigen, unselbständigen und eines kraftvollen Entschlusses unfähigen Königs Friedrich Wilhelm III. eine schwankende, zaudernde und daher unglückliche ist.

Als das Ehepaar Metternich am 21. November 1803 in Berlin eintrifft, wird es mit offenen Armen am Hof aufgenommen, und die schöne Königin Luise erinnert sich jenes Abends bei der Krönung des Kaisers Franz in Frankfurt, als sie mit Clemens den prunkvollen Ball eröffnete. So ist der

Anknüpfungspunkt gleich gegeben, und Metternich hegt große Hoffnungen, vielleicht auch durch persönliche Wirkung auf die ziemlich vielvermögende Königin die Berliner Politik im Sinne Österreichs zu beeinflussen. Bis jetzt steht Preußen zwischen Frankreich und den diesem widerstrebenden Mächten und versucht solch schwanke Neutralität durchzuhalten. Die zur Zeit geltenden Machtverhältnisse sind am besten durch einen Blick auf die Einwohnerzahl der verschiedenen Mächte zu verstehen; sie haben sich seither gewaltig verschoben.

Jetzt, zur Zeit, da die Metternichs nach Berlin kommen, weisen Frankreich zirka 28 Millionen, die Habsburger Monarchie etwa 26, Preußen nur 7, Großbritannien 13, Rußland insgesamt 36 Millionen Einwohner auf, während die Vereinigten Staaten von Amerika mit ihren 5 1/2 Millionen noch kaum eine Rolle spielen. Merkwürdig genug, daß die gewaltige Seegeltung Großbritannien mit seiner geringen Bevölkerungszahl so machtvoll in die Vorgänge auf dem Kontinent hineinsprechen läßt.

Metternichs Aufgabe ist es nun, die 7 Millionen Preußen zur österreichischen Monarchie hinüberzuziehen und damit dem drohenden Frankreich gegenüber zumindest die zahlenmäßige Ebenbürtigkeit zu erwerben. Wenn er aber da mit der Königin rechnet, so mutet er sich doch zuviel zu. Königin Luise ist ihrem Gatten unbeirrt treu, sie weiß ihre Stellung zu wahren, sie vergibt sich nichts, wird sofort scheu und zurückhaltend, sowie sie sieht, daß jemand, ihrer Schönheit schmeichelnd, durch persönliche Eigenschaften auf sie einwirken will. Da verfangen Metternichs Eroberungskünste nicht, aber sonst weiß er sich in Berlin schadlos zu halten. Die Fürstin Bagration ist nicht mehr in seiner Nähe, die Beziehungen erkalten etwas, nur soll die Schöne ihn sehr nach Petersburg empfohlen haben, in der Hoffnung, Metternich dann dort wiederzufinden.

Aber Wilhelmine von Sagan-Rohan, die älteste Kurländerin, weilt öfters in Berlin; besitzt doch die Herzogin, ihre Mutter, dort das sogenannte kurländische Palais Unter den Linden, Vorwand genug, um öfters in die preußische Hauptstadt zu kommen. Aus ihrem Gemahl Rohan macht sich Wilhelmine gar nichts mehr, und der Tag ist nahe, da sie nichts mehr von ihm wissen will. Verehrer hat sie genug, wenn einer gerade nicht mehr paßt, wird es eben ein anderer. Metternich ist geschmeichelt, daß diese junge, vielfach angebetete Frau ihn so ausgesprochen auszeichnet; seine Gefühle sind noch geteilt, er ist durch ihr Entgegenkommen angenehm berührt, sie gefällt ihm auch physisch ausnehmend. Etwas ironisch sieht Gentz ihn mit diesem »anmutigen Porzellanfigürl aus dem 18. Jahrhundert«, wie er sie nennt, durch das Brandenburger Tor reiten.

Doch verfällt Metternich der schönen Wilhelmine nicht so ganz, denn im Augenblick ist er in Liebesspiele mit der Prinzessin Jekaterina Dolgoruki, der Gemahlin des russischen Militärattachés in Berlin und Flügeladjutanten des Zaren verstrickt. Alle diese russischen Frauen schreiben nach Hause an einflußreiche Verwandte am Hofe usw., so daß der Name Metternich, fast stets von lobenden Worten begleitet, immer öfter an das Ohr des Zaren Alexander dringt.

In Berlin macht Clemens im Jahre 1803 die Bekanntschaft der Frau von Staël, die ein Jahr vorher ihren Gatten verloren und dann politischer Dinge wegen von Bonaparte aus Paris verbannt wurde. Sie ist auf einer Reise durch Deutschland begriffen, um es zu studieren und eine Arbeit darüber zu verfassen. Diese unermeßlich reiche Frau hat einen ebenso unermeßlichen, und zwar doppelten Ehrgeiz: sowohl als Frau zu wirken als auch in der Geisteswelt eine große Rolle zu spielen. Aber ihre äußere Erscheinung und ihre weiblichen Reize können damit nicht Schritt halten. Sie soll sich schon einmal Bonaparte gegenüber eine peinliche Absage geholt haben, als sie ihm nämlich, nach der Behauptung seines Sekretärs Bourrienne, schrieb, »ihre Feuerseele wäre von der Natur für die Anbetung eines Heros gleich ihm bestimmt, und sie wären einer für den anderen geschaffen«. Und das zu einer Zeit, da Bonaparte seine Josephine anbetete. »Diese Frau ist verrückt«, soll der General damals über die Staël zu dem Sekretär gesagt haben[4].

In Berlin legt es die Staël in ihrem Wunsch, auf jeden bedeutenden Menschen einzuwirken und ihn an ihren Wagen zu spannen, darauf an, den brillanten, jungen kaiserlichen Gesandten kennenzulernen und auf ihn Eindruck zu machen. Sie erzielt das Gegenteil; sie gefällt ihm nicht, denn er braucht genauso wie Napoleon Schönheit und Charme, um von einer Frau entzückt zu sein. Wenn dies aber fehlt, so muß man zumindest politisch einer solchen Dame etwas abgewinnen können. Am besten beides zusammen, ist Metternichs Evangelium; hier fehlt das eine und, da sie bei Bonaparte, dem Machthaber in Frankreich, schlecht angeschrieben ist, auch das andere; ehrgeizige Blaustrumpfallüren aber liegen Metternich nicht. Zudem hat sie sich einen gewissen lehrhaften Ton im Gespräch angewöhnt, den Clemens allerdings selbst in späterer Zeit in ermüdendstem Ausmaß annehmen wird, er aber bei einem anderen und besonders bei einer Frau gar nicht vertragen kann. Auch gewisse Eigenschaften, wie zum Beispiel übergroße Eitelkeit, können Männer überhaupt und besonders Metternich meist nur bei sich selbst ertragen. Das alles spielt hier mit.

Lorels Gatte selbst weiß der Welt sein Verhältnis zu Madame de Staël so darzustellen, als hätte nur sie um ihn geworben, ohne daß er ihr auch nur im geringsten entgegengekommen wäre. Ganz so war es wohl nicht; er schreibt selbst: »Ich war fortwährend bei ihr, und sie wollte noch viel mehr mit mir sein[5].« Nun, wenn Clemens der Welt und einer späteren Geliebten glauben machen will, daß er so gar nichts für sie übrig gehabt, warum weilt er denn »fortwährend« bei einer Dame, die ihm in jeder Weise unsympathisch ist? Allerdings ist Madame de Staël schon als Tochter des hochberühmten Finanzministers Necker eine weltbekannte Frau und ist es noch mehr durch ihre Schriften geworden. Es mag sein, daß sie, wie Dorothea von Schlegel sagt, »zu den Eitelsten der Eitlen gehörte«, aber in diesem Punkt hat Clemens Metternich ihr nichts vorzuwerfen. Denn wenn sie dies unter den Frauen ist, so ist er es zweifellos unter den Männern.

Tatsächlich weist Madame de Staël auch männliche Eigenschaften auf wie Metternich gewisse weibliche. Sie ist zum Beispiel bestrebt, ihre Überlegenheit über alle Menschen, von der sie zutiefst überzeugt ist, die ungeheure Distanz, die sie nach ihrer Meinung von den weniger Gebildeten trennt, zur Geltung zu bringen. Da verfällt sie auf Metternich, der seinerseits das gleiche anstrebt. Das kann natürlich keinen Gleichklang geben, und so muß das Zusammentreffen dieser beiden Menschen unfruchtbar bleiben.

Gräfin Eleonore fühlt sich in Berlin bedeutend wohler; sie geht in die große Welt, der französische Gesandte Marquis de Moustier findet höchstes Gefallen an der Enkelin des großen Freundes seiner Nation und hofft, daß er durch sie auf den Gatten einwirken kann, um ihn in den französischen Interessenkreis zu ziehen. Sofort heftet sich »Tratschsucht« an dieses gute Einverständnis, verkuppelt die beiden miteinander und behauptet, die Gräfin räche sich auf diese Weise an dem Benehmen ihres Gatten, dessen Liebeleien mit jeder ihm begegnenden schönen Frau aller Welt bekannt sind. Und dies, während Lorel ihrem Gemahl am 30. August 1804 wieder eine Tochter schenkt, die den Namen Clementine bekommt, aber leider auch von allem Anfang an eine sehr heikle Gesundheit zeigt.

Die glanzvollen Empfänge und Feste in Berlin werden aber mit Beginn des Jahres 1805 durch die Weltereignisse in den Hintergrund gedrängt. Napoleon Bonaparte, der so hoch gekommen ist, daß er sich am 18. Mai 1804 zum Kaiser der Franzosen verkünden lassen konnte, hat, an dem Erfolg einer Landung in dem ihn stets bekriegenden England verzweifelnd, plötzlich kehrtgemacht und sich auf Österreich geworfen, um diese neben Rußland mächtigste Festlandsmacht völlig niederzuwerfen. Jetzt soll Metternich Preußen dazu bringen, dem Donaustaat zu Hilfe zu kommen, es wäre sein höchstes eigenes Interesse, und es hätte sich, wie wir heute wissen, die furchtbarsten Niederlagen erspart, wenn es damals auf die Seite Österreichs und Rußlands getreten wäre. Aber nein, die Unfähigkeit des Königs und seiner Minister, klar zu denken, war zu groß; sie zauderten und schwankten, wollten erst sehen, wie der Krieg ausginge, und entschlossen sich viel zu spät zu halben Maßnahmen, trotz aller dringendsten

Bemühungen Metternichs und allem Druck, den hochgestellte Sonderbotschafter auszuüben versuchten. Es ist ganz richtig, was Colloredo zu dieser Zeit an Kaiser Franz schreibt: »Diese drei Höfe wohl vereinigt und im Einvernehmen miteinander können allein dem Ehrgeiz Napoleons eine Schranke setzen und ihm Grenzen ziehen[6].«

Man ist keineswegs kriegerisch in Wien. Kaiser Franz ist aber nicht der Mann, schwierige Lagen so schnell zu meistern; er hat wenig Menschenkenntnis, er übergibt dem Feldmarschalleutnant Mack, einem Schmeichler, der von sich selbst ungeheuer eingenommen und in gleichem Maße unbegabt ist, die künftige Führung eines gegebenenfalls doch unvermeidlichen Krieges. Noch hofft man, doch endlich einmal die Preußen zur Teilnahme am Kampf zu bewegen, aber vergebens. Metternich versagt da, denn gegen die Unzulänglichkeit des Königs und seiner Minister ist nicht aufzukommen. Der Königin, die das Richtige fühlt, gelingt es noch nicht durchzudringen. So ist man zu schwach, und der elende General Mack kapituliert am 17. Oktober in Ulm vor Napoleon. Der Weg nach Wien ist nun offen, und der Sieger verliert keinen Augenblick. Am 2. Dezember schlägt er bei Austerlitz, unweit des Kaunitzschen Schlosses, in dem Clemens Metternich geheiratet hat, die verbündeten Österreicher und Russen völlig. Kaiser Franz muß den elenden Frieden von Preßburg abschließen. Preußen aber hat mit seiner unentschlossenen Zurückhaltung den Grundstein für künftige eigene Niederlagen gelegt.

Für Clemens aber hat sein Versagen in den vergeblichen Versuchen, Preußen auf die Seite Österreichs zu ziehen, einen merkwürdigen Vorteil. Er ist jetzt Frankreich genehmer, als wenn er dabei Erfolg gehabt hätte. Nun auf einmal hört man von Paris, daß Kaiser Napoleon den jungen Metternich als Botschafter Österreichs an seinen Hof wünsche. Und dies, weil der mit dem Diplomaten engbefreundete Botschafter Frankreichs am Wiener Hofe, de la Rochefoucauld, Clemens empfohlen hat und weil sein Zusammenhang mit dem Namen des Staatskanzlers Fürst Kaunitz, dem einstigen Verfechter enger Beziehungen zwischen Österreich und Frankreich, Napoleon nun paßt. Denn er will Frieden in seinem Rücken haben, wenn er etwa doch etwas Entscheidendes gegen England unternehmen sollte.

Metternich erklärt also, diesen »gefährlichsten und undankbarsten Posten ... annehmen zu wollen«, und berichtet Lorel darüber: »So wurde ich an die Karre gespannt ... Du hast keine Ahnung, was diese Verwendung eigentlich bedeutet ... Alles wäre gut und schön, wenn Bonaparte weniger toll (enragé) und der Posten weniger peinlich und aufreibend wäre ... Man muß zugeben, ich habe alle meine gleichaltrigen Kollegen aber gründlich (rudement) überflügelt[7] ...«

In den ersten Julitagen des Jahres 1806 wird es nun ernst, und Clemens reist über Frankfurt nach Frankreich ab. Er ist schon des Klimas wegen sehr froh, nach Paris und nicht, wie Zar Alexander hoffte, nach Petersburg zu kommen. Dorthin hätte er seine Frau mit ihrer schwachen Lunge niemals mitgenommen, um so mehr, als Lorel immer verkühlt ist, hustet und Schnupfen hat und kein Arzt den wahren Grund dieses Zustandes erkennt.

Mit der Aussicht auf eine besonders schöne Stellung trifft nun der erst fünfunddreißigjährige Diplomat am glanzvollen Hofe des Korsen ein, voller Hoffnung, sich des ihm gezeigten Vertrauens würdig zu erweisen und Österreich in der Weltstadt an der Seine möglichst erfolgreich zu vertreten.

III. VON EINEM KRIEG ZUM ANDERN

1806–1809

Der verlorene Krieg des Jahres 1805 liegt Österreich noch in allen Gliedern; man ist sich in Wien dessen bewußt, daß die Lage des Donaustaates nun wesentlich ungünstiger ist, der Titel eines Kaisers des Römisch-Deutschen Reiches nur mehr Schall und Rauch und die wahre Vormacht in Europa bei jenem Mann liegt, der sich aus eigener Kraft die Kaiserkrone aufs Haupt gesetzt hat. Es bleibt nichts übrig, man muß sich mit diesem Mächtigen gut stellen und daher an die Politik des Fürsten Kaunitz anknüpfen, Freundschaft und Bündnis mit Frankreich pflegen, ja man muß dem Sieger auch, ganz anders als zu Kaunitz' Zeiten, in allem Wesentlichen nachgeben. Wenn man aber schon an diesen großen Staatsmann und seine Politik erinnert und in seinem Sinne fortfahren will, wer eignet sich besser dazu als dieser elegante, geschickte, verführerische Diplomat, der die Enkelin des Kanzlers von Maria Theresia zur Frau hat. Diese Verbindung muß ihn schon der Tradition nach in Paris empfehlen. So ist Graf Clemens Metternich auf den so wichtigen Botschafterposten nach Paris gelangt.

Im Schloß von St-Cloud überreicht Metternich sein Beglaubigungsschreiben unter den dafür vorgesehenen äußeren Ehren. »Es ist unmöglich, einen großartigeren und glänzenderen Hof zu sehen«, berichtet Clemens seiner vorübergehend noch in Dresden weilenden Frau ... »Das Gesamtbild eines Galatages bietet einen herrlichen Anblick. Ich finde sogar, daß die Herren die Damen ausstechen, denn die Mehrzahl der letzteren hat keine oder nur wenig Diamanten. Du, meine liebe Lorel, wirst damit bedeckt erscheinen im Vergleich zu allen Angehörigen der hiesigen Gesellschaft, die sich einbilden, solche zu besitzen[1].«

Bald darauf macht sich Eleonore Metternich auf die Reise und trifft mit den drei Kindern, zwei Mädchen und dem erst zweijährigen Knaben Viktor, in Paris ein. Clemens Metternich ist entschlossen, nun, da er sieht, daß in Frankreich wie in keinem anderen Staat der Welt alle Macht, alles Belieben, Gutes oder Böses zu tun, in dem freien Entscheid eines einzigen Mannes liegt, dessen Charakter und Wesensart auf das genaueste zu studieren. Wie aber ist das anzustellen? Gar so häufig bekommt auch ein Botschafter die Person des Kaisers nicht zu sehen, und wenn, so hat dieser natürlich stets förmlich eine Maske vor dem Gesicht, um seine Gedanken möglichst wenig zu verraten. Napoleon insbesondere, der ja Diplomaten nur als behördlich bewilligte Spione ansieht. So muß man versuchen, an die Mitglieder seiner Familie, an seine vertrautesten Leute, ja selbst an seine Geliebten flüchtiger Stunden heranzukommen, sie zu unterhalten, wo es geht zu berücken, vielleicht sogar gelegentlich dabei ihre Reize zu genießen und sie nebenher geschickt auszuhorchen. Das heißt zwei Fliegen auf einen Schlag treffen. Niemand scheint besser dazu geeignet als dieser elegante, schmukke, liebenswürdige Kavalier, der bald ironisch, bald ernst, bald frivol, bald voller Würde, aber immer unterhaltend zu sprechen versteht. Weiß er doch die Menschen seiner Umgebung mit köstlich wiedergegebenen, in reizenden Pointen gipfelnden Anekdoten zu fesseln, während er gleichzeitig dadurch die Aufmerksamkeit von seiner schlauen Beobachtung der Zuhörer und Zuhörerinnen abzulenken sucht.

Diese Art Diplomatie ist besonders wirksam an einem Hof, der bei allem äußerlichen Prunk und Gehaben sehr jung ist. Der Kaiser selbst ist erst siebenunddreißig, seine Marschälle und Würdenträger sind auch nicht viel älter, ihre Frauen daher alle noch in erster Blüte und die meisten auch schön. An ihrer Spitze die zwei Schwestern des Kaisers, die entzückende, einer Hebe gleichende Pauline Borghese, die kluge, nicht so schöne, aber in ihrer Art auch berückende, lebenslustige Caroline Murat, endlich Hortense Beauharnais, die Stieftochter des Kaisers, eine interessante und elegante Frau. Inmitten all dieser jungen, blühenden, tanzfreudigen Damen ist eine »so brillante« Erscheinung wie Metternich besonders gerne gesehen. Er erinnert sich der Worte Kaiser Josephs, daß Frauen unterhalten, sie besiegen heißt, und hält sich danach. Diese Art »Arbeit« fällt ihm nicht allzu schwer, weil so etwas an und für sich schon Spaß macht und ganz in der Linie seiner etwas leichtlebigen Neigungen liegt. Denn wenn man in Paris auch langsam alles durch die Revolution Zerstörte wiederherzustellen und selbst die alten, vornehmen Namen Frankreichs mit den neuen zu verschmelzen versteht, die Moral, die auch schon vor der Revolution leicht genug genommen wurde, wird am wenigsten gehoben. In den Salons geht es recht leichtsinnig zu, und da die höchststehende Persönlichkeit natürlich alle Welt zuerst interessiert, so wird auch von deren Liebeleien und Seitensprüngen am meisten gesprochen.

Häufig besucht der neuernannte österreichische Botschafter die Theater; anfangs öfter als die Salons, in denen er noch nicht so heimisch geworden ist. In der Comédie Française tritt zur Zeit eine große, üppige Schönheit auf, die George genannt, von der alle Stimmen raunen, daß sie schon seit vielen Jahren zu Liebesstunden zu dem Ersten Konsul und nunmehrigen Kaiser gerufen werde. Die George ist deutscher Herkunft, blutjung, bildschön, üppig, besitzt einen prachtvollen Körperbau, erobert vor allem die Sinne und eignet sich wunderbar dazu, heroische, königliche Frauen darzustellen. Ganz Paris weiß ja davon, und man erzählt sich immer noch von dem Eindruck auf die Zuschauer, als zehn Tage nach Napoleons Krönung zum Kaiser Corneilles »Cinna« mit der George in der Frauenhauptrolle aufgeführt wurde. Kaiser und Kaiserin waren anwesend, und nun hatte die Schauspielerin im 5. Akt die berühmten Worte zu sagen: »Habe ich Cinna berückt, dann werde ich wohl noch viele andere berücken können.« Eine unheimliche Stille lag nach diesen Worten über dem Haus; man wäre imstande gewesen, eine Nadel fallen zu hören.

Eine solche Frau muß Clemens Metternich kennenlernen. Er hat nicht viel übrig für die großen Tragödien, für die schweren, damals so beliebten Dramen aus der Geschichte, aber er geht in diese Stücke, weil die gerade nichtbeschäftigten Schauspielerinnen in bestimmten Logen erscheinen, man ihnen dabei aufwarten und sie so kennenlernen kann. Und Metternich nützt das sofort aus; er schließt auf die gleiche Weise mit der George Bekanntschaft, aber es sind ihm zu viele Leute da, zu viele Augen sind hier in diesem Theater auf die Loge der Schauspielerinnen gerichtet. Auch stören die lieben Kameradinnen, drüben im kleinen Lustspieltheater des Palais Royal ist es besser. »Ich habe da eine Loge genommen, kommen Sie hinüber, liebes Fräulein George, wir werden dort ein wenig zusammen lachen.« Und sie kommt, es ist ja nicht nur ein liebenswürdiger, netter Kavalier, es ist ja ein kaiserlicher Botschafter, der sie einlädt. Zuerst erzählt er in wundervollem, tadellosem Französisch, das er von Belgien her so geläufig spricht, ein paar lustige Dinge, dann kommt wie von ungefähr die Rede auf den Kaiser, was sie weiß, was sie gehört hat, wie sie über ihn denkt und was sie glaubt. Es ist ja nicht allzu tief geschürft, aber immerhin, so manchen Charakterzug des Kaisers erfährt er da als Steinchen zu dem Bild, das er sich von ihm machen will. Aber nicht nur über ihn, auch über andere Leute, die mit der George gut stehen, hört er so manches.

Talleyrand ist einer ihrer Verehrer, ebenso der Bankier Ouvrard, der geschickte Selfmademan, ein ungeheuer reicher und in die großen Staatsgeschäfte eingeweihter Mann. Er lädt zu herrlichen Gastereien in einem phantastischen Schloß, wo es zum Beispiel einen Badesaal mit einem großen Marmorbassin gibt, in dem zwanzig bis dreißig Personen gleichzeitig baden können. Dort werden Feste gegeben, die sehr nahe an solche in den glanzvollen Thermenbädern der römischen Kaiserzeit erinnern. Es ist herrlich, wenn man auf diese Weise Unterhaltung der Sinne mit der vorgeschriebenen Arbeit des Hörens, Horchens und Menschenstudierens verbinden kann.

Aber die George ist nicht intelligent genug, sie hat auch für Metternichs Geschmack zuwenig für Politik übrig und versteht gar nichts davon. Napoleon behandelt sie rein nur als Weibchen. Auch Metternich findet bei ihr mehr persönliches Vergnügen als etwas anderes, und sein Interesse für sie sinkt bald im gleichen Maße, als die Beziehungen des Kaisers zu ihr langsam erkalten und andere schöne Frauen in den Geltungskreis des jungen Botschafters treten. So spielt die George bei ihm nur mehr eine geringe Rolle, als sie im Mai 1808 veranlaßt wird, nach Petersburg zu gehen, weil man durch sie den Zaren Alexander von seiner für die arme Kaiserin Elisabeth peinlichen Liebe zu der schönen Polin Marie Narischkin ablenken will.

Clemens Metternich stürzt sich sofort, wie die Winterfeste in der Hauptstadt beginnen, in die große Welt. Er hinterläßt überall seine Karten, unzählige Einladungen sind die Folge; zu Anfang kraft seiner Stellung, dann aber in Kürze dank seiner Persönlichkeit. Die bedeutendsten Menschen in der Hauptstadt und ihre Empfänge fesseln ihn natürlich am meisten. Diejenigen, die den Staatsstreich vom 18. Brumaire (9. November 1799), der Bonaparte an die Spitze Frankreichs führte, vornehmlich unterstützten, spielen, wie der nunmehrige Minister des Äußeren Talleyrand und unter anderen Michel Graf Regnault von Saint-Jean d'Angély, naturgemäß die Hauptrolle. Neben dem ungeheuren Einfluß, den sie ausüben, sieht man bei ihnen alles, was im neuen Frankreich durch das Vertrauen des Kaisers groß und angesehen ist.

Talleyrands ihm nicht ebenbürtige Gattin spielt eine geringere Rolle, die Gräfin Regnault aber tritt stark in den Vordergrund. Über sie selbst ist man verschiedener Meinung. Hört man ihre Freundin, die Gemahlin des Gouverneurs von Paris, des Generals Andoche Junot, so ist sie eine wunderschöne Frau, klug, witzig, von hoher Bildung, die bloß nicht das Glück genießt, Napoleon zu gefallen. Hört man wieder auf den General von Thiébault, so wäre sie »eine schamlose, gewöhnliche Kurtisane, die ihre Liebhaber zugunsten ihres Mannes ausbeutet und die Napoleon seinen bösen Geist nennt«. Alle aber sind sich in einem einig, daß ihr Salon mehr als interessant ist. Dort findet man Leute aus allen Kreisen, Würdenträger und Geschäftsleute, Generäle und Schauspieler, Künstlerinnen und Schriftsteller, Ärzte und Gelehrte. Ja selbst die vornehme Halbwelt trifft man da, und niemand findet etwas daran, nein im Gegenteil, man ist begeistert, daß es eine Stelle gibt, wo man Leute aus allen Kreisen treffen und sich die herauspflücken kann, die man gerade wünscht oder braucht.

Clemens Metternich hat sich längst daran gewöhnt, daß die Verhältnisse hier gründlich andere sind als in der Kaiserstadt zu Wien, wo die Koterien so streng gegeneinander abgegrenzt sind und man in der Hofgesellschaft ewig und immer nur dieselben Leute sieht, aus deren Kreis man nicht herauskommen kann, ohne sich etwas zu vergeben. Ihm liegt die hiesige Ungebundenheit viel mehr, und da er sie auch noch mit dem Begriff der Pflicht verbinden kann, so gibt er sich diesem Leben mit vollen Zügen hin, während seine Gattin sich weniger wohl fühlt, zurückhaltender bleibt, aus den Anschauungen ihrer heimischen Kaste weniger herauszutreten vermag, dafür aber das an Vornehmheit und Würde wieder einbringt, was ihr Gatte bei vielen Gelegenheiten vergibt.

Die wichtigste und anziehendste Verbindung, die Metternich im Regnaultschen Salon anknüpft, ist jene mit der Frau General Junots, von der General Thiébault sagt, »etwas Hübscheres, Lebhafteres, Liebenswürdigeres und Witzigeres als diese so herrlich angezogene Frau« lasse sich nicht denken. »Sie ist wirklich bezaubernd«, schreibt der General von ihr, »ist eine der graziösesten Erscheinungen, die mir im Leben begegnet sind.« Das hindert ihren Gatten Junot nicht, Caroline Murat eifrigst den Hof zu machen, denn sie ist eine der Schwestern des Kaisers und unter ihnen jene, die die anderen an Geist und Willenskraft genauso überragt wie Napoleon alle seine Brüder. Pauline freilich ist ihr körperlich an Schönheit weit überlegen, aber diese Schönheit ist nicht so belebt, nicht so charmevoll, nicht so anziehend wie der geringere äußere Reiz Carolines, der Gemahlin des Reitergenerals Joachim Murat. Sie hat ihren Gatten, den tapferen und auch schmucken Waffengefährten ihres großen Bruders, aus Liebe geheiratet. In den ersten Jahren hat diese Liebe auch angehalten, aber mit der Zeit war sie etwas kühler geworden, und es ergaben sich nun oft Meinungsverschiedenheiten zwischen den Gatten, die sich beide nicht allzu streng an ihre Ehepflichten halten.

Geistig ist Caroline ihrem Mann weit überlegen; sie hat in vielen Dingen ein tiefgründiges Urteil und vor allem eine für Leute in hoher Stellung höchst wichtige Eigenschaft: sie weiß sich in jeder Lage rasch zu entschließen. Dahinter lauert freilich eine ungesättigte Sucht nach Größe und Herrschaft, und in diesem Punkt stimmen die beiden Gatten völlig überein. Ehrgeizig sind sie beide in unerhörtem Maße. Talleyrand sagte einmal von

Caroline, sie besitze den Kopf Cromwells auf dem Körper einer hübschen Frau.

Hübsch, ja, das ist der Ausdruck; schön wäre zuviel gesagt. Die Gestalt ist nicht einwandfrei, Caroline ist etwas zu klein und mehr nach der Breite zu geraten, hat aber wundervoll geformte Glieder. Die feinen, zarten Hände und reizenden Füße, die alle Mitglieder der Familie Bonaparte genauso besitzen wie eine blinkende Reihe tadelloser Zähne. Eine feine, satinartig wirkende, strahlend weiße Haut, die rosig überhaucht ist, bildet einen ihrer höchsten Vorzüge. Ungleich anderen Frauen, die geschmückt und hergerichtet in prachtvollen Toiletten am besten aussehen, wirkt sie umgekehrt gerade im Negligé oder in einfachen Hauskleidern viel besser. Klugheit und Witz beseelen ihren Ausdruck und machen sie ungeheuer anziehend, besonders dann, wenn sie es will. Sie beherrscht ihr Mienenspiel vollendet, und nur ab und zu verrät ein plötzlicher Blitz des Hasses, der über ihre Züge dahinflackert, Abneigung gegen den einen oder anderen Menschen, der ihre Wege kreuzt.

Caroline Murat ist nun vierundzwanzig Jahre alt. Metternich hat es schwer, an sie heranzukommen, weil sie der Gouverneur von Paris, der General Junot, förmlich mit Beschlag belegt, wogegen sich der erst vor kurzem zum kaiserlichen Prinzen und zum Großherzog von Berg und Cleve erhobene Murat zur Zeit bemerkenswert wenig um seine Frau kümmert. Junot ist ein Emporkömmling, der seine Laufbahn vor allem dem Glücksfall verdankt, bei der Belagerung von Toulon im Jahre 1793 als Unteroffizier mit Bonaparte in Berührung gekommen zu sein. Bloß fünfunddreißig Jahre alt, groß und gut gewachsen, ist auch dieser Mann von Ehrgeiz besessen und daher schon wegen seiner bescheidenen Herkunft ungeheuer geschmeichelt, so sehr in die nächste Nähe und das Vertrauen Carolines, der Schwester des Kaisers, gezogen zu werden. Junots Herkunft ist seine schwache Seite, während er unter ungeheurer Verschwendung und Pracht den Grandseigneur spielt.

Aufmerksam beobachtet Metternich die Beziehungen zwischen Junot und dieser so interessanten Fürstin, der natürlich eine Feindseligkeit zwischen ihr und Laure, der Gemahlin des Generals Junot, folgt. Wenn man auch seinem Gatten nicht treu ist, ist man doch gekränkt, wenn er einer anderen den Hof macht. Clemens gefällt die quicklebendige Laure Junot für den Augenblick besser, um so mehr, als eine Annäherung an Caroline überhaupt für einen Fremden zunächst gefährlich und infolge der Lage der Dinge auch besonders schwierig erscheint. Und Metternich merkt genau, daß auch bei dieser Frau seine äußere Erscheinung und seine Unterhaltungsgabe keineswegs versagen; es entgeht ihm nicht, daß auch sie ihn mit Wohlgefallen sieht. Das ist höchst wichtig und bedeutsam, denn erstens ist sie die Schwester des Kaisers, und zweitens steht sie besonders gut mit den wichtigsten Persönlichkeiten im Staat, dem Minister des Äußeren Talleyrand und dem Polizeiminister Fouché, denen er sich wohlberechnend besonders nähert. Ist Frau Junot schon nicht mehr erfreut, daß ihr Gemahl Caroline den Hof macht, so hat sie jetzt auch noch einen zweiten Grund, ihr abgeneigt zu sein; sie wird eifersüchtig, da sie sieht, daß Caroline dem jungen österreichischen Botschafter Avancen macht.

Die Junots leben in dem entzückenden Schlößchen Raincy in der Nähe von Paris, geben dort Bälle und Jagden, Feste und Soupers. Da ist es nicht zu vermeiden, daß die beiden Nebenbuhlerinnen einander sehen und treffen, die Junot womöglich ihrer Gegnerin sogar vorsingen muß. Sie weiß dabei genau, daß ihr Gatte förmlich verrückt vor Freude über seine Eroberung ist und gar nicht merkt, daß Caroline, wenn er gerade nicht hinsieht, mit Clemens Metternich kokettiert. Das ist nun schon ganz unerträglich. In Kürze hat der österreichische Botschafter in der Pariser Gesellschaft den Spitznamen »le beau Clément« bekommen, und ein solcher Titel, der eigentlich kein Spitzname, sondern eine Schmeichelei ist, macht bei Frauen großen Eindruck.

Auf dem Horizont des großen Welttheaters haben sich mittlerweile dunkle Wolken gezeigt. Kaiser Franz von Österreich hat aus der neuen Lage der Dinge die Folgerung gezogen und im August 1806 die deutsche Kaiserkrone zum Entsetzen vieler treuer Diener niedergelegt. Der Verzicht ist ein offenkundiges Eingeständnis, daß man in Europa in den zweiten Rang zurücktritt. Der neue Rheinbund ist entstanden, eine Gesellschaft von Sklaven, die sich früher deutsche Fürsten nannten und die nun Napoleon zum »Protektor« haben. Preußen merkt erst jetzt, wie gefährlich es war, Napoleon im Jahre 1805 so ruhig gegen Österreich und Rußland siegen zu lassen, ohne einen Finger zu rühren. Am 25. September 1806 zieht der Korse nun gegen Preußen ins Feld, und die Siege von Jena und Auerstädt öffnen ihm den Weg nach Berlin. Die Notwendigkeit, dann auch Rußland zu bekämpfen, führt weit nach Osten. Die entstehenden Verhältnisse halten Frankreichs Kaiser fern von seiner Hauptstadt, er wird noch lange ausbleiben und so manche Gefahren bestehen müssen.

Jetzt, wo die Katze aus dem Haus ist, tanzen die Mäuse in Paris. Nun, da die Katze noch dazu Gefahren zu bestehen hat, gibt es allerhand Möglichkeiten. Wie, wenn der große Mann in einer der Schlachten bleiben oder in den fernen feindlichen Ländern, die er durchstreift, einem Anschlag zum Opfer fallen würde? Wer käme dann als Nachfolger in Frage? Solche Gedanken beschäftigen auch die ehrgeizige Caroline Murat. Wer weiß, was geschieht, wenn dem großen Bruder etwas zustößt, Gott bewahre natürlich; dann ist man an der Quelle, ist man die Freundin desjenigen, der über die militärischen Kräfte in der Hauptstadt gebietet, dann hat man den kaiserlich-österreichischen Botschafter zum Anbeter, der einem vielleicht auch gewaltig nützlich sein kann. Solche Dinge denkt man nur, man spricht sie nicht aus. Das wäre viel zu gefährlich, denn der Löwe lebt ja nicht nur noch, der Löwe eilt von Sieg zu Sieg.

Für Clemens Metternich heißt es in dieser Zeit geradezu überirdisch klug und vorsichtig bleiben. Er steht zwischen zwei Frauen. Politisch ist die eine, Caroline, ungemein wichtiger, fraulich die andere, Laure, ungemein anziehender. Beide stehen einander mißtrauisch bis zum Äußersten gegenüber, da muß man verdammt diplomatisch sein. Doch im Augenblick, da der Kaiser nicht in Paris weilt, ist das alles weniger gefährlich, man kann viel mehr wagen bei Frauen und Männern, die gegebenenfalls ans Ruder kommen wollen. Denn ein solch himmelstürmendes Kartengebäude, wie Napoleon es aufgerichtet hat, kann eines Tages jäh zusammenstürzen. »Diese Universalmonarchie eines Bonaparte wird durch Zeit, Unverstand und ununterbrochenen Mißbrauch der Gewalt zugrunde gehen[2]«, schreibt der die Weltereignisse kühl beobachtende, mit seinen siebenundsechzig Jahren abgeklärt urteilende österreichische Minister Graf Zinzendorf am 16. Oktober 1806 in sein Tagebuch.

Metternich lächelt über den Ehrgeiz der Leute rings um ihn; ihm entgehen die heimlichen Gedanken über zukünftige Entwicklungen nicht, obwohl er sie nicht ernst nimmt. Wie toll ist es doch, wenn Caroline daran denkt, Murat als Popanz an die Spitze Frankreichs zu stellen, um dann als seine Frau durch ihn zu herrschen. Doch bei ihr ist alles möglich. Dabei ist die Trägerin solch heimlicher Gedanken auch noch als Weib höchst reizvoll. Dem jungen Diplomaten steigt das Blut zu Kopf.

Indes denkt Napoleon nicht daran, seiner Schwester und den anderen Ehrgeizlingen den Gefallen zu tun und aus diesem Leben zu scheiden, ganz im Gegenteil. Er eilt von Erfolg zu Erfolg, wird mächtiger als je, erläßt von Berlin aus die Handelssperre gegen England, die dieses wirtschaftlich zu Boden zwingen soll, schlägt die Russen in mehreren Schlachten und schließt endlich im Juli 1867 den Frieden von Tilsit, in dem Rußland nichts, Preußen aber das ganze Land links der Elbe verliert. Es scheint so, als wären Napoleon und der Zar völlig einig, ja in engster Freundschaft voneinander geschieden. Nun kann der Korse beruhigt wieder nach Paris zurückkehren und dort nach dem Rechten sehen.

Jetzt wird dem stolzen, siegreichen Panther sehr genau berichtet, was sich mittlerweile hinter seinem Rücken zugetragen hat. Man hat dem Kaiser schon angedeutet, daß so manches da nicht so ist, wie es sein sollte, man hat ihm auch von dem Verhältnis zwischen seiner Schwester Caroline und seinem einstigen Adjutanten und jetzigen Gouverneur, Junot, gesprochen. Vielleicht hat man ihm selbst angedeutet, man habe in dem Kreis, in dem diese beiden so auffallend häufig zusammen erschienen, besonders auch darüber gesprochen, was zu machen sei für den Fall, daß des Kaisers Kriegszüge erfolglos wären oder ihm gar das Leben kosteten.

Nun, wie dem immer ist, es paßt dem Herrscher auch schon allein die Tatsache nicht, daß seine Schwester, ob berechtigt oder nicht, mit dem Gouverneur von Paris ins Gerede kam. Wenn auch keine so weitgehenden politischen Ziele dahinter zu suchen sind, als Frau Junot Jahrzehnte später in ihren Memoiren glauben machen will, muß die Tatsache des Verhältnisses allein schon der kaiserlichen Familie gewaltig schaden. Darum will Napoleon sogleich dreinfahren und alldem ein Ende bereiten. Portugal hat gerade die Kontinentalsperre verweigert, man muß es strafen. Junot wird zum Befehlshaber der dahin bestimmten Armee ernannt, er hat nun baldmöglichst aufzubrechen. Damit wird all dem Gerede, an dem vielleicht sogar etwas Wahres ist, der Lebensfaden abgeschnitten.

Aber auch abgesehen von jener Liaison gibt es mancherlei Grund zu Unzufriedenheit mit dem in der Pariser Gesellschaft herrschenden Geist. Napoleon sagt sich: »Ich bin zu lange fort gewesen.« Am frechsten scheinen sich die Frauen bemerkbar gemacht zu haben. Madame de Staël hat zwar nicht hier geweilt; nach der Schweiz in ihr Schlößchen Coppet verbannt, hat sie nicht selbst in Paris intrigieren können, aber nun kommt im Oktober eine ihrer besten Freundinnen von einem Besuch bei ihr nach Paris zurück, eine hübsche Person, hinter der die Männer in Scharen her sind, obwohl so mancher munkelt, daß es keinem gelingt, bei ihr recht glücklich zu werden. »Un four, qui jamais chauffe et où rien ne cuit[3]«, sagen die Leute von der äußerlich so bezaubernden Juliette Récamier, der Frau eines Bankiers, den sie 1793 mit kaum fünfzehn Jahren geheiratet hatte, während er schon nahezu dreimal so alt war. Damals war dieser geschäftstüchtige Sohn eines Hutmachers sehr reich gewesen, doch im Herbst des Jahres 1806 ging sein Unternehmen in einem Bankkrach zugrunde. Man sagte in Paris, dies wäre nur geschehen, weil seine schöne Gemahlin unter dem Einfluß der Frau von Staël eine ihr von Napoleon bei der Kaiserin angebotene Hofdamenstelle nicht angenommen hatte.

Die neunundzwanzigjährige Frau bietet eine wahre Augenweide; ihre Wirkung auf Männer ist erstaunlich. So gehört Juliette Récamier zu den beiden Damen, die, ohne zur Hofgesellschaft zu gehören, in Paris das meiste Aufsehen erregen; die eine, Madame de Staël, durch ihre Geistesgaben, die andere durch ihre Schönheit. Daher die Erzählung, die auch die George in ihren Memoiren wiedergibt, wonach ein Herr, bei einem Dejeuner zwischen Frau Récamier und Frau von Staël sitzend, eine Schmeichelei mit den Worten zu sagen vermeinte: »Ich bin stolz, die Ehre zu haben, zwischen der Schönheit und dem Genie zu sitzen.« Die damit als wenig schön erklärte Staël erwiderte daraufhin wütend: »Ja, und dies, ohne dabei selbst auch nur eins von beiden aufzuweisen[4].«

Napoleon, der weiß, daß die Récamier seit dem Unglück ihres Mannes oft und lange bei der ihm so verhaßten Schriftstellerin in Coppet geweilt hat, beobachtet mißtrauisch, wie alle Welt ihren Salon aufsucht, wo bei der mißlichen finanziellen Lage kaum irgendwelche Genüsse geboten werden können. Er sucht hinter allem und auch da Politik, Verschwörungen, dunkle Pläne, obwohl die Besucher hauptsächlich doch nur um der Schönheit der Hausfrau willen ihr Heim aufsuchen. Aber Napoleon ist nun einmal aufgrund von alldem, was er nach seiner Rückkehr in Paris gehört hat, mißtrauisch geworden; und dies mit voller Berechtigung. Selbst seine Minister laufen zu dieser Madame Récamier, ebenso wie die Diplomaten, nicht zuletzt Clemens Metternich, der nicht gewohnt ist, wegzusehen, wenn irgendwo eine schöne Frau auftaucht. Und Juliette Récamier zu bewundern gehört förmlich zum guten Ton und ist wirklich ein Vergnügen; nicht leicht ist so viel reizvoller Charme sonst irgendwo in der Welt zu finden. Das ist Paris, der Stadt der bezauberndsten Frauen vorbehalten, wo solche in der gesellschaftlichen Prachtentfaltung besonders zur Geltung kommen.

Als der Kaiser einmal erfährt, daß nicht weniger als drei seiner aktiven Minister, darunter Talleyrand und mehrere Diplomaten, in ihrer Mitte Metternich, sich im Salon der Récamier treffen, benützt er die Gelegenheit, dies seinen Würdenträgern scharf auszustellen. Metternich kann er natürlich nichts sagen, aber dieser fühlt sehr genau, daß es auch ihn angeht, und wird äußerst vorsichtig.

Überdies merkt er bald, daß bei der schönen Juliette politisch wegen der Feindschaft, die Napoleon ihr entgegenbringt, aber auch in »amoureuser Beziehung«, wie er zu sagen pflegt, nicht viel zu holen ist. Ein körperlicher Mangel, sagt man, soll bei Madame Récamier der Grund dafür sein, daß sie niemandem jemals ihre Gunst schenkt, obwohl sie ungeheuer viele zu glühender Liebe entzündet. Anderseits kann diese Frau nicht leben, ohne angebetet zu werden. »Wenn sie einige Tage ohne bewunderndes Wort geblieben ist, ist sie ganz unglücklich«, vermerkt J. J. Ampère in seinem Tagebuch[5].

Völlig brechen will aber Metternich mit ihr gewiß nicht; erstens erfreut sich auch er, der Frauenkenner und Frauengenießer, an dem bezaubernden Anblick, den sie bietet, und zweitens will er auch die Verbindung zu denen aufrechterhalten, die dem kaiserlichen Regime kritisch gegenüberstehen, so schwach sie auch nach außen hin erscheinen mögen. Da aber der Kaiser sogar erklärt haben soll, er betrachte jeden als seinen persönlichen Feind, der ihren Salon betritt, wagt Metternich, da die maskierten Bälle aufgehört haben, nur mehr in aller Frühe zu sonst gänzlich ungewohnter Stunde, förmlich wie ein Dieb zu ihr zu schleichen. Aber auch von diesen Besuchen wird Napoleon aufs genaueste unterrichtet, denn die Botschafter stehen alle unter polizeilicher Aufsicht und können keinen Schritt tun, ohne daß Fouché und durch ihn, allerdings nicht in allen Fällen, der Kaiser davon erfährt.

In den Salons wird viel geklatscht – natürlich liefert den Hauptstoff dazu stets der Monarch. Diesmal ist erneut seine Ehe mit Josephine im Munde aller. Schon im Jahre 1801, als es noch gar kein Kaisertum gab, hatte man daran gedacht, die Herrschaft der Familie Bonaparte zu verewigen; damals soll man dem Ersten Konsul, wie Cobenzl berichtete, schon vorgeschlagen haben, sich scheiden zu lassen und eine andere Frau zu nehmen, die in der Lage wäre, ihm Kinder zu schenken[6]. Und nun steht die gleiche Frage wieder im Vordergrund des Interesses; Metternich hört davon und wendet sich an Josephines größte Gegnerin im Familienkreis, seine Freundin Caroline, um Auskunft, was es damit in Wirklichkeit auf sich habe. Er nennt sie in seinem Bericht zwar nicht ausdrücklich als Quelle, aber es ist zehn zu eins zu wetten, daß er seine Kenntnisse, die er am 30. November 1807 nach Wien berichtet und die von beabsichtigter Ehetrennung sprechen, von jener Schwester des Kaisers bezog. Auch weiß er schon, daß man in Moskau vorfühlt, ob nicht eine russische Großfürstin für Napoleon in Betracht käme. Schon steigen vor seinem geistigen Auge die ungeheuren Gefahren auf, die sich bei der Verwirklichung solcher Pläne für sein Vaterland Österreich ergeben könnten. Nichts Geringeres als die Aufteilung des Reiches erscheint als Schreckbild, wenn er die Folgen einer solch engen Verbindung zwischen den beiden größten, fast von jeher immer in Gegensatz zu Österreich stehenden Mächten Europas überdenkt.

Für Caroline ist die Aussicht, ihre alte Feindin Josephine in den Hintergrund zu verweisen, eine wahre Wollust. Sie tut alles, um den schwankenden Kaiser darin zu bestärken, seiner angetrauten Frau den Laufpaß zu geben. Es ist sicher, daß Caroline mit Metternich darüber gesprochen hat, der jedes Wort, das von dieser Angelegenheit handelt, mit äußerstem Interesse verfolgt. Nichts kann sich für den Augenblick an Wichtigkeit mit einem solchen Ereignis messen. Jedenfalls, sagt sich Clemens, wird vor allem irgendeine Kaisertochter dafür in Betracht kommen. Eine solche Verbindung mit dem derzeit mächtigsten Mann Europas zustande zu bringen, wäre, denkt er, eine Großtat für jeden Diplomaten. Aber eine Österreicherin ist wohl im Augenblick ausgeschlossen. Metternich weiß, daß man in Wien nicht im entferntesten daran denkt. Dort brütet man Rache für den so verlustreichen Friedensschluß des Jahres 1805.

Wenn aber auch solche Schicksalsfragen im Hintergrund aufsteigen, unterhält man sich deswegen nicht weniger in Paris. Einen so glänzenden Fasching wie den des Jahres 1807 hat man da schon lange nicht mehr gesehen. Napoleon hat von den Damen seiner Familie ausdrücklich verlangt, daß sie großes Haus führen. Die Schwestern des Kaisers, Caroline und Pauline, und auch die nunmehrige Königin von Holland, Hortense Beauharnais, die insbesondere von Caroline ebenso gehaßt wird wie ihre Mutter, geben große Maskenbälle, deren Mittelpunkt oft glänzend aufgeführte kleine Ballette bilden. Eifersüchtig will Caroline immer, daß ihre Feste stets als die prachtvollsten gelten. Rachsüchtig und gehässig, wie sie ist, benützt sie einmal eine Gelegenheit, um zweien ihrer Gegnerinnen auf einmal einen bösen Streich zu spielen. Hortense hat sich eine glänzende Quadrille ausgedacht, die von Vestalinnen und Priestern des Tempels der Venus in prunkvollen Kostümen ausgeführt werden soll. Eine wunderschöne Tänzerin hat in goldenem Schuppentrikot als Göttin der Liebestollheit den Reigen anzuführen. Nun sagte man dieser Künstlerin nach, sie hätte Junots Gunst genossen, Grund genug, um Caroline gegen sie aufzubringen. Und wirklich, auf dem Höhepunkt des Balles, als sich eben die strahlende Schönheit jener Tänzerin in vollem Glanze zeigt, steht die Herzogin von Berg auf und ruft mit lauter, schriller Stimme: »Ich verbiete mir, daß diese Kreatur ihre Tollheit bis in mein Palais trägt.« Die Gäste stieben entsetzt auseinander, alles zeigt höchste Verlegenheit. Auch der Kaiser ist anwesend. Was wird er zu diesem Skandal sagen? Hortense, die Arrangeurin dieses Balletts, verteidigt die Tänzerin. Endlich findet jeder, es sei das beste, das Fest zu verlassen, und alle Gäste ziehen sich betreten zurück[7].

Caroline aber ist befriedigt. Sie hat ein doppeltes Ziel erreicht: den verhaßten Beauharnais' wieder einmal etwas angetan und gleichzeitig eine Tänzerin bestraft zu haben, die es gewagt hat, in ihr eigenes, wenn auch illegales Liebesgehege einzubrechen.

Napoleon hat indessen schon längst Wind davon bekommen, daß Metternich und seine Schwester in recht engen Beziehungen zueinander stehen. Man erzählt sogar, daß eine Geschichte, die sonst immer auf Talleyrand bezogen wird, in Wirklichkeit Metternich zum Helden gehabt habe. Der enge Freund des Kaisers, Marschall Lannes, der mit dem Monarchen auf du und du stand und dem so manches erlaubt war, was ein anderer nicht wagen durfte, sah einmal zu, wie Talleyrand und Metternich lebhaft auf den Kaiser einsprachen. Als sie sich dann mit einer Verneigung zurückzogen, brach Lannes in Gelächter aus. Auf Napoleons Frage, warum, soll er geantwortet haben: »Ich lache über den Geschmack, den die Großherzogin Caroline an einem Mann wie Metternich findet, der eine solch hündische Demut zeigt. Hätte ich ihm während dieses Gesprächs mit dir einen Tritt in einen gewissen Körperteil gegeben, wozu ich äußerste Lust empfand, hättest du vorne sicher auch nicht das leiseste Zucken seines süßen Mundes wahrgenommen[8].«

Während man sich in Paris unterhält und unter dieser ablenkenden Außenseite Weltherrschaftspläne träumt und Metternich tanzend und flirtend trotzdem, oder besser gerade dadurch, den Pflichten seines Berufes wundervoll zu entsprechen versteht, entwickeln sich die Meinungen und Zukunftspläne am Wiener Hofe in einer bezeichnenden Richtung. Ein kluger, energischer und vaterlandsliebender Mann gewinnt am Hof entscheidenden Einfluß, der neuernannte Minister des Äußeren Johann Philipp Graf von Stadion. Mit ihm tritt die Idee und der Wunsch in den Vordergrund, die Niederlagen der vergangenen Jahre wettzumachen und die Übermacht des korsischen Emporkömmlings zu brechen, der sich erdreist, nach Weltherrschaft zu streben[9]. Und dies von Wien aus, durch Österreichs Kraft und Macht. Stadion tarnt dies nur gerne seinem Volk und dem Hof gegenüber und ist zufrieden, wenn man immer glaubt, alles gehe von dem Monarchen aus, der es selbst liebt, den Anschein zu erwecken, als stammten alle Ideen von ihm. Dieser Charakterzug des Kaisers ist die Stufe, auf der ein geschickter, geschmeidiger Mann mit einiger Psychologie dazu kommen kann, eine unbedingte Herrschaft über den Monarchen zu gewinnen, wenn er nur nach außen so tut, als entschiede überall der Kaiser. Obwohl man eigentlich von einem als Kriegshelden gefeierten General und kaiserlichen Prinzen das gerade Gegenteil erwarten sollte, widerstrebt der neuen Richtung vor allem Erzherzog Karl, der Bruder des Kaisers, dem besonders der frische Zug, der sich nun vornehmlich in der äußeren Politik zeigt, ein Dorn im Auge ist.

Da tritt ein Ereignis ein, das auf die Pläne Stadions und seiner Partei äußerst fördernd wirken soll. Kaiserin Marie Therese, die an Politik niemals Gefallen gefunden hatte, stets für Frieden eintrat, schon um ihren Gatten immer um sich zu haben, erwartet nun schon zum zwölften Male Familienzuwachs. Kaiser Franz kann nie genug davon haben. Als die Kaiserin ahnungsvoll meint, es würde ihr diesmal sehr beschwerlich fallen, meint er ruhig, er möchte am liebsten achthundert Kinder haben[10]. Diesmal aber geht die Geburt wirklich schlecht aus. Nur vierunddreißig Jahre alt, fällt Marie Therese unglücklicher Behandlung dabei am 13. April zum Opfer. Am 12. April hat angeblich Erzherzogin Leopoldine die berüchtigte Weiße Frau zu sehen vermeint und mit der Erzählung alle Bewohner der Hofburg in Schrecken versetzt, obwohl sie sich nur selbst in weißem Kleid in einem Trumeauspiegel erblickt hatte. Als Marie Therese aber am 13. April wirklich an Kindbettfieber stirbt, schwört der ganze Hof auf dieses Gesicht aus einer anderen Welt. Doch ebenso wie Kaiser Franz als Herrscher jemand braucht, der ihm die Regierungslast abnimmt und auf den er sich vollkommen stützen und verlassen kann, kann er im Privatleben nicht ohne Frau sein. Bloß sechs Monate nach dem Verlust der ersten hat er die nun Verstorbene geheiratet, und diese ist noch kaum erkaltet, so sieht er sich bereits nach einer Nachfolgerin um.

In dem nahen Wiener Neustadt leben seit ihrer Vertreibung aus Mailand Erzherzog Ferdinand und seine Gemahlin Maria Beatrix von Modena-Este. Dieser kaiserliche Prinz ist ein Kind der großen Maria Theresia und hat eine zahlreiche Familie. Er besitzt vier Söhne, Franz, Ferdinand, Maximilian und Karl Ambros, und mehrere Töchter, von denen die letztgeborene Luigia ein entzückend anmutiges, charaktervolles und kluges Geschöpf, allerdings von zarter Gesundheit ist. Alle Kinder sind in Haß gegen den französischen Welteroberer erzogen, der sie um ihr Hab und Gut und ihre Zukunft gebracht hat. Auffallend oft erscheint Franz I. in dem Haus seines Onkels in Wiener Neustadt, und schon am 22. August, also kaum vier Monate nach dem Tod seiner zweiten Frau, verlobt er sich mit Luigia d'Este, die von nun an Maria Ludovika heißen wird, um sie von ihrer Cousine, der ältesten, nur um vier Jahre jüngeren Tochter des Kaisers, besser zu unterscheiden. Der Monarch ist mit seinen vierzig Jahren genau doppelt so alt wie seine nunmehrige Braut.

Die Eheschließung ist ein besonderes Glück für Franzens Kinder, denn die junge Frau, die nun am 6. Jänner 1808 Kaiserin geworden ist und in ihrer bescheidenen Anmut und Liebenswürdigkeit jedermann entzückt, straft das Wort Stiefmutter völlig Lügen. Sie nimmt sich der Kinder und insbesondere des geistig und körperlich sehr zurückgebliebenen Kronprinzen Ferdinand mit Selbstverleugnung an. Freiherr von Egloffstein hat mehr als recht, wenn er sagt, diese Frau besaß ein unendliches Bedürfnis zu lieben, eine unendliche Kraft dazu. Sie hat ein inniges Gemüt, einen ausgeprägten Hoheitsbegriff und ein lebendiges Rechtsgefühl. Die Charaktere der beiden Gatten zeigen aber gewaltige Unterschiede. »Er war kühl und sie leidenschaftlich«, sagt Guglia[11], »er trocken und sie enthusiastisch sentimental, er mehr klug berechnend, sie mehr vorschauend genial.« Sie ist erfüllt von der Überzeugung, es sei ihre Pflicht, selbstlos für das Glück anderer zu wirken[12], und wenn der Kaiser wünscht, daß sie mit ihm reitet und jagt, obwohl ihr das bei ihrer zarten Gesundheit keinesfalls zusagt, tut sie es sofort. Besonders aber unterscheidet sie sich von ihrer Vorgängerin in dem Interesse an den politischen Vorgängen der Welt, wobei sie stark ausgeprägte Neigungen und Abneigungen zeigt. Nun steht an der Seite des Kaisers Franz eine Frau, die den Haß gegen Napoleon schon in frühester Jugend in sich eingesogen hat. Es sind alle Anzeichen vorhanden, daß die in

Österreich an leitender Stelle wirkenden Staatsmänner, also auch Metternich, an dieser hohen Frau und ihrem Wollen und Wünschen bald in freundlichem, bald in gegensätzlichem Sinne nicht werden vorbeigehen können.

Während in Österreich diese dritte Heirat des Kaisers in Metternichs Abwesenheit vor sich gegangen ist, hat sich in Frankreich Napoleon in die Streitigkeiten der königlichen Familie Spaniens eingemengt. Sein Plan geht dahin, auch dieses Land dem Kranz seiner Familienreiche einzugliedern. Schon ist am 20. Februar 1808 Caroline Murats Gemahl als oberster Befehlshaber aller französischen Truppen jenseits der Pyrenäen nach Spanien aufgebrochen. Die ehrgeizige Frau hofft auf die Königskrone dieses Landes, und Metternich verfolgt mit angehaltenem Atem die Entwicklung, die seine Liebesgöttin zu immer höheren Ehren und Würden zu heben verspricht.

Die Vorgänge in Paris und in Spanien werden in Wien aufs eifrigste verfolgt, denn die allgemeine Richtung der Stimmung und der Politik macht sich immer mehr mit dem Gedanken vertraut, daß der Tag der Rache nahe sei. Brouillon Nr. 1 nennt Feldmarschall Fürst de Ligne den Korsen, der die ganze Welt durcheinanderwirbelt wie ein Sturm welke Blätter. Der Sohn des Grafen André Razoumowski, der unmittelbar nach Tilsit wegen seiner Abneigung gegen ein französisch-russisches Bündnis von seinem Botschafterposten abberufen, aber in Wien geblieben war, bildet nun den Sammelplatz aller napoleonfeindlichen Elemente. Dort macht sich eine förmliche Kriegspartei geltend, in der besonders die Damen der Hofgesellschaft das große Wort führen, die die hitzigsten Anhängerinnen der korsenfeindlichen Bestrebungen sind und nun sowohl durch die neue Kaiserin als auch einige große russische Damen, die sich in Wien niedergelassen haben, unterstützt und gefördert werden. Dazu gehören zwei einstige sehr enge Bekannte Metternichs. Vor allem Fürstin Katharina Pawlowna Bagration, »die russische Sirene«, wie Gentz sie nennt, die sich in Wien sehr wohl fühlt und nur bedauert, daß ihr früherer Anbeter fern in Paris festgehalten ist.

Auch Wilhelmine von Sagan weilt nun immer öfter in Wien und wird sich dort bald gänzlich niederlassen. Sie hat sich indes im März 1805 von dem Prinzen Louis Rohan scheiden lassen, der erst nach Zahlung einer großen Summe in die Scheidung einwilligte; zwei Monate später heiratete sie den Fürsten Wassili Sergejewitsch Troubetzkoj. Dieser Offizier in russischen Diensten will allerdings in Petersburg leben und dorthin zurückkehren, Wilhelmine aber zieht das Leben im übrigen Europa vor. Man ist freier, ungebundener, nicht so von Launen Mächtiger abhängig – sie bleibt Rußland nur soweit verbunden, als es irgend nötig ist, um ihre Geldbezüge aus den dortigen Besitzungen zu sichern. Troubetzkoj aber hat sie enttäuscht. Sie läßt sich also auch von diesem Mann scheiden.

Nach vielem Herumirren und so manchen Liebeserfolgen und Enttäuschungen – Prinz Louis Ferdinand von Preußen, den sie sich einst als Gemahl erhofft hat, ist inzwischen auf dem Schlachtfeld von Saalfeld 1806 gefallen – wirft sie sich jetzt der Politik in die Arme. Während ihre Mutter, die Herzogin von Kurland, zur Zeit franzosenfreundlich ist, zeigt sich Wilhelmine als glühende Hasserin Napoleons und paßt so sehr gut in den Razoumowskischen Kreis. Die beiden Namen ihrer einstigen Männer läßt sie gänzlich beiseite und nennt sich Herzogin von Sagan als die Erbin jener stolzen Herrschaft. Gentz geht bei ihr aus und ein und ist von ihr ebenso entzückt wie alle Welt, wenn er sich über sie auch oft recht respektlos äußert. Wilhelmine zeigt sich in ihrem sechsundzwanzigsten Lebensjahr trotz ihren Erfahrungen nach wie vor als eine höchst begehrenswerte, pikante Dame. Die jungen Leute umlagern sie entzückt, die älteren, kritischeren, wie Graf Zinzendorf, meinen ein bißchen scharf: »Das ist eine kleine Frau, die Aussehen und Benehmen eines Dirnchens hat. Ein merkwürdig geformtes Näschen, aber alles in allem höchst lustig[13].« Immerhin ist er mit Gentz schon der zweite, der das Dirnenhafte an ihr hervorhebt. Alle aber sind sich darin einig, daß sie in der Politik ebensowohl wie in Liebesdingen höchst gefährlich werden kann; aber empfangen wird sie überall, auch in der »crème de la crème« der Hofgesellschaft, obwohl so manche ihrer Mitglieder über sie nicht wenig die Nase rümpfen.

Das Leben und Treiben innerhalb des engsten Kreises der Hofgesellschaft ist äußerst rege; man unterhält sich damit, Theaterstücke dilettantisch aufzuführen, wie zum Beispiel am 11. Mai im Palais Liechtenstein, wobei die Teilnehmer ihre mangelnde Schauspielkunst über einer reizenden Erscheinung und einem entzückenden Aussehen vergessen lassen. Da ist die taufrische Gräfin Flore Wrbna und die Gräfin Molly Zichy, die schwarze, rassige Frau mit etwas rauher Stimme, die in ihrer Ehe so straff die Zügel führt, daß ihr wenig bedeutender Gatte den Spitznamen »der Mollo« bekommt.

Auch die Schauspielerin George hat auf der Reise nach Petersburg in Wien geweilt und am 15. und 16. Mai 1808 im Salon der Prinzessin Bagration eine Vorlesung gehalten. Lauter Verehrerinnen Metternichs sind da versammelt, nur er selbst fehlt zu ihrer aller Leidwesen. Dazu gehört Madame de Staël, die sich in Wien eingefunden hat und tüchtig den Haß gegen Napoleon schürt. »Er ist immer und zu jeder Zeit despotisch«, erklärt sie. Zum Beweis dafür verbreitet sie das Geschichtchen, das man sich in Paris von Napoleon und der hübschen Schauspielerin Fräulein Mézeray erzählt. Danach hätte er sie einmal rufen lassen. Als sie erschien, wäre er aber gerade eifrig beschäftigt gewesen, hätte gar nicht erst aufgesehen und trocken gesagt: »Setzen Sie sich, ziehen Sie sich aus, legen Sie sich nieder.« Wenn sie auch nicht wahr sind, verbreiten sich solche Geschichten mit Windeseile und schaden einem Mann mehr als manch geschickter politischer Schachzug.

Napoleon freilich entgehen solche Untriebe gegen ihn nicht. Man trägt ihm alles zu, und er verhält sich auch danach; er will Madame de Staël nun auch in Coppet in der Schweiz überwachen lassen. »Bis zu dieser Stunde«, schreibt er am 28. Juni 1808 an seinen Polizeiminister, »hat man sie nur als verrückt angesehen, aber jetzt beginnt sie sich einer Koterie anzuschließen, die für die öffentliche Sicherheit gefährlich ist.« Metternich wird kein Glück haben, wenn er sich wieder einmal, auf dieser Dame wiederholtes Bitten, bei Napoleon für sie verwenden soll.

Die von Clemens angeschwärmte Caroline Murat hat nun endlich ihre so heiß erstrebte Krone erhalten. Im Juli 1808 ist ihr Gatte von Napoleons Gnaden König in Neapel geworden, wo er des Kaisers nach Spanien beorderten Bruder Joseph ersetzen soll. Eigentlich ist nicht er gemeint, sondern seine Frau; sie, des Korsen Schwester, soll dort herrschen, so meinen es zumindest Napoleon und Caroline selbst. Die neue Würde hindert sie nicht, ihr Liebesspiel mit Metternich weiterzuführen, nur wird dieses unterbrochen, als sie ihrem vorausgereisten Gatten am 7. September 1808 nach Neapel folgt. Und dies sehr zu Clemens' Mißvergnügen, der nicht nur eine gefällige und hübsche Geliebte, sondern auch eine unerhört wichtige Nachrichtenquelle verliert.

Anderseits aber besitzt dies auch seine gute Seite. Metternich hat in der letzten Zeit bemerkt, wie mißtrauisch Napoleon seinem Treiben zusieht. Er weiß natürlich von den fortdauernden Beziehungen zwischen seiner Schwester und diesem »hübschen Windbeutel« von einem österreichischen Botschafter. Das Verhältnis der beiden Ehegatten Murat zueinander ist nach wie vor oft gestört, aber jetzt im Augenblick des Antritts des so ersehnten Königtums ist es nicht gerade angezeigt, eheliche Zerwürfnisse zu entschleiern. Doch die Eifersucht der Gatten in Rücksicht auf die Machtausübung im Königreich wird bald einen Zustand der Spannung verursachen, den man nicht mehr gut verheimlichen kann.

Mit einem gewissen schadenfrohen Triumphgefühl sieht das Muratsche Königspaar nach Spanien hinüber, wo sich im Sommer des Jahres 1808 die von den Engländern unterstützte Erhebung gegen die Franzosen abzuzeichnen beginnt. Napoleon aber, der sich damals auf dem Höhepunkt seiner Macht fühlt, trifft sich im Oktober mit dem Zaren Alexander in Erfurt. Voller Hochmut hat er die Fürsten des Rheinbundes dorthin beordert, so daß die von ihm mitgeführte Comédie Française vor einem Parterre von

Königen spielt. Seine Weltherrschaftspläne scheinen Wirklichkeit zu werden. Noch braucht er den Zaren, um England niederzuringen, und sein Ehrgeiz würde den Gipfel des Möglichen erreichen, wenn er eine eheliche Verbindung mit der russischen Kaiserfamilie anbahnen könnte. Schon in Tilsit scheint er dem Zaren die Vorteile einer solchen Verbindung angedeutet zu haben, und jetzt geht er geradenwegs auf dieses Ziel los.

Talleyrand ist zwar seit August 1807 nicht mehr Minister des Äußeren – ein sehr gefügiger Beamter ohne eigenen Willen, Jean Baptiste de Champagny, ist sein Nachfolger geworden. Doch nach Erfurt nimmt Napoleon den geschickten und klugen einstigen Bischof mit, er soll ihm dabei helfen, wenn er seinen »Freund«, den Zaren, um die Hand seiner Schwester Katharina bittet. Alexander sagt nicht ja und nicht nein, er weicht aus und läßt die Hoffnung bestehen. Talleyrand aber beginnt in Erfurt jenes gefährliche Spiel, das Jules Bertaut den »patriotischen Verrat« nennt[14]. Er hat im Gegenteil des Zaren Abneigung gegen den Heiratsplan genährt, er hat dem Monarchen angedeutet, daß sein Herr kein Maß kenne. Er werde die Welt und vor allem Frankreich mit seinem tollen Ehrgeiz ins Unglück stürzen, und er, Talleyrand, würde sich infolgedessen im patriotischen Interesse seines Vaterlandes denen verschreiben, die diesem Wahnsinn einen Damm entgegenstellen wollen.

Ein dunkler Punkt freilich bei diesem höchst gefährlichen politischen Seiltanz bleibt es, daß Talleyrand gleichzeitig die Vermittlung des Zaren dafür erbittet, seinem Neffen und Erben, dem Grafen Edmond von Talleyrand-Périgord, die letzte unverheiratete Tochter des Herzogs von Kurland, Dorothea, mit noch nicht angetastetem reichen Erbe als Frau zu verschaffen. Und wirklich, der Zar fährt eigens zur Herzogin von Kurland nach Schloß Löbichau und erreicht natürlich widerspruchslos, was er wünscht. Wie sehr muß Talleyrand ihm in Erfurt nützlich gewesen sein! Äußerlich freilich erscheinen Napoleon und Alexander als dicke Freunde, ein Bündnisvertrag wird geschlossen. Der Zar schenkt dem Korsen herrliche Pelze, von denen einer mehr als 80.000 Rubel kostet, und nennt sich seinen Kürschner. Napoleon erwidert mit schönem Sèvresporzellan, aber im Grunde ist alles Abgemachte brüchig wie dieses. Nur wenige Monate noch, und Dorothea zieht als junge Frau hinüber nach Paris, wohin ihr auch ihre Mutter folgt. Damit ist ein sehr praktischer, ja geradezu legaler Weg gegeben, Talleyrand russische Gelder zukommen zu lassen. Bezieht doch die Herzogin von Kurland den größten Teil ihrer normalen Einkünfte auch aus Rußland!

Stadion empfiehlt Metternich, Talleyrand nach wie vor eng verbunden zu bleiben. »Die Erfahrung beweist uns«, meint er[15], »daß dieser Minister, sowenig ich ihn auch für einen Freund Österreichs halte, denn doch nichtsdestoweniger der einzige ist, der vernünftigen politischen Kombinationen zugänglich ist; er ist der einzige, der einer anderen Meinung als sein Herr und Meister fähig ist, der einzige endlich, zu dem man in der Sprache Europas sprechen und dabei verstanden werden kann. Ich schmeichle mir, daß Sie Ihre einstige Verbindung mit ihm wiederaufnehmen können, die uns auf jede Weise nützlich wäre!« Metternich läßt sich dies nicht zweimal sagen und nähert sich Talleyrand sofort wieder. Er ist stolz auf seine Tätigkeit, die seiner Ansicht nach den Frieden in Frankreich sichert, ist aber auch weit davon entfernt, zu einem Krieg zwischen Österreich und Frankreich zu hetzen. Von seiner Bedeutung und Wichtigkeit erfüllt, meint Clemens: »Ich bin ganz Österreich« und ist stolz auf das Ergebnis der ersten zwei Jahre seiner Tätigkeit in Paris.

In Spanien haben sich die Dinge mittlerweile gefährlich gestaltet. Napoleon muß im Dezember 1808 selbst ein großes Heer nach Madrid führen, um seinen vertriebenen Bruder Joseph dort wiedereinzusetzen. Metternich ist über die Vorgänge in Erfurt durch Talleyrand weitgehend aufgeklärt worden. Er weiß, daß das Bündnis nicht so eng zustande gekommen ist, wie Napoleon es wünschte, die russische Braut zwar erbeten, aber noch nicht fest zugesagt ist. Immer enger wird seine und seiner Frau Intimität mit dem Kreis um Talleyrand. Dieser und Fouché werden etwas unvorsichtig, während Napoleons Mißtrauen steigt, besonders als es in Spanien trotz aller Siege weiter nicht gutgeht und sich ein ewig fortlodernder Guerillakrieg entzündet.

Metternich weiß genau, wie man in Wien denkt, Stadion hat ihm schon im Oktober dieses Jahres 1808 klipp und klar geschrieben: »Es wäre eine gefährliche Illusion, zu glauben, daß die Vernichtung der österreichischen Monarchie nicht ein beständiges Ziel der Napoleonischen Politik wäre[16].« Und Metternich seinerseits spricht dem Minister gegenüber am 12. Jänner 1809 von seiner Überzeugung, Österreich werde sich noch im kommenden Frühjahr im Krieg befinden. Um so mehr macht sich Metternich an Talleyrand und Fouché heran, mit denen die Schwester des Kaisers, und nicht immer im Sinne ihres Bruders, eng verbunden ist.

Durch einen abgefangenen Kurier, der nach Neapel sollte, erfährt Napoleon endlich, daß zwischen Talleyrand und Murat – seine Schwester läßt er noch aus dem Spiel – Abmachungen oder Besprechungen stattfinden, die zum Ziel haben, Murat sofort nach Paris kommen zu lassen, sowie dem Kaiser etwas zustoßen sollte. Blitzschnell verläßt Napoleon Spanien und kehrt in seine Residenz zurück. Er will es diesen feigen Verschwörern daheim schon zeigen. Zudem hört der Korse, daß die Kaiserin-Mutter von Rußland ihre Tochter Katharina, auf die er ein Auge geworfen hat, in Jena überraschend mit ihrem Vetter, dem Prinzen Georg von Oldenburg, verlobt hat, der keinesfalls eine verführerische Erscheinung ist. Nun, denkt er bei sich, so wird er sich denn an ihre jüngere Schwester Anna halten, aber auf jeden Fall hat Talleyrand in Erfurt nicht so gearbeitet, wie er es gewünscht hätte. Und überdies tadelt dieser offen Napoleons Unternehmen in Spanien und ist in jene verdächtige Nachfolgeaffäre verwickelt. So erfaßt grenzenlose Wut den Kaiser, und er macht vor versammeltem Hof am 28. Jänner 1809 Talleyrand jene tolle Schimpfszene, die diesem, der schweigend und in voller Ruhe alles über sich ergehen läßt, zum Schluß die Worte entlockt: »Schade, daß ein so großer Mann so schlecht erzogen worden ist.«

Metternich ist schon lange der Ansicht, daß Talleyrand und Fouché, die »das Steuer in den Händen eines absonderlichen, halbtollen Piloten sehen, der sich anschickt, das Schiff stranden zu lassen, bereit sind, das Steuer in dem Augenblick zu ergreifen, da der erste Stoß des Schiffes den Steuermann selbst umwerfen würde[17]«. Jetzt, nach jener Szene, glaubt sich Talleyrand mehr oder weniger jeder Rücksicht auf den Kaiser ledig. Er begibt sich sofort zu Metternich und erklärt, er halte es für seine »Pflicht« dem Vaterland Frankreich gegenüber, mit Österreich in unmittelbare Beziehungen zu treten; auch glaube er den Augenblick für gekommen, da dieses Kaiserreich »bald und fest seinen endlichen Entschluß fassen« müsse, denn Napoleon sei ohne jeden Zweifel zum Krieg entschlossen. Der Minister des Äußeren in Wien, Graf Stadion, ist über die ausgezeichneten Berichte seines Botschafters, die ihm wie »pures Gold[18]« scheinen, begeistert und benützt alle diese Meldungen, um seinen Kaiser zu einer Entscheidung zu drängen.

Franz I. neigt nun merklich zur Tat, besonders auch unter dem Einfluß seiner jungen, reizenden Frau, mit der er sein erstes Ehejahr genießt und die den Gedanken eines Rachekrieges heiß und leidenschaftlich zu dem ihren macht. Es ist schon klar zu ersehen: sie legt ihr volles Gewicht auf die Seite der Kriegspartei, ganz im Gegensatz zu Erzherzog Karl, der immer für Frieden ist, immer in allem nachgeben will und Frankreich und seinem großen Herrscher zuneigt, trotz allem, was Österreich durch ihn erfahren. Metternich hört dies mit einiger Sorge, er hetzt weder zum Krieg, noch mahnt er zum Frieden, er bleibt streng in seinem Wirkungskreis und sieht seine Hauptaufgabe darin, das Kommende möglichst richtig vorauszusehen, die gegenwärtige Lage zu erkennen und zutreffend nach Hause zu melden. Dabei unterstützt ihn seine Frau auf das weitgehendste, sie schließt die Augen, wenn ihr Gatte mit anderen Damen allzu weit geht, sie redet sich ein, er müsse so handeln, um seiner hohen Aufgabe voll gerecht werden zu können, und wiederholt sich und anderen immer wieder: »Wie kann eine Frau diesem Mann widerstehen? Ich, ich habe es auch nicht können, obwohl man mir anfangs genug abgeredet hat.« Die Pflichten werden dabei immer wichtiger. »Halten Sie uns gut auf dem laufenden, ich flehe Sie an«, schreibt Stadion Clemens in dieser Zeit, »denn alle unsere Berechnungen gehen von Paris aus und kehren wieder dahin zurück[19].«

Und wirklich, Metternich erfüllt seine Aufgabe in geradezu klassisch vollendeter Weise. Kaum je hat ein Botschafter seinen Kaiser so genau und zutreffend unterrichtet wie er. Die leibliche Schwester Napoleons dient ihm als Quelle, einer der höchsten Würdenträger des Reiches, der Erzkanzler Talleyrand, den sich der Korse unklugerweise zum Feind gemacht hat, versieht ihn mit Nachrichten, ja arbeitet gemeinsam mit Metternich und dessen Frau. Napoleon hätte jenen Mann in seinem eigenen Interesse eher vernichten, aber nicht vor den Kopf stoßen und doch irgendwie in der Nähe des Hofes belassen sollen. Nach der Schimpfszene enthebt er ihn wohl seiner Würden, sucht ihn finanziell zu schädigen, wagt aber doch nicht, ihn ganz zu beseitigen, und hat ihn damit gänzlich in die Arme seiner Feinde getrieben, die zur Zeit vornehmlich in Wien zu suchen sind.

Die zunehmende Spannung mit Österreich äußert sich in Paris sofort in der Behandlung des Ehepaares Metternich. Es wurde in früherer Zeit bei Einladungen zu Hof stets dem engsten Kreis des Kaisers oder der Kaiserin zugezogen, jetzt nicht mehr. Doch Talleyrand verschafft ihnen offenbar eine genaue Ordre de bataille der französischen Armee, aus der jeder Mann, jedes Pferd und Geschütz zu ersehen sind, so daß Metternich stolz an Stadion melden kann[20]: »Seine kaiserliche Hoheit der Generalissimus kennt nunmehr die französische Armee ebenso in allen Einzelheiten, wie er nur unsere kennen kann.« Auch da gestattet die nachträgliche Beurteilung die Bestätigung der vollen Richtigkeit der Metternichschen Meldungen, die nur durch Verbindungen ermöglicht waren, bei denen ein patriotischer Mantel den Verrat verhüllte.

Nun aber kann auch Talleyrand nicht mehr zu Metternich. Das Ehepaar wird gänzlich isoliert, Clemens spricht selbst in seinen Meldungen von einem »état de blocus[21]«, in den man ihn versetzt hat. Es ist dies auch berechtigt, denn wirklich ist nun in Wien die Entscheidung herangereift. Österreich folgt dem Rat Talleyrands, keine Zeit mehr zu verlieren, aber man setzt an die Spitze der Armee einen Mann, der immer nur Frieden predigte, der also nur mit halbem Herzen in den Krieg geht, den Erzherzog Karl. Mit Sorge sieht dies Kaiserin Maria Ludovika mit an, von dieser Ernennung erwartet sie nichts Gutes. Sie ist für den Krieg und für die Wiederherstellung der früheren Lage des Kaiserreiches und der ihrer eigenen vertriebenen Familie. Sie ist mit ganzem Herzen auf der Seite Stadions, nur mit den führenden Militärs ist sie unzufrieden; die Fähigen hat man auf Nebengeleise verschoben.

Auch von Berlin kommen keine erfreulichen Nachrichten. Johann von Wessenberg, der Österreich nun dort vertritt, gelingt es ebensowenig wie 1805 Metternich, den zaghaften König Friedrich Wilhelm III. zur wirklichen Teilnahme an dem bevorstehenden Krieg gegen Napoleon zu bringen. Trotz alledem wird dieser eröffnet, und der Erzherzog erhält Befehl, am 10. April mit seiner Armee über den Inn zu gehen. Kaiser Franz begibt sich nicht zu den Truppen, aber um ihnen näher zu sein, nach Oberösterreich. In schwerer Sorge nimmt die junge Kaiserin von ihm Abschied. Ihre Gesundheit hat unter dem ersten Ehejahr sehr gelitten, sie schont sich überhaupt nicht, ist unablässig tätig, ununterbrochen um die vielen Stiefkinder und besonders den zurückgebliebenen Ferdinand bemüht. Sie liest und schreibt bis ein Uhr nachts, erregt sich über die Kriegslage, ist fortwährend bestrebt, da und dort einzugreifen und zu helfen. Alle Predigten ihres treu zugetanen Obersthofmeisterpaares Graf und Gräfin Althan sowie ihres Arztes Thonhauser bleiben ungehört; sie kann den Ereignissen nicht tatenlos zusehen.

Maria Ludovika und Stadion sind die einzigen Leute an der Spitze des Staates, die einen klaren Willen und eine Feuerseele haben. Sie ist verzweifelt, daß sie nicht ihren schwankenden Gatten wie auch den Erzherzog Karl, alle diese halben Herzen rings um sie, die aber das Schicksal des Kaiserstaates in der Hand haben, zu ihrer tiefen Überzeugung mitreißen und ihnen etwas von ihrer kraftvollen Seele übermitteln kann. Es kränkt sie zu sehen, daß ihr Mann nicht, wie es ihm zukäme, Kaiser ist, sondern nur den Titel führt. »Ach, ich wollte ein Mann sein, um dem Staat zu dienen«, schüttet sie ihr Herz dem Erzherzog Johann gegenüber aus. »Ich gestehe, es kränkt mich zu sehen, daß er immer wie ein Bagageführer hinter der Armee weilt[22].«

In Paris hat man wohl auf Krieg hingearbeitet, ihn aber doch noch nicht für so unmittelbar bevorstehend gehalten. Vorführungen der Gardeartillerie sind für den 13. April angesetzt, und das diplomatische Korps erhält Einladungen zu diesem Schauspiel und dem nachfolgenden Cercle. Nur Metternich und seine Frau bleiben ausgeschlossen. Am nächsten Abend trifft die Nachricht ein, daß die Österreicher den Inn überschritten haben. Der Kaiser ist schon zu Bett gegangen, Maret weckt ihn auf der Stelle, und augenblicklich befiehlt Napoleon, daß seine Abreise für Mitternacht vorbereitet werden solle. Man erklärt ihm, es sei unmöglich, in so wenigen Stunden alles bereitzustellen. »Nun, so wird es ein oder zwei Stunden später sein«, antwortet Napoleon, »aber mehr nicht.« Und wirklich, um vier Uhr früh schon setzt sich der Reisezug des Kaisers in Bewegung.

Dem Ehepaar Metternich, das nun nach Wien zurückwill, wird zuerst mitgeteilt, es stünden augenblicklich keine Pferde zur Verfügung. Dann spricht es sich immer mehr aus, daß man die beiden nicht fortlassen will. Clemens betrachtet sich nun wie ein Staatsgefangener, der sich weder frei bewegen noch frei mit irgend jemand verkehren kann. Er versagt sich auch Champagny gegenüber, irgend etwas in seiner Eigenschaft als Diplomat zu besprechen[23]. Diese Meldung ist die letzte, die Metternich noch nach Wien mitgeben kann, wenig später erfährt er, daß er persönlich durch eine scharfe Verfügung Napoleons schwer geschädigt ist. Das Reichsfürstentum Ochsenhausen in Oberschwaben, dessen Souveränität schon 1806 bei der Bildung des Rheinbundes auf den König von Württemberg überging, wäre bei den Metternichs verblieben, wenn diese sich gewissen Verfügungen der rheinischen Bundesakte gebeugt hätten. Nun aber werden in einem Dekret Napoleons vom 24. April 1809 »vorzüglich« jenen ehemaligen Fürsten und Grafen des Reiches alle besagten Güter endgültig entzogen, die in einem »fortwährenden Zustand der Empörung . . . Zivil- oder Militärstellungen in Österreich bekleidet haben[24]«. Das trifft Metternich schwer, denn nun bleibt von dem einstigen großen Vermögen seines Vaters nur mehr die Besitzung in Böhmen übrig.

Napoleon ist in wenigen Tagen, schon am 17. April, in Donauwörth eingetroffen und ergreift sofort mit starker Hand die Führung der recht zerstreut aufgestellten französischen Kräfte. Sein Gegner, Erzherzog Karl, teilt seine Truppen, während Napoleon sie zusammenzieht. Und so kommt es in den Tagen vom 22. und 23. April zu den für Österreich unglücklichen, aber keineswegs entscheidenden Gefechten von Eggmühl und Regensburg. Der Erzherzog aber wirft die Flinte ins Korn und sendet schon am 23. April dem Kaiser einen Boten, um einen raschen Friedensschluß zu empfehlen. Franz I. will den Krieg weiterführen, aber seine Gemahlin ist nicht da, und so wird nicht eindeutig geantwortet. Somit fühlt sich der Erzherzog gedeckt und schreibt sofort einen Brief an seinen Gegner, der die Worte enthält[25]: »Ich bin geschmeichelt, Sire, die Aufgabe zu haben, den größten Heerführer des Jahrhunderts zu bekämpfen, ich wäre glücklich, wenn mich das Geschick dazu erwählt hätte, meinem Vaterland die Wohltaten eines bleibenden Friedens zu sichern.« Deutlicher kann man dem Feind nicht sagen, daß man keine Hoffnung mehr hegt, den Krieg glücklich zu beenden.

Der Kaiserin kommen alle diese Dinge zu Ohren; jetzt, glaubt sie, ist es dringend notwendig, daß sie zu ihrem Gatten eile und seine schwankende Seele stütze. Sie beschwört ihn, selbst den Befehl über die Armee zu ergreifen, aber diese Verantwortung zu übernehmen kann er sich ebensowenig entschließen wie zur Enthebung des Erzherzogs oder auch nur zur Entfernung seines ersten militärischen Ratgebers Graf Grünne, was Maria Ludovika zumindest erreichen will.

Der Krieg geht weiter, Erzherzog Karl erhält gar keine Antwort von Napoleon, bleibt nördlich der Donau und gibt dem Korsen den Weg nach Wien frei. Kaiser Franz dringt nun darauf, daß seine Gattin wieder nach Ofen zu den Kindern zurückgehe, und das Schicksal nimmt seinen Lauf. Im Bewußtsein, daß er einen Gegner hat, der keinerlei Wagestück unternehmen wird, tritt Napoleon den Marsch nach Wien an, obwohl in seinem Rücken in Süd und West Aufstände und Armeen seine Verbindungen bedrohen.

Am 13. Mai zieht der Korse fast ohne jeden Widerstand in der Haupt- und Residenzstadt Wien ein. Er ist keine vierundzwanzig Stunden da, läßt er sich schon den alten Minister Graf Zinzendorf nach Schönbrunn holen, von dem er weiß, daß er stets ein Gegner der Wiener Kriegspartei war. Als der greise Österreicher eintritt, ist Napoleon noch in ein Schriftstück vertieft, und so hat jener Zeit, den gefährlichen großen Herrn zu betrachten. Die gedrungene Gestalt, die schönen Augen, die wohlgeformte Nase, das abgerundete Kinn des schwarzhaarigen Mannes in der blauen Uniform mit roten Aufschlägen und weißer Hose ist eindrucksvoll. Nun steht Napoleon auf, grüßt kurz und beginnt sogleich darauf hinzuweisen, wie sehr sich Österreich mit diesem Krieg ins Unrecht gesetzt habe. »Sehen Sie«, sagt er, auf ein Blatt des Moniteur zeigend[26], »da sind die Briefe abgedruckt, die Ihr Kaiser und ich im September und Oktober 1808, als ich in Erfurt war, gewechselt haben. Es ist sicher, daß man sich nach solchen Briefen keinen Krieg erwarten konnte und daß es so unfähiger Männer bedurfte wie Stadion und Metternich, um ihn herbeizuführen. Der letztere verkehrte in Paris in schlechter Gesellschaft, die sein Urteil beeinflußt hat, Stadion ist verschuldet, daher England und seinem Geld hörig, zudem den Frauen ganz verfallen. Kaiser Franz hat mir in Urschitz versprochen, mir niemals Krieg zu erklären ... er ist ein Mann ohne Treu und Glauben. Die Lothringer[27] sind ebensowenig fähig zu regieren wie die Bourbonen. Der König von Preußen ist ein Vieh (une bête) ... Zar Alexander hat angenehme Formen und beginnt Haltung anzunehmen. Erzherzog Karl hat kein Talent, er schrieb mir einen Brief, in dem er ›von General zu General‹ spricht. Lesen Sie den Brief einer Dame an Metternich.«

In den letzten Tagen vor Ausbruch des Krieges war nämlich ein österreichischer Kurier mit Weisungen Stadions an Metternich und Privatbriefen an diesen, Napoleons Gendarmerie in die Hände gefallen. Darunter befand sich das besagte Schreiben einer Freundin des Staatsmannes, die ironisch darüber spricht, wie unentschlossen und zögernd man zum Krieg schreite und dem Gegner Zeit gebe, sich vorzubereiten.

Sie ist sehr verliebt in Metternich, diese Freundin, ist aber auch eine äußerst kluge Frau, die an den politischen Fragen der Zeit Anteil nimmt.

Und so kommt es, daß sie inmitten glutvollster Liebesworte schreibt: »Mein lieber Clemens ... Ihr seid von einer grenzenlosen Hochherzigkeit, Ihr wollt Eure Feinde nicht angreifen, ohne ihnen alle Zeit zu geben, sich vorzubereiten ... Ich bin sicher, daß die Politik derzeit einzig und allein von Kanonen abhängt, und je mehr man zögert, um so mehr Widerstand wird man finden ... Laß Dich doch wegjagen, denn hier wird man niemals zu einem entscheidenden Entschluß kommen ...«

Dieses Schreiben[28] ist nicht gezeichnet, man weiß nicht, wer es abgefaßt hat, aber alle Anzeichen sprechen dafür, daß es von der Fürstin Bagration herstammt, die immer so viel für Metternich übrig gehabt hat, von der man sagt, daß sie seinerzeit in Dresden eine Tochter von ihm zur Welt brachte. In letzter Zeit ist sie wie kaum jemand für den Krieg eingetreten und erhofft mit heißem Herzen, der Kaiserin Maria Ludovika gleich, den Sturz des Usurpators.

Dieser Brief ist es, der Napoleons Zorn gegen die Dame von Wien besonders aufgewühlt hat. »War die Kaiserin für den Krieg?« fragt der Korse weiter. Und nun muß Zinzendorf Auskunft geben. Stundenlang geht Napoleon mit dem Minister auf und ab und forscht ihn gründlich aus, insbesondere aber, wer von den Generälen, Ministern, Erzherzogen und nicht zuletzt Frauen der hohen Gesellschaft zum Krieg getrieben habe. Zinzendorf, ein Anhänger schnellen Friedens, ist geschmeichelt und hat gar nicht das Gefühl, daß er eigentlich sein Vaterland und seine Mitbürger verrät.

Metternich hat inzwischen in Paris mit seiner Frau, von allen gemieden, Angst im Herzen, die Geschehnisse verfolgt, soweit ihm dies die ausschließlich französische Berichterstattung erlaubt. In Wien hört Napoleon, daß, da Metternich zurückgehalten wurde, das gleiche auch mit Angehörigen der französischen Botschaft geschehen ist; und da er gerne auch noch einige andere Gefangene austauschen will, gibt er am 16. Mai Befehl, Metternich unter Gendarmeriebewachung nach Wien zu bringen. Gräfin Lorel darf sich an einen Schweizer See begeben. Alles ist schon soweit, der Paß ausgefertigt und von Fouché unterzeichnet.

Napoleons Lage ist zwar nach außen hin sehr glänzend, aber in Wirklichkeit hat Gentz recht, wenn er meint, er spiele doch ein sehr gewagtes Spiel. In Spanien ist Krieg, in Tirol ein Aufstand, die Armee des Erzherzogs Johann in Italien vorerst siegreich und die des Erzherzogs Karl, wenn auch unter einem nach Frieden lechzenden Führer, 75.000 Mann stark und nach wie vor kampfesfreudig. Sie steht nun nördlich der Donau und wartet ab, wie sich die Dinge entwickeln werden. Und Napoleon verfügt, tief in Feindesland stehend, alles in allem nur über 90.000 Mann. Einmal muß er sich entschließen, diese Armee des Erzherzogs Karl auszuschalten. So beginnt er am 23. Mai mit seinen Truppen die Donau zu überschreiten.

Nun befindet sich Erzherzog Karl in der glücklichen Lage, die Prinz Eugen einst zu dem herrlichen Sieg von Zenta geführt hat, der Lage nämlich, den Feind in dem Schwächemoment des Übergangs über einen großen Fluß in dem Augenblick anzugreifen, da erst ein Teil der Armee jenen bewerkstelligt hat. Erzherzog Karl erkennt dies, und es kommt zu der Schlacht von Aspern, die ein voller Sieg wird und bei der sich der Erzherzog gleichwie das ganze Heer besonders tapfer und unerschrocken zeigen. Wenn er diese persönliche Tapferkeit und Kühnheit nur auch als Führer bewahrt hätte! Napoleon wird zurückgeworfen, er muß nach furchtbaren Verlusten – von seinen 90.000 Mann sind fast die Hälfte tot, verwundet oder gefangen – über die Brücken zurück auf die mitten in der Donau gelegene Insel Lobau, während es den Österreichern gelingt, auch noch die Brücken zu zerstören. Dort ist die Armee zusammengedrängt, das erstemal unter Napoleon geschlagen, und dieser selbst schläft totenähnlich dreißig Stunden hindurch, so daß seine Generäle schon über einen Ersatz beraten. General Hiller drängt den Erzherzog, die Schlacht nicht abzubrechen, die Brückenreste zu stürmen, sie wieder herzustellen, die Lobau anzugreifen. Aber nein, der königliche Prinz ist mit seinem Erfolg zufrieden. Auch der Kaiser drängt ihn, in den nächsten Tagen über die Donau zu gehen. Karl schickt sich dazu an, aber dann steigt die Donau, Munitionsmangel stellt sich ein, und so kommt es nicht dazu.

Und auch später, als alle diese Entschuldigungsgründe wegfallen, bleibt der Erzherzog untätig stehen. Hiller gibt seine Entlassung. Napoleon traut seinen Augen nicht, daß man ihn nun in dieser Not ungeschoren läßt. Der feindliche Befehlshaber ist doch in Gold zu fassen, denkt er. Wenn er, Napoleon, drüben kommandieren würde, wie, wie hätte er den Truppen in der Lobau zugesetzt! »Sie können sich nicht vorstellen«, hat er später einmal gesagt, »in welchem Zustand meine Armee sich befand und welchen Unglücksfällen wir ausgesetzt gewesen wären, wenn man es mit einem unternehmenden Feind zu tun gehabt hätte[29].«

Die Nachricht von dem Erfolg bei Aspern macht ungeheuren Eindruck bei der kaiserlichen Familie in Ofen, wo man noch nicht genau erkennen kann, daß der Sieg nicht ausgenützt wurde. Doch auch die freudige Aufregung schadet der Herrscherin sehr. Die vielen Reisen in den stoßenden Wagen haben sie sehr hergenommen, und nun wohnt sie in der Burg in den Räumen der verstorbenen Gattin des Palatins Erzherzog Joseph als dessen Gast. Sie sind zwar wunderschön, aber kalt wie ein »Eiskeller«, so daß die arme lungenkranke Frau vor Kälte nicht schlafen kann[30].

Mit größter Sorge hat sie bisher alles verfolgt. »Mein Gott, was für Köpfe führen die Armee«, schrieb sie noch am 10. Mai, »das ist mein großer Schmerz ... der Mangel an Energie macht mich immer ›mene tekel upharsin[31]‹ fürchten . . . Liebe Mama, wenn es Männer gäbe, die die Seele hätten, die Du uns gegeben, als Du uns zur Welt brachtest, wären der Kaiser und wir glücklicher, und es wäre unmöglich, daß Napoleon nicht als Opfer fiele, aber ich schmeichle mich dessen nicht, da ich weiß, wer ihn bekämpft.« Auch die älteste Tochter des Kaisers, Erzherzogin Marie Louise, verfolgt mit ebenso heißem Herzen wie ihre Mutter die Sache der Truppen Österreichs. »Glaube nicht, daß alles gewonnen ist«, sagt sie auf die Nachricht von Aspern, »aber doch ist für den Augenblick viel, viel gewonnen[32].« Und von dem geschlagenen Napoleon berichtet sie ironisch: »Er hatte alle Bauern requiriert, um noch diese Nacht alle seine Toten ins Wasser zu werfen, damit wir seinen Verlust nicht beurteilen können . . . Ja«, meint sie sogar, »die französischen Verwundeten, die Kaiser Franz besuchte, riefen ihm Vivat zu mit den Worten: ›Wären wir gesund, so würden wir mit Ihnen, Sire, gegen den Tyran monstre kämpfen[33].‹«

Die Nachrichten von dieser Schlacht haben Kaiserin Maria Ludovika in »äußerst zerrütteter Gesundheit«, wie Graf Althan sich ausdrückt, angetroffen. Die bis dahin vorgefallenen unglücklichen Ereignisse im Feld hatten ihre Seele mit tiefstem Weh, ja Schwermut erfüllt, obwohl, wie der Graf bemerkt, »diese teure Frau sich alle Gewalt antut, um ihr Leiden vor jedermanns Auge zu verbergen, bis nicht eine Üblichkeit oder gänzliche Erschöpfung der Kräfte sie dahinwirft«. Eine Lungenkrankheit quält sie, die von den Ärzten nicht erkannt wird und für welche die hohe Stellung mit all den Pflichten, die sie mit sich bringt, und seelische Aufregungen aller Art Gift sind. Aber sie versucht alles niederzukämpfen, vor ihrem Gatten und den Menschen zu verbergen. Graf Althan fühlt sich verpflichtet, diese Lage der Dinge nicht vor dem Kaiser zu verbergen, obwohl ihm Maria Ludovika verboten hat, darüber zu sprechen oder zu schreiben[34].

Dabei hat sie die ganze Zeit immer auf den Kaiser eingewirkt, um »ihm das Rückgrat zu steifen . . . Jeder meiner Briefe an ihn enthält klare Vorstellung der gegenwärtigen Dinge . . . Bitte, nach eigener Überzeugung urteilen, dann schnell entschließen und ausführen . . . wahre Energie im Denken und Handeln. Dieses werde ich wiederholen bis zum letzten Augenblick, sechzehn Monate habe ich ohne Erfolg geredet, ich kann ausharren, und sollte ich auch die Liebe des Kaisers durch mein Wiederholen verlieren, so unterwerfe ich mich, es würde mir das Leben kosten, aber ich hätte seine Ehre, den Staat gerettet, dieses wäre mir genug[35]«.

Die Kaiserin freut sich über den Erfolg bei Aspern, aber wie jedermann sieht auch sie mit tiefem Bedauern, daß der Erzherzog, anstatt die schwer geschlagene feindliche Armee nun seinerseits anzugreifen und endgültig zu schlagen, wieder an Anbahnung des Friedens denkt. Maria Ludovika ist der Ansicht, daß noch Kräfte genug da seien, um den Krieg mit Vorteil weiterzuführen. Erzherzog Joseph teilt ihre Ansicht und meint: »Wenn auch jetzt Friede würde, wird uns Napoleon bald darauf auffressen, mithin wäre es auf jeden Fall besser, jetzt mit Ehren zu enden[36].«

Und wirklich, es geschieht, wie die Kaiserin erwartet hat. Napoleon sammelt alle zu Gebote stehenden Kräfte in ausgiebigster Weise. Er sieht zwar, in welch entsetzlicher Lage er und seine Armee sich befinden, er denkt sogar an Frieden. Aber für alle Fälle befiehlt er sofort jeden, aber auch jeden anderswo entbehrlichen Mann, selbst die ganze in Italien stehende Armee, zu sich nach Wien und verliert keinen Tag und keine Stunde, während der Erzherzog wohl gleichfalls Verstärkungen heranzieht, sich jedoch nördlich der Donau, mit einem möglichen Frieden kokettierend, abwartend verhält. Metternich aber und seine Frau hatten aus der Ferne auf diese Ereignisse nicht den leisesten Einfluß nehmen können.

IV. METTERNICHS RÜCKKEHR UND EINGREIFEN NACH ASPERN

1809–1810

Am 5. Juni 1809 kommt Clemens Metternich unter Gendarmeriebedekkung in Wien an. Er ist in Begleitung seines Sekretärs, des Fürsten Paul Esterházy, und des »Legationskommis« Philipp Neumann, von dem behauptet wird, er sei ein unehelicher Sohn entweder des jüngsten Sohnes der Kaiserin Maria Theresia, des Kurfürsten Maximilian Franz, oder aber des Vaters Metternich. Die einzige Stütze für diese Behauptung ist die Tatsache, daß der vertraute Kammerdiener und Reisekurier jenes königlichen Prinzen ein gewisser Karl Neumann gewesen ist, der dann später offiziell als der Vater Philipps galt. Dieser nunmehrige Gesandtschaftsgehilfe wurde tatsächlich sowohl von dem damals zu dem Gefolge jenes Kurfürsten gehörenden Vater Metternich wie auch von Clemens besonders in Schutz genommen. Er wird in der Folge einer seiner engsten Vertrauten.

Metternich kommt in einem Augenblick in die Residenzstadt, da Napoleon in seiner höchst ungünstigen Lage nach Aspern daran denkt, Frieden zu schließen oder aber wenigstens durch Verhandlungen die nötige Zeit für Wiedererholung und Heranführen von Verstärkungen zu gewinnen. Kaum ist Clemens in Wien angekommen, so bittet er augenblicklich Napoleons Minister des Äußeren, Champagny, um eine Unterredung. Noch am selben Tag, am 6. Juni, lädt ihn dieser nach Schönbrunn zum Essen, wo er ebenso wie in der Burg zu Wien die Gemächer der Kaiserin bewohnt.

Die beiden Staatsmänner sind einander sehr unähnlich und keineswegs ebenbürtig. Der Franzose ist besonders liebenswürdig, »honigsüß[1]«, meinte Metternich später einmal, und zeigt sich etwas unruhig. Die Wirkung von Aspern ist denn doch nicht zu verkennen. Über das Gespräch der beiden bei dieser ersten Unterredung liegt nur ein schriftlicher Bericht Metternichs an den Kaiser vor, der für diesen entsprechend zugerichtet ist. Man muß aber bei Metternich immer zuerst prüfen, inwiefern etwas gerade im Augenblick für seine Stellung taugt[2]. Die Meldung über diese Unterredung klingt nun ganz so, als wäre sie wohlüberdacht und in der Absicht gedrechselt, dem Kaiser Franz zu gefallen und seine Aufmerksamkeit auf Clemens als den Mann zu richten, der allein imstande wäre, Frieden und Freundschaft zwischen Frankreich und Österreich wiederaufleben zu lassen. Geradezu meisterhaft für das Ohr des Kaisers zurechtgemacht, hört es sich an, wenn Metternich Champagny sagen läßt: »Es ist wohl notwendig, daß ... man endlich Frieden schließt. Sie haben meinen Herrn beschimpft, er gibt es Ihrem Monarchen zurück, aber das sind nur Worte, und mein Herrscher vertritt den Grundsatz, daß Krieg alles hinwegwäscht. Und was Sie betrifft, sind Sie der einzige Mann, der geschaffen ist, um gute Beziehungen mit uns zu pflegen; der Kaiser hat Ihnen vor dem Krieg alles Vertrauen geschenkt, er wird es Ihnen im Frieden wiedergeben.«

Soweit der Bericht Metternichs[3]. Er spricht vom Vertrauen Napoleons. Nur ist davon zur Zeit keine Rede. Der Korse hat die ihm äußerst abträgliche, aber für Österreich so ausgezeichnete Arbeit des Botschafters in Paris sehr genau verfolgt und ist ihm daher vorläufig noch keineswegs wohlgesinnt. Anderseits weiß Napoleon genau, daß Stadion ein viel gefährlicherer Feind, daß *er* der wahre Entfeßler des Krieges ist und es *ihn* vor allem zu stürzen gilt, soll in Österreich einmal ein Frankreich genehmer Kurs eingerichtet werden. Ähnliches hat er doch noch bei jedem Friedensschluß, auch damals im Falle Thuguts, getan.

Aus mannigfachen Anzeichen jedoch muß man annehmen, daß bei diesem Gespräch zwischen Champagny und Metternich schon eine Frage gestreift wurde, von der kein Wort in des letzteren schriftlichem Bericht steht; die Frage nämlich einer engeren, einer Familienverbindung zwischen dem Hause Habsburg-Lothringen und dem Hause Bonaparte, die den Frieden fördern und nach seinem Abschluß festigen könnte. Man nennt vorläufig den Kaiser noch nicht, denn Napoleon ist ja noch nicht geschieden. Aber selbst wenn man von einem anderen Angehörigen des Hauses Bonaparte spricht, versteht Metternich genau, wen man eigentlich meint. Er weiß ja, daß die Ehescheidung Napoleons in Betracht kommt, ja nur mehr eine Frage der Zeit ist. Trotzdem erweist sich das Thema heikel genug, und jeder von beiden will, um ganz sicher zu gehen, zur eigenen Deckung sagen können, daß der andere zuerst den Vorschlag gemacht habe. Kam der Antrag erst von französischer Seite, so hat sich Metternich dagegen sicher nicht ablehnend verhalten. Spätere Erwägungen werden dies beweisen.

Napoleon hatte in Erfurt nach einer geplanten Scheidung die Großfürstin Katharina von Rußland als seine künftige Frau in Aussicht genommen. Das ist aber durch deren schnelle Verheiratung an den Großherzog von Oldenburg zu Wasser geworden. Bleibt die andere Schwester des Zaren, Anna; sie ist noch sehr jung, aber auch sonst zeigt man sich in Rußland wenig entgegenkommend. Man redet viel hin und her, sagt nicht nein, aber sicher ist die Sache keineswegs. Vorsichtig wäre es sicherlich, wenn sich der Korse anderweitig einen Ersatz suchte, der gegebenenfalls, wenn von Petersburg ein Korb droht, schleunigst in Anspruch genommen werden kann. So soll eine etwa eintretende moralische Niederlage vor der Welt übertüncht werden.

Metternich ist zur Zeit noch ein Staatsgefangener und lebt in einer Villa in Grünberg nächst Hetzendorf unter französischer Gendarmeriebewachung. Seit seiner Ankunft am 5. Juni hat er sich trotz seiner schwierigen persönlichen Lage sofort in das diplomatisch-politische Getriebe eingeschaltet, das in Wien in merkwürdiger Weise neben dem Krieg einhergeht. Noch sieht er nicht, welche Rolle ihm zugedacht ist. Deshalb will er seine Frau vorderhand glauben machen, er habe keine weiteren Aspirationen. Während er in Wirklichkeit danach brennt, eine große Rolle zu spielen, fährt er weiter fort: »Ich habe nur einen Wunsch, den nämlich, die Erlaubnis bekommen zu können, ruhig einen meiner Besitze bewohnen zu gehen und wieder zu Euch in Eure schöne Zuflucht an den Ufern des Sees zu gelangen.« Lorel ist aber noch nicht abgereist, man läßt sie in Paris im allgemeinen in Ruhe, und sie möchte diese Stadt am liebsten – wenn sie nicht muß – gar nicht verlassen. Clemens ist es zufrieden. »Du wirst nirgends sicherer und ruhiger sein können als in dieser Stadt«, meint auch er. »... Der Krieg ist eine traurige und häßliche Sache, und sehr glücklich sind diejenigen zu preisen, die weit davon entfernt sind.«

Scheinbar fahren die Franzosen fort, weiter an Frieden zu denken. Sind alle diese Versuche, zu einem solchen zu gelangen, von Napoleons Seite nur ein Vorwand für Zeitgewinn, dann erzielen sie vollen Erfolg, vor allem bei Erzherzog Karl. Am 23. Juni hat dieser immer noch zuwartende General ein Schreiben an Kaiser Franz gerichtet, das so klingt, als hätte er niemals die Schlacht bei Aspern gewonnen. Während darin zu lesen steht: »Unser erster Schlag mißlang und mit diesem unsere Hoffnungen«, ist von Aspern überhaupt nicht die Rede, wohl aber erklärt: »Die erste verlorene

Schlacht ist das Todesurteil der Monarchie und der jetzigen Dynastie[4].«

Erzherzog Karl handelt auf eigene Faust, wenn er nun tatsächlich am 4. Juli den Feldmarschalleutnant Niclas Graf Weißenwolf in das französische Hauptquartier sendet. Der General soll unter dem Vorwand des Austausches von Kriegsgefangenen Friedensfühler ausstrecken. Dies paßt dem Kaiser Napoleon ungemein; er erblickt darin ein Schwächezeichen, das für seine neuen Angriffspläne nur glückverheißend sein kann. Dementsprechend hochmütig ist auch der Empfang, den der österreichische General findet. Als dieser über den Austausch des Franzosen Durosnel, eines Lieblings Napoleons, spricht, benützt dies der Korse, um die Damen der höheren Gesellschaft Wiens, von denen er genau weiß, daß sie in den Salons seine erbittertsten Feinde sind, entsprechend anzukreiden. »Wenn Durosnel das Geringste passiert«, stößt er heraus, »werde ich alle österreichischen Gefangenen massakrieren, oder nein, lieber nicht, denn sie sind unschuldig. Aber ich werde diese großen Damen von Wien durch meine Tambours vergewaltigen lassen[5].« Dann behält Napoleon den Parlamentär in Wien zurück und befiehlt seiner Armee tags darauf den Übergang über die Donau.

Ahnungsvoll schreibt Maria Ludovika in diesen Tagen: »Ich habe kein Vertrauen in unsere Dispositionen und Kriegskunst. Gott weiß, was geschieht, während ich da schreibe[6].« – »Erzherzog Karl ersehnt den Frieden, weil er fürchtet, geschlagen zu werden[7] . . .«

Inzwischen ist Metternich am 2. Juli gegen Gefangene ausgetauscht worden und begibt sich sofort zu Kaiser Franz nach Wolkersdorf. Im Hauptquartier des Erzherzogs Karl wird nun gemeldet, daß die Franzosen sich anschicken, die Donau nordwärts zu überschreiten. Neuerlich ergibt sich die Gelegenheit, eine Armee wie bei Aspern und bei Zenta glücklichen Angedenkens im Schwächemoment des Übergangs über einen gewaltigen Fluß anzugreifen. Wer aber beschreibt Napoleons Staunen und Freude, als seine Truppen beim Übergang keinerlei Widerstand finden. Und trotzdem wäre die Schlacht bei Wagram am 5. und 6. Juli, die die endlich angreifende österreichische Armee liefert, durch die wundervolle Tapferkeit der Truppen um ein Haar zu einem großen Sieg geworden. Doch war nicht genügend für das rechtzeitige Eintreffen der Armee des Erzherzogs Johann gesorgt worden. Erzherzog Karl gibt daher den Befehl zum allgemeinen Rückzug.

Metternich hat an der Seite Franz' I. von einem Aussichtspunkt aus durch ein Fernrohr der Schlacht zugesehen, weshalb ihn der Kaiser scherzhaft »seinen Seher« nennt. Solange es gutging, rief Clemens ohne Unterlaß: »Unvergleichlich! Vortrefflich! Nun haut unsere Kavallerie ein! Nun geht es vorwärts usw.[8]« Schon glaubte Metternich alles gewonnen, da erfährt er plötzlich von des Erzherzogs Befehl zum Rückzug, und er wie Stadion, der Kaiser und alle Zuseher fallen aus allen Wolken. Metternich selbst schreibt[9]: »Ich kann unglücklicherweise nur allzu zutreffend versichern, daß die Fehler der Führer der einzige Grund waren, daß man eine schon völlig gewonnene Affäre aufgegeben hat.«

Nun aber, wie dem immer sei: wieder ist eine Schlacht verloren, neuerlich Napoleon siegreich, und all die stolzen und berechtigten Hoffnungen dahin, den Korsen, so fern von seinem eigenen Land, auf das Haupt zu schlagen und damit ganz Europa, ja die Welt, von der Übermacht dieses maßlos ehrgeizigen Mannes zu befreien. Diese Tat wäre dann ausschließlich dem von keinem Verbündeten unterstützten Kaiserstaat Österreich zuzuschreiben gewesen! Wohl ist die Armee, immer noch stark und kampfesfreudig, in voller Ordnung zurückgegangen, auch hat Napoleons Heer gewaltig gelitten, aber bei der österreichischen Führung ist der nie sehr ausgeprägte Kampfeswille geschwunden.

Am 7. Juli hält der Kaiser in Schloß Ernstbrunn lange Besprechungen mit Stadion und Metternich. Obwohl der erstere gegen Friedensverhandlungen ist, erhält Feldmarschall Fürst Liechtenstein auf Metternichs Rat Befehl, dem Feind einen Frieden vorzuschlagen. Der Graf beobachtet seinen Monarchen genau; dieser will nach außen hin unbedingt der Herr bleiben, und man muß immer betonen: der Kaiser will, der Kaiser urteilt, der Kaiser wünscht, der Kaiser befiehlt. Diesen Schein sucht Clemens peinlichst zu wahren und es dabei seinem allerhöchsten Herrn möglichst bequem zu machen. Darum legt er den Vorschlägen stets auch gleich die Erledigung fein säuberlich abgefaßt bei. Das Entscheidenmüssen, ohnehin des Kaisers schwächste Seite, wird so ungemein erleichtert, Metternich auf diese Weise die Gunst seines Gebieters behalten, und geschehen wird nun stets – Metternichs Wille.

Vor allem darf er den Monarchen aber in den jetzigen schwerwiegenden Augenblicken nicht aus den Augen lassen; so wird der Kaiser dazu geführt, immer das zu wollen, was Metternich für gut hält. Mit dieser Art und Weise hat Clemens den richtigen Schlüssel zum Charakter und Herzen seines Monarchen gefunden und fesselt ihn unauflöslich an sich. Metternich hat aber auch Kühnheit genug, sich in schweren Lagen in die Bresche zu stellen; *er* weiß sich zu entschließen; wenn auch seine Entschlüsse da und dort anfechtbar sein mögen, es ist immer besser, ein schlechter als gar keiner.

In diesen Tagen erhält Erzherzog Karl ein merkwürdiges Schreiben Napoleons. Der Korse ist zwar Sieger, aber er hat doch bei Wagram sehr stark Haare gelassen. Aus den harten Gefechten bei Znaim am 9. und 10. Juli ersieht er, daß die österreichische Armee noch immer tapfer kämpft. Bis wohin soll er ihr denn noch nachlaufen und seine ohnedies so lange und bedrohte Verbindungslinie weiter ausdehnen? In Spanien steht es zudem auch nicht am besten. Nun geht Napoleon daran, den Erzherzog Karl, dessen Annäherungsversuche ihm so viel verraten haben, bei seiner Friedenssehnsucht und Eitelkeit zu packen: »Prinz, Sieger von Aspern, Ihnen allein steht es zu, Verhandlungen einzuleiten. Europa seufzt nach Frieden. Großer Fürst, ich schlage einen Waffenstillstand von zwei Monaten vor[10]!«

Daraufhin sendet Erzherzog Karl den General Graf Wimpffen zu Napoleon; noch am selben Abend wird ein Waffenstillstand abgeschlossen und am folgenden Tag in der Früh das Feuer eingestellt. Die Bedingungen für Österreich sind allerdings entsetzlich drückend. Nicht nur eroberte, auch weite unbesetzte Gebiete werden dem Sieger eingeräumt.

Völlig unabhängig davon ist Fürst Johann Liechtenstein um Mitternacht vom 11. auf den 12. Juli im Hauptquartier Napoleons eingetroffen. Was er spricht und sagt, ist auf die Mitteilungen gegründet, die ihm Metternich gemacht hat. Napoleon beginnt nun das Gespräch mit den Worten: »Ich werde keinen Frieden mit Österreich mehr machen, ich werde die Monarchie aufteilen.« Liechtenstein versucht alles, um den Kaiser umzustimmen, aber es nützt nichts. Am 13. Juli hat der Fürst nochmals eine einstündige Unterredung mit Napoleon. Als er Stadion darüber berichtet, gerät dieser außer sich; findet er die Waffenstillstandsbedingungen schon verzweifelt schlecht, so lassen ihn die nunmehrigen Mitteilungen Liechtensteins zu der Erkenntnis gelangen, daß Kaiser Franz eine »Kapitulation zu erwarten habe, welche der Ehre der Monarchie und ihrer Existenz gleich tiefe Wunden schlagen wird«.

Auch die Kaiserin ist gleicher Meinung: »Ich würde mich nicht wundern, wenn von einem Augenblick zum anderen die Nachricht von einem feigen Frieden kommt[11].« Sollte Metternich zur Macht gelangen und Stadions Geschäfte übernehmen, wird er an dieser Frau oft eine harte Nuß zu knakken haben, denn sie weiß, was sie will, und urteilt nach eigener Ansicht.

Lorel hat sich indes entschlossen, doch in Paris zu bleiben. Clemens ist es zufrieden, er ist nicht besorgt. »Frau und Kinder eines Botschafters können doch nicht als Geiseln dienen«, meint er zu seiner Frau. ». . . Ich weiß Euch ruhig, fern von allem Trubel, außerhalb der Reichweite der Geschütze, all der Requisitionen, Truppenmärsche, Trommelwirbel – mit einem Wort, fern von all den teuflischen Folgen der schrecklichsten aller Geißeln.«

Inzwischen wird Metternich in die Verhandlungen eingeschaltet. Seiner Umwelt gegenüber tut er so, als wäre es ihm das Ärgste, eine Rolle spielen zu sollen. »Indem mir der Kaiser den größtmöglichsten Vertrauensbeweis gibt«, schreibt er seiner Mutter[12], »belastet er mich mit einer so undankbaren Aufgabe, daß nur die Ergebenheit für seine Person mich bestimmen kann, mich im gegenwärtigen Augenblick dafür herzugeben. Ich werde möglichst wenig Schaden anzurichten suchen ... Die Monarchie wäre siegreich, wenn ich acht oder vierzehn Tage früher in unserem Hauptquartier eingelangt wäre. Sie würde es noch sein, wäre der Geist, der den Kaiser belebt, allen eigen ... Ich war am 4. (Juli) abends bei dem Monarchen eingetroffen und habe am 5. und 6. das Schlachtfeld (von Wagram) nicht verlassen. Ich habe einen der gewaltigsten Kämpfe der modernen Zeit mit angesehen. Wir haben ihn gewonnen, und zwar durch die Tapferkeit und bewundernswerte Standhaftigkeit unserer Truppen. Man hat gezögert, eine letzte Anstrengung zu machen (de donner un dernier coup d'épaule), und hat sich geschlagen gegeben. Da hast Du die Tatsachen ...«

»Das Unglück, daß das große Hauptquartier uns das gleiche Pech wie im Feld auch in Frieden und Waffenstillstand bringt«, wie Stadion schreibt[13], veranlaßt ihn, dem Kaiser seine formelle Entlassung zu geben. Er glaubt, Metternich sei schon als sein Nachfolger ernannt: »Adieu, mein lieber Graf, beginnen Sie Ihr Amt mit dem gleichen Mut wie ich, als ich es im Jahre 1805 antrat – und glauben Sie nicht wie ich, ... daß es genügt, große Mittel zu haben, um bedeutende Ergebnisse zu erzielen ... Die Gründe, die mich den Dienst aufgeben lassen, sind keineswegs persönlicher oder feindlicher Natur, sondern rein Erwägungen, die aus dem Staat und unserer politischen Lage entspringen.« Metternich, der Stadion gewiß nicht etwa durch eine Intrige aus seinem Amt gedrängt hat, hätte im Gegenteil gerne gesehen, daß er noch geblieben wäre. Denn es ist keineswegs angenehm, gleich zu Anfang das Odium des bevorstehenden schlechten Friedens auf sich zu nehmen. Deshalb stellt Metternich, als ihm der Kaiser den Posten Stadions anbietet, die Bedingung, vor der Öffentlichkeit vorläufig noch nicht als Minister des Äußeren zu gelten. Die Verhandlungen in dem, wie er sagt, »krisenhaftesten Augenblick, den es je gegeben«, sind zu dornenvoll. Den schlechten Frieden sollen noch die anderen auf ihre Schultern nehmen, denkt Clemens. Kann er vielleicht etwas dafür, daß diese furchtbare Lage eingetreten ist? Ist Stadion schuld? Nein, auch er nicht, wohl aber die Führung des Heeres. Die Lage Österreichs ist doch gar nicht so schlecht, erwägt Clemens. Sehr im Gegensatz zu Erzherzog Karl meint er, es stünde noch die »schönste Armee der Welt, mit allen Kräften zusammen immer noch 250.000 Mann stark« zur Verfügung.

»Wenn wir nur ein Viertel der moralischen Mittel besäßen«, ruft Metternich aus[14], »guter Gott, wo würden wir hinkommen! Die letzte Schlacht hat den Ruhm der Armee und die Schande ihrer Führer gebildet. Der Waffenstillstand aber den Gipfel ihrer Erniedrigung ... Am 22. Mai hätte es genügt, 25.000 Mann die Donau übersetzen zu lassen, um mit einem einzigen Zug die ganze französische Armee in einem Netz gefangenzunehmen. Und diese 25.000 Mann standen (als Reserve) an der Donau und hatten den ganzen Schlachttag noch keinen Schuß abgegeben. Sie hatten auch 100 Pontons zur Verfügung.

Hätte man dann weiter am 6. Juli auf unserem linken Flügel noch einen letzten Anstoß gegeben, man hätte Napoleon et toute la boutique in die Donau und March geworfen ... Und man zieht sich zurück, um die Monarchie nur um so sicherer zu zertrümmern ... Wenn wir nur jedesmal das gemacht hätten, was wir ganz einfach mußten, was jedes Kind verstanden hätte und die Tapferkeit unserer Truppen verdiente – wir würden heute dem Kaiser (Napoleon) das Gesetz diktieren, und Gott weiß, wieviel Europa an dem Wechsel des Regimes gewonnen hätte! Ach, welch gute und brave Armee wir haben! ... Das alles unter uns, liebe Mama.«

Metternich ist kein Soldat und militärisch nicht gebildet, aber in diesem Urteil kommt er den tatsächlichen Verhältnissen doch ziemlich nahe. Der Wagemut fehlte bei Aspern und und damit die Aussicht auf größten Erfolg. Man wollte nur völlig sicher gehen, was man aber im Krieg nur höchst selten kann, und nicht umsonst ward das Sprichwort geprägt: Wer wagt – gewinnt!

Kaiser Franz ist nicht nur außer sich über den Waffenstillstand, sondern auch über das, was Liechtenstein berichtet, und seine tieferschütterte Frau bestärkt ihn in seinem Widerstand. »Der Erzherzog Karl sagt, er habe nur mehr 35.000 Mann, und alles sei zu Ende! So verlangt er, man solle Frieden schließen«, schreibt sie verzweifelt[15]. » ... Und das alles aus Verschulden des Befehlshabers ... Es wundert mich nicht, da ich die kleinliche Seele (l'animo piccolo) Karls kenne[16].«

Noch einmal muß Liechtenstein am 18. Juli in Begleitung des Generals Bubna nach Wien zu Napoleon. Diesmal wird er zu seiner Überraschung etwas besser empfangen. Der Korse will, wie er sagt, Gnade für Recht ergehen lassen und noch einmal mit Österreich einen Frieden versuchen. Verhandlungen in Altenburg werden ausgemacht. Napoleon geht mit dem Fürsten Liechtenstein die in Betracht kommenden österreichischen Diplomaten durch und zieht diesmal merkwürdigerweise Metternich den anderen »wegen seiner guten Formen« vor. Es scheint, daß Champagny seinen Kaiser da in für Clemens günstigem Sinne beeinflußt hat. Vielleicht hat er ihm gesagt, daß er bei gewissen familiären Wünschen keine Schwierigkeiten machen werde.

Am 23. Juli hat sich Kaiser Franz offenbar auf Drängen der Kaiserin wie aber auch Metternichs entschlossen, Erzherzog Karl den Oberbefehl zu entziehen, und tut dies in einem scharfen, den Waffenstillstand verurteilenden Brief an seinen Bruder. Fürst Johann Liechtenstein wird mit einem viergliedrigen Generalsrat zum Oberkommandierenden ernannt, und Kaiser Franz bleibt dabei, der Krieg müsse weitergeführt werden. Aber auch der neue Oberbefehlshaber sieht dafür keine Erfolgsmöglichkeit mehr. Jetzt heißt es zusehen, wie man sich aus dieser traurigen Lage retten kann. Aus dieser Verzweiflung heraus allein kann man begreifen, daß die Idee der Opferung einer Tochter des Kaisers Formen annimmt, die von niemand noch richtig ausgesprochen, aber mit Ausnahme des Kaiserpaares von so manchem in Erwägung gezogen wird. Vor allem von Metternich. Jedenfalls darf die Erzherzogin Marie Louise jetzt unter gar keinen Umständen anderweitig heiraten. Franz von Modena, der Bruder der Kaiserin, der Marie Louise liebt und Hoffnungen auf ihre Hand hegt, wird auf Widerstand stoßen. Dem Mädchen selbst wird nicht gesagt, daß man gegebenenfalls mit ihm etwas vor hat.

Da, in diesem allerungünstigsten Augenblick, überfällt der Kronprinz Ludwig von Bayern die sorgenvolle kaiserliche Familie mit einem heiklen Wunsch. Am 30. Juli hat sich bei General Graf Bubna in Wien ein Herr eingefunden, der ihm den Wunsch dieses Prinzen, sich mit dem Hause Österreich durch das Band der Ehe zu verbinden, kundgegeben und gebeten hat, dem Kaiser Franz darüber mündliche Mitteilungen zu machen[17]. Kaum hat Metternich diese Nachricht erhalten, läßt er nichts unversucht, um einen solchen Plan völlig unmöglich zu machen. Gerade jetzt, da er daran denkt, die Hand der Erzherzogin könnte die einzige Rettung für die Monarchie bedeuten, kann ihm das nicht passen.

Clemens ist aber nicht der Ansicht Erzherzog Karls und so vieler, daß Friede um jeden Preis geschlossen werden müsse. Er hält viel mehr von der österreichischen Armee als der Feldmarschall[18]: »Man darf uns nicht übelnehmen, wenn wir die Monarchie nicht beim Fenster hinauswerfen wollen, worauf in Kürze des Kaisers letzte Rettung in einem Sprung aus ebendiesem Fenster bestehen würde.«

Bevor sich Metternich nach Altenburg begibt, hat er mit Kaiser Franz eine eingehende Unterredung, und ganz besonders in den letzten Augenblicken des Aufenthaltes in Komorn bei dem Monarchen sprechen die beiden über »eine Angelegenheit höchster Bedeutung[19]«, wie der Graf sich ausdrückt, eine Bemerkung, die sich auf die Möglichkeit einer Heirat beziehen könnte.

Am 14. August macht sich Clemens auf die Fahrt über Raab nach Altenburg, wo er mit Champagny verhandeln soll. Das Mittagessen nimmt er als Gast des in Raab befehligenden Herrn von Narbonne ein, mit dem er ein langes, vertrautes Gespräch führt, wobei in halben Worten die Möglichkeit einer ehelichen Verbindung der beiden Kaiserhäuser angedeutet worden zu sein scheint. Dann geht es weiter nach Altenburg. »Möge der

Himmel mich segnen und mich dort wohlbehalten in den Hafen einlaufen lassen, wohin ich die Barke zu lenken wünsche«, schreibt[20] Metternich seiner Mutter. »Ich trage buchstäblich die Welt auf meinen Schultern ...«

Kaiser Franz empfindet es bitter, neuerlich einem unglücklichen Frieden entgegengehen zu sollen. Er ist nach wie vor entsetzt über die von Erzherzog Karl zugestandenen Waffenstillstandsbedingungen, und als dieser am 23. Juli um seine Entlassung aus militärischer Verwendung ansucht, billigt er sie augenblicklich. An der ursprünglichen Enthebung des Erzherzogs Karl vom Oberbefehl ist auch die Kaiserin nicht ganz unschuldig; sie hat ihrem Gatten gegenüber immer gegen ihn gewettert[21].

Doch von nun an wird es ihr schwerer gemacht, auf den Kaiser einzuwirken, denn vorsichtig beginnt Metternich dem entgegenzuarbeiten. Er weiß bereits, wie er seinen Gebieter behandeln muß, um bei diesem bestimmenden Einfluß zu gewinnen, ohne daß der Monarch dies allzusehr merkt. Noch ist die Kaiserin sich nicht klar darüber, daß mit dem in den Vordergrund tretenden neuen Mann jemand an die Macht kommt, der nicht immer ihrer Meinung ist. Sollte Metternich, wie es scheint, schon ernstlich an die Verheiratung der Erzherzogin Marie Louise denken und mit dem Kaiser vor der Abreise nach Altenburg schon andeutungsweise darüber gesprochen haben, zu Maria Ludovika schwieg er gewiß darüber, denn er weiß, daß es ihr Lieblingsgedanke ist, einen ihrer Brüder mit dieser Stieftochter zu verbinden.

In Altenburg speist Metternich täglich mit dem französischen Unterhändler, dem Minister des Äußeren Champagny. Er findet ihn nicht ganz so entgegenkommend wie seinerzeit in Wien noch vor der Schlacht bei Wagram. Doch scheint es fast sicher, daß Clemens in Altenburg mit dem französischen Minister in vertrautem Gespräch schon über eine mögliche Familienverbindung gesprochen hat.

Napoleon aber, mit seiner altbewährten Taktik, vor jeder Unterhandlung immer zuerst die Gegenseite recht in Schrecken zu setzen, tut so, als wollte er Kaiser Franz gänzlich ausschalten. Er wendet sich neuerlich durch einen Mittelsmann an den Erzherzog Karl und schlägt sogar öffentlich am 17. September in Brünn und dann auch unter vier Augen dem neuerlich nach Wien entsandten General Bubna vor, Franz I. solle abdanken, wobei er jemand anderen, vielleicht den Erzherzog-Feldmarschall, als Herrscher Österreichs einzusetzen gedenkt.

Sowie Bubna nach Totis zurückgekehrt ist, wird dort ein Familienrat einberufen; als die Kaiserin hört, es komme die Abdankung ihres Gatten in Frage, falls man Napoleon nicht besänftigen könne, tritt sie das erstemal nicht für die Weiterführung des Krieges ein, und so wird am 25. September in der entscheidenden Konferenz beschlossen nachzugeben. Umsonst spricht Stadion mit heißer Seele dagegen. Er faßt das Protokoll dieser denkwürdigen Sitzung ab und fügt ihm folgende Nachschrift an: »Am Schluß muß bemerkt werden, daß in dieser Konferenz noch von einem anderen, aber so delikaten Gegenstand die Rede war, daß er nicht geeignet ist, zu Papier gebracht zu werden.« Mag sein, daß damit die Abdankung des Kaisers gemeint war[22]. Vielleicht aber, ja wahrscheinlich, ist damit die von Metternich angeregte eheliche Verbindung mit dem Hause Bonaparte zur Abschwächung des drohenden schlechten Friedensvertrages gemeint. Denn in den weiteren Gesprächen äußert Champagny, wie sehr »besonders Heiraten für das Haus Österreich stets vorteilhaft gewesen sind[23]«.

Das war etwas unvermittelt vorgebracht, und auch Bubna meldet, daß Champagny zwei Tage hintereinander die Sitzungen mit einer Schilderung von Erwerbungen eröffnet habe, die das Haus Österreich in früheren Zeiten durch Ehen gemacht hat, wobei er hinzufügte, daß dies »auch nun ein Modus acquirendi sein könnte[24]«. Dabei meint er offenbar, daß auf diese Weise Länder, die nun erobert wurden, Österreich bei einer bestimmten Heirat wieder zurückgegeben werden könnten.

Am 27. abends trifft Graf Zinzendorf den eben von dreistündiger Unterredung mit Napoleon zurückgekehrten Fürsten Johann Liechtenstein in nachdenklicher und äußerst ernster Stimmung. Auch Maret hatte dem Gespräch beigewohnt; die Andeutungen, die man immer wieder vorbringt, geben zu denken. Liechtenstein weiß, daß die Kaiserin verzweifelt sein würde, wollte man Marie Louise da ernstlich in Betracht ziehen. Ihm selbst, dem Aristokraten aus großer Familie, widerstrebt es aufs äußerste, diesem viel zu glücklichen Emporkömmling die Tochter seines Kaisers »vorzuwerfen«. Es ist noch gar nicht gesagt worden, für wen sie in Betracht kommen soll, vielleicht nicht einmal für Napoleon selbst. Bubna soll sich erkundigen; »auf indirektem Weg« erfährt er, daß der Korse die Tochter des Lucien Bonaparte an Kindes Statt annehmen wolle, wenn man geneigt wäre, sie mit dem Kronprinzen von Österreich zu vermählen. Nun, diese Auskunft klingt unwahrscheinlich genug. Es ist klar, daß damit nur die wahre Absicht verschleiert werden soll. Napoleon ist doch gerade mit seinem Bruder Lucien völlig überworfen und hat von diesem deutlich genug gehört, was er von ihm hält. Das ist also alles nur Gerede und kommt gar nicht in Frage. Aber irgend etwas ist daran, zweifellos stecken besondere Absichten dahinter. Bubna weiß, daß Metternich einem solchen Heiratsprojekt freundlicher gegenübersteht als Liechtenstein. Kaiser Franz hat ihm gesagt, er wünsche Metternich als Minister des Äußeren, und so bemüht sich der General, auch durch den dem Diplomaten geneigten Champagny bei Napoleon ein besseres Wetter für diesen Mann zu schaffen. Aber es ist nicht so einfach, denn der Kaiser der Franzosen findet die Zuziehung Metternichs zur Wiener Unterhandlung »nicht angenehm«. Er hält den Grafen für den eigentlichen Urheber dieses Krieges, der durch die entstellte Darstellung der Verhältnisse in Paris das österreichische Kabinett zu irrigen Schlußfolgerungen verleitet habe. Der Kaiser habe sich daher schon in Paris veranlaßt gesehen, dem österreichischen Botschafter schließlich den Hof und Zutritt zu den ersten Staatsdienern zu verwehren.

Liechtenstein meldet dies alles sofort seinem kaiserlichen Herrn und fügt noch am 2. Oktober hinzu, wie Champagny an diesem Tag mit ihm gesprochen habe[25]. »Er zeigte«, meint er, »überhaupt viel Lust, von anderen Nebendingen mehr als vom Hauptgeschäft zu sprechen, und sagte unter anderem wieder, das Haus Österreich hätte von jeher durch Heiraten viel gewonnen – die Zeit, durch solche sanfte Mittel Länder zu erwerben, könne wieder kommen.« Fürst Liechtenstein zeigt in der Frage einer Familienverbindung entsprechend seiner eigenen Neigung und jener seiner Kaste keinerlei Entgegenkommen. Da greift Bubna ein, der nach dem Zeugnis Zinzendorfs »als großer Protektor Metternichs auftritt«. Er gibt Champagny zu verstehen, der Kaiser irre sich, Metternich sei viel eher für ein freundschaftliches Verhältnis zu Frankreich zu haben und werde insbesondere in der Frage einer näheren Verbindung gewiß zugänglicher sein als Liechtenstein, wovon Champagny allerdings schon aus eigener Erfahrung überzeugt ist.

Was Stadion betrifft, so steht es für Napoleon fest, daß er verschwinden müsse. Der Korse hat noch immer in Österreich wie in Preußen und sonst, wo er konnte, Männer, die ihm gefährlich erschienen, aus dem Dienst der Staaten entfernen lassen, insbesondere ihm nicht passende, daher für ihr eigenes Land meist gute Minister des Äußeren. So beginnt der Korse nun auf Bubna und Champagny zu hören, die ihm nahelegen, nichts mehr gegen die von Kaiser Franz geplante endgültige Ernennung Metternichs einzuwenden. Schließlich sei die Hauptsache, daß der gefährliche Stadion abgesetzt ist. Metternich werde mit sich reden lassen, er sei doch ein geschmeidiger Herr. Der Kaiser von Österreich hat bisher Stadions Entlassungsgesuch offengelassen; nun, am 4. Oktober, nimmt er es an, und der Minister verläßt am Grab seiner Hoffnungen noch am 6. das Hoflager. Tags darauf wird der erst sechsunddreißigjährige Clemens Metternich zum Minister des Äußeren ernannt.

Als Gräfin Lorel davon hört, ist sie voll des Entzückens und hat das Gefühl, nicht wenig dazu beigetragen zu haben. Einmal dadurch, daß es die gleiche Stellung ist, die dereinst ihr berühmter Großvater eingenommen hat, und dann, weil sie als Frau trotz der Untreue ihres Gatten stets zu ihm gehalten und ihm seine Arbeit gesellschaftlich und auch sonst in jeder Weise erleichtert hat.

Vielleicht hätte Napoleon trotz allem noch Schwierigkeiten gemacht, da tritt ein Ereignis ein, das ihn veranlaßt, die Friedensverhandlungen mit Liechtenstein schnell zu Ende zu führen und Wien eiligst zu verlassen. Am 12. Oktober versucht sich ein Mann bei einer großen Parade in Schönbrunn an den Eroberer heranzudrängen. Es gelingt ihm, ganz in seine Nähe zu gelangen, da tritt Marschall Berthier dem Burschen mit der Frage in den Weg: »Was wollen Sie hier?« Der Fremde murmelt etwas von einer Bittschrift; dem hohen Offizier aber erscheint der Mann verdächtig; er läßt ihn verhaften, und die Leibesvisitation fördert ein langes Küchenmesser zu Tage. Im Verhör gesteht der Verhaftete ohne Umschweife, in der Absicht gekommen zu sein, Napoleon aus der Welt zu schaffen. So bedroht, beschleunigt Napoleon den Abschluß des Friedensvertrages. Schon am 14. Oktober wird dieser von Liechtenstein und Champagny unterzeichnet und umgehend von Kaiser Franz ratifiziert. Zwei Tage später schon verläßt der Korse Wien, nachdem er den Attentäter Friedrich Staps hat erschießen lassen.

Metternich, der ursprünglich in seinem Ehrgeiz gerne an Stelle Liechtensteins gewesen wäre, ist nun heilfroh, daß nicht er seinen Namen unter diesen für Österreich so traurigen Friedensvertrag hatte setzen müssen. »Sie haben unterschrieben, *ohne zu wissen, was*«, schreibt[26] Clemens seinem Vater. Und er gerät in wahre Wut, wenn er bedenkt, was eigentlich die Grundursache alles dessen ist. »Wir haben doch während des Feldzuges 45.000–50.000 Gefangene gemacht«, schreibt[27] er seiner Frau, »haben viel mehr Geschütze und Fahnen erobert als der Gegner, wenn wir ihm auch alle Schlachten, die wir gewannen, schließlich zum Geschenk machten . . . Bei so viel Ehre, so viel Anstrengungen, so viel vergossenem Blut, solche Ergebnisse! Und das, weil Hanswurste glaubten, sie seien Generäle, und einer unserer ohne Zweifel besten, den Wahn hat, den Unterhändler spielen zu wollen. So gehen Staaten zugrunde, und nichts kann sie in ihrem Fall aufhalten.«

Nun wird Fürst Karl Schwarzenberg zum Botschafter in Paris ernannt, und Metternich gibt ihm bezeichnende Verhaltensmaßregeln mit auf den Weg. Er hat den Frieden weder gemacht noch unterschrieben, infolgedessen kann er ihn in Grund und Boden verdammen[28]. »Wir bleiben ohne natürliche Grenzen«, heißt es da. » . . . Unsere Armee furchtbar reduziert . . . Wir bedürfen der Ruhe . . . Aus jeder Komplikation heraushalten . . . Eventueller Vorschlag einer Allianz mit Frankreich . . . Darüber sich so äußern, daß Kaiser Napoleons Ministerium daraus schließen könne, diese Idee entspreche im allgemeinen unserem Wunsch.«

Dann teilt Metternich dem Botschafter die Bemerkungen Champagnys über die möglichen »Acquisitionen durch Heiraten« mit und fügt hinzu:

»Verschiedene Insinuationen, die unseren Bevollmächtigten in Wien gemacht worden sind, veranlassen die Meinung, daß man französischerseits den Vorschlag einer Ehe zwischen Seiner kaiserlichen Hoheit dem Kronprinzen und der von Kaiser Napoleon adoptierten und von der Mutter dieses Souveräns erzogenen Tochter des Senators Lucien Bonaparte anbringen könnte. Fürst Schwarzenberg wird leicht einsehen, wie unanständig und demütigend der Vorschlag einer solchen Verbindung zwischen dem Erben des österreichischen Thrones und einer Person wäre, die aus einer von dem französischen Kaiser nicht für rechtmäßig anerkannten Ehe entsprossen ist. Käme dieser Antrag jemals ernstlich zur Sprache, so müßte Fürst Schwarzenberg sich darauf beschränken, unsere Befehle einzuholen.«

Metternich sagt es zwar nicht ausdrücklich, aber wenn es sich um den Kaiser Napoleon selbst handeln sollte und er eine Erzherzogin heiraten wollte, dann wird alles anders sein.

Inmitten all dieser Sorgen ist es immer wieder Lorel, der gegenüber Clemens sich völlig gehen läßt und sein Herz, den augenblicklichen Stimmungen folgend, ausschüttet. Am 10. Oktober hatte er ihr mitgeteilt, daß er zum Minister des Äußeren ernannt sei und er sie bitten werde, zu ihm nach Wien zu kommen, sowie dies nur angehe. Und am 11. November schreibt er ihr in trauriger Stimmung[29]:

»Was ist alles geschehen, seit ich Dich verlassen habe. Wieviel Leid, Sorge und Arbeit habe ich gehabt! . . . . Wenn es nur ein vernünftiges oder verläßliches Wesen gegeben hätte, um es an die Spitze der Geschäfte zu stellen, wäre ich nach Paris zurückgekehrt . . . Aber so habe ich mich für das Wohl des Vaterlandes darein ergeben, denn es ist sicher nur dieses Gefühl, das mir solche Stellung erträglich machen kann. Auch hege ich nur einen Wunsch, die Barke in einen beliebigen Hafen zu führen und dann einige Augenblicke der Ruhe zu genießen. Ich gebe Dir mein Wort darauf, ich bin schon ganz außer Atem, und mein neuer Posten wird mir sicherlich keine Gelegenheit zum Ausruhen geben. Seine einzige gute Seite ist, daß er mich nach Hause zurückführt. Wir werden unser eigenes Heim aufrichten; der Nagel, den wir in die Wand jagen, wird wenigstens in einer Mauer sitzen, die uns gehört . . .«

Das einzige, was Metternich wahrhaft tröstet, ist sein Verhältnis zum Kaiser. Dieser ist glücklich, einen Mann zu besitzen, an den er sich inmitten seiner großen Bedrängnisse vertrauensvollst wenden kann. Er hält sich an Clemens wie ein Ertrinkender, der sich an ein ihm zugeworfenes Stück Holz klammert. Der Monarch überschüttet ihn in dieser Lage mit den rührendsten Vertrauensbeweisen, was Metternichs Eitelkeit natürlich unendlich schmeichelt und ihn zu den höchsten Lobeshymnen über seinen allerhöchsten Herrn veranlaßt.

Auch von Maria Ludovika ist Metternich nach wie vor begeistert, nur sieht er nun ein, daß er sich in der Beurteilung ihres Wohlergehens geirrt hat. »Die Gesundheit unserer armen Kaiserin wird immer schlechter«, bemerkt Clemens zu seiner Frau, »es ist hoch zu wetten, daß Du sie nicht mehr wiedersehen wirst... Dann wird es eine reizende Frau weniger geben... Sie ist sicherlich eines jener Wesen in der Welt, die am meisten Geist besitzen. Ihre Seele hat den Körper völlig aufgezehrt, und ein sehr heikler Körper ist so dem Einfluß einer Feuerseele erlegen.«

Metternich begleitet nun den Kaiser nach Wien zurück und berichtet seiner Gattin, daß es schwierig sei, sich auch nur eine entfernte Vorstellung von der Art und Weise zu machen, wie der Herrscher da empfangen wurde. Das vor Freude trunkene Volk hätte den Monarchen buchstäblich bis in seine Gemächer getragen.

Clemens geht nun daran, die Staatskanzlei einzurichten, und ordnet sie in der Art, wie dies seinerzeit der Großvater seiner Frau, der große Kanzler Fürst Kaunitz getan. Inzwischen soll Lorel Metternich in Paris die Rückgabe der Besitzung Ochsenhausen erwirken und in diesem Sinne bei Herrn von Champagny anklopfen. »Du, meine gute Freundin ... triff Deine Anstalten, vollziehe Deine Aufträge so gut Du kannst und liebe mich ...«

Lorel war aus den Briefen ihres Gatten inzwischen nicht ganz klug geworden über das, was vorging und sich zum Beispiel in Altenburg abgespielt habe; sie verfehlt nicht, dies Clemens mitzuteilen. »Du wirfst mir vor, daß ich etwas mysteriös schreibe«, antwortet Metternich[30], »viele Gründe dafür werden Dir seither klargeworden sein ... Sicherlich hat niemand je eine Carrière gemacht wie ich, und das in diesem Land, wo nichts plötzlich geschieht, wo niemand mir geholfen hat als ich selbst ... Mein Weg ist so gerade, ich weiche davon so wenig ab, daß ich notwendig schneller ans Ziel kommen muß als viele andere ... Du sagst mir, daß meine Freunde mich loben, ich muß mich schließlich und endlich selbst loben; ich arbeite alle Tage so, wie Du mich an Kuriertagen arbeiten sahst; aber ich verbessere jetzt mein Los sehr stark ... Der Himmel bewahre mich davor, den Rest meiner Tage so eingespannt zu verbringen, wie ich es nun bin. Ich hege das Hirngespinst, alles bis zu einem gewissen Punkt zu führen, um mir dann einige gute Ruhejahre zu gönnen. Lege mich auch der Kaiserin zu Füßen.«

Metternich hat recht, wenn er seiner Frau vertraut und hofft, daß sie ihm in Paris nützlich sein wird. Wohl ist dort ein neuer Botschafter; aber ein inoffizieller, der da viel mehr verwurzelt ist und viel mehr für Metternichs Interessen denkt, fühlt und arbeitet, ist ja immer noch dort, ist den ganzen Krieg über geblieben – eben die Gräfin Lorel, sie hat an der Seine ihre Beziehungen, so gut es ging, weiterzuerhalten versucht. Obwohl ihr

Vaterland im Krieg mit Napoleon stand, macht sie zur Zeit kein Hehl daraus, wie sie von dem Genie dieses Mannes beeindruckt sei und auch glaube, Gedeihen und Glück Österreichs liege in der Freundschaft mit ihm und seinem Land. Nun, da ihr Mann an so hoher Stelle steht, wird ihr bei dieser Sinnesart eine große Rolle zufallen, und Freude und brennender Ehrgeiz erfassen die »kleine Frau«, wie die Gräfin sich selbst nennt.

V. DER EHEHANDEL MIT MARIE LOUISE

1809–1810

Nun hat Napoleon einen ungeheuer vorteilhaften Frieden in der Tasche und dabei ganz bestimmte Absichten mit Österreich im Sinne. Darum wird er diesem Land gegenüber äußerst liebenswürdig. Man feiert Schwarzenberg bei seiner Fahrt nach Paris überall ausnehmend, ja fast aufdringlich mit Glockenläuten, Böllerschüssen und Festbeleuchtungen. Auch die Gräfin Metternich, die die letzte Zeit in jener Residenz gänzlich zurückgezogen und von den meisten gemieden verbracht hat, wird auf einmal wiederholt zu Hof geladen und auf das zuvorkommendste behandelt. Schwarzenberg stellt nach seiner Ankunft in Paris zunächst fest, daß Talleyrand wieder in Gnaden aufgenommen ist, ja sogar wie einst unangemeldet beim Kaiser eintreten darf. Der Fürst hört von dem vorangeeilten Legationsrat Floret, daß Champagny mit ihm bei einem Empfang am 21. November von der zarten Gesundheit der Kinder des Kaisers Franz gesprochen habe und dabei sagte[1]: »Nicht wahr, das einzige, das eine starke Konstitution hat und niemals krank war, ist die Erzherzogin Marie Louise, von der man übrigens sagt, sie sei sehr gut erzogen.«

Napoleon empfängt Schwarzenberg sofort und auf das schmeichelhafteste, aber der Fürst bleibt mißtrauisch. Der Korse, sagt er sich, hat sich in den Kopf gesetzt, eine Universalmonarchie[2] in Europa aufzurichten, und bei einem so »sprunghaften Charakter[3]« wie dem seinen (caractère aussi remuant que le sien) kann man sich auch weiter auf Überraschungen gefaßt machen. Nur eine Familienverbindung Napoleons mit dem Zarenhause würde ähnliche Ziele ohne Krieg gegen Rußland durchzusetzen ermöglichen, doch ist diese Angelegenheit noch nicht entschieden. Der Korse beginnt mißtrauisch zu werden und beschließt daher, sein zweites Eisen etwas besser ins Feuer zu legen. So wird wieder Graf Alexander von Laborde eingesetzt, der schon bei den Friedensverhandlungen in Wien Liechtenstein gegenüber angeklopft hat, ob auch der österreichische Hof geneigt wäre, »in eine eheliche Verbindung einer Erzherzogin mit der neugegründeten französischen Dynastie zu willigen«. Er erhält nun den Auftrag, zu Metternich zu gehen und diese Frage erneut aufzuwerfen.

Am 29. November 1809 treffen sich die beiden Staatsmänner, sprechen miteinander und schieben dann in ihren bezüglichen Berichten einer dem anderen zu, die Verhandlungen begonnen zu haben. Sie wollten eben beide darüber reden, und so ist es ganz gleichgültig, wer das erste Wort sprach. Auf jeden Fall erklärt Metternich eine Verbindung des Kronprinzen Ferdinand mit einer Tochter Luciens für ganz ausgeschlossen, läßt aber durchblicken, daß man über eine Heirat des Kaisers mit einer Erzherzogin sprechen könne.

In diesem Sinne wird nun Kaiser Napoleon von Laborde unterrichtet. In Paris ist Schwarzenberg für den Plan indes völlig gewonnen. In neben den amtlichen Berichten einhergehenden völlig privaten Briefen an Metternich, die dieser daher, wenn er nicht will, dem Kaiser nicht zeigen muß, gibt er seiner Ansicht gänzlich eindeutig freien Lauf[4]. »Wir stehen am Vorabend irgendeines großen Ereignisses«, schreibt er am 4. Dezember 1809 aus Paris. »Obwohl es mir nicht wahrscheinlich erscheint, daß man mir vage Vorschläge über die Erzherzogin Louise macht, muß ich doch von den Absichten Seiner Majestät unterrichtet werden. Wenn der Papst die Scheidung bestätigt und Napoleon die Erlaubnis zur Wiederverheiratung gibt, warum würde man nicht aus dieser Sachlage Vorteile ziehen, die uns wenigstens während einiger Zeit eine etwas dauerhaftere Ruhe sichern würden ... Erschrecken Sie nicht, wenn ich sage, man muß die Erzherzogin opfern. Eine Verweigerung, wie immer man sie einkleiden würde, müßte den Kaiser und seine gesamte Umgebung zu unseren unversöhnlichen Feinden machen. Es gäbe keine Hoffnung mehr, einige Jahre des Friedens und der Ruhe zu gewinnen. Unser Untergang würde der Absage sehr schnell folgen. Kann man zögern, wenn man die Wahl hat zwischen dem Ruin der Monarchie und dem Unglück einer Prinzessin? Millionen Menschen sind geopfert, und wäre es nicht glorreich für eine Prinzessin, ihr Vaterland zu retten, und wenn sie selbst dabei zugrunde ginge? Da haben Sie den Gesichtspunkt, dem man treu bleiben muß, ohne sich bei Schwierigkeiten aufzuhalten. Man muß sie zu besiegen wissen und gerade auf sein Ziel losgehen. Das ist meine Ansicht, und wenn die Heirat mit der Großfürstin Anna nicht stattfindet, gibt es nur dieses eine Mittel, uns zu retten ... Nur so werden wir das Mißtrauen ersticken können und die Zeit gewinnen, um in der Politik Europas wieder den Platz einzunehmen, der uns zukommt.«

Laborde kann aus der Haltung Schwarzenbergs unschwer entnehmen, wie dieser wirklich denkt, obwohl der Botschafter natürlich die Karten da nicht so klar auflegt wie Metternich gegenüber. Sofort unterrichtet der Franzose seinen kaiserlichen Herrn eingehend davon. Daraufhin entschließt sich der Korse, mit allen Mitteln und möglichst schnell, eine Entscheidung herbeizuführen; er hätte natürlich die russische Großfürstin aus politischen Gründen ungleich lieber und lebt auch in solch einer Machtfülle und Selbstherrlichkeit, daß er sich noch immer nicht vorstellen kann, etwa von Petersburg einen ablehnenden Bescheid bekommen zu können. Er hofft daher noch weiter auf die Russin. Und dies, obwohl ihm die Nichtteilnahme des ihm seit Erfurt verbündeten Zarenreichs am Krieg des Jahres 1809 schon hätte zeigen müssen, daß man nicht wirklich und mit dem Herzen auf seiner Seite stehe und daß die ewigen Verzögerungen doch einen tieferen Grund haben müssen.

Napoleon will nun die Heiratsfrage in Petersburg durch seinen Botschafter drängend klären lassen und dies durch ein lockendes Vorhalten des Köders Polen begleiten. Am 13. Dezember 1809 wird Caulaincourt mitgeteilt, daß Napoleon die Schwester des Zaren allen anderen vorziehe, aber man müsse sich prompt entscheiden und ihn nicht mehr in Unsicherheit lassen. Am nächsten Tag steht im Moniteur zu lesen, Kaiser Napoleon habe die Wiederaufrichtung eines unabhängigen Polens niemals beabsichtigt. Caulaincourt erhält erneut Befehl, nicht mehr nur zu unterhandeln, sondern endlich abzuschließen. Zwei Tage darauf wird nun nach fünfzehnjähriger Ehe die Scheidung des Kaisers von seiner zur Zeit im achtundvierzigsten Lebensjahr stehenden Gattin Josephine allgemein bekanntgegeben.

Kurz danach kommen am 26. November abgesandte Briefe mit Berichten Caulaincourts aus Petersburg an, die nicht überzeugend sind, wenn sie auch noch nicht klipp und klar lauten. Und so entschließt sich Napoleon »aus Vorsicht und aus Rückversicherung« gegen eine ablehnende oder zweifelhafte Antwort, noch einen Schritt weiter zu gehen, um nur ja sicher eine österreichische Erzherzogin für diesen Fall in Reserve zu haben. Er gibt Maret den Befehl, durch einen Mittelsmann an Schwarzenberg heranzutreten. »Man muß«, erklärt der Korse, »den Botschafter binden, ohne mich zu verpflichten.« (Il faut engager l'ambassadeur sans m'engager[5].)

Laborde wird mit dieser Aufgabe betraut und ihm gleichzeitig aufgetragen, auch Österreich gegenüber einen Köder, den der Bereitwilligkeit zur Rückgabe eroberter Provinzen, zu verwenden[6]. Schwarzenberg soll sich nur Weisungen verschaffen, die ihn bevollmächtigen, gegebenenfalls ohne Umschweife kurzweg bejahend zu antworten. Der Botschafter erwidert, er werde seiner Regierung berichten, ist sich aber im klaren, daß man in Wirklichkeit in erster Linie noch an die Großfürstin Anna denkt.

Auch Lorel Metternich wünscht von Herzen, daß die Heirat Napoleons mit Marie Louise zustande komme. Sie steht so sehr unter dem Eindruck seiner Persönlichkeit, ist mit der Familie Bonaparte so vielfach und eng verbunden, daß sie in dieser Aussicht nur Gutes erblicken kann. Zur Zeit ist sie noch mit dem dornenvollen Auftrag ihres Gatten bezüglich Ochsenhausens beschäftigt und schlägt vor, Caroline Murat einzuspannen oder aber geradewegs mit dem Monarchen zu sprechen.

»Deine Idee, mit der Königin von Neapel zu reden, ist sehr gut und sehr einfach«, lobt Clemens, »was einen direkten Schritt bei dem Kaiser anbelangt, wird man den Hinker« (Talleyrand, der bekanntlich ein kürzeres Bein hatte) »und Herrn von Champagny fragen müssen. Wenn man es Dir rät, tu es, das kann nicht schaden.«

Metternich versichert seiner Frau neuerlich, es sei keine Kleinigkeit, im Jahre 1809 Österreichs Minister des Äußeren zu sein, und wie ihn nur »das so ausschließliche Vertrauen«, mit dem ihn der Kaiser beehrt, bei der Stange halte. »Nun sind es sieben Monate«, fährt er fort, »seit ich mich von Dir getrennt habe. Was ist in diesem Zeitraum alles vorgefallen! Die Welt war niemals ihrem Heil so nahe wie ihrem Untergang ... Der Himmel hat mich glücklicherweise mit einer unerschütterlichen Gesundheit und ebensolchem Kopf begabt, nichts läßt mich jemals von meinem Weg abirren; er ist gerade wie mein Herz, wenn selbst die Welt zusammenbricht, werde ich mir nichts vorzuwerfen haben, aber mit vierzig Jahren an Erfahrung sehr alt sein.«

Alle maßgebenden Leute in Paris setzen erstaunte Mienen auf, wenn Gräfin Lorel von ihrer bevorstehenden Abreise spricht, so als würden sie nicht daran glauben, als käme dies gerade jetzt gar nicht in Frage. Von verschiedenen Seiten, auch von Laborde, werden ihr dabei Andeutungen gemacht, die sich auf die Erzherzogin Marie Louise beziehen. Clemens sendet indes am 25. Dezember Schwarzenberg eine Weisung, worin ausdrücklich steht, daß Kaiser Franz, der längst, wenn auch nicht leicht, für das Projekt gewonnen ist, den Botschafter berechtigt, ihm in Paris gemachte Eröffnungen nicht zurückzuweisen, dabei aber möglichst gleich die Vorteile genau zu bestimmen, die Frankreich für diesen Fall Österreich bieten müßte. Gleichzeitig tritt auch die nicht offizielle Botschafterin, die Gräfin Metternich, in den Vordergrund.

Die verflossenen Jahre sind an Lorel nicht ganz spurlos vorübergegangen; sie war ja nie sehr schön gewesen, doch hat ihre kleine Gestalt in der letzten Zeit um so mehr verloren, als sie stark abgemagert ist, eine Erscheinung, die mit manchen anderen Anzeichen auf eine schwache Lunge hinweist. Napoleon, der Damen gegenüber nichts weniger als artig sein konnte, soll ihr einmal, nachdem er sie von Kopf bis Fuß gemustert, gesagt haben: »Nun, Gräfin, wir werden alt, wir magern ab, wir werden häßlich.« Die Botschafterin, weit entfernt, beleidigt zu sein, lachte über soviel Unverfrorenheit; das gefiel Napoleon, und er meinte: »Sie haben entschieden mehr Geist als die Dummköpfe der Gesellschaft.« Aber ein wenig wurmte es sie doch.

Lorels Abmagerung läßt ihren von Haus aus starken Knochenbau sehr hervortreten, und da sie auch keine schönen Zähne besitzt, würde sie sehr wenig einnehmend wirken, wenn nicht etwas überaus Vornehmes und Liebenswürdiges ihrer Gestalt das Gepräge geben würde. Macht also ihre äußere Erscheinung keinen Eindruck, so gleicht ihre Herkunft dies wieder aus; strahlend umgibt sie besonders hier in Frankreich die Gloriole ihres Mädchennamens Kaunitz. Klug und verständig, wie sie ist, macht es ihr Freude, an der Arbeit ihres Gemahls teilzunehmen und an seinem Aufstieg und der Tätigkeit in so hoher Stellung mitzuwirken. Eigentlich hat sie ja in Paris nichts mehr zu suchen, sie spricht auch stets von ihrer bevorstehenden Abreise, was sehr dazu beiträgt, ihre Tätigkeit hinter den Kulissen gut zu tarnen. Denn immer ist sie bestrebt, nach den Weisungen ihres Gatten und im Sinne seiner Politik zu handeln und womöglich Einfluß zu nehmen.

Am 31. Dezember läßt Napoleon die Gräfin zu sich bitten; um zwei Uhr erscheint sie beim Monarchen, muß allerdings mit zwanzig anderen Damen bis halb sieben Uhr abends warten, wird aber dann als erste vorgelassen und nach ihren eigenen Worten so herzlich empfangen, wie sie es niemals für möglich gehalten hätte. Der Kaiser tut so, als erfüllte ihn helle Freude, sie wiederzusehen. Er lobt sie, daß sie während des Krieges in Paris geblieben sei, und sagt ihr allerlei Schmeicheleien über ihren Gatten: »Herr von Metternich steht nun in der Monarchie an erster Stelle. Er kennt unser Land hier sehr gut, er wird ihm von Nutzen sein können.« Diese Worte machen besonderen Eindruck auf die Gräfin; sie sieht, wie gut gestimmt sich der Kaiser ihr und ihrem Gatten gegenüber zeigt, und beschließt, dies sofort auszunützen, um ihn nach Clemens' Weisung um Rückgabe der im Württembergischen beschlagnahmten Besitzung Ochsenhausen zu bitten. Sie hätte es niemals gewagt, wenn sie ihn nicht »so freundlich befunden hätte«. Napoleon nimmt die Sache in scherzhaftem Ton auf, ist aber doch einigermaßen betroffen von dieser Schlagfertigkeit, einen günstigen Augenblick auszunützen. Lachend sagt er: »Oh! Ihr Gatte war denn doch ein wenig widerhaarig (rebelle).« Und spielerisch hinhaltend, antwortet er: »Nun, ich werde mich damit beschäftigen, ich werde mich damit beschäftigen.«

Napoleon weiß genau, warum er die Gräfin so gut behandelt und ihr auch die günstige Erledigung der Angelegenheit Ochsenhausen wieder in lockende Aussicht stellt. Schon am nächsten Tag erscheint eine Hofdame bei Lorel und teilt ihr mit, daß Kaiserin Josephine sie zu sehen wünsche. Weitere vierundzwanzig Stunden später, am 2. Jänner, begibt sich die Gräfin nach Malmaison; dort empfängt sie Hortense, die Königin von Holland, und sagt ihr zu ihrer Überraschung: »Sie wissen, daß wir alle im Herzen Österreicher sind, aber Sie würden nie erraten, daß mein Bruder den Mut gehabt hat, dem Kaiser den Rat zu erteilen, Ihre Erzherzogin zur Frau zu erbitten.«

Die Botschafterin hat sich noch nicht von ihrem Erstaunen erholt, als Kaiserin Josephine erscheint, von ihrer Leidenszeit spricht und plötzlich sagt: »Ich habe einen Plan, der mich ausschließlich beschäftigt und dessen Gelingen allein mich hoffen läßt, daß das gerade von mir gebrachte Opfer nicht gänzlich nutzlos wäre: Der Kaiser sollte Ihre Erzherzogin heiraten, ich habe ihm gestern davon gesprochen, und er hat mir gesagt, daß seine Wahl noch nicht feststehe, doch glaube ich, würde sie so ausfallen, wenn er sicher wäre, bei Ihnen angenommen zu werden.« Die Gräfin beteuert daraufhin, sie persönlich würde dies für ein großes Glück halten, gibt aber zu bedenken, daß es nach dem furchtbaren Schicksal Marie Antoinettes für eine Erzherzogin doch sehr peinlich sein müßte, den Thron Frankreichs zu besteigen.

»Nun, darüber würden wir schon zu beruhigen wissen«, erwidert Josephine, »aber man muß Ihrem Kaiser vorstellen, daß sein und seines Landes Ruin sicher ist, wenn er nicht zustimmt.«

Mittlerweile war auch ein neuer Sendling, Herr von Narbonne, bei Metternich, seinem alten Bekannten aus Raab, erschienen, nahm dann auch Audienz beim Kaiser und stellte danach fest, daß man den Gedanken einer Familienverbindung an diesen beiden entscheidenden Stellen nicht zurückweise. In Wien ist der Plan seit dem Neujahr bereits Stadtgespräch, jedermann weiß, es handelt sich um die Erzherzogin Marie Louise. Metternich sieht mit größter Befriedigung, wie sich die Frage entwickelt, aber er muß immer noch befürchten, daß Napoleon schließlich doch noch die russische Großfürstin zugebilligt erhalten würde.

Kaiserin Maria Ludovika und ihre Stieftochter, um deren Schicksal es geht, weilen noch fern von Wien in Ofen. Sie hören natürlich auch von so manchem, was vorgeht, und sind in Angst und Sorge. Auch die Gerüchte, Napoleon richte nach seiner Scheidung seine Augen auf Marie Louise, sind bis nach Ofen gedrungen, und sowohl die Kaiserin wie das junge Mädchen sind besonders bedrückt, weil sie beide an Erzherzog Franz Este denken. Käme die Ehe mit diesem Prinzen zustande, so würde ein neues festes Band mit der kaiserlichen Familie geschlungen und der Gefahr von Napoleon her vorgebeugt.

In Unkenntnis darüber, daß Kaiser Franz kurz vorher Narbonne mitgeteilt hat, er stehe dem Heiratsprojekt mit Napoleon nicht ablehnend gegenüber, beschließen die beiden Frauen am 5. Jänner 1810, den Gatten und Vater zu bitten, der Verlobung Marie Louises mit Erzherzog Franz zuzustimmen. Das Mädchen bemerkt in seiner Bitte unzweideutig, es geschähe auch, weil es eines derjenigen sein könnte, die vielleicht als Napoleons zukünftige Gemahlin in Betracht kämen. Nach Absendung dieses Briefes fühlt sich die Erzherzogin beruhigter und schreibt einer vertrauten Freundin, ihr tue nur die »arme Prinzessin leid, die Napoleon einmal wählen werde[7]«. Vor kurzem erst hat Marie Louise »herzlich gewünscht[8]«, daß dieser Mann schnellstens den Tod finde.

Die Kaiserin hätte Bruder und Stieftochter so gerne glücklich gesehen, aber sie ist viel zu klug, um nicht bald zu erkennen, daß alle Anzeichen auf das Mißlingen ihres Plans hindeuten. Vom Monarchen kommt zunächst lange keine Antwort, und Maria Ludovika beginnt schon, die aufkeimende Liebe ihrer Stieftochter nicht weiter zu nähren. Insgeheim aber hofft sie auf ein Wunder, daß sich alles noch zum Guten wenden könnte, und ist nur unglücklich, nicht in Wien gewesen zu sein, um Kaiser Franz schon in der ersten Entwicklung der anscheinend von Metternich betriebenen Angelegenheit zu beeinflussen.

Indessen gehen die Dinge in Paris ihren Gang. Laborde erscheint bei Schwarzenberg, wiederholt ihm, er müsse darauf gefaßt und vorbereitet sein, die Heirat betreffende amtliche Meldungen zu erhalten, und warnt, daß der leiseste Einwand das Ganze zu Fall bringen könnte. »Der Botschafter muß«, erklärte Laborde, »auf jedes amtliche Anerbieten sofort antworten können[9].«

In Wien tut Metternich nach außen hin immer noch so, als ob er nichts wüßte, und erklärt den fremden Vertretern, es sei auch in Paris davon gar nichts bekannt. Selbst Gentz gibt vor, gänzlich uninformiert zu sein[10]. Gräfin Lorel indessen fördert die Angelegenheit wo sie kann, wird demgemäß an der Seine auch besonders ausgezeichnet behandelt und meint zu ihrem Gatten: »Wenn ich Dir alle Ehren aufzählen wollte, mit denen ich überschüttet werde, würde ich nicht so bald zu Ende kommen.«

Zum nächsten Cercle, den Napoleon in der ersten Jännerwoche hält, ist auch die Gräfin geladen und wird an den Spieltisch des Kaisers geführt. Sie erscheint in einem bordeauxroten, golddurchwirkten Kleid und einem herrlichen Diamantendiadem, über das Napoleon ihr Schmeicheleien sagt. Dann spricht er immer wieder über die Kaunitzsche Verwandtschaft und die einstige Politik des großen Fürsten-Staatskanzlers und beschäftigt sich fast ausschließlich mit der Gräfin. Kaum ist die Spielpartie zu Ende, sieht sie sich von allen Großwürdenträgern umringt und umschmeichelt.

Am nächsten Morgen läßt die Schwester des Kaisers, Prinzessin Pauline, die Gräfin bitten, mit ihren Kindern zu ihr zu kommen. »Wir fanden sie«, berichtet Lorel, »in ihrem Ankleideraum auf einem Kanapee liegend, während ein Neger sie kämmte und eine Kammerzofe damit beschäftigt war, ihr Strümpfe und Schuhe anzuziehen. Es war ein Bild zum Malen. Wir haben ihrer Toilette so von Kopf bis zu Fuß beigewohnt. Sie hat ihr Kleid, ja sogar Hemd und Strümpfe vor uns angezogen, und während der ganzen Zeit sang sie nur Dein Lob und sagte: ›Mein Gott, welch Verlust, daß der Graf Metternich nicht hier ist, er muß unbedingt zurückkommen, er wäre so nützlich, wir lieben ihn so sehr[11].‹«

Am 12. Jänner folgt die Gräfin dann auch noch einer Einladung der Königin von Neapel, die sie gleichfalls mit Geschenken und Versicherungen tiefsten Interesses und engster Freundschaft überschüttet. Lorels Kinder bekommen Uhren, Korallenhalsbänder und Puppen, und sie ergreift die günstige Gelegenheit, um auch Carolines Fürbitte für Ochsenhausen zu erlangen. Die Königin verspricht, sich dafür zu interessieren, und die Gräfin beeilt sich, den neuesten Schritt zum Vorteil ihres Gatten diesem ihrem »cher ami«, wie sie immer schreibt, sofort mit einigem Stolz zu melden[12].

Fürst Schwarzenberg sendet nun am 13. Jänner 1810 den Sammelbrief Lorels, der ihre Berichte vom 1. bis 13. enthält, nach Wien weiter und betont dabei, daß besonders Labordes häufige Vorsprachen zeigen, wie sehr das Heiratsprojekt schon einen mehr als »semioffiziellen Charakter« angenommen habe. »Sie ersehen daraus, lieber Graf, wie alles sich so anläßt, daß die Wahl auf unsere Prinzessin fallen kann. Ich gestehe, trotz meines Widerwillens diesem Plan Beifall zu spenden, zwingt mich mein Verstand, seine Verwirklichung als eine sehr vorteilhafte Sache zu wünschen. Nichts ist geeigneter, Zeit zu gewinnen, und da dies das einzige Ziel unserer Politik sein muß, kann nichts unseren Interessen günstiger sein als diese Heirat, was auch die Ansicht des Herrn X (Talleyrand) ist. Man muß nur dafür sorgen«, rät Schwarzenberg, »daß die religiösen Bedenken wegen der ersten Heirat sich beseitigen lassen, damit Marie Louise nicht als Napoleons Konkubine erscheine[13].«

Der Korse, der vielleicht auch die Berichte des österreichischen Botschafters bisweilen abfangen kann und so von ihnen Kenntnis erhält, ist also soweit beruhigt, man werde gegebenenfalls in Wien tun, was er wünscht. Nur will er noch etwas abwarten, bis sich die Dinge in Petersburg besser klären. Ein Kabarettier antwortet auf die Frage, wen er heiraten werde: »Ich glaube, ich werde der Nachbarschaft wegen une fille de cette rue-ci (Russie) heiraten.« Alle hoffen noch auf die Großfürstin. Napoleon verbietet indes der Kaiserin Josephine zunächst, weiter in der Sache etwas zu tun. Lorel Metternich wird also etwas unsicher; am 30. Jänner schreibt sie ihrem Gatten: »Glaubst Du noch an die Heirat? Einen Tag glaube ich daran, am nächsten wieder habe ich die Hoffnung verloren[14].« Das Wort Hoffnung zeigt genau, wie sie und ihr Gatte denken. Auch Schwarzenberg fürchtet wieder, daß es in Petersburg doch noch zu etwas kommen könnte und seine Stellung dann im Falle einer russischen Heirat äußerst peinlich würde. All dies paßt in Napoleons Plan. Wenn man dann doch auf Marie Louise zurückkommen wird, werden die Österreicher um so mürber, um so bereitwilliger sein.

Mitten in diesen Verhandlungen droht ein Skandal in die Öffentlichkeit zu gelangen, der allen Beteiligten, zum Glück aber auch dem Kaiser Napoleon, sehr ungelegen kommt. Seine Aufdeckung ist auf Caroline, die eifer- und rachsüchtige Schwester des Kaisers zurückzuführen. Sie hat in Erfahrung gebracht, daß Metternich der Gemahlin General Junots, der Herzogin von Abrantès, Liebesbriefe zukommen läßt. Ein Vicomte B. des Androuin, der in Paris lebt, dem österreichischen Staatsmann besonders ergeben ist und für ihn durchs Feuer geht, hat davon erfahren und ist überhaupt über das Verhältnis Metternichs mit der Herzogin genau unterrichtet. Nun droht alles herauszukommen; anscheinend hat Königin Caroline die Sache durch die intrigante Frau von Souza[15] erfahren, doch läßt sie nun durch Napoleons Adjutanten General Rapp auf einem Maskenball Junot auf gewisse Beweise der Untreue seiner Frau hindeuten. Der letztere, für den Feldzug in Portugal des Jahres 1807 etwas voreilig zum Herzog von Abrantès erhoben, war nach einem weiteren, aber diesmal unglücklichen Feldzug gegen Feldmarschall Wellington in halber Ungnade nach Paris zurückgekehrt. Caroline traf ihren einstigen Liebhaber des öfteren bei den Festen der Hofgesellschaft und verbarg nur dürftig ihren Haß gegen dessen Gemahlin, von deren Verhältnis zu ihrem anderen Verehrer, Metternich, sie Kenntnis hat. Diese Nebenbuhlerin, die nun als Herzogin glänzt, hat Caroline auch in Neapel nicht vergessen, und es liegt ganz in ihrer Wesensart, ihr einen Streich zu spielen. Tatsächlich entdeckt der General nun unter den Papieren seiner Frau, zu denen er sich den Schlüssel zu verschaffen wußte, eine Anzahl Liebesbriefe von Metternichs Hand.

Junot ist nicht mehr ganz gesund, seine Nerven sind durch die Strapazen der Feldzüge stark mitgenommen, und er leidet an quälenden Kopfschmerzen, ja zeitweise selbst an Verfolgungswahn. Um so heftiger ist der Eindruck dieser Entdeckung; er gerät in rasende Wut, macht seiner Frau eine tolle Szene, über die der Vicomte B. des Androuin Metternich berichtet[16]: »Ich darf nicht einen Augenblick zögern, Ihnen Details über einen wichtigen Vorfall zu geben, der Sie, mein lieber Graf, nahe angeht... Sie haben oft an Madame Junot geschrieben... Ich weiß nicht, wie der Gatte auf den Verdacht gekommen ist, aber Tatsache ist, daß er seine Frau eingeschüchtert hat, indem er ihr sagte, er hätte doppelte Schlüssel und all ihre Briefe gelesen, die sie unvorsichtigerweise in ihrem Schreibtisch verwahrt hatte. Heftig und grob hat er ihr die Schlüssel entrissen, sich aller Briefe bemächtigt und seine Frau in der Folge gezwungen, Ihrer Gemahlin ein Billett zu schreiben, das so drängend war, daß sie sich augenblicklich zu Fuß zu ihr begeben hat. Welche Überraschung für sie, als sie den wütenden Gatten antraf, der damit begann, die Tür doppelt zu verschließen, während seine Frau, den Kopf in den Händen, weinend auf dem Kanapee saß! Dann begann eine tragikomische, furchtbare Szene, in der der Marschall sich außer Rand und Band zeigte (emporté) wie Talma in den Wutausbrüchen des Orestes. Es folgten Drohungen und Flüche gegen Sie, harte Worte für Frau von Metternich, die sich endlich, nachdem sie mit Würde geantwortet hatte, aus diesem Hinterhalt zurückzog. Am nächsten Morgen kam der Bruder Junots, um ihn wegen seines lächerlichen, abwegigen Vorgehens zu entschuldigen und zu bemerken, der General habe sich nicht wohl befunden und während acht Stunden schwere Krampfzustände gehabt. Er bitte sie daher inständig, diese unzähligen Beleidigungen zu vergessen. Frau von Metternich erzählte mir dies alles unter dem Siegel unverletzlichen Geheimnisses. Auch sagte sie, daß die Königin von Neapel die ganze Szene der Frau von Souza erzählte, damit sie dies weitertratschen könne. Sie sagte auch Ihrer Frau Gemahlin, daß alle Briefe, die Sie schrieben, dem Gatten übergeben wurden, und zwar entweder absichtlich oder durch Bestechung. Sie werden leicht erraten, durch wen und wie die Königin von Neapel von alldem unterrichtet worden ist ... Ich wäre weit entfernt gewesen, einen so öffentlichen Skandal und ein solches Vorgehen von seiten eines Gatten vorauszusehen, der selbst so flatterhaft ist.«

Lorel Metternich hat sich bei der ganzen Sache vorbildlich benommen. Junot hatte sie aufgefordert, sich an ihrem ungetreuen Gemahl zu rächen. Er wäre dazu nicht imstande, da Metternich ferne weile und nun in Österreich Minister des Äußeren sei. Die Gräfin aber behielt ihre Ruhe bei und erwiderte scheinbar unberührt: »Sie irren sich, Herr Herzog, das ist nicht die Schrift meines Mannes[17].« Und dies, obwohl sie genau weiß, daß an der Sache etwas ist. Aber Clemens' Untreue, die da aufgedeckt wird, ist ihr nichts Neues. Sie hat sich längst damit abgefunden. Peinlich ist ihr aber die Sache doch, gerade jetzt, da die heikle Angelegenheit der Heirat des Kaisers ins trockene gebracht werden soll und der Korse der Gräfin und ihrem Gatten so freundlich gesinnt entgegenkommt.

Ihrem Clemens aber muß sie von der Angelegenheit Mitteilung machen. Sie schreibt ihm verschiedene Fassungen, wie Junot die Briefe entdeckt haben soll, worüber die Erzählungen sehr auseinandergehen. Aber sie behauptet ihrem Gatten gegenüber nicht, daß die Königin von Neapel dies alles veranlaßt habe. Wohl aber hat auch die Herzogin von Abrantès in späterer Zeit und in ihren Memoiren Caroline dessen bezichtigt. Alles in allem sucht Lorel ihrem Gatten die Angelegenheit möglichst abgeschwächt mitzuteilen. Sie gibt wohl zu, »seine Affäre mit Madame Junot habe unglücklicherweise einigen Lärm gemacht[18]«, beruhigt ihn aber sonst nur und erwähnt auch nichts davon, ob sie selbst mit Napoleon über die Sache gesprochen habe. Aber dies war sicherlich der Fall. Die Gräfin sagt nur: »Ich weiß, daß die Affäre keinen so schlechten Eindruck auf den Kaiser gemacht hat. Er meinte dazu: ›Das beweist die Falschheit der Gerüchte sehr gut, die man in Zusammenhang mit meiner Schwester verbreitet hat.‹«

Dem Kaiser kann ein Skandal gewaltigen Ausmaßes, der über den engeren Kreis der Pariser Hofgesellschaft in die Öffentlichkeit dringen würde, in einem Augenblick gar nicht passen, da ihm das Ehepaar Metternich aus bekannten Gründen unendlich wichtig ist. So erhält die Polizei den Befehl, die Sache zu vertuschen und jedermann Schweigen aufzuerlegen. Nur des Korsen neugierige und an schlüpfrigen Dingen immer interessierte Schwester Pauline läßt sich nicht abhalten, mit der Gräfin Metternich über die »feine Geschichte mit der Junot« zu sprechen und sie, allerdings unter Beteuerungen der Entrüstung, zu fragen, ob es wahr sei, daß Junot ihr »jene schöne Szene« gemacht habe, über die sie wie alle Welt empört sei.

Napoleon aber macht kurzen Prozeß; es kann ihm schon gar nicht passen, daß man auch noch seine Schwester Caroline in diese peinliche Angelegenheit verstricken will, der er jetzt, wenn es zu seiner Heirat kommen sollte, eine große Rolle bei der künftigen ersten Frau des Landes zudenkt. Er kann die beiden Junots in Paris nicht mehr brauchen, sie müssen schleunigst weg nach der Pyrenäischen Halbinsel, auch die Herzogin, ob sie nun in der Hoffnung ist oder nicht. »Der Blaubart ist nun endlich mit seiner Amazone abgereist, und wahrscheinlich, wie man mir versichert, um im Leben nicht wiederzukommen«, schreibt Lorel beruhigt ihrem Gatten[19]. Napoleon hat da reinen Tisch gemacht.

Clemens Metternich ist höchst peinlich berührt, als er durch seine Frau von alledem hört. Aber er weiß sich sehr geschickt herauszuwinden, ohne allzu genau auf die Angelegenheit selbst einzugehen[20]. »Heute nehme ich mit wahrem Kummer die Feder in die Hand, Dein Brief vom 26. Jänner enthält eine der Szenen, die Dir die Leute von 1792 und 1793 nackt und bloß zeigen (mettent les hommes à grand jour). Stelle ein Wesen wie J(unot) in eine sehr hohe Position, er wird *Blut trinken*, ohne sich durch irgendein Bedenken aufhalten zu lassen.

Du hast Dich wie eine Person von Geist benommen, und in dieser Beziehung werde ich nie unruhig sein wie auch alle jene nicht, die etwas auf Dein gutes und ausgezeichnetes Herz, Deinen sehr klugen und klaren Kopf halten. Was Frau J(unot) betrifft, wäre es sehr schwierig, ihr Verhalten zu beurteilen. Sei übrigens ruhig, alles was man Dir von einer durch Herrn Simons vermittelten *Korrespondenz* sagt, *ist falsch.* Herr Junot wäre sehr in Verlegenheit gewesen, wenn er Dir Briefe aus Wien hätte vorzeigen müssen ... Adieu, meine gute Freundin, habe mich lieb, denn ich verdiene es und werde es mein ganzes Leben um Dich verdienen. Es gibt im Dasein sehr schwierige Augenblicke; ich werde sie immer mit Hilfe des Himmels, meines Gewissens und dem Bewußtsein von Ruhe und Frieden überwinden, das mein Heim und meine gute kleine Familie erfüllt.«

Damit gleitet Clemens über die ganze so peinliche Affäre hinweg. Durch einen Herrn Simons ist allerdings nichts gegangen, doch von anderen Briefen spricht er kein Wort. Aber Gräfin Lorel weiß Bescheid, er braucht sich gar nicht auszureden. Sie ist wirklich eine kluge kleine, gar nicht eifersüchtige Frau und vergißt über den Fehlern ihres Gatten nicht seiner unleugbar vorhandenen Vorzüge.

In späteren Jahren hat sich Metternich erneut, diesmal einer eifersüchtigen Freundin, der Gräfin Lieven, gegenüber, über diesen Vorfall zu rechtfertigen gesucht[21]: »Madame J(unot) ist eine Frau, die einmal recht hübsch war. Geistvoll, aber von einer Art Schönheit und Geist, die ich nicht liebe. Elle a voulu de moi wie viele andere auch. Je n'en si pas voulu, mais ... wie mir dies öfter passiert ist als das Gegenteil. Meine Beziehungen zu ihr haben sich nach Zeit und Art auf das allermateriellste beschränkt. Ich habe sie das letzte Mal an dem Tag gesehen, da sie den ersten Schritt gemacht und von mir verlangt hat, sie zu lieben ... Als General Junot nach dem Krieg des Jahres 1809 nach Paris zurückkehrte, weiß ich nicht, welch wohltätige Seele ihn verständigte, seine Frau besitze einen Liebhaber, und ihr Stubenmädchen fördere diese Intrige. Herr J., eine Art wilder Narr, forderte eines Tages überraschend von dem Stubenmädchen die versperrte Kassette, die die Briefe seiner Frau enthielt. Angsterfüllt übergab das Mädchen ihm diese, worauf J. seiner Frau drohte, sie zu töten, wenn sie ihm nicht sofort den Schlüssel dazu gebe. So erhielt er ihn und fand etwa zwölf Liebesbriefe. ›Von wem sind sie?‹ fragte der General. Madame Junot verlor nicht den Kopf und erklärte: ›Sie sind von Metternich.‹ Und doch habe ich ihr nie welche geschrieben, die man nicht ruhig inmitten jedes Salons hätte vorlesen können. Ich aber war abwesend, und der *richtige* (Liebhaber) war in Paris.

Herr J. zwang nun seine Frau, meiner Gattin ein Billett zu schreiben mit der Bitte, augenblicklich zu ihr zu kommen. Meine Frau bekam wohl den Brief, verstand nicht, worum es sich handeln könnte, begab sich aber in das Palais Junots. Da ließ man sie in das Schlafzimmer der Dame eintreten. Nun kam ihr der Gemahl entgegen und versperrte zunächst die Tür doppelt hinter ihr, was nicht verfehlte, sie sehr zu wundern. Sie erblickte Madame mit offenen Haaren auf ihrem Liegebett ausgestreckt, in Tränen aufgelöst und in einer Haltung, die sich meine Frau überhaupt nicht erklären konnte. Verwundert setzte sie sich, entschlossen, mit äußerster Ruhe die Lösung des Rätsels abzuwarten. Herr J. stellte sich nun vor ihr auf und sagte ihr in höchst pathetischem Ton:

›Madame, ich bin ein Hahnrei, und dies dank Ihrem Herrn Gemahl. Infolgedessen mache ich Sie aufmerksam, daß ich zu meiner Genugtuung zuerst Ihre Kinder töten werde und dann meine Frau, die Sie da sehen!‹

Darauf Frau von M. sehr kaltblütig: ›Mein Herr, wenn das Ihre Absicht ist, werden Sie gehängt werden, und ich bitte Sie, mir zu gestatten, meine Kinder von diesem Augenblick an unter den Schutz des Kaisers zu stellen!‹

Auf das hin bietet J. wie vom Blitz getroffen meiner Frau an, sie ohne Verzug zu ihrem Wagen zurückzuführen, und erschöpft sich plötzlich in Überhöflichkeiten. Kaum waren sie wieder zu Hause, erschien ein Flügeladjutant, brachte ihr ein Billett voller Entschuldigungen und erklärte, der General habe sich nur in einem Anfall von Tollheit so weit vergessen können. Er bitte sie flehentlich, über das gerade Erlebte hinwegzusehen und das Ganze als nicht geschehen zu betrachten. Frau von M(etternich) gab ihm, wie es recht und billig war, gar keine weitere Antwort, sondern beauftragte nur den Offizier, seinem General zu sagen, sie sei nicht gewöhnt, mit einer wildgewordenen Bestie Beziehungen zu pflegen. Ich weiß bis heute noch nicht, wie Napoleon die Sache erfuhr, aber am folgenden Tag nahm er Junot jäh das Gouvernement von Paris, und der General starb sechs Monate später in seinem Schloß als angeketteter Wahnsinniger.«

Soweit die Erzählung Metternichs. Junot allerdings starb nicht so schnell, sondern wurde zur Armee nach Portugal gesandt, wo er in den Jahren 1810 und 1811 weilte, und befehligte dann noch im Feldzug gegen Rußland ein Korps der Grande Armée. Ob seiner Unfähigkeit wurde er dann im Gouvernement der illyrischen Provinzen kaltgestellt. Dort erzählte man sich, er wäre eines Mittags in Zara in einem Anfall von Wahnsinn, wie Gott der Herr ihn erschaffen, auf dem Molo erschienen. Geistig erkrankt, wurde er zu seinem Vater nach Montbard gebracht, wo er sich am 29. Juli 1813 aus dem Fenster stürzte.

Indessen hat Fürst Schwarzenberg, von den freilich durch Metternich eingeflößten »Absichten des Kaisers« (Franz) unterrichtet, seinem Chef am 26. Jänner geschrieben, er werde also gegebenenfalls auf amtliche Aufforderung antworten, »eine Heirat mit der Frau Erzherzogin würde vollkommen in den Absichten Seiner Majestät liegen, da er die neu im Frieden geknüpften Bande zu verstärken wünsche und alles, was dazu beitrüge, ihm nur angenehm sein könnte«.

Am selben Tag, da Schwarzenberg Metternich diese Meldung per Kurier zugehen läßt, also am 26. Jänner, trifft die Antwort des Botschafters in Petersburg, Caulaincourt, auf die dringenden Anfragen Napoleons vom Dezember in Paris ein. Des Diplomaten vom 3. und 6. Jänner datierter Bericht ist, ohne gänzlich negativ zu sein, reichlich unklar und unsicher. Der Korse erkennt sofort, die hier gebrauchten Ausreden lassen in Kürze eine vollkommene Ablehnung erwarten. Völlig im Gegensatz zu diesem Eindruck und bloß zur Verschleierung der wahren Verhältnisse sendet Napoleon gleich am folgenden Tag Laborde zu Schwarzenberg und läßt ihm mitteilen, daß Caulaincourt zwar noch keine förmliche Anfrage in Petersburg gestellt habe, seine Eröffnungen aber sehr gut aufgenommen wurden und die Großfürstin mit Vergnügen zugebilligt würde. Er, der Kaiser, sehe sich also in der glücklichen Lage, zwischen einer österreichischen und einer russischen Prinzessin wählen zu können. In Rußland aber scheine man die Sache als eine »Heirat, die erst zu schließen sei und nicht als eine schon geschlossene« zu betrachten, der Monarch wäre also noch vollkommen frei.

Für den 28. schon hat der Kaiser einen Familienrat einberufen. Er eröffnet ihn ebenso mit der bewußt falschen, aber geschickt abgefaßten Bemerkung, daß seine Anfrage in Rußland die gewünschte Aufnahme gefunden habe, er sich also nach Gefallen für eine Russin, Österreicherin oder eine sonstige Kandidatin entscheiden könne. Die Mitglieder des Rates und insbesondere Eugène Beauharnais wissen schon, wie sie zu sprechen haben, und stimmen sämtliche für die Österreicherin; nur ein Gegenredner wird zugelassen, um das Gesicht zu wahren, und dies ist Murat. Kein einziger Teilnehmer des Familienrates spricht sich für eine Französin aus. Nachdem dies Schauspiel Frankreich und der Welt vorgemimt ist, erklärt Napoleon, der noch einen Bericht von Caulaincourt abwarten will, er könne sich vom Fleck weg nicht entscheiden und nehme die verschiedenen Ansichten zur Kenntnis[22].

In dieser Zeit sind Weisungen und Briefe Metternichs an Schwarzenberg und seine Frau auf dem Weg, die alles nur noch mehr bekräftigen und unterstreichen, was ihnen beiden nun schon längst klar ist, nämlich daß Clemens sich in der Heiratsfrage Franz I. gegenüber restlos durchgesetzt hat und ihr Gelingen auf das sehnlichste wünscht. Immer seinen hohen Herrn vorschiebend, erklärt er: »Seine Majestät der Kaiser, für den das Glück seiner Völker stets das oberste Gesetz bleibt, wird keine Schwierigkeiten machen, seine erhabene Tochter als Pfand für Beziehungen dienen zu lassen, die die Ruhe und das Gedeihen seiner Monarchie sichern sollen.« Schwarzenberg erhält somit die Weisung, gegebenenfalls unzweideutig zu antworten, um seine wahren Absichten ungeschminkt zur Kenntnis des Kaisers Napoleon zu bringen[23].

Gleichzeitig gibt Metternich dem Fürsten Schwarzenberg Kenntnis von einem »ostensiblen« Brief an seine Gemahlin[24], der so heißt, weil er zum Zeigen an verschiedene Leute bestimmt ist. Darin heißt es: »Seit den ersten Augenblicken, da ich von der Auflösung der Bande an eine sehr schwer zu ersetzende Gemahlin unterrichtet wurde, habe ich meine Blicke auf die Prinzessin gerichtet, die zu dieser Rolle berufen sein könnte. Sehr natürlicherweise mußte sich die Frau Erzherzogin meinem Gedankenkreis aufdrängen. Ich fand eine Menge Gründe, die dafür sprechen ... Die Frau Erzherzogin weiß, wie es recht und billig ist (comme de juste) (!), nichts von den Absichten, die sich auf sie beziehen ... aber die Tatsache, daß unsere Prinzessinnen wenig gewöhnt sind, ihre Gatten nach ihrem Herzen zu wählen ... läßt mich hoffen, bei ihr keinen Widerstand zu finden.« Der Brief schließt[25]: »Du, meine liebe Freundin, wirst sicherlich eine recht passende Gelegenheit finden, mich Seiner Majestät zu Füßen zu legen. Du wirst ihm niemals genügend den hohen Grad von Bewunderung ausdrükken, den ich ihm gewidmet habe und mit so vielen Leuten teile, daß es keine Schmeichelei ist, ihm davon zu sprechen.«

Mit diesem Schreiben erhält Lorel jedoch zugleich ein anderes, das ganz vertraulich und nur für sie allein bestimmt ist[26]: »Heute, meine liebe Freundin, die Du eine Rolle in der europäischen Diplomatie spielst, beauftrage ich Dich mit einer Unterhandlung. Da hast Du einen Brief für Dich allein, der beigeschlossene dagegen ist *ostensible* für die Kaiserin und die Königin von Holland. Ich wünsche, daß Du die allernächste Gelegenheit suchst, vor der einen oder der anderen zu erscheinen, besonders aber vor der ersteren. Du sollst Dich einer kleinen Indiskretion rühmen, mich von Eurer Unterredung in Malmaison unterrichtet zu haben, und es soll so aussehen, als begingest Du eine neue, indem Du sie meinen Brief lesen läßt. Sollten sie darauf bestehen, ihn zu behalten, wirst Du ihnen das zubilligen.

Ich unterrichte gleichzeitig den Fürsten Schwarzenberg von Deiner Unterhandlung; ich habe ihm selbst eine Abschrift meines ostensiblen Briefes an Dich gesandt und bitte Dich in allem und für alles stets mit ihm das Einvernehmen zu pflegen. *Diese Angelegenheit wäre sicherlich die größte in der Welt,* aber nicht die leichteste, die ich zuwege gebracht hätte. Ich bin über die Nützlichkeit der Sache mit mir selbst so einig, daß keine zweitrangige Erwägung mich aufhält, und *wenn man in Paris will, werde ich hier wollen lassen.* Die kleine Erzherzogin fängt an, etwas zu ahnen, und ihre Enttäuschung beginnt bereits. Aber ich hoffe, der Kaiser wird bei der Stange bleiben, es wäre schwierig, sich nicht ein richtiges Bild von der großen Volkstümlichkeit zu machen, die diese von selbst aller Welt gekommene Idee sich hier erworben hat und täglich mehr erwirbt ... Adieu, meine liebe Freundin ... Hab mich lieb und mach Deine Sache gut ...«

Als diese Briefe in den ersten Februartagen, etwa am 3. oder 4., in Paris ankommen, geht die Gräfin sofort daran, selbst, ohne sich erst lange mit Schwarzenberg ins Einvernehmen zu setzen, den Auftrag ihres Gatten zu vollziehen, stolz darüber, daß sie soviel Vertrauen genießt. Eigentlich hätte sie das ostensible Schreiben zuerst der Kaiserin Josephine zeigen sollen, aber es kommt gar nicht erst dazu. Lorel läßt einen befreundeten Diplomaten, der sich ganz besonders um das Zustandekommen dieser Heirat bemüht, *beide* Briefe lesen, auch den nur für sie bestimmten, und er macht sich Auszüge, die er dann Talleyrand zeigt, auf welchem Weg sie direkt dem »grand personnage«, also Napoleon, zur Kenntnis gebracht werden.

»Dein Brief hat eine große Wirkung gehabt«, schreibt Lorel daraufhin ihrem Gatten. Sie hat wohl recht, aber eine noch stärkere haben neuerdings am 5. Februar eingetroffene Depeschen Caulaincourts auf den Kaiser, die wiederum hinhaltend sind und keine positive Antwort enthalten. Daraufhin erkennt Napoleon endlich, es sei allerhöchste Zeit, will dem Korb aus Petersburg, der in Wirklichkeit schon seit dem 4. Februar, also dem Vortag, auf dem Weg ist, noch wenigstens scheinbar rechtzeitig zuvorkommen. Jetzt muß Schwarzenberg förmlich vergewaltigt werden, wenn dies überhaupt notwendig wäre.

Am Vormittag des 6. hat Napoleon Caulaincourts Berichte gelesen, am Nachmittag schon läßt er dem Botschafter unmittelbar darauf durch Eugène Beauharnais sagen, der Kaiser habe sich entschlossen, die Erzherzogin zu heiraten, aber unter einer Bedingung, von der in keinem Falle abgegangen werden könne: sofortiger Abschluß ohne Verzug, augenblickliche Unterzeichnung des Heiratsvertrages. Jeder Aufschub wäre gleichbedeutend mit einer Ablehnung. Schwarzenberg stimmt zu, erstens hat er dies selbst herbeigesehnt, und zweitens besitzt er genügend Vollmachten, wenn er auch findet, daß dieses hastige Vorgehen reichlich ungewöhnlich ist. So unterzeichnet er den Vertrag vorbehaltlich dessen Ratifizierung. Daraufhin befiehlt Napoleon seinem Minister Champagny, noch am selben Tag unter Vordatierung vom 5. Februar eine Depesche an Caulaincourt zu senden, mit der Mitteilung, man sei in Paris von dem russischen Eheprojekt wieder abgekommen. So ist denn die Brücke zu Rußland in der Heiratsfrage gänzlich abgebrochen.

Auf alarmierende Nachrichten, die indes Maria Ludovika und Marie Louise zugekommen sind, entschließt sich die Kaiserin, Ofen Hals über Kopf zu verlassen, und trifft am 31. Jänner, wie Gentz berichtet, »unvermutet, ungerufen, ungebeten« und, wie es ihm scheint, »ziemlich ungelegen« in Wien ein. »Vielleicht«, denkt sie, »kann ich in letzter Stunde noch retten, was zu retten ist.« Denn der Gedanke, die Stieftochter anstatt dem Bruder gegeben, Napoleon »vorgeworfen« zu sehen, ist ihr entsetzlich.

Die jähe Reise und Ankunft in so rauher Jahreszeit wundert bei der so schwankenden Gesundheit der Kaiserin alle Welt in Wien, und man fragt sich, was der Grund dafür sein könnte. Metternich erschrickt. Nachrichten aus Paris sind noch nicht da, und er ist daher nicht ganz sicher, ob die Heiratsfrage gut ausgeht. Auch im diplomatischen Korps ist man geneigt anzunehmen, es könnte immer noch etwas aus der russischen Heirat werden. Wenn jetzt die Kaiserin da ist und ihren Einfluß auf den Gatten geltend macht, so kann noch Clemens' ganze Arbeit zunichte werden. Der Minister verdoppelt seine Anstrengungen, um den Kaiser bei der Stange zu halten, und es gelingt ihm durchaus. Der Monarch bringt seiner ewig kranken Gattin nicht mehr jenen Grad der Zuneigung entgegen wie am Anfang seiner Ehe; zudem vertraut er mehr und mehr diesem Minister des Äußeren, der ihm so bequem alles gleichsam schon erledigt vorlegt, dabei aber sorgsam das Gesicht wahrt und alles, was er rät, geschickt als Meinung seines kaiserlichen Herrn verkleidet. Nach der ersten Woche des Aufenthaltes Maria Ludovikas ist der Minister schon beruhigt. Als am 7. Februar der Kurier die vorletzten Meldungen aus Paris bringt, ist er noch sicherer geworden. »Wir werden dort in Paris den erwünschten Erfolg haben«, meldet Metternich an diesem Tag voller Zuversicht seinem Monarchen, »und ich glaube, daß das Heiratsgeschäft sich bestimmt zu unseren Gunsten neigen wird[27].«

Nun muß aber endlich auch der Hauptperson Marie Louise etwas Bestimmtes gesagt werden, die in den Tagen nach ihrer Rückkehr nach Wien mit ihren Eltern angstvoll über die Pläne sprach, die man mit ihr vorhat. Zunächst fanden erregte Zwiegespräche zwischen Kaiser und Kaiserin statt, in denen der Monarch seiner Frau vorstellte, daß das Wohl der Monarchie, ja ihr Bestehen, nun von dem Opfer abhinge, das nicht nur *er*, sondern das ganze Volk von seiner Tochter erwarte. Die Kaiserin, die sich bisher standhaft geweigert hatte, in dieser in solchem Gegensatz zu ihrer politischen Überzeugung stehenden und zudem ihren Bruder ins Herz treffenden Angelegenheit irgendeine Rolle zu spielen, muß sich nun vor jenen Erwägungen beugen. Und als Marie Louise sieht, daß sie auch diese Säule des Widerstandes verliert, ja selbst der Nuntius ihr von diesem Schritt nicht abrät, streckt sie die Waffen und läßt sich ihr Einverständnis abringen, in ihrem Innern nur ein wenig von geschmeichelter Eitelkeit entschädigt.

So kann also Metternich schon am 14. Februar 1810 wie folgt an seine Frau schreiben: »Ich teile heute Schwarzenberg mit, daß wir die Zustimmung der Frau Erzherzogin besitzen; wenn ich jemals eine schwierige Unterhaltung zu führen hatte, so ist es wohl diese gewesen – aber Gott sei Dank ist sie voll gelungen, und ich glaube versichern zu können, daß sie nur mir allein gelungen wäre und dazu die gesamte Kraftfülle meiner Haltung notwendig war. Ich bitte Schwarzenberg, Dich in der großen Frage so zu verwenden, wie er es für geeignet erachten wird; berate Dich also mit ihm und lege in Eure Konferenz all Deine Menschen- und Ortskenntnis. Ich betrachte diese ganze Angelegenheit als die unendlich wichtigste, die überhaupt denkbar ist, und *wenn sie verwirklicht wird, wirst Du die Rolle sehen, die ich spielen und die ich meinen Herrn spielen lassen werde* ... Ich kann Deine Abreise von Paris nicht mehr entscheiden; ich sehe, daß Du so sehr in die großen Fragen verstrickt bist, daß ich Dich mehr oder weniger zur Verfügung der Mächte belassen muß.«

Der Brief ist kaum abgegangen, da trifft in der Nacht vom 14. auf den 15. Februar der Legationsrat von Floret mit der wichtigen Nachricht der Unterzeichnung des Heiratsvertrages durch Schwarzenberg und dem Schreiben der Gräfin Metternich an ihren Gatten ein, der mit den Worten schließt: »Da ist also die große Sache beendet und abgeschlossen. Gott sei dafür gelobt und gebe seinen Segen dazu. Ich sage dies nicht, um mich zu rühmen, aber ich habe dazu nicht wenig beigetragen[28].« Und Schwarzenberg fügt hinzu[29]: »Es ist schwierig, Ihnen Rechenschaft zu geben, wie sehr die Verbindung volkstümlich und für die öffentliche Meinung hier (in Paris) vorteilhaft ist. Es ist der Deus ex machina für die Monarchie. Adieu, mein lieber Graf. Meine Anhänglichkeit und Ergebenheit für Sie ist grenzenlos.«

Jetzt, sagt sich Clemens, muß man doch endlich auch der Hauptperson Marie Louise sagen, daß alles endgültig und unwiderruflich abgeschlossen ist. Am 16. Februar begibt sich Metternich zuerst zu seinem kaiserlichen Herrn, meldet ihm das große Ereignis und stellt ihm neuerlich die ungeheuren Vorteile vor Augen, die damit für die Monarchie erwachsen können und die er daraus zu ziehen beabsichtigt. Kaiser Franz weiß genau, welchen Eindruck die Entscheidung auf seine Frau und Tochter machen wird, und findet, Metternich sei der Vater des Ganzen, Metternich solle auch die peinliche Mitteilung von dem so formlosen Überskniebrechen der Angelegenheit auf sich nehmen. Auch der Kaiser ist im ersten Augenblick von der äußersten Hast, die Napoleon dabei gezeigt hat, betroffen und doch einigermaßen verwundert, daß der Heiratsvertrag unterschrieben werden mußte, bevor noch geziemend um die Hand der Erzherzogin angehalten worden war. Aber auf die auch Schwarzenberg gegenüber wiederholten Worte seines Ministers des Äußeren, er schmeichle sich, daß damit eine neue Ära für ganz Europa beginne, läßt er sich herbei, augenblicklich und ohne weiteres auch die Ratifikation jenes Vertrages vorzunehmen.

Metternichs nachträgliche Schilderung[30] seines darauffolgenden Besuchs bei der Erzherzogin klingt so, als wäre dieser völlig einfach und natürlich verlaufen und hätte er sie nach ihrer Willensmeinung befragt. Spätere Zeiten haben klargestellt, daß Marie Louise damals wohl gefragt hat, was ihr Vater wünsche und bestimmt habe, daß sie aber keineswegs in der Lage war, geltend zu machen, was sie in Wirklichkeit wollte. Denn dies hatte sie zwei Monate vorher in der Bitte um Zustimmung zur Verlobung mit ihrem Vetter Franz bereits getan. Dann eilte Marie Louise zu ihrem Vater, und da kam es nochmals zu einer geheimen, diesmal entscheidenden Unterredung, die nach dem Bericht eines Hofmannes »für beide Teile mit einer sichtbaren Erschöpfung wechselseitiger Gefühle endete, worauf die Durchlauchtigste Erzherzogin in ihre Kammer (das Vorzimmer) herauskam und einer der Dienerinnen ihre Vermählung ankündigte, was freudige Teilnahme erweckte«. Derselbe Hofmann, der kaiserlichen Familie aufs tiefste ergeben, beteuert, daß Marie Louise »ihre Einwilligung zur Vermählung nicht ohne Widerstreben und nur als ein Opfer ihrer kindlichen Liebe für ihr Vaterland erteilt hat«.

So einfach war also die Verständigung nicht vor sich gegangen; Kaiser Franz mußte seine väterliche Gewalt geltend machen, ja groteskerweise selbst der Nuntius eine Rolle spielen, bis Marie Louise sich darein ergab, die Frau des »Antichristen« zu werden, wie sie ihn noch im Juli 1809 genannt hat. Eines aber ist sicher, die Kaiserin ebenso wie Marie Louise erkennen klar, daß Metternich es gewesen ist, der diese Angelegenheit gefördert und zu Ende geführt hat. In Maria Ludovika steigt Empörung über die Politik dieses Mannes auf, die um so größer ist, als sie mit dessen allgemeiner Idee der Annäherung an Frankreich nach dem Beispiel des Großvaters seiner Frau nicht einverstanden ist. Sie sieht in Napoleon nach wie vor einen Gewaltherrscher und Usurpator und erkennt, daß der Minister, der ihre geheimen Hoffnungen für die Zukunft Marie Louises zerstören und Franz I. zu solchen Entschlüssen bringen konnte, auf diesen schon einen ungleich höheren Einfluß ausübt als sie, die angetraute Gattin des Monarchen.

Bewegt empfängt die Kaiserin die in Aufregung zu ihr geeilte Stieftochter; diese weiß, wie Maria Ludovika mit ihr fühlt, sie versteht und ihr Herzensgeheimnis kennt. Bei ihr hofft sie etwas Trost und Verständnis zu finden. Die Herrscherin ist in einer schrecklichen Lage. Sie kann sich nicht gegen die Wünsche ihres Gatten stellen, schon gar nicht, wenn alles so weit fortgeschritten ist und die Folgen eines plötzlichen Gesinnungswechsels für das ganze Reich unabsehbar sein können. Darum muß auch sie blutenden Herzens ihr Stieftöchterchen eher beruhigen, ihr zureden und sagen, die Zukunft werde ihr vielleicht eine großartige Stellung in der Welt bringen, die ihrem Herzen Trost geben wird, so daß sie sich schließlich in alles finden wird. Das ist das einzige, was sie hoffen kann.

Aber es fällt der Kaiserin schwer genug. »Was ich denke, den Zustand meiner Seele kannst Du Dir vorstellen«, schreibt[31] Maria Ludovika am 19. Februar ihrer Mutter. »Das Ganze erscheint mir wie ein Traum, und die überstürzte Art und Weise dieser Angelegenheit bewirkt, daß ich keinen Augenblick Ruhe habe. Dazu hat mich der Kaiser auch noch mit der Beschaffung des ganzen Trousseaus beauftragt, ein höchst unangenehmes Geschäft ... Ich muß meinen Schmerz aus Klugheit verbergen, um so mehr, als der Kaiser und alle führenden Herren höchst zufrieden sind. Wer aber klarer sieht, der seufzt ... Meine Gesundheit bessert sich etwas, aber ich fühle meine Seele schwer erkrankt. Aus Pflicht werde ich allen diesen traurigen Veranstaltungen beiwohnen müssen. Gott, dem ich all diese Leiden zum Opfer bringe, mag mir die Kraft verleihen, sie zu ertragen, ohne ganz krank zu werden ... Der arme Francesco tut mir leid, er nimmt die Sache mit viel Ergebung, aber doch so schwer auf, daß ich ihn gebeten habe, zu (seinem Bruder) Ferdinand zu gehen, denn ich finde es klüger, sie seien bei dieser traurigen Gelegenheit beieinander und fern von Wien ... Ich wage es auch zu sagen, es wäre nichts für Francesco gewesen, denn er hätte sich dem Fehlen jedes Gefühls (nullità d'ogni sentimento), das er in der Familie gefunden hätte, nicht anpassen können ... Im übrigen dulde ich schweigend.«

Mit ungeheurem Aufwand werden nun die Hochzeitsvorbereitungen getroffen. Im Februar folgt man der Kaiserin 400.000 Gulden für die Brautausstattung aus, wovon 286.086 Gulden auf »erkauften Geschmuck« entfallen. Im März werden der Kaiserin nochmals 525.939 Gulden 12 Kreuzer für Ausstattung und Juwelen ausgezahlt. All das soll das Demütigende der Heirat strahlend verdecken.

Metternich aber ist restlos begeistert. »Da ist sie nun zu Ende geführt, die große Sache«, schreibt[32] er Lorel, »möge der Himmel seine Hilfe und seinen Segen dazu geben. Ich habe sie abgeschlossen, niemand anderer hätte es zustande gebracht, ich glaube es versichern zu können. Ich schreibe heute an Schwarzenberg ... ob ich, wenn ich mich auf vierzehn Tage nach Paris begäbe, etwas täte, was Napoleon nicht paßt. Im gegenteiligen Falle würde ich der Kaiserin auf dem Fuße folgen, und Du und ich würden gemeinsam heimkehren. Wenn aber nicht, bin ich vom Kaiserpaar beauftragt, Dich zu bitten, mindestens vierzehn Tage nach der Ankunft ihrer Tochter in Paris zu bleiben, um uns dann viele Einzelheiten berichten zu können. Du siehst, wie recht ich gehabt habe, Dir zu schreiben, daß Du zur Verfügung der Mächte stehst.« Tags darauf fährt Clemens dann noch weiter fort[33]: »Unser Freund Floret, meine Gute ... wird Dir sagen, was er von hier weiß, er wird Dir von mir sprechen und Dir erklären, daß meine Tätigkeit hier sehr ersprießlich ist. Ja, ich wage es selbst zu versichern, daß seit unserem Großvater (Staatskanzler Fürst Kaunitz) niemand mehr ein solches Verhalten gezeigt hat. Ich tue zur Zeit das mögliche, um die kleine Kaiserin über alles zu unterrichten.«

Clemens sagt zwar, er mache sich darüber nichts vor, wie weit der Weg von der Heirat mit einer österreichischen Prinzessin bis zu völliger Aufgabe des Eroberungssystems Kaiser Napoleons gehe, aber die Ruhe, die sich augenblicklich für Österreich notwendig ergebe, müsse gewinnbringend ausgenützt werden. Der Wert des Geldes steigt, »und wenige Tatsachen haben vielleicht jemals eine so allgemeine Zustimmung auf der Seite des wahren Kerns der Nation gefunden . . .«, meint Metternich[34]. »Das glückliche Werk, das soeben abgeschlossen wurde, muß die erfreulichsten Folgen für die beiden Kaiserreiche und daher für ganz Europa haben[35].« Der Minister veröffentlicht nunmehr am 24. Februar eine eigenhändig entworfene Mitteilung über das Verlöbnis in den Zeitungen, in der die Worte stehen: »Diesem großen Bande huldigen Millionen! In ihm sehen die Völker Europas das Unterpfand des Friedens – nach nun erloschenen Kämpfen die Segnungen der Zukunft.«

Metternich läßt nun etwas zynisch die Akten über die Vermählung Marie Antoinettes ausheben, dann bemerkt er zu seinem kaiserlichen Herrn: »Die Hochzeit soll zumindest mit gleichem Glanz gefeiert werden.« In allem und jedem versteckt Clemens seine eigenen Wünsche und Anordnungen stets unter Befehlen Franz I., der sich nun schon angewöhnt hat, alle Anregungen des Ministers anzunehmen und als seine eigenen Entschlüsse bezeichnen zu lassen. Man macht es ihm ja so überaus bequem, diese schon schön formulierten und geschickt verfaßten Entscheidungen einfach zu unterschreiben.

Obwohl man schon seit langem in Wien über Marie Louises Verlobung gesprochen, erregt die vollzogene Tatsache doch ungeheures Aufsehen. Gewaltige Hoffnungen, aber auch Befürchtungen werden daran geknüpft. Dietrichstein, der geheime und rückhaltlose Erforscher der öffentlichen Meinung bei allen großen Ereignissen, gesteht selbst ein, die Heirat auch »sehnlich gewünscht zu haben«. Er erhofft, »wenn auch dadurch keine Provinzen wiedergewonnen werden sollten, doch zumindest Rettung für Andreas Hofer, der zum Tode verurteilt ist. Gnade auch für alle gefährdeten Tiroler und Kriegsgefangenen, Aufhebung der vielen Sequester usf.« Der Graf warnt aber: »Man würde sich sehr verrechnen, wenn man diesen außerordentlichen Mann (Napoleon) für fähig hielte, sich sanften Geschäften schwärmerisch zu überlassen.« Er empfiehlt Auszeichnungen für alle, die die Ehe herbeiführen halfen, besonders aber die Verleihung des Goldenen Vließes an Metternich[36].

Der französische Gesandte triumphiert: »Die Heirat bedeutet eine Revolution in allen österreichischen Köpfen, selbst den früher einmal aufgeregtesten. Die Namen Kaunitz und Choiseul sind in aller Munde, und man sieht die ruhigen Zeiten wiederkehren, die dem durch diese beiden Minister geschlossenen Bündnis folgten. Nur die russischen Koterien sind die einzigen, die an dieser Freude keinerlei Anteil nehmen. Als die erste Nachricht davon bei einem Ball in einem russischen Hause eintraf, hörten die Violinen augenblicklich zu spielen auf, und viele Leute zogen sich noch vor dem Souper zurück[37].«

»Der russische Botschafter Schuwalow war zu Tode erschrocken (terrifié)«, schreibt Metternich an Schwarzenberg nach Paris. Schon sagt ein weitblickender Mann richtig voraus, »eine notwendige Folge dieser Heirat scheine ein Abrücken Rußlands von Frankreich und in kurzer Zeit ein förmlicher Bruch zwischen diesen Mächten zu werden«. Die Meinung in England ist am besten in dem Ausdruck Viscount Castlereaghs verkörpert, der gesagt haben soll, um den Minotaurus zu versöhnen, werde ihm eine österreichische Jungfrau geopfert[38].

In Paris wartet man indessen gespannt, welchen Eindruck der »fait accompli« in Wien gemacht hat und wann die Ratifikation des von Schwarzenberg unterzeichneten Vertrages eintreffen werde. Doch bereits am 22. Februar kommt Franz I., wie Schwarzenberg sagt, »glatte Annahme« in Paris an, gleichzeitig mit der Mitteilung, der Monarch und Marie Louise hätten den Wunsch geäußert, Metternich solle die Erzherzogin nach Paris begleiten, um den Eltern »über das Etablissement und das Glück ihrer innigst geliebten Tochter (fille chérie) zu berichten«. Der Minister hat dem Monarchen geschickt in den Mund gelegt, ihn nach Paris zu senden. Lorel hat ihm ja geschrieben, daß die Affäre Junot kein Hindernis für sein Kommen nach Paris bedeute. Einerseits ist es gar nicht so unangenehm, den vielfachen Anfeindungen zu entgehen, die die Heiratsangelegenheit im Widerspruch zu allen Beteuerungen Metternichs hervorgerufen hat, und zudem kann er sich in Paris bei den Hochzeitsfeierlichkeiten als den Vollender dieses Werkes feiern und beweihräuchern lassen. Außerdem muß er dann ja auch an der Seine das herauszuschlagen versuchen, was er sich für Österreich von der Heirat erhofft. Der Minister bedenkt aber zuwenig, daß er seine Ware schon geliefert hat, bevor der andere Teil sich zu einer Zahlung verpflichtete.

So kann der im allgemeinen sehr gut unterrichtete preußische Gesandte Piquot mit einigem Recht seinem König melden[39]: »Ich weiß, daß Graf Metternich unter dem Vorwand, seine Frau heimzuholen, die junge Kaiserin nach Paris begleiten wird, in Wirklichkeit aber tut er es, um die Interessen seines Hofes und seiner eigenen Familie wahrzunehmen.« Der Diplomat meint auch, der Minister habe sehr viel Aussicht auf Erfolg, da er die

Verhandlungen zur äußersten Zufriedenheit Napoleons führte und dieser ihm durch den Fürsten Schwarzenberg hätte bezeugen lassen, die Familie Metternich habe »sich so großes Anrecht auf seine Dankbarkeit erworben, daß sie alles von ihm verlangen könne und ihr alles von vorneherein zugebilligt sei«. Der Gesandte weiß auch zu melden, Metternich, der viel auf seinen Besitz Ochsenhausen halte, werde die Unterstützung Napoleons erbitten, um seine Rechte und Privilegien dort vom König von Württemberg zurückzuerlangen und sich auch für die übrigen Mediatisierten einsetzen.

Wenn der Korse auch in Wirklichkeit nicht so unvorsichtig war, derart weitgehende Versprechungen im voraus zu erteilen, so ist er doch aufs höchste erfreut, als die Ratifikation des Vertrages durch Kaiser Franz so umgehend eintrifft. Nun ist der Korb von Petersburg, den die Meldung Caulaincourts vom 4. Februar beinhaltet, vor der Welt seiner Wirkung beraubt, denn alles, was man vorgekehrt und getan hat, kann dieser nun als schon vorher über Entscheidung und Wunsch Napoleons geschehen darstellen. Sein Manöver scheint geglückt, und so ist Napoleon gnädig gesinnt und gerne geneigt, allen Beteiligten entsprechende Belohnungen zukommen zu lassen. Hätte dies nur auch dem armen Andreas Hofer geholfen, der am 20. Februar erschossen worden ist.

Vor allem gedenkt Napoleon, sich Clemens Metternich und seiner Frau erkenntlich zu erweisen. Sie kann auch in der letzten Februarwoche ihrem Gatten glücklich melden, man habe ihr mitteilen lassen, »die Angelegenheit Ochsenhausen werde noch vor dem Monat April erledigt sein«, während Schwarzenberg vom Kaiser eine herrliche, mit sechs wundervollen, reichgeschirrten Pferden bespannte Equipage zum Geschenk erhält.

Clemens Metternich kennt sich vor Stolz nicht mehr aus. »Ganz Wien ist nur mehr mit der Frage der Hochzeit beschäftigt«, meldet er Lorel, »es wäre schwierig, sich eine Vorstellung von der belebenden Wirkung zu machen, die diese Tatsache auf die öffentliche Meinung übt und wie sehr das Ganze volkstümlich ist. Wenn ich der Retter der Welt wäre, könnte ich nicht mehr Glückwünsche, nicht mehr wahre Sympathiebeweise für den Anteil empfangen, den ich, wie man mit Sicherheit annimmt, daran genommen habe ... Die neue Kaiserin wird in Paris gefallen und muß dies, schon durch ihre Güte, Sanftmut und Einfachheit. Eher häßlich als schön von Angesicht, besitzt sie eine sehr gute Figur, und wenn man sie ein wenig zurechtrichtet und aufkräuselt[40] etc., wird sie ganz gut aussehen.«

Nur Stadion gibt seiner Meinung in einer Form Ausdruck, die unschwer erkennen läßt, daß er mit dem, was da geschieht, im Grunde seiner Seele doch nicht einverstanden ist, es nur seinen Freund Metternich nicht empfindlich fühlen lassen will. »... Die heitere Seite der Angelegenheit, an die meine Einbildungskraft anzuknüpfen liebt«, meint[41] er nur, »ist die Verblüffung Rußlands und die Nase, die diese Neuigkeit den drei Rheinbundkönigen gedreht haben wird. Wird unser dicker . . . König (von Württemberg) nun bescheidener oder noch viel wütender werden?«

An der Seine wird das Ereignis nicht allzu überraschend empfunden und verhältnismäßig ruhig aufgenommen. Das ärgert Napoleon ein wenig. »Ich habe die Pariser durch ganz unvorhergesehene und scheinbar unmögliche Taten derartig verwöhnt«, brummt er, »daß sie nicht sehr erstaunt wären, wenn ich die leibhaftige Madonna heiraten würde[42].«

Inzwischen hat die Gräfin Metternich einen Brief ihres Mannes bekommen, der ihr innig dankt, sie lobt und ihr in jeder Beziehung (sous tous les rapports) die größte Freude macht. Lorel sieht mit dem Zustandekommen dieser Heirat eine noch strahlendere Zukunft für ihren Gatten heraufziehen und schließt ihre Erwiderung mit den Worten: »Adieu, mein lieber Freund, Du weißt, daß ich Dich von ganzem Herzen liebe.«

Die gute Gräfin muß allerdings insgeheim lachen, als sie hört, daß die Königin Caroline mit der Aufstellung des Haushaltes der künftigen Gattin des Kaisers beauftragt wird und ihr dieser besonders ans Herz gelegt hat, nur fromme Damen für die Umgebung der neuen Herrin auszuwählen. Abgesehen davon, daß wenige solche in den hohen Kreisen zu finden sind, heißt es doch den Bock zum Gärtner machen, gerade Caroline mit dieser Aufgabe zu betrauen.

Die Königin zieht die Gräfin nun sehr in ihre Gesellschaft, bittet sie frühmorgens zu kommen, wenn sie noch allein ist, und spricht mit ihr immer nur von Marie Louise. Sie handelt offenbar im Auftrag, wenn sie ihr erzählt, daß die Erzherzogin den Kaiser geneigt finden werde, sie zu »verhimmeln«. Er verliere förmlich den Kopf über all dem Nachdenken, wie er ihr gefallen und welche Freude er ihr bereiten könne. Er hat selbst ihr Reisebett »inspiziert«, versichert die Königin der Gräfin, um es bis zum äußersten Grad der Vollkommenheit mit allen nur erdenklichen Raffinements auszustatten. Auch denkt er an ihr Bad auf der Reise und hat zudem Caroline eigenhändig den herrlichen Pelz übergeben, den ihm der Zar seinerzeit in Erfurt geschenkt hat. Sie soll ihn Marie Louise für die Reise mitbringen, jenen Pelz, der so ungeheuer kostbar war, daß Napoleon sich dessen niemals bedienen wollte, weil er ihn zu schön fand. »Laß ihn für die Kleine richten, damit sie sich auf der Reise darin einhüllen kann, wenn es kalt ist«, hat er hierbei bemerkt. Der Kaiser will nicht einmal den Schuh aus der Hand geben, den man als Modell hierher nach Paris geschickt hat, weil er darein so verliebt ist. Man ist in der größten Verlegenheit, wie man die Hochzeitsschuhe ohne dieses Muster machen lassen soll. Die Königin wünscht auch, die Gräfin möge ihrem Gatten schreiben, möglichst so abzureisen, daß sie ihn vor seiner Ankunft in Paris sprechen könne, sie hätte ihn etwas Wichtiges zu fragen. Darauf schreibt sie ihrem Gatten: »Die Königin nimmt die Angelegenheit ganz ausgezeichnet (à merveille) auf und ganz so, wie Du es nur wünschen kannst, meint allerdings, Du müßtest Dich von seiten des Kaisers wohl auf einige schlechte Witze darüber gefaßt machen. Im übrigen ist er sehr zufrieden mit Dir und hat erklärt, er wisse, die Heiratsangelegenheit wäre ohne Dich nicht gelungen.«

Am Abend des 1. März sind die Gräfin und der Botschafter Schwarzenberg zu einem ganz intimen Cercle in die Tuilerien geladen. Sie sind zum erstenmal in dieses Allerheiligste gebeten, das die kleinen Gemächer der Kaiserin darstellen. Lorel Metternich erscheint »en robe ronde«, nimmt am Spiel der kaiserlichen Familie teil, worauf kleine Opern vorgeführt werden und danach das Souper folgt. »Während dieser Zeit«, berichtet die Gräfin, der der erste Platz gleich nach der kaiserlichen Familie eingeräumt wird[43], »ist der Kaiser fast nicht von meiner Seite gewichen und sprach ohne Unterlaß von seinem Glück; auf Ehre, ich glaube ihn bis über die Ohren verliebt. Ich möchte gerne, daß die kleine Erzherzogin schon soweit wäre wie ich. Ich habe gar keine Angst mehr vor ihm und fühle mich in seiner Nähe völlig behaglich (parfaitement à mon aise). Ich lache und plaudere mit ihm. Er hat mir im übrigen die schönsten Dinge gesagt: ›Sie sind reizend, Frau von Metternich, Sie sind es, die diese Heirat gewünscht, die sie fertiggebracht haben. Infolgedessen bilden Sie mein größtes Glück und nach Ihnen Ihr Gemahl. Ich sehe, daß diese Verbindung ohne ihn, ohne die Kenntnis, die er von meinem Charakter besitzt, niemals zustande gekommen wäre. Schreiben Sie ihm das. Sie dürfen sagen, daß ich mit ihm, mit dem Kaiser, mit der Kaiserin, mit den Völkern, einfach mit aller Welt zufrieden bin. Ich habe auf Erden keinen Wunsch mehr, als der Erzherzogin zu gefallen und sie mit Glück zu überhäufen. Ich liebe sie, ich bete sie an. Alle Welt liebt sie hier schon und muß sie lieben.‹ So hat er zwei Stunden lang mit mir gesprochen.«

Aber eines ließ er doch einfließen, offenbar hat ihm irgend jemand da einen Floh ins Ohr gesetzt: »Suchen Sie dafür zu sorgen, daß man ihr die Zähne putzt.« Die Gräfin muß lachen; wenn es weiter nichts ist, denkt sie, und die Liebe zu einer Frau, die man noch nie gesehen, so leicht entbrennen kann, dann wird die Sache sicher gut ausgehen.

Nun scheint alles auf bestem Wege und die Hochzeit durch Stellvertretung soll am 11. März stattfinden. Da taucht aber plötzlich eine gewaltige Schwierigkeit auf. Kirchliche Kreise erklären, Napoleon könne einfach nicht heiraten, denn erstens sei er exkommuniziert, und ein im Kirchenbann stehender Mann könne keine gültige Ehe eingehen, und zweitens bestehe seine erste überhaupt noch zu Recht. Französischerseits erklärt man wohl, die Exkommunikation sei nicht, wie nötig, namentlich ausgesprochen worden, was nicht ganz richtig ist.

In Wirklichkeit ist es klar, daß die fünfzehnjährige Ehe Napoleons bürgerlich zu Recht bestanden hat. Aber auch kirchlich kann man eigentlich nicht behaupten, sie wäre nicht richtig gewesen, ohne den Papst in eine schwierige Lage zu bringen. Hatte er denn nicht selbst seinerzeit in Paris Josephine zur Kaiserin gekrönt? Konnte er nun erklären, daß er eine Konkubine gesalbt und geweiht hätte? Allerdings war Pius VII. damit förmlich überfallen worden. Man hatte mit ihm nur von der Krönung des Kaisers gesprochen und erst am Abend vorher mitgeteilt, daß er auch Josephine krönen müsse. In diesem letzten Augenblick, als das Festprogramm schon veröffentlicht war, scheute der Papst vor dem ungeheuren Skandal zurück, den eine Weigerung notwendig hervorrufen mußte, und da auch noch einige Napoleon hörige Bischöfe dem Heiligen Vater versicherten, das sakramentale Band der Ehe sei nachträglich in Ordnung gebracht worden, so fügte er sich damals. Da ist es nun schwer, jetzt auf einmal das Gegenteil zu erklären, und so unterbleibt denn ein die Heirat entscheidend verhindernder Einspruch. Allerdings fühlt sich der Heilige Vater aufs schwerste hintergangen und ist mehr als entrüstet über Napoleons Vorgehen.

Erleichtert schreibt Clemens an seine Frau[44]: »Du wirst überrascht sein, meine gute Freundin, Neumann zu sehen. Ich schicke ihn Dir, um Dir zu melden, daß nun alles in Ordnung ist und die Heirat am 11. stattfinden wird. Wenn ich jemals in der Lage gewesen bin, meinen schwachen Unterhandlungsgeist zur Geltung zu bringen, so ist es bei der jetzigen Gelegenheit der Fall gewesen. Man kann sich leicht eine Vorstellung machen, wie die Lage eines armen Mannes sein kann und sein muß, der sich in dem Glauben, alles beendet zu haben und im Begriff zu stehen, sich nun seines Werkes erfreuen zu können, plötzlich einem Erzbischof gegenübersieht (se retrouve bec à bec), der nicht vermählen will, weil er glaubt, es nicht zu dürfen, und dabei ist kein gutes Argument da, das dagegen spricht. Ich habe mich auf einmal zum Advokaten, zum Theologen entwickelt; ich zog alle französischen Gesetze an; ich habe den Ehescheidungsprozeß geführt und ihn schließlich gegen den Erzbischof und die Dummheit unseres neuen (französischen) Botschafters gewonnen. Denn ich gelte Dir vorn und hinten rund und in der Mitte ein Pfund für eines der größten Maulwerke Frankreichs und des Kontinents. Nun endlich ist alles gesagt, und ich atme auf. Ab übermorgen beginnen die Feierlichkeiten, wir werden mehr als genug davon haben (par dessus la tête), aber mein schönstes Fest wird jenes sein, da ich Dich, meine Gute, wiedersehen werde.«

Am 4. März nun ist Marschall Berthier, Fürst von Neufchâtel, in Wien angekommen; bei dem feierlichen Einzug tags darauf muß sich Kaiserin

Maria Ludovika bei seinem Empfang liebenswürdig zeigen, während Metternich, der genau weiß, wie schwer es ihr fällt, mit einem sardonischen Ausdruck im Gesicht dieser Szene zusieht. In diesem Augenblick wird ihm sonnenklar, daß er sich damit die Kaiserin für immer zur Todfeindin gemacht hat, denn nun weiß sie genau, daß niemand anderer als er die Heirat herbeigeführt und damit ihrem und ihrer Brüder stets napoleonfeindlichen Einfluß auf Kaiser und Hof den schwersten Schlag versetzt hat. Und dieser Mann erhält noch am Tag vor der Hochzeit die höchste Auszeichnung, die der Kaiserstaat zu vergeben hat, das Goldene Vließ, das alle Mitglieder des Herrscherhauses tragen und das jeden, der nicht dazugehört und doch den Orden erhält, fast auf die Rangstufe der allerhöchsten Familie erhebt. »Der Graf Metternich hat sich während der ganzen Dauer dieser Heiratsverhandlungen außerordentlich wohlgesinnt gezeigt«, meldet[45] der französische Gesandte lobend nach Hause, »wenn er nach Paris mitkommt, wird ihn sein Vater als Minister des Äußeren vertreten. Das Ansehen dieser Familie, das auf dem Bündnis mit Frankreich ruht, scheint mehr und mehr zunehmen zu wollen, denn in Österreich wie in Ungarn ist das französische System derzeit vorherrschend.«

Nun findet am 11. März 1810, um sechs Uhr abends, in der Augustinerkirche die feierliche Vermählung statt, wobei Erzherzog Karl die Stelle des Bräutigams vertritt, den Napoleon mit den Worten darum gebeten hat[46]: »Wir haben unsere Augen auf Sie geworfen, dem wir eine besondere Hochschätzung gewidmet haben.« An den Vortagen ist viel von Liebe die Rede gewesen. Marschall Berthier hatte der Erzherzogin in der feierlichen Anrede gesagt, sein Kaiser wolle sie vorzüglich von ihrem Herzen entgegennehmen. Und jetzt wird auch am Altar wieder in feierlichen Worten von der Liebe eines Mannes gesprochen, der die ihm nun angetraute Frau noch nie gesehen hat. Marie Louise läßt alles bewegt, aber gottergeben über sich ergehen. Bemitleidenswürdig ist die Kaiserin Maria Ludovika, die ihre Stieftochter zum Altar zu führen hat. Als sie danach an die Seite ihres Gatten zurückkehrt, droht sie umzusinken, und doch besiegt sie ihre körperliche und seelische Schwäche.

»Ich habe sie, Verzweiflung im Herzen, bei allen Gelegenheiten, bei denen sie während dieser Feste erscheinen mußte, mit einer Weisheit, Würde und Ergebung auftreten sehen«, meldet der preußische Gesandte, »die weit jenseits jedes dafür möglichen Ausdruckes liegen. Alle, die sie kennen, sahen, daß sie wohl dem Staat dies Opfer bringen mußte, darunter aber unaussprechlich litt.« Eine kleine Einzelheit bleibt nicht unbemerkt; der Ring paßte nicht an den Finger des den Bräutigam vertretenden Erzherzogs, man hat zudem auch vergessen, das entsprechende Maß Napoleons zu verlangen, darum werden schnell zwölf Ringe verschiedener Größe mit gleicher Chiffre und darin eingraviertem Datum der Hochzeit angefertigt und der Erzherzogin zur Mitnahme überreicht.

Die strahlenden Hochzeitsfackeln wurden aber, wie sich Dietrichstein dem Kaiser gegenüber ausdrückt, durch so manches recht verdunkelt. Trotz allen nun so vertrauten Beziehungen ist am 20. Februar Andreas Hofer erschossen worden, viele Generäle, Offiziere und andere Personen müssen ferngehalten werden, weil sie die Heirat verurteilen. Das gleiche ist in weiten Kreisen der Hofgesellschaft und insbesondere bei den diese beherrschenden großen Damen, wie auch der Fürstin Eleonore Liechtenstein, der Fall. Sie ist den Festen ferngeblieben und mochte nicht einmal die Stadtbeleuchtung ansehen. »Die kleine Erzherzogin«, bemerkt sie, »ist ein wahres Opfer. Wie schrecklich ist es, diesem Mann seine Tochter zu geben.« Metternich hat an der Fürstin nie eine besondere Freundin gehabt, nun reiht auch sie sich in die Front seiner Widersacher ein. Selbstverständlich sind die Rußland nahestehenden Kreise, wie zum Beispiel die der seit 1807 in Wien lebenden Fürstin Bagration, Metternichs alter Bekannten von Dresden her, ganz gleicher Meinung. Überhaupt schließen sich dieser Gesinnung die meisten vornehmen Frauen an, die Napoleons seinerzeitigen Ausspruch, wie seine Tambours sie behandeln sollten, niemals vergessen können.

Metternich dagegen ist, wie Gentz schreibt, »trunken vor Freude[47]«. Er verteidigt sich den Damen gegenüber nicht, nur bei Wilhelmine Sagan, der schönen Kurländerin, deren Zauber er wieder verfällt, sucht er seine Politik zu rechtfertigen. Äußere Erscheinungen, wie das plötzliche Steigen der Kurse der österreichischen Zahlungsmittel, geben ihm scheinbar auch recht. Davon aber schweigt Clemens, daß er viele Gegner hat im Zaume halten, ja selbst ins Gefängnis hat stecken müssen.

Auch von Rußland her tönt Bedenkliches; Graf Saint-Julien berichtet, welch »ungeheure Sensation« dieses Ereignis in der russischen Hauptstadt und welchen Eindruck es insbesondere auf den Minister des Äußeren, Graf von Romanzoff, gemacht hat. »Er wird unser erklärter Feind werden«, meint Metternich[48].

Aber über all diese Bedenken hat sich Clemens schließlich hinweggesetzt. Mittlerweile ist ihm die Nachricht zugekommen, daß man sein Erscheinen in Paris mit Vergnügen erwarte. Nun überblickt er die Zeit, die seit der Trennung von seiner Gattin verflossen ist[49]: »Ja, meine liebe Lorel, seit dem Augenblick, da ich freigelassen wurde, also seit dem Vorabend der gigantischen Schlacht von Wagram, habe ich mich ständig an die Spitze all dieser Ereignisse gestellt gesehen. Ich habe die Dinge nach meiner Überzeugung geleitet, ich wollte einen guten Frieden schließen, bin aber nicht dazu gekommen. Doch verlor ich den Mut nicht, und indem ich mich als erster Steuermann an die Führung stellte, habe ich inmitten des Sturmes auf einem Schiff ohne Takelwerk und Segel einen Hafen gesucht. Der Himmel und meine unerschütterliche Ruhe inmitten des Gewitters haben mich und uns alle gerettet. Du hast Dein gut Teil an alldem gehabt, und wenn gestern das Volk durch die Straßen lief und ›Hoch der Kaiser, hoch Metternich!‹ rief, warst Du in etwas daran beteiligt ... Die Zeremonien hier sind wundervoll, und die Franzosen sind einfach verblüfft gewesen, der Fürst von Neufchâtel vor allem, der vor lauter Rührung nur fortwährend weinte. Es ist eine Tatsache, daß wenn wir uns einmal in etwas einlassen, unser Prunk sich zum französischen verhält wie Vermeilgeschirr zu Plated. Insbesondere auch die Feierlichkeit der Ordensverleihung war wundervoll. Ich allein bin mit dem Goldenen Vließ ausgezeichnet worden, alle Ritter der vier Orden im großen Ornat, der Kaiser auf seinem Thron, das Ganze sah aus wie der Hof Karls V. Der neue Redoutensaal der Hofburg, der herrlich ist, erhöhte noch, soweit es möglich war, den Eindruck dieser Zeremonie. Mein Vater versah die Funktionen des Doyens des Ordens, und ein Drittel des Saales weinte.«

Metternichs Eitelkeit hat damit eine unerhörte Genugtuung erfahren. Nun geht sein Opfer daran, die Reise ins prunkvolle Ungewisse anzutreten. Am 13. März früh nimmt die Kaiserin tränenüberströmt Abschied von ihrer Stieftochter, die sie wie ein eigenes Kind geliebt und betreut hat und noch inniger an sich hatte fesseln wollen. Die Schicksalsreise der Kaisertochter beginnt in genau dem gleichen Prunk und genau der gleichen Pracht wie dereinst jene der unglücklichen Marie Antoinette. Aber als die Kaiserin nach der Abreise Marie Louises in die verwaiste Hofburg zurückkehrt, überwältigt sie neuerlich das Bewußtsein dessen, was da eigentlich geschehen ist, und der Rückschlag auf die Anstrengungen der letzten Tage wirft sie förmlich nieder. Ihr Lungenleiden und die seelischen Erregungen wirken dabei zusammen.

Der Kaiser behandelt seine Gemahlin kühl; er leidet darunter, eine kranke Frau zu haben, und gewöhnt sich daran, sie wenig zu sehen. »Sie ist eine Persönlichkeit von überragendem Geiste«, urteilt Gentz über sie[50], »von hochgemuter Seele, die in ihrem Benehmen alles vereint, was nur immer Würde und Liebenswürdigkeit bewirken können. Bei diesen ihr so sehr widersprechenden Festen hat ihre Haltung alle Kenner in Erstaunen versetzt und entzückt. Diese Kaiserin wäre imstande, eine gewaltige Umwälzung hervorzurufen, wenn sie durch die Verhältnisse weniger benachteiligt würde. Aber von einer tödlichen Krankheit gequält, hat sie mit einem Mann zu tun, der blind ist gegen alles, was nicht im Umkreis einer dummen Einförmigkeit liegt und der zur Verzweiflung von zwanzig Millionen Menschen weder selbst herrschen noch die Idee vertragen kann, einen anderen an seine Stelle zu setzen.« Gentz beurteilt die Persönlichkeit des Monarchen und das Verhältnis des Kaiserpaares zueinander viel zu streng, ohne sich über jenes zwischen dem Monarchen und Metternich ganz klar zu sein, den der Herrscher eigentlich an seine eigene Stelle gesetzt hat.

Indessen macht sich nun auch Clemens Metternich auf die Reise, um, wie er sagt, die so erreichte vorläufige Ruhe der Monarchie zu sichern und zu versuchen, mit dem »schmeichelhaften, aber so schwer zu verdienenden allerhöchsten Zutrauen« versehen, in Paris das Bestmögliche herauszuschlagen. »So unternehme ich als ein mit dem vollen Vertrauen Eurer Majestät ausgerüsteter, in den Gang aller Verhältnisse der letzten Zeit eingeweihter Minister die Reise nach Paris zu dem Monarchen ... dessen mächtiger Arm ganz Europa umfaßt[51].«

Die junge Kaiserin Marie Louise ist inzwischen in Ried im Innkreis mit der ihr entgegengefahrenen Königin Caroline zusammengetroffen. Beide mustern sich aufmerksam. Napoleons Schwester findet ihre neue Schwägerin frisch, sehr liebenswürdig, ja charmant und von schöner Gestalt, aber nicht sehr hübsch. Im übrigen meint sie ihrem Gatten versichern zu können: »Diese da wird sich auf keine Weise in Intrigen mengen.« Schon in Braunau wird Marie Louise unter Carolines Anleitung parfümiert und »in Französin« umgekleidet. Die junge Kaiserin ist, wie sie ihrem Vater schreibt, recht traurig, kann sich noch nicht trösten. Das »noch« in dieser Mitteilung ist allerdings vielversprechend.

In Kürze treffen auch die Königin von Neapel und Metternich, das alte Liebespaar, zusammen, und sie gibt ihm zu verstehen, daß der Kaiser die Vollziehung der Ehe noch *vor* der zweiten religiösen Trauung wünsche. Im übrigen läßt Caroline Murat die junge Frau nicht aus den Augen, was Marie Louise schon unangenehm wird; auch Metternich sieht sie zu oft, er geht ihr auf die Nerven, sie weiß ja, ihm verdankt sie es, daß sie nun so ins Ungewisse, Unbekannte hinausgestoßen ist, und erscheint ihm nicht sehr gewogen, denn noch ist sie mit ihrem Schicksal nicht versöhnt.

Nach nur vierundzwanzigstündigem Aufenthalt in München geht die Reise weiter. Metternich schwärmt in seinem Bericht aus Ulm darüber in den höchsten Tönen. »Jeder Tag gleicht einem Triumphzug ... Allerorten erregt die erhabene Tochter Eurer Majestät allgemeine Freude ... es ist mir bisher auch nicht *ein* geringfügiger Umstand zu Ohren gekommen, welcher nicht gleich befriedigend für Euer Majestät als Vater und Monarch wäre ... Der Bürger, der Landmann, der Kaufmann und Grundbesitzer, alle ohne Ausnahme segnen Eure Majestät und Ihr erlauchtes Haus[52].«

Im letzten Abschnitt der Reise eilt Napoleon selbst der Kaiserin entgegen, und am 27., um zehn Uhr abends, trifft das Paar in Compiègne ein, um sich nach einem rasch eingenommenen Souper gleich völlig zurückzuziehen. Nachts kommt dann auch Clemens Metternich in Compiègne an und begrüßt die dort anwesende Lorel. Am nächsten Tag wird das Ehepaar im Schloß sogleich zur Familientafel geladen, und Clemens erfährt schon in den ersten Stunden, daß die Ehe vollzogen ist. Jetzt gibt es kein Zurück mehr für die Erzherzogin. Nun ist Metternich völlig am Ziel, nun hat er das gebrachte Opfer auszunützen. Wenn das nur hinterdrein auch noch geht.

Der Korse ist ungewohnt liebenswürdig, spricht Metternich gegenüber, wie gänzlich er alles Vergangene vergesse und wie glücklich und ruhig die Zeit sein werde, der Österreich entgegengehe. »Es ist nun unmöglich, daß irgend etwas die natürlichen Bande störe, die sich zwischen uns soeben geknüpft haben.« Vom letzten Feldzug sprechend, erwähnt Napoleon: »Ich wäre verloren gewesen, wenn ihr mich bei Wiederaufnahme der Feindseligkeiten im September geschlagen hättet.« Dann war ihm das Wort »verloren« doch zuviel, und er ersetzte es mit dem Ausdruck »sehr in Verlegenheit geraten«.

Und nun erzählt Clemens dem Kaiser Franz wohl zu Gehör, er hätte Napoleon gedankt, daß er ihn bei den Friedensverhandlungen zurückgewiesen habe, denn einen solchen Vertrag hätte *er* niemals unterschrieben. »Ja, ihr habt mir sehr schwache Unterhändler geschickt«, soll der Korse gesagt haben. Damit war die gesamte Schuld an dem so schlechten Frieden von Metternich ab auf Liechtenstein gewälzt. Schon kam auch in dieser Unterredung die Gefahr der Verstimmung Rußlands zur Sprache, und Clemens merkt den Ärger über den Korb von Petersburg aus jedem Wort Napoleons heraus, der zwar den Zaren noch schont, sich aber dafür um so unzweideutiger über den Minister des Äußeren, Romanzoff, ausläßt, von dem er sagt, es fehle ihm sowohl an Verstand als an Charakter. Metternich sieht schon, das wird schwere Verwicklungen ergeben.

Sonst aber ist Napoleon allerbester Laune. Er verteilt Orden an diejenigen, von denen er glaubt, daß sie sich um das Zustandekommen der Heirat die meisten Verdienste erworben haben. So wird das Großkreuz der Ehrenlegion natürlich Kaiser Franz verliehen, und wenn dieser damit einverstanden ist, bekommen es auch Metternich und Schwarzenberg. Doch vor den beiden wird der stellvertretende Bräutigam Erzherzog Karl damit ausgezeichnet. Das besondere Verhältnis zwischen diesem und dem Korsen zeigt sich in dessen ungemein herzlichem Brief, der die Ordensverleihung begleitet[53]. »Ich bitte Sie, den Großadler der Ehrenlegion anzunehmen, den ich selbst zugleich mit 20.000 auf dem Felde der Ehre entweder verstümmelten oder sonst ausgezeichneten Soldaten trage. Das soll eine Verneigung vor Ihrem Genie als General und Ihrer seltenen Tapferkeit als Soldat sein.« Erzherzog Karl nimmt die Auszeichnung dankbar mit den

Worten an: »Die Hochschätzung eines großen Mannes ist die schönste Ernte auf dem Felde der Ehre, und ich war immer eifersüchtig darauf bedacht, Sire, die Ihre zu verdienen.« Das ist vom Standpunkt eines Österreichers etwas viel gesagt, und der beobachtende Dietrichstein scheut sich auch nicht, dies dem Kaiser Franz gegenüber scharf zu kritisieren[54].

Von Metternich aus Paris gelangen nun stets Nachrichten nach Wien, die in den höchsten Tönen das Glück und die Zufriedenheit der jungen Herrscherin sowie den Stolz über das ihm entgegengebrachte Vertrauen zum Ausdruck bringen.

Nun wird am 2. April die kirchliche Trauung mit beispielloser Pracht gefeiert; von St-Cloud kommend, zieht die herrliche, mit acht isabellfarbenen Hengsten bespannte Karosse durch den noch nicht ganz vollendeten Arc de Triomphe bis vor die Dianagalerie des Louvre. Dort werden die beiden Gatten feierlich zusammengegeben, und danach findet im Thronsaal ein großer Empfang statt. Vor den Fenstern des Louvre konzertieren die berühmtesten Kapellen der Hauptstadt, die sich am Abend in ein Meer von strahlenden Lichtern taucht.

Graf Regnault de St-Angély hat in einem seiner Kanzleiräume ein Diner für die engeren Hofangestellten bereithalten lassen. Die Herren sitzen schon bei Tisch, als Metternich vorbeikommt, der anscheinend noch nichts zu sich genommen hat. Graf Regnault lädt ihn ein, Clemens nimmt mit Freude an und zeigt sich äußerst heiter, fröhlich und glücklich. Endlich beim Champagner erhebt er sein Glas, geht zum Fenster, von dem aus man auf die Menschenmasse im Garten blickt, und trinkt »auf die Gesundheit des Königs von Rom«. So nämlich soll der Knabe heißen, den sich jedermann in Frankreich von des Kaisers neuer Gemahlin erhofft. Damit soll angedeutet werden, daß die Krone des Heiligen Römischen Reiches, die der Herrscher über Österreich dereinst niedergelegt, nun in unvergleichlicherer Macht und Größe in seinem Enkel und Napoleons Sohn wiederauferstehen soll. Vielleicht will es sogar andeuten, daß das neue Römische Reich dem antiken in der Zeit von dessen gewaltigster Ausdehnung gleichkommen, ja es noch überragen wird.

Kaum ist der Trinkspruch verklungen, kommt zufällig auch der Botschafter Rußlands, Fürst Kourakine, vorbei, der gleichfalls noch nicht gegessen hat. Es sind zwar nur mehr Reste der lecker gedeckten Tafel übriggeblieben, aber dessenungeachtet nimmt er die Aufforderung an, und so entsteht ganz ungewollt ein Spiegelbild der völligen Umkehrung der Lage, die das große Ereignis mit sich gebracht hat. Einst, da Napoleon noch die Hand einer Großfürstin ersehnte, wurde das Botschafterpaar Österreichs als Feinde Frankreichs höchst zurückhaltend, ja schließlich vor 1809 wegwerfend behandelt, wobei der russische Vertreter vor allen anderen Diplomaten einherging. Jetzt ist es Metternich, der als »Familienbotschafter« allen vorgezogen, geehrt und gefeiert wird, der Russe sich aber mit den kärglichen Resten der Tafel bescheiden muß[55].

Die Kaiserin hat für Metternich nach wie vor nicht viel übrig; obwohl er in Paris weilt, hat sie ihn noch nicht zu sich kommen lassen und tut dies erst, als Napoleon ihr förmlich Vorwürfe darüber macht, sie solle dies sogleich nachholen, den Diplomaten in Einzelaudienz empfangen und mindestens eine Stunde mit ihm im Tête-à-tête bleiben. Das geschieht, und als Ergebnis dieses durchaus förmlichen und höfischen Gespräches versichert Metternich wieder einmal seinen allerhöchsten Herrn des ausgezeichneten Verhältnisses, in dem das hohe Ehepaar zueinander steht. Er wagt dabei sogar etwas zu sagen, was er gewiß selbst nicht glaubt, daß nämlich Marie Louise den Kaiser Napoleon »in Kürze führen« werde, und dies »in einer Unzahl von Beziehungen«. Später wird Metternich von dem Korsen empfangen, der zunächst davon spricht, daß in Wien Äußerungen der Unzufriedenheit laut geworden seien, und dies besonders auch in Zusammenhang mit dem Tod Andreas Hofers. »Das ist eine häßliche Sache«, meint Napoleon dazu[56], »und gegen meine Wünsche und Interessen geschehen. Hofer war ein tapferer Mann, auf den ich zählte, um ihn Tirol befrieden zu lassen. Bringen Sie Ihrem Herrn meine Entschuldigungen vor, aber Sie sehen, daß auch ich ebenso schlecht bedient werde wie andere.« Dem Tiroler Helden aber nützt es nichts mehr, daß der Kaiser dies nachträglich bedauert.

Metternich versucht wieder territoriale Rückforderungen, Fiume, Teile des Litorale usw., ebenso wie eine Anleihe für Österreich zur Sprache zu bringen. Napoleon sagt nicht ja und nicht nein. Clemens ist zudem bestrebt, seine eigenen Interessen zu wahren, solange das Eisen noch heiß ist. Es kommt die Sprache auf die Sequester und Beschlagnahmen, die neben Metternichs und Schwarzenbergs Besitzungen auch solche Stadions und vieler anderer großer Herren der österreichischen Monarchie betreffen. Napoleon erklärt sich bereit, die beiden ersten aufheben zu lassen, worauf Clemens betont, seine Sache und die Schwarzenbergs nicht von der der anderen trennen zu können; der Kaiser sagt daraufhin alles in allgemeinen Worten zu. In der Folge bleiben aber wirklich nur die beiden erstgenannten Sequester aufgehoben, was Metternich wohl einen Augenblick peinlich ist, woran er aber nichts ändern kann.

Franz I. gegenüber wiederholt Clemens auch in der Folge immer wieder[57]: »Napoleon hat vielleicht mehr schwache Seiten als viele andere, und wenn die Kaiserin fortfährt, sie zu benützen, so kann sie sich und ganz Europa die größten Dienste erweisen. Er ist so bestimmt verliebt in sie, daß er dies Gefühl vor niemandem verbirgt und alle seine Gewohnheiten,

Lebensweise etc. ganz der ihrigen unterwirft ... Ich habe vor wenigen Tagen ein paar Stunden bei der Mutter Seiner Majestät zugebracht, die mir mit Tränen in den Augen von dem Glück ihres Sohnes sprach und in dem der Kaiserin jenes der Welt sucht.«

In hochtrabenderen Worten kann man kaum mehr sprechen. »Eine gute Hausfrau ist doch das Wertvollste für mich, und ich beginne jetzt erst zu leben[58]«, solche Aussprüche will Metternich von Napoleon gehört haben. In Wirklichkeit söhnt sich auch Marie Louise, dank der ihr überall entgegengebrachten Huldigungen, der namenlosen Pracht, die sie in ihrer hohen Stellung umgibt, und nicht zuletzt auch dank der Aufmerksamkeit ihres Gemahls und der Gewalt ihrer Sinne, mit ihrer Stellung mehr und mehr aus. So hat Metternich leichteres Spiel, die von ihm geförderte Heirat nun im rosigsten Licht als ein ungeheures Glück dazustellen, das er der Tochter seines kaiserlichen Herrn und jenem gewaltigen Mann bereitet hat.

In der Besorgnis, daß sich zwischen Marie Louise und ihrer Vorgängerin bei einem Zusammentreffen unangenehme Zwischenfälle ergeben könnten, und in der Überzeugung, ein solches müßte unbedingt für beide Teile peinlich sein, dringt Metternich mit Erfolg darauf, daß sich die beiden Frauen vorläufig ausweichen. Marie Louise folgt da gerne Clemens' Meinung, die er ihr nach seinen eigenen Worten »unterschiebt«, ganz so, wie er es mit Erfolg immer bei Franz I. tut.

Nach den ersten glücklichen Wochen treten die Herrscherpflichten wieder in den Vordergrund. Die Schwierigkeiten in Spanien dauern an, und auch in Holland steht es schlimm. König Louis hat sich dort gegen die Kontinentalsperre verwahrt und will die Krone zurücklegen. Weite Gebiete Hollands werden nun zu Frankreich geschlagen, und Napoleon will eine Reise dorthin in Begleitung seiner jungen Gemahlin tun, um zu zeigen, daß er doch eine Urenkelin Maria Theresias zur Frau hat, die im Gegensatz zu Joseph II. dort immer noch in guter Erinnerung ist. Napoleons Schwester Caroline begleitet die beiden, auch Metternich, seine Gattin und Schwarzenberg reisen mit. Marie Louise hat ihre Abneigung gegen Clemens noch nicht besiegt, die Königin von Neapel ist ihr gleichfalls unsympathisch, und bei der Beobachtung, wie die beiden zueinander stehen und auftreten, steigt dieses Gefühl noch. In Cambrei legt der Korse den beiden Herren nahe, wieder nach Paris zurückzukehren. Sie sollen nicht sehen, wie man in Holland wohl der Österreicherin Marie Louise huldigt, aber viel weniger ihm, dem großen Napoleon. Als gleichzeitig auch Caroline zurückkehrt, schreibt Frankreichs junge Kaiserin in ihr Tagebuch[59]: »Die Königin von Neapel verließ uns und mit ihr Graf Metternich. Um so besser, er ist der ekelhafteste Geck, den es je auf Erden gegeben hat. Was die erstere betrifft, bin ich nicht böse, denn ich hege einen Groll gegen sie, weil ... aber in dieser Welt muß man die Kränkungen vergessen, ich finde mich damit ab. Um so besser, die beiden werden mir nicht fehlen.«

Metternich und die vergnügungslustige Caroline stürzen sich, kaum nach Paris zurückgekehrt, sofort wieder in die große Welt. Am 1. Juni kehrt auch das Kaiserpaar in die Hauptstadt zurück. Wenn Clemens versucht, bei Napoleon noch etwas für sein Vaterland zu erreichen, hört er stets von neuem ausweichende Antworten. Der Korse hat nun einmal seine Erzherzogin und gedenkt nicht mehr dafür zu bezahlen. Einen Monat später gibt Fürst Schwarzenberg in der Botschaft ein prachtvolles Fest. In merkwürdiger Übereinstimmung mit dem Unglück am 30. Mai des Jahres 1770, als bei einem am Abend der Hochzeit Marie Antoinettes abgebrannten Feuerwerk ein ungeheures, viele Todesopfer forderndes Gedränge entstand, ereignet sich auch jetzt eine traurige Katastrophe. Eben wird in dem herrlich geschmückten, eigens aus leichtem Holzwerk errichteten Saal eine Quadrille getanzt, an der der König von Westfalen mit der kleinen Marie Metternich und die Königin mit deren Vater teilnehmen. Das Kaiserpaar hält gerade Cercle, als eine herabfallende Kerze die Gehänge aus leichter Gaze in Brand setzt und die Flammen im Nu auf das Gebälk übergreifen. »Ein Glück war es nur, daß ich nicht tanzte«, schreibt Marie Louise darüber ihrem Bruder Franz Karl[60], »denn der Kaiser hatte nur Zeit, mich abzuholen und in den Garten zu führen, so stürzte schon der ganze Saal zusammen ... Ich weiß wirklich nicht, was mit mir geschah, denn ich fand mich plötzlich in den Armen des Fürsten Schwarzenberg und des General Lauriston, welche mich in den Wagen brachten. Ich habe ihnen wirklich mein Leben zu verdanken, denn beide verließen ihre Gemahlinnen im Feuer, um mich in Sicherheit zu bringen. Die unglückliche Fürstin Pauline Schwarzenberg[61], welche ihr Kind im Feuer glaubte, stürzte sich in den brennenden Saal, um es zu suchen, und ward ein Opfer ihrer mütterlichen Zärtlichkeit. Viele Personen sind beschädigt.«

Kein Mitglied der kaiserlichen Familie erlitt irgendeine Verletzung, aber im übrigen gab es viele Opfer. Als der Kaiser Marie Louise in Sicherheit gebracht hatte, kehrte er wieder auf den Brandplatz zurück und versuchte, durch zwei Stunden dirigierend und befehlend, in Rauch und Hitze und bald auch einem glücklicherweise einsetzenden Gußregen, Ordnung in das Chaos zu bringen. Auch die einstige Jugendliebe Metternichs, Madame de La Force, zählte zu den Verletzten. Clemens war gleichfalls wieder auf den Brandplatz zurückgekehrt und kam gerade dazu, als die Luster zu Boden krachten, die Mauern und die Decken dieses eigens für das Fest erbauten, 1500 Menschen fassenden Saales einfielen und schließlich das ganze Gebäude in einem einzigen brennenden Schutthaufen zusammenstürzte. Er mußte zusehen, daß er sich selbst in Sicherheit brachte[62].

Der schlechte Eindruck, den dieses Unglücksfest in Paris macht, wird aber bald durch die Feststellung zurückgedrängt, daß Marie Louise guter Hoffnung ist. »Der Kaiser ist in einem schwer zu beschreibenden Jubelzustand«, meldet Metternich seinem allerhöchsten Herrn und benützt dies sofort, um auch sich wieder ein wenig zu erhöhen und seine eigentlich völlig erfolglose Tätigkeit in Paris durch hohes Selbstlob zu verdecken: »Übrigens kann ich dem Dienst und mir nur Glück wünschen, in dieser Epoche hier gewesen zu sein ... Niemand wäre wie ich in der Lage, alle Fragen der wichtigsten Art so direkt mit dem einzigen Mann, welcher hier handelt, abtun zu können[63].«

In langen Gesprächen werden diese geklärt. Der Korse arbeitet geradewegs auf ein Schutz- und Trutzbündnis mit Österreich hin. Metternich weicht noch aus, aber er ist stolz darauf, sein Österreich jetzt durch den mächtigen Mann umworben zu sehen. »Wir sind berufen, eine große Rolle zu spielen, und wir sind – ich wage dies sogar gegen jeden gegenteiligen Schein zu behaupten – die Stärkeren. Man wird uns sowohl von der einen wie von der anderen Seite umwerben. Der Augenblick ist gekommen, da wir imstande sein werden, von der derzeitigen und der künftigen Lage der Dinge ungeheuren Vorteil zu ziehen[64].«

Allerdings meint Metternich jetzt, sein »Gesichtspunkt sei hauptsächlich auf Ausforschen, auf die möglichste Bestimmung der nächsten und entfernteren Absichten Napoleons gerichtet«.

Interessiert hört Clemens zu, wenn der Kaiser der Franzosen zum Beispiel vom Zaren sagt: »Er hat gute Absichten, doch ist er ein Kind ... Er jammert immer, ich jammere niemals, ich überlasse das den Frauen und handle. Wenn die Russen so verrückt wären, sich mit uns zu überwerfen, werden sie Finnland und die Herzogtümer Moldau und Walachei verlieren, Sie aber sollen wissen, daß Sie auf mich zählen können.«

So glaubt Metternich versichern zu können, daß in der Vermählung »eine Garantie liege, die durch kein anderes Ereignis ersetzt« werden könnte. »Jetzt ist Gelegenheit gegeben, die so tief gesunkenen inneren und äußeren Kräfte der Monarchie zu sammeln ... Man würde sich jedoch nicht minder irren«, fügt Metternich hinzu, »wenn man dieser so glücklichen Verbindung eine Gewalt beilegte, welche ... alle Pläne Napoleons ... vielleicht zu modifizieren imstande sei. Die Tendenz dieser Monarchie liegt in seiner Natur ... ihr können Zügel angelegt – *zernichtet kann sie jedoch nie werden*[65].« Das ist also jetzt Metternichs Überzeugung, und danach wird er in der Folge handeln.

Clemens glaubt sich zu Hause noch in höchster Gnade, und doch ist dem nicht ganz so. Man ist in Wien sehr enttäuscht, daß er weder Provinzen noch Geld heimzubringen scheint, obwohl er nun schon so lange abwesend ist. Die großen Damen sowie die rußlandfreundliche Clique in Wien sind nicht untätig. Es ist ihnen gelungen, sich bei Franz I. Gehör zu verschaffen und dem Minister des Äußeren zu schaden. »Der Kaiser«, meldet der preußische Gesandte in Wien[66], »hat mit Mißbilligung von des Ministers Beziehungen zu der Königin von Neapel gesprochen und hinzugefügt, daß er seine eigenen Angelegenheiten besser geführt habe als jene des Staates.« Napoleon lobt wohl das Verhalten Metternichs bei dem Unglück in Paris sehr, aber gerade das ärgert in Wien, daß der Korse ihn gar so sehr in den Himmel hebt.

Dem Gesandten Frankreichs sind die verschiedenen Widerstände nicht entgangen, die sich der immer mehr hervortretenden Macht der Familie Metternich entgegenstellen. »Sie steht offensichtlich an der Spitze der Parteigänger Frankreichs«, meldet er nach Hause[67], »und gegen sie richten sich auch alle Kabalen im Innern. Man kann hoffen, daß sie den dunklen Machenschaften der Feinde des Friedens widerstehen wird, aber das kann nur durch die wohlabgewogene Unterstützung Frankreichs geschehen, das daran interessiert ist, den Kredit dieser Familie zu erhalten.«

Clemens bemüht sich weiter, seinem Kaiser weiszumachen, daß Marie Louise anfängt, »einen nichts weniger als unbedeutenden Einfluß auf ihren Gatten zu gewinnen«. Davon ist in Wirklichkeit nicht im entferntesten die Rede, denn auch sie macht trotz allem in der Tatsache keine Ausnahme, daß keine Frau jemals auf die Entschlüsse Napoleons im großen bestimmend eingewirkt hat. Und das ist nicht zu verwundern bei einer Persönlichkeit, die kühl erklärt[68]: »Die Frau ist dem Mann gegeben, die Frau ist unser Eigentum, nicht wir das ihre . . . die Natur hat aus den Frauen unsere Sklavinnen gemacht; nur durch unsere Dummheit wagen sie es anzustreben, uns zu beherrschen.«

Eben hat sich die Dame wieder gerührt, die für ihr Leben gerne auf den großen Eroberer Einfluß gewonnen hätte, aber bei ihm mit ihren Bestrebungen völlig Schiffbruch erlitt – Madame de Staël. Sie beabsichtigt nach Fertigstellung ihres neuesten Werkes »über Deutschland« nach den Vereinigten Staaten zu gehen und erhielt die Erlaubnis, vorher einige, wenn auch nicht lange Zeit in Frankreich Aufenthalt zu nehmen. Im Laufe des September schreibt sie sogar an den Kaiser, um sich ihm durch Vorlage ihrer Arbeit wieder anzunähern; da hört sie plötzlich, daß die Polizei am 25. September das Geschäft ihres Verlegers geschlossen und die fünftausend Exemplare der Auflage ihres Buches beschlagnahmt hatte[69]. Metternich soll nun bei Napoleon für sie ein gutes Wort einlegen, bei dem er, wie jedermann sieht, nun so sehr in Gnade steht; durch Freunde hat sie ihn darum bitten lassen. Clemens versucht dies auch und wirft, als er bei dem Kaiser auf Widerstand stößt, die Bemerkung ein, es bilde doch eine gewisse Gefahr, durch eine solche Behandlung der Schriftstellerin diese gleichsam mit der Gloriole einer Märtyrerin zu umgeben und ihr so zu einer noch größeren Berühmtheit zu verhelfen, als sie so schon besitzt. Aber Napoleon läßt sich nicht beirren: »Ich will sie nicht in Paris, das ist eine Maschine, die fortwährend in Bewegung ist und mir alle Salons aufrührt. Gerade in Frankreich ist eine solche Frau zu fürchten, und ich will sie einfach nicht da haben[70].« Metternich hat in Wirklichkeit aus dem Handel mit Marie Louise nichts Tatsächliches herausgeschlagen. Er hat, grob gesagt, die Ware geliefert, bevor er den Gegenwert erhalten, und jetzt schwindet die Aussicht darauf gänzlich. Metternich wollte Napoleon im Interesse Österreichs binden; völlig umgekehrt versucht nun der Korse den Kaiserstaat gänzlich in seine Fänge zu bekommen und ihn, wie er es noch bei jedem Staat getan, zur Heeresfolge heranzuziehen, die ihm stets das wichtigste ist. In diesem Punkt aber bleibt Metternich vorsichtig und zurückhaltend. Er weiß genau, Napoleon ist auf dem Weg zum Kampf mit Rußland, hat ihm doch der Korse selbst gesagt[71]: »Ich werde Krieg mit dieser Macht haben aus Gründen, die jenseits jeder menschlichen Einflußnahme stehen, denn sie liegen in der Natur der Dinge selbst.« Der Minister will ihn auch gar nicht davon zurückhalten, denn seine geheime großzügige Idee geht dahin, der Korse, der ja jetzt mit dem Kaiserstaat an der Donau so gut steht und dessen Gattin die Tochter seines Herrschers ist, werde ihm den gewaltigen, immer gefürchteten Feind im Norden niederschlagen und Österreich dadurch Luft machen. Ja selbst wenn dies nicht geschieht, denkt der Minister, werden sich diese beiden Großmächte in einem Riesenkampf doch so schwächen, daß es für Österreich nur von Vorteil sein kann. Wenn aber dann Napoleon fragt: »Die Zeit wird also kommen, da der Bruch unvermeidlich ist, welche Rolle werdet ihr dann spielen?«, muß er irgendwie Farbe bekennen, und Metternich kommt da dem Korsen sicherlich viel mehr entgegen, als er in seinen Berichten an Kaiser Franz zugibt. Der Minister erklärt allerdings auch vorbeugend, er könne darauf nur als Kosmopolit, aber keineswegs als Minister des Äußeren antworten. Es ist aber höchst wahrscheinlich, daß er damals schon Frankreich Heeresfolge zugesagt hat, wenn auch noch nicht festgesetzt wurde, in welchem Ausmaß. Denn Clemens steht zweifellos in dieser Zeit unter dem Eindruck der Allmacht des französischen Herrschers, an dessen Seite Marie Louise reiten lernt und sich über den Bereiter Franconi unterhält, der »sich einen Hirschen wie das beste Pferd abgerichtet hat und auf ihm voltigiert«.

Dürftig, höchst dürftig, ja fast ganz negativ ist, was Metternich erreicht hat. Auch äußerlich zeigt sich das Nachlassen Napoleons im Eifer, Österreich gefällig zu sein. Er ließ das Medaillon schätzen, das der Brautwerber Berthier bekommen hat, und es wird mit 150.000 Francs bewertet. Anfangs wollte der Kaiser Metternich ein Geschenk gleicher Kostbarkeit geben, aber schließlich erhält Clemens nur eine Büste des Kaisers, einen Gobelin und ein Service aus Sèvresporzellan, alles in allem etwa 12.000 Franc wert; das letztgenannte Geschenk veranlaßt den spöttischen Feldmarschall Fürst de Ligne zu der Bemerkung »service pour service[72]«.

Nun aber muß Metternich mit seiner Frau zurück in die Heimat; es ist höchste Zeit. Statt wie ursprünglich geplant vier Wochen ist er schon mehr als ein halbes Jahr ausgeblieben, und daheim hat sich ein Gewitter gegen ihn zusammengezogen, das es zu beschwören gilt.

VI. DIE GROSSE WENDE

1810–1812

Mitte Oktober des Jahres 1810 ist Metternich wieder in die Heimat zurückgekehrt und hat mit Schrecken gesehen, wie sehr er überall an Einfluß verloren und wie man seine Abwesenheit ausgenützt hat, um seine Stellung zu untergraben. Sofort geht er daran, diese Verhältnisse zu ändern bzw. das Dringendste, seine Macht über den Kaiser, wiederherzustellen und für die nächste Zeit gründlich zu festigen.

Eben war aus Rußland ein Adjutant des Zaren, Graf Schuwalow, in besonderer Sendung in Wien gewesen, um den Donaustaat als Gegengewicht gegen die von dem österreichischen Minister des Äußeren betriebene und durchgeführte Annäherung an Frankreich wieder in das Interesse Rußlands zu ziehen. Metternichs Vater, der inzwischen die Geschäfte leitete, war seinen Anträgen nicht abgeneigt. Kaum ist aber der Sohn gekommen und hat davon gehört, tritt er Kaiser Franz gegenüber mit seiner, wie er selbst sagt, »ganz abweichenden Meinung« hervor. Er redet in wenig achtungsvollen Ausdrücken von dem Zaren als »schwachem Monarchen« und von dessen Minister des Äußeren, Graf Romanzoff, als einem »im höchsten Grade eingebildeten« Staatsmann[1], die beide seiner Ansicht nach durch Schuwalow nur herausbringen wollten, was in Paris vor sich gegangen sei.

Metternich läßt so schon durchblicken, wie er sich verhalten wird, wenn es etwa, wie er es nun annimmt, im Frühjahr 1812 zu einem bewaffneten Zusammenstoß zwischen Napoleon und dem Zaren kommen sollte. Damit setzt er sich allerdings in vollen Gegensatz zu den hohen Gesellschaftskreisen, die, wie Gentz schreibt, in einem »Schlaraffenleben« unter

Diners, Spiel und Musik das Politisieren nicht lassen können, wobei sich besonders die in der eleganten Welt heimischen drei kurländischen Prinzessinnen auszeichnen. Es bildet sich eine Partei der »Napoleonhasser«, die sich selbst so nennt; peinlich dabei ist nur, daß sich darunter zwei Damen befinden, die Metternich dereinst nahestanden und sich jetzt wieder an ihn heranmachen: die Fürstin Bagration und Wilhelmine Sagan, die versuchen wollen, ihn in seiner Politik weitgehend zu beeinflussen. Es ist ein offenes Geheimnis, daß zu jener Partei auch Kaiserin Maria Ludovika zu zählen ist, die ihre Meinung über den »tyrannischen Unterdrücker der Welt« niemals geändert hat und dessen Sturz nach wie vor, ja in Anbetracht der Hochzeit ihrer Stieftochter noch heißer ersehnt. Der preußische Gesandte will in dieser Zeit sogar wissen, sie könnte niemals mehr den Mann mit kaltem Blut sehen, der die Ursache jener unglücklichen Heirat sei. Vielleicht hat sie diese Worte nie gebraucht, aber ihre Ansicht geben sie richtig wieder.

Als damals nun in Wien das Gerücht auffliegt, Kaiser Franz wolle sich nach Paris begeben oder sonstwo mit Napoleon zusammentreffen, wendet sich Maria Ludovika mit Leidenschaft dagegen und ist da mit dem gesamten Hof eines Sinnes. Metternich hat selbst gar nicht daran gedacht, aber wenn er diese Zusammenkunft gewünscht hätte, so wäre er durch all diese Einflüsse auf Kaiser Franz vor einer schwierigen Lage gestanden. Er verzichtet also darauf, seinem allerhöchsten Herrn da irgendwie zuzureden.

Maria Ludovika aber bleibt eine Gegnerin der die Politik des alten Fürsten Kaunitz nachahmenden Annäherung an Frankreich; ihr Gatte, denkt sie, ist doch ein Monarch mit eigenem Willen, den soll er geltend machen, und ihr Ziel liegt in nichts anderem, als ihm die Freiheit des Handelns zu wahren. Seit aber Metternich neuerlich auf dem Plan erschienen ist, hört Kaiser Franz wieder viel weniger auf sie; die Krankheit nimmt Maria Ludovika die Möglichkeit, den Gemahl durch ihre Reize weitgehend zu fesseln. Wohl erkennt er neidlos ihre Überlegenheit in allen höheren Belangen an und erklärt ganz ruhig: »Sie hat zuviel Geist für mich.« Aber damit sagt er auch gleichzeitig, daß ihm das nicht sehr angenehm ist und er sich lieber einem anderen Einfluß als dem ihren, und zwar einem ihr feindlichen, unterwirft.

Metternich weiß das doch so bequem einzurichten und dabei die Entscheidung fast immer im Sinne des Vorschlagenden lauten zu lassen. Und doch hat der Minister eine gewisse Angst vor Maria Ludovika; diese Frau ist gescheit und gefährlich, sie vor allem muß bekämpft werden, soll Kaiser Franz einfach eine Puppe in der Hand Metternichs werden. Denn so braucht es dieser Mann, um seine Pläne durchzusetzen, die sich nun einmal zur Zeit Frankreich zuneigen. Er hat Napoleon in Paris in seiner Allmacht und Größe studieren können, und dieser Anschauungsunterricht ist selbst auf den skeptischen Clemens nicht ohne Eindruck geblieben. Ob man will oder nicht, sagt er sich, muß man sich zur Zeit mit diesem Koloß gut stellen.

Metternich weiß ja auch, wie Napoleon über den Einfluß der aristokratischen Damen in Wien denkt und wie er sich geäußert hat, er würde solche »Cocottes« am Ende zu züchtigen wissen. Doch schenkt man ihm auch nichts in Wien. Man erzählt sich, der Minister habe in Paris vor dem Korsen unverdrossen gedienert. Als Clemens einmal im Garten auf seinen Mantel trat, hinfiel und sich eine Verletzung an der Nase zuzog, die, wie Zinzendorf hämisch sagt, sein »schönes, den Frauen so angenehmes Gesicht verunstaltete«, meinten sie, das sei kein »accident« gewesen, er sei vor vielem Verbeugen in Paris schließlich auf den Kopf gestürzt und habe sich die Nase auf dem Boden angeschlagen. Auch die Kaiserin kann sich angeblich nicht enthalten, ihm gegenüber scherzhaft zu bemerken: »Es ist nicht das erstemal, daß Sie auf den Kopf gefallen sind, aber es ist zu hoffen, daß es das letztemal war.«

Metternich sieht, er hat viel zu tun, um seine Stellung wieder zu festigen, aber hat er einmal Kaiser Franz wieder gänzlich gewonnen, will er mit den anderen schon fertig werden. Freilich, die Bagration und die Sagan sind auch unter den Gegnern, aber sie muß er vorsichtig aussparen, ohne diese kann er gar nicht sein. Die mit Clemens nach Wien zurückgekehrte Gräfin Lorel mengt sich nach wie vor in die Liebesangelegenheiten ihres Mannes nicht ein. Sie läßt ihn auch hier flirten und arbeiten, wie er will, muß sich nur sehr schonen, denn sie ist wieder guter Hoffnung, und ihre Gesundheit ist nicht die beste. Ja sie bewundert geradezu ihren Gemahl, der gleichzeitig soviel arbeitet, sich für tausend Dinge interessiert und sich dabei doch so eifrig zu unterhalten versteht. Ihre Kritik beschränkt sich lediglich darauf, daß sie sich einfach nicht erklären kann, wie er zu alledem Zeit findet.

Das härteste Stück Arbeit für Clemens ist im Augenblick die Ausschaltung des Einflusses der Kaiserin und ihrer Brüder. Besonders Erzherzog Franz, der zur Zeit zweiunddreißigjährige, also reife, älteste Bruder der Kaiserin, haßt Metternich, weil er in ihm den einstigen Zerstörer seiner geplanten Ehe mit Marie Louise sieht. Das bedeutete auch gleichzeitig einen Bruch des Erzherzogs mit seinem hohen Schwager und erläutert seinen Entschluß, den Kaiserstaat zu verlassen. Er will die nationalitalienische Einheitsidee verkünden und nach Sizilien gehen, um mit den dort vorherrschenden Engländern und dem vertriebenen neapolitanischen Königspaar in Kontakt zu treten, das genauso wie der Erzherzog dem Korsen in jeder Weise zu schaden wünscht. Das paßt nun, da Metternich auf engstes freundschaftliches Einvernehmen mit Frankreich schwört, keineswegs in des Ministers Plan. Besonders nicht in einem Augenblick, da Napoleon mit Schwarzenberg davon spricht, er zähle im Falle eines Krieges mit Rußland hauptsächlich auf Österreichs Teilnahme, und zudem allerlei Landgewinn für den Donaustaat in dessen Süden und Südosten lockend in Aussicht stellt. Dieser mächtige Monarch muß um so mehr umschmeichelt werden, als ihm alles zu gelingen scheint. Jetzt hat ihm Marie Louise am 20. März 1811 wirklich den ersehnten Thronerben, den König von Rom, geschenkt, und Schwarzenberg scheint recht zu haben, wenn er meldet: »Dieses Kind ist ein neuer Beweis des Glücks Napoleons, das jedem seiner Wünsche immer dann entgegenkommt, wenn es sich um eine wahrhaft wichtige Sache handelt.«

In alldem aber, was Erzherzog Franz tut und Metternich »schwindelnde Pläne einiger Individuen« nennt, sieht er nur die Hand der Napoleon und ihm entgegenarbeitenden Kaiserin. In den schwärzesten Farben schildert Clemens seinem allerhöchsten Herrn die Reise des Erzherzogs und meint[2]: »Grenzenlose Komplikationen und Ungemach können durch den Prinzen auf sein Haus gebracht werden!«

Das ist schon ein scharfes Wort, das sich auf Umwegen auch gegen die Kaiserin richtet. Metternich ist daher etwas besorgt, wie Franz I. sich dazu verhalten wird. Doch ist die Entfremdung des Monarchen seiner Gemahlin gegenüber schon ziemlich fortgeschritten. Mit Genugtuung liest Metternich die Randbemerkung des Kaisers auf seinem Vortrag: »Ich erkläre, daß ich entschlossen bin, alle Revolutionierungen und Bearbeitungen anderer Länder und Untertanen in meinen Staaten mit allem Ernst zu verhindern, und daß ich gegen Glieder meines Hauses, die sich hiezu mißbrauchen lassen sollten, mit aller Strenge vorgehen werde.« Der Minister ist auch entschlossen, die Briefschaften der Brüder der Kaiserin, ja dieser selbst auffangen zu lassen, ihren Inhalt zur Kenntnis zu nehmen und gleichfalls seinem allerhöchsten Herrn mitzuteilen.

In dieser Zeit sind die Beziehungen Metternichs zu Maria Ludovika auch äußerlich sehr gespannt. Er mischt sich schon in Dinge, die ihn wenig oder nichts angehen, und erscheint sehr oft ungerufen bei Hof. Einmal, am 19. Dezember 1810, hat die kranke und abgezehrte junge Frau, ihre ungeheure Schwäche mühsam überwindend, vierundneunzig Damen vom Stande empfangen müssen, und plötzlich findet sich auch Clemens im Saal ein. Da wendet sich die Kaiserin ganz laut an ihn und sagt: »Graf Metternich, was für eine Standesdame sind Sie denn, und wer hat Ihnen erlaubt, ohne angemeldet zu werden, hierherzukommen?« Der Angeredete errötet über und über, verneigt sich schweigend und geht[3].

Das Verhältnis Frankreichs zu Rußland hat sich damals äußerst verschärft, weil am 10. Dezember Napoleon einen Riesenteil von Nordwestdeutschland in sein Reich einbezogen hat, darunter Oldenburg, dessen Großherzog die von dem Korsen ursprünglich zur Frau gewünschte Zarenschwester Katharina geheiratet hatte. Das erbittert natürlich jeden Russen, man spürt genau die Rache, die der Kaiser der Franzosen da nehmen wollte, und das verschärft auch die gesellschaftlichen Widerstände, die in Wien gegen Metternichs Politik vornehmlich bei der »cohorte armée des femmes« zu finden sind, wie der französische Gesandte sie nennt.

Schon fürchtet dieser Diplomat, daß Maria Ludovika auf die Entfernung Metternichs hinarbeitet, beruhigt sich aber gleich selbst wieder damit, die hohe Frau genieße bei ihrem Gatten keinen genug hohen Kredit, um einen Minister entfernen zu können. Erzherzog Joseph, der Witwer nach der Tochter des Zaren Paul, der genau wie die Kaiserin denkt, will dem Minister zum Trotz die Fäden von Österreich nach Rußland nicht abreißen lassen und wendet sich in einem Brief[4] an die Zarin-Mutter, in dem er auch von der höchst schwankenden Gesundheit Maria Ludovikas spricht, die er einem Nervenleiden zuschreibt. Er gibt darin seiner Entrüstung Ausdruck über die offenbare Absicht des französischen Herrschers, eine Universalmonarchie zu gründen, die die Unabhängigkeit, ja das Bestehen aller europäischen Staaten bedrohe, wobei er auf Oldenburg anspielt. Aber auch dieser Brief wird, wie nunmehr alle Post der Mitglieder des Kaiserhauses, auf Befehl Metternichs »interzipiert«, abgeschrieben und Franz I. zur Kenntnis gebracht.

Unter dem Minister gelangt der Geheimdienst des Öffnens, Lesens und Abschreibens von Briefen interessanter Personen zu umfassender Ausdehnung. Nach Abnahme eines Abdrucks wird das Siegel erweicht, das Schreiben geöffnet, dann neu petschiert und abgesandt. So glaubt der Empfänger, der Brief sei unverletzt geblieben. Überall bei den wichtigsten Postämtern werden solche Spionierdienststellen, Logen genannt, eingeführt. Das gibt Metternich eine ungeheure geheime Macht; aus dieser täglichen Posternte zeigt er dem Kaiser die Briefe, die er zeigen will, und läßt die anderen unter den Tisch fallen, denn der Monarch hat sowieso nicht die Zeit, alle zu lesen.

In dem Maße aber, als sich der österreichische Kaiserstaat durch des Ministers Politik Frankreich zuwendet und sich von Rußland entfernt, sucht dieses näheren Anschluß an Wien zu finden. So hat man in Petersburg, obwohl man nicht gerade die günstigsten Nachrichten über die geistige und körperliche Entwicklung des augenblicklich im siebzehnten Lebensjahr stehenden Kronprinzen Ferdinand besitzt, die Idee gehabt, diesen mit der Großfürstin Anna zu vermählen, der zweiten Schwester des Zaren, die Napoleon dereinst heiraten wollte. Ginge aber dies nicht an, so wünscht man wenigstens eine andere Familienverbindung. Man macht daher dem österreichischen Gesandten in Petersburg, Graf St-Julien, eine Aufklärung suchende Andeutung, gegen deren Zweck sich aber Metternich in einer Besprechung mit dem Kaiser in scharfer Weise wendet. Er kann sich freilich in diesem Falle leicht mit der zurückgebliebenen Verfassung des Kronprinzen ausreden, der auch mit zweiundzwanzig Jahren noch nicht so weit sein werde wie andere mit siebzehn. Graf St-Julien soll also jede andere Erklärung kurz abschneiden. Im Anschluß daran entwickelt Metternich Kaiser Franz seine Meinung über das künftige Verhältnis Österreichs zu Rußland, insbesondere in Anbetracht eines zu erwartenden bewaffneten Zusammenstoßes Napoleons mit dem Zaren[5]: »Der monstruöse Zweck einer Alleinherrschaft über den Kontinent war und ist der seinige . . . Es wird wohl kein Zweifel mehr übrigbleiben, daß Napoleon erst über die Ruinen Österreichs und Preußens einst zu dem Zurückdrängen Rußlands in die Wüsten Asiens schreiten wollte. Die Vermählung des französischen Kaisers mit der erhabenen Tochter Eurer Majestät gab jedoch dem Ganzen eine nicht vorherzusehende neue Richtung.«

Die Teilnahme Österreichs an einem Krieg gegen Frankreich auf Rußlands Seite hält Metternich für ausgeschlossen und zieht sie überhaupt nicht in Betracht. Die Neutralität wieder bringt Gefahren, so bleibt also dem Donaustaat nur übrig, mit Frankreich vereint aufzutreten, also, wenn auch nur in möglichst beschränktem Ausmaß, gegen Rußland mitzuwirken. Unter solchen Umständen kann man freilich nicht an eine neue Verbindung mit der Zarenfamilie denken und schon gar nicht mit jener Großfürstin Anna, die Napoleon einmal hatte heiraten wollen. Das hätte ja geradezu wie eine Ohrfeige für den abgeblitzten Bewerber gewirkt. Sicher ist, daß vornehmlich Marie Feodorowna die angeregte Verbindung betrieben hat und sehr bedauert, wenn man nun über Metternichs Weigerung auf diese Idee verzichten muß. Anderseits erblickt man auch in jener Ablehnung in Petersburg klar die Hand des jungen österreichischen Ministers, der seit seiner Rückkehr aus Paris »mehr Kälte in die Beziehungen zwischen Rußland und Österreich gelegt hat«.

Nun will man noch nicht ganz die Flinte ins Korn werfen, vielleicht findet man später einmal bessere Verhältnisse für die geplante Familienverbindung vor. Der von Metternich angegebene Grund, die zurückgebliebene Entwicklung des Kronprinzen, ist ja stichhältig, selbst Kaiserin Maria Ludovika muß das zugeben, aber wäre Ferdinand auch der an Geist und Körper blühendste Jüngling gewesen, hätte Metternich abgewinkt und eine andere Ausrede gefunden.

Schwierig fällt es Clemens nur, seine Haltung vor seinen Rußland nahestehenden Freundinnen, besonders vor der Fürstin Bagration, dann auch

Wilhelmine Sagan, geheimzuhalten bzw. seine wahre Meinung zu bemänteln, denn auf diese beiden will er nicht verzichten. Trotz der Einstellung dieser Damen, über die er im klaren ist, findet er sich stets als Gast bei ihnen ein. Zwei russische Kavaliere, Herr von Nowosiltzoff und Prinz Bariatinsky, weilen zur Zeit in Wien und gehen in jenen Salons aus und ein. Metternich ist überzeugt, daß ihre Anwesenheit nur mit jener geplanten kaiserlichen Familienverbindung zusammenhänge, und zeigt sich sehr mißtrauisch gegen sie. Dazu flirtet die Fürstin Bagration mit dem letztgenannten Prinzen und »bildet sich«, wie Gentz bemerkt, »ein, Metternich dadurch zu Eifersucht zu reizen«.

Clemens hat viel mehr für die Sagan übrig, weilt aber trotzdem jeden Mittwoch bei jener Fürstin, wenn sie ihr gewohntes Souper gibt. Sie führt ein gastfreies Haus, wobei ihr eine trotz fahler Gesichtsfarbe schöne, blutarme französische Emigrantin namens Aurora von Marassé hilft. Das ist eine merkwürdige Dame; man behauptet, sie sei »die Freundin der leichtsinnigsten Frauen und der für den guten Ruf hübscher Damen gefährlichsten Männer, wie Metternichs und Dietrichsteins sowie namentlich des verwegenen Schürzenjägers de Los-Rios[6]«. Sie ist Gesellschaftsdame der schönen Fürstin, aber auch Erzieherin oder etwas Ähnliches bei der kleinen Clementine, der Tochter Metternichs und der Bagration, die, wie Zinzendorf wissen will, bei einer »marchande de modes« untergebracht ist.

Wenn es auch nicht wahr ist, was der französische Gesandte Otto nach Hause berichtet, daß die Fürstin nacheinander die Freundin der drei letzten österreichischen Minister des Äußeren gewesen ist, hat er in gewissem Sinne recht, wenn er weiter bemerkt, daß Metternich auf »dem Punkt steht, ihr zu entwischen, weshalb sie sich jetzt den Gesandten Sachsens, den Grafen Schulenburg, zulegt«. Aber Wilhelmine Sagan, die nach wie vor ihre Macht über Metternich behauptet, ist auch russisch eingestellt, so muß er beiden gegenüber »finassieren«, der einen mit Rücksicht auf die gemeinsame Vergangenheit, der anderen in bezug darauf und auf die Gegenwart. Etwas ironisch, aber dabei doch völlig ruhig, sieht die Gräfin Lorel alledem zu und bewundert immer wieder, mit welch kavaliersmäßiger Leichtigkeit Clemens seine diplomatischen Pläne und Ränke durchzuführen weiß und dabei doch allen Vergnügungen und vor allem den schönen Frauen seinen Tribut zollt.

Metternichs gesamte Politik in dieser Zeit ist von dem Bestreben geleitet, dem allmächtigen Mann an der Seine nur ja nicht zu mißfallen; dem ordnet er alles unter, danach richtet er auch vor allem seine Haltung Rußland gegenüber ein. Zar Alexander hat wieder eigenhändig drängend an Kaiser Franz geschrieben, der österreichische Minister aber bleibt dabei: Teilnahme an einem allfälligen Krieg auf seiten Rußlands ist unmöglich[7].

Er warnt auch den französischen Gesandten in Wien: »Die Russen sind nicht eure Freunde, ich kann Sie dessen versichern.« Besonders aber wacht Clemens darüber, daß die kaiserliche Familie nicht hinter seinem Rücken doch irgendeine Verbindung mit dem Zarenreich anbahne, die im jetzigen Augenblick, welcher Art immer sie wäre, in Paris nur Mißtrauen erwecken muß.

Es ist ihm zu Ohren gekommen, daß die Prinzessin Amalie von Baden[8], die Schwägerin des nunmehrigen Zaren Alexander I., mit einem Mitglied des Wiener Kaiserhauses verheiratet werden soll und sie insbesondere den Erzherzog Karl ins Auge faßt. Metternichs Gefühle für diesen Prinzen, zu dessen Entlassung nach dem Feldzug von 1809 er nicht wenig beigetragen hat, sind die gleichen geblieben. Er will sich durch ihn in seinen Plänen gewiß nicht stören lassen. Mit Mißfallen hat er gesehen, daß die mit ihrer stumpfen, platten Nase wenig hübsche Prinzessin im Monat März wochenlang in Wien weilte und man sich dort schon erzählte, Kaiser Franz hätte sie allen seinen unverheirateten Brüdern förmlich angetragen. Die Verwandtschaften jener hohen Dame sind Clemens unheimlich, weil sie so sehr nach Rußland hinweisen, und er ist sofort entschlossen, die Verbindung um jeden Preis zu hintertreiben.

Die Prinzessin ist eine liebenswürdige Fürstin, »engelsgut und hinreißend in ihrem Benehmen, wenn sie sich so zeigte, wie sie war«. Als die geistreichste unter ihren Schwestern pflegte sie mit der Kaiserin Maria Ludovika besonders freundschaftliche Beziehungen. Diese wieder steht dem Kreis des Erzherzogs Joseph nahe, dessen von seiner ersten Frau herstammende enge Bindung an Rußland sich nach wie vor geltend macht. Wenn nun Prinzessin Amalie in die österreichische Kaiserfamilie einheiratet, so besteht Gefahr, daß die von Metternich so befehdete Stellung des Erzherzogs Karl ungeheuer gefestigt und die Partei der der Politik des Ministers widerstrebenden Rußlandfreunde ein gewaltiges Übergewicht bekommen könnte. Das will er um jeden Preis vereiteln.

Metternich war schon im Februar 1811 von Karlsruhe her über diesen Wunsch des Badischen Hofes unterrichtet worden[9]. Mit höchstem Mißtrauen sah er mit an, wie Prinzessin Amalie von der kaiserlichen Familie ausgezeichnet wurde. Sie, die Schwester der Zarin, hat auch wirklich einen ganz ungewöhnlichen Empfang erfahren. Die Kaiserin, obwohl sehr krank, tat alles, um dem Gast den Aufenthalt besonders angenehm zu machen, führte sie in Opern, Konzerte, zu Diners und ließ sie in dem engsten Kreis der allerhöchsten Familie leben. Metternich aber tut, um seine wahren Gefühle zu verbergen, so, als wäre *ihm* diese Abweichung von der Etikette zu verdanken. Während des Aufenthalts der Prinzessin wird es jedermann klar, daß sie den Erzherzog Karl heiraten will. Der französische Gesandte, der darin sofort eine russische Intrige wittert, meldet dies augenblicklich nach Hause. Die Nachricht macht in Paris einen besonders schlechten Eindruck, denn der Korse hält den Erzherzog für französisch gesinnt und denkt schon daran, ihn einmal an der Spitze der österreichischen Armee zu sehen, wenn diese, wie er es plant, neben der französischen für Napoleons Zwecke und Ziele ins Feld zieht. Er glaubt, der kaiserliche Prinz werde ihm ein ergebenes und williges Werkzeug sein. Mehr braucht er von ihm nicht, er würde ihm dann schon seine Befehle geben.

Und nun beginnt die Hetze gegen die Prinzessin. Der französische Gesandte meldet die abträglichsten Dinge über sie nach Paris, erklärt sie als sehr intrigant und schont selbst ihre Frauenehre nicht. Metternich sinnt weiter darüber nach, wie er diese Heirat verhindern könnte. Da erscheint Erzherzog Karl eines Tages persönlich bei dem Minister, der ja zugleich auch jener des kaiserlichen Hauses ist, um mit ihm über die geplante Verbindung zu sprechen. Nun stehen sich die beiden seit 1809 zueinander völlig feindselig eingestellten Männer gegenüber.

Erzherzog Karl tritt sehr bestimmt auf: »Seine Majestät der Kaiser wünscht, daß ich mich verheirate, und hat mir den Antrag gemacht, die Prinzessin Amalie von Baden zu ehelichen. Da ich selbe seit Jahren kenne, fand ich keinen Anstand, in diesen Wunsch Seiner Majestät zu willigen ... Ich ersuche Sie, mein förmliches Verlangen an den Großherzog von Baden gelangen zu lassen.« Gleichzeitig überreicht Karl dem Minister das betreffende Schreiben. Metternich weicht aus, meint, es würde gewisse Schwierigkeiten in Paris geben, er müsse erst dem Kaiser Vortrag halten.

Nun erkennt Metternich den Ernst der Lage und die Notwendigkeit, tatkräftig gegen den Plan loszuziehen. In einem dringenden Vortrag vom selben 8. Juni erklärt er[10]: »Ohne mir eine fernere Bemerkung in einer Sache zu erlauben, welche Allerhöchstdieselben beifällig entschieden zu haben scheinen, glaube ich nicht minder, Euer Majestät meine begründete Besorgnis über die Wahl des Augenblicks unterlegen zu müssen, in welchem dieses Verlangen nach Karlsruhe kommen wird ... Zu den jetzigen Komplikationen ... ist die Heirat des Erzherzogs mit Prinzessin Amalie eine der widrigsten ... Frankreich kann dies Ereignis nicht anders als einen russischen Sieg über Euer Majestät Entschlüsse halten, und unsere Schritte, welche bisher so unparteiisch und unbefangen waren, erhalten eine bestimmte Farbe, zum größten Nachteil unserer ganzen politischen Lage. Ich erachte es demnach meiner Pflicht gemäß, Euer Majestät dringend zu ersuchen, entweder dem Erzherzog zu befehlen, einen etwas späteren Augenblick für sein Begehren zu wählen ... oder wenigstens seinen Schritt nicht zu tun, ehe wir das Terrain durch den Botschafter in Paris haben sondieren lassen ...«

Metternich macht die Angelegenheit in der französischen Hauptstadt anhängig, weil er ganz genau weiß, daß man dort seine Zustimmung dazu nicht erteilen wird. So wäre sie auf elegante Weise zu Fall gebracht, ohne daß er, der Minister, nach außen hin das Hindernis vorstellt. Er kann ja nichts dafür, nicht er – Napoleon ist dagegen! Es ist wieder ein Dienst, den Clemens dem Korsen leistet.

Kaiser Franz neigt sich sofort vor den Erwägungen seines Ministers des Äußeren, obwohl er nicht nur vorher unter Einfluß seiner Gemahlin die Werbung erlaubt, sondern seinem Bruder die Verbindung überhaupt von vornherein selbst nahegelegt hat. Und so schreibt er auf Metternichs Vortrag die Randbemerkung: »Ihre Ansichten in dieser Sache sind vollkommen richtig; . . . wir sondieren das Terrain in Paris über diese Angelegenheit, bevor der Erzherzog einen Schritt am Badensischen Hofe tut.«

Befriedigt stellt der in großen Zügen von Metternich unterrichtete französische Gesandte fest[11], daß »der Graf in dieser Angelegenheit nichts machen wollte, um Frankreich nicht zu mißfallen, und dieser Minister wenig Einverständnis (complaisance) mit der Kaiserin zeige, wenn er auch, um nicht offen ihren Unmut zu erregen, uns und andere vorzuschieben versuche, um seine eigene Rolle dabei zu maskieren«.

Maria Ludovika ist diese Haltung Metternichs höchst unangenehm. Prinzessin Amalie hat sich während des Wiener Aufenthalts ihre Freundschaft erworben, sich ihr anvertraut und sie gebeten, an dem Zustandekommen der Heirat zu arbeiten. Und nun findet sie wieder Metternich, der sich ihr in den Weg stellt. Da stirbt im Juni des Jahres 1811 der Markgraf Karl Friedrich von Baden, der seit 1806 den Titel Großherzog führt, und es folgt ihm sein Enkel Karl, der mit Stephanie Beauharnais, der Stieftochter Napoleons, vermählt ist. Jetzt sieht die Sache von Baden aus gesehen ganz anders aus. Metternich hat ungeheures Glück; wenn der Plan nicht ganz fällt, so wird er zumindest auf die lange Bank geschoben.

»Es bestätigt sich immer mehr«, meldet Otto nach Paris, »daß die Heirat des Erzherzogs Karl nur eine Frauenintrige ist.« Selbst der Gesandte von Baden hat erklärt, die Prinzessin Amalie sei durch ihren langen Aufenthalt in Petersburg bei ihrer Schwester, der Zarin, »rein Russin geworden«, und all ihre Vorliebe vereinige sich in diesem Land. »Ich bin heute sicher, daß der Graf Metternich dieser Verbindung gleichfalls ablehnend gegenübersteht und diese Angelegenheit lediglich durch die beiden Kaiserinnen, die Königin von Bayern und vielleicht die Markgräfin von Baden betrieben worden ist.«

Über Napoleons Einstellung dem Plan gegenüber ist man sich bald im klaren. Als sich Fürst Clary in Paris verabschiedete, sprach der Kaiser über die Absicht des Erzherzogs und gebrauchte dabei das Wort »Torheit[12]«.

Auch Schwarzenberg meldet[13], er könne mit Sicherheit sagen, der Korse finde diese Heirat geschmacklos und sei überzeugt, ein in der Geschichte unserer Tage so hervorragender Mann wie Erzherzog Karl werde doch zu beliebiger Zeit Mittel und Wege finden, eine seinem Vaterland nützliche Heirat einzugehen. Mehr kann man schon nicht sagen, und Metternich reibt sich vergnügt die Hände.

Nun kommt es auf den Erzherzog an, sich zu entscheiden, ob er trotzdem auf seinem Wunsch bestehen und der Prinzessin, der er bei ihrer letzten Anwesenheit seine Neigung erklärt hat, treu bleiben will. Karl aber streckt vor den Schwierigkeiten sofort die Waffen; er schreibt dem Kaiser und erklärt, er wolle dem Wohl des Staates dieses Opfer gerne bringen. Franz I. antwortet: »Verschiebe es bis auf günstige Zeiten.« – »Das ist soviel wie ›Nein‹«, bemerkt Erzherzog Johann dazu.

Kaiser Franz hat also Metternich sofort nachgegeben und dem Erzherzog wieder abgewinkt, und dieser hat so schnell die Flagge gestrichen, ohne zu bedenken, was es heißt, der Schwester der Kaiserin von Rußland nun, nachdem die Angelegenheit schon so weit fortgeschritten war, einfach wieder nein zu sagen und sie dadurch naturgemäß schwer zu kränken. Aber der Erzherzog hat einen unheimlichen Respekt vor Metternich; er sieht, welch ungeheuren Einfluß der Minister auf seinen Bruder, den Kaiser, übt, er weiß, daß nicht zuletzt dieses Ministers Rat ihm im Jahre 1809 seine Stellung in der Armee gekostet hat. Zudem sieht es so aus, als hätte er sich überhaupt von Anfang an aus der Angelegenheit nicht allzuviel gemacht. Der französische Gesandte zumindest meldet nach Paris: »Erzherzog Karl zeigt keinerlei Unmut, seine Heirat nun vereitelt zu sehen.«

Der Diplomat durchschaut die Vorgänge in der kaiserlichen Familie ziemlich richtig. »Es ist zweifellos nicht aus Freundschaft für den Erzherzog, daß sich die Kaiserin für seine Heirat in vorderste Reihe gestellt hat«, meint er. »Sie macht ihm ja den Vorwurf, dem Kaiser Napoleon damals nach Regensburg jenen Brief geschrieben zu haben, der seinerzeit solches Aufsehen hervorgerufen hat ...« Der Gesandte hätte noch hinzufügen können, die Kaiserin habe dem Erzherzog auch sein Verhalten nach Aspern und bei Wagram nicht vergessen. Man weiß in Wien schon, daß Karl bei Napoleon Liebkind ist und dieser ihn völlig gewinnen will. So bemerkt der französische Gesandte mit Bezug auf die Heirat mit der Badenserin: »Man glaubt, daß die Hauptabsicht darin lag, den Erzherzog für den Fall zu neutralisieren, als Österreich mit Frankreich gemeinsame Sache gegen Rußland machen würde, und so innerhalb der kaiserlichen Familie selbst einen Herd von Intrigen zugunsten des Hofes von St. Petersburg zu errichten.« Und weiters meldet Graf Otto[14]: »Ich muß der Geschicklichkeit Gerechtigkeit zollen, mit der Metternich diese Verbindung zur Strecke gebracht hat, ohne dabei die Kaiserin ganz offen vor den Kopf zu stoßen.«

Nun, gar so sehr, wie der Gesandte meint, hat Metternich doch nicht im Hintergrund bleiben können; der Erzherzog und die Kaiserin sind sich völlig darüber im klaren, daß er der Drahtzieher dieser Absage ist. Stolz sagt Clemens dem Grafen Otto in den ersten Tagen des August, daß die Heirat des Erzherzogs nun endgültig fallengelassen sei und jede Verhandlung darüber abgebrochen wäre, und bewundert die »délicatesse«, mit der die Angelegenheit in Paris behandelt worden sei.

Der Eindruck auf die betroffene Prinzessin und alle zu Rußland haltenden Kreise in Wien und anderwärts ist tief. Der russische Botschafter in der Kaiserstadt erkennt darin einen neuen Beweis und einen weiteren Schritt auf dem Weg des Entgegenkommens des Wiener Kabinetts Frankreich gegenüber. Alle russenfreundlichen Kreise in der Hauptstadt sind verzweifelt und verbergen ihren Unmut nur schlecht.

Obgleich dieses Heiratsprojekt einen so bösen Ausgang genommen hat, bleibt man in Rußland hartnäckig; man will nach wie vor den österreichischen Kronprinzen mit der Großfürstin Anna verbinden. Wieder ist der Obersthofmeister des Zaren auf die Sache zurückgekommen, obwohl St-Julien im Sinne Metternichs gerade erst auf alle dem entgegenstehenden Schwierigkeiten hingewiesen hat. Die alte Gräfin Lieven, Erzieherin der Großfürstin, die immer dann vorgeschoben wird, wenn die Zarin nicht selbst auf den Plan treten will, hat ihm ihr Bedauern ausgesprochen, daß diese Heirat nicht stattfinde. Der Plan liege den Majestäten sehr am Herzen. Die Zarin habe wiederholt gesagt, ihr jüngstes Kind in einem »so brillanten Etablissement« glücklich und so dem ersten der in Europa regierenden Häuser zugehörig zu sehen, wäre alles, was eine gute Mutter sich nur zu wünschen vermag. Man könne ja angesichts der zarten Konstitution des jungen Erzherzogs jetzt alles endgültig abmachen, dann aber erst in drei Jahren durchführen.

St-Julien wagt nicht unmittelbar nein zu sagen und bittet um Weisung, was er antworten soll. Diese lautet weiter in der alten Linie Metternichs; hat er schon die Heirat der Prinzessin Amalie unmöglich gemacht, will er schon gar nicht die Bindung des Kronprinzen eingehen, die ja geradezu eine Beleidigung Napoleons in sich schließen würde.

In Petersburg ist man sich klar darüber, daß es nur Metternich ist, der sowohl die Heirat Amalies wie auch jene der Großfürstin Anna verhindert. Der Zar ist infolgedessen über Österreich und seinen leitenden Minister sehr erbost, und dies um so mehr, als der Monarch, wie St-Julien meldet, fest überzeugt ist, er werde früher oder später von Frankreich angegriffen werden. Und nun sieht Alexander I. aus allem, was er von Wien hört, es sei »nicht mehr daran zu zweifeln, daß jede Hoffnung völlig verflogen ist,

Österreich dazu zu bringen, gemeinsame Sache mit Rußland zu machen[15]«. *Metternich ist es also, der den Grundstein zu dem sich im Laufe der künftigen Zeiten für beide Teile so verhängnisvoll auswirkenden Gegensatz zwischen diesen Kaiserreichen legt.*

So wie die meisten an die Kaiserin gerichteten Briefe sind auch jene der Prinzessin Amalie von der Polizei interzipiert zur Kenntnis Metternichs gelangt, und er kann da sehen, welche Wirkung sein Vorgehen auf das unglückliche, davon betroffene Mädchen hat. In weiteren, geradezu rührenden Schreiben versichert die Prinzessin der Kaiserin Maria Ludovika, daß, wenn sie sich schon bedauern muß, nicht fähig gewesen zu sein, Gefühle dauernder Liebe einzuflößen, die Freundschaft der Herrscherin sie wenigstens dafür entschädigt. Die Arme zerbricht sich den Kopf, was denn eigentlich vorgefallen ist.

Unbewegt liest Metternich alles dies; er weiß genau, wie dic Kaiserin denkt und wie sie sich seinen wichtigsten Plänen entgegenstellt. Aber wenn er sich deren Gesundheitszustand und auch ihr innerstes Gefühl vor Augen führt, das aus vielen ihrer aufgefangenen Briefe zu erkennen ist, so meint er doch, daß sie keine ernste Gegnerin sein wird. Sie sieht unendlich leidend und abgezehrt aus, »dünn wie ein Spargel«, wie Zinzendorf sagt[16], dabei aber doch noch »immer schön, liebenswürdig und anmutig«. Metternich weiß auch selbst am besten, daß beide Brautleute an dem Bruch völlig unschuldig sind, nur er hat, um Napoleon gefällig zu sein, mit Hilfe von Paris alles zu Fall gebracht. Er ist eben nicht der Ansicht Amalies, daß die Sache keinen politischen Hintergrund hat, und zudem – und nicht zuletzt – will er seinen Feind, den Erzherzog Karl, nicht durch eine enge Beziehung zum russischen Herrscherhaus erhöhen.

Metternich erscheint in dieser Zeit sehr viel in der Gesellschaft, auch er selbst gibt große Diners. Stolz zeigt Gräfin Lorel Zinzendorf dabei die schöne weiße Marmorbüste Napoleons, die der Monarch ihrem Mann in Paris geschenkt hat. Es ist ein gewaltig großes Bildwerk, das den Kaiser sehr jung darstellt und im Arbeitszimmer des Ministers aufgestellt ist. Das Geschenk ist vielsagend, und es wird der Tag kommen, da es den Gästen nicht nur nicht mehr gezeigt, sondern vor ihnen geheimgehalten werden wird. Jetzt aber ist dieses Angebinde ein Merkzeichen, wohin der politische Wind weht.

Inzwischen ist der Sommer ins Land gekommen, und die Metternichsche Familie verbringt ihn in Baden. Da weilt auch die Fürstin Bagration, bei der Clemens, trotz ihrer Aufgabe, gegen Napoleon Stimmung zu machen, wieder oft erscheint, wenn er sie auch sehr genau beobachtet und beobachten läßt.

Ende September 1811 ist das Kaiserpaar zum ungarischen Reichstag nach Preßburg abgereist. Die Herrscherin nimmt leidenschaftlichen Anteil selbst an den schwierigen Fragen zur Wiederherstellung und Festigung der Währung, die da zur Verhandlung stehen, und dies, obwohl sie seelisch und körperlich keineswegs auf der Höhe ist. »Ich erfreue mich wenig des Glücks, mich in Wien verheiratet zu haben«, klagt sie ihrer Mutter[17]. Zweimal fällt sie in Preßburg auf offener Straße zusammen, alle sehen es, und das gibt Gelegenheit zu Redereien.

Metternich sieht den Aufenthalt Maria Ludovikas in Preßburg schon deswegen ungern, weil sie da wieder mit Erzherzog Joseph zusammentrifft, dessen russische Sympathien ihm genauso ein Dorn im Auge sind wie die der Kaiserin. Da, eines Tages, trifft Fürst Schwarzenberg aus Paris ein, und obwohl er ihr weiter nichts sagt, vermutet die Herrscherin doch, er bezwecke die näheren Umstände eines Bündnisses mit Frankreich zu besprechen. Maria Ludovika prophezeit schon, daß Österreich und Frankreich gemeinsam Krieg gegen Rußland beginnen werden. Metternichs Argwohn gegen die gesamte Familie der Kaiserin und besonders ihre Brüder steigt.

Mißtrauisch beobachtet er weiter die bonapartefeindlichen Klubs, zu denen in letzter Zeit auch der Salon des Mr. John Harcourt King getreten ist, des britischen Agenten und alten Verehrers der Herzogin von Sagan noch von Dresden her. Er hat sich im Herbst 1811 in Wien niedergelassen und besitzt verwandtschaftliche Beziehungen zur ersten Gesellschaft. Metternich verkehrt wohl vornehmlich in dieser letzteren, unterhält aber auch Beziehungen zu ganz anderen Kreisen. Damals bringt eine Frau aus dem Volk, die Glasermeisterstochter Elisabeth Hatzenbredl, am 27. November einen Sohn zur Welt, der Joseph getauft wird, über Weisung der Staatskanzlei später aber den Namen Hübner erhält, und von dem die Überlieferung wissen will, Clemens sei sein Vater gewesen[18].

Wie dem immer ist, nichts kann Metternich von der aufmerksamsten Betrachtung der Welt abhalten. Jedermann, auch der preußische Gesandte Humboldt, ist schon im November überzeugt, daß der Bruch zwischen Rußland und Frankreich schon im nächsten Frühjahr unvermeidlich sei. Ende dieses Monats gibt Metternich in einem umfangreichen Vortrag seine Meinung zu dieser Frage ab. Darin spricht sich die Abneigung des Ministers gegen Rußland klar aus. Seherisch sagt er[19]: »Das Jahr 1812 wird jenes einer größeren Umwälzung sein, als alle früheren waren ... Der Zeitpunkt ist eingetreten, den Napoleon so lange vorher berechnet hatte, in welchem der letzte Kampf der alten Ordnung der Dinge gegen seine Umwälzungspläne unvermeidlich ist! Er bestehe den Kampf oder unterliege, das eine sowie das andere verändert die ganze Lage der Dinge in Europa. Diesen fürchterlichen Augenblick hat Rußland leider auf die unverzeihlichste

Weise herbeigeführt.« Metternich glaubt, daß der unter der Regierung mehrerer Frauen erstarkte Einfluß des Zarenreiches nun wieder dahinschwinde und »Rußland wahrscheinlich unter der schwachen Regierung Alexanders I. wieder in die Steppen Asiens zurückgedrängt werden wird«.

In einem Satz, der mit den Worten beginnt[20]: »Sind seine (Napoleons) Waffen, *wie es nur zu sehr vorauszusehen ist*, glücklich«, entwickelt der Minister ein Bild dessen, was dann geschehen würde. Er erklärt es als eine Unmöglichkeit, in diesem künftigen Krieg als Verbündeter Rußlands aufzutreten, die Neutralität aber hält er nach seiner »innigsten Überzeugung« als den sicheren und unvermeidlichen Untergang der Monarchie. Er spricht der Aufstellung einer Armeeabteilung zur Mitwirkung an Napoleons Seite das Wort und ist überzeugt, daß der Feldzug gegen Rußland unbedingt zugunsten Napoleons ausfallen wird: »Nach vorhinein zu berechnenden, aus früheren Erfahrungen, besonders auf jene der letzten Zeit gestützten Probabilitäten, spricht aller Anschein unleugbar für französische Siege . . .«

Keine Geheimhaltung nützt etwas, man weiß, daß Metternich mit Napoleon zusammen marschieren will. »Alle«, wie der französische Gesandte sagt[21], »in der Gesellschaft verstreuten Russen geben sich Mühe, Metternich zu stürzen, und man versichert mir, daß die Kaiserin sich sehr geneigt zeigt, diesen Plan auch zu dem ihren zu machen. Man möchte gerne Stadion wieder an die Spitze der Geschäfte bringen . . . Diese Absicht ist unsinnig, aber sie beschäftigt die Frauen, die die Kaiserin umgeben, deshalb nicht weniger. Das beweist, wie sehr der österreichische Minister der russischen Partei verhaßt ist und wie sehr seine Grundsätze dem französischen System günstig sein müssen.«

Zeigt sich Clemens in Gesellschaft, so merkt er natürlich schnell, wie gewisse politische Gespräche plötzlich verstummen, wenn er hinzutritt. Die verlegenen Mienen zeigen dann zur Genüge, wie viele Gegner er in allen Kreisen hat. Er aber tut, als merke er nichts, und das trifft er sehr gut, »denn«, sagt Zinzendorf, »Metternich hat den physischen Vorteil, eine vollkommen undurchdringliche Miene zu haben, die ihm oft zugute kommt[22]«.

In Rußland ist man sich über Metternichs Abneigung und dessen Einfluß auf Franz I. auch völlig im klaren; aus einem Gespräch des Zaren mit St-Julien ersieht man, wie genau der Monarch weiß, daß der Kaiser und Metternich bei der entscheidenden Beratung im Dezember »den Ansichten Frankreichs zuneigten«, und der Zar schiebt die Schuld daran den persönlichen Gefühlen des Grafen Metternich zu.

Am schwersten fällt es diesem, sich den beiden zu Rußland stehenden Damen gegenüber in Gleichgewicht zu erhalten. Er gibt sich weniger Mühe bei der Fürstin Bagration, von der er sich langsam mehr und mehr zurückzieht, als bei der Herzogin von Sagan, die er einfach nicht lassen kann. Nicht nur um die Gunst, sondern auch um das Urteil dieser sehr ehrgeizigen Frau kämpft der Minister, und wirklich, sie würde sich schließlich vielleicht sogar von ihrer Vorliebe für Rußland abwenden, wenn sie sich damit Clemens' gänzlich und uneingeschränkt bemächtigen könnte. Zinzendorf scheint recht zu haben, wenn er am 15. Februar 1812 in sein Tagebuch einträgt: »Die Prinzessin von Sagan tut so, als liebte sie Metternich, aber das ist nur Eitelkeit.« Sie hat sich bisher, wie sie sagt, »in nicht zu ihr passenden Gatten zugrunde gerichtet«. Sie hat einen eigenen Zauber, ist grund-, ja gefährlich gescheit und hält sich für viel besser geeignet, des Ministers Frau zu sein, als die viel zu einfache, lange nicht so raffinierte, trotz ihrer stolzen Herkunft eher hausbacken wirkende Gattin des Staatsmannes, die vornehmlich in ihren Mutterpflichten aufzugehen scheint. Metternich ist trotz seiner so abweichenden politischen Einstellung von Wilhelmine Sagan bezaubert und sucht ihre Gesellschaft, wo er kann. Und sie will schon dafür sorgen, daß dieses Eisen heiß bleibt.

Napoleon wird indes immer drängender. Die erste glückliche Frucht seiner Heirat ist ihm schon in den Schoß gefallen, der ersehnte Thronfolger ist ihm geboren, nun will er auch die zweite, wie er meint, reife Frucht pflücken: nämlich Österreichs Armee zur Heeresfolge zwingen. Er verlangt zunächst 40.000–50.000 Mann, am liebsten unter dem Befehl des Erzherzogs Karl. Metternich hat dies durch Schwarzenberg, angeblich noch bevor er mit dem königlichen Prinzen darüber gesprochen, als nicht unmöglich bezeichnen lassen, was Napoleon zu stürmischer Freudenbezeugung veranlaßt. Das alles bedeutet aber Bündnis mit Frankreich, und die widerstrebenden Kräfte, mit Kaiserin Maria Ludovika und dem Grafen Wallis an der Spitze, treten sofort in Tätigkeit und bemühen sich dagegen zu wirken. Metternich wird nicht völlig an ihnen vorbeikommen können, doch ist der französische Gesandte sehr mit ihm zufrieden und wiederholt immer wieder, wie sehr das Benehmen des Ministers dessen große Vorliebe für das »System Frankreichs« zeige[23]:

»Er sorgt persönlich dafür, daß mir alles mitgeteilt wird, was ihm über die Verfügungen der Russen zukommt. Er zeigt mir ohne jeden Rückhalt die Briefe aus Petersburg und Bukarest und arbeitet daran, die öffentliche Meinung durch Zeitungen, die unter seiner Obhut abgefaßt werden, jenem System zuzuführen. Alles in ihm verrät eine große Neigung zu Frankreich, wie auch seine Furcht gegenüber den Intrigen des Hofes nicht genügend stark ist. Dort scheint die Kaiserin, ohne direkt Einfluß zu nehmen, unsere größten Feinde vorzuziehen und auszuzeichnen ... Die für ihren wütenden Haß gegen Frankreich bekanntesten Frauen bilden die gewöhnliche und engstvertraute Gesellschaft der Herrscherin, die sich bemüht, Metternich als einen frivolen und absolut talentlosen Mann darzustellen ... Er, der so gegen tausend Leidenschaften zu kämpfen hat, die den Hof bewegen, sucht wohl am Krieg teilzunehmen, will aber möglichst vermeiden, einer mächtigen, wühlenden Clique (une cabale puissante) zu mißfallen ... Während er tut, was er für das Wohl der Monarchie als unvermeidlich hält, möchte er, daß es so aussieht, als ob er der Gewalt wiche ... Wenn er sich auch aus Neigung und Überlegung zu Frankreich hingezogen fühlt, hält er doch noch mehr auf seinen Posten.«

Und Metternich hören wir sagen: »Ich wünsche ja das Bündnis zwischen Österreich und Frankreich lebhaft und lege all mein Bemühen darein, es zu erreichen, aber zuerst muß diesem wichtigen Akt eine Neutralitätserklärung vorausgehen, denn ich habe eine Menge Leute zu schonen und darf die Geister nicht vor den Kopf schlagen, und dies, obwohl meine eigene Existenz vom System Frankreichs abhängt.« Dann beginnt der Minister schon von der Versammlung eines Korps von 35.000 Mann in Galizien zu sprechen.

Unter den »gens à ménager« sind natürlich vor allem wieder die Kaiserin und ihr Anhang gemeint. Metternich erkennt nun, daß die hohe Frau ihm trotz ihrer Krankheit und trotz dem guten Eindruck, den sie auch auf ihn macht, gefährlich wird und er von seiner bisherigen Meinung, ihr keine solche Bedeutung beizumessen, abgehen muß. Er läßt sie jetzt auf das strengste beobachten und auskundschaften. Da der Kaiser ihm dabei gar nicht in den Arm fällt und alles selbst mit Interesse liest und zur Kenntnis nimmt, was seine Frau an ihre Vertrauten schreibt oder in seiner Abwesenheit ausspricht, so geht, wie Metternich selbst zugibt, jedes Schriftstück, das Maria Ludovika durch die Staatskanzlei irgendwohin senden lassen will, »immer sogleich ins Ziffernkabinett zur Perlustration«.

Metternich überwacht auch den persönlichen Verkehr der Herrscherin. Er nennt immer exaltiert, was seinen gerade geltenden Ideen widerspricht. Ungeheuer tätig, hat er überall und in allem seine Hand und zeigt doch äußerlich eine Lebensführung, die den Erzherzog Johann zu der verblüffenden Eintragung in sein Tagebuch veranlaßt: »Was tut Metternich den ganzen Tag? Um 11 Uhr, oft um 12 Uhr steht er auf, verschläft zuzeiten Konferenzen bei dem (allerhöchsten) Herrn, geht dann zur Fürstin Bagration, kehrt um 4 Uhr zurück, besucht Cercles, speist spät, macht Visiten, geht in Gesellschaft, durchwacht die halbe Nacht und schläft ... In diesen Zirkeln unserer sogenannten ›Feinen‹ dissertierte er einmal durch zwei Stunden, ob auch ein Weib Minister der auswärtigen Angelegenheiten sein könnte!«

Dergleichen muß bedrohlich aussehen in einem Augenblick, da Napoleon und seiner Familie Maßlosigkeit und Übermut keine Grenzen mehr kennen. Bezeichnend sind die angeblichen Äußerungen des Kaisers, denen zufolge nach einem Krieg ein neues russisches Reich gebildet werden solle. Man glaubt eben, daß die Weltherrschaft Napoleons bereits gesichert sei und die letzte Mauer, das Zarenreich, nur mehr eines leichten Anstoßes ermangle, um einzustürzen. Und dann soll in jenem neuen Rußland Caroline Murat zwar nicht als Kaiserin, aber als »Reine de Russie« herrschen und das gesamte Land in den französischen Machtbereich eingegliedert werden.

Nun aber rückt auch für Wien der Zeitpunkt näher, da man sich endlich wird entscheiden müssen: Bündnis mit Napoleon oder nicht. Angesichts der bekannten gewaltigen Widerstände, die Metternich überall findet, entschließt er sich wohl zu einer Allianz, aber bei »möglichster Vermeidung der Lasten sowohl in militärischer als auch in finanzieller Hinsicht[24]«. So wird denn am 14. März 1812 zwischen Kaiser Franz I. und Napoleon ein Bündnisvertrag[25] abgeschlossen, in dem sehr viel von Frieden die Rede ist, während nur Krieg gemeint ist. »Weil für *immer*«, heißt es darin, »Freundschaft, aufrichtige Vereinigung und Allianz zwischen Seiner Majestät dem Kaiser von Österreich und Seiner Majestät dem Kaiser der Franzosen bestehen soll ... verpflichten sie sich, einander wechselseitig Beistand zu leisten, im Falle der eine oder andere angegriffen oder bedroht werden sollte.«

Dieser Beistand soll in zunächst 30.000 Mann und 60 Geschützen bestehen und auf die erste Aufforderung des angegriffenen oder bedrohten Teiles geleistet werden. »Für immer«, steht da wiederholt zu lesen. Wir werden sehen, wie lange dieses Immer dauert. Kaum ist der Vertrag unterzeichnet, kennt man seinen gesamten Inhalt sofort in Petersburg. »Ihr seid also gegen mich«, bemerkt der Zar zu Herrn von Lebzeltern[26]. Mit bitterem Ausdruck, der sich vor allem an die Adresse Metternichs richtet, fügt Alexander I. hinzu: »Ich hätte eurem Hof goldene Brücken gebaut, damit er ruhig bleibe, ich habe nicht aufgehört zu wiederholen, daß ich nichts anderes wünsche, als ihn seinen einstigen Grad des Ruhmes und Gedeihens wiedergewinnen zu sehen. Da habe ich nun glücklich ganz Europa gegen mich. Die Partie ist etwas ungleich, und ihr seid es, die die letzte Hand daran legt.«

Metternich bemüht sich zwar, St-Julien entschuldigend auseinanderzusetzen, daß das Bündnis bloß eine Verteidigungsmaßnahme sei. »Wir sind nur Hilfeleister im künftigen Krieg und keinesfalls Hauptteilnehmer ... Man braucht nicht erst beweisen, daß Österreich nicht anders handeln konnte, als es tat, aber der Fehler liegt nicht an uns, sondern an Rußland[27] ...« Ja, Ottokar Lorenz hat recht[28]: »Niemand hat den völligen Untergang Rußlands ... während des ganzen Jahres 1811 so fleißig prophezeit wie Metternich, und niemand war mehr überzeugt als er, daß das Unternehmen Napoleons zu einem neuen Triumph des Unwiderstehlichen führen werde, womit man sich deshalb beizeiten abzufinden habe. So geht er zur nüchternen Erwägung über, daß es das beste für Österreich sei, im Schatten des großen und unüberwindlichen Kaisers der Franzosen und österreichischen Eidams ruhig zu warten – und nach Möglichkeit zu gewinnen.« Land gewinnen nämlich, selbst an Schlesien und die illyrischen Provinzen hat Metternich gedacht.

Der Empörung über das Bündnis in Petersburg gibt jene in Wien kaum in etwas nach. Die schöne Herzogin von Sagan ist tief entrüstet. Gut, denkt sie, wenn Metternich so gar nicht auf sie hört, will sie ihrem britischen Verehrer, jenem Mr. King, den Clemens schon lange eifersüchtig mit scheelen Augen ansieht, mehr entgegenkommen. Vertritt er doch überdies die Politik des Napoleon unverändert feindlich gegenüberstehenden England.

Die Mutter jener Frau hat inzwischen eine gründliche Wandlung durchgemacht. Diese nunmehr fünfzigjährige Dame war, als ihre Tochter Dorothee den Neffen Talleyrands geheiratet hatte, noch als glühende Verehrerin Napoleons mit nach Paris übersiedelt. Nun ist die alternde Herzogin wieder in deutschen Landen und wird bald die Gedanken und politischen Ansichten ihrer Tochter Wilhelmine wieder zu den ihren machen. Deren Bemühungen bei Metternich bleiben aber ebenso wie jene der Bagration zur Zeit fruchtlos. Er ist nicht umzustimmen. Er sieht rot gegen Rußland und spricht von der »unerklärlichen Politik« dessen Ministeriums, wodurch sich das Zarenreich derzeit »isoliert und vom Rest Europas abgeschnitten sehe[29]«, während man in Petersburg Österreichs Haltung bitter bedauert.

Das spricht sich besonders in einem Brief der Zarin-Mutter Marie Feodorowna an den Erzherzog-Palatin von Ungarn aus[30]: »Also Ihr wollt unsere Feinde sein? . . . Mein lieber Joseph, in welch häßlicher Zeit leben wir, wie kann man so seine ureigensten Interessen verkennen, und warum macht man immer die gleichen Fehler, stürzt sich immer in die gleichen Irrtümer. Diese gegensätzliche Teilung der Interessen bringt das Unglück eines Staates nach dem anderen und schließlich jenes der Menschheit mit sich, nur indem man sich vereinigt und einigt, könnte man dem reißenden, vernichtenden Strom einen Damm entgegenstellen . . . *Unsere beiden Nationen dürften nie uneinig sein* . . . unser gegenseitiges Interesse müßte uns in Freundschaft für immer verbinden . . . Sage der Kaiserin, daß mir ihre Freundschaft sicherlich sehr teuer ist und daß ich sie von ganzem Herzen erwidere.«

Auch diesen Brief der Zarin hält Metternich noch früher in seinen Händen als der Adressat. Bei seiner gegenwärtigen Einstellung zu Rußland ist es leicht zu sehen, welche Gefühle ihm nun gegen den Erzherzog und Maria Ludovika beseelen. Das wird in den nun vor der Tür stehenden gewaltigen Ereignissen für ihn sehr bedenklich und sorgfältig zu beachten sein.

VII. DER FOLGENSCHWERE FELDZUG 1812

Napoleon wünscht nun vor aller Welt seine enge Verbindung mit Österreich und gleichzeitig auch seine Macht über alle sonstigen deutschen Fürsten zu zeigen. Deshalb will er, daß das österreichische Kaiserpaar, also auch seine Feindin Maria Ludovika, nach Dresden kommt, um sie schon dadurch ein wenig zu demütigen. Vielleicht aber auch, um zu sehen, ob diese Frau nicht doch durch all den Glanz, in dem sie den von huldigenden Königen und Fürsten umgebenen Imperator erblicken würde, für ihn gewonnen werden könnte. Als Lockung nimmt Napoleon seine Gemahlin mit, wohl wissend, daß das österreichische Herrscherpaar sie brennend gerne wiedersehen will.

Maria Ludovika empfindet die Aussicht auf diesen Besuch schmerzlich, aber Metternich hat, ohne ihre Meinung einzuholen, nach Rücksprache mit dem Kaiser von vorneherein auch für sie zugesagt, und so bleibt ihr nichts anderes übrig, als sich zu fügen.

Metternich aber denkt, seine stolze, viel zu eigenwillige Herrin solle nur gedemütigt werden, nur unter Napoleons Einfluß gelangen, vielleicht wird sie sich dann endlich zu seiner Politik bekehren. Da er ja selbst mit seiner Gemahlin nach Dresden mitgeht, wird er der Kaiserin Verhalten gut beobachten. Er kennt die hypnotische persönliche Wirkung des Korsen aus eigener Erfahrung, nun soll auch Maria Ludovika ihr ausgesetzt werden. Der Minister weiß, die mit diesem Besuch verbundenen Anstrengungen, Reisen und Feste werden die kranke Frau wieder unendlich hernehmen, doch darauf kann und will er keine Rücksicht nehmen. Napoleon wollte sogar auch, daß Kronprinz Ferdinand und der nächste Agnat zum Throne, Erzherzog Franz Karl, mitkommen, er wünschte sich die beiden näher anzusehen, über die er so manches höchst Merkwürdige gehört. Aber dafür ist niemand zu haben, auch Metternich nicht; den so zurückgebliebenen Kronprinzen will man möglichst niemandem zeigen. So also kommt es ohne ihn zur Abreise nach Dresden, wo das französische Kaiserpaar am 17. Mai, der österreichische Hof einen Tag später eintrifft. In dem Gefolge befinden sich auch Graf und Gräfin Metternich, die aber zu Clemens' Entrüstung nicht wie die Majestäten im königlichen Palais, sondern in einem vornehmen Haus in der Moritzstraße 760 »bequartiert« werden.

Eine Qual für Maria Ludovika ist das tolle Treiben, das sie nun in Dresden, sich nur mühsam dahin schleppend oder in einer Sänfte getragen, mitmachen muß. Bei all ihrer Hinfälligkeit ist sie auch schwerhörig und versteht nur die Hälfte von dem, was Napoleon sagt. Immer denkt sie daran, daß dieser Mann doch ihre Familie in Italien von Haus und Hof verjagt hat. Metternichs Erwartungen, sie werde dem Zauber des Korsen erliegen, erfüllen sich in keiner Weise. Sie sieht, wie Erzherzog Johann sagt, »zu helle und läßt sich nicht täuschen«. Ganz anders Kaiser Franz; er ist wie immer riesig beeinflußbar, läßt sich von Napoleon fast völlig gewinnen und murmelt gelegentlich bewundernd zwischen den Zähnen: »Das ist ein ganzer Kerl.« Ja, er meint sogar, er hätte auch ein gutes Herz.

Mit Sorge sieht Marie Ludovika alledem zu; sie findet, ihr Gemahl sei »trop à son aise«, Napoleon werde ihn schließlich ganz »herumkriegen« und ihn am Ende ebenso zum Sklaven machen wie zum Beispiel den sächsischen Hof. »Man macht sich gar keine Idee«, meint sie über diesen, »welch servile Furcht er zeigt.« Erzherzog Johann ist gleicher Ansicht; er reist nach achtundvierzig Stunden wieder ab, denn er kann solche »Verblendung nicht mit ansehen«. Die Haltung von Kaiser Franz ist selbst Metternich zuviel, der zu fürchten beginnt, Napoleon werde seinem kaiserlichen Herrn die tollsten Zugeständnisse abpressen. Einen Augenblick wollte der Korse ihn sogar überreden, mit ihm gemeinsam ins Feld zu ziehen, wogegen Maria Ludovika mit aller Macht ankämpfte. So treffen sich die Gegenpole Kaiserin und Metternich einen Augenblick im gleichen Gedanken, so daß die Herrscherin bemerkt, »glücklicherweise hat er mich da unterstützt, obwohl er uns in all das hineingezogen hat[1]«.

Schließlich aber verläuft die Zusammenkunft in Dresden ohne weiteren gefährlichen Zwischenfall. Metternich ist im allgemeinen sehr befriedigt, vor allem von sich selbst. »Wie ich's vorsah«, meint er[2], »legte sich Napoleon in eine außerordentliche Koketterie gegen unseren Monarchen. Die beiden Kaiser sind vollkommen zufrieden voneinander, und unser Aufenthalt wird die gedeihlichsten Folgen haben . . .«

Wenn Metternich glaubt, daß jene Koketterie auch auf seine allerhöchste Herrin irgendeinen Eindruck gemacht hat, so wird er durch die Kaiserin selbst eines Besseren belehrt. Maria Ludovika wagt erst nach dem Verlassen Dresdens von Prag aus einen ausführlichen Bericht an ihre Mutter zu schicken, in dem sie einleitend sagt: »Die Gräfin Metternich wird Dir diesen Brief überbringen, daher werde ich mich soviel auslassen können, wie ich will.« Sie vertraut Lorel und sagt von ihr: »Sie ist eine Person, welche jenen Geist und Takt hat, der notwendig ist, um stets en mesure zu stehen, und ich glaube, daß sie mir anhänglich ist. Zumindest würde ich eher auf sie zählen als auf andere viel mehr Hervortretende.«

Aber die Kaiserin weiß vielleicht nicht, wie trotz allen Seitensprüngen Metternichs das Ehepaar besonders in politischen Dingen Hand in Hand arbeitet. Es ist nicht ausdrücklich zu beweisen, ob nicht auch diese der Gräfin anvertrauten Briefe vorher im Ziffernkabinett »perlustriert« wurden, bevor man sie Maria Ludovikas Mutter ausfolgte, aber aus der Orientierung Metternichs über verschiedene Vorgänge, ganz besonders solche, die die von ihm beobachteten Brüder der Kaiserin betreffen, ist dies mit hoher Wahrscheinlichkeit anzunehmen. So kann er nun aus diesen Briefen der Herrscherin die gerade gegenteilige Wirkung der »Koketterien« Napoleons erkennen, der mit ihr in Dresden in wenig angenehmer Weise über ihre Brüder, insbesondere den an die sardinische Prinzessin vermählten Erzherzog Franz, gesprochen hat. »Ich verachte ihn zu sehr, als daß er mich beleidigen könnte«, hat Maria Ludovika dazu bemerkt und jene Bosheiten durch von der Gräfin Lorel vermittelte Briefe wohl ihren Brüdern, sonst aber niemandem, nicht einmal dem Kaiser, mitgeteilt. Metternich aber dürfte sie durch Einsichtnahme in jene Schreiben erfahren haben.

Marie Louise hat bei dieser Zusammenkunft keine hervorragende Rolle gespielt. Ihre Stiefmutter fand sie »so verlegen und so kalt, wie sie (die kaiserliche Familie) alle immer sind[3]«. Nur die Wiedersehensfreude sprach sich etwas mehr in ihr aus. Sie fährt nun am 23. Mai nach Prag, wo sie längere Zeit verweilen will, während Napoleon seinem Schicksal entgegengeht.

Der Korse hat seinen schwerwiegenden Entschluß, Rußland anzugreifen, endgültig gefaßt. Ja, Lavalette hat recht, wenn er sagt: »Die schrecklichen Welteroberer sind einer wie der andere. Ihr Wahlspruch heißt: ›Überall der Erste oder untergehen[4].‹« Napoleon aber denkt zur Zeit, was er dann später auf St. Helena ausgesprochen hat: »Europa hat nur einen Feind, das ist der russische Koloß. Ich allein kann ihn und seine Flut von Tataren aufhalten, gelingt es mir aber nicht, wird er der wahre Erbe Europas sein[5].« Und Metternich steht auch nicht weit von diesem Gedankengang, und daraus ist sein Verhalten jetzt und später zu erklären. Der Zar dagegen gedenkt der Worte, die er am 26. September 1808 aus Weimar an seine Schwester geschrieben hat: »Bonaparte behauptet, ich sei nur ein dummer Kerl, aber wer zuletzt lacht, lacht am besten, und ich lege meine ganze Hoffnung in Gott[6].«

Am 29. Mai geht Napoleon zu seiner Armee, das österreichische Kaiserpaar mit Metternich nach Prag, wo sie mit einer festlichen Beleuchtung der ganzen Stadt empfangen werden. Doch bald haben die erregten Gemüter sich nur mit den gewaltigen Ereignissen zu beschäftigen, die sich vorbereiten. Nun sind die Würfel gefallen, und der Krieg gegen Rußland steht vor der Tür. Gar so sicher scheint aber der Korse seiner Sache doch nicht. »Ich habe es klar gesehen, Napoleon ist bei sich selbst gar nicht ruhig darüber«, schreibt Maria Ludovika am 10. Juni 1812 an ihre Mutter.

Metternich ist viel überzeugter, daß der Kaiser der Franzosen siegen wird. Stets von neuem wiederholt er seine große Zufriedenheit mit dem Lauf der Dinge, als wollte er sich selbstbetäubend beruhigen. »Wir haben mit einem Wort alle Ursache, sehr zufrieden über unsere ganze Lage zu sein«, schreibt er an Hudelist. Maria Ludovika ist ganz anderer Meinung[7]; »Unser sich in jeder Weise unter das Joch Beugen kann nur die vernichtendsten Folgen haben. Der Korse will immer mehr Truppen von uns und will sie selbst versorgen ... Es scheint aus alledem, daß der Krieg in Kürze beginnen wird«, schreibt die Kaiserin weiter ihrer Mutter am 21. Juni, »und vielleicht bin ich die einzige, die im Grunde ihres Herzens glaubt, daß er für Napoleon nicht günstig ausfallen wird.«

Und wirklich, am 24. Juni überschreitet die Grande Armée den Njemen, in deren Reihen auch Murat befehligt, dessen Frau Caroline nach Neapel zurückkehrt, um ihre Herrschaft dort aufrechtzuerhalten. Auch die französischen Marschälle scheinen nicht allzu siegessicher zu sein. Auf russischer Seite herrscht vollste Entschlossenheit. »Ich lege die Waffen nicht nieder«, schreibt der Zar[8], »solange sich noch *ein* feindlicher Streiter in meinem Kaiserreich befindet.«

Metternich aber zeigt nun auf jede Weise, daß er nach wie vor peinlich bestrebt ist, alles zu tun, was Napoleon angenehm sein könnte. Er weiß natürlich von dessen Abneigung gegen Madame de Staël und deren Verbannung aus Frankreich. Nun ist diese in der Welt schon sehr bekannte schriftstellernde Dame am 6. Juni, von Coppet kommend, in Wien eingetroffen und steigt im Hotel »Römischer Kaiser« ab. Augenblicklich will sie Metternich sehen. Sie hört aber, daß er sich in Dresden befindet, und schreibt ihm daher von der großen Reise (über Rußland nach Schweden), die sie zu unternehmen im Begriffe steht, um ihre Kinder in das Land ihres Vaters zurückzuführen. »Ich will mir Ihr Wohlwollen bewahren«, schließt sie. »Die Unterhaltung mit Ihnen hat mich schon lebhaft angezogen, lange bevor sie die Mächte der Welt bezwang[9].«

Die Wiener Polizei hat indes sofort einen Detektiv beauftragt, in jenem Gasthof Wohnung zu nehmen und ihr auf Schritt und Tritt zu folgen. Sie ist diesmal in Begleitung eines jungen und hübschen Mannes gekommen, der della Rocca heißt, früher französischer Husarenoffizier war, aber seinen Abschied nahm. Er hat bereits im Jahre 1811 Madame de Staël in aller Stille geheiratet, sie hält dies aber vor der Welt geheim, anscheinend deshalb, weil ihr der Name nicht genügend klangvoll ist.

Metternich in der Napoleonischen Zeit
Gemälde von François Gérard

Kaiser Franz nach seiner Thronbesteigung
Gemälde von Batoni

Lorel Metternich-Kaunitz, erste Gemahlin Metternichs
Nach einem Gemälde von Stroely

Napoleon I.

Feldmarschall Erzherzog Karl
Ölgemälde von Sir Thomas Lawrence

Fürstin Katharina Bagration
Gemälde von J. B. Isabey

Caroline Murat-Bonaparte, Königin von Neapel
Nach einem Stich von Tellscher

Herzogin Wilhelmine von Sagan
Nach einer Lithographie von Kriehuber

Weisungsgemäß bereitet Polizeipräsident Hager in Wien den Reisenden jede nur mögliche Schwierigkeit; Rocca wird als Deserteur der französischen Armee behandelt, in der Paßfrage werden ihm alle erdenklichen Hindernisse in den Weg gelegt, und unter all diesen Arten von »Sekkaturen«, wie sich Madame de Staël ausdrückt, ist sie bestrebt, Wien so bald wie möglich wieder zu verlassen. Als die Schriftstellerin sich bei dem Polizeipräsidenten beschwert, meint dieser sarkastisch: »Ja, sollen wir wegen des Herrn Rocca mit Frankreich Krieg führen?«

»Warum nicht?« entgegnet sie. »Er ist mein Freund und wird mein Mann werden.« Die beiden sind ein ungleiches Paar, er bildschön, jung, sie fast doppelt so alt und gar nicht verführerisch, was noch durch ihre Manie verschärft wird, sich für ihr Alter viel zu jugendlich anzuziehen. Bei ihrer unvorteilhaften Gestalt setzt diese anspruchsvolle Toilette bei Madame de Staël eine eigene Meinung über ihre Schönheit voraus, die, wie Karoline Pichler sagt, doch jeder Spiegel hätte Lügen strafen müssen. Eine gute Seite aber hat sie für jenen Teil der Wiener Gesellschaft, der der Politik Metternichs widerstrebt und sich Napoleon feindlich gesinnt zeigt, nämlich die gleiche Abneigung gegen diesen Monarchen. Dies geht freilich hauptsächlich auf beleidigte Eitelkeit und das Verhalten des Korsen ihr gegenüber zurück. Sie erörterte damals mit Gentz die Frage, ob dieser »hassenswerte Mann, der die Welt seit Jahren quält, unabhängig von seinem Wagemut und seiner Arglist« irgendwelche tatsächliche, aus Seelengröße und Genie erwachsende Rechte auf seine furchterregende Rolle gehabt hätte. Madame de Staël kann trotz all dem Haß nicht umhin, diese Ansicht zu verfechten.

Metternich weist die Polizei an, der Schriftstellerin das Leben in Wien so unangenehm wie möglich zu machen. So begibt sie sich zuerst nach Brünn, um von dort nach Eintreffen der russischen Pässe so bald als möglich in das Gebiet des Zarenreiches zu gelangen. Sie wendet sich schließlich an Erzherzog Ferdinand, den Bruder der Kaiserin, der zur Zeit Kommandierender in Mähren ist. Dieser läßt sich aber verleugnen und meint zu seiner Schwester[10]: »Sie ist eine alte Närrin und hat eine schrecklich böse Zunge.« Als Metternich dieses Interzept vorgelegt wird, lächelt er befriedigt. Sonst ist er mit den Verwandten der Kaiserin nie zufrieden, diesmal jedoch stößt einer von ihnen in sein Horn, aus dem aber nichts anderes als seine derzeitige Liebedienerei Napoleon gegenüber tönt.

Kaiser Franz wünscht indessen auf Anraten Metternichs, daß die Brüder seiner Gemahlin, Ferdinand und Max, nach Prag kommen, um sich vor Marie Louise zu zeigen. Es soll dies eine Verneigung auch dieser Fürsten vor Napoleon bedeuten. Die beiden haben aber von des Korsen Benehmen in Dresden ihrer Schwester gegenüber gehört und daher überhaupt keine Lust zu erscheinen, weil sie gegen die Politik sind, die das Kaiserpaar nach

Dresden geführt hatte. Franz I. wollte sie schon zur Zusammenkunft nach dieser Stadt kommen lassen, was Maria Ludovika noch mühsam mit weit hergeholten Ausreden hintertrieb. Jetzt aber geht der Monarch zu seiner Frau und sagt ihr sehr bestimmt: »Ich hoffe, daß deine Brüder kommen werden. Wenn nicht, werde ich mir Gehorsam zu verschaffen wissen. Ich werde ihnen den Kopf waschen und Ferdinand für ein ganzes Jahr verbieten, nach Wien oder dorthin zu kommen, wo ich weile[11].«

Auf das hin dringt Maria Ludovika in ihre Brüder, doch zu gehorchen. Schließlich fügen sich die beiden und kommen gerade recht, um Marie Louise noch zu sehen, bevor sie Prag am 30. Juni verläßt. Sie verbringt dann einige Tage in Karlsbad und trifft am 18. Juli wieder in der französischen Hauptstadt ein.

Nun aber sieht Metternich klar, wie weit Maria Ludovikas Gedankengang von seinem entfernt ist, wie sehr sie und ihre engere Familie und auch die Brüder des Kaisers ihm widerstreben. Erzherzog Karl hat erst kürzlich am 16. Juni, als er in seinem Garten in Dornbach mit dem alten Grafen Zinzendorf spazierenging, ohne Umschweife gesagt, daß er Metternich nicht liebe, weil er ein zu Prahlerei neigender, sehr leichtsinniger Mensch sei, ohne den Dingen je auf den Grund zu sehen. Zinzendorf, der Clemens auch nicht sehr zugeneigt ist, sagt zwar nichts von diesem Gespräch, aber es ist gar nicht notwendig, Lorels Gatte kennt Karls Gefühle für ihn ohnehin schon genau; denn in weiten Kreisen der Hauptstadt und natürlich um so mehr in jenem der Erzherzoge ärgert man sich, »daß der junge Metternich den Kaiser kommandiert[12]«. Clemens ist aber bereit, den Kampf mit all diesen Gegnern aufzunehmen; er weiß schon genau, wie weitgehend er sich der Seele von Kaiser Franz bemächtigt hat und wieviel er sich daher erlauben kann.

Neben Erzherzog Karl ist sein Bruder Joseph, der zur Zeit sechsunddreißigjährige Palatin von Ungarn, mit Metternichs Politik, insbesondere Rußland gegenüber, gar nicht einverstanden. Er steht in Briefwechsel mit der Kaiserin und als Witwer nach der Tochter des Zaren Paul immer in Verdacht besonderer Zuneigung zu diesem Staat. Clemens hat einige dieser Briefe interzipieren können, aber nur wenige. Da kommt ihm zu Ohren, die Kaiserin und der Erzherzog bedienten sich geheimer Wege, wodurch das Abfangen der Schreiben erschwert oder unmöglich gemacht werde. Metternich ist entschlossen, beide Persönlichkeiten empfindlich zu treffen. Nun erscheint bei der Makellosigkeit des Lebens der Kaiserin und überdies auch ihrem Gesundheitszustand die Annahme irgendeines über Verwandtschaft und Freundschaft hinausgehenden Verhältnisses geradezu unsinnig. Und doch weiß der Minister das Mißtrauen von Kaiser Franz über die politischen und menschlichen Beziehungen jener beiden so zu wecken, daß es ihm möglich wird, dem Kaiser aus Prag am 16. Juni 1812 wie folgt zu schreiben[13]:

»Euer Majestät dürften in dem Allerhöchstderselben bekannten Zusammenhang das folgende ausführliche Allerhöchste Handschreiben an den Polizeihofstelle-Vizepräsidenten zu erlassen geruhen:

›Lieber Freiherr von Hager. Sie haben mir ungesäumt alle Ihnen bekannten Daten über die Korrespondenz zwischen meiner Gemahlin und dem Erzherzog-Palatinus, die Vermittlung dieser Korrespondenz, die Mittel und Wege, welche zu ihrer Beförderung und Geheimhaltung angewendet werden, und die Ihnen sonst noch über das angebliche Verhältnis zwischen denselben zur Kenntnis gelangten Nachrichten in einer gedrängten Zusammenstellung einzusenden.‹

Ich kann nicht umhin, Allerhöchstdieselben aufmerksam zu machen, daß Freiherr von Hager nach der Schüchternheit seines Charakters und der mir bereits früher in dieser Sache geäußerten Furcht – *gegen Ihre Majestät die Kaiserin persönlich kompromittiert zu werden* – über diese allerhöchsten Befehle auf das äußerste erschrecken wird und in der Herausgabe der verlangten Daten vielleicht sehr schüchtern zu Werke gehen dürfte ...« Hiezu fügt Kaiser Franz die Randbemerkung bei: »Ich genehmige Ihren Antrag und erlasse das von Ihnen entworfene Handschreiben.«

Metternich nimmt es auf sich, Hager über solche Besorgnisse zu beruhigen. Nach diesem Schritt hat er wie gewöhnlich wieder Glück, denn unmittelbar darauf geraten ihm Interzepte in die Hände, deren Vorlage an den Kaiser dessen Argwohn und Ärger erhöhen müssen. Einmal ein Brief Maria Ludovikas an den Kronprinzen Ferdinand, in dem einige Kritik[14] an den Lebensgewohnheiten des Kaisers geübt wird, wie man bei der größten Hitze immer mit sechs Pferden stundenlang auf elenden Wegen herumfahre und dergleichen mehr. »Es ist ein Unglück, wenn die Großen einen solchen bizarren Geschmack haben«, heißt es da. In dem Brief sucht die Kaiserin dem Thronfolger darzulegen, daß er sich künftig einmal nicht so geben solle. Dann die Antwort[15] Maria Ludovikas an die Prinzessin Amalie von Baden in Angelegenheit ihrer fehlgegangenen Verlobung mit Erzherzog Karl, wo Ausführungen über das kühle Wesen der kaiserlichen Familie, ihre Art und Weise zu lieben, zu lesen sind und auch bemerkt wird, Maria Ludovika hoffe immer noch, daß die Heirat doch zustande kommen könnte.

Die Kaiserin trennt sich indes, ohne noch etwas von dem über ihrem Haupte aufziehenden Gewitter zu ahnen, äußerst schwer von Marie Louise in Prag: »Es schien mir, als erneuerte sich der Wiener Abschied, der mir ewig unvergeßlich sein wird.« Dann fährt die Herrscherin nach Teplitz, um sich einer Badekur zu unterziehen. Dort hat sie wieder etwas mehr

Zeit, sich mit ihrer eigenen Person zu beschäftigen, aber das gelingt ihr nicht recht. Immerfort führen sie ihre Gedanken zu den Ihren zurück. Doch der Krieg, der dort weit in Rußlands Gefilden ausgekämpft wird, und die Sorge über seinen Ausgang lassen ihr keine Ruhe. Rührend sind die Briefe, die sie an ihren Stiefsohn, den Kronprinzen, schreibt und die auch, gleich wie alle anderen, zunächst den Weg zu Metternich finden: »Du kannst nicht früh genug Dein Herz auf das Lieben, das edle Lieben, was die Seele allein betrifft« (denn von der sinnlichen Liebe ist gar keine Rede) »gewöhnen. O unterdrücke nie dieses Gefühl, laß es aufkeimen, sich verbreiten und Wurzel fassen! Du wirst sehen, wie glücklich man dabei ist, welche Wonne man fühlt, für andere zu leben, mit Freunden und Geschwistern alles, Freude und Leid, zu teilen! ... Gottlob höre ich hier nichts, was in der Welt vorgeht, und bin damit sehr zufrieden, denn wenn man badet, darf man nicht denken; wenigstens so ist die allgemeine Lage. Ich füge hinzu: wohl dem, der das Denken an traurige Gegenstände ablenken kann! Diese Kunst besitze ich nicht[16] ...«

Die liebe, gütige Frau, die überall Anlehnung und verständnisvolle Seelen sucht, ist und bleibt in ihren Briefen unvorsichtig. Sie hat gehört, daß man das Verhalten der Kaiserin Marie Louise in Prag sehr kritisiert hat, und meint dazu in einem Schreiben an eine vertraute Freundin[17]: »Sie ist noch dieselbe, wie sie immer war. Gut, mit einigem Geist, aber kalt und sehr kindisch, sie liebt Dummheiten zu sagen, wie die ganze erhabene Familie, aber sie sind alle so. Ohne Seele, ohne Interessen, Automaten, die vielleicht gebildet sind, aber außerstande, den Wesen, die sie umgeben, auch die geringste Anhänglichkeit einzuflößen. Mir gegenüber ist Louise wie immer gewesen. Für meine Person sage ich, sie war sehr gut, weil sie nicht anders sein kann, andere würden sagen, daß sie sehr kühl und sehr grob gewesen ist. Nun, sie war ebenso mit ihrem Vater und ihr Vater mit ihr. Sie sind alle so, sie sind aus einem sehr merkwürdigen Teig, der geeignet erscheint, die Seelen zu vertrocknen und die Herzen verdursten zu lassen. Glücklich der, der fern davon ist und ruhig wie ich in Teplitz lebt.«

Metternich nimmt sich vor, dem Kaiser diese Interzepte zu geeigneter Zeit vorzulegen, die ihre Wirkung auf keinen Fall verfehlen können.

Mitte Juli kommt nun auch Goethe zu seinem schon hier weilenden Herzog von Weimar nach Teplitz. »Ich sehe ihn öfter, da er ein sehr angenehmer Gesellschafter ist«, berichtet die Kaiserin. Und kurz darauf: »Ich sehe ihn täglich, sein Umgang ist sehr lehrreich. Ihn lesen zu hören entzückt mein Herz[18].« In den sechsundzwanzig Tagen, da die hohe Frau und der Dichter in dem Kurort weilen, lädt sie ihn elfmal zur Tafel. So ist Goethe mit Ausnahme des Herzogs von Weimar niemals von einem anderen Herrscher ausgezeichnet worden. Entzückt schreibt der Dichter an

Karl August über die Monarchin, über »sie, die unser sich bemeistert, uns erhoben und begeistert[19]«.

Metternich, der seinen Kaiser nach Karlsbad begleitet hatte, traf den Dichter dort gleichfalls und wendet sich an seine Tochter Marie: »Sage Mama, daß ich in Karlsbad Goethes Bekanntschaft gemacht habe. Ich sende ihr anbei die Verse, die er für den Empfang des Hofes verfaßt hat. Sie kann sie Pilat zur Veröffentlichung im ›Beobachter‹ übergeben. Diejenigen, die an den Kaiser gerichtet sind, sind gut. Ich bin aber nicht zufrieden mit den Strophen, die für die Kaiserin bestimmt sind, da er zuviel Politik dareingelegt hat[20].«

Metternich sagt in dem Brief nicht, ob er das Poem an die österreichische oder französische Herrscherin meint; von dem ersteren ist er wenig erbaut, weil es seine Gegnerin Maria Ludovika zu sehr lobt, aber die politische Unzufriedenheit bezieht sich wohl auf den Schluß des Gedichtes an Marie Louise:

»Sie kläre, wenn die Welt im Düstern banget,
Den Himmel auf zu ew'gem Sonnenschein!
Uns sei durch sie dies letzte Glück beschieden –
Der alles wollen kann, will auch den Frieden.«

Das wirkt etwas lächerlich in einem Augenblick, da dieser Mann, der alles wollen kann, eben erst in einen der gewaltigsten, unabsehbaren Kriege gezogen ist. Das Gedicht an Maria Ludovika ärgert den Minister besonders, weil er die darin in den Himmel gehobene Frau gerade so gründlich in der Arbeit hat. Brief auf Brief für Maria Ludovika gefährlichen Inhaltes fällt in dieser Zeit Metternich in die Hände, insbesondere die Korrespondenz mit Erzherzog Joseph. Die Briefe sind in durchaus tadelloser, ehrbarster und respektvoller Weise abgefaßt, aber sie enthalten oft peinliche Kritiken an des Kaisers und damit Metternichs Politik und Verhalten. »Freundschaft fordert Mitteilung der gegenwärtigen Lage«, schreibt der Erzherzog zum Beispiel am 15. Juli 1812 und spricht von »Böcken«, die man in der Politik Ungarn gegenüber schießt. » ... Über den Krieg ist die öffentliche Meinung sehr prononciert wider die von der Regierung ergriffene Partei«, heißt es da unter anderem, »man hört hier nichts von ersterem, und dieses läßt mich vermuten, daß es Napoleon entweder nicht gutgeht, oder wenigstens, daß seine Fortschritte nicht sehr brillant sind.«

Diese Bemerkung ist Metternich besonders unangenehm; wirklich zeigt sich schon, daß der Feldzug gegen Rußland große Schwierigkeiten bereitet. Die riesige Armee Napoleons kann, obwohl oder weil sie fortwährend vorrückt und die Russen sich zurückziehen, mit den damaligen Mitteln nur sehr mühsam versorgt werden. Der österreichische Minister aber hört auf diesem Ohr nicht, er sieht nur den siegreichen Vormarsch und hat zur Zeit nicht den richtigen Begriff von dem, was da vorgeht, sondern beurteilt die Lage so, wie er sie sich wünscht bzw. immer erwartet hat. Und in solchem Sinne schreibt er auch in diesen Tagen an seine Frau aus Preßburg[21], um den »Dummköpfen«, die anders reden, entgegenzutreten: »Nach unseren direkten Nachrichten geht es den Russen sehr schlecht. Sie stehen vor gänzlichem Untergang, verlieren alles: Magazine, Land, Gefangene etc. Man schlägt sich gar nirgends mehr . . .«

Aufs höchste erbost, entschließt sich der Minister nun, gegen seine Feinde, auch die an allerhöchster und höchster Stelle, energisch vorzugehen. Er sieht sich in dem Brief des Erzherzogs Joseph an die Kaiserin nach einer Wendung um, die etwas herzlicher klingt, um darauf einen geradezu teuflischen Verdacht zu gründen. »Wer das Glück hat, Ihnen näherzukommen«, steht in jenem Schreiben[22], »wer dessen sich erfreut, daß Sie ihn mit dem Namen eines Freundes bedachten, kann nur von dem gleichen Gefühl beseelt sein . . .«

Das klingt vielleicht so, erwägt Metternich, daß man daraus ein intimeres Verhältnis zwischen dem jungen Palatin und der jungen Herrscherin konstruieren und dem Kaiser weismachen könne, er spiele die Rolle eines Hahnreis! Noch wartet der Minister die Antwort ab, vielleicht kann er auch diese abfangen und so noch weiteres Material zum Beleg für seine verleumderischen Anspielungen erlangen. Alle Vorsicht nützt auch wirklich nichts. Metternich weiß die Briefe in die Hände zu bekommen, und wenn er auch keine weitere Nahrung für seinen geplanten Verleumdungsfeldzug findet, Kritik über das politische Geschehen gibt es genug darin.

»Liebster, bester Freund!« heißt es da[23], »ich danke Ihnen, daß Sie Ihr beklemmtes Herz ergossen, mir einen Teil Ihrer Leiden mitteilten . . . Die verkehrte Ausübung der Gewalt entspringt aus dem schlechten Räderwerk der großen Staatsmaschine, und schwerlich läßt sich eine Verbesserung je hoffen; verschlimmern kann und wird es sich täglich . . .«

Sorgfältig wählt Metternich nun die seiner Ansicht nach gravierendsten und peinlichsten Interzepte aus, um einen entscheidenden Schlag gegen seine Widersacher zu führen. Zunächst jenen Brief an den Kronprinzen Ferdinand, in dem der Vater in allerdings nebensächlichen Dingen als Beispiel hingestellt wurde, wie man es nicht machen soll. Dann einen sehr vertraulichen Brief der Fürstin Esterházy, der höchst intime, heikle Frauenfragen berührt, endlich Briefe von und an Erzherzog Joseph. Der Minister bindet sich – was unbedingt notwendig ist – eine moralische Maske vors Gesicht und begleitet die Mitteilung der Interzepte an den Kaiser unter dem heuchlerischen Vorgeben, den häuslichen Frieden und die Ehre der kaiserlichen Familie dadurch verteidigen zu wollen und zu müssen, mit nachfolgendem eigenhändig geschriebenen Vortrag:

»Eure Majestät geruhen in der Anlage einige bemerkenswerte Interzepte zu erhalten. Der Zweck Eurer Majestät ist, von gefährlichen Abwegen zurückzuführen, sich und der Kaiserin Majestät eine fröhlichere Zukunft schaffen, welche in jeder engen Verbindung, also besonders in der Ehe, nur in wechselseitigem Vertrauen und der größten Sicherheit möglich ist. Dieses Ziel dürfte erreicht werden, wenn Allerhöchstdieselben mit väterlichem Ernst und Milde handeln, das Verflossene nur als Beispiel, die Zukunft voll Hoffnung aufstellen; wenn Allerhöchstdieselben aus der Fülle der Erfahrung zu der unerfahrenen Jugend sprechen; wenn Allerhöchstsie die Überzeugung erwecken, daß alles, was dem Mann entgehen könnte, dem Monarchen nicht entgeht! Eurer Majestät Plan ist, die Interzepte selbst vorzulegen; in diesem Falle wären die anliegenden drei Stücke verwendbar. Erstens das Schreiben an Erzherzog Ferdinand, um die Frage zu machen, ob es durch irgendeinen Erziehungsgrundsatz zu rechtfertigen ist, daß dem Sohn der Vater und die Schwester als warnendes Beispiel aufgestellt werden? Zweitens das Schreiben der Fürstin Esterházy mit der Frage, ob die Monarchin so von den heiligsten Verhältnissen mit einer Privaten sprechen sollte? Drittens das Interzept an Graf Althan ... Ob es nicht in höchstem Grade kompromittierend ist, wenn die Monarchin ähnliche Korrespondenz wie jene mit dem Erzherzog-Palatin auf Schleichwegen durch dritte und vierte Hände führt, welche notwendig alle in das Geheimnis einer bestehenden geheimen Korrespondenz eingeweiht sein mußten?

Dies letztere Faktum dürfte Eure Majestät sodann zu der Hauptfrage führen: Das ganze Publikum in Wien und besonders jenes in Preßburg sprach von einem bestehenden Liebesverständnis zwischen Ihrer Majestät der Kaiserin und dem Erzherzog-Palatin. Sosehr diese Behauptung lächerlich schien, sowenig war es möglich, daß sie Eurer Majestät nicht endlich, besonders in der damaligen politischen Lage Ungarns, auffallen sollte ... Eure Majestät haben ... den materiellen Beweis in Händen, daß Ihre Majestät die Kaiserin den Erzherzog-Palatin ... selbst als einen Helden der Konstitution zum Widerstand gegen die königlichen Absichten aneiferte ... Eure Majestät dürfte hier die Frage anbringen, wie Allerhöchstdieselben einen Ihrer Untertanen ansehen müßten, welcher sich in ein ähnliches Verhältnis mit einem Ihrer Länderchefs gesetzt haben würde? Hierauf die Interzepte mit der Versicherung der Verzeihung vernichten und zugleich Ihrer Majestät befehlen, alle Korrespondenz mit dem Palatin einzustellen. Eure Majestät versichere zugleich, daß alles vergessen sei. Über das, was gegen den Erzherzog-Palatin verfügt werden dürfte, behalte ich mir vor, Allerhöchstdemselben meinen gehorsamsten Vortrag mündlich nachzutragen.«

Kaiser Franz, durch die vorangegangenen Interzepte ernstlich gegen seine Gattin eingenommen, gibt Metternich nicht die einzig richtige Antwort, geht aber doch diesmal nicht so scharf auf dessen Meinungen und Unterstellungen ein. Er weiß besser, wie es um seine Frau steht und wie unwahrscheinlich, ja lächerlich der Verdacht intimer Beziehungen zu seinem Bruder Joseph ist. Anderseits aber will er die beiden nach wie vor scharf beobachtet sehen, denn er fürchtet für seine Stellung, ja hat sogar Bedenken, ob man in Rußland nun nicht lieber jenen Erzherzog als Herrscher im Kaiserstaat Österreich sehen würde als ihn, Franz I. Seiner Gemahlin aber sagt er anscheinend nichts von dem peinlichen Vortrag Metternichs; sie erfährt auch von anderer Seite nichts davon und bleibt in den Schreiben an ihre engsten Freundinnen namenlos unvorsichtig.

In den ersten Tagen des September sind die Wirkungen der Teplitzer Badekur auf Maria Ludovika mehr oder weniger dahin. Das Lungenleiden, das sie ergriffen hat, war dadurch nur einen Augenblick gedämpft worden, und jetzt klagt sie wieder über Atemnot, Husten und Brustschmerzen. Die ehelichen Pflichten fallen ihr besonders schwer. »Ich habe mich ihnen wie immer unterworfen, wobei ich die Neugier und die Eitelkeit unserer Mutter Eva verfluchte, die der Urgrund für all dies war. Wenn ein gewisser guter, kleiner Mann, dessen Name mit einem A[24] beginnt, nicht vorhanden ist, dann ist es ein schweres Joch, verstehen Sie mich, meine liebe Freundin[25]?« Und dies besonders für eine stets todmüde Frau, die, wie sie sagt, kaum hundert Schritte zu gehen vermag. Auch dieser Brief fällt Metternich in die Hände und ist damit der Möglichkeit der Mitteilung an den kaiserlichen Gemahl ausgesetzt. So kann der Gegensatz in der allerhöchsten Ehe teuflisch vertieft werden.

Die Kaiserin ist auch bald ganz abgestumpft, fügt sich in ihr Schicksal und zieht sich ganz in sich selbst zurück. »Wenn ich bei mir zu Hause bin«, schreibt sie ihrer vertrauten Hofdame Gräfin Althan, »liebe ich es, nach meinem Geschmack allein zu sein. Ich lese, schreibe oder bin mit meinem Sohn ... Ich lebe für mich und mit den Meinen, den toten und lebenden Meinen, und lasse alles laufen.« Sie weiß, es ist für den Augenblick politisch nichts zu machen, man muß erst sehen, wie dieser gewaltige Waffengang im Norden ausgeht. Zu allem Überfluß drücken auch Geldsorgen die Kaiserin. »... Ich versichere Sie, meine liebe Gräfin«, klagt sie Gräfin Althan[26], »daß ich nicht einen Heller habe, um die Rechnungen der Kaufleute zu bezahlen.«

Dies alles ist neben der Krankheit nur eine Folge der Fronde der Kaiserin gegen Metternich und seine Politik. Er ist durch seine unvergleichliche

Stellung beim Kaiser, die anscheinend unerschütterlich ist, ein gefährlicher Gegner. Und Maria Ludovika ist doch eine so ausgezeichnete Frau und hat, wie Freiherr von Egloffstein so wahr sagt, nicht nur »ein unendliches Bedürfnis zu lieben, sondern auch eine unendliche Kraft dazu«. Allerdings in einer ganz anderen Weise, als man es von ihr verlangt; daß gerade auf ihr das erschütternde Geschick einer hoffnungslosen Lungenkrankheit lastet, ist besonders traurig.

Während Metternich scharf gegen seine Kaiserin und alle rußlandfreundlichen Kreise in der Hauptstadt vorgeht, macht er nach wie vor zwei Ausnahmen. Er hält seine schützende Hand über die Fürstin Bagration und beläßt sie während der kritischen Zeit des Feldzugs gegen Rußland ruhig in den österreichischen Staaten, obwohl ihr Mann gegen Napoleon im Felde steht. Auch für Wilhelmine von Sagan hat Metternich alle Rücksichten, und sie lebt unangefochten in Wien ihren verschiedenen Neigungen und – nach wie vor der Politik.

Indessen hat Napoleons Krieg gegen Rußland seinen Fortgang genommen. Schon in Dresden hat Metternich von des Korsen Siegessicherheit den gegenteiligen Eindruck gehabt als Kaiserin Maria Ludovika. »Er scheint seiner Sache gewiß zu sein«, hat der Minister knapp vor Beginn des Feldzugs gegen Rußland an Hudelist geschrieben und sich über Schwarzenbergs Tagesbefehl bei Eintritt in den Krieg geärgert, denn darin versicherte der Marschall seinen Truppen, daß »wir für uns und nicht für Frankreich fechten«. Metternich erklärt bezeichnenderweise, daß die Wiener Regierung mit diesem Befehl nichts zu tun habe. Er ist nach wie vor scharf gegen Rußland eingenommen und regt sich darüber auf, wenn Zar Alexander ihm etwa gelegentlich sagt: »Je vous accorde la faveur que vous me demandez.« – »Mir kann der Zar keine ›faveur‹, keine Gnade erteilen«, schnaubt Metternich wütend[27].

Nach den ersten napoleonischen Erfolgen und seinem anfänglichen zügigen Vorgehen spricht Metternich schon Hardenberg gegenüber von dem »Verlust der europäischen Existenz des großen Kaiserreiches« und daß er versuchen werde, den Schwiegersohn seines kaiserlichen Herrn zu Mäßigung zu veranlassen[28]. Anfangs scheint alles seine Erwartungen zu bestätigen. Die Russen ziehen sich überall, das eigene Land verwüstend, zurück, und als Napoleon sich gar, allerdings mit immer mehr dahinschwindender Armee, Moskau nähert, sieht Metternich darin »entscheidende Ereignisse«. »Diese Erfolge sind so bedeutend«, betont der Minister, »daß es nur den Eindruck abschwächen hieße, wollte man sich mühen, ins einzelne zu gehen. Unser Hilfskorps fährt fort, den übrigen verbündeten Armeen würdig nachzueifern[29].«

Am 14. September ist das französische Heer in Moskau eingezogen.

Noch sagt Napoleon im 20. Bulletin der Grande Armée vom 17. September: »Moskau, eine der schönsten und reichsten Städte der Welt, existiert nicht mehr. Im Laufe des 14. haben die Russen an der Börse, dem Basar und dem Spital Feuer angelegt. Es war ein Flammenozean.«

Daraufhin schreibt Metternich an Kaiser Franz: »Ich erlaube mir alleruntertänigst in der Anlage des 20. Bulletins, welches schaudern macht, zu unterlegen. ›Der Rückzug nach dem Innern Rußlands ist in der gegenwärtigen Lage der Dinge die militärischste Operation, welche russischerseits geschehen konnte ... Überhaupt läßt sich von dem, was geschehen wird – keine rechte Idee fassen. *Sicher ist es auf jeden Fall, daß Rußland auf hundert Jahre zurückgeschlagen ist*[30].‹«

Doch unmittelbar darauf mehren sich die Gerüchte in Wien, daß die Angelegenheiten für Napoleon nicht gut stehen. Metternich fühlt sich schon bewogen, seinem kaiserlichen Herrn wenigstens andeutungsweise, allerdings immer noch dagegen polemisierend, Kunde zu geben: »In Warschau zirkulieren ... die abgeschmacktesten Gerüchte über das österreichische Auxiliar-Corps und die französische Hauptarmee. So schreibt mir heute Freiherr von Baum, Kaiser Napoleon sei am zweiten Tag des Moskauer Brandes mit dem Kreml in die Luft gesprengt worden. Alle diese Gerüchte werden durch die russisch gesinnten oder sich vor den Russen fürchtenden Polen ausgebreitet[31] ...«

Metternich verdoppelt daraufhin sein Mißtrauen gegen jedermann, der seiner französischfreundlichen Politik widerstrebt, besonders gegen die Kaiserin, und diese benützt jetzt andere Wege als die Staatskanzlei, um ihre Briefe an Marie Louise nach Paris gelangen zu lassen. Den Maler Isabey zum Beispiel, der eben, um die kaiserliche Familie zu malen, in Wien weilte und nun nach Paris zurückkehrt.

Napoleons gründliches Geheimhaltungssystem und wohlweislich überall eingeführtes Zeitungsmonopol verhindert noch jedes Durchsickern genauerer Nachrichten darüber, daß die französische Armee in Rußland die Stadt Moskau aufgeben und den Rückzug hat antreten müssen, wobei sie, von allen Seiten von Kosaken umschwärmt, Kälte und Hunger leidet und furchtbar zusammenschmilzt. Soviel weiß man schon in Paris, daß sich einige tollkühne Leute unter Führung des in den Ideen Rousseaus aufgewachsenen Generals Manet zu einem Handstreich aufraffen und die Gewalt an sich zu reißen versuchen unter dem Vorgeben, Napoleon sei vor den Mauern von Moskau gefallen und die Grande Armée vernichtet. Der Handstreich mißlingt allerdings, aber die kaiserliche Familie in Wien gerät in ernste Besorgnis, und als Franz I. die Nachricht in dem »Moniteur« liest, sendet er augenblicklich einen Kurier nach Paris, um dringend Auskünfte über das Befinden von Tochter und Enkel einzuholen.

Selbst Metternich wird nun nachdenklich; auch die verschiedenen Interzepte, die ihm vorgelegt werden, bezeugen die allgemeine Stimmung. Entsetzt liest er in einem solchen[32]: »Wenn Österreich will, ist es aus mit Napoleon und Frankreich ... Wie ist es möglich, daß es seinen Tyrannen und seinem Zerstörer dient und seine Tochter vergißt, die es geopfert hat.« Dazu rührt sich die russische Partei in Wien besonders in den Salons der Kurländerinnen und der Bagration. Jetzt wagen sich die Anhänger der russischen Richtung schon in die Nähe des Kaiserpaares und bringen Nachrichten dorthin, die Metternich vor diesem immer noch geheimhalten will.

Die Lage Napoleons wird auch wirklich stets kritischer; von den 363.000 Mann der Grande Armée, die einst den Njemen überschritten, sind nur 95.000 bis Moskau gelangt, und nun auf dem Rückzug ist nur mehr die Hälfte davon marschfähig. Napoleon verlangt in Österreich neue Truppen, angeblich 80.000 Mann, die Metternich nach dem Grafen Zinzendorf zu geben geneigt wäre, während Graf Wallis sich mit Händen und Füßen dagegen wehrt. Auch er wie die Kaiserin wittern schon Frühlingsluft, und Stadion sieht seine Zeit wieder kommen.

Österreichs Minister des Äußeren muß nun sehr auf seine Stellung achten; schon spricht man von der Wiederkehr seines Vorgängers, und Metternichs gesamtes auf Napoleon gegründetes politisches Gebäude scheint zusammenzubrechen. Aber er will noch immer nicht daran glauben, daß der große französische Soldat sich so gründlich verrechnet hat. Und dies, obwohl sein kaiserlicher Herr nun selbst durch die Staatskanzlei einen Brief seiner Gemahlin an die verwitwete russische Kaiserin durch Metternich weitersenden läßt und so zeigt, daß man dem tapferen Zarenreich jetzt doch langsam wieder etwas entgegenkommen will. Der Minister ist wohl gezwungen, dem Kaiser einen polizeilichen Stimmungsrapport über Wien vorzulegen, der eindeutig napoleonfeindlich ist, aber er begleitet ihn mit einschränkenden Worten: »Er enthält nur die Herzählung der übertriebenen, oft hirnlosen Gerüchte, welche hier von der russischen Partei ausgesprengt werden und welche ein Teil leichtgläubiger Menschen aufnimmt ... Die Polizei soll sich angelegen sein lassen, auf die öffentliche Stimmung durch eine zweckmäßige Widerlegung falscher Gerüchte und Aufspürung und Zurechtweisung der Verbreiter zu wirken[33].«

Auch Schwarzenberg, der Befehlshaber des österreichischen Hilfskorps, der bisher ganz für Napoleon eingenommen war und solchen Anteil an der Verheiratung Marie Louises hatte, sagt nun schon: »Diesmal hat Napoleon dumme Streiche gemacht.« Er ist für sein Österreich nicht ganz böse darüber. »Desto besser, wenn die beiden Kolosse sich wechselseitig recht schwächen[34].« Aber der eine schwächt sich *nicht*, während des anderen Armee allerdings ganz zerrinnt.

Am 5. Dezember erhält Metternich zum erstenmal aus Wilna einen eindeutigen Bericht seines Geschäftsträgers, amtliche Nachrichten über erhebliche Verluste Napoleons auf dem Rückzug. Er ahnt aber noch nicht, daß der Korse sich am selben Tag schon in Smorgony in einen Schlitten setzte und, so wie seinerzeit in Ägypten, die Armee einfach im Stich läßt und in seine Hauptstadt zurückeilt. Allerdings verläßt er hier nur mehr Trümmer eines Heeres. Am 3. Dezember berichtet Marie Louise ihrem Bruder Franz Karl lakonisch: »Du weißt schon vermutlich, daß der Kaiser mich plötzlich überraschte und den 18. in Paris angekommen ist. Er befindet sich wohl und hat 700 Meilen in 13 Tagen zurückgelegt.«

Metternich will aber immer noch nicht, daß das große Publikum erfahre, wie es wirklich steht, und schlägt zum Beispiel dem Kaiser vor, ein beigelegtes Interzept an ein Fräulein Meratzek in Preßburg nicht zustellen zu lassen, in dem zu lesen steht[35]: »Wir sind hier (in Lemberg) in großer Erwartung, denn Napoleon ... ist von allen Seiten eingeschlossen, es fehlt ihm das allernotwendigste, er ist also in einem jammervollen Zustand ... Die Russen haben wie die Engel manövriert ... Wenn wir mit Rußland gemeinsame Sache machen würden, wäre das Ungeheuer völlig erdrückt.«

Indes wird nun bald der gänzliche beispiellose Zusammenbruch offenbar. Nur mehr kaum 8000 Mann von Napoleons Riesenarmee, die so stolz ausgezogen, kehren abgerissen, halb verhungert, zu Tode gleichgültig, in elendster Verfassung über den Njemen zurück. Am 15. Dezember übersetzt Murat, der Befehlshaber über die einst so stolzen, unübersehbaren Reiterscharen, der nun selbst kaum mehr ein Pferd hat, den Fluß mit den letzten zu Fuß humpelnden Resten seiner Leute, und die russische Verfolgung hört auf.

Am 9. Dezember ist der Bericht über die ungeheuren Ausmaße dieser Katastrophe in Metternichs Hand. Jetzt beginnt die Partei der Kaiserin zu triumphieren, auch Stadion, obwohl er bisher trotz allen gegenteiligen Ansichten in bester Beziehung zu Metternich gestanden ist. Genauso die Fürstin Bagration und Wilhelmine von Sagan; die letztere hat widersprechende Gefühle. Auf der einen Seite ist sie stolz, daß sie recht behält und ihre Politik sich durchsetzt; auf der anderen sieht sie auf ihren ständigen Anbeter Metternich, und was ihn erniedrigt, erniedrigt auch sie. Aber noch ist es nicht so schlimm um den Minister bestellt; vielleicht kann man ihn jetzt stützen, wie man ihn früher bekämpft hat, sich so seine Dankbarkeit sichern und auf diese Art und Weise dann doch einmal an sein Ziel gelangen.

Einen Augenblick glaubt Metternich auf einen falschen Bericht Napoleons hin, der Korse hätte doch wieder an der Beresina gesiegt, und meint, daß die Dinge sich wieder zu dessen Gunsten wenden könnten. So beschließt er, ruhig abzuwarten, vielleicht wäre die Lage der Dinge doch nicht so verzweifelt. Aber nein, bald klärt sich alles, und die Nachrichten über Napoleons Flucht verdichten sich. Florets Mitteilungen aus Paris, wonach der Kaiser seinen Schatz von einer Million Franc in Gold nur durch Anspannen seiner eigenen Reitpferde hätte retten können, sowie die Wegnahme des unmittelbaren Gepäcks des Kaisers, die Schilderung seiner Mahlzeiten, in denen er gebratene Pferdezungen verzehrt haben soll, vervollständigen das Bild[36].

Gleichzeitig läuft ein dringender Appell des Zaren an Kaiser Franz in Wien ein, sich doch seinem siegreichen Land anzuschließen und das Augenmerk gemeinsam mit ihm dem großen Ziel der Befreiung Europas zu widmen. Der Zar beschwört den Herrscher, die schöne Gelegenheit nicht vorübergehen zu lassen, »der Retter Europas und der gesamten Menschheit zu werden[37]«.

Der Brief wird Metternich zur Einsicht und Beratung übergeben: Napoleon ist einwandfrei besiegt, soll er also in Österreich sofort das Steuer herumwerfen und gänzlich zum Sieger übergehen? Erstens ist das unangenehm, denn er muß seine gesamte bisherige Politik selbst als verfehlt erklären, und zweitens würde das Ansehen Rußlands, das ohnehin schon so gewaltig gestiegen ist, noch ins Unendliche vermehrt werden. Das würde nur eine Lage schaffen, die dem Zarenreich alles Übergewicht verleiht und dieses auch für Österreichs Geltung noch gefährlicher gestalten, als es der Kaiser der Franzosen je gewesen. So entschließt sich der Minister also abzuwarten, Zeit zu gewinnen, hinzuhalten, bis die Dinge noch viel klarer liegen – und Kaiser Franz folgt Metternich selbst jetzt noch durch dick und dünn, wo ihm doch durch die Kraft der Tatsachen bewiesen ist, daß das Gegenteil von dem eingetreten ist, was sein erster Ratgeber für wahrscheinlich, ja fast für sicher gehalten und erwartet hatte.

Aber ganz kann man den glorreichen Sieger ja doch nicht übergehen, zu dem nunmehr auch Preußen gestoßen ist. So entschließt sich denn Metternich, den altbewährten Grafen Bubna nach Paris zu Napoleon, anderseits aber Graf Stadion in das Hauptquartier des Zaren zu schicken, um an beiden Stellen anzuklopfen, ob nicht mit österreichischer Vermittlung ein Friede zustande zu bringen wäre. Ist das Wiedereinführen Stadions in die Politik auch ein großes Zugeständnis an die Andersdenkenden im Kaiserstaat, so ist Metternich doch nach wie vor entschlossen, weder das Heft aus der Hand zu geben noch vorläufig seine Politik grundlegend zu ändern.

Wieder fällt ein Brief[38] des Erzherzogs Joseph an die Zarin in die Hände Metternichs, der rückhaltlos ausspricht, was in der letzten Zeit tatsächlich geschehen ist und was nach des Erzherzogs Meinung nun geschehen sollte:

»Die Freundschaft unserer lieben Kaiserin gibt mir, liebe Mutter, endlich Gelegenheit, Ihnen aufgeschlossenen Herzens zu schreiben. Unser ausgezeichneter Souverän hat, durch falsche Ratschläge verleitet, die ungarischen Angelegenheiten in gänzlich unrichtiger Weise beurteilt, er kennt weder den Nationalcharakter noch die Einrichtungen dieses Landes ... Ich habe gelitten, eine so passive Rolle zu spielen und dabei Zeuge unseres täglichen Verfalls als Folge der falschen Maßnahmen zu sein ... *Aber von allem war mir am peinlichsten, uns für eine fremde Sache gegen unseren natürlichen Verbündeten (Rußland) kämpfen zu sehen* ... Ich sah die Dinge seit langem so kommen, und von allem Anfang an habe ich gemeinsam mit unserer guten Kaiserin meine ganze Beredsamkeit aufgeboten, um unseren Souverän von einer so verhängnisvollen Maßnahme abzubringen und ihm die gefährlichen Folgen vorzuhalten. Aber man wußte ihn so geschickt in diese Angelegenheit hineinzuverpflichten, daß er sich gefangen sah, ohne dessen auch nur gewahr zu werden ... Der bloße Gedanke, daß wir Feinde Rußlands seien, machte mir so viel Kummer ... Jetzt will ich mein möglichstes für das Gemeinwohl tun und, soweit es in meiner Kraft steht, neue Fehler verhindern ... Die Kaiserin, meine Brüder und alle vernünftigen Leute sind der gleichen Meinung ... Ihr sehr gehorsamer Sohn Joseph.«

Metternich schäumt vor Wut, als er diesen Brief in der Hand hält. Dies letztere Wort ist wohl nur eine Phrase wie eine andere Schlußfloskel auch, doch er will daraus Kapital schlagen, eine Art liebedienernde Verräterei in diese hineinlegen. In Wirklichkeit aber ärgert er sich besonders, daß der Erzherzog die Finger in die Wunde seiner eben zutage getretenen Irrtümer legt und gar von der Verhinderung weiterer solcher Fehler spricht. So folgt ein wütender Entwurf, wie der Kaiser seinen Bruder für diesen Brief maßregeln soll:

»Euer Majestät! Allerhöchstdieselbe dürften dieses Folgende an des Herrn Erzherzog Palatinus, königliche Hoheit, erlassen:

Euer Liebden! Meine Regentenpflicht fordert, daß ich mich in der Kenntnis der Schritte meiner Untertanen und Diener erhalte. In der Anlage findest Du ein Schreiben, welches ich nie von einem meiner Brüder und einem der ersten Diener des Staates erwartet hätte. Sein Inhalt spricht dem Schreiber selbst das Urteil, und ich enthebe Dich jeder Verteidigung[39].«

Diesmal aber gibt der Kaiser dies Reskript nicht an seinen Bruder weiter. Der Hinweis auf des Ministers falsches Parteiergreifen macht ihn doch bedenklich. Immerhin, die Kritik an seiner eigenen allerhöchsten Person läßt ihn auch wieder Ärger über Erzherzog Joseph empfinden. Es ist klar, die Erzherzoge versuchen nun, ihren kaiserlichen Bruder von der Hörigkeit Metternich gegenüber abzubringen.

Nicht nur Erzherzog Joseph, auch Johann will andere Wege gehen. Dem Minister des Äußeren sind Nachrichten zugekommen, wonach irgendeine Verschwörung zur Erregung eines Aufstandes in den westlichen gebirgigen Kronländern unter dem Namen »Alpenbund« im Gange sei, der die französisch-bayrische Vorherrschaft brechen und Napoleon im Rücken gewaltige Verlegenheit schaffen soll. Einer der Teilnehmer, ein Beamter namens Anton von Roschmann, verrät Metternich alles. In die Angelegenheit sind der Bruder des Kaisers, Erzherzog Johann, der einfach der Meinung ist, etwas Hochpatriotisches zu tun, der Direktor des Haus-, Hof- und Staatsarchivs von Hormayr und last not least als Vertrauensmann seiner Regierung auch Clemens' Nebenbuhler im Herzen der Herzogin von Sagan, Mr. Harcourt King, verwickelt. Man sollte glauben, daß eine solche Unternehmung Metternich langsam auch schon als nützlich erscheinen könnte, würden doch Napoleon dadurch weitere Verlegenheiten bereitet, um sich schließlich seiner Gewaltherrschaft gänzlich zu entledigen. Aber Clemens ist davon noch weit entfernt, Napoleon ist für ihn noch lange nicht endgültig geschlagen, noch lange nicht tot, stampft immer neue Armeen aus dem Boden. Zuzugeben, unrecht gehabt zu haben, ist des Ministers Sache nicht, kann nicht die eines Mannes sein, der stets und jedermann gegenüber das Wort im Munde führt und wiederholt: »Ich habe alles vorausgesehen.« Metternich bemüht sich wohl, umzudeuteln und umzudichten, was er früher gesagt und geschrieben hat, aber gewisse Dinge, zum Beispiel die Heirat der Tochter des Kaisers, bleiben als lebendige Zeugen seiner früheren Ideen bestehen und sind nicht aus der Welt zu schaffen.

Der Verräter Roschmann weiß sich auch sonst auf die geschickteste Weise bei Clemens ins Bild zu setzen. »Es ist ein Anschlag auf Euer Exzellenz Leben im Werke«, erfindet er. »Man glaubt, daß sich die Politik des österreichischen Kabinetts ändern werde, wenn Sie fallen ... Die Idee soll aus dem russischen Hauptquartier kommen. Das, was ich hier schreibe, ist keine Chimäre, sondern, wie ich leider versichern muß, schaudervoller Ernst und Plan.« Auf Hintertreppen schlüpft der Verräter bei dem Minister ein und aus. Bei seinem Mißtrauen gegen die Brüder geht Kaiser Franz da wieder vollkommen mit dem Minister mit; was er vorschlägt, geschieht.

Clemens überlegt. Wieder kann man einen der widerstrebenden Erzherzoge gründlich demütigen, nach Karl und Joseph nun auch Johann niederwerfen und gleichzeitig diesen verdammten britischen Beau, diesen King, treffen, wenn man sich dabei auch Straßenräubersitten bedienen muß. King ist der britische Geldgeber des »Alpenbundes«; er haßt Metternich, weil er die Herzogin von Sagan liebt und sieht, daß diese den mächtigen Staatsmann vorzieht, ja ihm, dem Fremden, vielleicht schon überhaupt gänzlich den Laufpaß gegeben hat. Da könnte man, denkt Clemens, zwei Fliegen auf einen Schlag treffen. »Die Bitterkeit ist wechselseitig aufs höchste gestiegen«, urteilt Gentz darüber[40], »Metternich sieht in King nichts mehr als einen Verschwörer und persönlichen Feind.«

Ein Kurier des Engländers wird nun in der Nacht vom 25. auf den 26. Februar 1813 während seiner Reise auf des Ministers Befehl überfallen, und die Papiere werden ihm weggenommen, worunter sich solche befinden, die einwandfrei seine Teilnahme an dem geplanten »Alpenbund«-Aufstand beweisen. King ist aufs äußerste empört, und er sieht »in Metternich nichts (anderes mehr) als einen Minister-Banditen«.

Kurz darauf werden dann Hormayr und zum Schein auch Roschman verhaftet, Erzherzog Johann in die Staatskanzlei und dann zu Kaiser Franz berufen, wo er, der treue Österreicher und tiefstergebene Diener seines Bruders und Kaisers, wie ein armer Sünder abgekanzelt und gedemütigt wird. Kings Verweilen in Wien ist nun unmöglich geworden, der Nebenbuhler beseitigt. Wieder ist Kaiser Franz, obwohl seine engste Familie betroffen ist, völlig mit Metternich gegangen. Dieser aber hat bewiesen, daß er noch alle Rücksichten für Napoleon walten und ihn noch lange nicht fallen läßt.

Der Korse hat indessen schon im April 1813 wieder mit frisch ausgehobenen Truppen im mittleren Deutschland gegen Rußland und die inzwischen zu diesem gestoßenen Preußen und Schweden einen neuen Feldzug begonnen. Viele seiner Freunde von früher, wie der selbst schon längst heimgekehrte Befehlshaber des österreichischen Hilfskorps des Feldzuges 1812, sind von ihm abgefallen. Schwarzenberg weilt jetzt in Wien, und der französische Botschafter meldet entrüstet, er sei nun völlig in den Händen der Weiberclique, das heißt der Bagration und der Prinzessinnen von Kurland, die wieder mit Razoumowski und Stadion eng zusammenarbeiten.

Jetzt beginnen sich beide feindlichen Parteien um Österreich zu bemühen, Clemens aber ist sich über die Zukunft noch gar nicht im klaren. Er erwartet von dem nächsten Schlag im Felde die Entscheidung über den Ausgang des Krieges. »Ich gestehe, daß ich in bezug auf diese Schlacht in großer Unruhe bin. Nicht weil Napoleons Hilfsmittel gut sind, aber weil er viel Kopf hat und ich im Hauptquartier der ihm gegnerischen Souveräne das gänzliche Fehlen eines solchen feststellen muß[41].« Metternich weiß, wie Napoleon denkt, und auch Bubna bekommt einen Begriff davon, wenn er, zur Erforschung allfälliger Friedensgeneigtheit nach Paris entsendet, dort von dem Korsen folgendes zu hören bekommt: » . . . Ich fürchte weder Geschosse noch Drohungen. Ich halte nicht viel von meinem Leben, ebensowenig wie von dem anderer, und schwanke nicht, mein Leben aufzuopfern. Ich schätze es nicht mehr als jenes von hunderttausend anderen Menschen. Ich würde eine Million solcher opfern, wenn es nötig ist[42].«

Wenn man gleichzeitig den »aus diplomatischer Symmetrie« in das Hauptquartier der verbündeten Gegner des Korsen gesandten Stadion betrachtet, so ist die Person dieses Mannes eine viel zu bedeutende und bezeichnende, als daß seine Betrauung bloß in der Symmetrie begründet wäre. Seine Ernennung beweist nur, daß Metternich schon tüchtig Wasser in seinen Wein gießen muß, allerdings der Wein ist immer noch da, Stadion wird es nicht leicht haben. Aber der große Soldat, der der Korse nun einmal ist, weiß wieder den Sieg an seine Fahnen zu fesseln. Bei Lützen am 2., bei Bautzen am 21. Mai siegt er über seine Gegner. Gleich schlägt die Stimmung in Metternich wieder um. Seine sehr langsame, allmähliche Erwägung für die Sache der Gegner Napoleons erkaltet wieder, und alle, die den Kaiser Franz endlich für die Mitwirkung gegen den Korsen gewinnen wollen, werden wieder zurückgedrängt. Immer noch verhallen die Worte des Zaren, der auch jetzt am 30. Mai wieder Kaiser Franz beschwört[43]: »Mögen sich Euer Kaiserliche Majestät doch der schönen Rolle bewußt werden, mit einem Wort könnten Sie über das Los Europas entscheiden ... Noch einmal, die Zeit drängt.«

Man wird sich endlich entschließen müssen; die Kaiserin ebenso wie der begeisterte Ratgeber Franz I., Anton Freiherr von Baldacci, aber auch viele andere Persönlichkeiten drängen den Monarchen, sich gegen Napoleon zu erklären. So kommt es bei beiderseitiger Erschöpfung am 4. Juni 1813 zu einem Waffenstillstand, der vorläufig bis Mitte August gilt. Österreich ist zwar noch neutral, aber schon wird eine Armee in Böhmen aufgestellt, und jede Mahnung Stadions läuft auf »höchste Aktivität« hinaus. Nun beschließen Kaiser Franz und Metternich, sich näher in den entscheidenden Raum zu begeben, dorthin, wo sich schon der Zar und der König von Preußen und nicht weit davon auch der Gegner und die Armeen befinden.

Clemens sieht sich die Karte an und die feudalen Herrensitze, die in dem an Schlesien grenzenden Raum Böhmens für den Aufenthalt seines allerhöchsten Herrn in Betracht kommen. Nicht ganz ohne auch an sich zu denken, wählt er lauter Schlösser, die gar nicht weit von dem entzückenden Landhaus Ratiboržitz der Herzogin von Sagan liegen. Für den Kaiser bestimmt er das Trauttmansdorffsche Schloß Gitschin (Jitschin); dorthin reist er auch mit Franz I. am 3. Juni ab. Für die Schwestern des Zaren, die gleichfalls kommen wollen, wird das Schloß Opočno gewählt, und dort wird sie der allerhöchste Bruder auch besuchen.

Metternich steht vor gewaltigen Entscheidungen. »Es ist eine schreckliche Sache«, schreibt er seiner Tochter Marie[44], »ganz Europa auf seinen Schultern zu tragen ... Zwei Kaiser und ein König auf 25 Meilen von hier, 300.000 Mann Truppen ebenso weit und 100.000 in unmittelbarer Nähe. Wenn man dann denkt, daß sich unter diesen Kaisern der gute Napoleon befindet und das gesamte Weltall auf sie blickt, daß achtzig Millionen Menschen ihr Heil von Gitschin erwarten und ich mir, wenn ich mit dem Kaiser spazierengehe, sage, daß dieses Glück uns als unsichtbarer Dritter begleitet, da gibt es etwas zu denken!«

Gentz geht es besser; er weilt im zauberhaften Ratiboržitz, einem, wie er sagt, »kleinen Paradies, das die Herzogin von Sagan zum Himmel macht«. Der eitle Mann ist in seinem Element und verlebt »die interessantesten, lebendigsten, merkwürdigsten Wochen seines Lebens«, denn die drei oder vier böhmischen Schlösser da in dem engen Raum zwischen Dresden und Reichenbach verdunkeln zur Zeit den Glanz aller Hauptstädte Europas, und Gentz fühlt sich äußerst bedeutend inmitten von regierenden Häuptern, Premierministern, wichtigen Konferenzen, hin und her jagenden Kurieren. Und dieses zu allem Überfluß im Haus einer schönen Frau.

»Ich lebe hier wie im Himmel«, wiederholt Gentz zu Pilat[45]. Neidvoll bedenkt dies Metternich, der dort in Gitschin »mit Serenissimo, seinen täglichen vier oder fünf Kurieren und öfters mit einer Pfeife Tabak einsam und allein haust«. Nun, er wird schon den Weg nach Ratiboržitz zu finden wissen, weit ist es ja nicht.

Die Großfürstinnen Katharina und Anna weilen nun im Schloß Opočno, wohin sich der Zar aus dem Hauptquartier der Verbündeten begibt, um sie zu besuchen. Zumindest ist das der Vorwand, auf dem Hinweg aber verweilt und speist er am 16. Juni in Ratiboržitz bei der Herzogin von Sagan. Brühwarm läßt dies Gentz »Wilhelmines Todfeindin«, der Fürstin Bagration berichten, der es nicht gelungen ist, sich auch in dieses für die Welt so wichtige Schlösser-Viereck hineinzuschmuggeln. Metternich wäre dies sehr unangenehm gewesen, und Gentz handelt ganz in seinem Sinne, wenn er vor der Fürstin Bagration »über alles, was den Grafen angeht, eine Art von Schleier liegen lassen will«.

Was aber macht Zar Alexander bei Wilhelmine von Sagan? Sie arbeitet für Rußland, das weiß er; sie bezieht ihre Einkünfte zum Großteil aus diesem Land, das weiß er auch, und der österreichische Minister ist rasend in die Herzogin verliebt, das weiß er am besten. Und zudem ist ihm auch bekannt, daß nur einer, nur Metternich, sich in Österreich noch nicht entschließen kann, zu den gegen Napoleon stehenden Verbündeten überzutreten. Und daß man ihn gewinnen will, ihn gewinnen muß, um endlich die Einheitsfront gegen den noch immer übermütigen Korsen zu schließen. Da muß die Sagan mitwirken! Ein durch sein Auftreten und seine schöne Gestalt berückender Mann, dazu Zar von Rußland und Sieger über Napoleon, steht vor der klugen, schönen Herzogin und sagt ihr ohne Umschweife, was er von ihr will. Man kann sich leichthin vorstellen, wie sie ihm beteuernd versichert, daß alles, was in ihren Kräften steht, geschehen wird, wie es die Majestät wünscht, wie es die Majestät befiehlt. Sie wird wohl in »meinen schwachen Kräften« gesagt haben, aber in Wirklichkeit sind sie gerade in diesem Fall nicht schwach, im Gegenteil, sie nähern sich der Erfüllung, dem Sieg.

Der Kaiser bleibt bis sieben Uhr abends und läßt die Herzogin, begeistert und entzückt über alles, was er ihr gesagt hat, zurück. Dann fährt er weiter über Neustadt nach Opočno, wo er einige Tage bei seinen Schwestern bleiben will. Metternich hat vom Besuch des Zaren in Ratiboržitz gehört und sich sofort auf den Weg dahin gemacht, um ihn noch zu treffen und zu sprechen. Aber er kommt genau eine Stunde nach der Abfahrt des Herrschers dort an. So hat die Herzogin gleich Gelegenheit, das durchzuführen, was der Zar von ihr verlangt hat. Schon die ganze Zeit über hat sie mit Clemens eine fortlaufende Korrespondenz geführt, in der sie »alle Hebel einer schönen Frau, eines hohen Verstandes und einer Patriotin in Bewegung setzte, um den Anschluß an die Verbündeten zu fördern[46]«. Die Schreiben der Herzogin glühten vor Begeisterung und enthielten Darlegungen der damaligen Verhältnisse, die einem jeden Staatsmann Ehre gemacht hätten.

Gentz sagt von der schönen Besitzerin von Ratiboržitz, daß ihr männlicher Verstand, durch ungewöhnliche Kenntnisse unterstützt, sie hochgeeignet machte, in die großen Begebenheiten jener Zeit einzugreifen. Die Macht ihrer Persönlichkeit, die blendende Schönheit ihrer einunddreißig Jahre, ihre vollendeten Formen, ihr goldenes Haar über der schönen Stirn und der edlen Nase ließen sie Metternich entzückender und verführerischer erscheinen als je. Und nun, wo sie die Sprecherin eines Siegers ist, der allerdings von dem österreichischen Minister bisher namenlos befehdet worden war, haben ihre Worte auch sonst mehr Gewicht. Clemens verbringt die Nacht in Ratiboržitz und fährt am nächsten Tag morgens um neun Uhr zum Zaren nach Opočno weiter. Die würdevolle und dabei graziöse Gestalt des Monarchen, die offene, edle Haltung bei großer Liebenswürdigkeit macht tiefen Eindruck auf ihn, und wenn er sich auch noch nicht ganz geschlagen gibt, seine bisherige Haltung erfährt einen ernsten Stoß. Der Zar war dabei noch von seinen schönen Schwestern umgeben gewesen, von denen besonders Katharina auf den Österreicher einen tiefen Eindruck macht. Hudelist hat ganz recht, wenn er in diesen Tagen an Metternich schreibt: »Euer Exzellenz mögen in Opočno einen harten Stand gehabt haben, einer gegen so viele, worunter noch ein paar so schöne und gefährliche Damen wie die beiden Großfürstinnen waren, die durchaus nichts von Frieden wissen wollen[47].«

»Alle Anzeichen sprechen dafür«, bemerkt[48] Clemens nach diesen verschiedenen Zusammenkünften zu Stadion, »daß der Kaiser der Franzosen viel Unruhe darüber zeigt, welche Partei wir nun ergreifen werden.« Bisher hat der Korse mit Metternich nicht sprechen wollen, nun aber findet der Graf bei seiner Rückkehr nach Gitschin Napoleons Einladung zu einer Zusammenkunft in Dresden vor. Metternich ist entschlossen, dem Kaiser der Franzosen dort unter bestimmten Bedingungen eine Friedensvermittlung anzutragen, mag aber dieser nicht darauf eingehen, so will er sich den Verbündeten anschließen. Nichts fürchtet Stadion mehr, als daß Napoleon wirklich in Metternichs Politik einlenkt[49].

Sechs Stunden lang dauert die Unterredung zwischen diesen beiden Männern, die nur unter vier Augen stattfindet. Jeder von beiden gibt eine von seinem eigenen Standpunkt ausgehende Darstellung dieser Verhandlung, und eine widerspricht der anderen[50]. Sicher ist, daß Napoleon Metternich schwere Vorwürfe wegen seiner Verhandlungen mit den Gegnern Frankreichs gemacht hat. Also so wenig nützt es ihm, daß er die Tochter des Kaisers Franz geheiratet hat! »Alles bestätigt meine Ansicht«, sagt der Korse, »daß ich damit einen unverzeihlichen Fehler begangen habe ... Es kann mich den Thron kosten, aber ich werde die Welt unter ihren Trümmern begraben.« Man hört immer die gleichen Töne, wenn ein politischer Hasardeur schließlich dem endgültigen Zusammenbruch entgegeneilt!

Napoleon ist sanfter bei dieser Unterredung, als er es sonst bei solchen Gelegenheiten zu sein pflegt, weil er immer noch im stillen hofft, Österreich werde neutral bleiben, und Metternich – er möge sagen, was er will – dem Korsen auch immer noch einige Hoffnung darauf gelassen hat. Schon die Verlängerung des Waffenstillstands bis zum 10. August, die er vorschlägt und die Napoleon auch annimmt, ist eigentlich ein Bruch der Abmachungen Stadions mit den Verbündeten.

Metternich berichtet seiner Tochter über die Dresdner Zusammenkunft[51]: »Am letzten Tag habe ich noch eine sechsstündige Schlacht mit dem Kaiser (Napoleon) gehabt, aber ich bin daraus so siegreich hervorgegangen, daß er mich schließlich umarmt hat ... Wir werden in Kürze Frieden schließen, oder wir werden noch einen höllischen Krieg haben, und dann werde ich das Vergnügen genießen, den Feldzug zu unternehmen. Ich schmeichle mir indessen, daß wir Frieden haben werden, besonders mit Rücksicht auf die ersten moralischen Siege, die ich über den Kaiser davongetragen habe.«

Man sieht, gar so hochnäsig, ja unhöflich, wie Metternich nach einer nachträglichen Darstellung Napoleon in Dresden entgegengetreten sein will, dürfte er kaum gewesen sein, sonst hätte der Kaiser ihn nicht umarmt. Immerhin, er ist nun weit entfernt, dem Korsen so weitgehend zu folgen wie in früheren Jahren.

Die Fürstin Bagration hat, in Wien die ganze Zeit über mehr oder weniger ausgeschaltet, eifersüchtig auf die inmitten der Ereignisse stehende Wilhelmine von Sagan gesehen. Man macht sich lustig über sie. Metternich erfährt dies und ärgert sich immer dann besonders, wenn wirklich Wahres gesagt wird, über das notorisch Falsche lacht er und macht höchstens einen Witz dazu. Aber wenn man die Bagration zuviel hänselt, ist ihm dies peinlich, weil sie die Feindin der Herzogin von Sagan ist und er die Feindschaft nicht schüren will. Zu leicht könnte Wilhelmine, die er liebt, daraus zu Schaden kommen. Mit der Sagan muß er auch sehr vorsichtig sein; Nebenbuhler um ihre Gunst tauchen auf und sind oft bei ihr zu Gast, darunter ein Fürst Alfred Windisch-Graetz, von dem man schon in Wien raunt, daß er ihr dritter Prinzgemahl werden dürfte.

Nun reisen alle großen Herren und Damen nach Prag zum Kongreß, der endgültig über weiteren Krieg oder Frieden entscheiden soll; auch Großfürstin Katharina von Rußland, die schöne Schwester des Zaren und seine politische Vertraute. Sie trifft in Prag den Erzherzog Karl, nähert sich ihm und findet an seinem Wesen und seinen klugen Gesprächen Gefallen. Obwohl ihr Gatte erst am 14. Dezember 1812 gestorben ist, sagt man allgemein von ihr, sie sei schon nach einem neuen aus. Mißtrauisch sieht der österreichische Minister den engen Verkehr dieser beiden hochgestellten Persönlichkeiten.

Metternich und Kaiser Franz werden durch die Ereignisse immer enger aneinandergeschmiedet. Clemens weiß des Kaisers Eitelkeit und Schwächen sehr geschickt zu nähren. Im Jahre 1813 schreibt er dem Monarchen aus Brandeis zum Beispiel[52]: »Nachdem alle Mittel der Monarchie zertrümmert zu den Füßen Eurer Majestät lagen und das ganze Ministerium den Untergang des Staates als unvermeidlich – in *Krieg* und *Frieden* ansahen, behielten Euer Majestät allein noch Mut; Allerhöchstdieselben übertrugen mir die schwere Last des Ministeriums; durch glückliche Umstände begünstigt, voll Vertrauen auf den festen Sinn, auf die sichere Unterstützung Eurer Majestät habe ich getan, was mir Pflicht und Gewissen geboten. – Wir haben auf diese Weise in weniger als vier Jahren die erste Stelle in Europa wiedererrungen! ... Diese Wahrheit ist mir zu einleuchtend, als daß ich den Satz nicht als gänzlich ausgemacht annehmen muß, daß Euer Majestät, im Falle Frankreich die Friedensbasen nicht annehmen sollte, Ihrem Worte treu bleiben und *Ihre Rettung im engsten Anschließen an die Alliierten suchen werden ...«* Kaiser Franz versah diesen Brief darauf mit folgender an Metternich gerichteter Randbemerkung: »Ihnen habe ich größtenteils den jetzigen ruhmvollen politischen Zustand meiner Monarchie zu verdanken, ich rechne auch auf Sie in meinen Bestrebungen, ihn zu erhalten, Friede, dauerhafter Friede ist gewiß das für jeden redlichen Mann erwünschteste, um so mehr für mich, dem das aus einem Krieg entstehende Leiden so guter Untertanen, so schöner Länder, an denen ich mit Leib und Seele hänge, am schmerzlichsten fällt ... Übrigens können Sie auf meine Festigkeit in Durchführung dieser Grundsätze rechnen ... Franz.«

Befriedigt kann Metternich nun nach Prag gehen, wo Wilhelmine von Sagan schon ihren Posten bezogen hat. Noch ist nicht alles gewonnen, noch Österreich nicht entscheidend an Rußlands Seite getreten; die Herzogin verdoppelt daher ihre Anstrengungen, und Metternich liegt mehr als je in ihren Liebesbanden. Ihr Einfluß auf ihn wird immer stärker. Gentz hat Wilhelmine in Prag einen Teil seiner sehr schönen Wohnung überlassen. »Zwischen ihr und dem Grafen Metternich«, schreibt er, »bestand damals ein sehr intimes Verhältnis[53].«

Unweit Prag formt sich auch das Hauptquartier des Feldmarschalls Schwarzenberg, der zum Oberbefehlshaber jener im Aufmarsch begriffenen österreichischen Armee ernannt ist, die dem Wort des Kaiserstaates ein entsprechendes Gewicht verleihen soll. » ... Wir warten ›immer‹ der Dinge, die da kommen sollen«, schreibt Metternich an seine Tochter Marie[54]. »Dieses ›immer‹ wird aber bald sein Ende haben, doch glaube ich nicht, daß irgend jemand auf der Welt, ausgenommen der liebe Gott, der uns nicht in sein Geheimnis einweiht, weiß, wie das ausgehen wird ... Die Zeit aber, die wir gewonnen haben, versetzt uns in eine sehr gute Lage.«

Die letzten Worte Metternichs lassen durchblicken, daß er nun schon mit Krieg rechnet, ja bereits für die Teilnahme daran gewonnen ist. Er hat in letzter Zeit ja doch gemerkt, daß sein allerhöchster Herr unter den Vorhaltungen der Kaiserin, Baldaccis und der Ereignisse selbst nachdenklich geworden ist und nur noch auf die endgültige Meinungsänderung Metternichs wartet, auf den er soviel hält. Ununterbrochen ist in letzter Zeit Maria Ludovika in ihren Gatten gedrungen, hat auf ihn eingesprochen, Brief auf Brief an ihn gesendet: »Nur nicht mehr nachgeben, siegen oder sterben; geht die eine Hälfte der Monarchie verloren, muß die andere ausharren, bis der Feind unterliegt. Mit Mut und Festigkeit erringen wir den Sieg[55] ...«

Die Kaiserin ist überzeugt, daß Napoleon niemals Frieden schließen kann und will und alles Verhandeln mit einem solchen Mann vergebens ist. Und nun geschieht etwas ganz Merkwürdiges. Noch vor so wenigen Monaten hat Metternich den Erzherzog Johann, Hormayr und all die Verschworenen gedemütigt, ins Gefängnis gesteckt und schärfste Erlässe gegen sie herausgegeben, und nun auf einmal will er ganz das gleiche in Gang bringen, was diese schon längst machen wollten, und denselben Erzherzog Johann zu einem ganz ähnlichen, früher als toll und verbrecherisch bezeichneten Unternehmen veranlassen. Am 15. Juli ergehen schon die betreffenden Schreiben des Kaisers und Metternichs an Erzherzog Johann.

Nun nähert sich der Augenblick der Entscheidung, und da denkt Clemens, seinen Vater auch ein wenig unterrichten zu müssen[56]: »... Werden wir Krieg haben oder nicht? Niemand kann vor dem 10. August (Ablauf des Waffenstillstandes) diese Frage entscheiden. Ich sage dieses ›niemand‹ und beziehe Napoleon darin ein. Aber soll geschehen, was will, ich werde meine Pflicht getan haben, und wenn ich alle Friedensmöglichkeiten erschöpfe, so wird es deswegen nicht weniger sicher sein, daß der Krieg mit Erfolgsaussichten geführt wird, die weit über alles hinausgehen, was Du Dir vorstellen kannst. Man muß ... so gestellt sein, wie ich es bin, überall alles sehen, was geschieht ... um sich eine richtige Vorstellung von der wahren Lage der Dinge machen zu können. Niemals hat es eine verwickeltere gegeben, und niemals ist die Rolle irgendeiner Macht der unsrigen vergleichbar gewesen. Wir sind so gänzlich der Mittelpunkt von allem, daß jedes Wort ... durch uns läuft.«

Metternich fühlt sich, und wirklich, Österreich ist das Zünglein an der Waage. Der Minister schreibt allerdings ein wenig zu viel, und seine junge Tochter ist etwas indiskret. Die Bemerkung ihres Vaters aus dem Brief vom 2. Juli von dem moralischen Sieg über Kaiser Napoleon ist in Wien durchgesickert, und der russische Botschafter erzählt überall, daß in der Stadt Wien zwei Schreiben Metternichs an Wiener Damen zirkulieren. In dem einen stünde die Geschichte vom moralischen Sieg, in dem anderen, die Monarchie werde entweder gerettet werden oder aber Metternich sich den Hals brechen. Unangenehm ist nur, daß die Bemerkung über den moralischen Sieg durch den französischen Botschafter in Wien zur Kenntnis des Kaisers Napoleon gebracht worden ist[57].

Da sich indes immer mehr ausspricht, der Korse werde die ihm in Paris gestellten, einem Ultimatum gleichenden Forderungen nicht annehmen, neigen sich die Dinge der Entscheidung und dem Krieg zu. Und nun, am 10. August, steht die Sagan am Ziel ihrer Wünsche, vor dem Vollzug des Befehls, den sie vom Zaren bekommen hat: Metternich und damit Österreich endgültig auf die Seite der Verbündeten zu ziehen. Der Minister verbringt den Abend des entscheidenden Tages bezeichnenderweise bei Wilhelmine. Immer noch hat Caulaincourt bis zum letzten Augenblick auf eine Nachricht aus Napoleons Hauptquartier in Dresden gewartet, die ein Nachgeben und damit vielleicht den Frieden gebracht hätte. Aber nein – umsonst. Der Kaiser bleibt starr. Da reicht Prinzessin Wilhelmine Punkt Mitternacht Metternich triumphierend die Feder, damit er die schon bereitgestellte Note unterzeichne, daß Österreich dem russisch-preußisch-englischen Bündnis beitrete und mit den Verbündeten an den neu beginnenden Feindseligkeiten teilnehmen werde.

Eine Schwierigkeit nur ist noch zu lösen: die Frage des Oberbefehls über die verbündeten Armeen. Und da ergibt sich die Groteske, daß Erzherzog Karl, den Napoleon im Jahre 1812 zum Befehlshaber des österreichischen Heeres gegen Rußland wünschte, nun vom Zaren zu jenem gegen Napoleon vorgeschlagen wird. Und dies nicht deswegen, weil Erzherzog Karl damals abgelehnt hat, sondern weil Großfürstin Katharina, die mittlerweile viel mit Karl und seinem Bruder Johann zusammengekommen ist, daran denkt, den ersteren zu heiraten. Sie wünscht daher ehrgeizig, daß ihr künftiger Bräutigam in dem nun beginnenden, so aussichtsreichen Kampf, in dem man Napoleon mit Übermacht entgegentreten kann, Lorbeeren pflücke und dann mit diesen geschmückt an ihrer Seite vor den Altar trete.

Da aber hat sie nicht mit Metternich gerechnet; Erzherzog Karl ist der erklärte Feind des Staatsmannes oder eher umgekehrt. Der Minister weist auf die Fehler militärischer Natur im Jahre 1809 hin, zudem will er keinen von den drei hervorragenden Erzherzogen Karl, Joseph und Johann, die ihm mehr oder weniger immer widerstreben, so sehr erhöht sehen. Und darum wählt man Schwarzenberg, diesen selben Schwarzenberg, der noch vor so kurzem Truppen gegen Rußland befehligt hat und sich erst nach dem Feldzug oder nur ganz in den letzten Tagen desselben, wenn auch etwas früher als Metternich, vom napoleonischen System losgelöst hat. Auch bei dieser wichtigen Frage hat sich die Herzogin von Sagan einzuschalten gewußt, denn Schwarzenberg war dem Zaren gar nicht genehm. Endlich aber fügt sich Alexander, froh darüber, daß Österreich dem Pakt beigetreten ist. Soll seinetwegen Schwarzenberg die Ehre genießen.

Nun wird es ernst; am 16. August schreibt Metternich an Hudelist[58]: »Wir haben den letzten Termin unserer Ruhe erreicht, morgen fangen die Hostilitäten an.« Und um elf Uhr nachts fügt er noch eigenhändig hinzu: »Soeben ist der letzte Versuch gescheitert, und Caulaincourt verläßt uns heute nacht. Er ist über den Gang der Dinge untröstlich und hat sich vom Anfang bis zum Ende der Negoziationen als wahrer Biedermann betragen.«

Die Anhänger des österreichischen Ministers ärgern sich in gewissem Sinn, daß nun Maria Ludovika, Baldacci und all die rußlandfreundlichen Kreise recht behalten haben, und irgendwie wurmt es auch Clemens ein wenig. Aber das nur so nebenbei, eine kleine Empfindlichkeit. Im wesentlichen hofft aber nun jedermann auf guten Ausgang, wenn auch Krieg stets unter wie immer gearteten, auch günstigen Umständen eine schlimme Sache ist.

»Wenn alle Welt uns ähneln würde, meine liebe Marie«, schreibt[59] Clemens in den ersten Tagen des erneuten Kampfes seiner Tochter, »würde es keine Kriege geben. Diese sind eine recht häßliche Erfindung, aber liegen unglücklicherweise in der menschlichen Natur. Inmitten von Tausenden von Toten und Verwundeten siehst Du die Truppen singen und lachen und darüber klagen, wenn drei Tage ohne Schlacht vergehen ... Napoleon scheint gar nicht mehr recht zu wissen, was er tut oder vielmehr was er tun soll, und wir haben endlich das richtige Mittel gefunden, ihm gründlich Leids anzutun, während wir uns soviel als möglich schonen ... Wenn Du Wien im Tedeum gewesen bist, wirst Du sicherlich für all die tapferen Leute gebetet haben und auch, daß Gott mir Kraft und Mut gebe und mich in meinem großen Unternehmen unterstütze.«

Nun muß Metternichs Politik auch auf anderen Gebieten, in Italien zum Beispiel, völlig in ihr Gegenteil verkehrt werden. In früheren Zeiten hat er in seinen Weisungen nach Neapel immer durchblicken lassen, wie sehr er auf einen Sieg Napoleons rechnete, und erst nach der Niederlage in Rußland ist er vorsichtiger geworden. Seine Beziehungen zu Caroline Murat, seiner Freundin aus der Pariser Zeit her, hat er nie ganz abreißen lassen. Man konnte nicht wissen, ob man sich nicht noch einmal ihrer werde bedienen können. Beide Teile sagen sich, wenn ihre einstigen Liebesbeziehungen auch schon längst der Vergangenheit angehören, sie werden einander eines Tages noch brauchen, so oder so. Nun kommt dies nach Napoleons Niederlage in Rußland insbesondere für Caroline in Betracht.

Im Februar 1813 war Murat nach Neapel zurückgekehrt, nachdem er den Rest der Armee im Norden, zu seines großen Schwagers Ärger und Mißbilligung, gleich diesem im Stich gelassen. Metternich hatte sofort daran gedacht, dieses schlechte Verhältnis zwischen den beiden Männern auszunützen. Murat will sich jetzt rächen, um so mehr, als der mächtige Korse nun immer kleiner wird und man sich vielleicht eines Tages gar nicht mehr auf ihn wird stützen können. Wie also Caroline Anlehnung sucht, Anlehnung an den alten, so hochgestiegenen einstigen Liebhaber, so auch Murat, der einen Prinzen Cariati nach Wien sendet, um zu sehen, ob man sich nicht die Krone Neapels für den Fall eines Unglücks Napoleons durch Österreich sichern könnte.

Metternich hat der Königin Caroline andeuten lassen, sie solle sich direkten, wenn auch geheim bleibenden Verbindungsversuchen ihres Mannes mit Österreich nicht widersetzen. »Sagen Sie ihr«, schreibt[60] er Ende März dem Gesandten Graf Mier nach Neapel, »daß diese sogar für ihre (der Königin) Interessen sehr nützlich sind. Die Mächte wenden sich an uns, um zu hören, wie unsere Ansicht über Neapel lautet. Wir haben ihnen erklärt, daß selbst im Falle der größten Niederlagen Frankreichs dieses Königreich bei der gegenwärtigen Dynastie verbleiben müsse ... Lassen Sie die Königin auch fühlen, daß die Krise noch niemals so heftig war wie jetzt.«

Auch Cariati wird nahegelegt, wenn sich der König an den Kaiser von Österreich anschließen wollte, dieser es mit Vergnügen sehen werde. In

Wirklichkeit spielen Caroline und Murat ein Doppelspiel. Sie wollen sich auf jeden Fall absichern. Siegt Napoleon, müssen sie selbstverständlich zu Bruder und Schwager halten; siegen die anderen, darf doch Verwandtschaft und Dankbarkeit keine politische Rolle spielen. Wenn man König und Königin ist, muß man Realpolitiker bleiben; so denken die beiden, und diese Erwägung regelt ihr Verhalten.

Metternich aber fühlt sich in gewissem Sinne der Königin gegenüber auch zu Dank verpflichtet. Solange es seine politischen Pläne weiter nicht stört, sollen die beiden nur ruhig in Neapel bleiben. Die nach Sizilien geflohene Marie Karoline und ihr bourbonischer Gatte sind ihm sowieso nie gewogen gewesen, und er hat für sie nichts übrig, wie sich bald genug scharf zeigen wird. Also warum soll man die einstige Freundin in der schönen Stadt am Vesuv nicht ruhig auf ihrem Thron belassen. Durch sie wird man ja auch weiter österreichischerseits auf die Verhältnisse in Neapel mehr Einfluß nehmen können, als wenn man das vertriebene Königspaar wiedereinsetzte.

Wie nun das Ehepaar Murat hört, daß die Möglichkeit eines Krieges auch zwischen Österreich und Frankreich in der Luft liegt, erwartet es mit Ungeduld Antwort auf die Vorschläge Cariatis. Napoleon hat von der Sendung dieses Diplomaten nach Wien erfahren und war darüber sehr erbost, aber jetzt braucht er Murats Hilfe und die der neapolitanischen Armee. Und so leistet Joachim doch wieder dem Ruf seines kaiserlichen Schwagers Folge und erscheint bei der französischen Armee am deutschen Kriegsschauplatz. Das hindert ihn aber nicht, das Doppelspiel weiterzutreiben.

Cariati kommt nun wirklich unter falschem Namen nach Prag. Metternich redet auf ihn ein, sein König solle sich ganz in Österreichs Armee werfen, so wie es seine Gemahlin Caroline bereits getan. Diese hat den österreichischen Gesandten Graf Mier geschickt glauben lassen, daß sie von jetzt ab nur mehr alles Heil von Österreich erwarte und bereit sei, sich ganz so, wie es Metternich wünscht, mehr oder weniger dem Kaiserstaat an der Donau mit Haut und Haar zu verschreiben. Insgeheim aber denkt sie sich nach wie vor: Ich will es mir mit keiner Partei verderben, gewiß noch lange nicht mit meinem Bruder und werde von diesem nur dann völlig abspringen, wenn ich überzeugt bin, daß von ihm gar kein Heil mehr zu erwarten ist.

Die Großfürstinnen Katharina und Anna haben sich indessen längere Zeit in Wien aufgehalten, und die erstere hat sich immer mehr für Erzherzog Karl erwärmt. Auch dieser glaubt in der schönen und klugen Schwester des Zaren nicht nur endlich eine passende Frau, sondern auch eine noch bessere Partie gefunden zu haben, als es Amalie von Baden gewesen wäre. Katharina ist nur höchst entrüstet über Metternich, daß er die Absicht zu Fall gebracht hatte, Erzherzog Karl, der es diesmal auch selbst wünschte, den Oberbefehl über sämtliche verbündeten Armeen zu verleihen. Sie wieder bildet eine beständige Sorge für Clemens, weil er auch in ihr eine Feindin sieht, die an höchster Stelle sehr viel Einfluß besitzt, und er freut sich, als Hudelist ihm am 7. September meldet[61], »beide Großfürstinnen sollen nun nächstens von hier nach Prag abreisen«. »Gott gebe ihnen Segen auf die Reise«, meint Metternich dazu. Wenn er aber glaubt, sie für immer los zu sein, irrt er sich. Einige Tage darauf meldet Hudelist von einem großen Diner, das der russische Botschafter Graf Stackelberg den beiden Großfürstinnen gab, bei dem aber Erzherzog Karl nicht anwesend war. Dagegen nahmen der Palatinus Erzherzog Joseph und der Kronprinz von Württemberg daran teil, von dem man sagt, daß er Katharina noch besser gefällt als Erzherzog Karl und daß er sich mit seiner Frau so gar nicht verträgt.

Wenn also die Dinge in Wien nicht so ganz nach Wunsch gehen, so ist in der Hauptsache, den Vorgängen auf dem Kriegsschauplatz, das Gegenteil der Fall. Der Krieg ist in vollem Gang, von drei Seiten, von Nord, Ost und Süd dringen Bernadotte, Blücher und Schwarzenberg gegen Napoleon vor. Nach vorübergehenden Siegen des Korsen folgen Einzelniederlagen französischer Armeeteile, und die Übermacht der Verbündeten beginnt sich auszuwirken. Begeistert hört Metternich die Nachrichten vom Kriegsschauplatz. »Unsere Angelegenheiten gehen gut«, schreibt[62] er seinem Vater, »und dies im allerweitesten Umfang. Europa wird gerettet werden, und ich schmeichle mir, daß man mir schließlich nicht gerade das schwächste Verdienst daran zubilligen wird. Gott hat mir Geduld und Kraft gegeben. Seit Jahren«, dichtet Metternich weiter, »ist meine politische Linie die gleiche geblieben, und eine große Macht wie Österreich muß naturgemäß alle Hindernisse überwinden, wenn sie gut geführt und besonders wenn ihr Gang gleichmäßig ist und immer auf dasselbe Ziel losgeht. Nicht umsonst wollte ich vor der Inangriffnahme des großen Werkes über meinen Gegner und unsere Kräfte wohlunterrichtet sein. Ich kenne den ersteren besser als irgend jemand in Europa . . . Es blieb nur, den Augenblick zu finden, wo man die Angelegenheit ohne Risiko, ja überdies mit Erfolgsaussichten in Angriff nehmen konnte. Wir werden wieder sehr aktiv werden, und Gott wird das Ende des heiligen Unternehmens krönen. Napoleon hat keine Reserven mehr, und wir haben deren mehr als 200.000 Mann . . . Ganz Preußen ist unter den Waffen, und bald wird es ganz Deutschland sein.«

Über die Stetigkeit der Metternichschen Politik kann man verschiedener Meinung sein, aber schon jetzt bemüht sich Clemens, zumindest glauben zu machen, daß sie stetig ist, um dies der Mitwelt für die Nachwelt einzuhämmern. Das hindert den Minister jedoch nicht, bei dem günstigen Verlauf der Dinge sich selbst zu der sich so mühsam abgerungenen Entscheidung zu beglückwünschen, die er nun seinen großen Entschluß nennt.

Metternichs Erwägungen über die Verlegenheiten Napoleons beruhen auf schriftlichen Beweisen. In dieser Zeit wurde der Postwagen eines französischen Armeekommandos aufgehoben, der über 3000 Briefe enthielt. Wie Clemens seiner Tochter anvertraut, beweisen sie, »die französische Armee sei gänzlich demoralisiert, und Napoleon verliere selbst bei dieser sein Ansehen[63]«. Metternich hegt die stolzesten Hoffnungen: » . . . Große Operationen beginnen nun und werden von allem Erfolg gekrönt werden, den wir uns nur erwarten können . . . Der liebe Gott hat mir und nicht weniger auch Schwarzenberg soviel zugebilligt, daß wir die ganze Welt haben schreien lassen und uns nun dafür rächen werden, indem wir Napoleon verschlingen (en mangeant Napoléon). Wenn er jemals Gefahr kennengelernt hat, dann im jetzigen Augenblick. Alles beweist, daß die Stunde geschlagen hat und meine Sendung, allem Übel ein Ende zu machen, durch Verfügung des Himmels festgelegt ist (arrêté par le décret du ciel). Ich bin dessen sicher, Napoleon denkt jede Stunde an mich. Ich muß ihm wie eine Art personifizierten Gewissens vorkommen. Ich habe ihm in Dresden alles gesagt und prophezeit, er hat nichts glauben wollen, und das lateinische Sprichwort: Quem Deus vult perdere, dementat (wen Gott verderben will, dem nimmt er den Verstand) tritt in seine Rechte . . . Am Ende von alldem forme ich den Wunsch, meine lieben Freunde, mich wieder bei Euch zu finden und mich auf meinen Lorbeeren auszuruhen, denn wohl deren einige werden sich an meinen Namen heften.«

Nicht genug an dem, daß Metternich nun Napoleon zur Strecke bringen will, er denkt schon an viel fernere Ziele. Eine Randbemerkung auf einem Brief von Hudelist verrät, wie weit diese Ideen schon gediehen sind: »Der Unterschied zwischen der Lage der Kabinette ist der, daß Rußland Preußen nach Gefallen leitet und wir Rußland *leiten wollen und leiten werden*[64].« Und wenig später: »Die nächsten acht Tage werden die größten der neueren Geschichte, und ich hoffe, daß man mir nicht mehr vorwerfen wird, gezaudert zu haben. Hier gilt das wirkliche Festina lente (Eile mit Weile)[65].«

Mit solchen Gedanken geht Metternich durch die Straßen Prags und meint zu seiner Tochter: »Du tätest gut . . . wenn du richtig den Abend vor der Schlacht unter all den braven Leuten verbringen würdest, die hingehen und sich für die heiligste aller Vereinigungen töten lassen: wirklich nur für Gott, Vaterland und die Menschheit.«

Neuerlich haben die Verbündeten napoleonischen Kurieren wichtige

Depeschen abgenommen. »Sie beweisen«, sagt Metternich[66], »die nunmehr äußerste Demoralisation der Armee. Napoleon soll ganz rasend sein und wie ein Eber schäumen.«

Nun vereinigen sich die drei Armeen der Verbündeten am 16. Oktober bei Leipzig, und Napoleon stellt sich zur Schlacht. Die von allen Seiten mit großer Überlegenheit angreifenden Verbündeten erfechten einen vollen Sieg über den Korsen. Nun pflückt Metternich die Lorbeeren für sich, die andere verdient haben. Aber der Kaiser ist vornehmlich seinen Ratschlägen gefolgt und nur bedingt denen der Kaiserin und anderer Personen. Dem Minister des Äußeren also, so ist es des Kaisers Wunsch, soll der Ruhm des Erfolges nach dem Monarchen vor allen übrigen zukommen. »Metternich kann als ein Phänomen des Glücks gelten«, sagt Freiherr von Wessenberg[67], der wie kaum einer des Diplomaten Laufbahn miterlebt und verfolgt hat. Ja gewiß, er hat ungeheures Glück gehabt, aber ein Staatsmann muß eben Glück haben, denn Erfolg allein entscheidet auf der Welt.

VIII. AUF DEM WEG ZUM WIENER KONGRESS

1813–1814

Der Sieg von Leipzig wird allgemein begeistert begrüßt, und Metternich ist stolz und glücklich. Längst hat er vergessen, wie schwer er dazu zu bewegen war, sich gegen Napoleon auf die Seite der Verbündeten zu schlagen. Nun nimmt er das Verdienst vor allem für sich in Anspruch und wünscht nur sehr, daß es überall gebührend anerkannt werde. Und dies geschieht auch. Fürst Schwarzenberg hat gleich nach der Schlacht, schon am 21. Oktober, dem Kaiser Franz folgenden Vorschlag erstattet[1]:

»Erlauben Euer Majestät mir die alleruntertänigste Bemerkung, daß, um diesem Tag seinen vollen Glanz zu geben, Euer Majestät dem Grafen Metternich ein öffentliches Merkmal Ihrer Gnade und Zufriedenheit gewähren sollen ... Euer Majestät würden dadurch ... dem Volk einen Beweis geben, daß nun dem von vielen verkannten, zweckmäßig geleiteten politischen Gang allgemeine Gerechtigkeit widerfährt, durch ihn (den Minister der auswärtigen Geschäfte) allein, diese Ereignisse herbeigeleitet wurden und am 18. Oktober bei Leipzig ihnen die Krone aufgesetzt ward.

Geruhen Euer Majestät den Grafen von Metternich für sich und seine Nachkommenschaft in den Fürstenstand zu erheben, da bisher nur der

Chef der Familie Fürst ist. Diese Belohnung ist edel, schön, Metternich wird sie zu schätzen wissen und die Welt ihr voreiliges Urteil zurücknehmen.«

Dieser Aufforderung des siegreichen Feldmarschalls Fürst Schwarzenberg kommt Kaiser Franz auch unverzüglich in einem außerordentlich schmeichelhaften Handbillett nach. Metternich sorgt aber auch selbst ein wenig für Anerkennung und schreibt am 23. Oktober aus Gera seinem getreuen Famulus[2]: »Der Gang der Ereignisse wird wohl in Wien den größten Jubel erzeugen ... Nun spricht sicher alles *für* den Krieg, *für* mich, *für* Schwarzenberg. So geht die Welt! Ich wünschte, daß die Stadt Wien etwas für mich und Schwarzenberg täte, zum Beispiel ein *Bürgerdiplom* – irgend etwas Auffallendes, weil dieses doch immer auf den Geist wirkt. Das *Vienna salvata* ist doch etwas wert. Sehen Sie zu, ob Sie den Gedanken sub rosa anbringen können.«

Hudelist gehorcht sofort, und er wird wohl selbst gelächelt haben, als er seinem höchsten Vorgesetzten nach einiger Zeit darauf antworten kann; »Es steht Euer Fürstlichen Gnaden und dem Herrn Feldmarschall demnächst eine Auszeichnung bevor, indem die Stadt Wien Sie beide bitten wird, als einen Beweis ihrer Dankbarkeit für die bewirkte Rettung der Stadt das Bürgerdiplom derselben anzunehmen ... Dieses ist mir mit der Anfrage vertraut worden, ob Euer Fürstliche Gnaden und Feldmarschall Fürst Schwarzenberg diesen Beweis der Verehrung auch genehmigen würden? Worauf ich als meine Meinung geäußert habe, daß ich keineswegs daran zweifle.«

Die Öffentlichkeit in Wien erhält am 24. Oktober, fünf Uhr morgens, durch das Eintreffen des Sonderehrenkuriers, des Feldmarschalleutnants Graf Neipperg, Kunde von dem Sieg bei Leipzig. Unter unbeschreiblicher Begeisterung war der General durch das Kärntnertor eingeritten, während man gleichzeitig das Extrablatt mit der Siegesmeldung unter der Bürgerschaft verteilte. Für den Abend hatte der Kaiser die Illumination der Stadt anbefohlen, die jedoch durch seine hohe Gemahlin auf eigene Verantwortung auf den nächsten Tag – es sollte nach ihrer Ansicht zuerst das Tedeum stattfinden – verschoben wurde. Als Metternich durch Hudelist von dieser Eigenmächtigkeit Maria Ludovikas hört, ist er sehr empört.

Auch der Gegensatz zwischen Metternich und den Brüdern Maria Ludovikas ist indes immer weiter bis zu offenem Kampf gediehen. Auf des Ministers Anraten hatte Franz I. den Erzherzogen Ferdinand und Max eine Verwendung im Feld, um die sie baten, nicht zugebilligt; er gibt seiner Frau vielmehr den Auftrag, sie in seinem Namen nach Wien zurückzuberufen, »denn es paßt mir nicht, daß sie den kriegerischen Operationen nahe sind«. Die Kaiserin ist entrüstet, aber was hilft das? Sie muß diese Weisung weitergeben. Da greift die Mutter, Erzherzogin Beatrix, ein. In diesen letzten Monaten – wir stehen jetzt am Beginn des Dezember 1813 – hat sich so viel verändert und die Machtstellung Metternichs, des Gegners ihrer Familie, sich so ungeheuer gefestigt, daß es unvernünftig wäre, dem Befehl des Monarchen entgegen nicht nach Wien zurückzukehren. So rät sie ihren Kindern[3], nachzugeben und zu gehorchen: »Die militärischen und politischen Geschäfte haben die Dinge so weit gebracht, daß der Kaiser von Österreich zum entscheidenden Mann in der Führung geworden ist. Daraus folgt, daß er sicher auch der einflußreichste sein wird, wenn man über Frieden verhandelt ... Er wird also auch die Oberhand bei allem haben, was das Los der Staaten Italiens betrifft ... Zudem müssen wir die Stellung des neugebackenen Fürsten Metternich in Rechnung ziehen und ihn ›kultivieren‹. Denn über den Einfluß hier (am Wiener Hof) hinaus hat er sich bei Rußland und den übrigen Mächten hohes Ansehen verschafft. Bei keiner derselben ist ein Minister bekannt, der irgendwie den Kredit des genannten Metternich aufwiegen könnte ... Man muß also der Sachlage weichen, die eigenen Ansichten opfern, um nicht jemand gegenüberzustehen, der nun einmal Überlegenheit besitzt und im übrigen über das Los unserer Familie entscheiden kann.«

So bleibt den Erzherzogen nichts übrig, als die Flagge zu streichen und sich Metternich im wesentlichen zu fügen. Es ist wieder einmal ein Sieg, den der Staatsmann über die Kaiserin erfochten hat. Alle Mitglieder des Kaiserhauses beginnen nun die Macht des Ministers in steigendem Maße zu fürchten. Ja, jedes Beginnen gelingt Clemens, und stolz kann er seinem Vater versichern[4]: »Ich stehe dafür ein, daß alles, was wir unternommen haben, zum glorreichen Ende geführt werden wird. Der Himmel hat unsere Anstrengungen noch weit über das hinaus gekrönt, was den Augen des Publikums offenbar ist.«

Man freut sich auch in Wien über den Sieg, aber gerade in jenen Kreisen, die so lange zu Metternich in Gegensatz standen, weil er zu Napoleon hielt, gönnt man es dem Minister jetzt nicht, daß nun er als Triumphator dasteht und nicht die Kaiserin, Stadion und all die anderen, die immer gegen den Korsen waren. Eigentlich stehen nur die unmittelbaren Verwandten Metternichs restlos auf seiner Seite.

Doch alle diese Menschen und ihre Urteile sind Metternich nicht so maßgebend. Wichtig ist ihm vor allem der Eindruck, den die Vorgänge auf Wilhelmine Sagan gemacht haben. Von ihr erwartet er aufgeregt Nachricht, wie sie die glücklichen Botschaften aufgenommen und was sie dazu gesagt hat. Gentz weiß schon, wer seinem hohen Chef am meisten am Herzen liegt, und deshalb verbreitet er sich auch ausführlich über die Stimmung dieser Dame. Da er ja der einzige Vertraute Metternichs in dieser »amoureusen« Angelegenheit ist, weiß er genau, wie sein Chef die verschiedenen Nebenbuhler in der Neigung Wilhelmines, zur Zeit den Fürsten Alfred Windisch-Graetz und den Engländer Lord Stewart, betrachtet. Clemens will die Herzogin wohl nur als heimliche Ratgeberin und Geliebte, aber als solche allein für sich haben, und sieht jedem, der ihm da ins Gehege kommt, haßerfüllt auf die Finger.

Gentz versichert Metternich, er verstehe vollkommen, wie man nicht mehr aufhören könne, wenn man sie einmal zu lieben begann. Nun, nach dem Erfolg von Leipzig, nach dem Fürstenhut, den man dem Minister aufgesetzt hat, glaubt Gentz ihm ruhig sagen zu können, daß dessen »Sieg und ausschließende Herrschaft in diesem Reich – gewiß einem der herrlichsten auf Erden – nicht mehr zweifelhaft« sei.

Metternich hört das unendlich gerne, weil er bei seiner durch die großen Erfolge bis zum Äußersten gesteigerten Eitelkeit wirklich glaubt, Wilhelmine werde nun ausschließlich ihn lieben, nur für ihn leben und allen anderen den Laufpaß geben. Das will er, das sucht er zu erreichen, aber er ahnt noch nicht oder will es nicht wissen, daß Wilhelmine Sagan sich mit der ihr zugedachten Rolle einer vor der Welt verleugneten und doch gleichsam wie eine angetraute Frau zur Treue verpflichteten Geliebten nicht zufriedengeben will.

Die siegreiche Schlacht hat weittragende Folgen. Nicht nur militärischer Natur, sondern vor allem weltpolitischer. Die Ratten beginnen das sinkende Schiff Napoleons zu verlassen, und zu den ersten unter ihnen scheinen des Korsen leibliche Schwester Caroline von Neapel und ihr Gatte zu gehören.

Als der Kaiser damals im Sommer 1813 in der Schlacht bei Bautzen siegte, hatte das Ehepaar Murat, besonders der König, einen Augenblick geglaubt, nun würde wieder alles gut und der Siegeszug Napoleons beginne ganz wie dereinst von neuem. Daher war Murat auch schnell auf den Kriegsschauplatz nach Dresden geeilt. Dort sah er bald, daß die Dinge nicht so lagen und er falsch unterrichtet worden war. Darum führte er sein Doppelspiel weiter, trat mit Metternich in Verbindung und ließ den Prinzen Cariati nach Prag gehen und mit dem österreichischen Minister verhandeln. Dieser versprach, um den König Joachim ganz auf seine Seite zu ziehen, den Bourbonen Ferdinand zum Verzicht auf sein ihm zustehendes Königreich Neapel zu vermögen und dieses Murat zugleich mit seiner Unabhängigkeit zu garantieren. Gleichzeitig läßt Metternich, wie bereits erwähnt, seiner alten Freundin Caroline, die als Regentin in Neapel zurückgeblieben war, sagen, jetzt sei die entscheidende Stunde gekommen, um sich ganz auf Österreichs Seite zu schlagen. Nach Leipzig gibt es dann für das Ehepaar Murat kaum mehr Bedenken. Jetzt halten sie Napoleon schon für verloren. So versichert die Königin dem kaiserlichen Gesandten, sie sei entschlossen, mit Österreich in Verhandlungen zu treten, sich seines Schutzes zu versichern und mit aller Kraft an der Erfüllung von dessen Absichten mitzuwirken.

Caroline geht so weit, zu versprechen, sie werde den König dazu veranlassen, alles zu tun, was Österreich verlange, ja schlägt sogar eine Doppelehe ihrer Kinder Achill und Lätizia mit jugendlichen Mitgliedern des österreichischen Kaiserhauses vor. Jene beiden Ehekandidaten sind aber erst zwölf und elf Jahre alt, und so läßt Metternich den Grafen Mier vorsichtig und hinhaltend antworten[5]: »Mit Rücksicht auf die große Jugend dieser Kinder muß die Sache vorerst in Schwebe bleiben, aber geben Sie Hoffnung, daß die Angelegenheit sich machen könnte, wenn der König ein gutes Benehmen zeigt.« Damit meint Metternich natürlich, daß Murat völlig zu Österreich übergehen muß.

Inzwischen ist General Graf Neipperg als Sondergesandter nach Neapel abgereist, der den endgültigen Vertrag mit diesem Königreich ins trockene bringen soll. Auch ihm gegenüber läßt Caroline durchblicken, sie sei gänzlich für Österreich gewonnen. »Ihre Majestät die Königin«, meldet der Graf, »hat mit warmem Eifer daran mitgearbeitet, die Grundlage für die Bande zu legen, die jetzt die beiden Mächte vereinen werden ... und ich glaube, daß nun auch der König ohne Zweifel freimütig und aufrichtig mitarbeiten wird.«

Wirklich wird am 11. Jänner 1814 zwischen den Höfen von Wien und Neapel ein Bündnisvertrag[6] abgeschlossen, der die seinerzeitigen Versprechungen an Cariati enthält. Dabei wird zugesagt, daß Kaiser Franz auch bei seinen Verbündeten gleiche Anerkennung und Garantie des Königreichs Neapel für die Murat betreiben werde, wie er sie selbst gibt. Metternich ist sehr stolz auf seinen Vertrag, aber sonst in der Welt wird er abfällig beurteilt. Man wundert sich darüber und meint, man brauche doch diesen Murat jetzt gar nicht mehr; so zerbricht man sich den Kopf, was den österreichischen Minister bewogen haben könnte, dieses »gratuitement et à pure perte« abgeschlossene Bündnis mit König Joachim herbeizuführen.

Die so weit gehende Rücksicht auf Carolines und Murats Herrschertum ist zumindest sehr auffallend. Es ist ja wahr, Metternich hat für die andere Karoline persönlich sehr wenig übrig, die in Sizilien angstvoll darauf wartet, wieder in ihr angestammtes Reich eingesetzt zu werden, und nun, von den Engländern vertrieben, nach Wien kommt, um für ihre Rechte zu kämpfen. Zudem weiß der Minister auch, daß Kaiser Franz seine einstige Schwiegermutter nicht sehr liebt und ihre Anwesenheit in seinen Staaten als eine große Verlegenheit empfindet. Sonst ist Metternich doch wieder für die Wiederherstellung einstiger gesetzlicher Ordnung so eingenommen, warum also in diesem Fall ein gänzliches Verkehren seiner Ansichten? Er will, abgesehen von seinen persönlichen Beziehungen zu Caroline, nach wie vor auch Napoleon nicht gänzlich fallen lassen. Seiner Ansicht nach würde Rußland zu mächtig werden, verschwände der korsische Gegenpol gänzlich vom europäischen Schauplatz. Daher kann man auch seinen Schwager ruhig auf Neapels Thron belassen, wenn er nur verspricht, ausschließlich Österreichs, das heißt Metternichs Befehlen zu gehorchen. Daß man dann an seiner Seite eine vertraute Freundin politischer und weniger politischer Liebesstunden wie die Königin Caroline besitzt, erscheint dem Minister eine Gewähr für die Zukunft. In Wirklichkeit aber treiben die beiden Murat, untereinander einiger als je, ein abgekartetes Spiel und verschreiben sich jetzt Österreich, weil die Dinge für den großen Schwager sehr schlecht stehen. Sowie aber das Pendel wieder auf dessen Seite ausschlagen würde, wären sie flugs bereit, die Farbe neuerlich zu wechseln.

Zur Zeit weilt Metternich mit seinem Herrscher und den übrigen Souveränen im großen Hauptquartier der Verbündeten, das nun nach dem Zurückgehen Napoleons über den Rhein in Frankfurt am Main aufgeschlagen ist. Der Minister tut so, als wäre er die ganze Zeit im dichtesten Kugelregen im Feld gestanden und hätte unter spartanischen Entbehrungen stets im Freien gelagert.

Das Leben in Frankfurt ist nun bei Anwesenheit so vieler glücklicher und begeisterter Sieger höchst bewegt, während gleichzeitig sehr ernste Probleme allergrößter Bedeutung auf ihre Lösung warten. Ist nicht der jetzige Augenblick des Sieges über Napoleon und des Rückzugs dieses Mannes in sein engeres Vaterland der richtige, um alles wiederherzustellen, was dereinst durch sein Machtwort hinfällig geworden war? Befindet man sich nicht in der Stadt, wo Franz von Österreich zum Römisch-Deutschen Kaiser gekrönt wurde, und war es nicht letzten Endes auf Napoleon zurückzuführen, daß Franz im Jahre 1806 die deutsche Kaiserkrone zurückgelegt und sich mit jener Österreichs begnügt hatte? So wäre auch jetzt der Augenblick, sie in vollem, ja noch strahlenderem Glanz als früher wiederaufzurichten und dazu dem Gesamtreich eine Verfassung zu geben, die dem Kaiser ausgedehnteste Vollmachten verliehe. Eigentlich sind alle Deutschen dafür, selbst der Preuße Stein, und für Stadion würde es die Erfüllung seiner Träume bedeuten.

Auch der Kaiser neigt stark dazu und wünscht es insgeheim, aber Metternich ist dagegen und wieder einmal stärker als sein kaiserlicher Herr. Franz I. beugt sich auch da seinem Minister. Er kann zwar nicht ganz verstehen, warum, aber er sagt sich, dieser Mann hat doch eben zum Triumph von Leipzig geführt, er muß wissen, was er tut, und so gibt er ihm nach.

Damit wird die glänzendste Gelegenheit versäumt, für Österreich neuerlich und ungleich stärkeren Einfluß auf alles zu gewinnen, was deutscher Zunge ist. Ein großes und starkes Kaisertum unter gemäßigter, vielleicht nicht so straff zusammenfassender, aber mehr mit Herzenston begabter österreichischer Führung wird aus der Hand gegeben[7].

Metternich ist zur Zeit gerade in einem Machtrausch befangen. Wie er schon über Seele und Willen seines Herrschers verfügt, wünscht er auch jene der übrigen Fürsten in seine Gewalt zu bringen und findet dabei vornehmlich nur beim Zaren Widerstand. Aber auch die öffentliche Meinung in der Heimat, die ihm nach wie vor mißgünstig ist, will er gewinnen und sich dazu des bewährten Gentz bedienen. Dieser Mann hat ja nicht nur die wichtigsten politischen Schriftstücke zu verfassen und zu stilisieren, sondern ist auch des Ministers Mittler in der Herzensangelegenheit mit der Herzogin von Sagan und wird nun zum »directeur der opinion publique« in Wien bestimmt.

Von zu Hause erhält Clemens in dieser Zeit zahlreiche begeisterte Briefe; seine Frau und die Kinder, seine Eltern und sonstigen Lieben sind ungeheuer stolz auf ihn. Töchterchen Marie sieht begeistert, wie alle Welt vor einem neugestochenen Porträt Metternichs steht, das in der Kunsthandlung Artaria am Kohlmarkt zwischen den Bildern Schwarzenbergs und Wellingtons prangt. »Jedermann kauft es«, schreibt sie dem Vater, »und eine ungeheure Menschenmenge steht immer vor dieser Auslage. Darüber muß ich stets so stolz lachen.« Und ihre Mutter Lorel fügt hinzu[8]: »Mein lieber Freund, Gott beschützt Dich offenbar ... Doch zeigen die Leute verschiedene Meinungen ... Ich aber möchte, daß uns der Ruhm bleibt, bis nach Paris zu gehen, um diesen kleinen Mann endlich zu stürzen. Wäre das möglich, würde ich sehr glücklich sein, denn solange er da ist, gibt es keine Ruhe. Dessen bin ich sicher.« – » ... Napoleon ist pfutsch, darüber ist gar kein Zweifel ... Wenn sie nur nicht die Bourbonen auf den Thron setzen; aber man muß hoffen, daß wir und die anderen Mächte da auch unser kleines Wort mitzureden haben. Ich als Macht wünschte (Marie Louise) als Regentin mit dem kleinen König von Rom, dann könnten alle Parteien zufrieden sein[9].«

Man weiß in Wien, daß die Ansichten des Zaren und Metternichs sich im Augenblick schroff gegenüberstehen. Die beiden russischen Sirenen in Wien denken wie ihr Souverän. All das hört Clemens, aber den meisten Eindruck macht ihm ein Brief seiner Mutter, der geradezu wie ein Notschrei wirkt: »Recht widerwillig schreibe ich Dir, mein guter Freund«, läßt sie sich zu ihrem Sohn hören. Das Wort Freund erscheint als das höchste Liebeswort in der Familie. »Ich hasse jemanden zu belästigen und schon gar einen Mann, der wie Atlas Europa auf seinen Schultern trägt[10].« Aber zwei wichtige Angelegenheiten müssen zur Lösung kommen. Vor allem die nun schon fast mehr als anderthalb Jahrzehnte spielende Liebesgeschichte von seiner Schwester Pauline mit dem Herzog Ferdinand von Württemberg, dem Bruder des dicken Königs, der sich immer auf das schärfste dagegen aussprach, die Ehe als nicht ebenbürtig erklärte und sich deswegen und auch weil der Herzog in österreichischen Diensten gegen Napoleon focht, gänzlich mit ihm überworfen hat. Pauline hatte unter diesen Verhältnissen schwer gelitten, an ihrer Liebe aber festgehalten; jetzt, da Napoleon gestürzt ist und der König von Württemberg wohl oder übel zu den Verbündeten übergehen mußte und Metternichs Stellung sich im selben Maße erhöht, wie die des Königs schwächer geworden ist, hofft sie auf endliche Erfüllung. »Nun handelt es sich mehr als jemals um das Los Deiner armen Schwester«, schreibt Mutter Metternich, »... sie hält so sehr darauf, daß sie sterben würde, wenn das nicht zustande käme. Sie ist vor mir niedergekniet, damit ich – so gut ich kann – zum Gelingen beitragen solle. Ich kenne die Güte Deines Herzens zu sehr, um einen Augenblick daran zu zweifeln, daß Du alle Deine Mittel aufbieten wirst, um eine Angelegenheit zu Ende zu führen, die nun schon so lange dauert wie die Französische Revolution und die Du sicher auch auf eine ebenso ruhmvolle Weise zu Ende führen wirst wie alles andere ... Aber meine zweite Bitte ist nicht weniger wichtig. Es handelt sich, ganz ohne Umschweife gesprochen, um unsere materielle Existenz, mein guter Clemens, denn ich will Dir nicht verbergen, daß wir nicht einmal mehr das Allernotwendigste haben. Wir sind so dringend bedürftig, daß ich ohne meine edle Abkunft und die Zartheit meiner Grundsätze und Gefühle vor jedem Vorüberkommenden die Hand aufhalten möchte. Ich habe nichts mehr herzugeben, meine Diamanten sind versetzt ... kurz, es ist nichts mehr da. Ich zähle wirklich zur Klasse der verschämten Armen, und niemand in meiner Familie ist in einem größeren Elend als ich. Nur Du, mein Kind, kannst mich daraus befreien, indem Du ... versicherst, daß Du für alles aufkommen wirst. Dein Kredit wird uns weiterexistieren lassen, und Du kannst Dich darauf verlassen, daß ich nicht die Frau bin, das zu mißbrauchen ...«

Gerührt erfüllt Metternich sofort alle Wünsche. Er schreibt den Bankherren in Wien, sie sollen sich beruhigen, er werde für alles aufkommen; er schreibt auch dem Herzog von Württemberg im Sinne seiner Schwester und wird nun von ihr und seiner Mutter aufs herzlichste bedankt. Dieser letzteren hat er zu verstehen gegeben, daß alle finanziellen Schwierigkeiten durch den Verkauf Ochsenhausens beseitigt werden könnten, dessen Rückgabe durch den König von Württemberg bei der nunmehrigen Lage der Dinge eine Selbstverständlichkeit sei.

Clemens hält um so mehr auf den Verkauf von Ochsenhausen, weil ja auch seine Schwester ihn bittet, ihr ein kleines Vermögen sicherzustellen, damit sie nicht, wenn sie »als Herrin in ein fremdes Haus einzieht, sozusagen kein ganzes Hemd anzuziehen hätte«. Sie ist ihm für sein gutes Herz unendlich dankbar, um so mehr, da seine Bemühungen um materielle Dinge in einer Zeit, wo ihm »die peinliche Aufgabe obliegt, gleichzeitig ganz Europa zu dirigieren«, besonders anerkennenswert sind.

Inzwischen ist der britische Minister des Äußeren, Viscount Castlereagh, in den ersten Tagen des Jänner 1814 in Frankfurt eingetroffen. Er ist der mächtigste Mann in England und führt zur Zeit in Wirklichkeit die gesamte Politik Großbritanniens. Clemens hat das Gefühl, der Engländer sei so gleichsam als Botschafter an seinen, Metternichs, Hof gesandt, und fühlt sich dadurch unendlich geschmeichelt. Das will er propagandistisch gründlich verwertet haben und schreibt in die Staatskanzlei[11]: »Diese in den Annalen Englands *unerhörte Sendung* des dirigierenden Staatsoberhauptes ist in Wien in *diesem* Licht sehr herauszuheben. Wir können mit Recht behaupten, daß *unser Hauptquartier die Welt geworden ist.«*

Jetzt hält Metternich schon alles für möglich und freut sich, wenn Hudelist ihm auf diese Mitteilung hin schreibt[12]: »Wir leben seit vier Monaten in einer solchen politischen und militärischen Wunderwelt, daß wir nicht mehr das Recht haben, uns über irgend etwas zu wundern, was geschieht. Wer kann dafürstehen, daß nicht Napoleon selbst, wenn das Ding recht arg wird, mit Frau und Kind im Hauptquartier erscheint?«

Schon glaubt Metternich seiner Tochter, diesmal bereits aus der Schweiz, sagen zu können[13]: »Ich werde Euch bald wiedersehen, außer wenn alle Stricke reißen und Napoleon völlig wahnsinnig geworden ist.« Der Minister glaubt bald zurückkommen zu können, weil er nicht beabsichtigt, den Korsen gänzlich zu stürzen. Schließlich ist er der Schwiegersohn seines Kaisers, und er, Metternich selbst, hat doch diese Heirat gefördert. Zar Alexander ist ihm überdies, obwohl absoluter Herrscher aller Reußen, allzu freiheitlich gesinnt. Manchmal sieht ihn Clemens rein für einen Revolutionär an, und wenn Napoleon verschwindet, dann gibt es ja gar kein Gegengewicht mehr gegen diesen, Metternich so gar nicht wohlgesinnten Monarchen. Der russische Kaiser hat des frisch gebackenen Fürsten Haltung in den Jahren vor 1812 und während des Feldzugs nicht vergessen. Er weiß auch durch Maria Ludovika und Erzherzog Joseph, wer die Ehe dessen Bruders Karl mit seiner Schwägerin Amalie von Baden und weiters auch jene zwischen der Schwester Alexanders und dem österreichischen Kronprinzen verhindert hat.

Zudem hat der Zar ganz andere Ansichten über die Fortführung des Krieges als der Minister Österreichs und will geradewegs nach Paris. Er teilt die Illusion Metternichs nicht, der da zu meinen scheint, der Korse könnte in einem auf die Grenzen von 1792 beschränkten Frankreich fortan ein braver, ruhiger und friedlicher Herrscher bleiben. Ein Mann wie Napoleon, so denkt der Zar, wird sich nie und nimmer bescheiden, sondern sowie er sich wieder erholt hat, auf sein militärisches Genie vertrauend, erneut zur Waffe greifen und Europa wieder in Blut und Unruhe tauchen.

Metternich findet sich dagegen mit Schwarzenberg, dem Oberbefehlshaber der Verbündeten, eines Sinnes, der nun in Chaumont nächst der Schweizer Grenze sein Hauptquartier aufgeschlagen hat und in dieser Zeit schreibt[14]: »Hier sollten wir Frieden machen, das ist mein Rat. Jede Vorrückung nach Paris ist im höchsten Grad unmilitärisch. Unser Kaiser, auch Stadion, Metternich, selbst Castlereagh sind vollkommen dieser Meinung, aber der Kaiser Alexander hat wieder einen seiner Anfälle von sublimer Hanswursterei, die ihn oft befallen.«

Auch Lorel entrüstet sich. »Dieser Kaiser von Rußland ist wirklich nur auf der Welt, um zu genieren und zu quälen. Ich habe ihn mir immer als einen sekkanten Menschen vorgestellt, er hat das von der Familie Württemberg. Es gibt nichts Ärgeres als einen Menschen, der keinen Charakter besitzt, aber glaubt, einen zu haben ... Du und Schwarzenberg, Ihr müßt dann immer beschäftigt sein, die Dummheiten der anderen wiedergutzumachen. Welch undankbares Geschäft! Ich kann Dir gar nicht sagen, wie sehr ich Dich, mein lieber Freund, bedaure, bei all Deiner Mühe, Arbeit und nächtlichem Aufbleiben zu sehen, wie alles in einem Augenblick zerstört wird, da man glaubt, nur die Hand ausstrecken zu brauchen, um die Früchte zu pflücken[15].«

Napoleon jedoch, der zwar schon Caulaincourt zu Verhandlungen geschickt hat, arbeitet dem Zaren selbst in die Hände, denn er will die Metternichschen Anträge nicht annehmen. Noch vertraut er auf sein militärisches Genie und die Opferfreudigkeit der Franzosen, insbesondere dann, wenn sie ihr eigenes Land verteidigen.

So wird also der Feldzug weitergeführt, und Blücher und Schwarzenberg dringen, der eine vom Rhein her, der andere aus der Schweiz über Belfort auf Paris vor, während eine Armeegruppe auch aus Holland und Belgien darauf losmarschiert. Ganz so glatt geht aber diese Bewegung nicht vonstatten; Napoleon nützt die Trennung der feindlichen Armeen höchst geschickt aus, indem er sich bald auf die eine, bald auf die andere stürzt und ihnen empfindliche Verluste zufügt, wenn er auch im großen und ganzen doch zu schwach ist, das Blatt wieder völlig zu wenden.

Metternich sieht diesem von ihm nicht gewollten Vormarsch hämisch und mißgünstig zu. »Von dem Unsinn, der sich so vieler Köpfe und *eines sehr bedeutenden* bei der Annäherung an Paris bemeisterte«, berichtet er[16], »macht man sich keinen Begriff. *Es ist Zeit zu enden.* Alle meine Mühe, Not und Sorge ist jedoch reichlich durch das Resultat meiner schlaflosen Nächte und mit Arbeit überladenen Tage kompensiert! Wir stehen uns so, daß der Kaiser Alexander *uns* die Direktion der Militärsache ganz – *mir* die politische Frage überläßt . . . Ich werde mit Argumenten auftreten, welche auch die *Tollsten der Zeit – nur glatte Narren* nicht – überzeugen sollen, daß wir in Krieg und Frieden recht haben.«

So zumindest glaubt Metternich. Er wird erst merken, daß wenigstens, was den Zaren angeht, die Dinge nicht so einfach liegen. Aber noch ist nicht alles geregelt, doch im Grunde ist sich der Minister über eine Notwendigkeit klar und spricht sie auch aus: »Der große, der erste Zweck Einigkeit, geht allen anderen Konsiderationen vor[17].« Diese stellt sich aber Metternich so vor, daß nur das geschieht, was *er* will. Immerhin kann nach vielem Hin und Her bei der nunmehrigen Schwäche Napoleons das brüchige Gebäude der Eintracht der Verbündeten noch zur Not gestützt und aufrechterhalten werden. Aber bei den Verhandlungen zu Châtillon kommen die gegensätzlichen Wünsche offen zum Ausdruck. Zar Alexander erklärt, er werde sich durch nichts abhalten lassen, nach Paris zu marschieren. Metternich aber wünscht »Frieden, und den augenblicklich«. »Mit dem besten Willen kann man nicht zwei Herren dienen«, meint er[18]. »Sobald der *große gemeinsame* Zweck erreicht ist, trennt sich natürlich wieder Österreich von den russischen Interessen. Hätte uns der Zar nicht in dem besten aller Augenblicke verhindert, in vierundzwanzig Stunden Frieden zu schließen, so wäre nun alles zu Ende und wir auf dem Heimweg.«

Schließlich aber wird doch, da der Löwe immer noch lebt, die Einigkeit seiner Jäger aufrechterhalten, das Bündnis der Großmächte im Vertrag von Chaumont vom 3. März 1814 erneuert und festgesetzt, man wolle den Umfang Frankreichs auf die Grenzen des Jahres 1792 zurückführen.

Dabei vergißt Metternich bezeichnenderweise wieder nicht auf Caroline Murat. Die Armeen stehen so nahe vor Paris. Napoleon sendet schon Friedensunterhändler, die bis vor kurzem noch für ganz undenkbar erachtete Bedingungen anbieten, und in diesem Vertrag von Chaumont läßt Metternich einen Zusatz zu seinem Abkommen mit Neapel aufnehmen. Darin erhält dieses über die dort festgesetzten Versprechungen hinaus noch weitere Vorteile. Das fällt aller Welt auf und führt zu allerhand Schlüssen. Pasquier zum Beispiel meint in seinen Memoiren[19]: »Soll man nicht dazu noch sagen, daß neben den großen politischen Interessen, die damals die österreichische Entscheidung veranlaßten, Herr von Metternich sich vielleicht der Beziehungen erinnerte, die er während seines Aufenthalts in Paris mit der Königin von Neapel, der Schwester Napoleons, gepflogen hat? Dieser in Chaumont aufgenommene Artikel hat fast den Charakter einer Galanterie.«

In Wien ist man mit der Politik Metternichs Neapel gegenüber auch gar nicht einverstanden. Zu jenen, die darüber am meisten entrüstet sind, gehört wieder die Kaiserin Maria Ludovika, die sich mit der auf der Reise nach Wien befindlichen, von Neapel und Sizilien vertriebenen Königin Marie Karoline solidarisch erklärt. Lorel fühlt das auch aus dem Benehmen der Herrscherin ihr gegenüber heraus. Schon Anfang Jänner hat sie einmal ihrem Gatten geschrieben: »Die Kaiserin war ganz und gar nicht liebenswürdig mit mir.« Und ein andermal: ». . . Man versichert mir, daß die Kaiserin insbesondere gegen das Bündnis mit Neapel eifert (se déchaîne), das sie entehrend findet . . . Der allgemeine Wunsch aber geht zur Zeit dahin, Napoleon solle gefressen und ausgeschaltet werden (mangé et exterminé), damit man niemals wieder mit ihm zu tun habe. Der beste Friede wird nur ein mäßiges Vergnügen bereiten, wenn man diesen Mann am Leben läßt.«

Das ist durchaus die Meinung Maria Ludovikas. Sie steht also in vollem Gegensatz zu Metternichs derzeitiger Ansicht, doch man glaubt nicht mehr lange mit der oft von Schwächeanfällen erfaßten hohen Frau rechnen zu müssen. Wie immer aber auch die Kaiserin denkt, Lorel tröstet sich mit dem Gedanken, daß der Erfolg bei ihrem Gemahl liege. »Du schaffst Dir unsterblichen Ruhm«, schreibt sie ihm und bewundert seine ungeheure »Mühe und Arbeit«. Wie stolz sie auf Clemens ist und wie sehr sie trotz allem zu ihrem Gatten hält, zeigt sich besonders darin, daß sie auf Stadion sehr eifersüchtig ist, von dem alle Welt mit Berechtigung sagt, daß er in seiner Politik Napoleon gegenüber doch stets recht gehabt habe, viel mehr als Metternich, der jetzt die Früchte der Erfolge pflückt. Da die Dinge in Wahrheit auch wirklich so stehen, wirkt jedes öffentliche Lob Stadions um so empfindlicher. »Ich kann Dir nicht sagen, wie schlechtes Blut mir dieses ewige Preisen Deines lieben Stadion macht. Man verbreitet, und die Dummen glauben es, daß alles, was geschieht, nach Stadions Plänen vor sich geht[20].« In Wirklichkeit ist es auch die große Linie des Vorgängers Clemens', auf der man nun fortschreitet; Metternich hat auf diese zurückgefunden und arbeitet nun parallel mit Stadion und in dessen Sinne. Nur in einem Punkt stimmen die beiden Staatsmänner nicht ganz überein: Stadion ist für volles Vernichten Napoleons, während Metternich davor noch zurückscheut.

Lorel ist leidenschaftlich bewegt von dem, was da vorgeht, und Gentz erhöht noch ihre Aufregung. »Gott, was werden wir noch alles erleben?« ruft sie aus und denkt ununterbrochen nach, wie sich die Dinge weiterentwickeln werden. Sie und ihr siebzehnjähriges Töchterchen Marie fragen sich stets, was Napoleon nach seiner Niederlage machen wird. »Er kann und darf nur mehr sterben«, meint Lorel, »ich sehe keinen anderen Ausweg mehr und hoffe für ihn, daß es auf ehrenhafte Weise geschieht. Was wird aus seiner Familie werden? Wer wird die wohltätige Seele sein, die sie ernähren wird, denn so weit werden sie kommen. Wie wird sich der König von Neapel inmitten all dieser Unordnung halten können[21]?«

Und Marie meint dazu: »Wenn ich an Napoleons Stelle wäre, ich würde mich einschiffen und irgendwo in Amerika mein Glück suchen. Ich würde dort ganz ruhig in den Wäldern und der Einsamkeit leben, und die Frucht des Kakaobaumes müßte mir als Nahrung dienen. Klares Wasser, durchsichtig wie Kristall, hätte mein brennendes Blut und mein hitziges Gehirn zu kühlen. Ich würde auf das Wild in den Wäldern Jagd machen, an meine vergangene Größe denken und mich damit über mein augenblickliches Unglück so gut als möglich zu trösten suchen ... Gott sei Dank bin ich aber Marie von Metternich, die keinen solchen Trost braucht[22].«

Nun entscheidet sich der Feldzug rasch. Die Armeen der Verbündeten haben sich vereinigt, und Napoleons Truppen können nicht mehr mit. Der Korse geht selbst nach Fontainebleau, und am 31. März des Jahres 1814 ziehen der Zar und der König von Preußen unter großem Gepränge in Paris ein. Kaiser Franz hat sich seiner Tochter wegen zurückgehalten. »Der Vater der Kaiserin«, meint Metternich dazu[23], »konnte es zu vermeiden wünschen, eben in dem Augenblick des Sturzes des Thrones seiner Tochter in Paris zu weilen. Und doch wird es der Kaiser von Österreich sein, der die Bourbonen einsetzt.«

Marie Louise hat eben einen herzbewegenden Brief an ihren Vater geschrieben, sie hoffe, er werde »nicht die Interessen und die Ruhe seiner geliebten Tochter und seines Enkels der Gier Englands und Rußlands opfern ... Wir waren überzeugt, daß Du uns nicht verlassen würdest. Dir, mein lieber Vater, vertraue ich unser Schicksal an ... Habe Mitleid mit mir[24]«.

»Jetzt ist also alles zu Ende«, erklärt Metternich seinem getreuen Hudelist, »heute erhalten sie *la fin des fins* ... die Einnahme von Paris! Die Revolution dort ist vollbracht, und mit Paris fällt ganz Frankreich.« – »Aus Nichts stieg Napoleon«, bemerkt Erzherzog Johann dazu[25], »zu Nichts wird er wieder ... *Mögen alle ehrgeizigen Eroberer hier sich ein neues Beispiel nehmen, was es sei, Gerechtigkeit, Mäßigung zu vergessen ...«*

Metternichs Mutter und Lorel werden mit Anfragen überschüttet, ob es wahr ist, daß Napoleon gefangen sei, man ihn mit einer hohen Apanage nach der Insel Elba entlassen wolle usw. Schon herrscht überall in Frankreich wieder Bourbonenfieber: »Wir leben hier inmitten der Rufe ›Vive le roi‹. Die Leute sind wie verrückt ... Alle Welt umarmt sich in den Straßen und sagt: ›Mein Gott, wir werden nun nach fünfundzwanzig Jahren endlich Ruhe haben!‹ Bald wird alles zu Ende sein[26].« Und zwei Tage später: »Napoleon ist noch für seine Person in Fontainebleau. Er hat bereits den größten Teil seiner Armee verloren ... Ich gehe in einer Stunde nach Paris ab. Der Kaiser Alexander braucht jemanden, der ihn ein wenig im Zaume hält[27].«

Der Zar hat nämlich in Paris eine Metternich zu freiheitlich und zu selbstherrlich klingende Kundmachung erlassen. Der österreichische Minister erklärt sie als schlecht und eine »elende Pièce«, die in solchen Worten nie erschienen wäre, hätte er beim Zaren weilen können. Nicht dieser soll die erste Rolle spielen, nein, Metternich will dies tun. Trotz der Proklamation lautet des Ministers Ansicht[28]: »Auf jeden Fall haben wir hier die Sache *ganz* in Händen, und das Resultat aller unserer Bemühungen wird dabei der Weltfriede sein. Napoleon hat aufgehört zu sein.«

Inzwischen hat der Korse am 7. April für sich und seine Nachkommen auf die Krone Frankreichs verzichtet, und es wird ihm die Insel Elba als kleines Fürstentum angewiesen. Mutter Metternich meint dazu: »Es scheint mir sehr gütig zu sein, den großen Napoleon in das schönste Land der Welt zu versetzen und ihm sechs Millionen zu zahlen. Ich wäre nicht so wohltätig, wenn es von mir abhinge[29].«

Gleichzeitig ist bestimmt worden, daß der Kaiserin Marie Louise der Titel Majestät bleibt, ihr die Herzogtümer Parma, Piacenza und Guastalla zugewiesen werden und ihr kleiner Sohn den Titel Prinz von Parma, kaiserliche Hoheit zu führen hat. »Ich bin sehr einverstanden«, meint Lorel dazu, »daß das Schicksal der Kaiserin festgelegt und sie von Napoleon getrennt wird. Doch wäre die Regentschaft schöner gewesen ... Ich aber würde an seiner Stelle nicht mehr leben wollen ... Wir werden also die Kaiserin Marie Louise hier haben, das wird den guten Wienern sehr viel Freude machen, die nicht aufhören, sich für sie aufzuregen ... Ich bin sehr neugierig, ihr Kind zu sehen. Paul (Esterházy) hat mir geschrieben, daß der Bub, jedes Vorurteil beiseite gesetzt, reizend ist. Doch was muß diese unglückliche Frau gelitten haben. Ihr Leben kann doch nie mehr glücklich sein[30].«

Marie Louise ist inzwischen in Orléans eingetroffen, und dorthin sendet der Minister die Fürsten Esterházy und Liechtenstein mit einem Brief an sie, worin Metternich die Kaiserin einlädt, sich ohne Zeitverlust nach Rambouillet zu verfügen, woselbst sie ihren Vater treffen werde.

Metternich unterrichtet dann seinen kaiserlichen Herrn weiter über die Lage, so wie dieser es gerne hören will, nicht aber wie sich die Dinge tatsächlich verhalten: »Der isolierte Gang, welchen Kaiser Alexander eingehalten hat, fällt nun bereits ganz nachteilig auf ihn und auf die hiesigen Verhältnisse zurück. Das Publikum läßt sich nicht nehmen, daß Eure Majestät mit der Regierungsveränderung keineswegs einverstanden sind, und Kaiser Napoleon hat unter der Hand allgemein verbreiten lassen, daß

Österreich sicher keine Gelegenheit versäumen werde, die Napoleonische Dynastie wieder auf den Thron zu bringen. Hiezu kommt, daß die Kaiserin durch ihr musterhaftes Benehmen eine sehr große Partei hat, worunter die Mehrzahl der Armee zu rechnen ist ... Ich kann mich jede Stunde überzeugen, daß Eure Majestät eine wirkliche *moralische Autorität* in Frankreich geworden sind – die schönste Rolle, welche einem Monarchen vorbehalten werden kann ... Wenn Euer Majestät unter Ausrückung der hiesigen Garnison friedlich in Paris einziehen, wird der Jubel des Pariser Volkes auf allen Seiten entgegenfallen ... Der Senat wird Euer Majestät im Namen der Nation für die *zweimal in einer* Person gebrachten Opfer als Vater und als Monarch danken und zugleich der Kaiserin den gebührenden Dank der Nation zollen. Diese Rede, welche Fouché aufsetzt, werde ich morgen erhalten und die Antwort bereiten, welche Allerhöchstdemselben die Möglichkeit liefert, sich in die schönste Attitüde zu setzen und endlich einmal die Ursache anzusprechen, welche Allerhöchstdieselbe zu diesen Opfern bewogen haben.«

Mit diesen Worten verteidigt sich Metternich gleichsam selbst, daß er seinem Monarchen seinerzeit so sehr zugeredet hat, Napoleon die Tochter zu geben. Das schlechte Gewissen in dieser Beziehung drückt Clemens nun, da die Dinge eine solche Wendung genommen haben, außerordentlich, doch weiß er mit seiner geschickten Hand und seinem angeborenen Leichtsinn, der manchmal im Leben auch nützlich sein kann, einen Ausweg zu finden.

Am 10. April ist Metternich nach Paris gekommen, am 11. bereits erscheint er im Haus Madame Junots, der Herzogin von Abrantès. Sie hat ihn gleich dringend gebeten, sie zu besuchen, und ihn unzweideutig an ihre einstigen engen Beziehungen erinnert. Selbstverständlich ist sie um ihre Existenz und ihr Vermögen als die Frau eines allerdings seither in Wahnsinn verfallenen und verstorbenen hohen Generals des Kaiserreiches schwer besorgt und hofft von dem nun allgebietenden Freund Rat und Hilfe. Metternich jedoch weist sie an den Zaren. »Er ist allmächtig«, meint der Minister mit zweideutigem Lächeln, »und die Souveräne machen nur, was er will[31].« Wir wissen, daß der Minister in Wirklichkeit ganz anders denkt, aber in diesem Fall, wo er eine lästige Bitte auf den Zaren abwälzen will, paßt ihm die sonst bekämpfte Allmacht desselben. Dieser nimmt sich auch wirklich der Sache an, wie er sich überhaupt gegen alle Damen, die sich plötzlich im Unglück befinden – besonders die schönen –, sehr entgegenkommend und galant erweist.

Metternich besucht auch mehrmals Madame Récamier, die anmutige, kluge Frau, die sich allerdings, wie sie selbst sagt, dabei linkisch benimmt. Er sucht sie hauptsächlich deshalb auf, weil sie eine Freundin der Königin

Caroline Murat von Neapel ist und er ihr durch sie Nachrichten übermitteln lassen kann.

Die Herzogin von Abrantès ist bei der so veränderten Lage der Dinge Metternich gegenüber noch ungleich entgegenkommender, als sie es schon unter dem Kaisertum war. Es ist ja auch kein Gatte mehr da, der sie mit seiner Eifersucht stören könnte, und Metternich ist doch nun fast der bedeutendste Mann Europas; er erliegt gleich wieder dem Charme der schönen Frau. Trotz all den Arbeiten und Pflichten, die ihm bei Abfassung des ersten Pariser Friedens obliegen, erscheint er fast jeden Tag bei der Herzogin. Auch der Zar macht ihr einen Besuch, und als sie ihn wegen der Güter angeht, verweist er sie ironisch lächelnd an Metternich, der ihr und ihrer Familie Schutzengel sein sollte[32].

Die Abreise des Ministers macht dann dieser wiedererstandenen Idylle ein Ende, doch ist die Herzogin von Abrantès entschlossen, sich seine Freundschaft zu erhalten. Da sie die Eitelkeit des Mannes kennt, will sie auf diesem Klavier spielen. Sie plant nun, ihre Memoiren zu schreiben, eine gute Beschäftigung für die schweren Zeiten, die ihr bevorstehen; auch wird das Geld einbringen und ihr Gelegenheit geben, den Minister, der nun eine so gebietende Stellung einnimmt, in den höchsten Tönen zu loben und in den Himmel zu heben, denn das kann nur nützlich sein. Diese Erwägung muß aber in jeder Weise davor warnen, ihren Schriften und Behauptungen allzu großen Glauben beizumessen.

Nun also soll Napoleon nach Elba. Das hat Metternich beschlossen, und damit ist es abgemacht. Aber recht ist es dem Kaiser Franz nicht. Seine allerdings da nicht maßgebenden Ansichten sind ganz andere und gesund und vernünftig. Elba gehört zu dem Großherzogtum Toskana, das Napoleon, wie ganz Oberitalien, der kaiserlichen Dynastie geraubt hat. So schreibt Franz I. an Metternich[33]: »Die Insel Elba ist mir nicht recht, denn sie ist für Toskana ein Schaden. Man disponiert für andere mit Gegenständen, die meiner Familie gehören, was man in Hinkunft nicht angehen lassen kann. *Napoleon bleibt zu nahe an Frankreich und Europa.*« In diesem Urteil trifft sich der Kaiser mit dem vieler anderer; Hudelist zum Beispiel meldet nach aus Konstantinopel eingelangten Depeschen[34]: ». . . Daß man nach Einnahme von Paris Napoleon als Kaiser mit Pension auf die Insel Elba entließ, dies kann ein Türke nicht begreifen.«

Dagegen ist Franz I. mit allem einverstanden, was Metternich sehr selbstherrlich über Marie Louise in Paris verfügt hat. Das zeigt, wie weitgehend sich der Kaiser schon in allem und jedem auf seinen Minister verläßt; er will jedoch Vormund von deren Söhnchen sein.

Metternich sagt sich indes, er müsse versuchen, Marie Louise wieder heimzuholen, möglichst gut für sie zu sorgen, ihr in jeder Weise gefällig zu sein und so langsam sein Vorgehen von 1809 vergessen zu lassen. Er will sie schon deswegen wieder nach Österreich haben, weil ja doch ihr Sohn eine politisch wichtige Persönlichkeit bleibt und vielleicht der Tag kommen kann, da man sich dieser werde bedienen können. Auf alle Fälle will er den Knaben beaufsichtigen, beeinflussen und nach Belieben je nach Erfordernis ausschalten oder aber als Figur in seinem europäischen Schachspiel einsetzen können. Hudelist gegenüber tut sich der Minister auch gar keinen Zwang an und beginnt seinen Brief vom 21. April dieses Jahres klipp und klar mit den Worten: »Da ... wir die Kaiserin und den Prinzen wegführen[35] ...«

So bleibt also der Vertrag von Fontainebleau vom 11. April unverändert in Kraft. Am 20. dieses Monats ist auch Napoleon von dort abgereist. »Alles hat ihn verlassen – sogar sein Mameluk«, schreibt Metternich[36]. »Er ist in einer ganz eigenen Seelenstimmung, beschäftigt sich dem Anschein nach nur mit gelehrten Arbeiten und will Mathematik und Chemie treiben.« Die schon auf der Reise nach Wien begriffene Marie Louise schreibt ihm einen Brief[37], worin sie sich beklagt, wie grausam es sei, schon acht Tage keine Nachricht von ihm zu haben. Sie schreibt ihrem nun gestürzten kaiserlichen Gatten von der Schönheit ihres Sohnes und schließt: »Ich werde erst zufrieden sein, wenn ich Dich glücklich angekommen und ruhig weiß, ich küsse und liebe Dich von ganzem Herzen, Deine Freundin Louise.«

Auch dieses Schreiben wird Metternich zur Weiterbeförderung übergeben. Er aber versenkt es in seine Tasche und läßt es dann in den Tiefen seines Archivs verschwinden. Marie Louise will am liebsten Ruhe haben und nicht wieder in den Hexenkessel Paris zurückkehren. Sie hat davon gehört, daß man erwägt, sie als Regentin für ihren Sohn dahin zurückzuführen. Das hieße eine gefahrvolle, jeden Augenblick mit Umsturz bedrohte Stellung bekleiden, zu der sie sich nicht geeignet fühlt. So schreibt sie ihrem Vater[38]: »Lieber Papa! Ich habe mit vielem Vergnügen Ihren Einzug in Paris vernommen, ich bitte Sie überzeugt zu sein, daß niemand mehr an dem glücklichen Ausgang des Krieges teilnimmt als ich. Auch habe ich mit vieler Freude erfahren, daß der König wieder in die Hauptstadt zurückgekehrt ist; dies hat mich auch über eine Menge dummer Gerüchte beruhigt, welche herumgingen, denn Sie wissen, lieber Papa, wie sehr immer mein Wunsch war, bei Ihnen und in Parma meine Tage zuzubringen.«

Metternich fühlt sich aber doch verpflichtet, ihr den Brief[39] Napoleons zukommen zu lassen, in dem er von der Reise und Ankunft in Fréjus schreibt, sie über diese und seine Stimmung beruhigt und ihr von seiner bevorstehenden Fahrt nach Elba sowie einigen rein privaten Dingen berichtet. Metternich teilt ihr wohl mit[40], daß ihres Gatten Reise infolge der Wut des Volkes, das sich schon zu allerlei Ausschreitungen anschickte, nicht so harmlos verlief, sucht sie aber sonst auf jede Weise zu beruhigen: »Es geht dem Kaiser gut, und es ist ihm nichts geschehen.«

Nicht ohne Absicht berichtet Metternich von den Zwischenfällen auf Napoleons Fahrt. Marie Louise soll sehen, daß er nun verachtet und verfolgt ist, um ihr jeden etwaigen Wunsch zu vergällen, dereinst vielleicht wieder an des Korsen Seite zurückzukehren. Clemens hat sich mit der Rückführung der bourbonischen Herrschaft in Frankreich abgefunden, sie zugestanden und zieht die Folgerungen daraus.

Marie Louise trifft am 21. Mai 1814, sieben Uhr abends, von einer zahllosen Menge erwartet, in Schönbrunn ein. Alle bewundern den kleinen Prinzen, und man spricht nur davon, wie schön und herzig er ist. Anderntags stehen wieder Zehntausende vor Marie Louises Fenstern und warten »mit offenem Mund stundenlang, um einen Augenblick einmal die Spitzen ihrer Frisur zu sehen«. Der kleine Blondkopf wird nun seinem zwölfjährigen Onkel Franz Karl vorgestellt, den man angewiesen hat, er solle das kleine Schattenköniglein umarmen. Der junge Erzherzog wendet sich aber ab und erklärt, den Franzosen nicht küssen zu wollen.

Marie Louise wird jedoch bald mit kritischeren Augen angesehen. »Sie sieht so aus«, meint Lorel, »als hätte sie alles Vergangene völlig vergessen.« Man entrüstet sich allgemein, daß sie sich gar nicht um ihren Sohn kümmert, »den sie nur eine Viertelstunde am Tag sieht[41]«. Auch die vertraulichen Polizeiberichte besagen, daß das Publikum nichts mehr von Marie Louise wissen will, die »stets munter, lustig, des besten Humors, von nichts spricht als von den neuen Moden in Paris, von Zerstreuungen, von Spectacle, vom Spazierenreiten und -fahren, von ihrer Tournée zu Pferd auf den Kahlenberg zu dem Fürsten de Ligne usw«. Jemand, der sich nur mit solchen Dingen beschäftigt, kann sich nicht sehr unglücklich fühlen und ist daher nicht allzusehr zu bedauern[42].

Ludwig XVIII. hat sich indessen auch in sein Heimatland begeben. Kaum ist er in Paris angelangt, findet sich Metternich bei ihm ein. »Da ist nun der König angekommen«, berichtet er seiner Tochter[43], »und ich komme eben von ihm. Er hat eine recht gute Gestalt und geschicktes Auftreten. Ich habe ihm meinen Besuch in dem Kabinett Napoleons abgestattet, wo ich so oft mit diesem auf und ab gegangen bin. Das Ganze schien mir nicht einer der geringsten Träume der letzten Zeit. Der arme Napoleon wäre zwischen Avignon und Aix bald gehängt worden (manqua être pendu). Das Volk stürzte sich in Massen auf seinen Wagen und beschimpfte ihn auf jede Weise. Es hatte einen Galgen errichtet, auf dem eine blutbedeckte, wie Napoleon angezogene Puppe aufgehängt war. Der Wagen, in dem er mit Bertrand fuhr, wurde gestürmt, doch war er zu Napoleons Glück abgesperrt, was den Kommissaren Zeit ließ, herbeizukommen und das Volk beschwörend zur Ruhe zu mahnen. Es versprach schließlich, ihn nicht aufzuhängen, erklärte aber, sich doch berufen zu fühlen, ihm die Wahrheit zu sagen. Es gibt nichts Abscheuliches, was man ihm darauf nicht zugerufen hätte. Schließlich gelang es, dem Wagen einen Weg zu bahnen. Eine Viertelmeile davon stieg Napoleon aus, ließ seinen Coureur absteigen, wechselte mit ihm Kleidung und setzte ihn an seine Stelle in den Wagen. Auf diese Weise legte Napoleon drei Posten unerkannt zurück, und der Coureur mußte die Beschimpfungen einstecken. Als (der Korse) vor Aix ankam, erfuhren unsere Kommissäre, daß die Bevölkerung entgegengelaufen kam, um ihn zu töten. Sie schickten Clam voraus, doch wurde er beinahe umgebracht, weil man ihn für einen französischen Kurier hielt. Schließlich gelang es ihm aber, die Leute zu bewegen, in die Stadt zurückzukehren, deren Tore geschlossen wurden. Napoleon fuhr außen an den Festungswällen vorbei, wo sich die ganze Bevölkerung aufgestellt hatte, um ihn mit Scheltworten und Steinwürfen zu empfangen. Schließlich zog er eine alte Uniform des Koller an und setzte sich in dessen Kalesche. So ist er in Fréjus angekommen; dies ist der Beginn des Endes seiner Laufbahn. Er starb fast vor Angst. Koller, Schuwalow und der (Preuße) Graf von Truchseß haben sich sehr exponiert, aber alles wäre vergebens gewesen, wenn es der Menge gelungen wäre, den Wagen zu zertrümmern. Welch schöne Ausreise aus Frankreich!«

Auch Marie Louise hört, dem Anschein nach nicht ohne Bewegung, von allen Seiten über die Vorgänge auf dieser Fahrt. »Mein lieber Freund, es ist lange her, daß ich Dir zuletzt geschrieben habe«, läßt sie sich am 8. Mai ihrem gestürzten Gatten gegenüber hören[44], »aber ich weiß nicht, wie ich meine Briefe befördern lassen soll ... Du weißt, wie sehr ich Dich liebe; der Gedanke, Dich den Beschimpfungen des Volkes ausgesetzt zu sehen, hat mich grausam getroffen ... Sei sicher, mein lieber Freund, daß ich immer an Dich denke und so gerne imstande sein würde, Deine Interessen aufs beste zu ordnen und Dir all meine Zärtlichkeit zu beweisen. Dein Sohn küßt Dich ... Er macht Fortschritte, zeigt große Klugheit und spricht ausgezeichnet. Alle Leute, die ihn sehen, bewundern ihn ... Ich freue mich sehr zu hören, daß die Prinzessin Pauline mit Dir gehen wollte. Sie hat ein sehr gutes Herz, ist aber auch sehr glücklich, Dir folgen zu können. Ich erwarte mit Ungeduld Nachrichten von Dir und bitte Dich, mir sehr oft zu schreiben. Diesen Brief schicke ich Dir durch den Fürsten Metternich, im Augenblick weiß ich kein anderes Mittel.« Auch dieses Schreiben wird Napoleon nicht weitergesandt und landet in der Schublade des Ministers.

In Wien ist man den sich überstürzenden Ereignissen in größter Aufregung mit Teilnahme und Interesse gefolgt. Die Stimmung für Metternich ist aber trotz allen Bemühungen noch nicht besser geworden. Die Berichte Hudelists sprechen auch davon, daß besonders die allerhöchste Frau weiter gegen ihn intrigiert, obwohl dies in Wirklichkeit gar nicht der Fall ist, sondern eine andere Frau ihren Haß gegen Österreichs Außenminister laut werden läßt.

In letzter Zeit hat sich nämlich Königin Marie Karoline, die von Neapel und nun auch von Sizilien Vertriebene, auf ihrer weiten Reise über Konstantinopel und Odessa den österreichischen Staaten genähert. Für Metternich keine erfreuliche Nachricht, denn die Königin ist erbost und erbittert über ihn und muß es natürlich sein, hat er doch den Vertrag mit der anderen Caroline, der Schwester Napoleons und widerrechtlichen Besitzergreiferin des Neapler Thrones, abgeschlossen, der jede Aussicht, das Königreich wiederzuerlangen, zu nehmen scheint. Die vertriebene Herrscherin besaß sehr gute Spione in Neapel und hat genau erfahren, wie der österreichische Gesandte Graf Mier in Metternichs Auftrag in Neapel ihren ureigensten Interessen zuwiderhandelte. Der Minister bemüht sich daher, sie von der Residenz fernzuhalten und läßt ihr sagen, Brünn oder Preßburg, nicht aber Wien als ihren künftigen Aufenthaltsort in den österreichischen Staaten zu wählen. Clemens hindert auch seinen Kaiser daran, der einstigen Schwiegermutter zu schreiben. Wütend erklärt Marie Karoline daraufhin, sie gehe nach Wien, niemand auf der Welt werde ihr verwehren können, ihrer Tochter Kinder zu umarmen[45].

Hudelist erkennt sehr genau, daß die Königin in Wien nun alles daransetzen werde, um wieder rechtmäßig zu ihrem Königreich Neapel zu gelangen. Das widerspricht, wie er weiß, der derzeitigen Politik seines Chefs, und so fürchtet er sofort, und zwar mit Berechtigung, daß sich die Tochter Maria Theresias gleich mit Maria Ludovika ins Einvernehmen setzen werde.

Wenige Tage nach Marie Karolines Ankunft geht Lorel die Königin besuchen, und es fällt ihr auf, daß die Herrscherin von der Kaiserin von Frankreich immer per »die Bonaparte« spricht. »Im übrigen«, berichtet Metternichs Gattin, »hat sie mich persönlich gut empfangen, Dich aber, sagt sie, kennt sie nicht und hat Dich niemals gesehen[46].« Aus eigenem Augenschein stellt Lorel nun fest, daß die ihr früher zugekommenen Redereien vom Geisteszustand der Königin ganz unberechtigt sind. Sie freut sich sehr, ihre Enkelin Marie Louise wiederzusehen, obwohl sie der Ansicht ist, daß sie auch im Unglück zu ihrem Gatten gehört.

Der Gesundheitszustand der Kaiserin Maria Ludovika hat sich inzwischen gebessert. Die unglückliche Lungenkranke muß aber oft bei Audienzen von Diplomaten und der Vorstellung Hunderter Damen stundenlang stehen, bis sie sich kaum mehr auf den Füßen halten kann und oft todmüde zusammensinkt[47]. Aber geistig steht sie über sämtlichen Mitmenschen, auf seltener, einsamer Höhe. Jetzt, wo alles über Napoleon herfällt, jeder, Metternich an der Spitze, sorgsam zu verwischen sucht, daß er überhaupt jemals etwas mit dem einstigen Kaiser der Franzosen zu tun gehabt hat, bläst sie, die die ganze Zeit über dessen erbittertster und härtester Feind gewesen, nicht in das allgemeine Horn der Verachtung.

»Sie wissen«, schreibt sie einmal einem Vertrauten[48], »daß ich nie die geringste Sorge über den Ausgang dieses Kampfes gehabt habe, daß ich, was man mir auch für eine Nachricht hätte geben können ... seit drei Jahren tief innerlich (intimement) davon überzeugt war, Kaiser Napoleon werde entweder physisch oder moralisch zugrunde gehen und mich nichts in meiner Einbildung irre machte. Ich war daher während dieses Zeitraumes in gleichem Maße frei von Unruhe, von Überraschungen oder von unmäßigem Jubel; gelassen sah ich, daß man der großen Auflösung täglich näher komme ... aber jetzt bin ich entrüstet bis zum Ekel über alle, die einst begeistert waren und jetzt ihr Geschrei erheben; das ist erniedrigend für die Menschheit ... Niemand hat mehr als ich gewünscht, daß er alles herausgebe, was er an sich gerissen hatte, daß die Sklaverei und Tyrannei ein Ende nehme, daß ein jeder in seine Erblande zurückkehre und das Blut von Millionen Menschen nicht mehr für den Ehrgeiz eines einzigen fließen solle; ich habe diesen Wunsch gehegt, als ich dazu verpflichtet war, und nichts konnte mich in dieser Denkweise beirren, aber jetzt, wo dies Ziel erreicht ist, bin ich damit zufrieden und empfinde nicht mehr die geringste Bitterkeit ...«

So denkt die Kaiserin. In Wien aber kommt es den Leuten eher unheimlich vor, was da alles in der Welt geschieht. In den hohen Kreisen der Gesellschaft hat man das Gefühl, nun Metternich vollkommen ausgeliefert zu sein, denn es ist klar: jetzt wird Kaiser Franz ihm schon gar freie Hand geben, und damit besteht auch die Gefahr, daß der Gegensatz zu Rußland ein Dauerzustand werde. Die Fürstin Bagration, die ihre eifersüchtige Feindschaft gegen Clemens weiter bewahrt hat, fährt fort, wider den so hoch gestiegenen Minister und einstigen Geliebten zu schüren. Der getreue Gentz, der Metternich immer über die neuesten Vorfälle in der Gesellschaft berichtet, meldet geradezu, daß sie seinen Chef in Wien »politisch und gesellschaftlich kompromittiere«.

Gentz beobachtet indessen Wilhelmine Sagan, die Frau, die Metternich jetzt am nächsten steht, für die er begeistert und entflammt ist wie eh und je. Er hat lange Unterredungen mit ihr und will daraus entnommen haben, daß sie »nur mehr in ihm, Metternich, lebt und er unumschränkt in ihrem Herzen regiert«. Gentz will seine Seele für diese Wahrheit verbürgen[49]. Er beobachtet sehr genau alle Liebesbeziehungen der Herzogin und freut sich,

Clemens berichten zu können, daß sie mit ihrem Verehrer Alfred Windisch-Graetz gebrochen zu haben scheint. Aber dafür ist ein anderer, ein junger englischer Legationssekretär aus großem Haus, Frederic James Lamb, viel in ihrer Gesellschaft zu sehen und eifrig um sie bemüht. Doch scheint es mehr, daß Wilhelmine ihn aus Nützlichkeitsgründen, besonders um seiner Verbindungen in der hohen Gesellschaft Englands willen und nicht aus persönlicher Neigung soviel um sich sieht. Aus allem, was Gentz meldet, ist zu ersehen, daß die Herzogin viel nachzudenken scheint, sehr unruhig und oft trübsinnig und verstimmt ist, was auch auf ihr körperliches Befinden zurückwirkt. Ihr Verhältnis zu Metternich gibt ihr so viel zu denken, ist er doch jetzt im Leben zu unwahrscheinlicher Höhe aufgestiegen, woran sie sich keinen geringen Anteil zuschreibt. Wie wunderbar, wenn sie seine Gattin wäre, seine stolze Stellung teilen, ihm helfen könnte bei den ungeheuren Aufgaben, die nun seiner in der Zukunft warten! Sie fühlt sich geeignet dazu, hält sich geistig und politisch urteilsmäßig ungeheuer erhaben über Metternichs Gattin Lorel, die ihr weder an körperlicher Schönheit noch, wie sie meint, an Klugheit auch nur das Wasser reichen kann[50].

Aber Entfernung ist eine Gefahr. Jetzt, das sieht die Herzogin, geht es auf Biegen und Brechen, und sie muß ihren persönlichen Einfluß, ihre Schönheit, all ihre Geistesgaben wirken lassen, will sie das große Ziel erreichen, daß sie sich nun einmal gesetzt hat. Das Ziel nämlich, die Frau Metternichs gänzlich aus dem Sattel zu heben, ihn dazu zu vermögen, in die Scheidung einzuwilligen, worauf dann sie, Wilhelmine, vor aller Welt die Gattin des nun mächtigsten und gefeiertsten Mannes Europas werden könnte. Metternich ist zur Zeit in Paris, also hin zu ihm. Es ist doch ein so einleuchtender Vorwand, daß man einmal die Schwester besuchen will, die Talleyrands Neffen geheiratet hat.

So begibt sich die Herzogin am 8. Mai 1814 auf die Reise und kommt in der Residenz an der Seine an, wo wenige Tage zuvor, am 30. April, der Friedensvertrag mit Frankreich unterschrieben worden war. Die Arbeit der Souveräne ist hier nun vollendet, und sie können die Stadt ihrer Triumphe wieder verlassen. Der Prinzregent von Enland hat die Herrscher nach London geladen, und sie folgen auch dem Ruf, mit Ausnahme des Kaisers Franz, der sich nach Hause sehnt und Metternich beauftragt, statt seiner nach London zu gehen; das Wesentliche macht ja doch nur dieser, und Franz erspart sich die ermüdenden Festlichkeiten.

Zudem hat der Monarch Sorgen genug, und nicht die geringste ist das fernere Schicksal seiner Tochter Marie Louise. Eben hat er von ihr ein Briefchen bekommen, aus dem zu seiner Beruhigung zu ersehen ist, daß das, was Metternich und er wollen, die endgültige Heimkehr der Kaiserin nach Wien, nun auch ihrem eigenen Wunsch entspricht: »Wenn Du, lieber Papa, nur schon jetzt auch aus diesem abscheulichen Land weg und in der Mitte unserer Familie wärest[51].« So fährt der Kaiser nach Wien zurück, wo er am 15. Juni eintrifft, während der Zar und Metternich ihren Weg nach England nehmen. Es ist wohl ein großer Friedenskongreß geplant, aber das soll nach Metternichs Ansicht mehr ein prunkvolles Schaustück sein, während alle wesentlichen politischen Abmachungen vorher zu treffen wären. Er will sich bis dahin »mit den deutschen Fürsten einverstehen«, während die »Ausgleichung unter den Großen definitiv in England stattfinden« soll. »So wird dieser Kongreß«, bemerkt Clemens, »weniger zum Negoziieren als zum Unterfertigen bestimmt sein und sich hauptsächlich auf die Erwägung einiger durch ganz Europa laufender gesellschaftlicher Fragen beschränken[52].«

Die Herzogin von Sagan folgt nun Metternich in Kürze nach London. Drei Wochen sehen sich die beiden auf dem neutralen englischen Boden, fern von der Gattin des Staatsmannes, unbekümmert und unbeeinflußt von dem Geschwätz und den Intrigen der Wiener Hofgesellschaft. Sie vermeiden es tunlichst, gemeinsam öffentlich zu erscheinen, und ziehen es vor, allein miteinander Aussprachen zu pflegen, die nicht immer erfreulich sind. Wilhelmine fühlt vorsichtig vor, und langsam beginnt Metternich zu verstehen, was diese Herzogin eigentlich will: Frau und Kinder soll er verlassen, seine Stellung bei dem sittenstrengen Kaiser Franz und in der Gesellschaft Wiens aufs Spiel setzen, den Skandal einer Scheidung heraufbeschwören und damit seine jetzt so strahlend vor ihm liegende große Zukunft in Gefahr bringen. Freilich, auf der anderen Seite steht lockend die berückende Frau, die nicht nur mit ihrer Schönheit besticht, sondern auch mit ihrem klugen, klaren Geist, von dem er schon so manchen ausgezeichneten Rat entgegengenommen. Er weiß, er würde unendlich schwer auf sie verzichten müssen, das will er auf keinen Fall, er liebt sie auf seine Art und braucht sie auch sonst. Wer hat denn dem widerstrebenden Metternich damals so sehr zugeredet, sich auf die Seite der Verbündeten zu schlagen, was zu so herrlichem Gelingen geführt hat? Wer hat ihm auch sonst wiederholt die wertvollsten gesellschaftlichen und politischen Winke gegeben? Nein, verlieren darf er diese Frau nicht, aber sie verlangt zu hohen Preis dafür, und ihre Schönheit hat doch nicht mehr die gleiche Wirkung wie in der Zeit, bevor sie gänzlich seine Geliebte geworden war.

Wenn Wilhelmine Andeutungen macht, weicht Clemens aus, sie spürt es und wird verstimmt. Nein, einfach nur die Geliebte des Staatsmannes zu sein wie unzählige andere Frauen auch, das will sie nicht mehr! Ihr Ehrgeiz geht höher, und wenn Metternich nicht den gewünschten Preis zahlt, dann will sie zeigen, wer sie ist, sie, die kluge, entschlußfrohe und schöne Herzogin von Sagan. Hat sie nicht auch Verpflichtungen gegenüber ihrem Ursprungsland und dem Zaren, der ihr ohnehin schon lange übelnimmt, daß sie mit Metternich, diesem Feind Rußlands, so gut steht? Das ist unangenehm und gefährlich, schon allein wegen ihrer Einkünfte von dort her, und zudem ist sie wirklich ehrlich begeistert von ihrem ritterlichen, erfolgreichen Zaren, dem doch vor allen allein der Untergang Napoleons zu danken ist! Und gerade hier in London hat sie besonders gute Gelegenheit zu erkennen, wie scharf der Gegensatz Alexanders I. zu Metternich sich ausspricht, wie bei der Spannung zwischen Österreich und Rußland, nun, da der gemeinsame Feind ausgeschaltet ist, der beginnende Zerfall des Bündnisses, wie immer in solchen Fällen, offenbar zu werden beginnt.

Hudelist, der schon weiß, was sein Chef gerne hört, hetzt ihn auch noch auf mit seinen Bemerkungen[53]: »Die russischen Großsprechereien werden bald so ekelhaft sein, als jene Napoleons waren ... Sie allein haben Paris erobert, ihnen allein dankt Europa sein Dasein, sie allein sind großmütig, ausschließlich Alexander der Ritter, der alles Unrecht gutmacht und, von jeder Nebenabsicht entfernt, nur das Wohl der Menschheit will etc. etc.« Solche Worte sind Wasser auf die Mühle Metternichs, den nichts mehr ärgert, als wenn man sagt, was ja doch die Wahrheit ist: daß niemand anderer als Rußland Napoleon das Genick gebrochen hat und ohne 1812 sowohl 1813 wie 1814 unmöglich gewesen wären. Das will Clemens um keinen Preis wahrhaben, und jetzt fördert er hier in England das gute Verhältnis zwischen dem Zaren und Englands höchstem Herrn gewiß nicht. Er ist glücklich, wenn er seinem Kaiser eine angebliche, unmutige Äußerung des Prinzregenten melden kann, und verfehlt gleichzeitig nicht, Franz I. dabei zu schmeicheln[54]. »Wenn Eure Majestät hierhergekommen wären, hätte England gesehen, was ein Fürst ist, während es in diesem Augenblick das Schauspiel eines Barbaren aus dem Norden genießt, der genügend unglücklich ist, auch noch den Jakobiner des Südens spielen zu wollen. Ich sehe, daß der Kaiser Alexander mir etwas antun will, ich werde es ihm zehnfach heimzuzahlen wissen.« Und weiter: »Der russische Kaiser ist von der übelsten Laune; das Land gefällt ihm, der Prinzregent und der Sinn der Regierung mißfallen ihm jedoch ebensosehr, als er dem ersteren mißfällt. Die gegenwärtige Reise wird diese Fürsten sicher nicht vereinigen.«

Bei dieser gegnerischen Einstellung Metternichs zu allem, was der Zar wünscht, hat er doch nun in einer Beziehung seine Meinung gewechselt. Jetzt, da Napoleon ausgeschaltet ist, vor dem er sich seinerzeit so sehr fürchtete, ist der Hauptgrund weggefallen, weswegen er gegen eine Familienverbindung zwischen dem russischen und dem österreichischen Kaiserhaus aufgetreten war. Selbst die Erhöhung der Stellung eines der Erzherzoge will er nunmehr mit in Kauf nehmen, denn er fühlt sich jetzt so mächtig, so sicher, daß ihm keiner von ihnen etwas wird anhaben können, wessen Schwager er auch werden mag. Und vielleicht wird Rußland, wenn die Schwester des Zaren zu der Wiener kaiserlichen Familie zählt, doch in vieler Beziehung auf Österreich Rücksicht nehmen müssen. Allerdings hat auf der Gegenseite, in Petersburg, das Eifern für eine solche Verbindung nachgelassen; es kommen keine Anfragen mehr, es ist still geworden um die Absicht, die Großfürstin Anna mit dem Kronprinzen Ferdinand zu verheiraten. Aber eines besteht anscheinend noch: der Wunsch der Großfürstin Katharina, den Erzherzog Karl zu heiraten.

Nun aber geschieht etwas, womit Metternich gar nicht gerechnet hat und was er nicht, wie gewohnt, voraussehen konnte. Die Großfürstin Katharina, die ihren Bruder, den Zaren, nach England begleitete, trifft in Portsmouth den Kronprinzen Wilhelm von Württemberg, den Gemahl Charlottes, der Schwester Ludwigs von Bayern. Es scheint eine Liebe auf den ersten Blick zu sein, die beide wie ein loderndes Feuer erfaßt. Im Nu ist Erzherzog Karl vergessen, alle Einleitungen zu dieser Verlobung werden zum Stillstand gebracht, und trotz den Schwierigkeiten, die sich bei der Liebe zu einem verheirateten Mann ergeben müssen, ist die Großfürstin entschlossen, alles zu tun, um diesen für immer an sich zu fesseln.

Von England begibt sich Katharina in den ersten Augusttagen nach Franzensbad, von wo sie dem Kronprinzen täglich die glühendsten Liebesbriefe schreibt und ihn beschwört, möglichst schnell alle Schritte zu tun, die notwendig sind, um sich von seiner Gemahlin zu trennen[55]: »Ich lebe viel mehr in Ihnen als in mir, denn Sie sind für mich die höchste Liebe, für die ich keinen Namen weiß, die mich zur Seligkeit gerufen hat. Nie will ich meiner herrlichen Bestimmung unwürdig werden, mein ganzes Leben, mein Denken, mein Tun sei Dankopfer für das Glück, das mir zuteil geworden ist.«

Der Württemberger ist förmlich erschrocken über das Tempo, mit dem die Großfürstin die Dinge übers Knie brechen will. Auf der anderen Seite aber fürchtet er, es könnte eines Tages die fatale Nachricht eintreffen, daß Erzherzog Karl die Großfürstin heimführe, eine Kunde, die ihn dann »aller Hoffnung berauben würde . . . Mein Herz krampft sich zusammen, wenn ich an all das denke, was für Vorwürfe müßte ich mir machen, Sie durch meine Schwäche in Portsmouth an mich gerissen zu haben. All dieser Kummer, all diese Leiden, welch unglückliche Folgen kann ein einziger Augenblick mit sich bringen. Wenn das alles so werden soll, dann bitte vergessen Sie mich, ich beschwöre Sie, so schnell als möglich . . . Sie werden stets das Idol meines Lebens sein. Alle meine Gedanken sind jetzt traurig, aber in Unglück oder Glück ist meine Neigung, Sie zu lieben, für mich ebenso unwiderstehlich, wie ich das lieben muß, was schön ist[56]«.

Die Großfürstin ist in Franzensbad im Bereich der geheimen Postlogen Metternichs. Alle diese Briefe fallen ihm in die Hände, und er, der eben noch seinem Kaiser über den dringenden Wunsch der Großfürstin berichtet hat, Erzherzog Karl zu ehelichen, liest mit höchstem Erstaunen diese Blätter, die von einem anscheinend völligen Gesinnungswechsel zeugen. So hat Clemens, um in dieser Eheangelegenheit klarer zu sehen, den General Freiherrn von Koller beauftragt, sich an Ort und Stelle über die Absichten der Zarenfamilie zu unterrichten und gleichzeitig auch einige wichtige politische Fragen aufzuwerfen.

Der General erscheint vor dem Zaren, und die Unterredung zeigt klar, wie weit die österreichisch-russischen Gegensätze bereits gediehen sind. »Werdet ihr wohl auf dem bevorstehenden Kongreß brav sein?« fragt der Monarch, »werdet ihr da nicht tolle Vorschläge machen?« Auf die Versicherungen Kollers, man werde nicht anders als brav sein können, fährt der Zar fort[57]: »Ja, was Ihren Kaiser betrifft, bin ich überzeugt, werden wir gleich einig sein, aber Metternich wird mich feindlich behandeln; er ist es, der alles für Österreich und für einige andere behalten und uns Russen nichts zukommen lassen will. Er will uns mehr übel als je ein österreichischer Minister. Ich glaube, er würde uns noch nehmen wollen, was wir schon haben.«

Und weiters berichtet Koller: »Ein hoher Offizier am Hof eröffnete mir, der Monarch habe der Kaiserin-Mutter gesagt: ›Dieser Metternich hat mir die Engländer auf den Hals gehetzt, er hat sogar die Preußen die Dankbarkeit vergessen lassen, die sie mir schulden, ebenso wird er die Kleineren beherrschen, und alle werden nur das sprechen, was er ihnen erlaubt. Wir müssen gestehen, daß er der erste Minister in Europa ist. Rußland würde glücklich sein, einen ähnlichen zu besitzen, aber um so gefährlicher wird uns auch sein Haß gegen die Russen.‹«

In den ersten Julitagen kommt Clemens von England wieder nach Paris zurück, gerade als dort die Fahrt der Kaiserin Marie Louise nach Aix bekannt wurde, die sie am 29. Juni von Wien aus angetreten hatte. Die Nachricht davon versetzt die nun herrschenden bourbonischen Kreise in höchste Aufregung.

Metternich begibt sich zum König, versucht alles mit der angegriffenen Gesundheit der Kaiserin zu erklären und ist bemüht, ihn in jeder Weise zu beruhigen.

Gleichzeitig meldet er seinem allerhöchsten Herrn[58]: »Ich behalte mir vor, Eure Majestät um ein direktes Einschreiten zu ersuchen, daß sich die Kaiserin so bald als möglich nach Wien zurückverfüge und auf keinen Fall die Reise nach Italien vor der Beendigung der Angelegenheiten des Kongresses unternehme.«

Marie Louise ist es aber inzwischen in Aix nicht viel anders ergangen als Katharina in Portsmouth. Sie hat an ihrem einäugigen Ehrenkavalier solchen Gefallen gefunden, daß sie ihrem Vater schon am 22. Juli schreibt: »Der Graf Neuperg (sic) ist voll Aufmerksamkeit für mich, und sein Wesen gefällt mir sehr gut.« Talleyrand aber wendet sich am 9. August dringend an Metternich, er solle dafür sorgen, daß Marie Louise Frankreich wieder verlasse. Clemens gibt dem Folge und läßt der Kaiserin die Heimkehr nun endgültig durch ihren Vater nahelegen. Marie Louise gehorcht, fährt in Begleitung Neippergs über die Schweiz nach Wien heim und verfällt ihrem Ehrenkavalier auf dieser Reise völlig.

Nun kehrt auch Metternich nach Wien zurück und erhält von seinem Kaiser Briefe Marie Louises mitgeteilt, in denen sie ihr baldiges Eintreffen in Wien meldet und scheinbar auch um Weisungen für ihr ferneres Verhalten ersucht. Franz I. hat sich schon so gewöhnt, seinen Minister alles entscheiden zu lassen, daß er ihn auch da fragt, was er antworten soll. Clemens erwidert darauf, der Monarch solle seiner Tochter für ihre Folgsamkeit danken, und fährt fort[59]: »Ich bitte Eure Majestät, ihr nicht zu verhehlen . . . *daß sie sich Euer Majestät ganz überlassen müsse.*«

Mit diesem Rat verfolgt Metternich die Absicht, in Hinkunft auch Marie Louise seinen Willen aufzuzwingen und sie seinen politischen Plänen unterzuordnen. Wenn nämlich der Minister die Lage ruhig überlegt, so sagt er sich: Falls er den Sohn Marie Louises unter ihrer Regentschaft in Frankreich den Thron besteigen ließe, würden in Wirklichkeit nicht sie, sondern andere, auf die Dauer nicht zu zügelnde Leute das Land regieren. Das aber könnte für alle von unabsehbar gefährlichen Folgen sein. Für den Augenblick ist der schwache Ludwig XVIII. also doch die beste Lösung, und Marie Louise muß sich, so lautet die Weisung[60] Metternichs an sie, nun, da die Fürsten Europas sich anschicken, zur endgültigen Lösung und Bereinigung aller Fragen in Wien zu einem Kongreß zusammenzutreten, im Interesse ihres Sohnes »des passivsten Verhaltens befleißen«. Sie soll sich auch nach Clemens' Meinung der öffentlichen Aufmerksamkeit möglichst entziehen.

Nun, denkt Metternich, ist diese Angelegenheit klargestellt, und er kann hoffen, in den nun kommenden Verhandlungen am Kongreß wenigstens von daher keinen Schwierigkeiten mehr zu begegnen.

IX. VOM WIENER KONGRESS ZU WATERLOO

1814–1815

Kaum ist die größte Sorge von Metternich gewichen, stürmen tausend andere auf ihn ein. Vor allem wird die italienische Frage zu lösen sein, an der Österreich so besonders interessiert ist. Auf der stiefelförmigen Halbinsel sind ja überall Napoleons Verwandte, Generäle und Statthalter in die führenden Stellen eingesetzt. Graf Mier berichtet schon aus Neapel, daß sich geheime Besprechungen zwischen Murat und dem Vizekönig Eugen in Oberitalien anbahnen[1]. Der Schwager Napoleons soll anstreben, der Herr eines geeinten Italien zu werden.

Königin Caroline hätte, wenn so etwas gelänge, gewiß keinen Einwand dagegen, aber dem Österreicher gegenüber tut sie so, als wäre sie mit nichts einverstanden, was gegen dieses Kaiserstaates und seines Lenkers Willen wäre. Sie verspricht Mier, ihren Gatten zu veranlassen, bald nach Neapel zurückzukehren. »Wenn der Monarch einmal wieder da ist und unter Bewachung der Königin steht«, meint der kaiserliche Gesandte, »können wir über sein Benehmen beruhigt sein.« Caroline weiß den Diplomaten, der ihr in keiner Weise gewachsen ist, geschickt einzuwickeln.

Die Königin fühlt sich in Wirklichkeit gar nicht mehr so sicher auf dem Neapler Thron, weil sie genau weiß, wie sehr der Zar und der neue Bourbonenkönig in Paris, aber auch England nunmehr dem Weiterverbleiben Murats widerstreben. Nur Metternich denkt anders, obwohl ihm ein großes vereinigtes Italien gar nicht passen würde; auf alle Fälle ist ihm Murat in Neapel lieber als die gefährliche, energische Marie Karoline, die Gattin des vertriebenen bourbonischen Königs, die klar genug aller Welt gezeigt hat, daß sie, die Tochter der großen Maria Theresia, gegen jedwede wie immer geartete Bevormundung eingestellt ist. Und Metternich will doch bevormunden, nicht nur Neapel, sondern ganz Europa; und was er über die Einheit Italiens denkt, darüber spricht er sich zu dem Feldmarschall Graf Bellegarde, dem dortigen Befehlshaber der österreichischen Truppen, unzweideutig aus[2]: »Es gibt in dem Land jenseits der Alpen ... eine Geisteshaltung, die in keiner Weise durch uns begünstigt werden darf. Es ist der sozusagen italienische Geist ... Das beste Gegengewicht gegen jeden solchen Anspruch findet sich ohne Zweifel in der Zerstückelung Italiens.«

Caroline Murat spielt Mier indes nach wie vor eine raffinierte Komödie vor und benützt dazu auch ihre Freundin Madame Récamier, die ihr eben in Neapel einen Besuch abstattet[3]. »Alle Kabalen jedoch werden unsere Beziehungen mit diesem Hof in nichts berühren können, da die Königin sich gänzlich in unseren Interessen bewegt.« Soweit Mier; aber es ist fast mit Sicherheit anzunehmen, daß Carolines Verhalten ein mit der Récamier abgekartetes Spiel ist, um einen neuerlichen Beweis für ihre schrankenlose Ergebenheit Österreich gegenüber zu geben. Doch die Königin bemüht sich zu sehr darum, sie trägt zu stark auf, sie betont all das viel zu oft, als daß es ganz aufrichtig sein könnte. Freilich, wenn alle napoleonischen Stricke reißen und der große Bruder nie mehr zur Macht zurückkehrte, wird diese betonte Willfährigkeit Österreich gegenüber höchst nützlich sein. Zumindest hat sie jetzt die Wirkung, daß Metternich die Königin und damit ihren Gatten gegen den Widerspruch der meisten Mächte am bevorstehenden Kongreß zu halten entschlossen ist.

Vertraut Mier auch weitgehend der Königin Caroline, so doch wenigstens nicht dem Korsen. »Man hatte unrecht, zu glauben«, meldet der Gesandte Metternich, »daß Napoleon der Hoffnung entsagt hätte, noch einmal eine Rolle zu spielen ... Er wird schließlich irgendeinen verzweifelten Schlag wagen. Sein Aufenthalt auf der Insel Elba ist eine gefährliche Nachbarschaft für die Ruhe Italiens[4].« Dem Korsen gegenüber bleibt auch Metternich mißtrauisch und will Elba recht gut im Auge behalten.

Aber was die Königin Caroline betrifft, ist er schon aus persönlicher Eitelkeit ziemlich geneigt, den Beteuerungen Miers zu glauben. So hält Metternich die beiden Murat auch weiterhin, trotz dem Widerspruch der anderen Mächte, die die legitime bourbonische Herrschaft in Neapel wiederherstellen wollen. Als man in England alles abreden wollte, blieb dies ungelöst, ebenso wie die Fragen, die vor allem Rußland und Preußen angehen.

Der Zar will das Königreich Polen wiederaufrichten und es in einer Personalunion an sein Kaisertum anschließen, Preußen sich wieder das ganze Königreich Sachsen einverleiben, mit dem Hinweis, daß dieses doch so lange zu Napoleon gehalten hat. Auch darüber ist man in London zu keinem Einvernehmen gekommen, denn Metternich widerstrebt der so starken Vergrößerung Rußlands und will sich in der sächsischen Frage Preußen gegenüber nur dann entgegenkommend erweisen, wenn dieses ihm in der polnischen Angelegenheit gegen das Zarenreich hilft. So ist also alles noch in Schwebe, als der Kongreß zusammentritt.

Nun, im September 1814, treffen allmählich Kaiser, Könige, Fürsten und Abgeordnete so ziemlich aller Länder Europas in Wien ein und versuchen sogleich, mit Metternich in Fühlung zu treten. »Als ich gestern in Wien ankam«, schreibt der Minister seiner noch in Baden weilenden Frau[5], *habe ich ganz Europa in meinem Vorzimmer versammelt gefunden* ...«

Metternich steht nun im einundvierzigsten Jahr und somit auf der Höhe seines Lebens. Immer noch ist er verführerisch schön und elegant, bezaubert jedermann mit seiner im Laufe der Zeit weiter ausgebildeten berükkenden Gabe der Erzählung, hat aber auch sehr viele Feinde. Einmal die Neider, die jedermann besitzt, der im Leben Erfolg hat, dann die seiner Politik Widerstrebenden und Leute, die er hart behandelt. Innerhalb der kaiserlichen Familie hat man ihm so manches nicht vergessen; die Russenfreunde sehen, daß er seine Feindschaft gegen dieses Land weiter hegt und die Spannung zwischen dem mächtigen Minister und dem noch mächtigeren Zaren weiterbesteht.

Varnhagen versucht in jenen Tagen, ein Bild des Staatsmannes zu entwerfen[6]. »Er kann höchst tätig sein, fein, klug, verstellt, aber bald vernachlässigt er wieder alles, und eigentlichem Fleiß ist er immer fremd . . . ein gewandtes Äußeres, ein gelungener Anzug können ihn höchst ernsthaft beschäftigen, in dem fadesten Weibergeschwätz kann er halbe Tage lang Unterhaltung finden . . . In seinen Verhältnissen mit diesen ist er am stärksten angeregt; doch entsteht seine Liebe nur aus Eitelkeit und Liederlichkeit, und wenn einmal das Herz dennoch mit ins Spiel kommt, so ist es nur auf peinliche Weise . . . Seiner Frau gibt er nach und zieht sie wie Gentz zu Rate.« Soweit Varnhagen, der sich befleißigt, möglichst unparteiisch zu sein, mit diesem Urteil aber doch zu streng ist. Jedenfalls ist Metternich ein ausgezeichneter Vertreter an einer Cour d'amour, wenn man, wie es die Gräfin Potocka tut, den Kongreß so nennen kann.

Clemens steht zur Zeit noch ganz unter dem Eindruck seiner Kämpfe und erregten Unterredungen mit der Herzogin von Sagan in London, die er nach seiner Rückkehr auch in Baden und Wien fortgeführt hat. Gentz als sein Vertrauter in den Beziehungen zu Wilhelmine versucht immer bei ihr im Sinne und zu Nutzen seines Chefs zu wirken. So hat er ihr am 25. Juli knapp vor der Ankunft Metternichs einen »sehr energischen Brief« über ihr Benehmen diesem und ihm gegenüber geschrieben. Die Herzogin antwortet aber nicht weniger energisch, er solle sich nicht in Dinge mischen, die ihn nichts angingen. »Sie hat mir da einen wirklich unverschämten Brief geschrieben«, bemerkt Gentz hiezu und meldet dies natürlich sofort Metternich. Das ist ein weiterer Beweis für diesen, daß Wilhelmine ihm fortan nicht mehr so einfach zu Willen sein wird und er nun einmal an einer Frau Schiffbruch erleidet, was ihm bisher noch nie geschehen ist. So gedenkt Clemens sie zu ärgern, indem er sich überraschend bei ihrer Nebenbuhlerin Bagration ansagt, was auch sonst ganz klug ist, weil diese Dame zweifellos beim Kongreß eine große Rolle spielen wird. Man nennt sie gleichsam die geheime Gesandtin des Zaren. Metternich kann sie also nicht links liegenlassen, wie er es in letzter Zeit getan hat. Stundenlang sprechen nun er, Gentz und die Fürstin über politische Dinge. Wenn Clemens aber glaubt, daß er die Bagration damit wiedergewonnen hat, so irrt er. Die Sagan ein wenig zu ärgern, ja, das hat er damit erreicht! Diese geht ihm aber deswegen doch nicht aus dem Sinn. Seine Eitelkeit ist zwar getroffen, aber ihren Rat und nicht zuletzt ihre Schönheit würde er doch sehr missen.

Nach dem Abend bei der Bagration irrt Metternich bis drei Uhr früh mit Gentz in den Straßen der Stadt umher und spricht nur von Wilhelmine, immer nur von diesem Thema, das Gentz schon entsetzlich langweilt. Der Herzogin von Sagan kann dieser Besuch nicht verborgen bleiben, denn die beiden Nebenbuhlerinnen wohnen merkwürdigerweise zufällig im selben Palais, Flur an Flur. Während die Bagration insbesondere gegen die Sagan, haßerfüllt und auf sie eifersüchtig, ausschließlich in russischem Fahrwasser segelt und sich dem Zaren völlig zur Verfügung stellt, zögert Wilhelmine noch, das gleiche zu tun. Sie kann nicht begreifen, daß Metternich gar nicht daran denkt, sich ihretwegen scheiden zu lassen, während er doch fortwährend so tut, als wäre er rasend verliebt und könne ohne sie nicht leben. Hat *sie* sich im Leben schon *zweimal* von Gatten getrennt, warum kann *er* es nicht *einmal* für sie tun?

Der Augenblick für eine umstürzende Entscheidung ist auch schlecht genug gewählt. Soll Metternich jetzt, vor dem Forum ganz Europas, das doch in seinem Vorzimmer versammelt ist, wie er sagt, einen Familienskandal heraufbeschwören? Seine Frau muß doch die große Welt empfangen, überdies ist seine Tochter Marie mit ihren achtzehn Jahren auch schon heiratsfähig. Metternich liebt seine Kinder und Marie besonders, und seine Frau hat ihm nie Anlaß zur Klage gegeben. Im Gegenteil, sie hat sich ihm immer zur Seite gestellt, ihm im Privatleben und in der Politik geholfen, über seine Seitensprünge hinweggesehen. Seine Stellung wäre bedroht; und was würde vor allem Kaiser Franz dazu sagen, auf dessen unbedingter Gefolgschaft Metternichs ganze Macht beruht? Nein, nein, er denkt keinen Augenblick an das, was Wilhelmine Sagan von ihm wünscht.

Dies erkennt sie nun klar und ist entschlossen, sich zu bescheiden. Sie will nicht gerade offene Feindschaft mit Metternich, dazu ist er zu mächtig und sie zu klug. Clemens hat später einmal gesagt, es wäre ihm aus dieser Liaison nur ein Gefühl des Ekels und des Kummers zurückgeblieben[7], und das mag stimmen, während man das meiste andere, was er darüber einer späteren Geliebten erzählt, mit größter Vorsicht aufnehmen muß.

Wilhelmine Sagan kann nun nach ihrem Entschluß dem Zaren leichter nachgeben und sich voll in dessen Denkweise einschalten. Der Monarch hat sich ihr gegenüber zunächst zurückhaltend gezeigt und mehr die Fürstin Bagration vorgezogen, aber sowie er merkt, daß Wilhelmines Schwäche für Metternich dahinzuschwinden scheint, weiß er sie darin zu bestärken, um auch sie ihm wieder dienen zu lassen, wie die Bagration es schon seit jeher restlos tut.

Die Berichte der Polizeispitzel dieser Zeit, meist nicht genannter Personen sehr verschiedener Herkunft, berichten tausenderlei Gerede über alle Welt, natürlich auch über die beiden russischen Damen und alle Fürstlichkeiten, vor allem über den Zaren. Da die meisten über Metternichs Einstellung diesem gegenüber unterrichtet sind und das melden, was man höhern Orts gerne hört, kommt Alexander da recht schlecht weg. Doch muß man im allgemeinen vor der Überschätzung dieser Berichte warnen; wirklich nützlich darin sind hauptsächlich nur die Daten und Stundenangaben der verschiedenen Besuche der Fürstlichkeiten und sonstigen bedeutenden Personen. Jetzt wird die Eifersucht der Sagan natürlich besonders erregt, wenn am 30. September der russische Kaiser bei der Fürstin Bagration vorspricht und fast drei Stunden im Tête-à-tête bei ihr verbringt. Jedenfalls ist da von Metternich viel die Rede gewesen, und es erscheint ziemlich wahrscheinlich, wenn der Polizeivortrag vom 3. Oktober meldet[8], der Zar habe der Bagration gesagt: »Metternich hat weder Sie noch die Sagan geliebt; das ist ein eiskalter Mensch, glauben Sie mir, er liebt niemanden!«

Herzogin Wilhelmine erbittet in dieser Zeit eine Audienz beim Zaren, der aber erklärt, er werde selbst zu ihr kommen. Und wirklich, am 22. Oktober erscheint er zum Frühstück bei ihr. Metternich stellt sie daraufhin ob dieses Besuches zur Rede, und da kommt es zu einer scharfen Auseinandersetzung. Er will gehört haben, die Sagan hätte jemandem gesagt, ein Minister, der das Vertrauen der Verbündeten verlor, könne nicht mehr an seiner Stelle bleiben. Das heißt Metternich an seinem empfindlichsten Punkt treffen, denn er weiß genau, wie viele Stadion wieder an seinen früheren Platz stellen wollen. Die Herzogin leugnet die Bemerkung, bezeichnet sie als erfunden, erklärt aber, auch wenn sie sie gemacht hätte, habe sie niemandem, wohlgemerkt, niemandem über ihre Äußerungen Rechenschaft zu geben.

Wilhelmine hat ihre einstigen Pläne nun gänzlich aufgegeben. Sie will sich auch von Metternich nichts mehr sagen lassen und weist ihn in seine Schranken. Es ist nicht ein Bruch des Ministers mit ihr, wie es Gentz darstellt, sondern umgekehrt, ein Zurückweichen der Herzogin. Clemens ist tief verletzt; da hat ihm einmal eine Frau eine klare Niederlage bereitet, ihm, vor dessen Tür ganz Europa bettelt! Er kann sich darüber nicht beruhigen. Lange nachher noch geht ihm die Sache im Kopf herum, und immer wieder spricht er mit Gentz über Wilhelmine, sehr zum Schaden der Geschäfte. Wie der letztere sieht, daß sich nun die Beziehungen zwischen seinem Chef und dieser Frau so gründlich verändert haben, wird er auch in seinen schriftlichen Äußerungen über sie und ihre Familie merkwürdig rücksichtslos. Während er früher nur die verhimmelndsten Worte für ihren Geist, ihre Schönheit und ihren Charakter gefunden hat, spricht er in der Folge von ihr in Ausdrücken wie »diese verdammte Frau« und dergleichen mehr. Ja, Gentz ist ein getreuer Diener und weiß seinem Herrn nach dem Mund zu reden.

Zwei Tage nach dem Besuch des Zaren bei Wilhelmine Sagan und deren darauffolgendem Zusammenstoß mit Clemens ereignet sich ein solcher zwischen diesem und dem russischen Kaiser, der so stürmisch ist, daß der Minister sich sofort seinem Herrscher anvertrauen muß[9]: »Eure Majestät! Ich habe gestern eine mehr als zweistündige Unterredung mit dem russischen Kaiser gehabt, deren Erfolg keineswegs meinen Wünschen entsprach – er war voll großer Worte und Versicherungen der Unveränderlichkeit seines Willens. Es wäre kaum möglich, die Summe des Unsinns zu beschreiben, welche er in dieser Konferenz vorbrachte, und sie erinnerte mich sowohl in Form als Ausdruck an die vielen früheren, welche ich mit Kaiser Napoleon hatte.

Eine der auffallendsten Behauptungen, welche er stets als Grundlage seiner Argumente vorausstellte, war die des großen Widerspruchs, der in den Gesinnungen Eurer Majestät, der meinigen und jener des gesamten Publikums obwalte. Euer Majestät, behauptete er, seien ganz mit seinen Ansichten einverstanden, das Publikum unterstütze selbe ebenfalls und ich allein träte in der ganzen Monarchie als sein Antagonist auf. Ich habe getrachtet, diese lächerlichen Ideen zu berichtigen.«

In diesem Bericht Metternichs an seinen kaiserlichen Herrn steht eigentlich gar nichts Sachliches, nur ein Werturteil über des Zaren Benehmen. »Metternich«, so meldet Talleyrand nach Paris[10], »kam in einem Zustand aus dieser Unterredung, wie ihn die Leute seiner engsten Umgebung noch niemals gesehen haben.« Aber Kaiser Franz zeigt, obwohl in vorsichtigen Worten, daß er auch jetzt durch dick und dünn weiter zu seinem Minister hält. So versieht er denn dessen Bericht mit folgender Randbemerkung: »Dient zur Wissenschaft, und da wir nur einen Zweck, nämlich das Wohl meiner Monarchie im Auge haben, so wird uns Kaiser Alexander, wenn auch voneinander entfernt, dennoch gleichlautend finden.«

Der Zusammenprall zwischen dem Zaren und Metternich führt zu gänzlichem, auch gesellschaftlichem Boykott des Ministers durch den russischen Kaiser. Der Mutter Metternichs sagt Alexander mit deutlicher Anspielung auf ihren Sohn, er verachte alle Männer, die keine Soldaten seien. Clemens tut so, als hätte *er* nicht mehr zum Monarchen gehen wollen, aber es war gerade umgekehrt: Der Zar hätte ihn am liebsten gefordert, wollte ihn nicht mehr sehen und veranlaßt zum Beispiel die Fürstin Bagration, gerade an jenen Tagen Feste zu geben, an denen solche bei Metternich stattfinden; dann erscheint er absichtlich bei jener Dame. Die Fürstin Lorel jedoch und ihre Tochter Marie werden nach wie vor vom Monarchen auf das zuvorkommendste behandelt, wo immer er mit ihnen zusammentrifft.

Jetzt überbieten sich die Bagration und die Sagan förmlich in Metternich gegnerischer Haltung, um Alexander gefällig zu sein. Nun hätte auch Wilhelmine nichts mehr dagegen, wenn man Stadion wieder in den Sattel setzen würde, was die Kaiserin und ihr Anhang um so viel lieber sähen. Deren Mutter zum Beispiel kann gar nicht begreifen, warum Franz I. nicht zu seiner alten Stellung zurückkehrt[11]: »Hier haben wir außer den Majestäten gleichsam alle kleinen und kleinsten Fürsten des einstigen (Römisch-Deutschen) Kaiserreiches ... Fast alle haben mir, als sie sich vorstellten, sofort ihr lebhaftestes Verlangen ausgedrückt, daß unser Kaiser wieder zu jenem Deutschlands werde und damit ihr Oberhaupt.« Diese Bemerkung ist in gewissem Sinne auch gegen Metternich gerichtet, denn er ist es ja, der dies nicht will. Aber sämtliche Einflüsse und Intrigen der Feinde Metternichs und der vielen Frauen, die sich ihnen anschließen, führen zu nichts, weil der Monarch des Ministers feste Stütze bleibt.

Franz I. hat es allerdings ziemlich schwer, dem Zaren gegenüber diese Linie einzuhalten, und nimmt daher seine Zuflucht zum Doppelspiel. Alexander ist entrüstet, als er durch den Fürsten Hardenberg zur Kenntnis von mit Metternich geführter Korrespondenz gelangt, worin der Minister leugnet, dem Zaren angetragen zu haben, in der Frage Polen nachzugeben, wenn er der sächsischen Sache seine Unterstützung versage. Auf das hin erscheint der Zar bei Kaiser Franz, erklärt dies als eine Lüge Metternichs, legt die betreffenden Papiere vor[12] und betont, er wolle mit einem so unzuverlässigen Mann nicht mehr unterhandeln. Franz I. wird verlegen, gebraucht Ausflüchte, behauptet, diese Papiere nie gesehen zu haben. Tags darauf versucht er durch die Schwester des Zaren, Katharina, die auf dem Kongreß weiter bemerkenswert mit dem Kronprinzen von Württemberg liebäugelt[13], auf den Zaren versöhnend einzuwirken. Die Großfürstin erbittet sich aber vorerst die Erlaubnis ihres Bruders dazu. Nachdem dieser sie erteilt hat, empfängt sie Kaiser Franz, wiederholt auch ihr gegenüber, daß ihm die Schreiben Metternichs gänzlich unbekannt seien, und äußert seine Mißbilligung über das Benehmen seines Ministers. Doch auch die Großfürstin erklärt ihm, ihr Bruder wolle nicht mehr mit dem Staatsmann unterhandeln, sondern nur unmittelbar mit Kaiser Franz verkehren und alles mit ihm abmachen. Diesem aber, der doch nun fast alles Metternich überläßt und von ihm so bequem bedient wird, kann eine solche Art und Weise, seine rechte Hand auszuschalten, gar nicht passen. Der Zar erreicht das gerade Gegenteil von dem, was er will; Kaiser Franz mißbilligt zwar offiziell, aber in Wirklichkeit steht er nach wie vor gänzlich zu seinem Paladin. Und er hat in diesem Fall recht, eine auswärtige Macht darf seinen Minister nicht stürzen. So etwas erscheint immer verdächtig und als ein

Eingriff in die Freiheit und Unabhängigkeit seines Staatswesens. So bleibt trotz diesem Zwischenfall die Stellung Metternichs unberührt, der Minister aber gedenkt dies der Großfürstin Katharina bei Gelegenheit heimzuzahlen.

Wilhelmine Sagan hat indes nicht nur in politischer Richtung den Weg gewählt, der von Metternich hinwegführt; ihr einstiger Traum, an seiner Seite unendlichen Einfluß auf die Geschicke der Welt ausüben zu können, ist ausgeträumt. Wäre sie des Staatsmannes Gattin geworden, wären vielleicht Fehler des Ministers in späterer Zeit vermieden worden. Auch Clemens ist nun bestrebt, die »Episode Sagan« in den Augen der Welt möglichst schnell vergessen zu lassen, sie zu verwischen. Es sind ja Schöne genug hier in Wien versammelt.

Der Zar, der gleichfalls kein Verächter weiblicher Reize ist, hat den Sternen des Kongresses Auszeichnungen und schmückende Beinamen gegeben. Den schmeichelhaftesten davon – himmlische Schönheit – erhält die Gräfin Julie Zichy, die Gemahlin des derzeitigen Ministers des Inneren. Ihr wendet sich jetzt Metternich besonders zu und behauptet später, sie wären in heißer Liebe zueinander entbrannt. Doch auch da, und da besonders, muß man Metternichs Äußerungen zu einer späteren Geliebten mit Vorsicht aufnehmen, denn vieles spricht gegen seine Behauptung. Die Gräfin Zichy ist eine tief religiöse, tadellose, in ihrer Familie aufgehende Dame, die im Mai desselben Jahres ihrem Gatten das vierte Kind geboren hat, während ein weiteres gleich wieder auf dem Weg ist. Mag sein, daß auch sie eine bewundernde Schwärmerei für Metternich gehegt hat, die er Liebe nennt. Er gibt selbst zu, daß das Verhältnis zu dieser damals im fünfundzwanzigsten Lebensjahr stehenden jungen Frau vollkommen einwandfrei gewesen sei und kaum jemand davon gewußt hätte. Jedenfalls ist sie ein Muster an Tugend. Auch der König von Preußen, von seiner Frau her an höchste Schönheit gewöhnt, ist von ihr bezaubert.

Die Gräfin ist völlig unpolitisch, so berichtet jedermann. Dorothea von Schlegel schreibt von ihr[14]: »Sie ist ein wahrer Engel ... Sie ist anerkannt jetzt die Schönste und Gefeiertste an diesem Sternenhimmel.« Der Maler Philipp Veit verliebt sich gleichfalls in die entzückende Frau, deren Kinder er gemalt hat, und gibt dann seinem Gemälde der »hehren Gestalt der Religion« ihre frauenhaft lieblichen und reinen Züge. Reichenbach, der in seiner Arbeit über den Kanzler[15] von jeder der verschiedenen, Metternich nahegestandenen Frauen eine interessante kurze Charakteristik gibt, meint von ihr, sie sei die erste gewesen, die Metternich wirklich, und zwar um seiner selbst willen, geliebt habe. Der Gräfin Lorel, die sicher auch von dieser Schwärmerei ihres Mannes gewußt hat, stellt Reichenbach das Zeugnis aus, sie sei Freundin und Kameradin ihres Mannes gewesen. Er hat da für die Zeit des Kongresses recht. Nun ist Lorel ihrem Mann hauptsächlich nur dies und leidet auch ein wenig darunter. In früheren Jahren aber war das Verhältnis der beiden Gatten denn doch ein ganz anderes gewesen.

Indes sind die Gegensätze zwischen dem Zaren und dem Minister schon in die Öffentlichkeit gedrungen, und die Tatsache ist nicht mehr zu verheimlichen. Der Minister kann in zahlreichen aufgefangenen Briefen lesen, daß man ihn deswegen schon aufgibt. »Der Kongreß ist so stürmisch, daß Alexander den Metternich gar nicht mehr ansieht«, heißt es in einem solchen, »die wahrgenommene Spannung zwischen dem russischen Kaiser und dem Fürsten hat sich vollkommen bestätigt, weswegen ersterer auf Entfernung des letzteren vom Kongreß angetragen ...« – »Graf Stadion soll die auswärtigen Geschäfte übernehmen«, liest man in einem anderen.

Ein neuer Vorstoß der Feinde Metternichs macht sich fühlbar. Der Kreis um die Kaiserin, die Anhänger Stadions in der österreichischen Aristokratie, die mediatisierten Fürsten, die ihre Besitze noch nicht zurückbekommen haben und sie dem Anschein nach auch nicht zurückerhalten werden, würden sich freuen, wenn Metternich fallen würde, der, wie sie sagen, den Sturz Napoleons so stark verzögert hat. Aber diese Feinde unterschätzen die Stellung, die sich der Minister bei seinem kaiserlichen Herrn geschaffen hat. Clemens arbeitet mit Gewalt und Kraft an deren Erhaltung. Einen Augenblick denkt er sogar daran, die beiden russischen Sirenen aus Wien ausweisen zu lassen und damit ihrem Treiben ein Ende zu machen. Er hat daher nichts dagegen, wenn die Spitzel des Polizeipräsidenten darüber melden, auch wenn sie scheinbar über ihn selbst berichten und von seinen Liebesabenteuern sprechen. Der Kaiser, der diese geschwätzigen Meldungen täglich mit Vergnügen liest, soll nur hören, wie man gegen seinen erfolgreichen Minister wühlt. Der Polizeipräsident arbeitet Hand in Hand mit Metternich. Wenn plötzlich solche Berichte verfaßt und dem Kaiser vorgelegt werden, steht der Minister ihrem Inhalt wahrscheinlich nicht ganz fern.

Sind es also nur persönliche Verstimmungen, Frauenintrigen, die die Männer auf diesem Kongreß beschäftigen? Bewahre, die Dinge haben sich zum schärfsten politischen Gegensatz unter den Mächten entwickelt. Metternich sieht in dem Zaren nicht nur seinen persönlichen Feind, sondern einen Mann, der ganz Europa und damit auch Österreich und dessen stolzen Minister in seine Macht bekommen will. Dies aber strebt doch Clemens selbst an, allerdings in umgekehrtem Sinne, wie er es wiederholt geschrieben hat. Darum treibt er mit größtem Eifer dazu, daß am 3. Jänner des Jahres 1815 als »Gegengewicht gegen die Übermacht, die Rußland seit dem Eindringen in Frankreich und den Ereignissen des Jahres 1814 gewonnen hat«, ein geheimes Bündnis zwischen Österreich, England und Bayern geschlossen wird. Er merkt gar nicht, wie sehr er dem schlauen Fuchs Talleyrand, weitaus dem geschicktesten Drahtzieher auf diesem Kongreß, ins Garn geht. Wenn der Zar von dem Vertrag auch nicht gleich am selben Tag erfährt, lange bleibt er ihm nicht verborgen, und sein Verhältnis zu dem österreichischen Minister kann durch dergleichen nicht besser werden. So bleibt Alexanders ablehnende Haltung gegenüber dem Staatsmann unverändert.

Am 9. Jänner 1815 veranstalten Fürst und Fürstin Metternich einen großen Ball, deren sie im Laufe des Kongresses nicht weniger als neunzehn in ihrem Haus geben[16]. Sämtliche ausländische Fürstlichkeiten erscheinen dabei, mit einziger Ausnahme des russischen Kaiserpaares und der beiden Schwestern des Zaren. Der Glanz des Festes ist nicht imstande, diesen Mangel zu überstrahlen, obwohl er großartiger ist, als man sich's träumen konnte. Nicht weniger als hundertfünfzig Personen speisen gleichzeitig auf herrlichem Sèvresporzellan. Es ist dasselbe, das Metternich nach dem Zustandekommen der Heirat Marie Louises von Napoleon bekommen hat, und es ist recht eigentümlich, daß die Geschenke Napoleons zum Aufputz jenes Kongresses dienen, der sich mit des Spenders Vernichtung beschäftigt.

Neben dem Gegensatz zu Rußland bleiben noch zwei Fragen offen, die Metternich am Herzen liegen. Die eine ist das fernere Schicksal Marie Louises. Des Ministers Verhalten ihr gegenüber wird von dem Grundsatz geleitet, sie endgültig von Napoleon fernzuhalten. Sonst aber läßt sich Clemens die Interessen Marie Louises sehr angelegen sein. Erstens, weil er damit auch die seinen in Italien besorgt, und zweitens, weil er sich nun bestrebt, seinem einstigen Opfer Balsam auf die Wunden zu legen. »Österreich genießt ja gegenwärtig«, meldet der Staatsmann dem Kaiser Franz[17], »durch seine eigene, die parmesanische, modenesische und toskanische Staatsgrenze den unschätzbaren Vorteil, in einer ununterbrochenen Linie Herr und Meister aller Kommunikationen zu Lande von Ober- nach Mittel- und Unteritalien und vice versa zu sein ... Es müßte also alles aufgeboten und jedes Negotationsmittel erschöpft werden, um Ihre Majestät die Kaiserin in dem Besitz von Parma, Piacenza und Guastalla zu erhalten.«

Daher erinnert Metternich die Mächte an das »ungeheure Opfer, das diese unglückliche Fürstin der Sache Europas und seiner Souveräne gebracht hat. Sie, die noch über Frankreich herrschen würde, wenn Ehrgeiz ihre Entschließungen hätte beeinflussen können ...« Auf die Mitteilung ihres Vaters, daß nun ihre Rechte auf dem Kongreß zur Sprache kommen, legt Marie Louise ihre Interessen dem Minister ans Herz, um so mehr, als sie gehört hat, daß man im letzten Augenblick noch vorgeschlagen hat, sie mit Geld, nicht aber der Zuteilung jener italienischen Herzogtümer zu entschädigen[18].

Napoleon aber, der auf seiner Insel, soweit es ihm möglich ist, die Bemühungen Metternichs und damit des österreichischen Hofes, ihm seine Frau abspenstig zu machen, genau verfolgt, faucht wütend: »Jawohl, aber wie hat man sich damals bei der Hochzeit erniedrigt! Wien machte mir den Eindruck eines Kleinbürgers, der seine Tochter an einen Großherzog verheiratet.«

Die zweite große Schwierigkeit bildet die Überwindung der neapolitanischen Frage. Metternichs Aufgabe war zwar in gewissem Sinne mit dem plötzlichen Tod der Königin Marie Karoline etwas erleichtert, die ein Schlaganfall am 9. September 1814 im Schloß Hetzendorf dahingerafft hatte, doch Talleyrand verlangt auf das nachdrücklichste die Entthronung Murats. Metternich aber weigert sich; immer noch hält er seiner einstigen Freundin und ihrem Gatten die Stange.

In den letzten Novembertagen hat der Franzose wieder in der neapolitanischen Angelegenheit beim Minister vorgesprochen und ihn gefragt, ob er schon eine Entscheidung getroffen habe. »Ja«, meint dieser unangenehm berührt, »aber ich will nicht überall zugleich Feuer anlegen.« So aber läßt sich ein Talleyrand nicht abspeisen. Er ist keineswegs überzeugt, daß Metternich seinen Standpunkt teile[19]. »Man muß erwarten, daß er alle denkbaren Register ziehen wird, damit die neapolitanische Angelegenheit auf dem Kongreß nicht behandelt werde.« So wurde es auch bis nach dem Abschluß des Geheimvertrages gehalten. Am Tag darauf wird Talleyrand aus Paris berichtet: »Herr von Metternich hat finanzielle Verbindungen und ist in Intrigen aller Art mit der Königin von Neapel verstrickt. Er arbeitet Hand in Hand mit ihr, das ist sehr sicher[20].«

König Ludwig XVIII. ist nach allen ihm zukommenden Berichten überzeugt, daß das einstige oder noch bestehende Liebesverhältnis zwischen Caroline und dem österreichischen Minister Ursache für dessen Widerstreben ist, die beiden Murat fallenzulassen. »Das ist der schandvollste Grund, der jemals in der Geschichte verzeichnet worden ist«, schreibt der König darüber, »denn wenn Antonius dereinst seine Flotte und Armee feige verlassen hat, so war es wenigstens er selber und nicht sein Minister, den Cleopatra zu ihrem Sklaven gemacht hat. Aber wie verächtlich auch so ein Hindernis ist, es ist darum nicht weniger Tatsache[21].« Der König, Talleyrand, Pasquier, Madame de Rémusat und viele andere sind überzeugt und sprechen es wiederholt aus, daß es Metternichs für Caroline bewahrten warmen Gefühle sind, die deren Gatten so lange auf dem Thron Neapels erhalten. Am 13. Jänner erklärte der Minister auch amtlich, man solle die Lösung der Frage Murat auf später verschieben. Er tut dies nach bewährtem Muster, wie man es eben mit Dingen macht, die man nicht wünscht und doch nicht gleich ohne weiteres ablehnen kann.

Aufgeregt verfolgen die beiden Murat die Nachrichten, die ihnen von Wien zukommen. Wird doch dort über ihr Schicksal entschieden! Caroline setzt ihr ganzes Vertrauen auf Metternich und hofft nunmehr auf Erfolg all ihrer Ergebenheitsbeteuerungen. Im übrigen gibt Neapel in diesem Jänner Wien an Festen kaum in etwas nach. Ein Maskenball jagt den anderen, und um ja darauf hinzuweisen, daß die Muratsche Herrschaft unerschütterlich sei, wurde bei einem solchen Fest ein bedeutsames lebendes Bild gestellt. In einem Palmenhain steht die mit Lorbeer gekrönte Büste des Königs Joachim, der zwei Ruhm und Glück verkörpernde neapolitanische Damen huldigen. Die Prinzessin von Wales, die auf der Flucht vor ihrem Gatten in Neapel weilt und für Murat eine große Schwäche zeigt, trägt dabei als Sirene Parthenope, nach der Neapel einst so hieß, den Namen Murats in das Buch der Unsterblichkeit ein.

Napoleon verfolgt indes, soweit es ihm in Elba möglich ist, die sich am Kongreß in Wien äußernden Gegensätze in der Politik der großen Mächte höchst aufmerksam. Wenn ihm auch nähere Einzelheiten fehlen, soviel ist ihm völlig klar, daß unter den Siegern große Uneinigkeit herrscht. Daß dies aber schon bis zu einem Geheimvertrag einer Gruppe von Mächten gegen die andere geführt hat, dürfte er freilich noch nicht gewußt haben. Ursprünglich wollte er den Plan, Elba zu verlassen und neuerlich zu versuchen, die oberste Macht in Frankreich wiederzuerlangen, erst nach dem Auseinandergehen des Kongresses unternehmen; doch nun entschließt er sich plötzlich schon am 26. Februar zu diesem Wagnis, während die Fürsten noch in Wien beisammen sind. Die Gründe dafür sind bis heute noch nicht ganz geklärt.

Am 1. März 1815 schon geht er glücklich und unbelästigt an der französischen Küste vor Anker und schifft die wenigen Soldaten aus, die ihn begleitet haben. Der Korse ist überzeugt, die Truppen würden überall in Frankreich in Massen zu ihm übergehen, und er täuscht sich darin nicht. Seine höchst geschickten Kundmachungen und Ansprachen, in denen er sich, der französischen Eitelkeit schmeichelnd, für den Versuch entschuldigt, Frankreich zum Herrn Europas zu machen, verfehlen ihre Wirkung nicht. Niemand kämpft *wider* ihn, alles schart sich *um* ihn; schon ist er in Lyon, und in Kürze wird er auch in Paris sein. Überall sinken die bourbonischen Lilien wieder in den Staub, und die kaiserlichen Adler zeigen sich von neuem. Die Nachricht von diesen Vorgängen wirkt auf die noch in Wien am Kongreß versammelten, redenden, streitenden, tanzenden und flirtenden Fürsten gleichsam so, wie wenn man einen Stein in einen wimmelnden Ameisenhaufen wirft.

Gerade für den 7. März, an welchem Tag Metternich durch einen Kurier aus Genua in der Frühe die erste Nachricht von dem Entweichen Napoleons erhalten hat, ist eine »Kammerunterhaltung bei Hof« angesetzt; ein Theaterscherzspiel mit dem Titel »Der unterbrochene Tanz« soll gegeben werden. Da man die große Nachricht vorerst vor der Allgemeinheit noch geheimhalten will, findet die Aufführung doch statt, obwohl keiner der eingeweihten Teilnehmer seine Unruhe und Geistesabwesenheit zu verbergen imstande ist. Ja wirklich, es ist ein unterbrochener Tanz, aber ein neuer schließt sogleich an! Trotz allen Zwistigkeiten und Meinungsverschiedenheiten ist es jedem klar: jetzt heißt es wieder zusammenhalten, sonst ist alles verloren, was bisher gewonnen war, und vielleicht noch mehr dazu. Der erste und vornehmste, der so denkt, ist Zar Alexander, und selbst die Verfeindung mit Metternich kann ihn in seinem Entschluß nicht beeinflussen, sofort wieder mit allen Mächten gemeinsam neuerlich gegen Napoleon ins Feld zu ziehen.

»Das ist die Folge, wenn man so einen Menschen nicht ganz erdrückt«, schreibt Erzherzog Johann in sein Tagebuch, als er die große Neuigkeit erfährt. Schon am 13. März wird Napoleon nun in einer feierlichen Kundgebung der Mächte für vogelfrei erklärt. Bei den meisten Damen, und besonders im russenfreundlichen Lager Wiens, herrscht helle Bestürzung. Auch die Sagan und Metternich vergessen ihre private Zwietracht und sprechen eingehend über die unglaubliche Nachricht. In seiner Aufregung läßt Metternich jede Vorsicht beiseite und sagt Wilhelmine alles, was er hört, denkt und machen will. Alle aber sind sich darüber einig, daß man den waghalsigen Korsen nun wieder mit Aufbietung aller Kräfte niederschmettern müsse. Und schon beginnen überall die Truppen zu marschieren. Jetzt ist Metternich einmal auch mit der Kaiserin und ihrem Kreis völlig einer Meinung. »Bonaparte hat einen wahren *coup de tête* gemacht ... es ist zu hoffen, daß bald alles zu seinem schweren Schaden enden wird«, schreibt damals die Mutter der Kaiserin an einen ihrer Söhne[22]. »Es scheint, daß die Vorsehung ihn nicht des viel zu sanften Loses würdig erachtet hat, das ihm zugebilligt wurde.«

Jetzt wird die Persönlichkeit Marie Louises wieder wichtiger. Man muß sehr auf sie achtgeben. Es waren immer Bestrebungen da, sie in Frankreich eine Rolle spielen zu lassen, und so macht Metternich seinen Monarchen und den Polizeipräsidenten darauf aufmerksam, daß man die Umgebung Ihrer Majestät streng beobachten lassen müsse. Metternich spricht von der Umgebung, meint aber natürlich auch die Kaiserin selber und vor allem den Prinzen von Parma, wie er den Sohn Napoleons schon nennt, »dessen Entführung immer noch möglich wäre«. So schlägt der Minister Franz I. vor, einen »deutschen Kavalier zur Oberaufsicht für das Kind zu bestimmen und ihn anzuweisen[23], den Prinzen überallhin, besonders wenn er nach Schönbrunn fährt und dort einige Stunden verweilt, zu begleiten und niemand anderem anzuvertrauen«. Wirklich hat auch Napoleon schon am 11. März aus Lyon an seine Frau geschrieben, daß alles Volk ihm in Massen zuströme, die Regimenter zu ihm übergehen, mit einem Wort ganz Frankreich ihm in unbeschreiblicher Begeisterung zufliege[24]; sie solle doch eiligst mit ihrem Sohn zu ihm kommen.

Napoleon glaubt oder hofft, Österreich für sich gewinnen zu können, und schon gar im jetzigen Augenblick, wo sich doch zwischen diesem Staat einerseits, Rußland und Preußen anderseits eine solche Kluft aufgetan hat. Über diese wird der Korse besonders aufgeklärt, als bei seiner Annäherung an die Hauptstadt Ludwig XVIII. mit seinen Anhängern am 19. März Hals über Kopf aus Paris flieht und Napoleon am 20. schon wieder in die Tuilerien einzieht. Nun ist er von neuem der Herr ganz Frankreichs. In der Eile des Aufbruchs und der Flucht ist unerhörterweise das Original des österreichisch-britisch-französischen Geheimvertrages vom 3. Jänner, der sich gegen Rußland und Preußen richtet, im Palast auf des Königs Schreibtisch liegengeblieben. Augenblicklich wird das Schriftstück Napoleon vorgelegt, der sich beeilt, es durch einen noch in Paris verbliebenen jungen russischen Diplomaten nach Wien zum Zaren bringen zu lassen. Er erhofft sich von dieser Enthüllung eine Trennung seiner Gegner, doch täuscht er sich darin. Das Dokument macht nicht den erwarteten Eindruck auf Alexander I., weil dieser darüber schon unterrichtet war, aber er läßt es sich nicht nehmen, Metternich und als Zeugen den preußischen Minister Freiherrn vom und zum Stein rufen zu lassen.

Der Österreicher betritt das Kabinett des Kaisers. »Kennen Sie dieses Papier?« fragt der Monarch und zeigt ihm die Urkunde. Metternich erbleicht und setzt zu einer Ausrede an, aber der Zar unterbricht ihn sofort[25]: »Fürst Metternich! Solange wir leben, soll über diese Angelegenheit zwischen uns niemals wieder die Rede sein! Jetzt haben wir andere Dinge zu tun; Napoleon ist zurückgekehrt, und unser Bündnis muß daher fester sein als je!« Mit diesen Worten wirft er das Schriftstück in das neben ihm flackernde Kaminfeuer und entläßt die beiden Herren.

Es mag dem Zaren einige Überwindung gekostet haben, so zu handeln, aber er ist großzügig genug, um zu erkennen, daß jetzt alle persönliche und auch politische Feindschaft vor der erneut drohenden Gefahr zurücktreten müsse. Immerhin, nicht nur Alexander hat Kenntnis von der Sache, auch die Staatsmänner Rußlands und alle, die in diesem Reich Österreich mißtrauisch gegenüberstehen. Niemals ist das ganz vergessen worden. Im Schatten dieser Tage, am Wiener Kongreß, reift langsam das Samenkorn zum österreichisch-russischen Gegensatz vorerst zu einer zarten Pflanze, die aber im Laufe des Jahrhunderts zum Unglück beider Staaten wuchernd wachsen soll.

Während Napoleon angstvoll eine gute, friedenbringende Nachricht aus Wien erwartet, wird er gründlich enttäuscht. Clemens bietet nun seine gesamten Kräfte auf, um der Lage wieder Herr zu werden. Auch die Damen werden alle eingespannt, sie müssen Stimmung machen, ihm aber auch raten. Am 9. April ist Gentz bei Metternich zum Essen geladen und gar nicht zufrieden mit der Haltung des Ministers: »Er hört mich wie gewöhnlich kaum an. Die ganze kurländische Huren-Gesippschaft war da, mithin für andere Menschen kein Sinn. Metternich hat diese Weiber seit acht Tagen in alle politischen Geheimnisse eingeweiht. Was sie wissen, ist unglaublich[26] ...«

Die aufgefangenen Briefe sagen Clemens klar, was man in Paris denkt und hofft. Da läßt sich die Gemahlin des Herrn von Méneval, der in Schönbrunn weilt, aus Paris vernehmen[27]: »Ich wünsche so sehr, daß dieser Krisenzustand nicht lange dauert. Der Kaiser war gestern sehr guter Laune ... alles geht gut, aber was man mit ängstlicher Sorge erwartet, sind die Nachrichten aus Wien. Ach, liebe Kaiserin, kommen Sie zurück, und wir werden alle glücklich sein! Man fürchtet sehr den Krieg, doch habe ich eine Vorahnung, daß wir keinen haben werden.«

Nun jagen sich verschiedene Nachrichten über die Folgen des Triumphzuges Napoleons nach Paris, und jetzt wird sich zeigen, wie das Ehepaar Murat in Neapel wirklich denkt. Auf den König haben die Ereignisse einen ungeheuren Eindruck gemacht. Er sieht schon seinen Schwager wieder sicher und dauernd zur Macht gelangt und damit sich selbst zum Verräter gestempelt und verloren. Seine stolze militärische Vergangenheit steigt wieder vor ihm auf. Er muß zurück und die halbe Verräterei vergessen lassen, er muß seinen Teil beitragen zur Festigung der wiedererrungenen Herrschaft seines großen Schwagers. Er ist ein leidenschaftlicher Mensch, seine gespannten Nerven peitschen ihn auf, und während er nach Wien und England sagen läßt, daß er seinen Verpflichtungen treu bleibt, setzt er seine Armee in Marsch und schickt sich an, selbst nach Norditalien ins Feld zu ziehen. Er läßt Mier kommen, fragt, was Österreich nun tun werde, zeigt größte Unruhe. Nachher hat der Gesandte noch eine lange Unterredung mit der Königin, sie ist ruhiger, sucht aber Mier weiter in der Überzeugung zu erhalten, daß sie auch jetzt an ihrer Meinung festhalte, diese nicht bei jeder Gelegenheit zu wechseln pflege und nur äußerst beunruhigt über das Los ihres Bruders sei, »der seinem unvermeidlichen Untergang entgegeneile«.

Mit dem günstigen Fortschreiten der Triumphfahrt Napoleons gibt es für Joachim Murat aber kein Halten mehr. Am 10. März schon schreibt er an den Prinzen von Canino[28]: »Alles geht wunderbar – mein Entschluß ist gefaßt, ich will den Wünschen des Kaisers und denen Frankreichs Folge leisten. In diesem Augenblick gehe ich nach Ancona ab.« Mier bemüht sich noch Einfluß zu nehmen, schreibt einen vertraulichen Brief an die Königin und beschwört sie, in ihrem eigensten Interesse alles, was sie vermag, aufzubieten, um den König wieder zur Vernunft zurückzuführen. Sie verspricht, ihr möglichstes zu tun, und der Gesandte berichtet nach wie vor an Metternich das Allerbeste über Caroline und ihr Verhalten. Während sie in Wirklichkeit in halsbrecherischer Weise auf zwei Pferden zugleich zu reiten versucht, auf dem Schimmel Napoleon durch ihren Mann, auf dem Rappen Metternich durch Mier, muß sie immerfort nach allen Seiten ausschauen, um nicht vorzeitig aus dem Sattel gehoben zu werden. Vor allem hat sie sich in geschickter Weise geweigert, bei ihres Gatten Abmarsch am 17. März die Regentschaft in Neapel zu übernehmen.

Metternich, der seinem Kaiser gegenüber immer nur Gutes von Caroline Murat gesagt hat, benützt diese letzten Meldungen Miers, um dem Kaiser neuerlich zu beweisen, wie brav sie in seinen Augen ist. »Die Eröffnung der Königin beweist ihren schönen Charakter«, legt Metternich seinem Monarchen dar[29], »und die Festigkeit, mit welcher selbe an der gegen Eure Majestät eingegangenen Verpflichtung festhält, die leider dem Sinne des Königs so fern steht.«

Jetzt aber, da Murat einfach zu Napoleon überläuft, in Italien Krieg beginnt und seine Truppen nach Norden marschieren läßt, *kann* Metternich ihm nicht mehr helfen. Mühsam genug hat er während der ganzen Zeit das Königspaar gegen den Ansturm aller Delegierten verteidigt und die neapolitanische Thronfrage schließlich überhaupt aus den am Kongreß behandelten Dingen auszuschalten gesucht. Nun geht das nicht mehr. Am 10. April wird der kaiserliche Gesandte aus Neapel abberufen, und damit ist alles gesagt.

Mit Angst im Herzen sieht Königin Caroline diese Entwicklung mit an. Gewiß, Napoleon ist bis nach Paris gelangt, aber es sieht so aus, als ob keine der Mächte sich auf seine Seite stellte und der Krieg unvermeidlich sei. Sie ist gar nicht sicher, daß ihr Bruder siegen wird, im Gegenteil, sie fürchtet, die Übermacht werde ihn erdrücken. Doch man kann nicht wissen. Murat hofft immer noch, daß sich Österreich Marie Louises wegen mit Napoleon verständigen könnte, obwohl die Feindseligkeiten eigentlich schon begonnen haben. So versucht Caroline noch in letzter Stunde durch einen eigenhändigen Brief an Metternich eine Wendung herbeizuführen[30]:

»Mein Fürst! Ich bedaure bitter, daß das von langer Hand aufgerührte gegenseitige Mißtrauen letzten Endes durch ein Ereignis zum Ausbruch kam, dem wir vollkommen fern standen ... Aber könnte es nicht, bevor der Beginn der Feindseligkeiten noch einen ernsteren, allgemeinen Charakter annimmt, irgendein Mittel geben, eines der Annäherung und Verständigung, um sich auf beiden Seiten den Vorwurf weiteren Blutvergießens zu ersparen ... Ich möchte gerne hoffen können, daß die Demarche und die Vorschläge des Königs nicht unwillkommen sein werden, die bezwecken, sich mit Österreich wieder in gutes Einvernehmen zu setzen. Wenn Sie angesichts eines so großen Interesses auch anderen Erwägungen zugänglich sein könnten, würde ich an Ihre freundschaftlichen Gefühle appellieren, die Sie mir immer bewahren werden. Ich habe das Bedürfnis, daran zu glauben, und würde diesen neuen Beweis dafür von Ihnen erbitten.«

Es ist nicht bekannt, ob dieser Brief am 30. April 1815 schon in Metternichs Händen war, als er bestimmte Richtlinien für die Behandlung Joachims erteilte, aber es ist anzunehmen, denn der Minister antwortete der Königin bereits am 2. Mai. Er zeigt, daß er auch jetzt alle Rücksichten auf die beiden Murat zu üben wünscht, wenn er auch nicht mehr imstande ist, sie auf ihrem Thron zu erhalten. Er antwortete nun der Königin in einem viel formelleren Brief[31], als jene waren, die bisher zwischen den beiden gewechselt wurden: » ... Meine Dienste haben ihre Grenzen an dem Tag erreicht, da der König die Marken seines Reiches überschritt.« Damit ist nun das Tischtuch zwischen Metternich und Joachim Murat endgültig zerschnitten. Insoweit wenigstens, als sein Königtum in Betracht kommt.

Im übrigen aber ist Clemens immer noch gewillt, Rücksicht zu üben. Wenige Tage vorher war schon das Bündnis zwischen dem Kaiser und dem vertriebenen König Ferdinand von Neapel-Sizilien abgeschlossen und dabei seine Wiedereinsetzung bestimmt worden. Die österreichischen Truppen schlagen in einem achtundzwanzigtägigen glänzenden Feldzug, der in der Schlacht von Tolentino gipfelt, Murat und seine Truppen gänzlich aus dem Feld. Verzweiflung im Herzen, kommt Joachim flüchtend am 18. Mai nach Neapel zurück. Er rafft nur einzelne Kostbarkeiten zusammen, verbirgt sich in Zivilkleidern und ergreift, nur von wenigen Getreuen begleitet, die Flucht. Caroline bleibt zurück; sie hat einen Augenblick geschwankt, ob sie nicht gemeinsam mit ihrem Gatten fliehen soll. Aber nein, sagt sie sich, wer weiß, ob die Flucht gelingt, und eine Frau muß sie auf jeden Fall erschweren. Dazu ist Napoleons Schicksal ja auch noch lange nicht endgültig gesichert, und sie könnte zudem so gut wie nichts mit sich nehmen.

Metternich hat unterdessen dem österreichischen Befehlshaber, der sich Neapel nähert, Auftrag gegeben, die Königin unter seinen Schutz zu nehmen. Sie hatte sich am Tag nach der Flucht ihres Mannes auf das Flaggschiff des auf der Reede von Neapel liegenden leichten britischen Geschwaders begeben und mit dessen Commodore Campbell einen Vertrag abgeschlossen, wonach sie nach Frankreich zurückreisen darf. Caroline zögert aber absichtlich noch ein paar Tage mit der Abfahrt, bis die österreichischen Truppen in Neapel eintreffen. Da widersetzen sich deren Generäle, eingedenk ihrer Weisung, der Abreise. »Die Königin darf nicht nach Frankreich zurück«, erklären sie. So wird hin und her verhandelt, bald Malta, bald Korfu, bald Triest genannt; an einem dieser Orte soll die Königin abwarten, wie über sie entschieden wird.

Schließlich wählt Caroline Triest, weil diese Stadt im Bereich der österreichischen Staaten liegt und sie sich dort von der Protektion ihres Freundes Metternich noch am ehesten Gutes erwartet. Auf der Fahrt dahin begegnet das Schlachtschiff »Tremendous«, das Caroline Murat in jenen Adriahafen bringt, dem britischen Kreuzer »Queen«, der den vertriebenen König Ferdinand von Sizilien wieder nach Neapel zurückführt[32]!

Kaum ist die Königin mit ihrem Gefolge von fünfundfünfzig Personen und unendlich vielem Gepäck am 6. Juni in Triest angekommen, schreibt sie gleich drei Briefe, die sie ihrer Meinung nach verläßlichen Boten übergibt, die aber alle sofort von Metternichs Schergen abgefangen werden. Der erste geht an ihren Mann[33]: »Mein Freund, als ich in Triest ankam, erfuhr ich, daß Du glücklich in Frankreich gelandet bist, und all meine Kümmernisse sind vergessen ... Ich habe dem Kaiser geschrieben und bitte ihn ebenso wie Dich, schonend über mich zu urteilen. Wenn in allem, was ich getan habe, irgend etwas nicht in Euren Intentionen lag, glaube mir, daß es nicht meine Schuld ist, sondern die Gewalt der Umstände und gebieterische Notwendigkeit mich dazu zwangen und mir nicht die Freiheit ließen, besser zu handeln. Ich habe mein Leben lang nur den einen Wunsch gehegt, alles zu tun, was Dir passen könnte ... Überzeugt, daß Dich der Kaiser gut empfangen hat und Du gut mit ihm stehst, möchte ich doch alles wissen, was er Dir gesagt hat und wie Dein erster Besuch abgelaufen ist.« Caroline will vor dem Gatten ihr allerdings nun auch recht lahm gewordenes Einverständnis mit Metternich bemänteln. Falls Napoleon siegen sollte, ist sie überzeugt, früher oder später ja doch nach Frankreich zurückzukommen, dafür würde ihr siegreicher Bruder dann schon sorgen. Im wahrscheinlicheren Gegenfall aber erhofft sie von ihrem Freund Metternich noch am ehesten Heil.

In dem gleichzeitig an Kaiser Napoleon geschriebenen Brief[34] der Königin steht die gleiche Schilderung ihrer Abreise aus Neapel und das Bemerken, sie habe sogleich an den Kaiser von Österreich geschrieben und ihn gebeten, sie nach Frankreich zu entlassen.

Der dritte der am selben Tag abgefaßten Briefe Carolines ist an die Kaiserin Marie Louise gerichtet. Sie versichert sie ihrer treuen und respektvollen Anhänglichkeit, spricht von ihrer Hoffnung, bald nach Frankreich zu kommen, und erbittet über das Befinden der hohen Frau und ihres Sohnes genaueste Nachrichten, da sie hoffe, sie selbst Napoleon überbringen zu können[35]. Nur das letztgenannte dieser Schreiben gelangt an seinen Adressaten. Sie werden alle von der Polizei abgeschrieben, ihr Inhalt nach Wien geleitet, und Metternich ersieht daraus, was die Königin Bruder und Gatten glauben machen will. Clemens ist das Schicksal der Königin nach wie vor nicht gleichgültig; er will sie nicht nach Frankreich zurücklassen. Er ist besser darüber unterrichtet, wie die Dinge dort stehen, und hat allen Grund anzunehmen, es liege auch in ihrem höchsten Interesse, jetzt nicht dahin zurückzukehren. Sie würde dieses Land wohl bald wieder flüchtend verlassen müssen.

So sendet er einen seiner Herren, den Baron Karl von Lilien[36], mit einem eigenhändigen Brief an Caroline und schlägt ihr darin vor, sie solle entweder Graz, Brünn oder Prag als Aufenthaltsort wählen, ihren Titel als Königin gegen einen Inkognitonamen tauschen sowie ihren großen Hofstaat einschränken. Die einstige Herrscherin, die man nach Laibach bringen wollte, hatte sich indes gewehrt und erklärt, sie sei keine Kriegsgefangene und würde sich nur mit Gewalt wegführen lassen. Nun fügt sie hinzu, sie wolle sich erst später für den Aufenthalt entscheiden, bis vom Kaiser Antwort käme, ihren königlichen Titel aber noch nicht ablegen. So bleibt denn die Königin vorläufig in Triest, und ihr ferneres Schicksal liegt in Wirklichkeit völlig in den Händen ihres einstigen Freundes Metternich.

Inzwischen hat Napoleon in einem Brief an seinen Schwiegervater die Herausgabe Marie Louises und ihres Sohnes verlangt, und dieses Begehren kommt am 5. Mai am Kongreß zur Sprache. Metternich denkt bei der neuen Lage der Dinge insgeheim, als Ausweg am besten vielleicht doch die Tochter seines Kaisers und dessen Enkel in Frankreich zur Macht zu bringen. Mit Napoleon selbst, das sieht er aus der Haltung der Mächte am Kongreß, kann er auf keinen Fall mehr rechnen. Er wird sie nie mehr dazu bringen, diesen wirklich anzuerkennen, und wünscht es nach dem Vorgefallenen auch nicht mehr so wie früher. Aber vielleicht kann der Kompromiß gelingen, Marie Louise und ihren Sohn an die Spitze Frankreichs zu führen. So wird etwa doch wieder sein einstiger Gedanke, Napoleon nicht ganz zu stürzen und als Gegengewicht gegen Rußland zu gebrauchen, zum Leben erweckt werden können, denn Clemens ist zu klug dazu, um sich nicht zu denken, daß in einem solchen Fall Napoleon ja doch nicht lange im Hintergrund bleiben würde. Aber diese Pläne müssen nach außen sorgfältig verhüllt werden; weder die verbündeten Mächte noch Frankreich dürfen wissen, was sich Metternich eigentlich im Innersten denkt.

Doch eine geheime Verbindung muß sofort angebahnt werden. Der Minister will klarsehen und wendet sich an einen der geheimen Freunde aus der Botschafterzeit, diesmal Fouché, mit einem Brief, in dem zu lesen steht, daß die Mächte Napoleon Bonaparte nicht wollen, ihm, nicht aber Frankreich einen Krieg »à toute outrance« machen würden. Metternich möchte wissen, was Frankreich, oder besser, er, Fouché, will. Der Brief trägt keine Unterschrift, ist überdies mit synthetischer Tinte geschrieben, aber Fouché wird durch Napoleon überwacht. Das Schreiben gelangt in die Hände des Kaisers, und sofort beschließt er, dies zu seinen Gunsten auszunützen. Fouché muß wohl Metternich eigenhändig antworten, aber das, was Napoleon ihm diktiert, und da wird nun entwickelt, kein europäischer Fürst könne zur Stunde in gleich hohem Grad eine Garantie künftigen Friedens geben wie Napoleon.

Der Brief geht ab, erreicht aber seine Adresse vorerst nicht. Mittlerweile hat Metternich den Freiherrn von Ottenfels der Staatskanzlei beauftragt, unter dem Decknamen Heinrich Werner nach Basel abzureisen. Er bekommt eine Weisung mit, in der ausdrücklich gesagt wird, daß man mit Napoleon Bonaparte nicht verhandeln wolle, sich in nichts einmische, aber doch drei Möglichkeiten für die künftige Regierung Frankreichs zur Erwägung stelle, nämlich Ludwig XVIII., den Herzog von Orléans oder eine Regentschaft Marie Louises für ihren Sohn. Metternich bemüht sich zwar in einem Nachsatz zu sagen, wenn die letztere gewünscht werde, so würde man sich nicht dagegen wehren, erklärt aber sofort, daß Österreich sie nicht wolle und auch *warum* nicht. Doch werden diese Nachsätze schon allein durch die Tatsache, daß man überhaupt die Eventualität einer Regentschaft aufzählt, zur Genüge entkräftet, denn wenn man sie nicht will, warum spricht man dann überhaupt von einer solchen Möglichkeit?

Ottenfels fährt nun nach Basel, und dort findet er als angeblichen Vertrauten Fouchés, in Wirklichkeit aber Agenten Napoleons, Herrn Fleury de Chaboulon, der sich in einer langen Vergötterung des Korsen ergeht, von seiner wunderbaren Wiederkehr nach Frankreich spricht und gleichsam »eine Verkörperung eines Moniteur-Artikels« darstellt. Fleury weist darauf hin, daß es nicht so einfach sei, Napoleon, das Idol der Armee, niederzuwerfen. Er werde sich bis zum Äußersten verteidigen, Armee und Volk würden ihm folgen, und er würde sich keine Skrupel darüber machen, Paris selbst vollkommen niederzubrennen und zu zerstören, bevor er diese Residenz übergeben würde.

Und nun geht der Franzose zum dritten Punkt über. »Was denken Sie, würde Ihr Hof sich nicht freuen, etwa die Regentschaft der Kaiserin Marie Louise eingerichtet zu sehen?«

Ottenfels antwortet im Sinne seiner Weisungen: Die Frage käme erst in dritter Linie in Betracht, aber wenn die Nation diese Lösung durchaus wollte, so würde man sich dem nicht entziehen.

Nach Wien zurückgekehrt, berichtet[37] der Beamte Metternich über den Erfolg seiner Reise, und jetzt setzt sich Clemens mit Nesselrode in Verbindung. Eine neue, diesmal von Metternich und dem Russen ausdrücklich gezeichnete Instruktion wird abgefaßt und dem Vertrauten für eine zweite Reise nach Basel mitgegeben. Danach finden die beiden Mächte, daß in der ersten Zusammenkunft nur vage Ansichten geäußert wurden. Es sei an Frankreich, Bonaparte, den man niemals am Thron belassen könne, zu entfernen und eine Regierung zu proklamieren. Wenn man Napoleon ausliefere und die Mächte ihm dann einen Aufenthaltsort zuwiesen, von wo aus er die Ruhe der Welt in der Zukunft nicht stören könnte, würde sofortiger Friedenszustand mit Frankreich eintreten. Ottenfels soll auch sagen, »daß Kaiser Franz seine Tochter zurückhält, weil er sie allerdings einmal dazu zu bringen wußte, sich für das Wohl ihres Vaterlandes und Europas zu opfern, nichts ihn aber dazu bewegen könnte, sie nach Frankreich zurückkehren zu lassen, das er ständig als einen revolutionären Vulkan betrachten müsse, solange sich Bonaparte an der Spitze der Regierung befinde. Das gleiche gilt für den Sohn der Kaiserin, der eine zu wertvolle Geisel in den Händen des Kaisers ist, als daß er daran denken könnte, sich derselben zu entäußern. Schließlich (en dernier résultat) wird Baron Ottenfels dem Herrn Fleury im Falle der Erfüllbarkeit der Bedingungen für eine Regentschaft mitteilen, wir wünschten die äußere Form zu kennen, die man dieser Regierung geben wollte[38]«.

Marie Louise lebt in diesen Wochen in größter Angst und Aufregung. Wird sie am Ende wieder nach Paris zurückmüssen? Wird ihr Parma, Piacenza usw. bleiben, oder wird unter den neuen Verhältnissen, selbst wenn sie nicht für eine Regentschaft in Betracht kommt, anders verfügt werden? Der Mehrzahl der Leute, selbst Metternich, scheint es zur Zeit noch verborgen zu sein, wie sehr Marie Louise inzwischen ihrem Ehrenkavalier verfallen ist, der im Krieg des Jahres 1794 ein Auge durch einen Säbelhieb verloren hat und dessen Gemahlin am 23. April eben erst gestorben ist. Unter solchen Umständen fürchtet sie besonders, daß man große Pläne mit ihr haben könnte, sie von dem Geliebten weg wieder in Gefahren und Wechselfälle hineinstoßen würde, die nun einmal im Leben an der Seite oder an der Stelle eines politischen Hasardeurs vom Rang eines Napoleon unvermeidlich sind.

Sie hat sich diesbezüglich dem Freiherrn von Wessenberg restlos anvertraut, von dessen kritischer Einstellung gegen Metternich sie weiß. Jeder ihrer Briefe an den Minister widerhallt zwar von Beteuerungen des Vertrauens, aber sie hegt in Wirklichkeit Clemens gegenüber ganz andere Gefühle. Auch sie fürchtet ihn, wie so viele andere Mitglieder der kaiserlichen Familie es tun. Weiß Gott, was er für Pläne mit ihr hegt. Nun droht ihr wieder eine wichtige Unterredung mit Metternich. Angstvoll leidend und aufgeregt bittet sie Wessenberg um ermutigende Ratschläge für dieses Zusammentreffen mit dem Fürsten. Sie erkennt genau, wie sehr er seinen kaiserlichen Herrn beherrscht. »Ich sehe bei meinem Vater so wenig Neigung, mich zu unterstützen«, klagt sie dem Freiherrn[39], »heute habe ich wieder einen dieser Tage, an denen das Unglück einen noch mehr überwältigt und man sein trauriges Gesicht vor der ganzen Welt verbergen möchte.«

Marie Louise durchschaut das Verhältnis von Kaiser Franz zu Metternich genau. Sie ist gar nicht so dumm, wie man sie vielfach beurteilt, und will all die Minister bearbeiten, damit sie in ihrem Sinne handeln, sie auch bestechen, wenn es angeht und möglich ist. »Ich muß wissen«, wendet sie sich um Rat an Wessenberg, »ob ich den Brief an Ihren großen Fürsten (gemeint wohl Metternich) mit einem Geschenk begleiten soll. Mir sind die Gepflogenheiten des Kongresses ja gänzlich unbekannt. Glauben Sie auch, daß ein Geschenk von 10.000 Franc für Nesselrode genügend schön wäre?«

Es ist nicht bekannt, inwieweit die gestürzte Kaiserin in die Vorgänge bei der Mission Ottenfels' eingeweiht wurde, sicher aber ist, daß sie ahnte, es handle sich um ihre Regentschaft, und sie stand daher bei ihrem persönlich schlechten Gewissen ebenso wie Neipperg große Angst aus. Doch die nun kommenden Ereignisse machen durch die Regentschaftsidee und Marie Louises Befürchtungen einen raschen Strich. Die Lage in Frankreich ist nämlich unterdessen zur Entscheidung gereift.

Am 15. Juni ist Napoleon aus der Gegend von Charleroi gegen die ihn bedrohenden Heere Blüchers und Wellingtons vorgebrochen, schlug den ersteren zunächst bei Ligny und wandte sich dann gegen den Engländer, während er dem Preußen doch zu schwache Kräfte gegenüberstellte. Es kommt bei Waterloo zur Schlacht, die auch durch das überraschende Eingreifen Blüchers zu einer vernichtenden Niederlage Napoleons wird und den beiden Generälen den Weg nach Paris wieder freigibt. Neuerlich muß der Korse die Flucht ergreifen. Er erkennt nun die Aussichtslosigkeit seines Kampfes und dankt am 22. Juni zugunsten seines Sohnes ab, der den Namen Napoleon II. führen soll.

Am selben Tag ist Metternich auf dem Weg zum Hauptquartier in Heidelberg, die österreichischen Truppen sind in Marsch gesetzt, kommen aber zu spät. Die Endarbeit ist schon geleistet, und der Minister erhält nun die Nachricht vom Ausgang. »Endlich hat die Ankunft Blüchers im Rükken des Feindes den Sieg entschieden«, schreibt Metternich seinem Liebling Marie[40], »und man macht sich gar keinen Begriff von einem solchen Niederbruch. Man hatte den Hut und Mantel Napoleons erwischt, und man muß nur hoffen, daß wir ihn schließlich selber erwischen werden. Die

Feindseligkeiten haben auch auf unserem Raum begonnen, in Kürze werden noch weitere 50.000 Mann, die nicht einen Schuß abgegeben haben, *dem guten kleinen Männchen* einen Besuch abstatten, dem nicht wohl zumute sein kann.«

Während Metternich diese stolzen Tage erlebt, schwebten seine ihm teuren Kinder, die ihn ebenso liebhaben wie er sie, in der größten Gefahr. Am 15. Juni wurde eine Brücke in Baden eingeweiht, und im Augenblick der Eröffnung brach dieser eiserne Bau, auf dem auch Metternichs drei Kinder, Viktor, Clementine und Marie, standen, plötzlich zusammen. Die Nachricht jagt dem Vater gewaltigen Schreck ein, besonders ihm, der schon zwei Söhne verloren hat. »Ihr habt gar keine Ahnung, welchen Eindruck Euer Brief auf das gesamte Hauptquartier gemacht hat. Man hat hier viel mehr von der Badner Brücke und den dreißig dabei gebrochenen Füßen gesprochen als von den 20.000 Toten und Verstümmelten des Sieges am 18. Alle Adjutanten Schwarzenbergs (durchwegs Verehrer Marie Metternichs) haben sich deswegen schon zugrunde gerichtet gesehen . . .« Nach dieser Abschweifung kehrt Metternich wieder zu Napoleon zurück: »Möge der Teufel bald seinen Vertreter auf Erden holen, und möge dieser sich nicht mehr in die Angelegenheiten der Welt mischen[41].« In Wien hat man auch schon gehört, daß Napoleon seinen Hut verloren hat, meint aber tröstend dazu, wie der Wiener schon überall seine Witze machen muß: »Ja mein Gott, er braucht ja auch keinen Hut mehr, da er doch den Kopf verloren hat.«

Marie Louise in Schönbrunn ist noch am 25. Juni nur gerüchtweise über das große Ereignis unterrichtet. »Mein Onkel hat soeben die Nachricht erhalten, daß Wellington am 18. den Kaiser völlig geschlagen und ihm 300 Kanonen weggenommen hat«, teilt sie Wessenberg mit. » . . . Das wäre wohl gut, wenn es nur nicht eine Lüge Metternichs ist. Sagen Sie mir, ich bitte Sie, die Wahrheit.« Bald erfährt Marie Louise, daß der Minister diesmal nicht gelogen hat, aber daß zu ihres Sohnes Gunsten abgedankt wurde. Sie fürchtet nun, auf immer von ihrem Kind getrennt zu werden; wenn sie daran denkt, steigt ihr das Blut zu Kopf (cela me tourne la sang). Sie bittet Wessenberg, ihr zu sagen, ob er wohl meint, daß Metternich dem General Neipperg noch immer »unhold« wäre, sie würde so froh sein, wenn sie ihn beruhigen könnte. Immer noch sieht sie überall schwere Gewitterwolken aufziehen und klagt über ihr unglückliches Leben (misérable existence[42]). Jetzt hört die Exkaiserin, daß alles endgültig verhandelt werden soll und damit also auch ihr Geschick sich entscheiden muß. »Wiederholen Sie meinem Vater wohl«, bittet Marie Louise Wessenberg, der zu Metternich ins große Hauptquartier reist, »daß ich entschlossen bin, niemals wieder nach Frankreich zurückzukehren und noch weniger eine Regentschaft anzunehmen ... Ich möchte«, schreibt sie einige Zeit später, »weit, weit weggehen können, irgendwohin, wo man nicht mehr von mir sprechen hört und man nicht weiß, daß ich existiere.«

Bald dringen die Nachrichten auch zu Lorel Metternich und ihren Kindern durch. Am 1. Juli sitzen sie nach Tisch mit vielen Gästen fröhlich beisammen, als plötzlich Pauline Hohenzollern, weiß wie eine Wand und ganz aufgelöst, ins Zimmer stürzt. Sie bringt zunächst kein Wort hervor. Man fragt sie: »Was haben Sie? Was ist geschehen?« – »Eine Neuigkeit: Lord Stewart – eine Estafette – ich kann gar nicht reden – Napoleon – hat abgedankt, der Krieg ist aus!« Und jetzt schreit und weint vor Freude alles durcheinander. »Aber nein, ich kann's nicht glauben!« ruft Marie. »Von Papa ist ja noch nichts da.« Da kommt ein Lakai und bringt des Vaters Brief. »Du kannst Dir vorstellen, wie der Mann willkommen war«, schreibt sie[43]. »Er wurde empfangen wie ein triumphierender Souverän, der unter dem Jubelgeschrei seines ganzen Volkes in die Residenz zurückkehrt.«

Auch Lorel ist entzückt, obwohl sie sehr gerne den kleinen König von Rom auf dem Thron Frankreichs gesehen hätte, mit seiner Mutter als Regentin und einem Rat von Ministern und Botschaftern der Hauptmächte. Sie ist begeistert wie ihre Kinder und wie alle Welt und vergibt ihrem Mann mehr als je alles. Sie geht soweit, ihm mitzuteilen, daß die Herzogin von Sagan wahrscheinlich nach Paris kommen werde, wenn Clemens und alle andern dahin gehen. Und in reizendster Weise schreibt sie ihm auch von jener »gewissen kleinen Clementine«, der Tochter der Bagration und eines bestimmten Jemand, die über den Sommer wie alljährlich bei einer Miedermacherin, Frau Large, in Baden untergebracht ist.

Die rührende Lorel, die sich nun wieder und zwar schon im siebenten Monat der Erwartung befindet, hofft so sehr, Metternich, wenn er nach Hause kommt, mit einem Sohn eine besonders große Freude zu machen. In heißer Aufregung verfolgt sie nun alle Nachrichten, die vom Westen her kommen. Bei einer solchen Einstellung ist keine Gefahr vorhanden, daß es je zu ernsten Krisen in der Metternichschen Ehe kommen kann.

Clemens fährt fort, den Seinen alle wichtigen Ereignisse mitzuteilen: »Die englische Vorhut ist am 29. in Versailles einmarschiert, und die Sache Ludwigs XVIII. scheint in Paris zu triumphieren. Bonaparte hat sich wie ein Feigling und wie ein Verbrecher benommen[44]. Er hat die provisorische Regierung um die Erlaubnis gebeten, sich nach Amerika zurückzuziehen ...« Metternich gebraucht da harte Worte über Napoleon; alles kann man ihm vorwerfen, nur Feigheit nicht! Noch in letzter Minute bietet der Korse der provisorischen Regierung an, ihn nochmals versuchen zu lassen, Engländer und Preußen vor der Hauptstadt zu schlagen, er wisse »ein sicheres Mittel dazu«, aber man dankt ihm und veranlaßt ihn zur Abreise. »Man muß sehr wünschen«, fährt Clemens in seinem Bericht fort, »daß es gelingt, ihn auf der See gefangenzunehmen.«

Der Löwe scheint zwar gefällt, aber immer noch hat man Angst vor ihm und mutet ihm die verwegensten Unternehmungen zu. Sowie man in Wien von seiner Flucht hört, entwickelt man dort gleich die kühnsten Gedankenverbindungen. So schreibt der Vertraute Metternichs, Hoppé, auf die Nachricht von der Flucht des Korsen[45]: »Bonaparte wird wohl imstande sein, in Amerika eine Revolution hervorzurufen und dem britischen Handel und als Folge davon auch jenem des ganzen Kontinents einen vernichtenden Schlag zu versetzen.«

Metternich ist inzwischen mit den Truppen der Verbündeten bis nach Paris gelangt. »Die Stadt bietet einen ganz ungewöhnlichen Anblick... Alle Welt ruft: ›Es lebe der König‹ .... ohne daß dabei mit ganz wenigen Ausnahmen irgend jemand weiß, wie der Monarch es anstellen soll, über Leute zu herrschen, die keine Ordnung wollen. Ich möchte um nichts in der Welt an seiner Stelle sein, und es wird sehr viel Kunst dazu gehören, damit er sich hält...«

Alle kaiserlichen Schlösser sind nun von den verbündeten Heeren besetzt, die Soldaten hausen in den Prachtpalais und fangen die Goldfische in den Schloßteichen mit der Angel. »Ich habe sehr gut bei Blücher gegessen, der sein Hauptquartier in St-Cloud aufgeschlagen hat«, berichtet Metternich. »... Während er mit mir durch die große Galerie ging, sagte mir der alte Marschall: ›Das muß doch ein rechter Narr gewesen sein, ein Mann, der das alles hatte und nach Moskau gelaufen ist[46]!‹«

Mittlerweile hat sich Napoleons Schicksal erfüllt, und Metternich fühlt sich verpflichtet, Marie Louise zu verständigen, daß ihr Gatte sich auf das englische Kriegsschiff ›Bellerophon‹ begeben hat und man ihn unter Bewachung von Kommissaren der vier Mächte in einem Fort im Norden Schottlands gefangenhalten will. »Er wird gut behandelt werden und alle Freiheit genießen, die mit der vollkommenen Sicherheit vereinbar ist, daß er uns nie mehr entkommen kann[47].«

Während Metternich solche Nachrichten gibt, lauten die Marie Louise von Wessenberg über dasselbe Thema zukommenden wesentlich anders, und sie zeigt, daß sie ein gutes Herz und doch auch ein Gewissen besitzt, wenn sie ihm schreibt[48]: »Ich war zutiefst betrübt über das, was Sie mir in bezug auf die Behandlung schreiben, die man Napoleon angedeihen läßt. Ist dies ein Grund, ihn so schlecht zu behandeln, weil er unglücklich ist? Wenn ich ein Souverän wäre, dann würde ich geradezu eine Ehre einlegen, in allem Edelmut zu zeigen, was seine Leiden mildern und gleichzeitig nicht der Sicherheit schaden würde, die man wünschen muß, damit er nicht entkommen kann. Aber ich glaube, die Herzen der Souveräne sind anders beschaffen als jene der übrigen Sterblichen. Ich segne den Himmel, daß er wenigstens mir in meinem Unglück ein Herz gegeben hat, alle Gefühle zu empfinden, ohne die es kein wahres Glück im Leben gibt.«

Dem Fürsten Metternich antwortet die Kaiserin mit ihrem Dank für die Nachricht[49]: »Man muß hoffen, daß dies den Frieden Europas auf immer sichern wird und wir mit dem Ende dieses Krieges die Ruhe bekommen, deren die Welt so sehr bedarf. Ich habe mit wahrer Genugtuung von dem Einzug der Alliierten in Paris und der Rückkehr Ludwigs XVIII. gehört, was all meinen Sorgen ein Ende gemacht hat, denn ich war entschlossen, unter keiner Bedingung und keinerlei politischen Aussichten nach Frankreich zurückzukehren. Ich empfehle meine Interessen Ihrem Wohlwollen.« Die Exkaiserin möchte jetzt nur nach Parma gehen, bald die Zusicherung der Erbfolge ihres Sohnes in den drei italienischen Herzogtümern erhalten und dann in Italien in Ruhe ihr Leben verbringen. Am 13. August nun berichtet Metternich der Kaiserin, Napoleon befinde sich auf dem Schiff ›Northumberland‹ auf dem Weg nach dem fernen Felseneiland St. Helena.

Die bösen Nachrichten Wessenbergs über seine Behandlung geben Marie Louise keine Ruhe. Am 23. August 1815 wendet sie sich daher erneut an den Minister und bittet ihn, die ihr gemachten Versprechungen bald zu erfüllen. Ihre Haltung in den abgelaufenen Krisentagen müsse doch für sie sprechen. »Die Gefühle der Pflicht und der Ehre gebieten mir«, schreibt sie Clemens[50], »mich ein letztes Mal für das Schicksal des Mannes zu interessieren, an den mich das Geschick geknüpft hat und der der Vater meines Kindes ist. Die Großherzigkeit der Souveräne wird nicht erlauben, daß er verächtlich behandelt werde. Sein Unglück wird ihnen genügen. Sie werden doch nicht seine persönlichen Leiden noch vertiefen wollen und gegen ihn ein anderes Recht ausüben als das des Siegers. Ich glaube, daß ihre eigene Ehre ihnen gebietet, ihre Großherzigkeit auf ihn auszudehnen, und ich wäre Ihnen sehr dankbar für alles, was Sie, mein Fürst, diesbezüglich tun würden. Ich zähle auf Ihre Hilfe und bitte meiner Dankbarkeit und meiner Hochachtung versichert zu sein.«

Es sind durchaus würdige Worte, die Marie Louise da an Metternich richtet, aber der sonst so allmächtige Minister hat auf die weitere Behandlung Napoleons kaum mehr großen Einfluß und ist im übrigen froh darüber. Sie wäre ihm nur eine Verlegenheit mehr. Er hat erreicht, was er wollte; er sieht sich wieder, diesmal als Sieger, in Paris, der einstigen Hauptstadt der Welt, und vor sich ein ungeheures Arbeitsfeld mit fast unbeschränkter Vollmacht. Das Machtgefühl überwältigt ihn, und Stolz erfüllt sein Herz; eine große Sorge steht wohl noch am politischen Himmel: die Übermacht Rußlands und das persönlich und politisch gespannte Verhältnis des Ministers zum Zaren. Aber mit diesem weltfernen Romantiker, denkt Metternich, will er es noch aufnehmen; der Zar glaube wohl mit seiner Idee der Heiligen Allianz, die Rußland, Österreich und Preußen hinfort verbinden soll, eine ungeheure Tat zu tun, die Führung Europas an sich zu reißen und in der Hand zu behalten. Mag er es glauben, sagt sich Metternich. In Wirklichkeit schreibt er diesem Schriftstück mit dem schönklingenden Namen, das da am 26. September in Paris unterzeichnet wird, doch viel mehr den Charakter einer theoretischen, Völker einlullenden Kundgebung zu als den eines Staatsvertrages.

Gerechtigkeit, Liebe, Friede, sich gegenseitig als Brüder betrachten und helfen, das alles klingt sehr gut, meint der Minister. Diese schönen, ganz Europa umfassenden Grundsätze werden den Völkern gefallen, die kann man ruhig unterschreiben! Im übrigen will Clemens schon dafür sorgen, daß in Wirklichkeit *er* die Zügel der weniger romantischen, realen Vorgänge auf der Welt in die Hände bekommt. Vielleicht kann man sogar soweit kommen, sie für das Durchsetzen seiner, Metternichs, ureigensten Ideen zu benützen, wenn man einmal auch Alexander I. für diese gewinnen kann. Es wird ein hartes Stück Arbeit kosten, aber Clemens will es versuchen. Ein geistiges Duell einziger Art steht ihm bevor, wird es ihm gelingen? Solche und ähnliche Gedanken mögen Metternich auch schon durch den Sinn gegangen sein, als er eines Abends hinaustrat auf den Balkon des Schlosses von St-Cloud und hinausblickte auf das Häusermeer, das in den letzten Strahlen der Abendsonne aufglühend vor ihm lag.

»Diese Stadt und diese Sonne werden sich noch grüßen«, meint er da, »wenn nichts mehr als historische Erinnerungen an Napoleon, Blücher und besonders mich bestehen werden ... Nehmen wir wenigstens die Erinnerung mit uns, das Gute getan zu haben, und in dieser Beziehung würde ich niemals mit Napoleon tauschen[51].«

Nun kehrt Metternich wieder heim in die Kaiserstadt an der Donau zu seiner Familie. Ein neuer Lebensabschnitt beginnt, der in jeder Beziehung eine vollkommene Wandlung mit sich bringen soll. Was er wollte, hat er erreicht, die unbedingte persönliche Macht im Kaiserstaat, die ihm das uneingeschränkte, rückhaltlose Vertrauen seines Monarchen sichert. So wird er manchen, die er bisher bekämpft, nunmehr etwas entgegenkommen und die bestehenden Feindschaften und Gegensätze abschwächen können. Immer aber bleibt er entschlossen, sofort scharf gegen jedermann aufzutreten, der seine persönliche Stellung anzutasten wagt. Zur Zeit aber schweigt aller Widerspruch; Glück und Erfolg, wie deren die Weltgeschichte selten aufweist, sind auf der Seite des Ministers, der den Glauben seines kaiserlichen Herrn an ihn auf immer felsenfest untermauert hat.

2. TEIL

»Toute l'histoire n'est que le tableau
du cœur de l'homme.«

Metternich an Gräfin Lieven, 15. Mai 1821.

X. DIE KAISERIN IST TOT, ES LEBE DIE NACHFOLGERIN

1815–1816

Der einst so mächtige Korse ist nach dem Fehlschlagen seines dramatisch abgelaufenen, weltbewegenden Lebenswerks an das ferne Felseneiland mitten im Weltmeer geschmiedet. Endlich kann Europa wieder Frieden genießen, dessen es fast ein Vierteljahrhundert mit nur ganz geringen Unterbrechungen entbehrte. Bei dieser gewaltigen Errungenschaft ist allerdings mit der Niederwerfung Napoleons auch das seine Gegner einigende Band des Kampfes gegen einen gemeinsamen Feind weggefallen und das freie Spiel der Kräfte der verschiedenen Mächte untereinander wiederhergestellt, das so manchen gefährlichen Giftstoß birgt. Wenn der österreichische Minister des Äußeren und nunmehrige Fürst Clemens Metternich auch seinem Kaiser Franz I. gegenüber einmal laut werden läßt, er nehme die vom Zaren ins Leben gerufene Heilige Allianz, die den Weltfrieden sichern soll, nicht ernst, und sie »als leeres Geschwätz« bezeichnet, erfüllt diese in der ersten Zeit doch ihren Zweck, die Ruhe aufrechtzuerhalten, denn zu tief ist nach so sturmbewegten Jahren das Bedürfnis danach in den Gemütern aller Menschen verankert.

Metternich arbeitet langsam, aber vorsichtig daran, dieser Vereinigung zwar die gegebene Form zu lassen, ihren vom Zaren bestimmten wesentlichen Inhalt aber umzugestalten. Er will den russischen Monarchen schon durch Revolutionsfurcht von seiner derzeitigen geraden, gut freiheitlichen Richtung abziehen und auf die Metternichsche des Erhaltens und Sicherns des Gewesenen und nun wieder Bestehenden festlegen. Zudem sucht der österreichische Staatsmann möglichst allen Einfluß in Europa an sich zu reißen und vor allem auch die Mitglieder der Familie Bonaparte unter seine Aufsicht zu bringen, um von dorther keine Überraschung gewärtigen zu müssen. Sein Vorgänger, Graf Stadion, scherzt: »Nun kann Napoleon nur mehr die wenigen Frauen in St. Helena erobern, wenn er schon durchaus etwas erobern muß.« Aber im Sommer des Jahres 1815 fürchtet man immer noch, Napoleon werde auch von St. Helena zu entkommen verstehen.

Deshalb will Metternich alle Bonapartes, besonders wenn sie in Österreich weilen, einer strengen, wenn auch schonenden Beobachtung unterzogen sehen. Dies betrifft vornehmlich solche, mit denen er enge oder gar intime Beziehungen gepflogen hat, die daher am meisten von dem Staatsmann wissen und genau darüber unterrichtet sind, wie sehr er jahrelang unter Napoleons Zauber gestanden. Andererseits will Fürst Clemens ihnen auch Schutz angedeihen lassen und so erreichen, daß sie ihn nicht etwa in manchem bloßstellen. Dazu gehört vor allem Napoleons Schwester Caroline, die, noch immer ohne Nachricht vom Schicksal ihres entflohenen Gemahls Murat, des einstigen Königs von Neapel, und den Wechselfällen des Krieges, nun in ihrem Zufluchtsort Triest den aus der Umstellung des Wortes Napoli gewonnenen Namen Gräfin von Lipona führt. Bei ihr muß der Minister besonders vorsichtig sein, denn sie weiß ja, daß er mit Rücksicht auf seinerzeitige, so enge Beziehungen schon in eigenem Interesse für sie sehr viel Schonung walten lassen muß; daher ist sie auch am anspruchsvollsten. Sie entschließt sich nun für einen Aufenthalt im Schloß Hainburg in Niederösterreich. Metternichs Entgegenkommen bleibt auch aufrecht, als der neue kaiserliche Gesandte in Neapel die Exkönigin Caroline beschuldigt, ihren Gatten zum Krieg aufgehetzt und insgeheim stets die Korrespondenz mit Bonaparte aufrechterhalten zu haben. Sie habe das Doppelspiel mit Österreich betrieben, um im Falle des Mißlingens auf dessen Unterstützung zählen zu können. Metternich aber hat für derartige Beschuldigungen bloß ein taubes Ohr.

Caroline weiß noch immer nichts vom Schicksal ihres Gatten, als Metternich ihm gleichfalls einen Antrag für »sichere Zuflucht« im Kaiserstaat Österreich macht, wo er »allein einer steten Beobachtung unterzogen werden kann[1]«. Der Staatsmann will verhindern, daß Murat nach England flieht, rechnet aber nicht mit dem Ehrgeiz dieses sein Leben lang furchtlos gewesenen Mannes. Der zum Monarchen vorgerückte Reitergeneral bildet sich ein, es im Neapolitanischen genauso machen zu können wie Napoleon nach der Rückkehr von Elba. »Ich brauche mich nur zu zeigen, und alles wird mir zufallen«, glaubt er sagen zu können. Dann versucht er mit kaum einem Viertelhundert Anhängern in Pizzo an der Kalabrischen Küste zu landen und genauso nach Neapel zu marschieren wie seinerzeit Napoleon nach Paris. Doch täuscht er sich; niemand schließt sich ihm an, Gendarmen nehmen ihn gefangen, und sofort wird ihm der Prozeß gemacht.

Als der ehemaligen Königin die Nachricht von der Gefangennahme ihres Gatten zukommt, zeigt sie sich verzweifelt und erwartet Metternichs Fürbitte bei Kaiser Franz. Indessen erfüllt sich bereits Murats Schicksal; am 13. Oktober 1815 wird er kurzweg zum Tod verurteilt und hingerichtet. Einen rührenden Brief an seine Frau und Kinder zurücklassend, fällt er mit dem Miniaturbild seiner Gattin in der Hand. Metternich zeigt wenig Mitleid. »Die Sache ist sehr einfach«, bemerkt er zu Kaiser Franz[2], »Murat war von König Ferdinand nie anerkannt worden. Er erschien demnach für *ihn* auf der Küste wie ein Bandit, und er hat nur seinen verdienten Lohn erhalten.«

Als die Kunde vom Ende Murats nach Triest gelangt, erfährt sie General Macdonald, der derzeit glückliche Liebhaber der Exkönigin, als erster. Es ist nicht ganz geschmackvoll, aber er ist es, der Caroline die Nachricht überbringt. Mit bemerkenswerter Ruhe nimmt sie die Botschaft entgegen; sie betrauert weniger den Verlust des Gatten, für dessen Ersatz sie schon im vorhinein gesorgt hat, sondern das Dahinschwinden jeder Aussicht, je wieder auf den Thron Neapels zurückzugelangen. Sie hat diesen Wunsch insgeheim immer noch hegen können, einzig und allein, weil sie sich Metternichs mächtigen Beistandes sicher zu sein wähnte. Nun, so weit geht des Ministers Rücksicht doch nicht mehr, er weiß ja, wie er im Herzen der Exkönigin längst durch einen anderen Mann ersetzt ist. Zudem liegt es auf der Hand, daß er aus ihr keinen politischen Nutzen mehr ziehen kann wie in früheren Zeiten. Er tut also nur mehr, was in Erinnerung an einstige Tage unvermeidlich ist. Für den Augenblick wird Caroline der weitere Aufenthalt im Schloß Hainburg gestattet, obwohl man im allgemeinen findet, dieser Ort liege dem Hof in Wien zu nahe.

In dieser Zeit hat Fürstin Lorel Metternich ihrem Gatten am 1. September 1815 wieder ein Töchterchen, und diesmal das letzte Kind, geschenkt, wobei ihre Gesundheit aber beträchtlich leidet. Die schwache Lunge ist recht angegriffen, und nervöse Unruhe gesellt sich dazu. Die nunmehr vierzigjährige Frau, die niemals sehr schön gewesen, altert vorzeitig, ist von erschreckender Magerkeit, und ihre bisherige Spannkraft nimmt gewaltig ab. Dies kommt besonders zur Geltung, wenn man sie mit ihrem nur um zwei Jahre älteren Mann vergleicht, der nach wie vor ausgezeichnet aussieht; blühend und stark zeigt er scheinbar unerschütterliche Gesundheit und ist allen Anstrengungen jeder Art nach wie vor gewachsen. Das kann natürlich für das Verhältnis der beiden zueinander nicht von Vorteil sein. Metternich gibt äußerlich seiner Gattin alle Ehre, nimmt auch jede nur mögliche Rücksicht auf sie, liebt seine Familie nach wie vor über alles, sieht aber dabei jeder Frau, die ihm gefällt, tief in die Augen. Drängen sich doch deren viele an ihn, den erfolgreichen, mächtigen und dabei so schmucken und unterhaltenden Minister heran. Von seiner einstigen Geliebten, der Herzogin von Sagan, mehr oder weniger verlassen, sieht er ihrem Liebestreiben mit den verschiedensten Kavalieren mit gemischten Gefühlen zu und sehnt sich nach einem Wesen, das ebenso schön und klug ist wie diese ungetreue Herzogin und sein Herz ausfüllen könnte.

Metternich weilt nun in Paris. In seiner Abwesenheit ist in Wien indes etwas vor sich gegangen, was ihn weidlich ärgert. Es ist immer wieder der von ihm so gehaßte Erzherzog Karl, der ihm etwas Unangenehmes antut, so wenigstens denkt der Minister. Diesmal hat sich der kaiserliche Prinz entschlossen, mit einem Heiratsplan nicht zuerst zu Metternich zu gehen, dessen Vorgehen bei ähnlichen Gelegenheiten er nicht vergessen hat. Diesmal beschließt er, sich mit seinem neuen Heiratswunsch direkt an seinen Bruder, den Kaiser, zu wenden und den Minister möglichst auszuschalten. Er bittet Franz I. nun ohne Umwege und persönlich, seine Einwilligung zu geben und jemand anderen als Metternich mit der geschäftlichen Seite der Angelegenheit zu befassen.

Der Erzherzog wünscht die Prinzessin Henriette, Tochter des Fürsten Friedrich Wilhelm zu Nassau-Weilburg, zu heiraten. Der Kaiser erinnert sich, wie sein erster Minister seinerzeit die Ehe des Erzherzogs mit Amalie von Baden vereitelt und ihn später einem Korb der Großfürstin Katharina ausgesetzt hat, obwohl er durch Interzepte wußte, daß diese anderweitig gebunden war. Zudem zieht er die persönliche Feindschaft in Rechnung, die zwischen seinem Bruder und Metternich herrscht. So geht der Monarch in diesem Fall einmal davon ab, den Minister vorher um seine Meinung zu befragen, und billigt in einem persönlichen Schreiben alles zu[3]: »Lieber Herr Bruder, Ihrer ... Brautwahl erteile Ich mit Vergnügen Meinen Beifall ... Sobald die Verhandlungen abgeschlossen sein werden, haben Euer Liebden die Resultate derselben nebst dem hiernach entworfenen Ehevertrag Mir unmittelbar zur Einsicht und Beschluß zu übersenden.«

Zur selben Zeit beabsichtigt der Erzherzog-Palatin Joseph, gleichfalls unter Ausschaltung Metternichs, die Fürstin Hermine von Anhalt-Bernburg-Schaumburg zu heiraten. Nun wird am 8. Juli 1815 die offizielle Verlobung des Erzherzogs Karl verkündet, und Metternich erfährt sie als vollzogene Tatsache. Ihn, der entschlossen ist, nicht nur Franz I. gänzlich zu beherrschen, sondern alle Mitglieder des kaiserlichen Hauses ohne jede Ausnahme unter seinen Willen zu zwingen, erbost dieses Vorgehen maßlos. Aber er kann nichts mehr verhindern, nur noch in letzter Minute in einem recht verärgerten Brief an den Kaiser[4] irgendeine Schwierigkeit, zum Beispiel die der Religionsverschiedenheit, geltend machen.

Doch Metternichs Bestrebungen sind diesmal fruchtlos. Der Augenblick war von den beiden Erzherzogen geschickt gewählt worden; der Kaiser und Metternich sind von Wien abwesend und die Dinge nun schon so weit gediehen, daß man nichts Ernstliches mehr dagegen unternehmen kann. Auch will der Monarch nach den Stürmen der vergangenen Jahre und nun, da doch die Wiederherstellung des allgemeinen Friedens vor der Tür steht, mit den Seinen wieder zu einem besseren Einvernehmen gelangen. Doch Metternich wird sich das für alle Zukunft wohl merken. Er sieht, er muß sich die Mitglieder des Kaiserhauses noch viel besser in die Hand richten als bisher. Vielleicht, denkt er, wird dies mittels eines Familienstatuts möglich sein, das er zu entwerfen beabsichtigt. Ob wohl der Kaiser dafür gewonnen werden kann? Auf jeden Fall will er es versuchen. Im Augenblick aber zeigt sich Clemens sehr verletzt, daß man die Staatskanzlei bei diesen Heiratsabreden links liegenließ.

Doch treten diese Fragen hinter dem welthistorischen Ereignis des endgültigen Friedensschlusses von Paris zurück, der die so bewegte Kriegszeit fast eines Vierteljahrhunderts beendet. Das Bündnis der vier Mächte wird wieder erneuert, bei etwaigem Wiedererstehen der französischen Gefahr wechselseitige Hilfe zugesichert und fallweise Zusammenkünfte der Großen Vier in Aussicht genommen. Metternichs Eltern sind stolz und begeistert. »Ich bin entzückt von all Deinen Erfolgen«, läßt sich Clemens' Mutter vernehmen. »Ich habe niemals daran gezweifelt, denn was Du anrührst, machst Du gut. Du bist l'enfant chéri Deiner Mutter, ja ich sollte fast sagen Gottes[5].« Und auch der Vater bleibt nicht zurück[6]: »Consumatum est – das große Werk ist also unter Gottes Beistand vollbracht...« Für die Familie Metternich ist zudem nicht nur die Zurückgewinnung ihrer verlorenen Güter, insbesondere Ochsenhausens, eine angenehme Folge des glücklichen Friedensschlusses, sondern auch die Möglichkeit, die Herzensangelegenheit Paulines, der Schwester des Ministers, und des Feldmarschalls Herzog Ferdinand von Württemberg nun endlich einer Lösung zuführen zu können.

Von Frankreich aus plant Metternich, in das im April 1815 neu errichtete lombardisch-venezianische Königreich abzureisen, in dem Erzherzog Rainer als Vizekönig waltet, und sich dort mit seinem Herrscherpaar zu treffen. Allerdings fürchtet sich die schwer lungenkranke Kaiserin Maria Ludovika einigermaßen, ob sie die Reise in ihr sonst so geliebtes Italien tatsächlich wird durchstehen können. Sie hat ihrem vertrauten Dienstkämmerer Graf O'Donnell in der letzten Zeit den Eindruck einer »in dunkelste Melancholie« verfallenen Frau gemacht und sagte ihm eines Tages, sie fühle, ihrer Lampe gehe das Öl aus. »Du wirst sehen, mein lieber Papa«, meint die achtzehnjährige Marie Metternich, die mit ihrer Mutter auch zu der Reise nach Italien rüstet, »daß sie vielleicht noch am Vorabend unserer Abfahrt oder aber während der Reise sterben wird[7].«

Die Kaiserin geht vorerst nach Modena, während der Kaiser direkt nach Venedig fährt; man muß diese Stadt darüber beruhigen, daß das neue Königreich lombardisch-venezianisches und nicht umgekehrt heißt, worüber man sich am Canale Grande sehr entrüstet zeigt. Der Kaiser trifft bereits am 1. Dezember in der Lagunenstadt ein, während Metternich drei Tage später folgt und gleichzeitig mit den berühmten vier byzantinischen oder antiken Bronzerossen ankommt, die Napoleon von der Markuskirche weg nach Paris verschleppt hat. Nicht ohne Absicht fällt die Rückkehr dieser venezianischen Wahrzeichen mit des Staatsmannes Ankunft zusammen; so soll auch in gewissem Sinne Dankbarkeit für ihn herausgefordert werden.

Die arme Kaiserin in Modena schleppt sich nur mehr mühsam vorwärts. Kaiser Franz findet gute Worte für seine Gattin, wenn er es auch im großen bitter empfindet, daß er zwar eine junge, dabei aber so kranke Frau hat. Maria Ludovika, die ja nichts für ihren Zustand kann, ist für jedes gute Wort dankbar. Doch die Familie der Kaiserin hegt ernste Besorgnisse ob der Folgen der geplanten anstrengenden Rundreise in Oberitalien.

Metternich und seine Tochter Marie fahren inzwischen nach Mailand voraus. Ferdinand IV., der in sein Neapel zurückgekehrte Bourbonenkönig, verleiht nun in seiner Freude, wieder seinen alten Thron einnehmen zu können, Metternich den heute allerdings etwas komisch klingenden, doch nur mit *einem* c geschriebenen Titel eines Herzogs von Macaroni[8] mit einer jährlichen Rente von 60.000 Franc. Wohl niemals hat ein Mann Titel und klingenden Lohn so unverdient erhalten wie in diesem Fall Clemens, der während der Napoleonischen Zeit bis zum letzten Augenblick stets nur alles tat, was den Interessen und dem Wiedererringen des Thrones von Neapel durch das alte bourbonische Königspaar abträglich war.

Am letzten Tag des Jahres halten Franz I. und seine Gemahlin, trotz den Mahnungen der Familie der letzteren, ihren feierlichen Einzug in Mailand, und der Reigen der Feste und Reisen von Stadt zu Stadt beginnt. Der Zustand Maria Ludovikas ist dabei mehr als bedenklich. Ihre Kammerfrau sagt in jenen Tagen, die Herrin wäre »so elend, daß sie vom Wagen ins Bett und von diesem wieder in den Wagen« falle. Sie ist glücklich, wenn sie sich während der Zeremonien halbwegs aufrecht halten kann.

In Mailand ist zur Zeit auch der Kronprinz Ludwig von Bayern anwesend, der auf die schwebenden Gebietsverhandlungen zwischen seiner Heimat und Österreich Einfluß nehmen will. Er wünscht seiner von dem Württemberger geschiedenen Lieblingsschwester Charlotte bei dieser Gelegenheit eine Entschädigung für die böse Eheerfahrung zu schaffen. In geheimen Besprechungen leistet er dem Wunsch des Großherzogs Ferdinand von Toskana, des Bruders von Franz I., Vorschub, der Charlotte ehelichen will. Davon weiß Metternich zunächst noch nichts.

Auch die Herzogin von Sagan, die kluge, schöne Frau, mit der er seine einstigen, so engen Liebesbeziehungen und politischen Bindungen abgebrochen hat, findet sich in Mailand ein und sucht sich wieder, in letztere zumindest, einzuschalten. Wie um Clemens zu ärgern, ist sie mit ihren Kavalieren Lord Stewart, dem Halbbruder Castlereaghs, und Prinz Reuß anwesend und trifft auch mit Metternich zusammen, wobei beide Teile ziemlich kühl bleiben.

Trotz eines Augenleidens gibt der Minister am 17. Februar einen Ball, bei dem er mit einer schwarzen Binde erscheint. Doch ist dieses Ungemach nicht mit dem sich von Tag zu Tag verschlechternden Zustand der Kaiserin auch nur in einem Atem zu nennen. Oft fällt sie bei Besuchsfahrten und auf der Stiege zu Empfängen in Ohnmacht, immer aber bleibt sie für andere mehr besorgt als für sich selbst. Nichtsdestoweniger wird die schon halb im Jenseits weilende Frau weiter umspitzelt, zwei Briefe der Zarin an sie »perlustriert« und die Abschriften davon an ihren Gatten, den Kaiser, weitergegeben[9]. In rührender Weise unterzieht sich Maria Ludovika trotz ihrer Hinfälligkeit allen Pflichten ihrer Stellung, und die Reise muß weitergehen, nach Bergamo, nach Brescia. »Ich zittere schon vor Verona«, klagt sie[10]. Und wirklich, dort nimmt der Kräfteverfall als Folge der vielen Anstrengungen auf der Reise gefährlich zu.

Angstvoll nach Atem ringend, fragt die unglückliche, erst neunundzwanzigjährige hohe Frau ihre Ärzte beständig, ob sie glauben, daß sie doch noch gerettet werden könnte. Der Kaiser ist in Vicenza und kommt genau nach dem Programm am 6. April in Verona an, wo er seine Gemahlin in den letzten Zügen vorfindet. »Muß ich denn wirklich sterben?« fragt sie unter Tränen die Marchesa alla Ponzone, die ihr aus dem Leiden Christi vorliest. Am folgenden Tag schon, einem Palmsonntag, macht sie ihren letzten Atemzug. »Es ist, als ob man einen Hauptstern am Himmel vermißte«, meint Goethe zu ihrem Tod. So ist diese Frau dahingegangen, die trotz ihrer körperlichen Hinfälligkeit geistig stärker war als alle Kaiser, Könige und Fürsten Europas. Die Seele des Widerstandes gegen Napoleon, focht sie die ganze Zeit hindurch, ohne zu wanken, gegen den Usurpator und zog als Widerpart Metternichs auch in den gefahrdrohendsten Augenblicken in ihrem hochgemuten Sinne glorreichen Untergang entehrender Unterwerfung vor.

Kaiser Franz wahrt die äußere Form auf das peinlichste, aber in seinem Innern empfindet er den Tod seiner Gattin doch wie eine Befreiung von einer ungeheuren, drückenden Last. Die österreichische Welt scheint sich nicht bewußt gewesen zu sein, ein wie edles, herrliches Wesen sie in ihrer Kaiserin besaß, zumindest sprechen die Äußerungen dafür, die Metternich zukommen, und auch er nimmt die Nachricht recht gleichmütig auf. »Der Tod der Kaiserin«, schreibt Gentz[11], »ist eine Begebenheit, worüber hier nicht Huhn noch Hahn gekräht hat und von der man zwanzigmal weniger spricht als von einem gewissen Wettrennen, das morgen auf der Simmeringer Ebene stattfindet.« Und Hoppé meldet gar erst sechs Tage nach dem

Hingang der hohen Frau[12]: »Der Tod Ihrer Majestät hat gar keine Sensation in Wien hervorgerufen ... Die guten Wiener unterhalten sich schon damit, den Kaiser wieder zu verehelichen, aber sie sind sich über die Wahl nicht einig. Sie denken unter anderen an die bayrische Prinzessin, die früher Kronprinzessin von Württemberg war.«

Mit Interesse liest Metternich diese Worte, die sich auf die Prinzessin Charlotte beziehen, die geschiedene Frau Wilhelms, des Erben der Krone von Württemberg. Auch der Minister ist sich sofort darüber klar, der Kaiser werde gleich wieder den Wunsch hegen, sich erneut zu vermählen. Metternich hatte auch noch am Abend des Hingangs der Kaiserin eigenhändig an den österreichischen Gesandten in München, Freiherrn von Hruby, geschrieben und ihm den Tod der hohen Frau mitgeteilt, was deshalb auffallend ist, weil er dies anderen Gesandten in viel wichtigeren Ländern gegenüber nicht tat. Auch ist der Schlußsatz dieser Mitteilung bemerkenswert[13]: »Der Kaiser ist wohlauf trotz des tiefen Schmerzes, den er empfindet, und wir schmeicheln uns, daß dieses Unglück seine Gesundheit nicht beeinträchtigen werde ...« Metternich scheint auch selbst gleich an jene bayrische Prinzessin gedacht zu haben. Er kennt seinen Herrn nun schon so genau, daß dieser kein Wort zu sagen braucht. Clemens weiß ohnedies, was sein hoher Gebieter wünscht; zudem besitzt er viel zuviel Taktgefühl, um nicht zu erkennen, daß der Kaiser ihm unmöglich jetzt schon sagen kann, er wolle gleich wieder heiraten, obwohl dies tatsächlich der Fall ist.

Die Bayerin ist – und darüber zeigt sich alle Welt einig – an dem Fehlschlag ihrer ersten Ehe gänzlich unschuldig. Zudem bietet sie sehr viele Vorteile, nicht nur für den Kaiser, auch für Metternich. Die Erhöhung dieser von dem Kronprinzen beiseite geschobenen und damit in ihrer Eitelkeit verletzten Frau zur Kaiserin von Österreich würde die Württemberger maßlos ärgern müssen. Das kann Clemens nur begrüßen; sie sind es ja, die seinerzeit Ochsenhausen beschlagnahmt haben und es dem Hause Metternich nie mehr herausgegeben hätten, wären sie nicht nach der Schlacht von Leipzig gezwungen gewesen, den Siegern alles zuzugestehen und in dem Vertrag vom 2. November 1813 ausdrücklich zu erklären, sie würden alle für notwendig erachteten Abtretungen durchführen. Damit war ihnen auch die Abtei Ochsenhausen abgerungen worden, aber Metternich weiß genau, daß dies nur unter Zwang geschah.

Auch haben Württembergs König und Kronprinz sich am Wiener Kongreß dem österreichischen Staatsmann gegenüber so widerborstig benommen und ihm in so vielen Dingen widerstrebt; darum kann es Clemens nur freuen, wenn die plötzliche Erhebung Charlottes zur Kaiserin dem geschiedenen Gatten peinlich sein wird. Und was ihm peinlich ist, muß auch dem Zaren unangenehm sein, dessen Schwester Katharina seither in zweiter Ehe Wilhelm von Württemberg geheiratet hat. Doch auch diese Verstimmung begrüßt Metternich bei seiner bekannten Einstellung gegen Alexander von Rußland nur. Die bayrische Prinzessin selbst kann wohl nicht anders als begeistert sein, denn Freier mit einer Kaiserkrone gibt es nicht so leicht; Clemens aber wird schon dafür sorgen, daß sie erfährt, wer sie vorgeschlagen und wer die Heirat gefördert hat, und das kann ihm wohl auf keinen Fall schaden.

Die Prinzessin Charlotte ist auch wirklich für Kaiser Franz sehr geeignet. Man darf nicht allein das Urteil der stets zu scharfen und boshaften Gräfin Thürheim beachten, die sie als »nicht hübsch, romantisch angehaucht, sentimental, pedantisch, ziemlich langweilig mit nichtssagender Konversation und überhaupt geistig unbedeutend« bezeichnet[14]. Dafür ist sie kerngesund, schlicht, fromm, von hausmütterlichem Wesen und voll guten Willens. Metternich sagt sich, diese Frau passe mit all diesen Eigenschaften ausgezeichnet zu seinem allerhöchsten Herrn, und er sowohl wie die zur Kaiserin erhobene Prinzessin würden ihm ewig dankbar sein. Dies müßte seine Macht nur noch mehr verankern, um so mehr, als Clemens überzeugt ist, daß sie, wenn möglich noch mehr wie der Kaiser selbst, Wachs in seiner Hand würde. Die nach dem Urteil des Fürsten Schwarzenberg sehr häßliche Nase der Prinzessin werde schon nicht soviel ausmachen. Sie ist noch jung, genau halb so alt wie der Monarch, der eben achtundvierzig geworden ist. Ganz anders als früher würde Metternich in ihr eine Bundesgenossin und nicht wie in Marie Ludovika, die er einst seiner Politik wegen so bitter bekämpfen mußte, eine erbitterte Gegnerin an seines Herrn Seite haben.

So wäre alles gut und schön, wenn nicht Lebzeltern schon am Neujahrstag 1816 gemeldet hätte, es gingen Gerüchte um, wonach Großherzog Ferdinand von Toskana, der Bruder des Kaisers, sich für die Prinzessin interessiere. Gegebenenfalls müsse man sich also beeilen, um da zuvorzukommen. Metternich ahnt zur Zeit noch nicht, daß der Kronprinz von Bayern bei seinem letzten Aufenthalt in Italien die Sache insgeheim bereits mit dem Großherzog abgemacht und dieser am 21. Mai Ludwig beauftragt hat, seinem Vater, dem König, seine Wünsche zu eröffnen und um diesbezügliche Erlaubnis zu bitten.

Bei der seinerzeitigen Vermählung mit Erzherzogin Maria Ludovika soll Kaiser Franz gesagt haben: »Ich habe jetzt zum drittenmal geheiratet; das erstemal als Kind, das zweitemal war ich auch gezwungen, nun aber nach eigener Wahl.« Jetzt aber denkt er bei sich: Auch die dritte Ehe war ein Fehlschlag; ich habe da ein Wesen geheiratet, das mir geistig überlegen war, und vor allem eine schwerkranke Frau bekommen, das größte Unglück, das einem Mann widerfahren kann. So ist mir meine eigene Wahl damals nicht gut bekommen. Diesmal aber habe ich doch Metternich, den Mann, der alles kann, alles trifft und alle Schwierigkeiten überwindet; er wird mir auch eine passendere Frau verschaffen können, als ich selbst es imstande bin. So scheint er dem Minister schon fast unmittelbar nach dem Tod Maria Ludovikas seine Wünsche angedeutet und ihm vollkommen freie Hand gegeben zu haben.

In München ist noch immer der Minister Graf Montgelas am Ruder, den Max Joseph auch nach dem Sturz Napoleons weiter hält, weil er ja schließlich Bayerns franzosenfreundliche Politik mit seinem königlichen Herrn zusammen geleitet hat. Der Monarch würde also mit der Entlassung des Grafen sich selbst bloßstellen, weil er ja sogar auch seinen Königstitel dieser Politik und deren Verfechter verdankt. Zudem hält Metternich auch grundsätzlich zu dem bayrischen Minister, über den er noch am 16. Jänner von Mailand aus dem Freiherrn von Hruby gegenüber urteilt[15]: »Ich hege von den politischen Talenten des Grafen von Montgelas die höchste Meinung. Ihn also gilt es für die geplante Heirat zu gewinnen, bei ihm anzuklopfen, anzufragen und die Angelegenheit in zartfühlendster Weise vorzubereiten.«

Der Freiherr ist ein gewiegter Diplomat, dem sich Metternich ruhig eröffnen kann, natürlich mit auch ihm gegenüber wohlgewahrter Aussparung des Kaisers. Und so schreibt[16] der Minister an Hruby gerade am selben Tag, da der Großherzog den Kronprinzen Ludwig anweist, dem König von Bayern seine Wünsche zu melden: »Sollte der Kaiser sich je wieder zu einer Verehelichung entschließen können, so wünsche ich, daß sie in persönlichen Rücksichten sowohl als in politischen aus zweckmäßigster Wahl hervorgehe. Wären nicht ganz eigene Verhältnisse mit der Prinzessin Charlotte von Bayern, so würde sich mein Augenmerk am ersten auf sie richten. Ihre Persönlichkeit vereinigt alle Vorteile; gegen sie spricht der unangenehme Umstand, aus einer ersten Ehe geschieden zu sein, und wenn dieser ihr in keinem Fall zur Schuld fällt, so bietet er im allgemeinen eine große Unannehmlichkeit ... stellt sogar ein unübersteigliches Hindernis nach unseren kirchlichen Gesetzen dar. Über diesen letzteren Anstand kann ich mich erst nach meiner Ankuft in Wien aufklären ...«

Freiherr von Hruby soll also möglichst geschickt in München vorfühlen, von der Möglichkeit einer Wiederverehelichung des Kaisers sprechen und durchblicken lassen, daß die Prinzessin Charlotte geeignet wäre. Zudem soll er erforschen, wie es sich mit ihrer Ehescheidung verhalte. Er soll sagen, daß er nur ausschließlich im Namen Metternichs handle, der sich zur eigenen Beruhigung vergewissern wolle, ob die Prinzessin, wenn die Wahl auf sie fallen sollte, zu einer Verbindung dieser Art bereit wäre. Ob man nicht einen eventuellen Heiratsantrag des Großherzogs von Toskana eine Zeitlang in Schwebe halten könnte?

Hruby handelt wie vorgeschrieben; Kronprinz Ludwig scheint noch nichts von des Großherzogs Plänen gesagt zu haben. Montgelas ist begeistert von der Idee und eilt mit der frohen Nachricht augenblicklich zu seinem König, der sich vor Freude gar nicht fassen kann. Hruby geht daraufhin selbst zum Herrscher Bayerns, der ihm »mit lebhafter Rührung in Stimme und Ton« sagt[17]: »Berichten Sie Seiner Majestät dem Kaiser, daß es mein sehnlichster Wunsch ist und mich sehr glücklich machen würde, wenn seine Wahl auf meine Charlotte fiele ... Gott segne Ihre Reise und meinen Auftrag!«

Da ist also nun der »Anwurf«, den Metternich herausgefordert haben wollte. Hruby hatte dem Minister bisher nur gemeldet, daß angesichts der Annullierung die Scheidungsfrage keine Schwierigkeiten biete und alle seine Befehle in vorsichtig-zartfühlendster Weise durchgeführt worden seien. Der Minister bringt seinem kaiserlichen Herrn auch des Freiherrn letztes Schreiben[18] zur Kenntnis. »Es beweist«, heißt es darin, »daß die erste Einleitung in der Sache geschehen ist, wie sie geschehen konnte und sollte, und daß ich Allerhöchstdemselben freies Spiel vorbereitete.« Befriedigt setzt Kaiser Franz auf diesen Bericht Metternichs die Randbemerkung: »Was meine Zukunft anbelangt, so wissen Sie meine Wünsche und kennen mich und kann ich Ihnen daher nur für das bisher von Ihnen Veranlaßte danken ...«

Zwei Tage darauf trifft der Kaiser in Salzburg ein, und der von München herbeigerufene Gesandte erscheint sofort vor seinem allerhöchsten Herrn. Nach Übermittlung der gewöhnlichen Höflichkeitsgrüße der königlichen Familie meldet er natürlich die bei der Abschiedsaudienz gefallene Bemerkung des Königs. Kaiser Franz tut höchst überrascht. »Ich begreife das nicht, mein lieber Freiherr. Seine königliche Hoheit der Großherzog von Toskana, mein Bruder, hat doch, wie ich weiß, Absichten auf die Hand Ihrer königlichen Hoheit der Prinzessin Charlotte, ja ich muß sogar vermuten, daß er in dieser Hinsicht schon in München Schritte unternommen hat.«

Als Freiherr von Hruby nach München zurückkehrt und dem Monarchen sowie Montgelas die Worte des Kaisers übermittelt, schlägt dies wie eine Bombe ein. Der Kronprinz hatte nämlich die auf seine Schwester abzielenden Wünsche des Großherzogs mehr oder weniger auf eigene Faust in Gang gebracht und seinem Vater eben alles sagen wollen, es aber noch nicht getan. Nun beruft der König die Prinzessin Charlotte nach Baden, wo er den Sommer verbringt, läßt sich von seinem Sohn Ludwig den Hergang erklären und gebärdet sich »fuchsteufelswild«, daß da »hinter seinem

Rücken« gearbeitet worden wäre. Zu allem Überfluß läuft eben auch noch das förmliche, in italienischer Sprache abgefaßte Anwerbungsschreiben des Großherzogs ein. Lange wird nun hin und her beraten, was man da tun solle, um so mehr, als der Kronprinz und seine Schwester gestehen müssen, daß sie dem Großherzog bereits ihr Einverständnis mitgeteilt haben. Zudem schreibt gleichzeitig Ferdinand von Toskana völlig ahnungslos an den Kaiser[19]:

»Was meine Heirat betrifft, ist die Sache in ordentlichem Gang, und da die Prinzessin Charlotte sich ganz geneigt erklärt hat, so schicke ich nächstens jemanden nach München, um das übrige in Ordnung zu bringen. Indessen empfehle ich mich und meine Zukünftige samt meinen Kindern in Deine Liebe und Freundschaft.«

Trotz alledem ist man in München fest entschlossen, dem Großherzog einen Korb zu geben und des Kaisers unmißverständlichen Antrag anzunehmen. Metternich hofft jedoch, Montgelas werde das schon in Ordnung bringen, und an ihn soll sich Hruby halten. Nun, ganz unschuldig ist der König von Bayern auch nicht. Bevor der Kronprinz die Angelegenheit mit dem Großherzog einleitete, hatte sein Vater, der damals nicht ahnte, Kaiser Franz könne auch in Betracht kommen, sich Ludwig gegenüber jener Verehelichung sehr geneigt gezeigt, wenn er auch noch keine Vollmacht zu ernster Abrede erteilt hatte. Erst auf den Metternichschen Wink hatte sich seine Gesinnung geändert.

Indessen gehen dringende Briefe zwischen Metternich und Montgelas hin und her, und die beiden kommen über die Art und Weise überein, wie alles zugunsten des Kaisers zu bereinigen sei. Der Kronprinz muß nun am 2. Juli mit recht peinlichen Gefühlen dem Großherzog einen Brief schreiben und ihm mitteilen, er hätte erst jetzt mit seinem Vater über die Angelegenheit sprechen können und dabei erfahren, daß der Herrscher Österreichs selbst den Wunsch hege, die Prinzessin zu ehelichen.

Das ist die einzige Antwort, die man den beiden Bewerbern unter den gegebenen Umständen erteilen kann. Sie können die Angelegenheit jetzt nur untereinander ausmachen. Metternich wird gleichzeitig gebeten, seinem allerhöchsten Herrn die Angelegenheit zu erklären und dabei alle Schuld auf den Kronprinzen Ludwig zu schieben[20].

Die Nachricht aus München trifft den Großherzog wie ein Blitz aus heiterem Himmel. Ja, um Gottes willen, wie kann denn der Kaiser jetzt plötzlich so handeln, während er doch seinerzeit selbst zu dieser Heirat geraten und die Erlaubnis dazu gegeben hat! Es kommt zu einer Aussprache zwischen den beiden Brüdern, wobei Kaiser Franz sich gänzlich auf Metternich ausredet, der allein habe alles getan und eingeleitet. Daraufhin sagt der Großherzog seinem kaiserlichen Bruder geradeheraus: »Es kommt nicht darauf an, ob der Kronprinz oder Metternich die Schuld haben, sondern darauf, ob du die Hand der Prinzessin wünschst oder nicht.« Da gesteht Kaiser Franz ein, daß er sie gerne zur Frau hätte, worauf der Großherzog von der geplanten Ehe zurücktritt. Schließlich hat er die Umworbene vorher ebensowenig gesehen wie Kaiser Franz.

Nun hält Kaiser Franz von Österreich in einem eigenhändigen Brief an den König von Bayern um die Hand von dessen Tochter an. Am selben Tag schreibt Kronprinz Ludwig seinem Vater: »Die Heirat entschädigt Charlotte, diese ausgezeichnete Charlotte, auf eine für ihre Familie und ihr Vaterland schlagende und wohltuende Weise[21].« Max Joseph ist außer sich vor Freude. »Es kann keine bessere Allianz für Bayern geben«, erklärt er[22], »als die mit Österreich, und ebenso wird der Kaiser auf die 80.000 Mann, die ich ihm bringe, Wert legen. Auch bin ich überzeugt, daß sich unsere beiderseitigen Minister gut miteinander verstehen werden.«

Metternich freut sich im stillen, daß der Württemberger Kronprinz sich auf die Nachricht von der Verlobung nun doch einigermaßen ärgert, und dazu auch dessen erhabener Schwager in Petersburg, mit dem Clemens gerade wieder in der türkischen Frage so verschiedener Meinung ist. Nun, da auch der Heiratskontrakt einvernehmlich abgefaßt ist, kann Metternich am 18. Oktober dem Kaiser melden[23]: »Es ist nun alles ganz im reinen.« Auch er ist glücklich, daß sich die Angelegenheit so glatt entwickelt hat, und seine Eitelkeit erfährt durch diesen Erfolg einen ungeheuren Antrieb. »Heute wird einer der größten und höchsten Wünsche meiner Laufbahn erfüllt«, läßt er sich dem Kronprinzen Ludwig gegenüber hören. »Euer Königliche Hoheit sind aus mehr als einer Ursache berufen, den größten Anteil an der neuen Verbindung zu nehmen, die weit mehr Vorteile bringt als gewöhnliche Heiraten unter regierenden Personen[24].«

»Ich empfinde im allgemeinen die höchste Genugtuung darüber«, schreibt Metternich weiter auch an Freiherrn von Hruby[25]. » . . . Ich bitte Sie, sich bei der Umgebung der Frau Prinzessin über folgendes zu unterrichten: Welche Art täglichen Lebens zieht sie vor? Wie verbringt sie ihre Stunden? Welchen Geschmack hat sie? Besitzt sie verschiedene Talente, und wie kann man ihr darin vorarbeiten? Der Kaiser wünscht sie vom ersten Tag an so stellen, daß sie den Eindruck gewinnt, als sei sie schon seit Jahren in Wien. Alles, was Sie mir sagen können, wird durch ihn beachtet werden . . . Ich verbürge mich der Prinzessin Charlotte gegenüber, daß sie vollkommen zufrieden sein wird.«

Am 29. Oktober 1816 findet nun in München die feierliche Hochzeit statt, bei der der bayrische Kronprinz die Stelle des Bräutigams einnimmt. Beim Eintritt in das Gemach umarmt der König den Großbotschafter Fürst Schwarzenberg »in der höchsten Glorie der Seligkeit« und wiederholt mehrmals: »Der heutige Tag ist der glücklichste meines Lebens[26].« Nun legt Metternich seinem Kaiser die Meldung von der vollzogenen Trauung vor und bittet, gleichzeitig seine alleruntertänigste Gratulation entgegenzunehmen. Hierauf erwidert der Monarch[27]: »Ich danke Ihnen für Ihren Glückwunsch in meiner Angelegenheit, deren Zustandebringung ich Ihnen verdanke.«

Nach der endgültigen kirchlichen Zeremonie, die am 10. November in Wien stattfindet, hat Clemens auch noch das kaiserliche Handschreiben an den nunmehrigen königlichen Schwiegervater zu entwerfen, in dem er von dem Glücksgefühl zu sprechen hat, das sein Herr empfindet.

Just als die hohe Trauung stattfand, starb der alte König von Württemberg, und der geschiedene Gatte der neuen Herrin Österreichs besteigt den Thron seiner Väter. So ist Charlotte genau sechs Stunden früher zur Kaiserin erhoben, als sie Königin geworden wäre, hätte die erste Ehe fortgedauert. »Mehr Kronen sind ihr geworden, als das Württembergische Landvogteien hat«, bemerkt Kronprinz Ludwig dazu[28].

Damit hat nun Österreich eine neue Herrscherin, die dritte schon unter der Regierung von Kaiser Franz, dessen vierte Frau sie ist. Mit ihr, die nun den Namen Charlotte in Karoline Auguste verändert, wird Metternich leichteres Spiel haben als mit Maria Ludovika, denn ihr ist alle Politik in den Grund ihrer Seele verhaßt.

XI. DIE »BEHÄNDIGUNG« DER ERZHERZOGIN LEOPOLDINA

1816–1818

Die Verpflichtungen Metternichs enden nicht mit seiner Tätigkeit für die kaiserliche Familie und die hohe Politik allein, sondern werden immer vielseitiger. Alles wendet sich an ihn, jeder will von dem allmächtigen Minister etwas haben. Er kann aber bei bestem Willen nicht immer das erfüllen, was zum Beispiel schon allein die unzähligen Damen verlangen, mögen sie auch noch so gewichtige Titel und Ansprüche auf seine Dankbarkeit, seine Liebe oder gar wie im Fall Marie Louises auf Wiedergutmachung einer Schuld seinerseits haben. Die einstige Kaiserin Frankreichs, die seit dem 20. April 1816 in Parma residiert, hat nun den Grafen Neipperg an der Seite, der ihr nicht nur als Ehrenkavalier, Leiter des herzoglichen Hauses, der auswärtigen Angelegenheiten und des Heeres, sondern auch als Geliebter und engster Vertrauter dient. Ihr Lieblingswunsch geht dahin, die Erbfolge ihres Sohnes in Parma durchzusetzen, aber da kann Metternich, obwohl er sonst der Exkaiserin mit seinem belasteten Gewissen möglichst nützlich zu sein wünscht, doch seine Zustimmung nicht geben, denn die Mächte haben nun endgültig den Grundsatz aufgestellt, kein Nachkomme Napoleons dürfe je wieder auf einen Thron gelangen.

So beruft Metternich den Grafen Neipperg im Oktober 1816 nach Wien, um ihm diese Entscheidung zu eröffnen. Marie Louise zeigt sich darüber höchst besorgt; erstens hat sie ein schlechtes Gewissen, da sie von Neipperg ein Kind erwartet und im zweiten Monat schwanger ist, und außerdem fürchtet sie auch eine unangenehme Entscheidung über das Schicksal ihres Sohnes. Ein aufgeregter und besorgter Brief an Metternich ist die Folge. »Ich wäre fast versucht, ein wenig über Euer Majestät geärgert zu sein«, erwidert ihr der Minister[1], »da Sie sich erlaubt haben, Unruhe über Ihre Lage zu fühlen ... Glauben Sie mir, Madame, nichts liegt mir so am Herzen wie alles, was Euer Majestät angeht ... Euer Majestät sind durch das größte aller Opfer eines der ersten Elemente des Heils gewesen, das die Vorsehung Österreich vorbehalten hatte. Die Monarchie wird, wenn sie Ihre Sache verficht, die ihre ureigene ist, nur immer einen gerechten Tribut der Dankbarkeit zahlen ... Ich persönlich bin zu viel Verpflichtungen der Ergebenheit und Dankbarkeit eingegangen, als daß Eure Majestät nicht immer und in allen Gelegenheiten auf mich zählen könnten.«

Metternich und der durch ihn bearbeitete Kaiser setzen dem Grafen Neipperg die Lage auseinander. Der Monarch geht noch gründlicher auf die Sache ein als sein Minister. Er sagt Neipperg klar heraus, in dem Horoskop seines Enkels stehe zu lesen, dieser werde eines Tages entweder Kaiser sein oder nichts. (Aut Caesar, aut nihil.) Das erstere könne den Interessen und der Ruhe Europas keineswegs entsprechen, weil es den Grundsatz der Legitimität als Fundament aller Throne verletzen würde. Man müsse die vorteilhaftesten Maßnahmen für des jungen Mannes Zukunft treffen, er dürfe aber in keinem Fall in Parma oder sonst irgendwo zur Herrschaft kommen und bloß ein »reicher Privatfürst« bleiben.

Die Grundlage dieser Rede hat Metternich seinem kaiserlichen Herrn vorgezeichnet. Bei aller Marie Louise gegenüber gezeigten Ergebenheit hat Clemens für deren Sohn nicht allzuviel übrig, ist zudem zur Zeit wegen der plötzlichen Erkrankung der von ihm so angebeteten, erst sechsundzwanzigjährigen Gräfin Julie Zichy-Festetics in Besorgnis abgelenkt. Ihr Gatte scheint ihr nicht allzusehr zugetan zu sein, obwohl sie von ihren vielen Kindern angebetet und von allen, die sie kennen, als ein wahrer Engel beschrieben wird. Etwas übereifrig religiös, hat sie sich in der letzten

Zeit merklich von Metternich zurückgezogen, was dieser aber als sehnende Liebe zu ihm und bei ihrer einwandfreien Tugend als Angst vor dieser Neigung auslegt. Ihrer Schönheit wegen unendlich gefeiert, hat sie Eitelkeit als ihren größten Fehler erkannt und kämpft dagegen tapfer an. Auch an sie wendet man sich, wenn man etwas von Metternich will, so zum Beispiel Dorothea Veit-Schlegel, die älteste Tochter Moses Mendelssohns und begabte Schriftstellerin, für die die Gräfin auch sofort beim Ministerfreund vorstellig wird. Als dann das Gewünschte nicht gleich geschieht, ist Julie Zichy betroffen. Ihre Eitelkeit und die Macht, die sie über Clemens ausübt, läßt ihr dies als unerklärlich erscheinen: »Ich kann unmöglich glauben, daß er nichts für Sie tat... Nein, ich kann es nicht anders vermuten, es ist gewiß etwas geschehen[2]!«

Nach dem Kongreß und dessen geräuschvollem Leben war die Gräfin wieder in der Zurückgezogenheit ihres Heimes und in der Kinderstube ihrer Kleinen aufgegangen, und es kommt ihr vor, als wäre jene glanzvolle Zeit mit den ihr huldigenden Kaisern und Königen bloß ein sonderbarer, schillernder Traum gewesen. Die Eitelkeit hat natürlich damals ihre Triumphe auch bei ihr gefeiert, und sie trägt schwer an dem Bewußtsein dieser Sünde. Noch am 31. August des Jahres 1816 schreibt sie an Dorothea Veit-Schlegel: »... Sie wissen nicht, welch ein Eitelkeitsteufel mich oft quält und welch ein Gift mir eine Lobrede ist. Da habe ich dann wieder vierzehn Tage daran zu arbeiten, mir das Lob aus dem Sinn zu schlagen[3]...«

Es vergehen kaum drei Monate, so nimmt sie der Tod von dieser Erde. Metternich ist im Augenblick tief berührt von dem so frühen Hingang dieser schönen Frau und erzählt in späteren Tagen der Gräfin Lieven auch über Julie Zichy in der romantischsten Weise. Er behauptet, sie hätte ein Testament gemacht, in welchem sie ihrem Gatten erklärt, warum sie ihn nie zu lieben vermochte. Zudem soll sie darin in angeblich nur für eine Freundin und Metternich verständlichen Worten von diesem sprechen und auf ihn anspielen. Auch hätte sie ihm ein versiegeltes Kästchen vermacht, in dem – man ist versucht zu sagen, wie in einem schlechten Film – die »Asche seiner Briefe und ein zerbrochener Ring« lagen. Es ist kaum anzunehmen, daß dieses Testament wirklich so abgefaßt war. Kann man sich eine Frau vorstellen, die fromm, lieb und reizend ist und in ihrem Letzten Willen dem Gatten, dem sie fünf Kinder geschenkt hat, erklärt, daß sie ihn nie geliebt habe? Sollte sie nicht daran gedacht haben, welchen Eindruck eine solche Erklärung auf die Hinterbliebenen machen müßte? Aber Metternich zeigt gerade einer späteren Geliebten[4] gerne, wie sehr er von jedermann und auch von jener holden und tadellosen Frau vergöttert wurde. Nur das Original des Testaments allein, das trotz Bemühung bisher nicht zu beschaffen war, könnte endgültig über diese Frage entscheiden, jedenfalls aber ist die Schwärmerei Metternichs für die Gräfin Zichy den Kongreßteilnehmern keineswegs unbekannt geblieben.

Doch der Staatsmann kann nicht lange bei Sentimentalitäten verweilen, er hat zuviel zu tun, muß sich zum Beispiel jetzt auch mit der endgültigen Lösung der Schwierigkeiten beschäftigen, die bisher der Verbindung seiner Schwester Pauline mit dem Herzog von Württemberg entgegenstanden. Am 23. Februar des Jahres 1817 heiraten die beiden Liebenden nach jahrzehntelangem Kampf um ihr Glück, und ein tiefempfundener Dankesbrief des Herzogs Ferdinand an seinen nunmehrigen Schwager ist die Folge[5]. Die Verbindung seiner Schwester mit einem regierenden Königshaus kann Clemens' Stellung nur erhöhen, wenn dies überhaupt noch möglich ist.

Neben dieser Sorge hat er auch noch an die Kinder seines Monarchen zu denken, dessen Mädchen heranwachsen und ins heiratsfähige Alter treten. Weil er nun schon alles machen muß, so obliegt ihm auch, für diese ein »Etablissement« zu suchen. Da ist zunächst die zweitälteste Tochter des Kaisers, Leopoldina, die nun das neunzehnte Lebensjahr erreicht hat. Man kann sie nicht gerade schön nennen, denn sie hat eine blasse Hautfarbe, fahlblondes Haar, ist klein und hat keine vorteilhafte Gestalt. Eine starke Unterlippe beweist unweigerlich ihre habsburgische Abstammung; nur die tiefblauen Augen sind eindrucksvoll und verleihen der Erzherzogin ein liebenswürdiges, zutrauliches Aussehen.

Metternich ist bestrebt, sie an den Mann zu bringen, und hat einem Antrag von Dresden her schon halb zugestimmt. Da läuft vom Hofe des Herrschers über das vereinigte Königreich von Portugal-Brasilien und der Algarven ein Schreiben ein, in dem um die Hand der Erzherzogin Leopoldina für den Thronfolger Don Pedro da Alcantara aus dem Hause Braganza angehalten wird. Man will dort durch enge Verbindung mit der zur Zeit mächtigsten Dynastie auf dem europäischen Festland für das Ansehen und den Bestand der noch sehr im Fluß befindlichen portugiesisch-brasilianischen Herrschaftsverhältnisse bessere Bedingungen schaffen. Der Brautwerber ist der Sohn des portugiesischen Königs Joan VI., der 1807/8 vor den napoleonischen Truppen nach Brasilien flüchtete, welches Land zur Zeit des Wiener Kongresses zum Königreich erhoben wurde. Der Thronfolger ist erst achtzehn Jahre alt, daher um ein Jahr jünger als die ihm zugedachte Braut.

Der sächsische Prinz mag wohl vielleicht für den Thron in Betracht kommen, aber sicher ist dies keineswegs und jedenfalls noch in weiter Ferne. Dort aber, in Portugal, handelt es sich einwandfrei um den Erben der Krone eines gewaltigen, sich über beide Hemisphären erstreckenden Doppelkönigreiches, dessen einer Teil, Brasilien, unendliche Zukunftsmöglichkeiten bietet. Es wäre sehr günstig, wenn man auf ihn einen Einfluß gewänne, um auch diesen Herrscher in Metternichs antiliberales System zu bannen. Leopoldina bietet alle Gewähr dafür; sie hat von Jugend auf nichts anderes gehört und wird ihren Einfluß gegebenenfalls gewiß in diesem Sinne üben. So trägt also Metternich dem Kaiser die Sachlage vor, der sie seiner Tochter auseinandersetzt.

Der Erzherzogin ist dies mehr oder weniger gleichgültig. Ob sie einen ihr unbekannten Sachsen oder einen ebenso unbekannten Portugiesen heiratet, kommt schon auf das gleiche heraus. Sie ist von Kindheit an in dem Gedanken erzogen, daß man ihr einmal einen Gatten geben wird, den sie anzunehmen hat. Auch verfehlt das ferne, romantische Land, von dem sie durch Portugals Gesandten Märchenhaftes gehört hat, seine Anziehungskraft nicht. Leopoldina liebt schöne Natur und hegt auch Interesse für Naturwissenschaften, das – man lügt sie da ein wenig an – auch der Kronprinz jenes Landes teilen soll. Freilich, von all den Lieben scheiden zu müssen ist bitter. »Ich gestehe«, schreibt sie in dieser Zeit, »daß es für mich ein schmerzliches Opfer bedeutet, von meiner Familie vielleicht für ewig Abschied nehmen zu müssen. Aber mein Vater sieht nun einmal die Verbindung gerne.« Sie hätte ruhig und richtig sagen können: »Doch so ist nun einmal der Wille Metternichs.«

Dieser Staatsmann äußert seinem Vertrauten Hudelist über Leopoldinas Ergebung befriedigt[6]: »Der Kaiser hat mir heute geschrieben, daß er mit der Erzherzogin Leopoldina über den bewußten Heiratsantrag gesprochen und ihre Zustimmung erhalten hat . . .« So wird also nach Lissabon mitgeteilt, man nehme den Antrag mit Freuden an, und der König dankt zu Beginn des Jahres 1817 Franz I. begeistert dafür, daß sein Sohn die Erzherzogin heiraten dürfe. Allerdings schwelgt dieser letztere zur Zeit in den Armen einer schönen Tänzerin des königlichen Theaters, doch davon verlautet in amtlichen Kundgebungen nichts, und Einwände anderer hört man gemeinhin nur dann an, wenn man eine Sache von vornherein nicht wünscht. So wird nun kein langes Federlesen gemacht, und Metternich entwirft einen von Ausdrücken des Glücks und der Freude triefenden Brief der Erzherzogin an ihre künftigen Schwiegereltern, den sie getreulich abschreibt. Clemens, der eine Reise nach Italien zu machen wünscht und wegen Verhandlungen mit der Kurie gegebenenfalls auch bis nach Rom zu reisen beabsichtigt, wird nun als Übergabs-Hofkommissar der Erzherzogin bestimmt. Nach Livorno werden dann portugiesische Schiffe kommen, um die bis dahin inkognito reisende Erzherzogin-Braut abzuholen.

Bevor Leopoldina die Fahrt antritt, wird sie in feierlicher Trauung durch Vertretung dem portugiesischen Kronprinzen vermählt, wobei der schon von Marie Louises Heirat her geübte Erzherzog Karl wieder den Bräutigam vertritt. Der Hof erstrahlt dabei in dem althergebrachten habsburgischen Prunk diamantenübersäter Kleider und farbiger Uniformen. Der Brautwerber Marques de Marialva tritt mit unerhörter Pracht auf und überschüttet Leopoldina mit den kostbarsten Juwelen und Geschenken. »Doch«, meint die Augenzeugin Baronin Du Montet respektlos, »gähnte der Kaiser während der ganzen Zeremonie ununterbrochen, während die erlauchte Braut den Eindruck größter Gemütsruhe machte.«

In endlosem Wagenzug reist sodann die Erzherzogin mit ungeheurem Gepäck von Wien ab. Entsetzt fragt sich Metternich, was denn in den zweiundvierzig mannshohen Kisten, die da mitgenommen werden, alles enthalten ist; sie werden ja fast ein eigenes Schiff brauchen. Er selbst kann geschäftehalber erst ein paar Tage später abreisen. In Padua trifft Clemens am 9. Juni mit seiner Erzherzogin zusammen, wohin auch Marie Louise von Parma zur Begrüßung ihrer Schwester geeilt ist, die seit dem 1. Mai des Jahres 1817 schon ein uneheliches Kind aus ihrer Verbindung mit Neipperg besitzt, worüber aber zur Zeit noch tiefes Geheimnis gebreitet ist.

Am 10. Juni, während in Paris ein Vertrag abgeschlossen wird, der Marie Louise die Regierung in den Herzogtümern Parma und Piacenza bis an ihr Lebensende zusichert, dafür aber ihren Sohn von der Nachfolge ausschließt, erklären die beiden hohen Schwestern, zusammen nach Venedig fahren zu wollen, in – wie Metternich sagt – die »Stadt von Tausendundeiner Nacht«. Clemens begleitet die beiden Damen und sorgt getreulich dafür, daß außerhalb Parmas das Inkognito Marie Louises wohl gewahrt wird; denn er fürchtet überall lärmende Kundgebungen jener, die sich bewußt sind, daß schließlich sowohl Napoleon wie Murat an eine nationale Zusammenfassung aller italienischen Staaten dachten, was sich in verschiedenen, so besonders der Einführung des Vizekönigtums in Oberitalien, äußerte. Jetzt aber, bei Metternichs Allmacht, ist es mit diesen Bestrebungen zu Ende, und deshalb fürchtet der Minister Demonstrationen, er sagt wohl, gegen die Erzherzoginnen, meint aber solche gegen sich selbst.

Nach diesem kurzen Besuch in der Lagunenstadt, der einstigen Königin der Adria, geht die Reise mit der Erzherzogin Leopoldina über den Apennin nach Florenz weiter. Dort steigen die Erzherzoginnen und ihr Übergabs-Kommissar im Palazzo Pitti ab. Clemens hat zur Zeit wieder mit einer Augenentzündung zu kämpfen, nichtsdestoweniger steht er bewundernd vor der Venus von Medici und kann sich von den Galerien kaum trennen. Er war früher einigermaßen besorgt gewesen, wie man ihn in den südlichen Landen aufnehmen würde, da aber alles ohne Zwischenfall ablief, ist sein Selbstgefühl ins Unermeßliche gestiegen. »Meine Anwesenheit hier ist von unschätzbarer Bedeutung für den Lauf der Dinge«, schreibt er stolz seiner Frau[7]. »Ein über ganz Italien herrschender Souverän könnte nicht so empfangen werden wie ich.«

Da erscheint der portugiesische Botschafter in Wien, Marques von Marialva, in Florenz und meldet, es sei in der Stadt Pernambuco in Brasilien ein Aufstand ausgebrochen, der dazu zwang, Flottenmannschaften von den für Livorno bestimmten Schiffen abzuziehen. Da Ersatz immerhin einige Zeit beanspruchen dürfte, so würde die Abholungsflotte wohl erst drei bis vier Wochen später als vorgesehen in Livorno eintreffen. So muß Metternich Pläne entwerfen, wie er die Wartezeit bis dahin am besten hinbringt. Zunächst setzt er seine Studien in den Galerien fort, und eines Tages bleibt er wie gebannt vor einem schönen Bild stehen. Ist der Kopf Marias, der Jungfrau, nicht das getreue Abbild der verewigten Gräfin Julie Zichy? Sofort beauftragt er einen Maler, dieses Gemälde – es ist die Heimsuchung Mariens von Albertinelli – zu kopieren, zumindest den Kopf der Jungfrau getreulich wiederzugeben. »Ich habe niemals eine unbegreiflichere Ähnlichkeit gesehen wie die jener Mariengestalt mit der armen Julie. Es ist genau ihre Silhouette, ohne einen einzigen falschen Strich ... Es sind zwar zwei gleich erlesene Gesichter darauf, doch scheint es, als sähe man nur eines, das aber strahlend vor Anmut[8].«

In Wirklichkeit hat Metternich die Gräfin Julie über den lebenden Schönen schon längst vergessen. Gelegentlich eines reizenden Abends bei der Gräfin Apponyi, der Frau des österreichischen Gesandten in Florenz, singt die damals weithin berühmte und bildschöne, wenn auch sehr selbstbewußte Sängerin Angelica Catalani. Metternich, der gerade keine andere Frau außer Lorel im Herzen trägt, gefällt diese Künstlerin so gut, daß er sich förmlich in Glückseligkeit versetzt sieht. Sicher ist, daß er ihr in den folgenden Tagen und Wochen gewiß nicht aus dem Weg gegangen ist. Gleichsam als wollte er seiner Frau wegen jener Erinnerung an die schöne Julie und für seine gegenwärtige Untreue mit der nicht weniger, wenn auch in einem ganz anderen Sinne reizenden Catalani ein Entgelt geben, kündigt er ihr eine ungewöhnliche Auszeichnung an, und zwar die Verleihung des portugiesischen Ordens der heiligen Elisabeth. Er hofft, seine Gattin werde sich darüber freuen, weil diese Auszeichnung gewöhnlich nur an Majestäten oder Prinzessinnen königlichen Blutes verliehen wird und weil Lorel doch, wie er sagt, Prunk und Pracht dieser Welt (les pompes de ce monde) liebt[9].

Inzwischen erwartet Metternich die, wie er schimpft, »verteufelte Escadre« mit größter Ungeduld, um endlich seiner Freiheit wiedergegeben zu werden. Es ist ja ganz heiter, die Sitten des Landes zu studieren und die Cavalieri serventi zu beobachten oder auch selbst einen zu spielen, die in diesem Land jede schöne Frau tagsüber begleiten[10]. Aber die Tochter des

Kaisers, deren nobler Kammerdiener er derzeit ja doch nur ist, gibt ihm zuviel zu schaffen. Sie ist noch ein ganz unglaublicher Kindskopf und treibt allerlei Unsinn.

Clemens läßt die Erzherzogin in Poggio Imperiale zurück und beschließt, sich einer Kur in den Bädern von Lucca zu unterziehen, um die Zeit bis zum Eintreffen der Abholflotte möglichst nützlich zu verbringen. Er hat genug von den letzten Tagen und Wochen Hofdienst. »Ich kann Dir meine Genugtuung nicht genügend ausmalen, nun recht weit von jener kleinen Hofhaltung zu sein«, schreibt[11] er seiner Frau. »Gott weiß, daß ich nicht für das Amt eines Höflings geschaffen bin. Ich ärgerte mich von früh bis abends über die Langweile, zu der es mich zwang. Um ein richtiger Höfling zu sein, muß man auf gesunden Menschenverstand und freies Urteil verzichten, Plattheiten als tiefsinnige und schöne Aussprüche bewundern und finden, daß von einem Kind gesagte oder gewollte Dummheiten grundlegende Wahrheiten oder Großtaten sind. Ich kann den Kaiser nicht zu der Erziehung der mir jetzt anvertrauten Erzherzogin beglückwünschen. Niemals sah ich ein verwöhnteres und unvernünftigeres Kind. Sie besitzt unter anderem eine alte Kammerfrau, eine wahre Megäre, die sie allen Unsinn sagen und tun läßt, denn sie meint, das junge Blut will ja auch seinen Willen haben.«

Metternich mag sein, wo er will, die Frauen, die etwas von ihm haben wollen, wissen ihn überall zu finden. Die fortwährenden Bitten der Exkönigin Caroline bezüglich ihres Aufenthaltsorts, der Rettung verschiedener Vermögensteile, die Erlaubnis, diesen oder jenen Besuch zu empfangen usw. befürwortet er fast immer bei seinem kaiserlichen Herrn. Trotzdem es schwer genug ist, da besonders Frankreich und Neapel fortwährend in den Minister dringen, gegen diese Gräfin streng zu sein, weiß Clemens stets einen Ausweg, um die meisten ihrer Wünsche doch zu erfüllen. Man wollte die Exkönigin nach Brünn senden, aber Metternich gestattet ihren weiteren Verbleib in Hainburg. Mittlerweile aber hat sie das auf einem lieblichen Hügel gelegene Schloß Frohsdorf, einen sehr schönen Besitz des Grafen Hoyos, um 400.000 Gulden erworben, die sie teilweise durch Verkauf eines prächtigen Vermeilservices und dann auch ihrer mit Diamanten und Perlen besetzten Prachtroben aus einst für sie so glücklicher, stolzer Zeit hereinbrachte. Brief auf Brief der Gräfin hat Clemens nun in all diesen Angelegenheiten zu beantworten. Aber nicht Caroline allein gibt ihm zu tun, auch ihre alte Rivalin Junot, die Herzogin von Abrantès, stellt sich mit Bitten um Unterstützung ihrer geldlichen Forderungen an den Papst ein.

Die Bäder von Lucca tun Metternich indes sehr gut. Endlich ist nun in den ersten Augusttagen die Abholflotte in Livorno angekommen, und am

10. fährt auch er dahin, um zwei Tage darauf die feierliche Übergabe der Erzherzogin vorzunehmen. Er erklärt dem portugiesischen Übernahmskommissar in einer kurzen Anrede seinen Auftrag und »behändigt« ihm, wie der Fachausdruck lautet, die Erzherzogin. Daraufhin geht es auf das Flaggschiff zu einem großen Bankett mit hundert Speisen.

Clemens hat sich die Schiffe sehr genau angesehen und ob des Bildes, das sich ihm da bot, die Hände über dem Kopf zusammengeschlagen. Das für neunzig Kanonen eingerichtete Schiff hat deren nur sechsunddreißig an Bord, und aus den für die übrigen bestimmten Luken hat man je eine Kabine gemacht für, wie Metternich sagt, »die Damen der verschiedenen Kaliber«, die nach Brasilien fahren. Das Schiff hat eine riesige Besatzung von Offizieren aller Grade, dreimal soviel als sonst üblich. Um all diese Leute zu verpflegen, sind unzählige Kühe, Kälber, Schweine und Schafe, viertausend Hühner, Hunderte von Enten und zudem zur Belustigung fünf- bis sechshundert Kanarienvögel und sonstige gefiederte brasilianische Gäste an Bord. »Die Arche des verewigten Noah ist gewiß nur ein Kinderspiel gewesen im Vergleich zu dem (Linienschiff) Joans VI. Gott behüte diese Gesellschaft vor einem Schiffbruch!« ruft Metternich aus.

Am 15. August kommt ein frischer Wind auf, und die Flotte mit der hohen Braut setzt sich nach dem fernen Brasilien in Bewegung. Die Reisegesellschaft kommt nach ziemlich stürmischer und langer Überfahrt tüchtig durchgerüttelt am Bestimmungsort an, und der Kronprinz des Landes beeilt sich nach ihrem Eintreffen im November »seinem lieben Schwiegervater« mit respektvollen Sohnesgrüßen lebhaft dafür zu danken, daß er ihm eine mit den hervorragendsten Tugenden begabte Prinzessin zur Frau gegeben[12]. Es war dies ein höfische Phrase wie viele andere auch, denn trotz Metternichs etwas frivoler Beurteilung der jungen Erzherzogin ist sie dazu bestimmt, ungeachtet des schwierigen Charakters ihres Gatten und seiner Untreue eine aufopfernde und ausgezeichnete Frau und Mutter zu werden, die den Grundsätzen des Staatsmannes ihrer Heimat ihr Leben lang treu bleibt.

Metternich fühlt sich wie von einem Alp befreit; nun ist er wieder sein eigener Herr und kann an sich und seine Familie denken. Er will sich noch einer zweiten Kur unterziehen und erst gegen Mitte September zur Hochzeit seiner Tochter Marie mit dem Fürsten Joseph Esterházy nach Wien zurückkehren. Bevor Clemens in die Kaiserstadt zurückfährt, macht er noch einen kurzen Besuch bei Marie Louise von Parma, um ihr weitere Verhaltensmaßregeln zu geben. Die einstige Kaiserin Frankreichs lenkt in ihrer Beurteilung Metternichs versöhnlich in neue Bahnen ein[13]: »Ich freue mich, ihn wiederzusehen, denn seit einiger Zeit hat er mir große Dienste geleistet, und dann ist er in Gesellschaft ein sehr liebenswürdiger Mann.

Solche Leute fehlen uns hier gänzlich.« Die hohe Zufriedenheit ist vor allem darin begründet, daß Clemens der Herzogin Neipperg belassen hat, obwohl dem Minister natürlich schon längst klar ist, daß die Beziehungen zwischen dem Grafen und seiner Herrin sehr intim und folgenreich geworden sind.

Am 12. September 1817 trifft Metternich wieder in Wien ein, wo alle Vorbereitungen für die Hochzeit seiner Tochter getroffen sind. Aber er bringt nicht, wie er gehofft, volle Gesundheit mit, sondern kann nicht einmal der drei Tage später stattfindenden Vermählung beiwohnen, weil ihn ein heftiger Hämorrhoidalanfall daran hindert. Lorel Metternich hofft, daß ihr Töchterchen dauernd glücklich wird, um so mehr, als Marie ihren Mann sehr liebt. Die Fürstin ist zur Zeit gesundheitlich recht schlecht beisammen, leidet an der Lunge, wird aber auf rheumatisches Fieber behandelt. Auch bei der Hochzeit hat sie sich wieder verkühlt und sich dabei sehr aufgeregt, was stets schädlich zurückwirkt[14]. Nichtsdestoweniger führt Metternich nach wie vor ein großes Haus. »Wir haben alle Abende Gäste«, schreibt er seiner Tochter, »und immer von allen hauptsächlich nur die Nummern eins.« Während Lorel gleichwie ihre Kinder ständig anfällig bleiben, erholt sich Clemens bald wieder völlig.

Wieder hat er, wie nach jeder längeren Abwesenheit, mit den Einflüssen zu kämpfen, die sich mittlerweile beim Kaiser geltend gemacht haben und jedesmal wirken, wenn er auch nur vierundzwanzig Stunden ferne weilt. »Von zwei Tagen speise ich immer einen bei Hof, um das anderntags wiedergutzumachen, was man am Vorabend Übles angerichtet hat[15].« Man will den Kaiser in den dem Staatsmann widerstrebenden Kreisen dahin beeinflussen, etwas liberaler zu sein und vor allem die Politik dem Zaren gegenüber weniger feindlich zu gestalten. Dem aber tritt Clemens um so mehr entgegen, als Alexander, der von Bauernbefreiung und einer Verfassung träumt, ihm nach wie vor viel zu freiheitlich gesinnt erscheint. Zudem ist des Staatsmannes Sinn stets gegen die Erweiterung russischer Macht gerichtet, die nun wieder nach Konstantinopel und dem Mittelmeer strebt. Angestrengt sucht er des Zaren Pläne zu durchkreuzen, Frankreich und England völlig gegen Rußland einzunehmen und es immer als denjenigen Staat hinzustellen, der neuerlich einen Krieg vom Zaun brechen will.

In Italien hat Clemens, von der Sängerin Angelica Catalani hoch begeistert, mit ihr besprochen, sie möge auf ihren Konzertrundfahrten auch nach Wien kommen. Im Mai – die Fürstin wohnt schon auf dem Land in Baden – soll sie in Metternichs Haus singen. Nun ist es soweit, und Lorel hört mit einigermaßen gemischten Gefühlen von der Ankunft dieser Künstlerin, für die ihr Mann, wie man ihr schon zugetragen hat, sich so begeistert zeigt. Sie erkundigt sich beim Fürsten Windisch-Graetz, der die

Dame gleich nach ihrer Ankuft auf einer Soiree bei der Gräfin Molly Zichy gehört hat, und bekommt zur Antwort, die Sängerin sei nett und einfach und trotz ihren vierzig Jahren eine schöne Frau.

Gleichzeitig berichtet Metternich seiner Tochter[16]: »Madame Catalani hat nun ihren triumphalen Einzug in unsere gute Stadt gehalten ... Ich kann mit aller Kühnheit versichern, daß ich die Palpiti (in Rossinis Oper ›Tankred‹) niemals schöner hörte als heute abend ... Ich werde es Dir vorher sagen, wann sie bei mir singen wird.« Jeden Abend ist Clemens dort zu finden, wo die Catalani ist, und beobachtet, wie alle Welt, besonders die Männer, aber auch Frauen, sie in den Himmel hebt. Er berichtet seiner Tochter über sie[17]: » ... Meine Schutzbefohlene hat gesungen wie ein frisch aus dem Paradies herbeigeflogener Engel.«

Aus diesem Schreiben ist Metternichs steigende Bewunderung für die bezaubernde Künstlerin genügend zu ersehen. Nun muß seine Frau in Baden wirklich eine glänzende Soiree mit vierzig Personen zu Ehren der schönen Angelica geben. Im zweiten Drittel des Monats Juli kommt auch Clemens dahin, und Lorel würde sich über seine Anwesenheit sehr freuen, wenn er nur allein käme: »Trotz all dem Vergnügen, das ich bei seinem Anblick empfinde, kann ich doch nicht umhin, über die unglückliche Queue zu stöhnen, die er immer hinter sich herzieht. Diesmal ist sie noch länger als jemals, denn über das diplomatische Corps hinaus, das ihn nicht weniger verläßt als die Satelliten ihren Kometen, gibt es da noch Madame Catalani mit all den Leuten, die ihren Hof ausmachen. All das war gestern auf einer Soiree bei uns und speist auch heute da, aber es steht zu hoffen, daß die ganze Gesellschaft des Abends abreist[18].«

Metternich begibt sich nach Wien zurück und zieht diesen Schweif natürlich nach sich. Im übrigen steht er knapp vor der Abreise nach Karlsbad und hat schon ausgemacht, daß die schöne Catalani gleichfalls dahinkommt. Marie Esterházy, die auch einigermaßen betreten mit ansieht, wie entzückt sich ihr Vater von dieser Sängerin zeigt, findet sie ein »berühmtes, unerträgliches Rotkehlchen«. Lorel kann sich auch nicht enthalten, ihrem Gatten zu schreiben[19]: »Ich muß Dir versichern, daß die Ankunft der Madame Catalani mir mehr Ungelegenheiten bereitet als Freude gemacht hat.« Aber sie singt so gut, daß Marie Esterházy meint, sie müßte eigentlich ob ihres Gesanges willen vor sich selber auf die Knie sinken.

Einzig seine zur Zeit schwankende Gesundheit stört Metternich bei all diesen Unterhaltungen. Er muß zusehen, endlich ganz gesund zu werden, denn es steht ein europäischer Kongreß bevor, der alle aus der Napoleonischen Zeit noch verbliebenen schwebenden Fragen endgültig lösen soll. Clemens beschließt also, da auch der Magen ihm in letzter Zeit zu schaffen macht, sich vorher einer Kur in Karlsbad zu unterziehen. Lorel ist der

Künstlerin ausgewichen. »Sie wird nicht sehr zufrieden mit mir sein«, meint sie zu ihrer Tochter Marie, »weil ich bisher immer vermieden habe, sie allein zu empfangen.«

In Karlsbad angekommen, trifft Metternich auch die Herzogin von Sagan mit ihrer Schwester Jeanne und deren Töchterchen. In ihrer Gesellschaft finden sich eine Menge Verehrer; neben dem Prinzen Reuß auch sein Bruder Heinrich LXIV., Fürst Windisch-Graetz und andere gute Bekannte, unter ihnen auch eine junge Gräfin Blücher, Schwiegertochter des Marschalls. »Sie ist ohne Widerspruch das Schönste, was wir hier haben«, berichtet Metternich über sie. »... Blücher wird morgen selbst hier ankommen. Er ist eben zum zweitenmal von einem Übel genesen, das Melancholie genannt wird, wenn es einen Marschall ergreift, und Narrheit, wenn ungezogene Leute davon reden. Er vermeint in der Hoffnung zu sein; man behauptet aber, das sei nur Einbildung. Da er hier in Karlsbad schon einmal ein Kind zur Welt gebracht haben soll, ist es möglich, daß er auch dieses Jahr glücklich niederkommt. Ich wünsche alles Gute zu seiner Entbindung, aber ich bitte Dich, liebe Lorel, verrate nichts von diesen Tatsachen ... daß ein Marschall von vierundsiebzig Jahren in der Hoffnung zu sein glaubt[20].« – »... Anstatt den Sprudel einzunehmen, leert der Marschall alle Morgen drei bis vier Flaschen Champagner.«

Die kleine Nichte Wilhelmine Sagans ist indes sehr krank geworden, und man fürchtet für ihr Leben. »Jeanne ist in Verzweiflung«, meldet Metternich seiner Frau, »und die Herzogin (von Sagan) weiß nicht, was tun, hin und her gerissen von der Verzweiflung ihrer Schwester und den ständigen Anträgen Reuß', in ihrer eigenen Lust, sich zu verheiraten, und gleichzeitig der Furcht davor. Sie will es und tut es nicht, dann wird sie es doch tun und den Betreffenden dann gleich nicht mehr wollen. Da hast Du den letzten Akt der Geschichte ihres Lebens, dessen Abschnitte sich alle mehr oder weniger ähneln.«

Metternich findet bittere Worte über die Herzogin, denn dieses einstige Haupt-Liebeskapitel aus Napoleonischer Zeit ist für ihn abgeschlossen. Da erscheint wieder die nunmehr in seinem Herzen thronende Angelica Catalani, trotz ihren vierzig Jahren, nicht nur ob ihrer Kunst, unendlich verführerisch. Die Proben zu dem Konzert werden in des Staatsmannes Wohnung abgehalten, und an ihnen nimmt auch diesmal Goethe teil. Clemens stellt ihn Madame Catalani vor und bemerkt dazu, dies sei ein Mann, dessen sich ganz Deutschland rühme. Da fragt der Gatte der Schönen: »Wer ist Goethe?« Und Metternich beschränkt sich, darauf zu sagen: »Der Autor des Werther.« Einmal begibt es sich, daß Angelica zugleich mit der Herzogin von Sagan an einem Diner teilnimmt. So begegnen sich die ehemalige und jetzige Geliebte Metternichs an ein und demselben Tisch.

Mitten in der Kur und dem heiteren Leben in der Nähe der schönen Sängerin versetzt am 13. August ein sehr ernster und trauriger Brief Lorels Clemens in Bestürzung. Vater Metternich ist schwer erkrankt und verlangt fortwährend nach seinem Sohn. Man hat es zu verhindern gewußt, daß dieser vor seiner Reise Abschied nahm, weil man dem Kranken Aufregung ersparen wollte. Und nun ist Gefahr vorhanden, daß Clemens seinen Vater nie mehr wiedersieht. Es paßt ihm aber jetzt in keiner Weise, Karlsbad zu verlassen. So beschränkt er sich darauf, seiner Mutter zu schreiben, er würde, wenn er ausschließlich seinem Gefühl folgen wollte, auf der Stelle nach Wien abreisen, aber alle möglichen Berechnungen widersprechen dem. Der Arzt will um keinen Preis eine Unterbrechung seiner Kur, die den besten Erfolg verspreche. Seine plötzliche Ankunft würde vielleicht gar einen mehr schädlichen als nützlichen Eindruck auf den Kranken üben, und dann fragt er sich überhaupt, ob er seinen Vater noch am Leben fände[21]. Kurz und gut, er fährt nicht nach Wien, verbleibt in Karlsbad und wäre wirklich nicht mehr rechtzeitig gekommen.

Fürst Franz Georg Metternich ist schon am 11. August dahingegangen. Auch ihn hat der damals berühmte Arzt Malfatti behandelt, derselbe, der später Beethoven in seiner Todeskrankheit beistand. Der dreiundsiebzigjährige Fürst wäre wohl auch in der Pflege eines anderen gestorben, aber Clemens hat von jeher geringes Vertrauen zu diesem Doktor gezeigt, während Fürstin Lorel zur Zeit große Stücke auf ihn hält.

Clemens ist besorgt, daß der Todesfall auch auf die Gesundheit seiner Mutter böse rückwirken würde, Lorel aber beruhigt ihn: »Es geht ihr sehr gut, und obwohl sie aufrichtig und wie es äußerst natürlich ist, von dem Verlust schwer betroffen ist, so sind ihr doch der leichte Sinn und ihr natürlicher Egoismus bei dieser Gelegenheit von großem Nutzen. Was ich da sage, ist nicht dazu bestimmt, etwas Böses über sie zu reden, denn sie ist sehr gütig, sehr herzlich, äußerst liebenswürdig und dankbar für alles, was man für sie tut. Aber sie hat die leichte Unbefangenheit eines Kindes und liebt vor allem *sich* über alles in der Welt. Das ist vielleicht nicht die schlechteste Philosophie, aber es kann nicht jeder das tun, was er möchte. Im allgemeinen habe ich mir immer gesagt, daß derjenige in der Familie, der sich darüber am meisten berührt zeigen wird, Du sein wirst. Du verdienst wohl, durch Deine Kinder glücklich zu werden, denn Du warst selbst doch immer ein so ausgezeichneter Sohn, und ich wünsche und bitte Gott ohne Unterlaß, daß Deine Kinder Dir ebensowenig Kummer bereiten mögen wie Du Deinen Eltern[22].«

Nun aber ist die Zeit gekommen, sich auf die Reise zu machen, da der Kongreß von Aachen am 1. Oktober zusammentreten soll, Metternich vorher noch in Frankfurt zu tun hat und sich Schloß Johannisberg am

Rhein ansehen will, welch herrlichen Besitz mit ausgedehnten Weingärten Kaiser Franz seinem getreuen Paladin am 1. Juli 1816 als außerordentliche Schenkung für die ihm und dem Vaterland geleisteten Dienste übertragen hat. Nur eine Last bleibt auf dem Besitz stehen, die Verpflichtung nämlich, für den Bedarf des Wiener Hofes alljährlich ein Zehntel der Weinernte des Gutes Johannisberg an die Krone zu liefern.

Auch Kaiser Franz wird sich demnächst auf die Reise machen und gedenkt irgendwo am Rhein mit Metternich zusammenzutreffen. So heißt es pünktlich sein. Der Minister fährt zunächst nach Schloß Königswart, in dessen Grabkapelle sein verewigter Vater mittlerweile überführt worden ist, um an dessen Grab zu beten. Dann reist er gleich weiter nach Frankfurt, wo er am 29. August 1818 eintrifft.

»Meine Gesundheit ist vollkommen wiederhergestellt«, schreibt Metternich seiner Frau und wäre froh, wenn er dies auch von ihr und Hermine sagen könnte. Die Fürstin hat ihm zwar vor kurzem geschrieben, daß sie beide in der ausgezeichneten Pflege Malfattis stünden, aber gerade das beunruhigt ihn: » . . . Man kann niemals sicher sein, ob er richtig urteilt. Wenn das der Fall ist, rettet er die Leute, weil er gründlich behandelt. Wenn er sich aber irrt, richtet er viel Schaden an, da er bei seiner Meinung bleibt und nie zurückweicht . . .« Clemens spricht von dem Arzt, und doch, mit welchem Grad von Berechtigung könnte man das gleiche Urteil auch von ihm selbst fällen! In diesem Fall nimmt er sogar an, daß sein eigener Vater schlecht behandelt worden ist, man habe gegen ein Übel angekämpft, das er nicht besaß.

In Frankfurt sonnt sich Metternich wieder in seiner Glorie. »Ich bin eine Art moralischer Macht in Deutschland geworden und bin wie der Messias dahin gekommen, um die Sünder zu erlösen. Immer mehr gelange ich zu der Überzeugung, daß man große Dinge nur selbst machen kann[23].« Dann besucht Clemens am 12. September seinen neuen Besitz Johannisberg. Es ist gerade ein herrliches Weinjahr, die Lese gibt ein wundervolles Ergebnis, der 1818er Wein wird berühmt werden, und Metternich nimmt sich vor, den Ruhm seiner Kellereien weithin zu verbreiten. In Mainz trifft er mit Kaiser Franz zusammen, der, wie der Minister stolz sagt, »froh ist, ihn wiederzuhaben[24]«, und lädt ihn nach Johannisberg ein, wo dem Monarchen mit allen erreichbaren Fürstlichkeiten ein herrliches Mahl mit dem köstlichsten Tropfen vorgesetzt wird. Dann geht es weiter nach Aachen, dort, wo nun langsam alle Mächtigen Europas zusammentreffen, um die Geschicke dieses Erdteils erneut zu regeln.

XII. LIEBE UND POLITIK MIT DER GRÄFIN LIEVEN

1818–1820

Nun rüstet die alte Krönungsstadt, um die Großen Vier der damaligen Zeit bei sich zu empfangen, die über das weitere Geschick Europas einig werden sollen. Die Herrscher über drei der Großmächte, der Zar, Kaiser Franz und der König von Preußen, finden sich ein. England ist durch den Minister des Äußeren, Castlereagh, und den Sieger von Waterloo, Wellington, vertreten. Metternich macht sich gefaßt, in Aachen wieder in gewohnter Weise gegen den Zaren fechten zu müssen, den er noch immer zu freiheitlich gesinnt glaubt und von dessen seither eingetretener Wandlung er noch keine Kenntnis hat. Denn Alexander I. hat inzwischen vernommen, daß sich in seinem Heer aufrührerische Verbrüderungen gebildet haben und sich solche Gesinnungen auch an den Universitäten, ähnlich wie in jenen Deutschlands, zeigen. Die sich daraus ergebenden Besorgnisse des Zaren werden Metternich diesmal ein viel empfänglicheres Feld für seine das Hergebrachte erhaltenden Ideen finden lassen.

In bester Gesundheit ist Clemens, sehr erholt vom schönen Johannisberg kommend, in Aachen eingetroffen, wohin ihm auch seine geliebte Tochter Marie mit ihrem Gatten nachfolgen soll. Als fleißiger Briefschreiber beginnt der Minister sofort Berichte an seine Frau abzusenden. Lorel weiß genau, wie ihr Gatte hinter allen schönen Frau her ist. Darum meldet er ihr auch gleich, um sie von vorneherein in Sicherheit zu wiegen, was sich an Damen eingefunden hat: »Lady Castlereagh, drei oder vier mehr oder weniger reife Engländerinnen, das heißt solche zwischen fünfzig und sechzig Jahren – das jugendliche Alter von London! Dann die Prinzessin Latour, Frau von Nesselrode und drei russische Damen[1].« Doch wird es bei diesen nicht bleiben. Schon kreuzt sich mit seinem Brief einer der guten, so nachsichtigen Lorel, die dem Gatten mitteilt: »Ich hoffe, Madame Catalani wird zu Eurem Vergnügen in Aachen beitragen[2]!« Die Fürstin weiß schon, daß diese Sängerin auch dahin gefahren ist.

Unter den von Metternich mit »drei russischen Damen« kurz zusammengefaßt bezeichneten Frauen befindet sich eine, die dazu bestimmt ist, in dem folgenden Jahrzehnt in seinem Leben eine hochbedeutsame Rolle zu spielen. Am 22. Oktober, vier Tage nachdem er seiner Frau so geschrieben, trifft er im Salon des russischen Ministers des Äußeren, Nesselrode, den Botschafter des Zaren in London, Graf Christian Lieven, und wird dessen Gemahlin Dorothee vorgestellt. Diese ist eine geborene Gräfin

Benckendorff und stammt aus einer in Estland ansässigen, ursprünglich deutschen Familie. Die im dreiunddreißigsten Lebensjahr stehende Frau ist nicht eigentlich schön; sie hat ein etwas zu scharf geschnittenes Gesicht, in dem allerdings dunkle, kluge Augen brennen. Die Gestalt ist groß und schlank, zu schlank sogar; die Büste scheint völlig zu fehlen, man muß die junge Frau äußerst mager nennen. Der Kopf sitzt auf einem ungewöhnlich langen Hals, der fast komisch wirkt und dem man nicht gerade den Namen eines Schwanenhalses geben kann. Man könnte das Sprichwort umdeuten und sagen, daß sie kein Bild ist, aber Gnade hat, denn Lebhaftigkeit, kluges Mienenspiel, bestrickende Erzählergabe und vornehme, elegante, allerdings zu hochmütig exklusive Haltung zeichnen sie aus. Im Grunde wenig gebildet und nicht belesen, läßt sie dies durch ihre leichte Auffassungsgabe für die Dinge, die sich ringsum ereignen, und ihr quicklebendiges Temperament vergessen. Obwohl sie eigentlich nichts weiß, versteht sie doch über alles in fesselnder und reizvoller Weise zu sprechen. Noch besser vermag sie die vergnüglichsten Briefe zu schreiben und die Leute ihrer Umwelt scharf zu kennzeichnen. Wenn sie aber allein ist und sich selbst beschäftigen soll, versagt sie völlig und – langweilt sich. Gesellschaft ist ihr Lebenselement, allerdings nur jene der allerengsten »crème de la crème«, denn sie ist nicht nur eine hochmütige Aristokratin, sie ist auch politisch eine Ultratory; aber dies festigt ihre Stellung in London besonders, weil diese Denkungsart sie dem gleichgesinnten Königshaus, Castlereagh und auch Wellington, also allen zur Zeit Maßgebenden, annähert.

Unter dem äußerlichen gesellschaftlichen Firnis kocht eine überschäumend heiße Natur, die sie schon in frühester Jugend in Liebe entbrennen ließ. Bereits in ihrem elften Lebensjahr schrieb sie die ersten Liebesbriefe, und bis in ihr spätes Alter konnte sie sich immer wieder für Männer begeistern, auch neben ihrem ritterlichen und tadellosen, aber sonst nur durchschnittlich begabten Gatten. So wie sie selbst durch Witz und Gesprächigkeit der Gesellschaft Vergnügen schenkt, verlangt sie dies auch von ihren Mitmenschen. »Ich lache so gerne«, sagt[3] sie von sich, und wer sie zum Lachen bringt, hat schon viel gewonnen. Wieder einmal kommt da Kaiser Josephs Wort von der Art, wie man Frauen gewinnt, zu Ehren.

Da ist es kein Wunder, daß, wenn eine solche Dame auf einen Mann wie Metternich trifft, die wechselseitig so verwandten Züge aufglühen, sie an ihrer fesselnden Unterhaltung Geschmack finden und die unter den guten Formen beider glimmende Sinnlichkeit zu lodernd zusammenschlagenden Flammen wird. Metternich versteht es ja wie kaum einer, die Leute zu unterhalten und zum Lachen zu bringen, und dabei ist er doch zur Zeit auch die fast mächtigste Persönlichkeit des Kontinents. Und ihn zu berükken ist nicht nur unterhaltend und vielleicht gar eine stolze Eroberung, sondern man könnte seine Neigung gewiß auch zum Vorteil des eigenen Vaterlandes ausnützen. Denn Dorothee ist ehrgeizig; sie will auch politisch etwas gelten, wenn sie schon fortwährend mit den maßgebendsten Figuren auf der Weltbühne beisammen ist. Auch, und nicht zuletzt, legt sie ihren Stolz darein, zu zeigen, daß ihr kluger Kopf den Nachteil der nicht allzu anziehenden äußeren Erscheinung spielend zu überwinden vermag.

Gräfin Lieven ist schon seit ihrem sechzehnten Lebensjahr verheiratet, ihre Ehe mehr eine Gewohnheit als ein Zusammenleben in Liebe, daher ihr Herz weniger gewappnet. Und Metternich ist trotz seinen fünfundvierzig Jahren fast noch genauso anziehend und schmuck wie in seiner Jugend. Die äußerst fashionable, vier Sprachen ausgezeichnet beherrschende Frau findet in ihm einen ebenso eleganten Kavalier und eine zu ihr höchlichst passende Ergänzung. So nimmt das Schicksal seinen Lauf.

Am 28. Oktober macht eine Gesellschaft aus dem Kreis der Kongreßteilnehmer einen Ausflug nach Spa, einem der vornehmsten Bäder Belgiens in waldreicher Gegend, das besonders auch im 18. Jahrhundert das erste Modebad Europas war. An diesem Ausflug nehmen auch das Ehepaar Lieven und Metternich teil. Dabei erliegt er in achtundvierzigstündigem engsten Zusammensein mit der Gräfin ihrem Charme und teilt die Rückfahrt mit Geschick so ein, daß er und die Botschafterin sie zusammen allein in einem Wagen antreten. So rollen sie stundenlang Seite an Seite durch die schöne Gegend dahin, und eines erfreut sich an des anderen heiteren, klugen und auch interessanten Gesprächen, denn beide stehen doch im Mittelpunkt der Weltereignisse und haben so vieles und Bedeutendes erlebt. Napoleon bildet ihr erstes Gesprächsthema, ein wahrhaft unerschöpfliches; bald aber finden sich auch schon solche, die mit der hohen Politik gar nichts zu tun haben. Der Minister sagt der schönen Frau Schmeicheleien, und die Gräfin zeigt ihm nur zu deutlich, wie sie sich darüber freut und wie begeistert sie von ihm ist. Als dann Metternich wieder seiner Frau schreibt, erwähnt er wohl unter vielen anderen Teilnehmern der Fahrt nach Spa auch flüchtig das Ehepaar Lieven, sonst aber sagt er nur: »Das Wetter war herrlich und unser Ausflug ausgezeichnet organisiert.«

In Aachen zurück, dauert es keinen ganzen Tag, da erscheint Metternich schon bei der Gräfin. »Zu ihren Füßen«, wie er sagt, verbringt er eine reizende Stunde, und heimgekehrt, hat er den Eindruck, als hätte er diese Frau schon seit Jahren gekannt. Der Tag darauf vergeht, ohne daß er die Gräfin sieht, und kommt ihm banal und sinnlos vor. Die Konferenzen ermüden und langweilen ihn fürchterlich, er möchte die »paperasses«, in denen er versinkt, am liebsten in den Ofen stecken und sehnt den Augenblick herbei, da er wieder zu der liebenswürdigen Botschafterin gehen kann, die ihm unverhohlen zeigt, wie entzückt sie von ihm ist. Dergleichen hat Metternich sehr gerne und ist traurig, als die Gräfin am 4. November ihrem Mann folgen und mit ihm auf eine Woche nach Brüssel fahren muß.

Wenn gerade in Aachen keine Konferenzen stattfinden, geht es abends lustig zu. Drei bis vier Herren gründen ein fröhliches Pharaon, ein dem Roulette sehr nahekommendes Hasardspiel. Das macht bald Schule, alle Welt kommt dazu, und das Vergnügen nimmt in Kürze eine solche Ausdehnung an, daß Metternich, der es selbst sehr gerne betreibt, ein geheimes Privatpharaon mit nur zwölf der Engstbekannten bei sich einrichtet. Es wird da sehr hoch gespielt; Metternichs Tochter, Marie Esterházy, die mit ihrem Gatten auch hier weilt, gewinnt eines Tages so viel, daß sie sich ein Paar wundervoller Ohrringe kaufen kann. Auch der Zar findet sich dabei ein und macht der Tochter seines alten Feindes vom Wiener Kongreß die schönsten Komplimente.

»Es ist mir ganz komisch erschienen«, meint Marie, »Papa eines Abends Arm in Arm mit dem Zaren zu erblicken.« Dieses Verhalten steht allzu eigenartig im Gegensatz mit jenem zur Zeit des Kongresses. Alexander I. ist stärker geworden, was ihn nicht verschönt und um zehn Jahre älter macht. Er sagt auch der Gräfin Marie, er fände sich zu alt und dick, um zu tanzen; er geht gleich Clemens lieber zu den zahlreichen Konzerten der Madame Catalani, die dem letzteren ein wenig über die zeitweilige Abwesenheit der Gräfin Lieven hinweghilft. Doch kehrt diese so eigenartig wirkende Frau mit ihrem Gatten um den 11. November wieder nach Aachen zurück. In diesen Tagen scheint es gewesen zu sein, daß die Gräfin Dorothee in Liebesfieber gerät und Clemens in seiner Wohnung einen Besuch abstattet. Von diesem Augenblick an sind beide einander verfallen.

Marie Esterházy schildert[4] zur gleichen Zeit die Gräfin ahnungslos in einem Brief an ihre Mutter: »Sie ist sehr groß, sehr mager und kommt mir in jeder Weise physisch und moralisch ausnehmend trocken vor. Obwohl sie den weitverbreiteten Ruf genießt, liebenswürdig zu sein, muß ich doch gestehen, daß ich mich in keiner Weise dazu veranlaßt fühle, ihren Geist zu würdigen. Papa ist bezaubert von ihr und macht ihr auf seine Weise den Hof; das heißt nämlich, er liebt es, mit ihr zu sprechen und sie ob des Vergnügens, Widerspruch zu hören, auszulachen. Die Dame wird so wie wir auch nach Paris gehen.«

Noch einmal hat Metternich Gelegenheit, mit der Botschafterin und seinem Schwiegersohn in Begleitung des Herzogs von Wellington, Siegers von Waterloo, einen Ausflug auf dieses Schlachtfeld zu machen. Dann folgt ein schwerer Abschied; das russische Diplomatenpaar fährt nach Paris ab, während Metternich sich mit einer Pfeilwunde im Herzen anschickt, nach beendetem Kongreß nach Wien zurückzukehren. Aachen ist ihm unleidlich geworden. Da die Lieven über Brüssel fahren, richtet sich

Clemens dort rasch »wichtige Geschäfte« ein, obwohl er da in Wirklichkeit nichts zu tun hat. Sie dienen nur als Vorwand, um noch ein paar Tage länger in der Nähe der reizvollen Frau weilen zu können. Durch die so geschlossene Bekanntschaft ist eine Verbindung zweier verheirateter Menschen zustande gekommen, die beide in doppeltem Sinne auszukosten entschlossen sind, während die gute, treue Lorel die ganze Zeit über ihre Lieben in der Ferne und deren Erlebnisse in Gedanken mit Teilnahme verfolgte. »Gott leite und schütze Euch alle«, schrieb sie da einmal, »Euch, die mein Herz liebt und an die ich ohne Unterlaß Tag und Nacht denke[5].«

Metternich kehrt nun nach Wien zurück; so ziemlich alles, was er gewollt, ist erreicht, Frankreichs Räumung von den verbündeten Besatzungstruppen beschlossen. Auch wurde festgelegt, daß Bonaparte, der, wie es im Anhang des Protokolls heißt, »vor der Schlacht von Waterloo ein gefährlicher Rebell war, nun aber, nach der Niederlage, ein flüchtiger Vagabund« ist, bei jedem etwaigen Versuch zu entkommen, bis zu Äußerstem führender Strenge unterworfen werden würde[6]. Man hat sich in Aachen darüber mehr oder weniger verständigt, wie Europa durch den Verein der Großen Vier mit vorsichtiger, mehr für die Galerie bestimmter Zuziehung Frankreichs als fünfter Macht zu regieren sei, aber in einem Geheimartikel festgelegt, wie man sich im Falle einer neuerlichen revolutionären Erhebung dieses Landes verhalten wolle. Der Zar hat sich viel entgegenkommender gezeigt, als Metternich erwartet hatte, und das hat zu des Ministers Erfolg auf dem Kongreß nicht wenig beigetragen.

Nun ist er wieder daheim, das Herz voll von einer neuen Liebe, die in gewissem Sinne jener gleicht, die ihn seinerzeit an die Sagan fesselte; Sinnlichkeit und Politik knüpfen ihn an die neueroberte Frau. Sie hat die gleichen Ansichten, sie ist auch konservativ wie er, und es ist vorteilhaft für den österreichischen Minister, in London jemanden zu haben, der bei den Mächtigen dort so weit reichende Verbindungen aufweist und Clemens sehr nahesteht. Eine Frau, die sich einem Mann gegeben hat, ist mehr oder weniger immer in dessen Hand, was bei einem Kavalier allerdings ungefährlich ist, aber doch eine gewisse Abhängigkeit bedingt, Metternich wird die Verbindung in jeder Weise nützen.

Clemens ist ein großer Briefsteller und liebt es, seine Gedanken zu Papier zu bringen; nun schreibt er der neugewonnenen Freundin Tag für Tag. Es sind Briefe der Liebe, die er nach seiner Art philosophisch zergliedert, die aber bald wieder von politischen Erörterungen durchsetzt sind. In Briefen, die der vollkommen ins Vertrauen gezogene Sekretär der österreichischen Botschaft in London, von Neumann, überbringt, versichert Clemens der Gräfin unausgesetzt, wie sehr er sie liebe. Zudem entwickelt er gleichzeitig der vertrauten Helferin, die sie ihm werden soll, welchen politischen Weg sie einschlagen, wie sie Hand in Hand mit ihm gehen und arbeiten soll. Lorel, mit der er ja doch verheiratet, ja auch glücklich verheiratet ist, wie er immer beteuert und wie es trotz allem auch tatsächlich der Fall ist, ahnt zur Zeit noch nichts.

Auch während der Dauer des Kongresses hat man die angebahnte Beziehung kaum bemerkt. Wenige Tage nur war ja das Paar in Aachen beisammen. Obwohl Metternich in den Briefen immer wieder von seiner alle übrigen Frauen und alle sonstigen Liebesbeziehungen ausschließenden Neigung zu Dorothee Lieven und davon spricht, daß sie ihm angehört hat, kann man sich beim Lesen dieser Briefe[7] doch nicht des Eindrucks erwehren, daß er sich in diese Liebe mehr künstlich hineintreibt und hineinphilosophiert. Und so geschieht es, daß auch bei tatsächlicher Untreue das Gefühl der Zuneigung für seine Frau und der Rücksicht für seine Familie überhaupt hoch über allem bestehen bleibt und daß auch die neueste Beziehung Lorel und den Kindern, trotz all den hochtönenden Liebesworten des Gatten und Vaters für eine andere, nicht gefährlich werden kann. Allerdings, der neuen Freundin gegenüber gebraucht Clemens oft Ausdrücke, die alldem gründlich zu widersprechen scheinen. »Ich habe ein Herz«, schreibt er ihr einmal, »das nicht zwei verschiedene Farben aufweist ... Man kann es besitzen, aber dann ganz und gar. Ist dieser Platz einmal eingenommen, dann hat da kein anderer mehr etwas zu suchen[8].« Und weiter: »Wie kannst Du glauben, daß Du, thronst Du einmal in meinem Herzen, es nicht ganz so ausfüllen könntest, um jede andere als Dich auszuschließen[9].«

Doch verträgt bei Metternich nicht jedes Wort, am allerwenigsten seine Briefe an jeweilige Geliebte, auf Herz und Nieren und volle Wahrheit geprüft zu werden. »Alles, was ich Dir jemals sagen werde, ist wahr«, fühlt er sich allerdings verpflichtet, der Gräfin Lieven zu versichern, offenbar, weil er von vornherein versucht, nicht anzunehmen, sie denke an sein Diplomatentum, wenn sie seine Briefe liest. Mehr als ein Verhältnis haben und gleichzeitig Politik treiben will er auch in diesem Fall nicht. Genau wie in dem der Herzogin von Sagan. »Ich habe niemals eine Ehe gestört«, versichert er, »ich respektiere das Gesetz und will, daß man es achtet«, schreibt Metternich dieser Freundin[10]. Was meint er damit in Wirklichkeit? Daß er sich höchlichst bedanken würde, wenn die Gräfin Lieven sich plötzlich von ihrem Gatten scheiden ließe und von Clemens verlangen würde, schwerwiegende Folgerungen aus ihrem Verhältnis zu ziehen. Auch Frau von Lieven würde ihn genausowenig wie Wilhelmine Sagan jemals gänzlich gewinnen oder ihn gar, wie Dorothee einmal andeutet, dazu bringen können, sich als Minister zurückzuziehen und ein schlichtes Alltagsglück – sie meint offenbar nach beiderseitiger Scheidung – mit ihr zusammen zu genießen[11]. Und dies, mögen die Liebesworte Metternichs auch noch so leidenschaftlich und scheinbar alle anderen Frauen ausschließend lauten.

Augenblicklich sind beide, allerdings Dorothee bedeutend mehr, wirklich verliebt. Clemens erhält feurige Liebesbriefe, die, täglich geschrieben, nach einer Woche abgehen. Solche Sammelbriefe schließen etwa so: »Auf morgen; morgen werde ich Dich ebenso lieben wie alle weiteren Tage meines Lebens. Wie süß ist es für mich, Dich zu lieben, mein Freund. Das ist solch ein reizend Ding[12].«

Marie Esterházy ist mittlerweile gleichzeitig mit dem Ehepaar Lieven in Paris angekommen. Gräfin Dorothee hält sich sehr an die junge Frau. Wenn sie schon deren Vater entbehren muß, den sie liebt, so nimmt sie wenigstens mit einem Stück von ihm, seinem Töchterchen, vorlieb. Sie zieht Marie sehr an sich und erklärt ihr, sie hätte eine Art Leidenschaft für sie gefaßt, schon wegen ihrer oft so witzigen Bemerkungen. »Ich bin sehr geschmeichelt«, meint Metternichs ahnungslose Tochter dazu, »denn die Gräfin steht in dem Ruf, klug zu sein.« Aber ganz gefällt sie ihr doch nicht. »Der Geist, den sie haben will, schadet dem, den sie hat«, meint sie.

Marie Esterházy stürzt sich gleich in die große Welt von Paris und trifft dort auch die Fürstin Bagration, die nun in der französischen Hauptstadt lebt. »Sie ist sehr verändert, seit ich sie zuletzt in Wien sah«, berichtet Marie. »Es gibt zur Zeit hier nur eine einzige Person, die sie schön findet, und das ist sie selbst. Man kann unmöglich weniger Stolz aufweisen, denn die Fürstin erscheint überall, während niemand bei ihr verkehrt. Die Damen machen stets einen Umweg von einer halben Meile, um zu vermeiden, mit ihr sprechen zu müssen. Man sagt aber nichtsdestoweniger, daß sie im Winter Bälle geben wird.«

Die Berichte sind wohl für Lorel bestimmt, kommen aber auch Clemens zur Kenntnis, der so interessiert von der Tochter Neues über das Leben seiner einstigen und seiner derzeitigen Liebe erfährt. Mutter Lorel liegt oft zu Bett. Sie hat immer starke Schmerzen in der Brust, aber der Arzt Staudenheim bleibt dabei, daß »das Leiden rein rheumatisch ist[13]«. »Ich wünsche mir nichts weniger«, meint die Fürstin dazu, »aber gestehe, er kann mich nicht ganz überzeugen ... Der gute Mann meint ... daß nur Gott allein mit Sicherheit wissen könne, ob ich Tuberkeln in meinen Lungen habe oder nicht.« Lorel berichtet ihrer Tochter auch, daß die Herzogin von Sagan in Wien weilt und Clemens das Geständnis ihrer Beziehungen zu Paul Esterházy gemacht hat. Sohn Viktor liegt gleichfalls oft zu Bett. Auch seine Lunge ist sehr angegriffen.

So berichten sich Mutter und Tochter gegenseitig ihre Erlebnisse. Freilich hat Marie Esterházy aus Paris immer mehr zu erzählen. Da besuchte sie zum Beispiel einen Ball, den der Graf Rostoptschin gab, derselbe, der

1812 Moskau in Flammen aufgehen ließ. Das Fest war nicht sehr vergnüglich. »Es scheint mir«, meint Marie[14], »daß dieser gute Graf es besser versteht, eine Stadt in Brand zu setzen, als einen Ball zu geben. Die Räume waren finster, die Musik elend, das Gefrorene zergangen und die Menschenmenge so groß, daß man genauso schmolz wie das Eis.«

Besonders entzückt ist Marie dagegen von der reizenden Familie Orléans. Sie behauptet, niemand auf der Welt zu kennen, der ebenso liebenswürdig sei. Nie hört man von der Herzogin Gemeinplätze, nie gedrechselte Phrasen, stets nur aus dem Herzen dringende, wahre Worte, und sie pocht keineswegs auf ihre Herkunft. Dazu umfaßt die Familie drei entzükkende Buben und ebenso viele kleine Mädchen, die alle wie die Engel hübsch sind. Marie besucht auch Frau von Caumont, die zu den schönsten Damen der Gesellschaft gehört und das Kind ihres einstigen Anbeters auf das herzlichste aufnimmt. Auch sie besitzt schon eine erwachsene Tochter. Doch am meisten von allen bleibt nach wie vor Gräfin Lieven um Marie bemüht. Sie sieht in ihr eine Art Bindeglied zu deren fern weilendem geliebten Vater, von dem sie sich so ungeheuer schwer getrennt hat.

Wo aber Liebe ist, ist auch Eifersucht nicht weit. Dorothee hat längst erfahren, welch enge Beziehungen jahrelang zwischen Clemens und der Herzogin von Sagan bestanden, und sie kann nicht umhin, ihm in den Liebesbriefen ihre Besorgnis wegen dieser Frau durchblicken zu lassen. Er aber bemüht sich unausgesetzt darzulegen, er habe die Herzogin nie geliebt, sein Gefühl für sie wäre nur Mitleid, ja Abneigung, seinerzeit alles nur Torheit gewesen. Nun denke er nur mit Widerwillen daran, ein peinliches Gefühl allein sei ihm von dieser Beziehung zurückgeblieben. Viele Worte, Wahres mit Falschem vermischt! Nur die letzte Bemerkung ist sicher richtig und noch eine andere zwischendurch: »Sie hat mich unterwerfen wollen, und man unterwirft mich niemals[15].« Das war auch die wahre Ursache des peinlichen Gefühls, und er sagt dies einer neuen Geliebten ganz gerne und nicht völlig ohne Absicht. Sie soll es nur wissen, sie erhält bloß das, was Clemens geben will, und nichts sonst.

Man hüte sich, für Metternichs Charakterbild dessen Bemerkungen über sich selbst an Frau von Lieven immer wörtlich ernst zu nehmen! Sie würden oft zu genauso falschen Schlüssen veranlassen, wie sie damals zur Irreführung der Adressatin bestimmt waren. Mit vergleichender Kritik gelesen sind sie aber unschätzbar für die Erkenntnis des Lebens dieses Mannes. Doch irrt die russische Botschafterin wirklich, wenn sie glaubt, die Sagan könne noch als Nebenbuhlerin in Betracht kommen. Nein, ihretwegen braucht sie sich keine Sorgen mehr zu machen; diese Frau ist aus dem Leben Metternichs ausgeschaltet. Ihres Bleibens in Wien ist nicht mehr, besonders auch seit Lord Stewart, immer noch Gesandter am Kaiserhof, sich auch gänzlich von ihr zurückgezogen und eine reiche Erbin aus großem Hause geheiratet hat. Viele Anbeter schwirren nach wie vor um sie; auch ein neuer, diesmal ernster Bewerber hat sich eingestellt, ein Graf Schulenburg, der ihr auf Tod und Leben den Hof macht. So bleibt sie fern von Wien und tritt mehr und mehr aus dem Bannkreis Metternichs.

Der Minister ist indes wieder viel in der großen Welt zu sehen. Zar Alexander weilt Ende Dezember 1818 in Wien; er verkehrt im Haus des Grafen Karl und der Gräfin Molly Zichy, einer Familie, die Metternich auch sehr nahesteht, und macht der Hausfrau recht eifrig den Hof. Der Salon ist einer der elegantesten und täglich einer erlesenen Gesellschaft geöffnet. Die heranwachsenden Mädchen, darunter die erst dreizehnjährige dunkeläugige, höchst lebhafte und mutwillige Melanie, die schon jetzt die Leute durch ihre originellen Einfälle ergötzt, umgeben die Hausfrau und gestalten ihr Heim so fröhlich und anziehend, daß sich jedermann, und auch der Zar, dort besonders wohl fühlt. Metternich, der diese Familie mehr oder weniger als seine Domäne ansieht und mit der Gräfin Molly in Freundschaft verbunden ist, fühlt etwas wie Eifersucht über des Zaren Aufmerksamkeiten und atmet auf, als dieser die Stadt wieder verläßt. »Kaiser Alexander ist abgereist«, meldet er seiner Tochter Marie, »eine Tatsache, die mein Glücksgefühl nicht gerade stört.«

Aufmerksam hat Metternich das Verhalten der neuen Kaiserin beobachtet, der fünften, die er schon erlebt, und festgestellt, daß sie seine Kreise nie stören wird; allerdings gibt sie sich auch nicht zum bloßen Werkzeug Metternichs her, wie dieser gehofft hat. Sie zeigt sich ausschließlich als liebendes, gehorsames Weib und übt nicht den geringsten politischen Einfluß aus, weil sie dies gar nicht wünscht. Der österreichische Staatsmann achtet besonders darauf, daß keine Einwirkung von München erfolge, denn der bayrische Kronprinz ist ihm viel zu freisinnig, und er würde jede solche von dorther sofort unterbinden.

Im Frühjahr 1819 macht Metternich eine Italienreise, die ihn nach Florenz, Rom und Neapel führt. Er fährt zugleich mit seinem Kaiserpaar, um in dem Land des Südens allfällig sich äußernde Schwärmer für Freiheit und Unabhängigkeit einzuschüchtern. Trotz allen mit der Reise verbundenen Unbequemlichkeiten vergißt er niemals, des Abends den gewohnten Brief an Dorothee Lieven zu schreiben. Er schreibt ihr unter anderem davon, wie schwer ihm der Abschied von Frau und Kind fiel, und obwohl es der Adressatin merkwürdig genug vorkommen muß, schreibt er ihr ruhig: »Du kannst Dir nicht vorstellen, wie gut und erfreulich meine Ehe ist[16].« Und es ist wirklich so. Clemens aber macht sich keinen rechten Begriff davon, welche Wirkung ein solcher Satz auf die denkbarst eifersüchtige Freundin in London haben muß.

Über Steiermark, Tarvis und Conegliano geht dann die Reise nach Verona, dessen Amphitheater Metternich immer so sehr erfreut und wo er, sooft es geht, auch seine geliebte italienische Oper besucht. Dann fesselt ihn ein längerer Aufenthalt an Florenz. Er bedauert nur, daß Dorothee nicht bei ihm sein kann; tausendmal mehr könnte er die schöne Stadt mit dem herrlichen Klima und den weltberühmten Kunstschätzen genießen. Die Majestäten lassen ihm aber kaum Zeit, alles so in sich aufzunehmen, wie er es gerne wollte. Dann geht es weiter, dem Kaiserpaar voraus, nach Rom.

In den letzten Tagen des März trifft Metternich dort ein und erhält da die Nachricht, die Gräfin Lieven sei guter Hoffnung. Sie hat ihm mit einiger Verlegenheit darüber geschrieben, denn der Zeit nach kann Metternich daran nur unschuldig sein, und sie fürchtet, daß er ihr das übelnehmen könnte. Clemens aber beruhigt sie darüber. Ja, im ersten Augenblick hätte er bei dieser Nachricht schon gefühlt, was Dorothee sich wünschen mochte; dann aber fügt er gleich hinzu: »Habe ich Dir nicht selbst nahegelegt, Deinem Gatten gegenüber gütig zu sein? ... Gib Deiner Ehe, was der Ehe ist, und billige mir auch das Meinige zu. Mein Herz weiß zu unterscheiden, was ihm gebührt und was einem anderen gehört[17].«

So philosophiert Metternich, gleichsam halsbrecherisch auf einem Seil über die gefährlichen Klippen solcher Beziehungen balancierend. Im Grunde paßt ihm diese Neuigkeit ausgezeichnet, denn bei allen unausgesetzten glühenden Liebesbeteuerungen denkt er auch in diesem Fall keinen Augenblick, daß die neue Liebe seine Ehe und das so musterhafte Verhältnis zu seinen Kindern ernstlich stören könne oder dürfe.

Bezaubert wandert Clemens im April in Rom umher und hat durch seine Stellung und sein Erscheinen im Gefolge des Kaisers selbstverständlich überall, vom Papst bis zum letzten Adeligen herab, Zutritt in die stolzesten Häuser und Paläste. Er lernt alles kennen, was mächtig, vornehm und schön ist, und kann nebenher die Herrlichkeiten der Ewigen Stadt auf sich wirken lassen. Und trotzdem, wenn er seiner Freundin wieder einmal so recht eindringlich sagen will, daß er sie liebt, schreibt er ihr, er sei mit der ganzen Welt unzufrieden, nur mit ihr, Dorothee, nicht. Er versichert, er sei, zum Unterschied von allen übrigen Leuten, immer in jenen Augenblikken besonders Herr seines Verstandes, da andere den Kopf verlieren. Und doch will er, die Freundin solle glauben, er besitze viel mehr Herz als Verstand und dieses erstere gehöre ihr völlig allein[18].

Das Ende des Monats April sieht Metternich in Neapel, und auch von dort laufen seine Briefe tagebuchartig an die Freundin nach London[19]. Begeistert wandert er nach Pompeji und durchstreift die antike Ruinenstadt. »Es gibt nichts Interessanteres als diese Reliquie aus siebzehn Jahrhunderten. Das Schicksal scheint sie absichtlich begraben zu haben, um künftigen Generationen eine vollkommene Vorstellung des römischen Lebens zu bieten ... Im Vergleich dazu sind wir 1819 lauter Leute von herzlich schlechtem Geschmack. Wärst Du im Jahre 79 n. Chr. am Leben gewesen, so hättest Du, hoffe ich, auch keinen anderen geliebt als mich.« Metternich spricht viel von sich: »Ich will niemals etwas, was ich nicht kann ... Da hast Du mein ganzes Geheimnis ... Grüß Gott, Du meine Freundin aus allen Zeiten und aller Welt ... Ich liebe Dich, so wie Du bist, Deinen umfassenden Geist, die Einfachheit Deiner Seele, die Geradheit Deines Herzens. Vertausche doch London mit Wien, das ist das einzige, was ich Dir gestatten will ... Du weißt, wie ich über Liberalismus denke, aber auch, daß ich in keiner Weise den Titel eines Dunkelmannes verdiene, doch hasse ich schlechten Geschmack in allem.«

Als Clemens von Neapel nach Salerno weiterreist, verfehlt der König nicht, ihm höchste Ehren zu erweisen. Er läßt ihn nicht allein gehen, ein förmliches Gefolge von Generälen und ihren Damen wird ihm zugeteilt, die den österreichischen Staatsmann nichts weniger als erfreuen. »Besonders die Frauen der Generäle sind die ärgsten von allen. Im übrigen, liebe Freundin, habe keine Angst, sie sind alle häßlich, dumm, infolgedessen zum Sterben langweilig, und Du weißt, wie ich solche Frauen schätze[20].«

Die Liebesbeteuerungen folgen einander ohne Unterlaß in jedem Brief. Ende Mai geht Clemens nach Rom zurück, um dort noch vierzehn Tage zu bleiben. Neapel hat ihm sehr gefallen; »aber«, meint er, »es war doch nur, was eine x-beliebige Stadt für mich sein kann, wenn mein Herz irgendwo anders festgelegt ist«. Und als Metternich dann auch Rom verläßt, spricht er einen ähnlichen Gedanken aus: »Ich liebe diese Stadt sehr, glaube, Du würdest sie wie ich ins Herz schließen, und weiß, daß ich sie besonders mit Dir lieben würde ... Du gleichst wohl weder dem Palast der Cäsaren noch der Peterskirche, und doch erinnert mich der Anblick des einen wie der anderen an Dich und führt mich zu Dir zurück.«

Metternich muß nun an die Heimreise denken; er ist besorgt ob der Entwicklung, die sich mittlerweile in Deutschland ergeben hat. Seit im März 1819 der russische Staatsrat Kotzebue durch einen Studenten der Theologie ermordet wurde, weil er in seiner Zeitschrift die Liberalen verspottete und dem zunehmend zur Reaktion zurückkehrenden Zaren entsprechend gefärbte Meldungen sandte, sind die Geister unruhig geblieben. Da Kotzebue Metternichs Ideen vertrat, fühlt dieser Staatsmann sich persönlich getroffen und wünscht sich rasch nach Hause, um zeitgerecht Gegenmaßnahmen treffen zu können.

In den auf der Heimreise geschriebenen Briefen philosophiert Metternich viel über das Verhältnis der beiden Geschlechter in bezug auf Beruf und Stellung in der Welt: »Meiner Ansicht nach hat die Natur dem Mann einen höchsten Vorzug vor der Frau verliehen; er ist immer tätig und bejahend, während sie im Grunde verneinend ist.« Nach diesem anzweifelbaren Satz meint Clemens weiter zu Dorothee: »Ich segne mein Schicksal, das aus mir einen Mann gemacht hat ... und ich liebe Dich genügend, um Dich zu bemitleiden, daß Du eine Frau bist.« Nichtsdestoweniger heißt es weiter: »Und doch können selbst Alpen zwischen Dir und mir liegen, es gelingt ihnen nicht, uns beide wirklich zu scheiden. Das Gefühl, das ich Dir entgegenbringe, ist höher als der Montblanc selbst.« Eitel-stolz erzählt Metternich selbstironisch, er habe auf dem Corso von Perugia, wo sich nach italienischer Sitte alle eleganten oder elegant sein wollenden Leute zu bestimmten Stunden einzufinden pflegen, eine vorübergehende Dame seinen Namen mit dem Zusatz nennen gehört, »è un bel pezzo d'uomo«.

Clemens verbreitet sich auch einmal über die Österreicher und meint zu seiner Freundin, sie solle sie nicht alle lieben, es gäbe auch deren fürchterlich langweilige! »Laß die Masse über dich ergehen und liebe nur einzelne von ihnen, besonders mich, der letzten Endes kein Österreicher ist ... Österreich ist mein moralisches Vaterland ... Ich schwimme hier in freiem Wasser ... wenn ich nicht das wäre, was ich bin, wollte ich gerne ein Engländer sein; könnte ich aber weder das eine noch das andere, möchte ich lieber gar nichts sein.«

Perugia gefällt Metternich so gut, daß er auch hier wieder der Freundin fast die gleiche Phrase wiederholt, die er von Rom aus gebraucht hat: »Mit Dir könnte ich in Perugia der allerglücklichste Mensch sein, aber glaube ja nicht, daß ich ohne Dich an irgendeinem beliebigen Ort der Welt glücklich sein möchte[21].«

Clemens macht sich auf die Reise und kommt in den nächsten Tagen nach Florenz, wo er wieder mit dem Kaiserpaar und dem Großherzog zusammentrifft. Auch von dort vergißt er nicht, getreulich jeden Tag seiner Freundin zu schreiben. Manchmal nehmen seine grüblerischen Überlegungen ganz komische Formen an. Er möchte stets alles in bestimmte Regeln bannen: »Ich bin immer mit Systemen beschäftigt und behaupte unter anderem, daß auch jede längere intime Beziehung zu physischer Ähnlichkeit führt ... Da hast Du mein System über die enge Berührung der Geschlechter ... Gute Freundin, ich möchte Dir ähneln wie ein Wassertropfen dem anderen.«

Oft begleitet er den Großherzog von Toskana bei der Fahrt auf seine Landgüter. »Da ich ein großer Gärtner und ewiger Architekt bin, so stelle ich ganz den Mann dieses Fürsten vor, der nichts anderes tut als pflanzen und bauen. Allerdings mache ich neben diesen beiden harmlosen Dingen auch noch ein bißchen was anderes; und dies, weil ich das Unglück habe, der Minister von achtundzwanzig Millionen Menschen zu sein, der mit allem verquickt ist, was in dem alten Europa geschieht . . . Der Großherzog allerdings kann sich als Souverän von nur einer Million einhundertfünzigtausend Seelen auf jene beiden Dinge beschränken . . . Es gibt mehr oder weniger keine Politik an den Ufern des Arno, die Sonne scheint da über glücklichen Menschen[22].«

Allerdings jetzt im Juli, in Italien, brennt sie den Menschen etwas stark auf die Köpfe; auch dem Kaiser wird es viel zu heiß, und er will zurück nach Wien, obwohl es in dieser Jahreszeit dort auch nicht gerade besonders kühl ist. Noch ist er in Mailand, wagt aber den Entschluß zur Heimkehr nicht zu fassen, ohne vorher an Metternich die Frage zu stellen: »Kann ich nun schon in meine Staaten zurückkehren?« Ohne zu zögern, antwortet der Minister: »Verzeihung, Sire, aber wir haben hier genug geschwitzt.« So wird lächelnd die Rückfahrt beschlossen.

Heimgekehrt, wird Metternich nicht lange in Wien bleiben können; er hat eine Tagung in Karlsbad vor sich, wo »ein halbes Dutzend langweiliger Minister kleiner Höfe in Deutschland« ihm von den »hitzigen Studentenköpfen in Jena und ihren Spitzbuben von Professoren« berichten werden. Gott, wie er diese Liberalen verachtet! Zuweilen jedoch beschleicht auch Clemens leises Furchtgefühl: »Vielleicht erwartet mich so ein Student irgendwo dort, um mich à la Kotzebue zu behandeln . . . Seit diese Gauner in Deutschland im Namen von Tugend und Vaterland Morde begehen, werde vielleicht auch ich umgebracht werden, dann wirst Du mich hoffentlich beweinen, und mit Dir viele anständige Leute, die noch nicht wahnsinnig geworden sind[23].«

So plaudert Metternich Tag für Tag brieflich mit seiner Freundin über die tiefgreifendsten Dinge seines Lebens, während die große Politik gleichzeitig all seine Aufmerksamkeit in Anspruch nimmt. Nun erwägt er, es werde nach dem Mord an Kotzebue und anderen Vorkommnissen der letzten Zeit nötig sein, noch schärfer gegen alles Freiheitliche und das Streben nach Verfassungen vorzugehen.

Auch von Rußland hört Metternich, daß zwar der Zar selbst sich von der freiheitlichen Partei fast abgewendet habe, aber die Kaiserin-Mutter sowie die Gemahlin des Monarchen nach wie vor »ultra-liberal« wirken. So kann er also von dorther doch nicht ganz ruhig sein, während er sich anschickt, über Teplitz nach Karlsbad zu fahren, um da in wichtigen Besprechungen dem weiteren Vordringen der Verfassungsideen und den Umsturz predigenden Schlagworten, insbesondere in Deutschland, ein Ende zu setzen. Als Clemens auf dem Weg im Schloß des Fürsten Clary bei Teplitz Quartier nimmt und wieder an dem Tisch sitzt, an dem er 1813 das Eintreten Österreichs in das große europäische Bündnis gegen Napoleon unterzeichnete, muß er über die Hausfrau lachen. »Du kennst ihre Unschuld und ihre Ungeschicklichkeit«, schildert[24] er sie seiner Frau. »Sie gleichen den Abenteuern Harlekins. Am Tag, da der König von Preußen ankam, wollte ihn die Fürstin möglichst höflich empfangen, kam ihm entgegen und setzte dann zu einer Hofverneigung an. Diese wurde aber immer tiefer und tiefer, bis die Knie der Fürstin in dem Augenblick versagten und der Körperteil, der für gewöhnlich bei einer Verneigung den Boden nicht berührt, dem ein plötzliches Ende bereitete. Da saß sie nun wie die türkischen Frauen auf dem Boden ... und man mußte damit beginnen, hinzugehen und einen ihrer Füße nach dem anderen herauszusuchen, um sie endlich aufzurichten.«

In Karlsbad macht sich bei den dortigen Beratungen Metternich den Satz zur Richtschnur, den er gleichzeitig seiner Frau mitteilt: »Das sicherste Mittel, um Erfolg zu haben und von dem Pöbel (la canaille) gefürchtet zu werden, besteht darin, ihn geradewegs anzugreifen und ihn nicht zu fürchten[25].« Dort nun, in dem schönen Badeort, werden die berühmten, alle Gedanken an Verfassung, Freiheit der Presse und dergleichen vernichtenden Beschlüsse gefaßt.

Von der fernen Gräfin Lieven erhält der Minister in dieser Zeit sehnsüchtige Liebesbriefe, deren einige in Paris höchst indiskret aufgefangen und kopiert werden, wie es sonst Metternichs Gepflogenheit ist. Die Briefe quellen über von Liebe und dem Seufzer: »Wenn Du doch bei mir wärst ... Ich liebe Dich überall, ob Du in Karlsbad bist oder am Fuß des Vesuv oder in den Champs Elysées.« Sie fährt fort, namenlos eifersüchtig zu sein: auf Metternichs Gemahlin und noch mehr auf alle anderen. Dorothee fragt ihn geradezu, wie er mit seiner Gattin stehe, und Clemens antwortet: »Ich bin mit ihr in der nach zwanzig Jahren Ehe einzig passenden Beziehung. Frau von Metternich ist eine gute, ausgezeichnete Frau, nicht allzu liebenswürdig, insofern man dieses Wort gemeinhin auffaßt, doch hat sie viel Geist und ist die beste Freundin der Welt und die allererste der Mütter; man kann es nicht besser sein. Ich glaube, sie würde es für einen Anfall von Wahnsinn halten, der sich meiner bemächtigte, wenn ich zum *Beruf* eines Gatten zurückkehren wollte, denn dies *ist* ein Beruf wie ein anderer. Ich habe mit einundzwanzig Jahren geheiratet, meine Frau war neunzehn, unser Alter liegt also zu nahe beieinander. Sie besitzt eine so schwache Gesundheit, daß sie sich nur dank äußerster Schonung erhält, ist aber dabei immer sanftester und gleichmäßigster Laune, wenn man sie nur nicht zuviel stört. ... Ich kenne keine Frau, gegen die ich sie austauschen würde. Niemals war ich in sie verliebt, weshalb ich sie heute so liebe wie am Ende des ersten Jahres unserer Verbindung. Sie hat mich wohl viel geliebt, aber sie besitzt zuviel Geist, um nicht den Unterschied zwischen ehelicher und Liebe schlechtweg (amour sans adjectif) als unermeßlich zu empfinden. Sie ist schon seit vielen Jahren nicht mehr in mich verliebt und liebt mich doch seither noch mehr. Niemals habe ich irgendeine Meinungsverschiedenheit mit ihr gehabt ... Du begreifst, daß eine solche menage sehr glücklich seine kann, auch ohne das metier auszuüben[26].«

Nach der Freundin eifersüchtigen Bedenken wegen seiner eigenen Frau muß sich Clemens auch noch wegen der Herzogin von Sagan verteidigen, denn Dorothee hat gehört, daß ihr Liebhaber diese Dame wieder einmal getroffen hat. Diese ewigen Vorwürfe erbosen ihn: »Wenn ich mich überhaupt über Dich ärgern könnte, so ausschließlich ob Deiner Unruhe wegen des Zusammentreffens mit Frau von Sagan. Beruhige Dich doch, Du meine schlechte Freundin. Wann wirst Du mir endlich zu glauben beginnen? Frau von Sagan gehört übrigens heute ebensowenig mir wie Paul (Esterházy). Augenblicklich hat sie sich mit einem Flügeladjutanten des Fürsten von Schwarzenberg eingelassen ... Warum nur immer die armen Männer der Unbeständigkeit beschuldigt werden? Ich behaupte, daß ich viel mehr Beispiele von Herzensuntreue auf Seite der Frauen gesehen habe. Jemand wie Frau von Sagan ist in moralischer Beziehung bemitleidenswert ... ich bin nur nicht schwach genug, um auch nur einen Augenblick zwischen Dir und ihr zu schwanken[27].«

Und doch, obwohl Clemens mit der Herzogin völlig abgeschlossen hat, regt sich in einem Winkel seines Herzens immer noch Eifersucht allen gegenüber, die diese einstmals von ihm so sehr verehrte Dame nun auszeichnet. Augenblicklich hat sie die Absicht, den einstigen sächsischen Gesandten und nunmehrigen Flügeladjutanten Graf Schulenburg zu heiraten. Aber Metternich glaubt nicht recht daran und findet das eine Albernheit. Trotzdem bleibt es dabei; in den ersten Tagen des Oktober 1819 kündigt die Herzogin dem einstigen Liebhaber ihre bevorstehende Heirat mit dem Grafen von Schulenburg an und begleitet diese Eröffnung mit einer »Art moralischem Testament«. Clemens antwortet darauf: »Ich hoffe, daß dieser Entschluß Ihr Glück sichert. Sie haben es lange gesucht, dieses Glück, dem man nie begegnen kann. Denn wenn es auch die vornehmste der Wohltaten dieses Lebens ist, ruht es nur in uns allein.« Metternich fügt hinzu, er habe ihr allen Kummer verziehen, den sie ihm je bereitet haben könnte. Er kenne zwar keinen, den er ihr angetan, aber bitte nichtsdestoweniger dafür um Verzeihung. Er rät ihr, sich nun endgültig an diesen neuesten Liebhaber zu halten, der heute ihr dritter Mann wird; hoffentlich werde er ihre letzte Wahl darstellen. All dies teilt er auch gleichzeitig Dorothee nach London mit, um ihr nur ja wieder zu beweisen, daß zwischen ihm und der Herzogin von Sagan nichts, absolut nichts mehr von Liebe übrig ist.

Neben dieser fortwährend nötigen Verteidigung gegenüber einer eifersüchtigen Freundin geht das Bestreben einher, mit dieser eine neue Zusammenkunft zu verabreden, doch findet sich zur Zeit keine günstige Gelegenheit. Auf beiden Seiten hofft man, aber es kommt zunächst trotz aller Sehnsucht zu nichts, und der geheime Wunsch der beiden Liebenden, mehr aber der Gräfin Lieven, geht dahin, den Gatten als Gesandten von London nach Wien versetzen zu lassen. Doch obwohl Metternich mit dem russischen Vertreter in Wien, Golovkine, sehr wenig einverstanden ist, von dem er sagt, daß er »korrekt und inkorrekt, ultra und liberal, Christ und Heide, alles zugleich in ein und derselben Viertelstunde[28]« sein kann, arbeitet er an dessen Ersetzung durch Lieven doch nicht gar so eifrig, wie er in den Briefen glauben machen will. Denn er sagt sich im Grunde seiner Seele, daß dann die Beziehungen zu der Gräfin wohl kaum geheim bleiben könnten, und fürchtet sich vor dem Eindruck, den diese auf Lorel und all seine Kinder machen müßten. Es würde ihm bedeutend besser passen, wenn die Gräfin in ein Bad nach Böhmen, zum Beispiel Marienbad käme, das seiner Besitzung Königswart ganz nahe liegt. »Dorthin«, meint er, »kann ich ohne Aufsehen für die ganze Welt kommen und leicht einen Abstecher nach dem Bad machen, denn dieses ist ja kaum eineinhalb Meilen von Königswart entfernt. Du könntest dann auch zu mir, denn alle Welt findet sich notgedrungen hier ein[29].«

Neben seinen zahlreichen Arbeiten, ausgedehntem Briefwechsel und ausgesprochenem Interesse für die neuesten Errungenschaften in Technik und Chemie geht Clemens gerne in die Oper, sofern dort Aufführungen italienischer Musik, besonders Rossinis, zu hören sind. Er äußert sich stets begeistert über diesen Komponisten und freut sich, wenn dieser auch bei Freundin Lieven Anklang findet. » . . . Es geht mir übrigens mit der Musik ein wenig so wie bei der Berührung mit einzelnen Persönlichkeiten . . . Das Talent Rossinis besteht hauptsächlich nur in der Tatsache der steten Erfindung eines hübschen Motivs, das er dann nicht mehr verläßt. *Unsere unglücklichen Komponisten, wie besonders Beethoven und seine abscheuliche Schule (éffroyable école),* verachten eine so kleinliche Sitte. Das macht es aus, daß sie nicht mit Tönen erzählen, sondern immer dasselbe herleiern (rabâchent), und wehe dem Musiker, der nicht weiß, daß alle Musik ein wahres Geplauder ist[30].«

Solche Bemerkungen zeigen, wie revolutionär ein Beethoven zu seiner Zeit in der Musik gewirkt hat. Und da alles Revolutionäre, wo immer es sich zeigt, auf Metternich wie ein rotes Tuch wirkt, so wird er zu solch, heute gesehen, erschütterndem Urteil verleitet.

Von derartigen Ausflügen in den Bereich der Kunst muß aber Metternich gleich wieder ablassen, um sich weiter seinen großen Aufgaben in der

Welt zu widmen. Dank seiner guten Verbindungen mit England ist er nicht zuletzt durch Dorothee sehr gut über das unterrichtet, was dort vorgeht. Zur Zeit ist man da mit der Ehescheidungsgeschichte des Regenten eng und aufgeregt befaßt. Prinz Georg, 1795 mit Karoline von Braunschweig vermählt, hatte sich schon ein Jahr später, nach der Geburt einer Tochter, von seiner merkwürdig gearteten Frau getrennt. In der Folge wurde das Zerwürfnis immer größer. Karoline verließ England im Jahre 1814 und trat auf dem Kontinent so unvorsichtig auf, daß die tollsten Gerüchte über ihren Lebenswandel umgingen. Bald teilte sich England in zwei Lager: die Tories und Reaktionäre hielten zu dem Prinzregenten, die Whigs und alles, was freiheitlich dachte, zu seiner verfemten Frau. Selbstverständlich hält Metternich zu Georg, was auch politisch seine Vorteile hat. Ebenso die Gräfin Lieven, die dem Prinzregenten, was ihm sehr gefällt, gewaltig schmeichelt und sich scharf gegen Karoline wendet. Verliebt und politisch gleichgesinnt, bildet sie ein ausgezeichnetes Verbindungsglied zwischen Metternich und dem britischen Herrscher. Am 29. Jänner des Jahres 1820 wird mit dem Tod Georgs III. der Regent auch formell König, der Mann, dem die Gräfin Lieven so besonders gefällt, weil sie ihn unterhält und seine politischen Meinungen teilt. So wird sie für Metternich eine noch wichtigere Figur im großen Schachspiel der Weltpolitik, und dies in einer Zeit, wo von Liberalen geschürte Unruhen vor allem in Spanien mit Erfolg aufflammen und zudem die Sehnsucht nach Verfassungen sich darüber hinaus in vielen Staaten Europas bemerkbar macht. Solche aber kann Clemens nicht brauchen; sie würden die persönliche Herrschaft des Monarchen und damit in Österreich die Allmacht seines ersten Ministers zu stark beschränken, und das wird dieser nie zulassen. Das schwerverliebte Geschöpf dort in London wird ihm schon helfen, Georg IV. tüchtig zu bearbeiten, wenn es notwendig sein sollte, und dies immer in Clemens' Sinn, denn sie liebt ihn ja, und Liebe ist ein mächtig Ding!

Aber gerade deshalb läßt sie ihn mit ihrer Eifersucht nicht in Ruhe. Er muß sich nach wie vor ununterbrochen verteidigen. »... Aber, meine liebe Freundin«, meint Metternich reichlich unaufrichtig, »ich weiß gar nicht, ob es überhaupt Frauen gibt, so tief stecke ich in meinen Geschäften in Wien und bei Dir in London, daß ich jene wohl sehe und höre, aber nicht bemerke[31].«

Frau von Lieven glaubt ihm all das nicht; sie weiß wohl, er hat viel zu tun, aber sie besitzt ihre Spione in der russischen Gesandtschaft in Wien, besonders in Gestalt eines ihrem Mann verwandten jungen Attachés, eines Grafen Woronzoff, der ihr über jede Frau berichtet, die Clemens in die Nähe kommt. Er merkt das nun schon und sucht jedem Vorwurf vorbeugend zuvorzukommen, ohne an das Sprichwort »qui s'excuse s'accuse« zu denken. »Wir haben hier«, berichtet er so einmal, »eine gewisse Frau von Falk ... Sie ist vierundzwanzig Jahre alt und hat einen Kopf, der des Rubens Schönheitsideal sein könnte. Sie verfügt über die Formen der etwas zu starken Nymphen der flandrischen Schule ... Meine liebe Freundin, beruhige Dich! Ich werde Frau von Falk niemals lieben, einmal, weil ich die flämische Schule nicht mag, und dann auch noch aus einem anderen Grund, den Du erraten mußt, wenn Du meiner gerecht wirst[32].«

Immer wiederholt Clemens die gleiche Mahnung: »Du sollst mir doch endlich gänzliches Vertrauen schenken. Dies ist das sicherste Mittel über mein ganzes Sein (de tout moi), über dieses Ich zu verfügen, das nur vereinzelte Menschen kennen ... Es gibt so wenige Wesen, die wirklich Geschichte zu machen verstehen«, philosophiert Metternich über sich und die Großen seiner Zeit[33]. » ... Jeder andere als Du«, meint er von der Freundin, »würde glauben, wenn er diese Blätter liest, ich sei ein von Eitelkeit verzehrtes Wesen. Du lieber Gott! Glaube mir, meine Liebe, ich bin so weit von diesem Gefühl entfernt – übrigens einem der jämmerlichsten, die es gibt –, daß ich ob meiner Schwachheit fortwährend zur Beute von Selbstvorwürfen werde[34].«

Nun, diese Philosophie entspricht den Tatsachen nicht. Auch hier erkennt man das Bestreben Metternichs, zu verbergen, wie sehr er bis 1812 in Napoleon ein unbesiegbares Phänomen gesehen hat. Und jemand, der behauptet, nicht eitel zu sein, ist es schon deshalb allein, weil er sich etwas auf sein angebliches Nichteitelsein zu Gute tut. Beide, Napoleon und Metternich, urteilen nach den bewegtesten Jahrzehnten ihres Lebens über einander, und beider Urteil ist befangen, und dies infolge des Ausgangs ihrer gegenseitigen Einwirkung. Wie Metternich sein Verhältnis zu Napoleon in einem ganz anderen Sinn beurteilt wünscht, als es tatsächlich war, so ist andererseits der Korse durch das Verhalten des österreichischen Ministers ihm gegenüber im Jahre 1813 und nachher so beeinflußt, daß er kein gutes Haar mehr an ihm läßt.

Als einmal der Engländer George Harcourt in einem Gespräch mit Napoleon, anscheinend noch auf der Insel Elba, Metternich als einen guten Politiker bezeichnete, erwiderte der Kaiser: »Nein, mein Lieber, das ist er nicht. Er hat wohl Geist, geradezu einen französischen Geist, er ist auch liebenswürdig, aber er lügt zuviel und kann nicht anders. Nun mag man einmal lügen, vielleicht selbst zwei- oder dreimal, aber schließlich wird man erkannt und kann weiter nichts mehr tun[35].« So verurteilen sich diese beiden Gegenspieler gegenseitig. Sie haben einander zuviel angetan. Von allzu großer Bescheidenheit und mangelnder Eitelkeit kann man bei Metternich wohl kaum sprechen, insbesondere von seinen staatsmännischen Eigenschaften hat er wohl selbst die größte Meinung und nimmt es jedermann übel, der nicht auch so denkt. »Mein Gott, meine Freundin!« ruft er wiederholt aus, »wie eng begrenzt ist die Zahl der Staatsmänner, die dieses Namens würdig sind.« Und so philosophiert er eine Zeitlang über dieses Thema, immer mit dem nicht ausgesprochenen Hintergedanken, er sei bestimmt einer der wenigen würdigen. Manchmal ertappt er sich selbst bei zuviel Philosophie. »Ich überrasche mich da ›in flagranti‹ und ärgere mich über mich selbst ob all der Langeweile, die ich Dir, liebe Feundin, damit bereite[36].«

Die echtesten Töne findet Metternich immer, wenn er von seinen Kindern spricht. »Mein Sohn«, berichtet er am 13. Jänner des Jahres 1820, »hat gestern sein siebzehntes Lebensjahr erreicht . . . Aber der Arme war vergangenen Winter sehr krank[37].« Wie steht es nun mit Marie Esterházy? Diese von Metternich über alles geliebte Tochter ist nun in das dreiundzwanzigste Lebensjahr eingetreten. »Marie wird morgen gerade halb so alt sein, wie ich bin. Ich heiratete schon mit einundzwanzig Jahren. Da habe ich schlecht daran getan, und bei der Vernunft, die ich selbst schon vor diesem Alter besaß, hätte ich mich nicht dazu herbeigelassen, wenn mir nicht meine Familie und konventionelle Überlegungen gleichsam das Gesetz vorgeschrieben hätten. Ein Mann sollte niemals unter achtundzwanzig Jahren und nie später als dreißig und einige Jahre heiraten. Die Ehe wirkt dann wie eine Belohnung und krönt das Leben, nachdem der junge Gatte einen Teil seines Ungestüms verloren hat . . . Ich glaube, meine Freundin, daß eine Ehe, die ein Mann mit dreißig Jahren schließt, von einer über alle Versuchungen erhabenen Treue gekrönt sein kann. Ich glaube aber nicht, daß eine mit zwanzig Jahren eingegangene Bindung jemals den gleichen Erfolg zu haben vermag . . . Man heiratet in diesem Alter oft einen reizenden Busen, der aber – etwa nach kurzer Zeit nicht mehr so verführerisch – mit seinem Entschwinden das ganze Glücksgebäude zweier Leben umstürzen kann[38].« Wie schon so oft ist Metternich wieder in jenes Philosophieren verfallen, das er Zwiegespräch zwischen seinem Herzen und seinem Kopf nennt[39].

Mitten in diese Erwägungen sind in seinen Briefen solche politischer Natur eingestreut, die vor allem, entsprechend der Stellung Dorothees als Frau des Gesandten Rußlands in Großbritannien, die Staatsmänner dieser beiden Länder betreffen. Im Zarenreich ist Clemens am meisten Graf Capodistrias ein Dorn im Auge, weil er auch zu jenen gehört, die zuweilen freiheitliche Neigungen haben und an Einführung von Verfassungen denken. Zumindest hat ihn Metternich in diesem Verdacht, weil der nun in russischen Diensten stehende Mann das Land seiner Herkunft, die griechische Halbinsel, in ihren der legitimen Ordnung widersprechenden Unabhängigkeitswünschen unterstützt. Immer wieder finden sich in Clemens'

Briefen die schärfsten Ausfälle gegen diesen Diplomaten: »Es ist ein selten Ding, einen Menschen zu sehen, der sich so freimütig, aber auch in *jeder* Sache, täuscht[40].«

In den Jännertagen des Jahres 1820 erscheint nun im französischen Amtsblatt, dem Moniteur, ein langer Lobesartikel über Metternich, da die Regierung in Paris zur Zeit in großen Zügen die gleichen Ziele verfolgt wie er. Die Gräfin Lieven findet den Artikel reichlich übertrieben und von nicht allzu gutem Geschmack. Obwohl der Minister ihm gänzlich fernsteht, hegt seine Freundin jedoch den Verdacht, daß dem nicht so ist, und macht ihm eine Bemerkung darüber. »Du ärgerst Dich über die dumme Lobhudelei, die Du im Moniteur über mich gelesen hast«, antwortet Clemens. »Nun, guter Gott! Wenn Du Dich über alle Dummheiten ärgern wolltest, die man über Deinen Freund sagt, schreibt und druckt, würde Dein Leben nicht ausreichen. Von dem Augenblick an, da ein Mann auf der Plattform der Öffentlichkeit erscheint, wird er deren Eigentum. Beifall und Ausgepfiffenwerden bleiben ihm dann mit mehr oder weniger Berechtigung niemals erspart. Wenn er gesunden Sinn und reinen Charakter besitzt, hört er die einen wie die anderen gleichmütig an und erkennt daran nur, daß er im Licht der Öffentlichkeit steht. Übrigens gestehe ich, dummen Tadel immer noch einfältiger Lobhudelei vorzuziehen ... Meine Gute, wenn Du jemals meine Geschichte schreiben solltest, lobe mich vor allem nicht, überlasse es in voller Meinungsfreiheit der Nachwelt, denn nur diese kann letzten Endes über Menschen urteilen, die Geschichte machen. Ich erlaube Dir aber, dieser Nachwelt zu versichern, ich sei viel geliebt worden; solch ein Zeugnis wird mir vielleicht die Ehre eintragen, daß man mir ein Herz zubilligt[41].«

Bei allem Philosophieren über die verschiedensten Dinge bleibt das Hauptthema in den Briefen an die Gräfin Lieven ja doch immer die Liebe. Man hat bei deren Lektüre, trotz allen Beteuerungen, nicht ganz den Eindruck eines einfach feurig Verliebten, es ist immer zu viel Verstand dabei. Wenn die Kurierpost kommt, stürzt sich Clemens stets zunächst auf die Briefe der Freundin: »Das erste, was ich da mache, wenn ich die Pakete bekomme, ist, sie zu wägen. Je schwerer sie sind, desto mehr liebe ich sie, gerade im Gegensatz zu dem, was vor meiner Bekanntschaft mit Dir der Fall war. Dann lese ich sie, der Umfang verschwindet, doch die Worte bleiben. Je mehr gute und süße Ausdrücke ich darinnen finde, um so glücklicher bin ich. Je weniger aber darinnen stehen, um so trauriger bin ich ...«

Die Briefe der Gräfin an Clemens sind wärmer; wenn auch viel Politik in ihnen ist, philosophieren liebt sie nicht. Wenn sie von Liebe spricht, klingt alles feuriger, heißer, aufrichtiger. Ach, wenn er doch da wäre! heißt es in fast allen Briefen. Sie muß dabei sehr acht geben, denn ihr Gatte ist mißtrauisch. Es ist sehr unangenehm, wenn er ihr zu fühlen gibt, daß er mit ihr nicht einverstanden ist.

Am 15. Februar 1820 erscheint Neumann und wünscht um jeden Preis mit der Gräfin zu sprechen. Er will ihr melden, es sei ihm eine Nachricht zugekommen, wonach Metternich in nächster Zeit möglicherweise zu kurzem Besuch nach London kommen dürfte. »Mein lieber Freund, da hat mich eine Art Zittern überfallen«, schreibt Dorothee. »All das Glück, all der Kummer, die Dein Aufenthalt für mich im Gefolge haben würde, stehen mit einem Male vor meinem geistigen Auge ... Dich wiedersehen, und für so kurze Zeit nur, um Dich gleich neuerlich zu verlieren! Jeden Augenblick im Tag genießen und zittern zu gleicher Zeit! Du bist viel glücklicher als ich, mein guter Freund. Ich für meinen Teil weiß gar nicht, wie ich das, was ich fürchte, mit dem, was ich wünsche, vereinen soll ... Wir haben dann von Deinem Aufenthalt gesprochen. Wenn es nur dazu kommt, wenn es nur dazu käme! Und Neumann mahnte mich: ›Seien Sie nur vorsichtig, und alles wird gutgehen!‹ Aber gerade das Nurvorsichtigsein bildet ja eben die Schwierigkeit. Es ist mir, als wenn man diese Eigenschaft einem Mann empfehlen würde, den man hängen will.«

»Komm doch«, meint sie zu Clemens, »daß ich endlich in Deinen Augen lesen kann, daß Du mich liebst, und mich nah bei meinem Freund fühlen kann. Mein Gott, es liegt soviel Glück in diesem Gedanken, daß ich von vornherein das Fieber bekomme. Wenn es Wirklichkeit wird, dann lieben wir uns vernünftig. Wenn wir das bloß zusammenbringen! Mein Gott, die Vernunft! Wie lange spazieren wir schon in ihrem Gehege einher! Adieu, adieu, mein lieber Freund[42].«

Peinlich ist nur, daß manche dieser beiderseitigen Schreiben durch ungetreue Kuriere bei ihrer Durchfahrt durch Paris in die Hände der französischen Polizei fallen. Sowohl Briefe Metternichs an die Gräfin Lieven wie umgekehrt gelangen zeitweilig auf diese Weise zur Kenntnis der französischen Behörde, und auf dem Begleittext der Stelle, die diese Briefinterzepte höchsten Ortes vorlegt, bemerkt der betreffende Beamte: »Nach diesen Briefen scheint Herr von Metternich in allernächster Zeit nach London kommen zu wollen, wo er ohne Zweifel nicht verfehlen wird, die Liebe zugunsten der Politik ebenso wieder auszuspielen, wie er dies schon am Kongreß von Aachen getan hat[43].«

Aber es wird März, und Metternich kann nicht kommen. Immer noch hofft Dorothee: »Vielleicht entscheidet sich die große Frage jetzt, heute, zur selben Stunde ... Er hat mich so sehr von weitem geliebt«, fragt sie sich, »wird er mich gleichermaßen auch in der Nähe lieben? Siehst Du, wie dumm ich bin? Es wird an Dir liegen, mein Freund, mich davon zu überzeugen. Guter Gott! Wie bin ich bereit, mich überzeugen zu lassen! Ach, wie sehr liebe ich Dich, mein Freund, und wie mußt Du mich lieben[44].« Dorothee möchte Clemens ganz für sich haben. Könnte dies der Fall sein, so wäre sie sogar auf seine ewige, ihn von ihr abziehende Beschäftigung eifersüchtig. »Ach, wie sehr ... kennt nur das Herz einer Frau wirkliche Liebe. Alles in ihrem Dasein kreist darum. In Eurer Laufbahn aber spielt eine Frau nur eine untergeordnete Rolle. Mein Freund, Du liebst mich gerade so viel, wie ein Mann überhaupt zu lieben imstande ist. Ich danke Dir dafür, Dir, dann aber auch Gott, daß er dieses Gefühl in Dein Herz gesenkt hat. Wenn wir zusammen wären, würde ich für Dich nur eine Schachfigur vorstellen, während ich das ganze unendliche Weltall bei meinem Clemens vergäße[45].«

Die Erfüllung bleibt aus. Die Arbeit läßt Metternich nicht los, doch allein schon die Hoffnung auf sein Kommen steigert das Gefühl der Gräfin Lieven bis zum äußersten: »Ich liebe Deine Träume, was Du mir schreibst und vor allem daß Du mich liebst. Mein guter Clemens, niemals war ich so glücklich, als seit Du mich liebst, und doch haben wir seither das Glück nicht mehr kosten können ... Mein guter Freund! Was wäre aus uns geworden, wenn wir uns nicht geliebt hätten. Ich könnte mir kein Leben vorstellen, dessen Ziel nicht Du wärst ... Und das meinige gehört Dir, mein Freund, mein Leben, mein Herz gehören Dir, Dir für immer[46].«

Neumann erscheint wieder und spricht mit ihr von Clemens. »Ach Gott«, hört er, »wenn er nur kommen könnte!« Und der junge Diplomat meint: »Sie sind ganz verteufelt verliebt!« Gräfin Lieven kann das Eheleben fast nicht mehr ertragen. Das Gemach ihres Gatten liegt neben dem ihren, und sie hat das Gefühl, fortwährend ausspioniert zu werden. Das Verheimlichen und Verstecken der Briefe macht ihr Schwierigkeiten, und immerfort denkt sie an Metternich und was er tut und treibt.

»Mein Freund, sage mir, was ich hoffen kann. Ich muß Dich sehen! Nun, Du wirst doch irgendeine Möglichkeit finden, von Wien weg irgendwohin zu kommen. Dann werde ich schon die Pferde finden, die mich hinführen.«

Es wird nun an Metternich sein, Farbe zu bekennen und zu zeigen, ob seine Sehnsucht ebenso groß und mächtig ist.

XIII. DIE »STIEFELKONGRESSE« VON TROPPAU UND LAIBACH

1820–1821

Metternich ist entschlossen, auf allen politischen Kernpunkten der Welt mit der Wechselwirkung von Liebe und Politik zu arbeiten. Deshalb legt er auch soviel Wert auf die Nachrichten, die ihm Dorothee Lieven über den britischen König gibt, diesen stets »verliebten und unbeständigen Sechziger«, von dem sie gelegentlich auch meint, er wäre »ein gefährlicher Irrer[1]«. Obwohl er am Hof in Lady Cunningham eine mehr oder weniger erklärte Geliebte hat, bestrickt ihn die Gräfin Lieven doch. »Ich habe noch nie einen Mann verliebter gesehen«, meldet[2] Dorothee an Metternich. Dagegen wird er, hofft sie, doch nichts haben; wenn sie nebenher mit einem König ihre Liebesspiele treibt, kann das für ihn doch nur nützlich sein.

Clemens erhält Nachrichten, daß die nunmehrige Königin Karoline nach London zurückkehren will, während Georg IV. die Scheidung weiter anstrebt. Wirklich erscheint sie am 6. Juni, vom Volk begeistert begrüßt, in der britischen Hauptstadt, und der König leitet eine Gerichtsverhandlung über ihr Benehmen ein. »Was man wünscht, ist, sie zu unqueenen (entköniglichen)«, schreibt[3] Dorothee ihrem Bruder, und Metternich meint dazu[4]: »Welch schreckliche Frau doch diese Königin ist! Wenn man das von ihr weiß, was ich weiß, dann staunt man über ihren Wagemut.« – »Was sie betrifft, kann man sich über nichts mehr wundern, außer über die Tatsache, daß sie eine Königin ist. Eine Frau, die einmal auf Abwege gerät, treibt es dann furchtbar weit, zwanzigmal mehr als jeder Mann. Sie findet einfach keine Schranke mehr, denn die Natur bietet ihr keine oder zumindest nur eine zu weit entfernte[5] . . .« Das Urteil ist scharf, vielleicht auch irgendwie begründet, aber Metternich käme doch in Verlegenheit, wenn er Beweise für diese seine so abfällige Meinung erbringen müßte.

Wenn Clemens der Freundin Briefe liest, ist er höchst geschmeichelt bei der Erwägung, daß eine Frau in ihn so sehr verliebt ist, der auch der König von England gleiche Gefühle entgegenbringt, und dazu, wie er meint, zumindest noch nicht mit ganz dem gleichen Erfolg. Doch in diesen angenehmen Gedanken stört ihn plötzlich ein Kurier, der ihn am 20. Februar, um sechs Uhr früh, mit dem Bericht weckt, der Herzog von Berry sei am 13., als er die Oper verließ, von einem Fanatiker ermordet worden. »Nun«, meint Metternich dazu, »der Liberalismus macht ja seinen Weg. Es regnet ordentlich Sand« (der Mörder Kotzebues hieß Sand). »Es ist schon der vierte in weniger als neun Monaten. Ich habe noch ca. 50 von ihnen in meiner Kartei mit Namen und Vornamen verzeichnet, und diese aus Deutschland allein. Wir werden dann noch einiges erleben; man muß übrigens gestehen, eine feine Zeit, um Minister zu sein! ... Liebe Freundin, eines Tages wirst Du mich am Ende auch sandisiert sehen[6] ...«

Zu diesen politischen Sorgen tritt zu allem Überfluß auch noch ein bitterer Schmerz. Des Ministers Töchterchen Clementine, in ihrer zarten, bezaubernden Schönheit noch nicht einmal sechzehn Jahre alt, siecht dahin. Die böse Lungenkrankheit ihrer Mutter hat auch sie erfaßt, und zu Metternichs größter Trauer stirbt die Kleine am 6. Mai 1820 an nicht erkannter und so völlig fehlbehandelter Auszehrung. Es ist ein schwerer Schlag für den Staatsmann, denn er liebt seine Kinder zärtlich und herzlich, das wärmste, durchaus aufrichtige Gefühl, dessen er fähig ist. Wie gut nur, daß Lawrence sie noch hat malen können. »Es ist eine bewiesene Tatsache, daß nichts jemanden so auf die Nachwelt zu bringen weiß wie ein großer Künstler«, denkt der trauernde Vater. »... Clementine wird eines Tages mit den Schönheiten des Jahrhunderts Ludwigs XIV. in einer Reihe genannt werden ... Man sollte immer seinen letzten Heller aufwenden, um die Wesen, die man liebt und die man der Vergessenheit entreißen will, malen, radieren oder aus Marmor hauen zu lassen. Aber nur große Künstler vermögen dies[7] ...«

Clementines Mutter legt beim Tod ihres Töchterchens wie immer unglaubliche Selbstbeherrschung an den Tag. Clemens dagegen kann nicht in seines verewigten Kindes Zimmer treten, ohne zu weinen: »Geschieht mir das, kehre ich immer schleunigst zu meinen Geschäften zurück.«

Wieder ist eine Hochzeit im Kaiserhaus zu feiern, jene des nun sechsunddreißigjährigen Erzherzogs Rainer, des jüngsten Bruders des Kaisers Franz, mit Marie Elisabeth, der zwanzig Jahre alten Tochter des Fürsten Carl Emanuel von Savoyen-Carignan. Die kirchliche Feier findet in Prag statt, und Metternich muß daran teilnehmen. Er sieht sich die Braut sehr genau an und findet sie ganz wunderbar schön. »Das ist der einzige Ausdruck, der auf sie paßt ... Groß, aber doch völlig in goldenem Schnitt gebaut, hat sie eine so kräftige Hand wie die meine, und ich könnte ihre Schuhe anziehen. Der Kopf aber ist reizend; große schwarze Augen, die unendlich fein gespalten sind, eine reizende kleine Nase, ein angenehmer Mund mit sehr schönen Zähnen, herrliche blauschwarze Haare runden das Bild ... Der Erzherzog ist begeistert. Er hat mir versichert, seine Braut sei so, wie er es sich nur wünschen konnte. Also ist alles in Ordnung[8].«

»Er aber ist sicherlich einer der häßlichsten Menschen, die ich kenne. Viel größer als ich, hat er einen Kopf, einen halben Morgen groß, eine Riesennase und Augen wie jene chinesischen Pagoden, die sie immer bald rechts und bald links drehen. Im übrigen ist er ein sehr guter und selbst ein geistvoller Mensch. Ich würde die Prinzessin nicht bedauern, wenn sie nur lediglich seine Seele ehelichen könnte. Dabei hat er eine so wahnsinnige Lust, sich zu vermählen, daß er auch ein Kanapee geheiratet hätte, wäre nichts anderes zur Verfügung gestanden[9] . . .«

Metternich findet, daß der Braut nur etwas Charme und Grazie fehle, um eine ganz wunderschöne Frau zu sein. Diese beiden Eigenschaften vermißt er auch bei den meisten Damen, die an dem bei dieser Gelegenheit gegebenen Hofball teilnehmen. »Die da anwesenden Frauen waren eher das Gegenteil von schön«, meldet er Lorel. »Unter anderem gibt es da eine wahre Höllensammlung von Stiftsdamen . . . Das Blut erstarrt einem bei ihrem Anblick, junge und alte sind gleicherweise schrecklich anzusehen.«

Wieder naht der Jahrestag heran, da im Juni 1813 Metternich sich zu entschließen hatte, ob er endgültig sein Österreich auf die Seite der Gegner Napoleons führen sollte oder nicht. »Dieser Augenblick war der entscheidendste meines Lebens und, was noch mehr ist, der entscheidendste für das Heil der Welt[10]«, urteilt er darüber. Der Entschluß fiel ihm damals schwer genug. Er war ihm viel mehr abgerungen worden, als daß er ihn aus freien Stücken gefaßt hätte. Immer denkt Metternich daran, wie die Nachwelt ihn beurteilen wird:

»Meine Geschichte wird vielleicht wenig erbaulich, aber sicher nicht langweilig sein . . . Sie handelt von dem andauernden Gegensatz der Grundlehre der Erhaltung gegenüber jener der Zerstörung! Meine Jahre damals sind in einer Schachpartie mit Napoleon dahingegangen. Wir ließen uns dabei nicht aus dem Auge und beobachteten uns immerwährend. Ich mit dem Ziel, ihn die Partie verlieren zu lassen, und er mit dem seinen, mir zu gleicher Zeit all meine Figuren in der Hand zu zerschlagen[11].«

Metternich bleibt seine Rolle getreu. Er will die Freundin ebenso wie die Welt glauben machen und ihnen einhämmern, er sei nur immer der Gegenspieler Napoleons gewesen. Von der Vergangenheit heißt es aber stets wieder zur drängenden Gegenwart zurückkehren. Anläßlich der Thronbesteigung des Königs Georg IV. von England hat Kaiser Franz den österreichischen General Prinz von Hessen zur »Bekomplimentierung« nach London entsendet. Nach seiner Rückkehr berichtet dieser Metternich über seine Erlebnisse und spricht auch über die Gräfin Lieven, aber in einer Art, die zeigt, daß er keinerlei Kenntnis von den Beziehungen hat, die zwischen den beiden herrschen. »Es gibt«, beruhigt Clemens seine Freundin, »diesbezüglich keinen ahnungsloseren Menschen.« Der Prinz wunderte sich nur, daß die Gräfin ihn so überaus zuvorkommend behandelte.

Metternich glaubt auch, daß Paul Esterházy, Österreichs Gesandter in London, nichts von seines Chefs enger Beziehung zu Dorothee ahnt. »Er sprach mir kürzlich von Deinem Babysohn«, meint er zur Freundin, »findet ihn reizend und fügte hinzu: ›Er hat eine gute Amme, und das läßt ihn gedeihen. Wenn er nur die Vorräte seiner Mutter zur Verfügung hätte, würde er jetzt Hungers sterben.‹ Glaubst Du, daß Paul mir das gesagt hätte, wenn er in unser Geheimnis eingeweiht wäre? Zudem weiß er auch nicht, daß ich den ›Luxus an solchen Vorräten‹ nicht liebe[12].«

Mit Vergnügen erinnert sich Metternich immer des ersten Zusammentreffens mit der Freundin: »Unsere Bekanntschaft datiert im Grunde von einer Soiree bei Frau von Nesselrode her, und es war, glaube ich, Napoleon, der uns als Mittler gedient hat. Ich gestehe, daß ich ihm dieses Verdienst nicht zugetraut hätte. Die Tatsache beweist übrigens, wie er mir von der Höhe seines Felsens her viel nützlicher war als auf seinem Thron[13].«

Metternich hat soeben Nachricht bekommen, daß die Fürstin Bagration in Paris zu der revolutionären Bewegung in Spanien billigend Stellung genommen hat. Das bringt ihn zur Weißglut. » . . . Die Mitteilung von der Revolution in Spanien ist in ihren Salons mit allgemeiner Umarmung begrüßt worden[14] . . .« – » . . . Ja, meine liebe Freundin, die Welt ist recht krank. Sie ist es mehr, als sie es jemals gewesen[15].«

Metternich hat viele äußere Ähnlichkeiten mit Dorothee, aber auch sonst mit vielen Leuten. Vor allem das Aufstehen in der Frühe ist ihm unsympathisch. »Das ist eines der Dinge in der Welt, die ich am wenigsten liebe«, meint er dazu. Und da findet er sich mit der Freundin ganz eines Sinnes. Auch Kälte haßt Clemens. »Sie ist mein tödlicher Feind. Würde man mich morgen zum Kaiser des Nordens ausrufen, diese Krone würde ich bestimmt ausschlagen[16].« Dann geht er auf das Temperament der Frauen über und meint, daß gerade jene, die heißes Blut besitzen, sich eigentlich am wenigsten Ausartungen erlauben. »Es sind hauptsächlich die bis zum äußersten kalten Frauen, die ihre Lieben wechseln wie die Hemden[17].«

Clemens und seine Freundin zeigen zudem auch große Übereinstimmung in Geschmacksfragen, was sich in der Wahl von Geschenken, Gemälden, Büchern und Wohnungseinrichtungen äußert. Er ist so verfeinert, daß er sich rasch abgestoßen fühlt. »Du hast keine Ahnung, wie sehr ich dem Ekel zugänglich bin«, erklärt Clemens, »und wie schnell ich bei jemandes geringsten Mangel an Gepflegtheit dazu gelange. Ich denke nie an eine häßliche Sache, spreche niemals über eine solche, hasse alles, was Ausschweifung nahe kommt. Ich kann nur das lieben, was dazu angetan ist, geliebt zu werden[18].« – »Ich hasse jedes obszöne Buch und lese nie eines, weil es mir das entzaubert, was nur in einem ganz bestimmten Licht Wert hat. Ich hasse alles Wirre in Gedanken wie in Dingen; mit einem Wort alles, was schlechten Geschmackes ist[19].«

Metternich urteilt über das »merkwürdige und traurige Schauspiel, das die Geschichte bietet ... Mir steht zu deren Betrachtung die vornehmste und beste Loge zur Verfügung. Kein Lärm stört mich. Und die große Masse der Menschen hindert mich nicht daran, alles zu sehen, denn ich überblicke die Dinge von einer höheren Warte als sie[20]«. Diese Stellung verdankt er vor allem der Unterstützung des Kaisers. »Der Himmel hat mich an die Seite eines Mannes gestellt«, erdreist sich Metternich zu sagen, »den er gleichsam für mich erschaffen hat, ebenso wie mich für ihn. Der Kaiser gebraucht nicht viel Worte; er verfügt über mehr als solche. Sein Wille ist rein wie Gold und stark wie Eisen. Er weiß, was er will, und das weicht niemals und in nichts von dem ab, was ich wollen muß. Unfähig irgendwelcher nebensächlicher Betrachtungen, geht er stets gerade auf das Ziel los. Zudem weiß ich ausschließlich mich, der ihm als Begleiter auf dem dornigen Weg hätte dienen können, den er durchmißt. Er wirft niemals den Handschuh, aber er weiß stets den aufzuheben, der ihm hingeworfen wird.« Und Metternich hat dem Monarchen seit 1809 unausgesetzt den Handschuh hingeworfen. Da er ihn immer aufgehoben hat, beherrscht Clemens das Kaisertum fast restlos und ist so begeistert von seinem allerhöchsten Herrn.

Doch ein beschauliches Leben kann der Staatsmann nicht führen. Böse politische Nachrichten treffen ein. Die Gräfin Lieven, die auf ein Wiedersehen gehofft, muß sich damit abfinden, daß er nicht kommen kann. Es gibt allerhand zu entscheiden, und wenn er nicht in Wien ist, bleibt alles liegen. Zudem tobt in England noch immer der Kampf um die Ehescheidung des Königs, und die Beweise für die angebliche Untreue der Königin und ihr Verhältnis zu Bartolomeo Bergami stehen noch im Mittelpunkt des Interesses. »Ich kann den Kaiser nicht in einem Augenblick im Stich lassen«, entschuldigt er sich Dorothee gegenüber[21], »da eine ungeheure Anzahl von Gefahren meine Anwesenheit am Steuer erfordert. Mein Erscheinen in London wäre andrerseits auch nach meiner tiefinnersten Überzeugung ebenso unangenehm für mich wie bloßstellend für die britische Regierung.«

Man weiß ja überall in England, wie sehr Metternich sich gegen die den Liberalen nahestehende Königin auf die Seite ihres Gatten geschlagen hat. Aber auch wenn dies nicht der Fall gewesen wäre, hätte er nicht kommen können. Clemens besucht noch am 16. Juli 1820 seine auf dem Land weilende Tochter Marie Esterházy und findet sie scheinbar munter und wohl. Doch vier Tage später schon hört er vom plötzlichen Tod auch dieses seines erst dreiundzwanzigjährigen Kindes. Ein Blutsturz hat dem Leben der jungen Frau so vorzeitig und völlig unerwartet ein Ende bereitet. Kaum hat er die kleine Clementine verloren, muß nun auch sein Liebling Marie den gleichen Weg gehen. Ihre Eltern empfinden den Verlust bitter und schwer.

»Das Glück, diese Tochter zu besitzen, ist dahin und damit eine der reizvollsten Freuden meines Lebens«, ruft Clemens aus[22].

Unter den zahllosen Beileidskundgebungen macht die der Fürstin Bagration den größten, aber bei weitem nicht den besten Eindruck auf ihn. Um mit ihm gut zu stehen, muß man seiner Meinung sein, und wenn er selbst Liebesbeziehungen zu einer Frau pflegt, in dem Augenblick, da sich politische Gegensätze mit ihr ergeben, hört sich alles auf. Metternich beschließt, der Gräfin Dorothee über den merkwürdigen Beileidsbrief jener einstigen Liebe sehr ausführlich zu schreiben. Einerseits, um ihr zu beweisen, wie weit entfernt er sei, noch etwas für die Russin übrig zu haben, und dann, weil er wieder darauf hindeuten will, welch Tröpfe doch all diese liberalisierenden Menschen sind: »Ich habe eben einen Marie betreffenden Brief der Fürstin Bagration erhalten. Es ist das Schreiben einer Wahnsinnigen. Zwei Seiten voll Beileid ob eines Verlustes, der von einer Fremden (und wenn es eine solche für mich gibt, so ist sicherlich sie es) höchstens in zwei Worten behandelt werden dürfte. Dann aber folgen vier andere Seiten, in denen sie mich wegen der Vorfälle in Neapel anfleht, doch dem Geist der Zeit zu weichen. Ich soll mich nicht gegen die Natur der Dinge stellen, um mein Vaterland durch Verleihung einer kleinen Verfassung zu retten, was sie sich ohne Zweifel sehr leicht vorstellt. Und dies bei acht oder zehn verschiedenen Nationen, die alle ihre eigene Sprache sprechen und eine die andere haßt! ... Verstehst Du die Geistesrichtung einer Frau, die den Augenblick meines so schweren Verlustes für geeignet hält, um mir nach jahrelanger Unterbrechung zu schreiben und mich zu bitten, nicht fortzufahren, so dumm zu sein, wie ich es bin[23] ...«

Fürstin Lorel ist durch den Hingang ihrer Tochter auf das allertiefste getroffen. Noch viel mehr als durch jenen Clementines. Sie sieht in diesen beiden Todesfällen eine Warnung des Himmels. Ihre noch übrigen drei Kinder, der nun im achtzehnten Lebensjahr stehende Sohn Viktor und die zwei kleinen Mädchen, Leontine und Hermine, nun neun und fünf Jahre alt, haben auch alle schwache Lungen. Lorel selbst ist ebenfalls in letzter Zeit immer anfälliger und kränker geworden und weiß genau, daß sie nicht mehr das ist, was ihr Gatte ersehnt. Sie will aber ihre Kinder nun unbedingt vor dem gleichen Schicksal retten wie dem Clementines und Maries. Hat sie denn nicht schon vier Kinder verloren? Doch bleibt sie ihrem Mann schicksalsverbunden; sie will ihm weiter bei seinem großen Werk helfen und übersieht milde alle heiklen Punkte in ihrem Eheleben.

Lorel fällt es furchtbar schwer, Gatten und Heim zu verlassen. »Ich habe im Einvernehmen mit meiner Frau, dieser guten und so armen Mutter«, schreibt Clemens seiner Freundin, »einen Entschluß gefaßt, der ihr ebensoviel gekostet hat wie mir ... Du mußt verstehen, daß der Aufenthalt in

Wien für eine Mutter von drei Kindern unaushaltbar ist, weil dem bösartigen Einfluß des ekelhaften Wiener Klimas alle ausgesetzt sind, die eine schwache Brust haben. Unter hundert, die hier sterben, sind fünfundsiebzig lungenkrank.« Aus politischen Gründen kann Metternich seine Frau nicht nach Italien, seinen Sohn nicht nach Deutschland senden. »Es bleibt mir also nur mehr eine Möglichkeit«, schreibt er, »meine ganze Familie im kommenden September nach Paris zu schicken ... Ich werde zwar allein und einsam zurückbleiben, aber mit der Genugtuung, daß die Meinen Wiens schlechtem Klima nicht mehr ausgesetzt bleiben[24].«

Allerdings ist eine riesige Weltstadt wie Paris nicht gerade der richtige Aufenthalt für auf der Lunge heikle Menschen, die vor allem reine Luft und Ruhe brauchen. Doch Lorel ist froh, daß sie einmal für sich leben und die böswilligen und neidischen Leute der Wiener Gesellschaft eine Zeitlang nicht zu Gesicht bekommt. So fährt sie denn mit ihren drei Kindern nach Paris ab. Der Luftwechsel tut der Fürstin gut, und sie fühlt sich so wohl, daß sie meint, es würde ihr nichts fehlen, wäre nur ihr Gatte bei ihr. Obwohl sie überall Freunde hat, schnürt es ihr manchmal das Herz zusammen, eigentlich doch in einer fremden Großstadt verlassen und allein zu sein. »Viktor behauptet«, meint Lorel, »daß wir dem persischen Botschafter gleichen, so komisch sieht man uns an, wenn wir deutsch sprechen ... Jeder sagt: ›Da schau her, das sind Deutsche.‹ Als ob wir Chinesen wären ... Man muß rein glauben, die Deutschen seien eine Art Kinder fressender Kannibalen.« Gleich findet sich Katharina Bagration bei Lorel ein: »Sie ist mein ganzes Unglück, denn sie hört nicht auf, immer wieder eine Stunde zu verlangen, zu der sie mich besuchen kann. Mit einem Wort, sie quält mich zu Tode[25].«

»Die Art Glück, die all Deine Briefe atmen, tut mir gut«, schreibt Clemens seiner Frau[26]. »Es gibt im Leben Umstände, da nichts anderes hilft als Wechsel des Aufenthalts und der Gewohnheiten und es auch nötig ist, andere Menschen zu sehen. Alles erhält dann eine neue Farbe, und es ergeben sich ebenso klare Heilungen wie bei Fiebern, die Kranke nur unter dem Einfluß eines gänzlich verschiedenen Klimas verlassen.«

Metternichs Haushalt wird nun von seiner Cousine, der schönen Gräfin Flore Wrbna geleitet. Er findet sich bald in die neue Lage; seine Tage sind ja so ausgefüllt, sein Herz noch in den Banden der klugen Gräfin im fernen London, und die Politik läßt ihn nicht zur Ruhe kommen. Bei seiner Überzeugung, auf ihm allein als einzig vernünftig Denkendem liege so ziemlich die gesamte Verantwortung für das Gedeihen des europäischen Erdteils, hat Metternich alle Hände voll zu tun. Denn fortwährend laufen Hiobsbotschaften über Aufruhr, Verfassungswünsche und republikanische Bestrebungen in der Staatskanzlei ein. Der Sieg der spanischen Demokraten, die ihre Verfassung erreicht haben, feuert die Gesinnungsgenossen in Portugal zur Nachahmung an. In Lissabon und Oporto entstehen ähnliche Volksbewegungen; die Flammen dieser Revolution schlagen auch nach Italien hinüber und vereinigen sich mit den nationalen Bestrebungen der Carbonari, die auf ein italienisches Gesamtreich hinarbeiten. Eine Militärverschwörung nötigt den König Neapels, gleichfalls eine Verfassung nach dem Muster der spanischen anzunehmen, und so ziehen am 9. Juli 1820 die Häupter der Verschwörung, die Generäle Pepe und Carascosa, an der Spitze der Aufständischen in jene Stadt ein.

So viele Nachrichten, so viele Hiobsbotschaften für Metternich. »Die Welt ist in hellem Wahnsinn, meine liebe Freundin«, schreibt[27] er in den ersten Septembertagen des Jahres 1820 nach London. Mit den die Geschikke Europas leitenden Persönlichkeiten ist er gar nicht zufrieden[28]: »Castlereagh ist bockbeinig wie ein Pfahl, Capodistrias stellt das vor, was er ist, und das ist rein unentzifferbar. Zar Alexander zeigt guten Willen, sieht aber sehr oft falsch. In Paris ist man nahezu dumm, in der übrigen Welt verrückt. Da hast Du das Haus, in dem Jack wohnt.« Da alles, was geschieht, Clemens' Gedanken ganz widerspricht, bemüht er sich, den Bewegungen in aller Welt, wo er kann, entgegenzutreten. »Du machst Dir gar keinen Begriff von der furchtbaren Arbeitslast, die auf mir ruht«, vernimmt Dorothee Lieven in diesen Tagen. »Der Kaiser ist nicht da, und so habe ich die gesamte Korrespondenz mit ihm als Mehrarbeit auf dem Hals; er hat mir die ausgedehntesten Vollmachten hinterlassen, was mir auch noch drei Viertel der Geschäfte aufbürdet, die er besorgt, wenn er da ist. Ich habe ganz Europa im Genick, die Revolutionen an meinen Fersen.«

Trotz allem hat Clemens Zeit, obwohl er stets jammert, daß ihm die Geschäfte jede Minute rauben, Dorothee gegenüber seitenlang über Liebesfragen zu philosophieren. Einmal sprach diese mit ihrer besten Freundin, Lady Grenville, über Metternich, wobei jene die Bemerkung machte, sie finde, daß der Minister etwas Weibliches an sich habe. »Ich danke ihr«, bemerkt Clemens dazu, »daß sie glaubt, ich ähnle etwas einer Frau. Ihr besitzt allesamt so viele gute Eigenschaften, daß ich solch eine Feststellung stets als wahres Lob hinnehmen werde. Nachdem mir der Himmel in seiner Güte erspart hat, Frau zu sein (eine Tatsache, für die ich ihm allermännlichsten Dank schulde), bin ich entzückt, mir zugestehen zu können, mein Herz sei dem einer Frau gleichwertig.«

Metternich spricht allzu häufig von Liebe und bekam so einmal die sehr treffende Antwort: »Sie vernünfteln zuviel darüber, also verstehen Sie nicht zu lieben[29].« Clemens liest gerade die Briefe einer Madame de Graffigny an einen Liebhaber aus der ersten Hälfte des 18. Jahrhunderts. »Wird es wohl auch so mit meinen Briefen der Fall sein?« fragt er und antwortet sich gleich auch selbst: »Gewiß, Du, meine gute Freundin, wirst wohl noch die schönen Veröffentlichungen erleben, die wir heute in fünfzig Jahren haben werden. Ich sehe mich schon, wie ich leib und lebe, gedruckt[30].«

Metternichs Briefe sind nur dann ermüdend, wenn er sich zu sehr in philosophische Erwägungen einläßt und seine Gefühle und sich selbst zu stark zergliedert. Sonst aber enthalten sie außer den politischen Bemerkungen oft auch heitere Vorkommnisse, Schilderungen aus seinem Leben und auch Merkwürdigkeiten, die er genauso sammelt und vermerkt wie vergnügliche Dummheiten, die er erlebt. In diesen Tagen unterhält er sich, seiner Freundin auseinanderzusetzen, warum gerade die Zahl 9 in allen kabbalistischen Beschwörungen so gerne und geheimnisvoll verwendet wird. »Es ist die einzige Zahl, die sich niemals zersetzt und einfach unzerstörbar ist. 9 ist 9, natürlich, zweimal 9 macht 18, und wenn man den Einser und den Achter zusammenzählt, so gibt das wieder 9. Dreimal 9 ist 27, und 7 und 2 gibt wieder 9. So ist das bei allen Multiplikationen dieser Zahl. Nimmt man zum Beispiel 9 mal 18, so gibt das 162, eins, sechs und zwei ist 9. Jedwede solche Rechnungsart führt unweigerlich wieder zur 9 zurück. Man versuche dies einmal mit einer anderen Zahl und wird erkennen, daß diese Erscheinung sich nur bei 9 zeigt. Darum haben sich auch die Zauberer aller Jahrhunderte ihrer bemächtigt[31].«

Doch genug von dieser mathematischen Spielerei. Metternich muß nun darangehen, die Maßgebenden der Welt zu bearbeiten, um in seinem Sinne gegen den überall ausbrechenden Aufruhr vorgehen zu können. Vor allem muß man sich jenem in Italien zuwenden, der, dem Kaisertum Österreich am nächsten gelegen, das Weltgebäude, wie es sich Clemens vorstellt, so gefährlich bedroht. Ist denn nicht Neapel durch den Geheimartikel des Vertrages vom 12. Juni 1815 gehalten, keinerlei Verfassung einzuführen? Auch die Gräfin Lieven hetzt von London her mit dem König und Wellington zu militärischem Eingreifen in Neapel. Der letztere, schreibt sie, hätte ihr kürzlich gesagt: »Der Teufel soll mich holen, Fürst Metternich muß marschieren ... er muß die italienische Revolution niederwerfen, er kann eine großartige Rolle spielen[32].« Und am 30. Juli meint sie geradezu: »Wenn ich ein englischer Minister wäre, würde ich Krieg erklären[33].«

Doch ganz so selbständig kann man dergleichen wenigstens nach außen hin nicht entscheiden. Ein Kongreß soll erst das Vorgehen gegen Neapel beschließen. Am 20. Oktober des Jahres 1820 tritt er in Troppau zusammen. Der Zar und Kaiser Franz sowie der Kronprinz erscheinen, England, offiziell zurückhaltend, läßt sich nur durch den Botschafter in Wien, Lord Stewart, vertreten. Metternich glaubt, beim Zaren die größten Schwierigkeiten überwinden zu müssen, aber zu seiner erstaunten Befriedigung erkennt er in diesem einen gegen früher gänzlich gewandelten Mann. »Im selben Augenblick habe ich mir gesagt«, berichtet der österreichische Staatsmann, »vorwärts marsch! Und, große Götter, man (der Zar) ist marschiert. Und dies noch dazu unter fortwährenden Entschuldigungen und Selbstbezichtigungen (wegen früher gezeigter gegenteiliger Meinungen). Es ist zu schön[34].«

Nachrichten von geheimen Anzettelungen am Hof, unter dem Adel, ja selbst unter den Gardeoffizieren in Petersburg, haben diese Umkehr bewirkt. Es ist ein wahrer Triumph für Clemens; er schreibt diese Wandlung ausschließlich der Überzeugungskraft seiner Beweismittel und der schließlichen Ergebung vor seinem überragenden Urteil zu und nicht den wahren Ursachen. Darum sagt er stolzgeschwellt seiner Frau[35]: »Da bin ich nun inmitten meiner großen, ja ungeheuren Geschäfte. Alle Aussichten aber sind schließlich gut. Der Kaiser Alexander hat damit begonnen, mir einen Vertrauensbeweis zu geben, der in nichts Geringerem besteht als in der mir gegenüber abgegebenen Versicherung, er habe sich seit 1813 immer geirrt und ich niemals. Seine nunmehrige Einstellung ist gut, klar und genau; sie kommt ein wenig spät, aber das macht nichts ... Die Augen Europas sind auf uns hier geheftet. Man muß ihnen etwas zu schauen geben, und wenn Gott mir Hilfe und Unterstützung leiht, werden wir alle, die wir noch nicht in Wahnsinn und Dummheit verfallen sind, nicht ermangeln, die entsprechenden Entscheidungen zu treffen.«

Metternich wird indessen von Paris her durch seine Frau und Viktor auf dem laufenden gehalten, wie es den Seinen dort geht. Lorel hat sich schon etwas eingewöhnt, ist auch bei Hof und der Herzogin von Orléans erschienen, die ihre verstorbene Tochter so geliebt hat. Sie zeigt sich entzückt, daß ihr der Marschall Marmont, der in dem Palais der Tuilerien befehligt und für sie Sicherheit des Königs zu sorgen hat, jede nur denkbare Gefälligkeit tut, fühlt sich aber gesundheitlich »schwach wie eine kranke Fliege«.

Sie berichtet auch über Witze, die man in Paris über den Kongreß zum besten zu geben liebt, auf dem ihr Gatte die erste Geige spielt. In einer Auslage erblickt sie eines Tages ein Bild, das darstellt, wie die Minister um den italienischen Stiefel herumstehen und sich fragen, was man mit ihm tun solle. Nach verschiedenen Vorschlägen findet man schließlich, es wäre am besten, Schuster (einen damals weltberühmten Komiker) zu berufen und ihn zu beauftragen, den Stiefel zu reparieren. Damit will man zeigen, wie unentschieden man auf dem Kongreß von Troppau den Vorfällen in Italien gegenübersteht. Metternich selbst findet, es habe niemals eine »merkwürdigere Boutique« gegeben, die wunderlicher gewesen wäre als diese Zusammenkunft. *»Und die Welt«*, sagt Clemens voraus, *»wird an der Schwäche der Fürsten und der Dummheit ihrer Gebieter zugrunde gehen.* Ich kenne heute nur einen einzigen Mann, der weiß, was er will, und das bin ich[36].«

Auf dem Kongreß beschließt man nun, König Ferdinand von Neapel nach Mailand zu berufen und den Verfassungsfreunden dort Gewalt anzudrohen. Metternich hat den Zaren, trotz seinem auch von ihm betonten mißtrauischen Wesen, sowie den König von Preußen durch rücksichtsloses Ausmalen der Schrecken einer Revolution völlig auf seine Seite gebracht. Am 13. Dezember hat Metternich eine fünfstündige Unterredung mit dem Zaren; sie scheiden in bestem Einvernehmen voneinander. Clemens schreibt dies seiner zweifellos vorhandenen Geschicklichkeit zu, hohe Persönlichkeiten richtig zu behandeln. »Liebe Freundin«, meint er zu der Gräfin Lieven, »wie gut ich doch die Menschen kenne. Ich erschrecke oft selbst darüber.«

England und Frankreich unterzeichnen das Troppauer Protokoll nicht, aber da ersteres wegen der führenden Tories keine Taten folgen läßt, setzt sich Metternich restlos durch; dies wird der Ausgangspunkt für die Regel bewaffneten Einschreitens in Staaten, in denen sich Umwälzungen ereignen, und zwar gänzlich nach Wunsch und Willen des leitenden österreichischen Ministers. Clemens ist mit Arbeit überhäuft, weilt auf dem Kongreß, hat mit den Fürstlichkeiten zu tun, ist jeden Abend in Gesellschaft, und doch leidet sein Briefwechsel mit der Gräfin Lieven nicht darunter, selbst dann nicht, wenn er Grund hat, sich über sie zu ärgern. Denn sie ist nicht nur eifersüchtig auf die Damen, die augenblicklich bei ihm eine Rolle spielen könnten, sondern auch auf jene, deren Abenteuer mit ihm lange, ja mehr als ein Jahrzehnt zurückliegen. Es ist nicht nur Neugierde, es ist brennende Eifersucht selbst ob dieser längst vergangenen Liebesgeschichten, denn wenn auch seither viel Wasser die Donau herabfloß, die Frauen leben noch, wenn auch in gründlich anderen Verhältnissen als damals zu Napoleons stolzester Zeit. Die eine der gemeinten, des Korsen Schwester Caroline, jetzt Gräfin von Lipona, weilt sogar in Österreich und ist nun gänzlich vom Wohlwollen Metternichs abhängig. Wie dem immer sei, Dorothee will wissen, was sich mit ihr und Joséphine Laurette Junot, der Gemahlin des einstigen Befehlshabers von Paris, dereinst abspielte. Vielleicht kann sie daraus für sich selbst eine Lehre ziehen. Sie ist ebenso über die Angelegenheit mit Fräulein G., die einstige intime Freundin auch Napoleons, unterrichtet, womit offenbar die Schauspielerin George gemeint ist, und befragt Clemens auch über dieses Abenteuer. Da aber fällt die Antwort sehr kurz aus:

»Was Fräulein G. betrifft, spreche ich Dir weiter nicht von ihr. Wenn ich die Art und Weise der Junot hasse, verachte ich dieses Genre. Ich sage Dir also, daß jene Beziehung sich ausschließlich in dem Begriff ›einmal‹

bewegte. *Ein* Besuch, den ich nicht herausgefordert habe; *ein* Rendezvous und *ein* Geschenk. Dummheiten dieser Art liegen sonst nicht in meiner Gewohnheit... Liebe Freundin, mein Leben ist sehr einfach, und ich glaube, daß es deren nur wenige gibt, die viel einfacher sind. Ich bin ganz jung in die Welt eingeführt worden, war immer ein guter Gesellschafter und muß wohl leidlich ausgesehen haben, denn ich begegnete oft Frauen, die wünschten, daß auch ich sie meinerseits so fände. Ich habe geliebt – wie Du weißt, daß ich zu lieben verstehe. Ich war beständig und treu, sooft ich geliebt habe. Ich sah nur das, was man mir zeigen *wollte,* wenn ich *nicht* liebte.... Ich habe niemals zu Frauen von Liebe gesprochen, für die ich nichts fühlte... Keine Tollheit habe ich zu bereuen, denn ich ließ mir nie eine zuschulden kommen. Ich habe auch keine Wahl meines Herzens zu bereuen, denn alle waren deren würdig. Niemals habe ich eine Frau bloßgestellt, denn ich achte sie alle und hege die tiefe Überzeugung, daß sie alle unter dem Schutz unserer Ehre stehen. Niemals sprach ich von etwas, was man geschmacklos genug ›bonnes fortunes‹ nennt[37].«

Mit dieser Beichte wünscht Metternich volle Verzeihung von seiner gestrengen Freundin zu erlangen, die er bald wiederzusehen hofft, wenn der nächste Kongreß zusammentritt, der für den 21. Jänner nach Laibach einberufen wird. Die Gräfin Lieven soll den König von England überreden, sich auch dort einzufinden, und dann mitkommen, da der Monarch sich schon so an sie gewöhnt hat, daß er kaum mehr ohne sie sein kann. Aber bald muß sie, die immer alles, was ihr der König vertraulich mitteilt, gleich an Metternich weitergibt, melden, der Monarch habe sich anders entschlossen, daher könne auch sie London nicht verlassen. So wird der Wiedersehensplan zunichte. Metternich bedauert dies, ist aber mit den Ereignissen in Neapel so sehr beschäftigt, daß er bald über diese Enttäuschung hinwegkommt.

In politischer Beziehung ist Clemens beruhigt über den künftigen Ablauf dessen, was auf diesem Kongreß besprochen werden soll, und versichert in diesem Bewußtsein: »Der Himmel hat mich mit einer Eigenschaft bedacht, für die ich ihm höchst dankbar bin, daß ich nämlich immer bei Dingen und Menschen Wahrheit von Irrtum unterscheiden kann... Ich bin so jung in den Trubel der Welt geworfen worden, daß ich heute eine Erfahrung besitze, die jene von zehn anderen aufwiegt! Nun sind es dreißig Jahre, seit ich denke und beobachte, und bereits fünfundzwanzig, seit ich selbst auf dieser gewaltigen Szene auftrete...«

Metternich unterhält sich über den neapolitanischen Gesandten, der eben mit Frau eingetroffen ist und überall Visitenkarten abgegeben hat. Die seine stellt ein Hündchen dar, das im Maul ein Blatt mit dem Namen »Le Prince Butera« trägt, und jene seiner Frau eine Taube mit dem ihren in dem Schnabel. »Du verstehst, das will wohl ausdrücken, zärtliche Gattin, treuer Gatte. Wieviel Geist und Grazie liegen darin, auf diese Weise die gesamte Öffentlichkeit Europas in die engsten Geheimnisse dieses Paares einzuweihen. Wenn ich jemals Deinen Namen in dem Schnabel einer Taube lesen müßte, würde ich Dich augenblicklich verlassen. Seit Jahren pflükke ich Dummheiten, Du kannst wohl verstehen, daß diese Sammlung unendlich sein wird[38].«

In Wien war es in letzter Zeit schrecklich. Man ließ Metternich keine Ruhe. »Endlich«, schreibt er[39], »bin ich dieser Hölle entkommen, um mich hier (in Laibach) wieder in einer anderen vorzufinden... Zwei tüchtige Carbonari- und Demagogengegner sowie eine gute und schöne Armee werden es in Neapel ausgezeichnet verstehen, mitten in dieser Boutique von Narrheit und Unfähigkeit zu kämpfen... Du weißt, daß nichts mich von einem Weg abbringt, den ich einmal eingeschlagen habe... Die Dummen und Narren täuschen sich fortwährend über mich und mein Tun, denn nichts scheint ihnen weniger möglich als Schnelligkeit des Denkens... Ein großes Glück ist das so enge Vertrauen, das mir Kaiser Alexander wieder beweist... Der Mann hat eben große und schwere Erfahrungen gemacht.«

Jetzt wieder, wie in Troppau, sitzen die Herren um ihren italienischen Stiefel herum und beraten, wie sie ihn richten lassen sollen. Dabei zerbrechen sie sich auch die Köpfe, wie sie den Laibacher Kongreß nennen sollen, weil schon der frühere den Namen »Stiefelkongreß« vorweggenommen hat. Clemens aber, der ja auch hier alles in der Hand hat, hat viel zu tun. »Ich arbeite, arbeite, arbeite!« hört Dorothee. »Da hast Du die Geschichte meines Lebens, und das ist sicher kein Roman. Übrigens, ich und ein Roman! Welch lächerliche Zusammenstellung! Habe ich nicht Verrückte und Verbrecher zu bekämpfen, Dumme auszuschalten, anständige Leute zu retten und zu erhalten? Bin ich nicht eine ›Verstandesmaschine‹!... Ein Roman aber ist eine Geschichte des Herzens. Ist es nicht seit langem erwiesen, daß Leute in meiner Stellung keines haben? Ein Herz ist gut für Wesen, die sich dessen bedienen können... Solche Dummheiten sind nichts für einen Menschen, der das Glück hat, ein Portefeuille innehaben zu müssen[40].« Metternich sehnt sich nach der Gräfin Lieven und macht ihr Vorwürfe: »Warum bist Du nicht gekommen? Komm doch, komm schnell...« Aber auch dieser Ruf verhallt ungehört. Die Gräfin kann London nicht verlassen, weil ihr Gatte nichts auf dem Kongreß zu tun hat.

Nun wird in Laibach nach des österreichischen Ministers Wunsch und Willen der endgültige Entschluß gefaßt, in Neapel mit Gewalt einzugreifen. Österreichische Truppen werden dazu bestimmt. Clemens ist nun so sehr mit militärischen Dingen beschäftigt, daß er sich schon zweifelnd fragt, ob er nicht überhaupt Berufsoffizier ist. »Wenn der Himmel nicht gegen uns ist, so wirst Du einen netten Krieg erleben«, schreibt er seiner Freundin nach London und fühlt sich ganz Soldat. »Wenn das Geschick mich zum Befehlshaber von Armeen bestimmt hätte, gleichwie es mich zu dem viel schwierigeren und peinlicheren Beruf verdammt hat, den ich ausübe, wäre ich mitten im Kugelregen genauso, als säße ich in meinem Bureau. Ich bin dem, was man Furcht nennt, nicht zugänglich[41].«

Man sieht wohl, Metternich ist nie wirklich in schwerem Feuer gestanden. Er hätte doch gelernt, was Todesfurcht heißt. Und es ist interessant, daß Leute, die Kriege wirklich kämpfend mitgemacht haben, kaum je so sprechen, wie er dies da tut.

Jetzt also sind die Würfel gefallen, wie wird der nun beginnende Feldzug ausfallen? »Meine liebe Freundin[42]«, schreibt er Lorel, »alles ist beendet, und ich habe nur mehr die Ergebnisse der großen Unternehmung abzuwarten ... Entweder werden die Spitzbuben bestraft, oder aber sie erdrükken uns ... Nun tue ich, was ich will! Werde ich Erfolg haben? ... Wenn nicht alles uns täuscht, wird die Boutique von Neapel wie Rauch aufgehen, zur großen Schande der Demagogen aller Länder.«

Lorel ist nicht so siegessicher. Sie hat ihrem Mann mitgeteilt, daß es auch in Paris nicht ganz heimlich ist. Erst am 27. Jänner des Jahres 1821 ist in den Tuilerien eine Höllenmaschine explodiert. Und die Herzogin von Berry fand auf ihrem Schreibtisch Zettel mit folgenden Aufschriften: »Ihr werdet alle in die Luft gehen!« Überdies waren an mehreren Straßenecken und Kirchen Sprüche an die Mauern angeschlagen wie: »Bourbonen ermorden ist kein Verbrechen.« Solche Berichte Lorels und ihres Sohnes Viktor, der gleich seinem Vater streng konservativ ist und in jedem Liberalen einen Verbrecher sieht, verstärken nur Metternichs Einstellung und seine harten Beschlüsse. »Mein Gott, wie Liberalismus den Menschen doch verblödet«, stößt er einmal hervor[43]. Kein Wunder, wenn man dann in weiten Kreisen von Paris mit seinem Tun nicht einverstanden ist. Bei einem Diner, an dem Viktor teilnahm, gab der Staatsminister Emmerich Joseph Herzog von Dalberg seinen Bedenken Ausdruck, daß Metternich sich in die inneren Angelegenheiten fremder Länder einmenge, was Lorel gleich ihrem Gatten weitergibt. Wütend quittiert der Staatsmann diese Nachricht: »Dalberg ist die niederträchtigste Kanaille, die es auf Erden gibt[44].«

»Es ist zugleich nichts ehrenhafter und natürlicher, als daß diese Herren mich schließlich nicht lieben. Man braucht übrigens nicht nach Paris dinieren zu gehen, um solche Dummheiten zu hören. In dieser Beziehung gleicht Wien Paris. Du hast keine Ahnung, welch verkommene Gesellschaft auch dort zu finden ist. Dalberg kann keine schandvolleren Reden halten als alle unsere Lieben in Wien, und wenn es einen Unterschied gibt, so nur den, daß jede in Paris gesagte Dummheit in Wien noch blöder aufgetragen wird. Aber ich werde es ihnen schon geben, ich warte nur auf die ersten Ergebnisse, dann werde ich mit aufgestülpten Ärmeln über sie herfallen, und einige unter diesen Herren und Damen werden sich nicht zu verstecken imstande sein ... Sie hoffen ja, es werde in weniger als drei Monaten die Flagge der Carbonari hoch am Stephansturm wehen ... Da hast Du annähernd das, was man in diesen Clubs herumredet. Mein Gott, wie dumm sind alle diese Kanaillen[45].« – »Du mußt wohl erstaunt sein über die Kühnheit, die man braucht, um diese ganze Boutique mit Erfolg anzugreifen. Wir werden sehen, ob *ich* mich irre oder die anderen[46].«

Metternich ist also überzeugt, er wird überall mit den Revolutionen fertig werden. Lorel aber sieht da weiter, trotz oder gerade wegen ihrem einfachen, naiven, aber gesunden Beurteilen der jeweiligen politischen Lage. Sie hört in Paris alle Welt von drohendem Aufruhr sprechen: »Ich glaube wohl, man übertreibt hier etwas, aber früher oder später wird es überall Revolutionen geben, und kein Land wird ihnen entgehen. Wenn wir dann nur beieinander sein können und Du mit Geschäften nichts mehr zu tun hast[47].«

Ernst genug ist der Entschluß, militärisch gegen den Neapler Umsturz einzuschreiten. Metternich, dem man mit Recht den alleinigen Anstoß dazu in die Schuhe schiebt, findet wenig Billigung in aller Welt; doch hält Kaiser Franz durch dick und dünn zu ihm, und natürlich ist auch Clemens' engere Familie nach wie vor gänzlich auf seiner Seite, besonders seine Frau, die rührende Lorel, die leider in letzter Zeit erschreckend abgemagert ist. Jedes gute Wort, das ihr Gatte in seinen Briefen an sie richtet, findet den wärmsten Widerhall bei ihr; gelegentlich hat er einmal vom Tod gesprochen, der jeden von uns eines Tages erreicht. »Der Schluß Deines letzten Briefes hat mich sehr gerührt«, erwidert Lorel. »Auch ich denke manchmal mit Freude an die andere Welt. Und nur der Gedanke, daß ich in der jetzigen Dir noch nützlich sein kann, hält mich hier zurück und bringt mich dazu, das Notwendige zu tun, um da noch verbleiben zu können ... Niemand hat jemals für die gesamte Welt mehr getan als Du, und das auf Kosten Deines Glücks und allen persönlichen Genusses. Wenn es Böse oder Dumme gibt, die nicht dieser Ansicht sind, die große Masse der anständigen Menschen, die denn doch noch trotz des gegenteiligen Anscheins diese Erde bevölkert, verehrt in Dir den Mann des Jahrhunderts und das Genie des Guten im Kampf gegen das Böse, das diese Welt erobern will. Möge es Dir gegeben sein, es zu Boden zu werfen, doch selbst wenn es nicht gelänge, wäre der bloße Versuch dazu nicht weniger groß und ehrenhaft für Dich[48].«

So hoch denkt Lorel von ihrem Mann. Mit eher peinlichen Gefühlen liest man die Begründung, die der Gatte gleichzeitig der Freundin dort in England für die Behauptung gibt, sein Herz werde niemals wechseln und seine Geduld niemals ausgehen im Kampf gegen alle bösen Gewalten der Welt. Denn, sagt er: »Sie sind unerschöpflich wie das Gefühl, das ich Dir entgegenbringe, dieses Gefühl, das zu meinem Leben geworden ist, zu meinem ganzen Leben[49].« Der Unterschied liegt jedoch darin, daß die Gräfin Lieven wirklich fühlt, was sie schreibt, und Metternich nur mit »tiefem Gefühl« kokettiert. Es fällt ihm gar nicht ein, aus solchen schriftlichen Beteuerungen irgendeine ernstere Folgerung zu ziehen.

Lorel hat recht, ihr Gatte übt ungeheuren Einfluß aus. Zwar sehen England und Frankreich seinem Tun dort in Laibach recht mißtrauisch zu, den Zaren Alexander jedoch hat er anscheinend wirklich gewonnen, zumindest für einige Zeit, und es war nach allem, was voranging, gewiß nicht leicht. »Ich wollte, daß Du da wärst«, schreibt Clemens an Dorothee, »und über die Beziehungen urteilen könntest, die zwischen Alexander und mir vorwalten. Wir haben nur *ein* Urteil und *ein* Gefühl in allen Fragen allgemeinen Interesses! . . . Der Stärkere« (Clemens meint sich) »hat die Schwächeren mit sich gerissen, was übrigens den Regeln der moralischen wie der physischen Mechanik entspricht[50].«

Gerne bringt Metternich solche Gedanken zu Papier. Er kann sich darin nicht genug tun und schreibt dabei fast mehr an sich selbst als an die Freundin. Er sonnt sich in seinen Briefen an den eigenen Erfolgen. So kann man verstehen, daß er trotz Kongreß, Arbeit und Feldzug in Neapel seinen Wochenbrief an die Gräfin Lieven bis zu einer Länge von einundvierzig Seiten auszudehnen und ihr dazu noch zu sagen vermag: »Ich möchte am liebsten und ohne Mühe noch weitere vierhundert Blätter an Dich mit Schriftzügen bedecken. Und wären sie selbst auf Royal Folio[51].«

Dabei schreibt Clemens nicht nur Dorothee, sondern auch der eigenen Familie äußerst fleißig. Darauf antworten Gattin und Sohn nicht nur mit interessanten politischen, sondern oft auch mit sehr unterhaltenden gesellschaftlichen Nachrichten aus Paris. »L'imbécile de Rothschild hat gestern hier einen Ball von vielen tausend Personen gegeben«, berichtet Lorel zum Beispiel[52]. »Er wäre, denke ich, in größter Verlegenheit, wenn er selber die Zahl seiner Gäste nennen sollte. Das bewirkt, daß man sich hier in einer ganz unbarmherzigen Weise über diesen ›bourgeois gentilhomme‹ ziemlich lustig macht. Die gesamte Gesellschaft und besonders junge Frauen haben gebieterisch von ihm verlangt, er solle einen Ball geben. Eine von ihnen erbat, um ihn zu verspotten, sechshundert Einladungskarten dazu, und er war dumm genug, sie ihr wirklich zu schicken. Du kannst Dir nun die Menschenmenge vorstellen, allein ob dieser einen Freigebigkeit, von den anderen gar nicht zu reden. Übrigens hat sich niemand weiter um Einladungen gekümmert. Jeder, der hingehen wollte, hat es getan, die Passanten auf der Straße inbegriffen. Viktor versicherte mir, die Menge wäre so dicht gewesen, daß der Besuch des Balles buchstäblich mit Lebensgefahr verbunden war. Bis zwei Uhr früh waren Leute bis zum Boulevard hinunter angestellt, die einfach nicht über die überfüllte Treppe in die Säle hinaufgelangen konnten. Rothschild war außer sich; der arme Teufel weinte und rief ohne Unterlaß: ›Mein Gott, mein Teppiche, meine Möbel! Ich würde den Armen dreißigtausend Franc geben, wenn ich mich nicht hätte verführen lassen, einen Ball zu geben.‹ Jemand aus großer Familie, der ihn klagen hörte, meinte: ›Aber, fi donc, Monsieur Rothschild, das sagt man doch nicht, man muß sich doch freuen, den anderen zeigen zu können, was man hat.‹«

Es war eben ein Arrangement, wie es ein Nouveau riche, und zwar ein Nouveau archiriche, nicht anders versteht. »Aber der arme Rothschild«, meint Lorel versöhnlich, »über den man sich so sehr lustig macht, ist indessen doch ein sehr guter Kerl (bien bon diable).« Solche Berichte zerstreuen Metternich in seinen derzeitigen Sorgen.

Inzwischen dringt das österreichische Heer, ohne wesentlichen Widerstand zu finden, im Neapolitanischen ein. Im Nu sind die aufständischen Gegner hinweggefegt, Neapel und Capua besetzt, die Verfassung und alles während der Revolution Angeordnete für nichtig erklärt und dem König und seiner Polizei alle Gewalt wiedergegeben. Es war keine große Heldentat. Metternich aber triumphiert, wie diese »Affaire, und es ist die der Welt« beendet wurde.

»Sono sfuggiti, vanno mangiar macceroni«, ruft er aus. »Es ist immer etwas von einem Polichinelle in dieser Nation. Vor diesen Hanswursten also hätten wir uns beugen sollen[53]!« – »Wir verdanken diese Ergebnisse meiner Festigkeit und guten Stimmung sowie dem unendlichen Wechsel, der sich in den grundlegenden Ideen des Kaisers Alexander ergeben hat«, erklärt Metternich seiner Frau. »Ich kann Dir jetzt über ihn die gleiche Gewähr geben wie über meinen Herrn und mich selbst . . . Dieses Ergebnis geht weit über jede Voraussicht hinaus . . . Was in Frankreich und nahezu überall fehlt, ist ein Mann, der weiß, was er will[54] . . .«

Nur ich allein weiß es, denkt Metternich dabei, und seine Frau kennt ihn genau genug, um ihn zu verstehen, auch wenn er diesen Satz nicht geradewegs ausspricht. Dorothee beglückwünscht ihn gleichfalls zu seinen Erfolgen. Doch dann liest sie ihm gleich wieder die Leviten wegen irgendwelcher Hofmachereien einer Kroatin gegenüber. »Sieben Achtel der Welt«, erbost er sich, »glauben, ich wäre gefühllos, und das achte meint, ich könnte mit keiner Frau sprechen, ohne gleich in sie verliebt zu sein. Warum fällt mir denn eigentlich dieses Los zu? Ich weiß es nicht, doch wenn es die Wirkung eines Charmes ist, den ich ausübe, dann hasse ich die Fee, die ihn mir verliehen hat. Ist denn meine Miene eine so verliebte? . . . Wartet das weibliche Geschlecht denn bloß immer nur auf meine Befehle? Und habe ich etwa für dieses nur tiefste Verachtung[55]?«

Clemens verteidigt sich auffallend ausführlich gegen die Anschuldigungen. Er meint, jene Kroatin sei zwar schön, aber kalt wie die meisten Frauen ohne Geist. Doch am meisten erbittert ihn die Behauptung, es scheine, als hätte die Dame »ne pas voulu de lui«. »Das mag vielleicht in sich selbst wahr sein, und ich bin der erste, der dies gerne zugeben will«, erklärt Clemens. »In der Praxis aber bleibt mir nur die Bemerkung zu machen, daß ›pour que Madame ait pu ne pas vouloir, il faudrait que Monsieur eut voulu‹; der Monsieur jedoch hat nie daran gedacht[56].«

Die fortwährenden Eifersuchtsausbrüche Dorothee Lievens ärgern Metternich sehr. Welches Recht hat sie denn, von ihm unausgesetzt Rechenschaft über sein Tun zu verlangen? Ist sie nicht genauso verheiratet wie er? Ist es Clemens jemals eingefallen, sie wegen dergleichen zur Rede zu stellen? Unbewußt aber bestätigt er so, daß er trotz allen philosophierenden Liebesbriefen Dorothee nicht wirklich liebt, während sie ihr Gefühl gerade durch ihre Eifersucht beweist.

So schwankt Metternichs Lebensschiffchen zwischen Liebe und Politik hin und her. Die letztere aber läßt ihm keine Ruhe. So wie Lorel es kürzlich geschrieben, so ist es auch. Kaum ist ein revolutionärer Herd ausgetreten, zeigt sich schon ein anderer. Auch in Piemont ist im März 1821 ein Aufruhr ausgebrochen, der ebenfalls das Verlangen nach einer Verfassung an die Spitze seiner Wünsche stellt. Der König hat dort zugunsten seines Bruders abgedankt, und Metternich muß nun auch da eine Entscheidung treffen. »Piemont setzt sich in Marsch«, schildert Clemens die Lage, »aber dieser wird in feiger Weise durchgeführt. Es gibt keine zwei Menschen, die hier das gleiche wollen . . . Wir aber werden unsere Pflicht tun[57].«

Das bedeutet neuerlich das Eingreifen österreichischer Truppen. Hier wird es nicht anders sein, denkt Metternich, als in Neapel, wo, wenn man dem österreichischen Minister glaubt, die kaiserlichen Soldaten als Befreier umjubelt werden: . . . »Ich hoffe, Dir auch bald melden zu können, daß Piemont sich selbst von seinen Carbonari befreit hat . . . Man meinte, wir würden trödeln, und nun ergibt sich, daß wir die Feinde niederwarfen, bevor man auch nur unserer Angriffe gewahr wurde. Der gesamte Aufruhr in Piemont ist eine Angelegenheit von sieben oder acht Leuten, die von den Herren Jakobinern in Paris geleitet werden[58].«

Stolz schreibt Metternich seiner Freundin nach London, sie solle Wellington alles Schöne von ihm sagen und anfragen, ob er wohl mit ihm zufrieden sei? »Er wird sich nun überzeugt haben, daß ich mich weder in der Wahl der Mittel noch in Menschen und besonders in Dingen getäuscht habe[59].« Dorothee soll dem Marschall zudem sagen, er, der österreichische Staatsmann, werde sich auch weiter niemals ins Bockshorn jagen lassen, und er sei einer jener Männer, die ebenso auf ihrem Platz zu sterben verstünden wie er auf dem Schlachtfeld. Clemens ist stolzgeschwellt. In diesen Tagen hat er der Freundin Sammelbrief Nr. 152 erhalten, der sehr einschmeichelnd ist. Darin stehen am Schluß die Worte: »Da hast Du wieder einmal ein Schreiben voller Zärtlichkeit. Wo wird es Dich nur erreichen? Gott, wenn dies nur gleichzeitig mit einer glücklichen, großen Neuigkeit der Fall wäre.« Im Augenblick, da Clemens diese Worte liest, tritt ein Offizier ins Zimmer und meldet ihm die Einzelheiten des Einzugs der österreichischen Armee in Neapel. Hätte seine Freundin eine noch schönere haben wollen? War es doch, vom ersten Schuß bis zur Kapitulation gerechnet, ein Krieg von bloß dreizehn Tagen.

»Nun, meine Liebe, in Neapel ist die Sache endgültig erledigt«, fährt Metternich fort, seiner Frau zu berichten. »Was für enttäuschte Gesichter wirst Du in Paris sehen?« Lorel Metternich ist glücklich über den siegreichen Ablauf der Ereignisse in Italien. Sie liebt ihren Mann, und jeder Erfolg, den er erringt, ist ihr daher ein Labsal. »Ruhm und Lob werde Dir«, schreibt sei, »ich genieße mit Freuden Deinen Triumph und beglückwünsche Dich von ganzem Herzen. Diesen Erfolg hat man nur Dir zu verdanken, und Du hast ihn mit soviel Mühen und Nachtwachen teuer genug erkauft[60].«

Sie hat Gelegenheit, ihre Studien über die Menschen zu machen: »Jetzt, wo wir Erfolg haben, wo das Unternommene geglückt ist, billigt man, ja bewundert man uns, als wenn man nicht immer ganz gegenteiliger Meinung gewesen wäre ... Je länger man lebt, um so mehr hegt man den Wunsch, sich in sein Muschelgehäuse zurückzuziehen ... Es ist ja lächerlich, wieviel Leute nun seit den guten Nachrichten den Weg zu meinem Haus suchen. Und zwar Menschen, die vor vierzehn Tagen gar nicht dachten, daß ich überhaupt auf der Welt wäre ...!«

Sohn Viktor ergänzt noch diese Schilderung: »Die Liberalen lassen gewaltig die Köpfe hängen und sind zahm wie die unschuldigen Lämmer. Die meisten Mitglieder der linken Seite haben sich krank melden lassen oder schleichen wie Gespenster auf den Straßen und in den Salons umher. Von Politik reden sie gar nichts und beschränken sich ganz auf Lieux communs. Ein panischer Schrecken hat sich ihrer ganz bemeistert, und jeder sieht sich schon im voraus am Galgen hängen. Gott gebe es, je mehr, je besser[61]!«

Am stolzesten ist Metternich ob der völligen Eroberung des Zaren für seine Ideen. »Das ist ohne Widerspruch die wichtigste der Tatsachen, die die Öffentlichkeit in Europa am wenigsten glaubt und niemals glauben wird«, liest Gräfin Lieven in diesen Tagen in seinen Briefen. »Vollkommenste Übereinstimmung herrscht nun zwischen uns und Euch (Österreich und Rußland). Es ist, als gäbe es nur mehr Dich und mich auf der Welt, das ist der beste Vergleich[62].« – »Ich kenne wirklich keinen anderen Ehrgeiz«, versichert Metternich, »als den, richtig zu handeln. Wenn ich mich dabei in ein Maulwurfsloch zurückziehen könnte, wäre ich in höchstem Grad glücklich und zufrieden[63].«

In der Theorie klingt das ja sehr schön, in der Praxis denkt Metternich nicht daran, sich zurückzuziehen. Seine Aufgaben füllen ihn völlig aus, er hat sich an die Macht derart gewöhnt, daß er freiwillig nie mehr davon lassen könnte. Mag er es auch noch so oft leugnen, es ist und bleibt doch so.

XIV. VON NAPOLEONS TOD BIS ZUM KONGRESS VON VERONA

1821–1822

Im Frühjahr des Jahres 1821 kommt auf einmal von der im Weltmeer verlorenen Insel St. Helena, wo Napoleon gefangengehalten wird, die Nachricht von seinem Tod. In den letzten Monaten war der stets fleißige und tätige Korse müde und niedergeschlagen gewesen. Er mußte sich zu seiner Lieblingsarbeit, zum Schreiben oder Lesen, zwingen, häufige Brechanfälle störten ihn, und seit dem 30. April hatte sich auch sein Auffassungsvermögen getrübt. Dann begann der Todeskampf, der volle zwei Tage währte, und am 5. Mai 1821, knapp vor sechs Uhr früh, tat der einst so gefürchtete Mann seinen letzten Atemzug.

Metternich verabsäumt es, Marie Louise in Parma die Nachricht in besonderer Form und früher als der Allgemeinheit zukommen zu lassen. Die Herzogin zeigt sich nun, obwohl sie schon so lange ihrem Gatten untreu ist und bereits zwei Kinder von Neipperg besitzt, von der Trauerkunde tief betroffen. »Man hat mich wohl vom Vater meines Kindes trennen können«, schreibt sie in diesen Tagen[1], »doch der Tod, der alles vergessen läßt, was vielleicht übel gewesen, berührt immer schmerzlich und besonders, wenn man an die schreckliche Agonie denkt, in der Napoleon die letzten Jahre verbracht hat. Ich würde also gar kein Herz haben, wenn mich die

Nachricht nicht außerordentlich berührte, um so mehr, als ich sie erst durch die Piemontesische Zeitung erfuhr.«

Metternich ist aber gar nicht bewegt. »Der Todesfall erregt keinerlei Aufsehen«, meint er. »Man hat sich hier längst gewöhnt, Bonaparte schon als begraben zu betrachten[2].« Der Staatsmann denkt vor allem daran, in Napoleons Hinterlassenschaft könnten sich aus der Zeit seiner engen Beziehungen mit ihm einzelne nun peinliche Papiere vorfinden, die jetzt an die Öffentlichkeit kommen könnten. Darum sendet er sofort einen Sonderkurier nach London mit dem Ersuchen, im Nachlaß Vorgefundenes der Öffentlichkeit nicht preiszugeben. Der Minister fürchtet vor allem irgendeinen Ausfall gegen ihn in dem Letzten Willen des Toten, dem ja genau bekannt war, welchen Anteil Metternich an der Loslösung Marie Louises von ihrem Gatten genommen hatte.

Metternich mißt sich in diesem Zusammenhang einmal selbst mit Napoleon[3]: »Ich kann meine Existenz nur mit jener Bonapartes vergleichen, so sehr berühren sich die Extreme. Er hat mir mindestens zwanzigmal gesagt und damit recht gehabt: ›Man spricht von meinen Generälen und meinen Ministern; und ich habe doch weder die einen noch die anderen. Ich habe nur mich.‹« – »Da dieser Mann soviel umgestürzt hat, muß man stützen, was bloß erschüttert, und wiederaufbauen, was zugrunde gerichtet wurde. Es ist sicher leichter, umzustürzen als wiederherzustellen; ich behaupte also, eine viel schwierigere Aufgabe zu haben als Bonaparte ... So ist mir seit langem klar, daß ich einen viel größeren Vorrat an Kühnheit aufweise als dieser sogenannte Heros des Jahrhunderts. Und wenn Gott mir eines Tages zugute hält, was ich in seinen Bahnen gegen jene der Hölle tue, werde ich einiges Recht auf politische Heiligsprechung besitzen[4].«

Der Tod des einstigen Herrn Europas gibt gleichsam den Abschluß einer Epoche, die in den Augen des Kaisers Franz I. von Österreich eine Zeitspanne des Kampfes und völligen Sieges seines Metternich über Napoleon gewesen ist. Daher wählt der Monarch den Zeitpunkt nicht lange nach dem Tod des Titanen, um seinen verdienten Minister zum Haus-, Hof- und Staatskanzler zu erheben, ein Amt, das an den Großvater seiner Frau, den Fürsten Kaunitz, erinnert und ihn diesem sozusagen gleichstellt.

Die Fürstin Lorel ist unglücklich, daß sie in diesen Tagen nicht bei ihrem Gatten sein kann. Sie liegt oft zu Bett, hat häufig Fieberanfälle, erholt sich wohl immer wieder bald, ohne aber je gänzlich zu gesunden. Metternich aber lebt sein Leben inmitten lauter schöner Frauen, der anmutigen Cousine Gräfin Flore, die ihm das Haus führt, der schönen Lori Fuchs[5], der Gemahlin des Bankiers, die Gentz so sehr berückt hat, und einer charmevollen Frau von Fekete. »Il y a de quoi être ravi«, meint er[6]. Dazu kommt noch die zärtliche Molly Zichy mit ihren Mädchen. Dabei läuft die

Liebes- und politische Korrespondenz mit der Gräfin Lieven in London weiter, und sie hofft, da sie im Sommer nach Schlangenbad bei Wiesbaden will, Metternich könnte es sich einrichten, nach Johannisberg zu kommen, um sie dort wiederzutreffen.

Aber die Lage am neuen Revolutionsherd Griechenland läßt Clemens nicht daran denken, Wien zu verlassen, und so kann er augenblicklich nicht, wie es sonst seine Art ist, die Geschäfte mit Liebesstunden verbinden. Zudem hat die lange Trennung, trotz der weitergeführten Korrespondenz, die auch nicht mehr so innig klingt wie in den beiden ersten Jahren, die Neigung doch etwas abgekühlt.

Die Sorgen um Griechenland sind allerdings wirklich groß. Obwohl Alexander, nun in Metternichs Bannkreis, den Griechen nicht hilft, sie auch nicht bekämpft, sind es doch religionsverwandte Leute, die sich gegen die Türkei, den Erbfeind Rußlands, erheben. Daraus ergibt sich eine Lage, die Clemens mit Hellas nicht so einfach fertig werden läßt wie mit Neapel und Piemont. Der Staatskanzler begreift Andersdenkende nicht, weil er sich für den Mittelpunkt der Welt hält. »Niemand kann klar und richtig sehen«, versichert er seiner Frau.

Fürstin Lorel ärgert sich, wenn man sie zur Ernennung ihres Mannes zum Staatskanzler beglückwünscht, denn sie findet das einfach »selbstverständlich« (très simple) nach alldem, was er vollbringt und vollbracht hat. Im übrigen hegt sie Sorge um die politische Lage Frankreichs: »Dieser Erdenwinkel scheint mir voll von Liberalen. Ich halte ihn geradezu für ihren allgemeinen Rendezvousort.«

Metternichs Sohn Viktor ist zur Zeit in London und berichtet seiner Mutter, er sei »mit England, und vorzüglich dieser Stadt, über alle Beschreibung zufrieden«. »Soviel ist sicher, daß Paris neben London verschwindet«, stellt er fest. »In Rücksicht auf Größe, Pracht und unbeschreibliche Reinlichkeit ist London die Königin aller Städte.«

Auch dem Vater berichtet Viktor getreulich seine Erlebnisse. Er findet, der König besitze die Gabe zu gefallen in außerordentlichem Maße[7]: »Bei einer kleinen Soiree, die er letzthin einigen Leuten gab, sprach er mir viel von Dir und mit einer solchen Wärme, daß man deutlich sah, es kam ihm vom Herzen. Er wiederholte mindestens zehnmal: ›J'adore Metternich et je ne demanderais pas mieux que de suivre aveuglément tous ses avis.‹« Viktor hat auch Gelegenheit, zwei glanzvollen Empfängen beizuwohnen. »Bei diesen zwei letzteren Festivitäten«, erzählt er, »mußten die Männer ein Knie vor dem König beugen und ihm die Hand küssen, die Damen hingegen wurden nach der englischen Hofsitte alle der Reihe nach auf die Backe geküßt. Was da für komische Szenen vor sich gingen, ist wirklich wert, gedruckt und in einer Prachtausgabe gekauft zu werden. Der arme

König, der gesamte, sonst so ernsthafte Hofstaat, wir alle erstickten beinahe vor Lachen.«

Fürstin Lorel hat in letzter Zeit einen langen Brief von Dorothee Lieven bekommen. Sie ist gar nicht entzückt darüber: »Der Egoismus der Gräfin lugt aus jeder Zeile hervor (l'égoisme perce de tous les côtés). Sie wünscht ständig bei mir zu essen; anscheinend, um mir tausend Dinge zu erzählen. Indes verlange ich mir ihre Vertrauensergüsse nicht sehr, die gewiß wenig aufrichtig sind, besonders auch nicht sehr erbaulich[8].« Lorel weiß nun schon genau, wieviel es geschlagen hat, und zeigt dies auch auf feine Weise ihrem Mann. Sonst aber macht sie ihm nicht den geringsten Vorwurf.

Während Frau und Kind ihn so getreulich und aufrichtig auf dem laufenden halten, fährt Metternich fort, Tag für Tag der Gräfin Lieven zu schreiben. Die ersten Briefe in ihrer Bekanntschaft politisierten wohl auch viel, sprachen aber doch bedeutend mehr von Liebe. Jetzt heißt es auf einmal nur: »Wenn es jemals eine geistige Verbindung (Liaison intellectuelle) gegeben hat, dann ist es wohl die unsrige[9].«

In irgendeiner kleinen Zeitung hat Clemens den Satz gelesen: »Die Philosophie der Weiber liegt im Herzen!« Das fesselt ihn, und ellenlang beginnt er der Freundin über dieses Thema zu schreiben. »Niemals ist etwas Wahreres gesprochen worden«, erklärt er. »Die Männer denken mit dem Kopf, die Frauen mit dem Herzen ... So wirst Du die letzteren immer jene Sache verteidigen sehen, die der Mann verficht, den sie liebt. Auch sind die Mittel der Anziehung zwischen den beiden Geschlechtern nicht die gleichen. Jene, die der Mann auf die Frau ausübt, liegen mehr auf dem Gebiet des Intellekts, und umgekehrt beruht die Quelle der Anziehung viel öfter auf physischen Grundlagen[10].« Diese Ergüsse sind aber immer nur Ausflüge in eine philosophische Traumwelt. Die harte Wirklichkeit führt Metternich schon wieder zu seinen politischen Aufgaben zurück. Er fürchtet immer, der Zar, über den er gerade so gesiegt zu haben vermeint, könnte doch plötzlich wieder unter anderen Einfluß geraten, und es paßt Clemens gar nicht, daß er in letzter Zeit viel Sympathie für die Griechen zeigt. »Er will wohl, was ich will«, meint der Staatskanzler, »und hat sich moralisch ganz auf mich zurückgezogen, aber es ist keine Kleinigkeit, sich plötzlich in einem ganz gegenteiligen Sinn zu verhalten als bisher in dem ganzen Leben. Ja, er will, was ich will, aber die große Menge schlägt einen ganz gegenteiligen Weg ein[11].«

Nach mannigfachen Rückschlägen haben indes die Griechen im Laufe des Jahres 1821 in ihrem fanatischen Aufstand beträchtliche Erfolge aufzuweisen. Immer, wenn die Dinge nicht ganz nach seinem Willen gehen, zeigt sich der Kanzler plötzlich überbürdet, ja von seiner Tätigkeit angewidert. »Niemand mehr als ich«, klagt er, »hat seit langem das Gefühl der schrecklichen Sklaverei, in der ich, im Gegensatz zu meinen Wünschen und teuersten Neigungen, lebe. Aber selbst wenn ich mich deren entledigen wollte, wäre es Pflicht des Kaisers, mich mit aller Gewalt daran zu verhindern. Wir stehen so sehr in dem Mittelpunkt der entsetzlichen Wirren des Augenblicks, daß das Gebäude (la boutique) zusammenbrechen würde, möchte ich mich davonmachen. Mit Hilfe Gottes werden wir es aber auch diesmal retten[12]!«

»Ich bin so sehr inmitten all der unglücklichen Geschäfte«, klagt er weiter seiner Frau, »daß ich davon ganz mitgenommen und beeindruckt bin. Der Kaiser weilt seit mehr als einem Monat auf seinen Besitzungen, und ich habe allen Ärger, alle Verantwortung, Enttäuschungen und Risiken auf meinen Schultern. Wenn Ihr nicht wäret, meine guten Freunde, ich wäre schon lange auf und davon gegangen[13] . . .«

In der kurzen Freizeit, die die Geschäfte Clemens übriglassen, liest er im Augenblick Frau von Staëls eben erschienenes selbstbiographisches Werk »Zehn Jahre Verbannung«. Er, der zur Napoleonischen Zeit doch so wenig für die Verfasserin übrig gehabt und ihr in Wien stets nur Steine in den Weg legte, gibt nun auf einmal ein besonders gutes Urteil über diese Frau ab. Damals bedingte die Rücksicht auf Napoleon seine Haltung ihr gegenüber. Jetzt findet er ihr Buch »gedankenvoll, reich an Phantasie, unvergleichlich im Stil, wie alles, was diese außerordentliche Frau geschrieben hat[14] . . . Es enthält, mit einziger Ausnahme dessen, was sie über Bernadotte sagt«, erklärt Metternich, »kein Portrait, das sich nicht durch Wahrheit und Genie (der Verfasserin) auszeichnet. So sind zum Beispiel die Franzosen vollkommen richtig durch die Worte gekennzeichnet: ›Die Macht des Ehrgeizes überwiegt bei ihnen weitaus jene des Charakters.‹ – ›Es ist unglaublich, wie leicht das geistvollste Volk der Erde dazu zu bringen ist, eine Dummheit auf sein Banner zu schreiben‹, und die Frau die solche Worte gefunden hat . . . hat nicht genug gesunden Verstand, um sich wenigstens Zweifel zu erlauben, ob wirklich ein in dieser Weise geartetes Volk etwa für ein sogenanntes Regime der Freiheit geschaffen wäre.

Madame de Staël war das, was alle Parteimenschen von Phantasie sind. Sie wollte ein Ding wohl, aber nicht seine Folgen . . . Bonaparte hat mir zwanzigmal von dieser Frau gesprochen. Ich bin selbst einmal von ihr in Anspruch genommen worden, um das zu erlangen, was sie allem vorzog: die Erlaubnis nämlich, in einem Salon von Paris vorzutragen. Ich stellte ihm vor, welche Bedeutung er einer *Frau* gerade durch Verbannung verlieh. ›Sie vergessen gewisse Dinge‹, antwortete mir Bonaparte. ›Frau von Staël ist keine Frau, sie ist das Genie der Bewegung. Wenn sie wenigstens wüßte, in welchem Sinn sie sich rühren will, hätte ich nichts gegen sie, aber da sie nie zur Ruhe kommt und die am leichtesten zu verdrehenden Köpfe auch wirklich verdreht, will ich nichts von ihr wissen.‹ Es scheint, daß mein Kopf nicht zu der Zahl jener gehört, die sich leicht drehen; denn ich habe ihr widerstanden, und ganz ohne Anstrengung sogar. Es gibt keine Mühe, die sie sich nicht gegeben hätte, um meiner Herr zu werden (pour m'enlever) ... Ihre Angriffe auf geistigem Gebiet haben mich beruhigt, jene, die sie gegen meine Sinne richten wollte, haben diese zum Schweigen gebracht; ihre Gutmütigkeit – und sie besaß deren tatsächlich sehr viel – erschien mir viel zu einfach, als daß sie mich hätte gewinnen können.«

Kurz streift Metternich auch die Episode von 1812, als er die berühmte Schriftstellerin aus Wien ausweisen ließ, und erklärt dies damit, daß ihr Begleiter und inoffizieller Gatte, Herr Rocca, als Fahnenflüchtiger der französischen Armee geführt wurde. Und der Staatsmann war doch damals ängstlich besorgt, um Gottes willen keinem solchen Vorschub zu leisten. »Ja«, schließt Clemens seine Bemerkungen, »die Berühmtheit bedeutete für Madame Staël Macht ... Auch bei ihr stak die Philosophie im Herzen.«

Der Staatsmann ist zur Zeit überzeugt, wenn man Europa länger den Frieden sichern wolle, müsse man alle aufflammenden Bewegungen niederwerfen. Da dies im Falle Griechenlands nicht so gelingt wie bisher anderwärts, ist diese weltschmerzliche Stimmung in ihm entstanden. Wenn er auch in der Verfolgung aller freiheitlichen Gedanken und Verfassungswünsche viel zu weit geht, in dem Drang nach allgemeiner Friedenssicherung, die ja doch das wichtigste in den Beziehungen der Völker untereinander ist, hat er recht, wie er ja auch im täglichen Leben meist ein gesundes Urteil fällt. Dies beweist er zur Zeit wieder im Fall des Wundermannes Prinz Alexander von Hohenlohe-Schillingsfürst; dieser jugendliche Priester von siebenundzwanzig Jahren soll angeblich einer halbgelähmten Prinzessin von Schwarzenberg, die durch ungeschickte Behandlung für immer ans Bett gefesselt schien, das Gehvermögen wiedergegeben und auch sonst vielerlei an Christi Wunder erinnernde Heilungen durchgeführt haben. Alle Welt ist voll davon, auch der Metternich sowieso als zu freisinnig unsympathische, harthörige Kronprinz Ludwig von Bayern, der sich einbildet, seit Hohenlohes Eingreifen eine Besserung seiner Leiden zu fühlen, was, wie sich später erweist, in Wirklichkeit keineswegs der Fall ist.

»Dieser Heilige ist ein Wüstling«, beurteilt ihn Clemens Lorel gegenüber[15], »dieser Weise ein Schwindler, und seine Heilungen existieren nur in den Köpfen einiger Frauen und einer Unzahl von halbirrsinnigen Leuten. Der Papst und der König von Bayern haben ihm verboten, Wunder zu wirken. Diese Geschichte ist ebenso zu Ende gegangen wie alle Tollheiten des 19. Jahrhunderts ... Immer strömen dann Gläubige und Angeführte wie Sand am Meer herbei.« – »So bleibt die Welt immer das Opfer ihrer Gier, an übernatürliche Dinge zu glauben[16] ...«

Obwohl Metternich seiner Frau immer so vertraut schreibt, reißt sein Briefwechsel mit der Gräfin Lieven nicht ab. Doch in den Bemühungen um ein Wiedersehen gibt mehr *sie* den Ton an. Politisch haben sich Österreich und England einander wieder etwas genähert, denn beide haben das Interesse, dem türkenfeindlichen Rußland entgegenzutreten, wenn sie auch in Beziehung auf das aufständische Griechenland verschiedener Meinung sind. Nun muß getrachtet werden, den Zaren von einem anscheinend geplanten Krieg gegen die Türkei abzuhalten. Dies liegt wohl im Interesse Österreichs wie Englands, dessen König eben im Herbst 1821 nach Hannover zu reisen plant. Da also kann eine Zusammenkunft mit Metternich eingeleitet werden. Castlereagh, der genau weiß, in wie nahem Verhältnis die Gräfin Lieven zu dem österreichischen Minister, aber auch zu seinem König Georg steht, denkt, es könne auf keinen Fall schaden, auch das russische Botschafterpaar nach Hannover einzuladen und mit dieser Geste gleichzeitig auch die Empfindlichkeit des Zaren zu schonen.

So folgt die Gräfin begeistert der Einladung, und auch Metternich freut sich über die durch Politik bedingte und begründete Aussicht auf neue Liebesstunden. Seine Eitelkeit bekommt in Hannover neue Nahrung durch die überfließende Herzlichkeit, mit der ihn der König begrüßt. Georg IV. vergleicht ihn mit allen Großen des Altertums, des Mittelalters und der Neuzeit und bezeichnet ihn, wie Clemens seiner Frau schreibt, als »un ami amant[17]«. Er nennt die bedeutendsten Männer der Geschichte, um endlich zum folgenden Schluß zu kommen: »Nun, alle diese Leute haben sich eingebildet, etwas zu sein, und doch waren sie nichts im Vergleich zu Ihnen. *Seit die Welt besteht, hat es nur einen einzigen wirklich großen Mann gegeben, und dieser sind Sie!«* – »Aber wer zu viel sagt, sagt nichts«, meint Metternich. »Das hat mich getröstet und meine Antwort verkürzt.«

Die erste Woche der Anwesenheit in Hannover verläuft für das Liebespaar insofern äußerst günstig, als Graf Lievens Ankunft durch den Zaren verzögert wird und die beiden also völlig ungestört ihr Zusammensein genießen können. Sie finden auch Gelegenheit, zwischen dem König von England und seinem Außenminister Castlereagh aufgetauchte persönliche Verstimmungen wieder auszugleichen und sich so bei beiden ein Bild einzulegen[18]. Bei seinem Eintreffen am 28. Oktober wird Graf Lieven sofort mit der Gattin, dann mit Metternich und Castlereagh zum König zu Tisch geladen und kann dabei versichern, sein kaiserlicher Herr habe nicht, wie befürchtet wurde, die Absicht, gegen die Türkei militärisch einzugreifen. Die beiden Verschwörer Clemens und die Gräfin sitzen bei den zwei maßgebendsten Personen Englands nach wie vor fest im Sattel. Als alles auseinandergeht, treffen die beiden Liebenden am 5. November 1821 noch einmal in Frankfurt zusammen. Die gemeinsam verbrachten Tage haben die gegenseitige Zuneigung neu gestärkt. Die Briefe der Gräfin Lieven werden wieder um einen Grad inniger, und die politische Übereinstimmung ist vollkommen. »Wenn ich Dich lese, glaube ich, Dich zu hören, und wenn ich Dich höre, kommt es mir vor, als hörte ich mich selbst«, urteilt der österreichische Kanzler[19].

Wenn er nach seinen Erfahrungen die Lage der Welt überdenkt, so sagt er sich: »Ich kann nicht verstehen, warum die Regierungen nicht einfach alles machen, was sie wollen? Nur weil sie zu dumm sind, um es zu wagen. Wenn sie sich getrauten, könnten sie ruhig alles durchsetzen, was sie wollen[20].«

Von Frankfurt ist Gräfin Lieven nach Paris weitergefahren, und ihr erster Besuch gilt Lorel Metternich. Sie hat ihren Sohn mitgebracht, den sie in Paris erziehen lassen will, und bittet die Fürstin, ihn unter ihre Fittiche zu nehmen. Neugierig betrachtet Lorel die Gräfin; sie hat ja doch schon so manches über sie gehört. Ihr Urteil lautet sehr kurz und doch vielsagend: »Ich habe sie ungefähr so gefunden, wie ich sie mir vorgestellt habe.« Aber viel mit ihr verkehren zu müssen sagt Lorel nicht zu. »Nous sommes dans les Lieven jusque par dessus la tête«, schreibt[21] sie kurze Zeit darauf etwas ärgerlich ihrem Gatten. Mit Tränen in den Augen empfiehlt die Gräfin ihren Sohn Paul der Fürstin. Rührend nimmt sich Lorel auch des jungen Mannes an, der in Paris zurückbleibt.

Doch wertet Metternich die gütige Nachsicht seiner Frau nicht genug. Seine Briefe aus dieser Zeit zeugen von einem gewissen Unbehagen, das durch das Alleinleben bedingt ist. Um dem abzuhelfen, hatte er schon in Frankfurt mit Dorothee den Versuch besprochen, ihren Gatten von London nach Wien versetzen zu lassen, um ihr so näher zu sein. Er will nun, wie immer er kann, in Petersburg darauf hinarbeiten.

Kaum noch vom Zusammentreffen im Westen zurückgekehrt, beschreibt der Staatsmann Lorel sein tägliches Leben, wie sich in Wien »alle Welt«, worunter er die Dreihundert seiner Gesellschaft meint, jeden Abend trifft, davon zweimal wöchentlich bei ihm selbst. Trotzdem meint Clemens[22]: »Ich lebe wie ein Einsiedler. Um nicht allein zu speisen, lade ich immer drei bis vier Personen dazu. Wenn ich nicht den Balsam, daß es Euch allen bessergeht, in meinem Herzen fühlte, in jeder Beziehung viel besser in Paris als hier, würde ich oft recht traurig sein.« Sehr lustig muß es aber bei diesen Festen doch nicht zugegangen sein, »denn«, sagt der Kanzler, »da sich die Gesellschaft in keiner Weise verschiebt, sind es immer dieselben Gestalten, denen man überall begegnet, und die gleichen Gespräche machen wochenlang die Runde«.

Lorel beschließt nun im Dezember 1821, mit ihren Kindern nach Wien zurückzukehren, um mit ihrem Gatten wieder vereint zu sein. Nur Viktor scheint mit diesem Plan nicht ganz einverstanden, denn er ist in die recht kokette Marquise de C. verliebt, die Frau eines Offiziers der reitenden Jäger. »Mußt Du nicht gestehen, daß diese Art, seinen Start in der Welt zu machen, ganz nett ist, und erinnert sie Dich nicht ein bißchen an Deinen eigenen Fall[23]?« fragt Lorel ihren Mann. Mit dieser Anspielung auf die reizende Herzogin von Caumont charmevollen Angedenkens geht sie zur Tagesordnung über und meldet ihrem Gatten die verschiedenen Bemerkungen, die sie in Paris über ihn hört. So hatte der Herzog von Montmorency in einem Salon unweit Lorels laut gesagt: »Ja, will denn Herr von Metternich den Kutscher Europas spielen[24]?«

Solche Mitteilungen, wenn sie auch nicht immer schmeichelhaft sind, werfen für Clemens bezeichnende Streiflichter auf die öffentliche Meinung in Paris. Die Gräfin Lieven hat nun diese Stadt schon längst wieder verlassen, und von ihr hört er Neues nur mehr über *englische* Verhältnisse. Fürstin Lorel aber weiß entweder nichts von den wahren Beziehungen ihres Gatten zu Dorothee Lieven, oder aber sie treibt Selbstverleugnung und Nachsicht für ihn bis zum Äußersten. Die Gräfin wünscht wieder etwas von dem Ministerpräsidenten Villèle, und Metternich scheut sich nicht, seine Frau zu beauftragen, das durchzusetzen. Er muß sich wohl sehr sicher fühlen oder vielleicht gerade dadurch Lorel von jedem Verdacht abzulenken suchen. Sie aber erweist selbstlos der russischen Gräfin jede gewünschte Gefälligkeit.

Die Schilderungen, die Metternich seiner Gemahlin von dem gesellschaftlichen Leben in Wien gibt, entsprechen nicht immer den Tatsachen. Von Einsamkeit kann bei ihm nicht im entferntesten die Rede sein, das zeigt schon das lebhafte Treiben während des mit dem neuen Jahr 1822 einsetzenden Faschings. Nicht weniger als vierundfünfzig Bälle sollen in der sogenannten ersten Gesellschaft gegeben werden, und zwei davon entfallen auf Metternich. Aufmerksam beobachtet er die heranwachsenden Komtessen und findet sie zumeist bemerkenswert schön. So hofft er, daß in fünf oder sechs Jahren eine besonders große Anzahl reizender Frauen in Wien glänzen werde.

Können etwa wegen Hoftrauer keine Bälle mehr stattfinden, so treten große Empfänge an ihre Stelle. Metternichs Haus ist bei solchen Gelegenheiten stets überfüllt: »Ich weiß nicht, warum die Gesellschaft die Parole ausgegeben hat, mich alle Sonntagabend förmlich zu belagern . . . Jetzt gibt es regelmäßig drei- bis vierhundert Personen in meinen Salons, die ich daher alle zu öffnen gezwungen bin. Letzten Sonntag allein waren neunundachtzig Damen da[25].« Clemens beklagt sich scheinbar über diese große Menge, aber das ist nicht ernst zu nehmen. Seine wahre Meinung kann man viel eher einem Satz entnehmen, den er einmal an seinen Sohn Viktor schrieb: »Lebewesen, die Einsamkeit lieben, sind entweder dumm oder schlecht[26].«

Kleine Geschenke gehen aber nicht nur an die Seinen, auch oft an die Freundin in London ab, die immer genau wissen will, was Clemens tut. In ihrem eifersüchtigen Sinn ist die Gräfin Lieven auf der richtigen Spur. Sie fühlt sehr wohl, daß Metternich einsam ist und sich nach einer Frau sehnt. Und nach einer, die wirklich bei ihm ist und die er täglich sieht, nicht so wie seine kranke, ferne Lorel und die Freundin dort in London, zu der er auch nur so selten gelangen kann. Auch betont ihr Clemens immer zuviel, er habe nichts mit Frauen zu tun; sie glaubt ihm gerade deswegen nicht recht.

Ja, die Gräfin Lieven lacht und weint in ihren Briefen, ist bald ausgelassenes Kind und bald tatkräftige Frau, bald geistvoll, bald einfach, je nachdem. Aber immer nur in Briefen, und das ist Clemens zuwenig. Bemerkenswert viel spricht Metternich von einstigen Erfolgen und Mißerfolgen auf dem Liebesgebiet seines Lebens. So erzählt er der Freundin, sein einziges Abenteuer mit einer Engländerin sei damit zu Ende gegangen, daß ihm diese plötzlich zumutete, sie zu entführen. Sogleich aber zog sich Clemens in sein Gehäuse zurück und mußte die Bemerkung der Schönen einstekken, er beweise ihr so, daß er sie nicht wirklich liebe und anscheinend überhaupt gar nicht zu lieben verstehe. »Ich habe niemals etwas gefunden, was geeigneter wäre, meine Wünsche zu beruhigen, als den Vorschlag, eine gewaltige Dummheit zu begehen[27].« Dieses fortwährende Reden von Liebe, Abenteuern und dergleichen gibt der Gräfin einen Maßstab für die richtige Abschätzung seines derzeitigen Gemütszustands.

Die griechische Frage macht dem Kanzler weiter sehr viel Sorge und Kopfzerbrechen, obwohl er seiner Frau sehr selbstbewußt über die »›grande affaire‹ des Augenblicks, die wohl jene der Welt ist«, schreibt[28]: »Es ist recht außergewöhnlich, daß ich mich immer in Widerspruch mit den Meinungen der Öffentlichkeit befinde. 1821 hat alle Welt gesagt, es werde kein Krieg entstehen, und ich habe ihn geführt. 1822 nun glaubt die Welt, es werde wohl einer ausbrechen, ich aber wünsche keinen solchen. Wenn Gott will, werde ich auch diesmal wieder und allen gegenüber recht behalten.«

Die bescheidene, gütige Lorel ist erfüllt von der Größe ihres Mannes und glücklich über jedes liebe Wort, das er in seinen Briefen an sie richtet: »Es ist unmöglich, besser zu sein, als Du es bist, und mein Herz ist voller Dankbarkeit und Bewunderung für Dich«, schreibt sie ihm. »Wie kannst Du bei so zahlreichen und schwerwiegenden Arbeiten Zeit und Willen finden, Dich mit solchem Interesse dessen anzunehmen, was mich betrifft[29]?«

Es handelt sich darum, festzustellen, was mit Lorel in nächster Zeit geschehen soll. Dorothee Lieven, die gerade den zweihundertsten Sammelbrief an Clemens abgeschickt hat, schlägt ihr vor, mit ihr zusammen nach Aix zu reisen und dort eine reizende, von Efeu und Jasmin umrankte Villa zu mieten, die Marie Louise und Königin Hortense dereinst bewohnten. Aber Lorel hat keine rechte Lust dazu. Stets umfängt sie ein Gefühl des Unbehagens, wenn sie den Namen Lieven hört.

Wie allen Lungenkranken fällt Fürstin Lorel jede Entschließung furchtbar schwer. Sie weiß nicht, soll sie einfach nach Wien zurück oder nach Italien fahren, und der Gatte redet ihr weder ab noch zu. »Mein Leben spielt sich jetzt zwischen meinem Herzen, den Geschäften und meinem Geschmack für Musik ab«, schreibt er der Freundin. Das erstere will er ihr glauben machen, und der letztere gipfelt in Rossini[30]. Die Geschäfte beziehen sich auf die orientalischen Angelegenheiten, deren Entscheidung, wie auch Viktor berichtet, alle Leute, klein und groß, jung und alt, arm und reich, mit Ungeduld erwarten. Da täglich andere Gerüchte die Hauptstädte der Welt durcheilen, weiß niemand recht, was er glauben soll. James Rothschild zum Beispiel stirbt nach Viktor Metternichs Bericht beinahe vor Angst ob größerer kriegerischer Verwicklungen und sieht so elend aus, daß man ihn fast nicht erkennt[31].

Der Staatskanzler aber sieht die Dinge nicht so kritisch an. Lorel ist erstaunt, daß ihr Gatte gar nicht an die Möglichkeit eines Krieges denkt, obwohl das für die nächste Zeit nach Verona einberufene Zusammentreffen der Souveräne dafür spricht. Metternich hat angedeutet, es wäre für seine Frau besser, jetzt vielleicht nicht nach Wien zu kommen, obwohl sie ein unbeschreibliches Verlangen danach hat. Clemens aber paßt das nicht, er arbeitet in der Zwischenzeit, oder behauptet dies wenigstens, in dem Sinne, das Ehepaar Lieven nach Wien zu bringen; doch scheint sich das nicht zu verwirklichen.

Zar Alexander beansprucht damals im Mai 1822 Herrn von Tatistscheff, um die Mitglieder der Heiligen Allianz für die Sache der Griechen zu gewinnen und allgemeine Stellungnahme gegen die Türkei zu erreichen. Das würde eine kriegerische Verwicklung im Gefolge haben. Metternich aber gelingt es durch neuerlichen Hinweis auf eine mögliche europäische Revolution und dank Englands Auftreten und dem schließlichen Entgegenkommen des Sultans, für den Augenblick diese Gefahr noch abzuwenden. Der Kanzler, der überheblich meint, von allen Kindern der Welt sei Kaiser Alexander das größte[32], ist maßlos stolz über seinen Erfolg, spricht von einem Sieg über des Zaren Politik und meint, »niemals habe sich ein Kabinett so schwer blamiert wie jenes von St. Petersburg«. Er spricht vom Verlust allen russischen Einflusses auf das türkische Kaiserreich und daß man nunmehr die gesamte gewaltige Arbeit Peters des Großen und seiner Nachfolger zunichte gemacht habe[33].

Immer klingt die Phrase in den Briefen wider: »Ich habe recht gehabt.« – »Wenn jemals eine Schlacht gewonnen wurde, so die gegenwärtige. Ich fühle mich in der Lage, von allen verbündeten Kabinetten beauftragt zu sein, *die Angelegenheiten so zu führen, wie ich es will* ... Mein Triumph ist tatsächlich so groß, daß er auf diplomatischem Boden der Schlacht von Leipzig gleichkommt[34].«

Der russische Unterhändler hat sich also ganz den Metternichschen Forderungen fügen müssen, was in London befremdet, wo man Clemens den Triumph über das Zarenreich gar nicht gönnt. Der Diplomat hat eben gesehen, daß sein allerhöchster Herr, der Zar, sich den Ideen des österreichischen Staatskanzlers zuneigt, und einfach die Folgerungen daraus gezogen. Clemens aber kennt sich nicht aus vor Stolz und gebraucht die hochtrabendsten Worte über seine Tätigkeit: »Es lastet da eine so schwere Angelegenheit auf meinen Schultern, wie es auf dieser Erde, seit Europa zivilisiert ist, keine gegeben hat ... Je mehr ich fortschreite, desto mehr Beweise sammle ich, daß die Welt nur von Kindern oder von Wahnsinnigen geleitet ist, denn die Spitzbuben sind schließlich nichts anderes als Verrückte[35].«

Das Hochgefühl des Sieges über so bedeutende Persönlichkeiten läßt Metternich Dorothee gegenüber Worte finden, die äußerst eitel erscheinen: »Mein Geist zielt darauf ab, die Dinge immer auf das Einfache zurückzuführen. Das bewirkt, daß ich in allen Geschäften gewöhnlich der einzige meiner Meinung bin. Meine Seele kennt keine Furcht ... mein Herz ist einfach und gerade, und es muß gut sein, weil Du es liebst. Wenn Du es jemals unternehmen solltest, meinen Lebenslauf zu schreiben, dann nimm diese Charakteristik darin auf. Sie wird die einzig richtige sein; um das Bild noch zu vervollständigen, füge hinzu, daß ich der wenigst stützige, aber zäheste Mensch bin und nichts imstande ist, mich von einem Grundsatz abzubringen[36] ...« Da klingt es eigentümlich, wenn Metternich nach solchen Worten in einem der nächsten Briefe derselben Freundin versichert: »Wenige Männer sind weiter von aller Eitelkeit entfernt als ich[37] ...«

Immer, meint er, irren die anderen, er, Clemens, nie[38]. Das muß natürlich Widerspruch erregen, nur die gute Lorel ist stets ganz seiner Ansicht. Sie freut sich unendlich über jedes geglückte Unternehmen. »Ruhm und Ehre sei Dir, mein lieber Freund. Die Erfolge, die Gott Dir in dieser großen und gefährlichen Sache zugebilligt hat, fühlt und schätzt mein Herz weit über alles hinaus, was ich sagen könnte. Die Bewunderung für Dich, die Dir gebührt, ist von der Allgemeinheit geteilt, und selbst Deine Feinde schweigen für den Augenblick ... Aber der Teufel schläft niemals«, warnt Lorel in ihrer Liebe und Sorge um den Gemahl[39].

Zu den Feinden muß man auch den ersten Sekretär der britischen Vertretung in Wien, Henry Stewart Wellesley Baron Cowley, zählen, der den Gesandtenposten hier anstrebt. Er verfolgt schon längere Zeit mit Mißtrauen die politischen Fäden, die Metternich durch Frauenhände nach London hinüberspinnt, um Einfluß auf die britische Staatsführung und den König zu nehmen. Des Diplomaten Gattin, Lady Georgina, bestärkt ihn darin. Schon hat er den Staatssekretär des Äußeren, Castlereagh, der nun den Titel Marquess of Londonderry führt, vor der Gräfin Lieven und ihren Beziehungen zu Metternich gewarnt.

Der Staatskanzler hat Wind davon bekommen. »Stewart Wellesley«, tobt er der Freundin in London gegenüber, »ist eine Art Pest, überall, wo er sich befindet. Von höchster Aktivität, mißtrauisch bis zum Äußersten, ein scharfsinniger Erforscher aller Einzelheiten privaten Lebens, entgeht ihm nichts, und was er nicht sieht, errät er. Er wirkt auf Castlereagh wie eine Macht ... Er haßt Dich, weil er in Dir eine ausgesprochene Überlegenheit erkennt, und haßt auch die Beziehungen zwischen Dir und mir, denn er fürchtet, diese Macht könnte sich verstärken. Du kannst sicher sein, er hat alles unternommen, um dieses Spiel zu stören ... Ich bitte Dich also, achtzugeben in allem, was Du tust[40] ...«

Nun beabsichtigt der Zar in nächster Zeit nach Wien zu kommen, und Metternich bereitet sich gebührend darauf vor. Die schönen Frauen sollen ihm helfen, Alexander in gute Laune zu versetzen, vor allem die Familie Zichy, deren weibliches Oberhaupt noch vom Wiener Kongreß her so gut mit dem Zaren steht. Das berühmte Kanapee in Metternichs Salon, auf dem jeweils die Hausfrau thront und rechts und links die zwei vornehmsten Damen Platz nehmen dürfen, wird nach wie vor, seit die Fürstin in Paris weilt, von Flore Wrbna eingenommen. Lorel hat in letzter Zeit mehrfach geäußert, sie wolle zurückkommen. »Das wäre *ein* Plan«, bemerkt Clemens dazu, »und der andere wäre, daß Du noch ein Jahr in Paris bleibst. Das hängt ganz von Dir ab ... Nichts beweist mir aber, daß es Dir hier gutginge[41].« Im Unterton klingt ja doch durch, Lorel solle weiter in Paris bleiben. Vielleicht besser so, denn der Gatte schreibt nach wie vor seine Liebesbriefe an die ferne Gräfin Lieven und schwirrt in Wien von einem hübschen Mädchen und einer schönen Frau zur anderen. Und nun, wo er gerade wieder mit Dorothee darüber verhandelt, ob sie auch zu dem für den Spätherbst in Verona geplanten Kongreß kommen kann, würde ihm die Rückkehr Lorels gar nicht sehr passen. So schreibt er denn endgültig seiner Frau, sie solle auch über den nächsten Winter in dem für sie viel geeigneteren Paris bleiben.

Metternich hat in letzter Zeit viel über Englands Minister des Äußeren, Castlereagh, und seine Schwierigkeiten am Hof gehört. Sie sind hauptsächlich auf die bittere Feindschaft zurückzuführen, die zwischen Lady Cunningham, der Geliebten des Königs, und des Ministers Gattin herrscht. Lady Castlereagh hatte einmal eine abfällige Bemerkung über die Lebensführung jener Dame gemacht, und die mächtige Favoritin vergaß ihr dies nie mehr. Gräfin Lieven, die mit beiden Teilen gut steht, versucht wiederholt zu vermitteln und die Gegensätze auszugleichen. Aber es gelingt ihr nicht immer. Zu tief ist der Haß zwischen diesen beiden Damen verankert.

Da, im August 1822, eilt eine überraschende Trauerkunde durch ganz Europa: Großbritanniens Minister des Äußeren, Viscount Castlereagh, hat plötzlich am 12. August seinem Leben mit eigener Hand ein Ende gemacht. Das ist ein gewaltiger Schlag für Metternich und seine gute Freundin Lieven. Ein Stein aus dem erhaltenden Gebäude ist da ausgebrochen, und die Gräfin schreibt ihrem Geliebten: »Neben der Trauer um ihn als Freund hast Du ihn als Minister zu beklagen[42].« Sie meint, er sei der einzige Mann in England gewesen, der etwas von europäischer Politik verstand, und dies natürlich, weil er mit ihr und Clemens mehr oder weniger am gleichen Strang zog. Einige Zeit später kommt Stewart Wellesley mit Metternich über diesen tragischen Fall zu sprechen. »Es hat da große Intrigen gegeben«, meint Sir Henry. »Das hat auch mit Lady Cunningham zu tun. Castlereagh hat mir einst selbst gesagt, die Gräfin Lieven arbeite gleichfalls gegen ihn.«

»Mag sein, daß Lady Cunningham dies tat, das würde ich zugeben«, erwidert Metternich, »aber für die Gräfin Lieven lege ich meine Hand ins Feuer, daß sie niemals an diesen Intrigen beteiligt war und unbedingt nie *gegen* Castlereagh, sondern immer und in allem *für* ihn war. Wenn ein Wesen wie Frau von Lieven liebt, dann intrigiert sie nicht gegen den betreffenden Mann, und die Gräfin hat Geist und Herz Castlereaghs geliebt.«

Zu Dorothee aber meint Metternich: »Welch Unglück, wegen eines Geschwätzes zweier einander feindlicher Ladies zu sterben. So spielen sich die großen Affären hier unten auf Erden ab. Aber gib acht ... was Du Wellesley sagst. Ein einziges Wort läßt ihn ein ganzes Buch erraten ... Castlereaghs Geschichte mit dem König von England, seine Befürchtungen, alles war nur der Beginn seiner hochgradigen Erregung ... Dieser Mann ist nicht zu ersetzen. Insbesondere für mich nicht ... Er hat gelernt, mich zu verstehen, und es wird Jahre erfordern, bis ein anderer zu jenem Grad einfachsten und dadurch schon allein einzig wahren Vertrauens gelangt[43].«

George Canning kommt als Nachfolger in Frage, aber nicht, weil der König es so wünscht, sondern weil reformfreundliche Kreise des Landes es verlangen. Es nützt nichts, daß die Gräfin beim König alles versucht, um diese Ernennung zu verhindern.

Auch Lorel Metternich ist über das Unglück in England tief betroffen, von dem sie auf dem Johannisberg hört. Sie ist traurig, daß sie nun schon volle zwei Jahre den Gatten nicht gesehen hat. Ihre Gesundheit ist schwach; sie macht sich nichts mehr vor, weiß, von welcher Krankheit sie erfaßt wurde, und auch, daß Heilung nicht mehr möglich ist.

Metternich liest wohl die Briefe seiner Gattin, in denen sie immer wieder von der Sehnsucht nach einem Wiedersehen schreibt, aber er winkt weiter ab. Für die nächste Zeit steht ja das neue Zusammentreffen der maßgebenden Fürsten und Staatsmänner der Welt in Verona bevor; es ist nun schon bestimmt, daß auch Gräfin Lieven dorthin kommt. Doch seinen Buben will Clemens sehen und Näheres über all die Seinen in Paris hören. So kommen Vater und Sohn am 9. Oktober in Innsbruck zusammen. Die Monarchen sind schon vorausgefahren, und die Staatsmänner folgen nach. Viktor fühlt sich bei seinem Eintritt in das Land Tirol als der Sohn des großen Kanzlers »wie ein kleiner König«. »Du würdest nicht glauben«, versichert er seiner Mutter, »welch geradezu übernatürliche Wirkung die drei betont ausgesprochenen Silben Met-ter-nich hervorrufen[44]!«

In Innsbruck dann steigt Viktor in einem Gasthof ab und, kaum eingetroffen, hört er das Blasen und Peitschenknallen eines Postillions. In zwei Sätzen stürzt er die Stiege hinunter und landet in den Armen seines Vaters. Er findet ihn nur etwas blaß und besonders grauer als vor zwei Jahren. »Papa ist mit Deinem Entschluß, in Paris zu bleiben, nicht nur einverstanden, sondern davon höchst befriedigt«, meldet Viktor seiner Mutter. »Und dann am Abend um neun Uhr, rate, Mama, wohin wir gegangen sind! – zu Frau von Lieven, die auch nach Verona kommt, von ihrem unscheinbaren Gatten begleitet.«

Nun wird am Kongreß von Verona England zwar durch den an und für sich konservativen Wellington vertreten, aber dieser bekommt seine Weisungen von Canning, der keineswegs ein Freund Metternichs ist und dessen Gedankengang fernsteht. Es ist schon der sechste Kongreß seit dem Ende der Napoleonischen Kriege, wenn man Hannover hinzuzählt, sogar der siebente. Die beiden Kaiser, die Könige von Preußen, Sardinien und Neapel erscheinen, und die verworrene Lage in Spanien kommt zur Sprache, wo auch »Ordnung gemacht« werden soll.

Dabei hat Dorothee Lieven wieder Gelegenheit, mit ihrem Liebhaber und Partner in politischen Intrigen zusammenzukommen. Alle Abende treffen sich sämtliche Delegierte mit den Monarchen im Salon der Gräfin.

»Sonst ist die Weiblichkeit schwach vertreten«, schreibt sie selbst[45]. » . . . Ich bin so ziemlich die einzige meiner Gattung«, und daher fühlt sie sich auch ein wenig als Alleinherrscherin. Täglich ist sie viel mit Metternich beisammen, man beginnt das schon in den Kreisen ihrer Landsleute zu bemerken und die Erwägung daran zu knüpfen, sie sei mehr Österreicherin als Russin. Auch Clemens selbst sagt, wie vorbauend, seiner Frau, die Gräfin stelle hier seine einzige gesellschaftliche Ressource dar und er verbringe immer die Zeit von zehn bis ein Uhr früh bei ihr. Doch ist nicht immer, wie er es gerne glauben machen will, stets auch die ganze Schar der Mächtevertreter dabei anwesend.

Getreulich berichtet Viktor seiner Mutter über den Verlauf der Dinge: »Papa arbeitet in ungeahnt gewaltiger Weise, denn er ist es, und er allein, der ›die Boutique‹ leitet[46].« Metternich stellt seinen Sohn stolz dem Kaiser Franz vor, der ihm rät, dem Beispiel seines Vaters zu folgen, jenes Mannes, dem er *»seinen Thron, die Monarchie ihr Wohlergehen und Europa seine Ruhe verdanke«.*

Begeistert betrachtet Clemens nicht weniger als vier Orden mit schönen Brillanten, die ihm der König von Neapel dafür übersandt hat, daß er ihn mit militärischer Gewalt wieder in seine vollen Königsrechte einsetzte. Neben der Gräfin Lieven, die jeden Abend bei sich Gäste sieht, trifft überraschend auch Madame Catalani mit ihrem beschränkten Gatten ein, um Fürsten und Staatsmänner, insbesondere Metternich, mit ihrem Gesang zu erfreuen. Es ist gut, daß Fürstin Lorel nicht mitgekommen ist. Mit einiger Sorge hört sie allerhand, offenbar nicht immer Gutes, über Frau von Lieven. »Sie ist eine wahre Macht, vor der alle Welt Angst hat«, schreibt sie ihrem Gatten[47].

Der Kongreß von Verona scheint den Höhepunkt der diplomatischen Erfolge Metternichs zu bilden. Bei der Gräfin aber erweckt Clemens nicht mehr die restlose Begeisterung wie seinerzeit in Aachen. Sie ist auf beiden Seiten einigermaßen schwächer geworden. Der österreichische Staatskanzler setzt zwar wieder seine Einmischung in die inneren Verhältnisse anderer Länder durch, und diesmal wird Frankreich mit dem »Ordnungmachen« in Spanien beauftragt, aber Wellington hat auf Cannings Geheiß die Teilnahme Englands daran scharf verweigern müssen. Gräfin Lieven ist entrüstet; diese Tatsache zeigt aller Welt und insbesondere Metternich, daß ihr so überragender Einfluß in England seit Cannings Emporkommen stärkste Einbuße erlitten hat, und so kehrt sie, wütend auf den britischen Staatssekretär, aus Verona zurück, entschlossen, Ränke gegen ihn zu schmieden, »pour le faire sauter«. Gegen des österreichischen Kanzlers in Verona gezeigtes selbstherrliches Wesen macht sich aber auch in Deutschland Widerspruch geltend.

Nun sind die Verhandlungen in Verona zu Ende, und die Teilnehmer am Kongreß schicken sich an, nach Hause zurückzukehren. Als sich Metternich und Frau von Lieven beim Abschied die Hände reichen, ahnen sie nicht, daß sie sich mehr als ein Vierteljahrhundert nicht mehr wiedersehen sollen.

XV. IM FÜNFZIGSTEN LEBENSJAHR

1823–1824

Nach Wien zurückgekehrt, findet Metternich gleich wieder eine Menge unangenehmer Dinge vor. Er will nach den Laibacher Arbeitsmonaten etwas Ablenkung und Unterhaltung suchen, doch die Leute hier langweilen ihn: »Ich habe kaum Gelegenheit, auch nur *einen* lustigeren Abend zu verbringen, denn Wien bietet gar nichts dieser Art. Ich komme nicht aus dem Kreis der Molly, Fini, Dini, Fanny und zu allem Überfluß der Flore heraus. Wenn sie mich kitzeln, könnte diese ganze Boutique mich nicht zum Lachen bringen[1].« Auch das Haus Zichy ist augenblicklich wegen Scharlachs verschlossen: »Da bin ich auf Flore beschränkt, und ein Tête-à-tête ist nur dann angenehm, wenn man auf einem ganz anderen Fuß steht als wir beide, meine dicke Cousine und ich.« Flore Wrbna ist ihm fast immer zu kritisch gegenübergestanden, und das kann Clemens einfach nicht vertragen.

Die Fürstin in Paris ist indes in Sorge, weil die bedrohlichen Gerüchte über internationale Verwicklungen gar nicht verstummen wollen. »Man hört nur überall von Krieg und Kriegsgeschrei sprechen«, berichtet[2] sie. Wieder läßt sich Lorel mit ihrer Absicht vernehmen, nach Wien zurückzukehren, und neuerlich winkt ihr Gatte diplomatisch ab.

Nun ist Metternich am 15. Mai fünfzig Jahre alt geworden. Dieser Abschnitt im Dasein gibt ihm zu denken; vor allem über den Stand seiner Lebenskraft und wie lange es ihm noch gegeben sein wird, eine Rolle in der Frauenwelt zu spielen. Doch meint er, er hätte noch mindestens ein Jahrzehnt, wenn nicht mehr, bester Gesundheit und Leistungsfähigkeit vor sich. Wie er schon über alles zu philosophieren pflegt, so auch über das zeitliche Verhältnis der Geschlechtskraft von Frau und Mann; er zeichnet eine »Vergleichsleiter« dafür und sendet sie seiner Freundin Lieven:

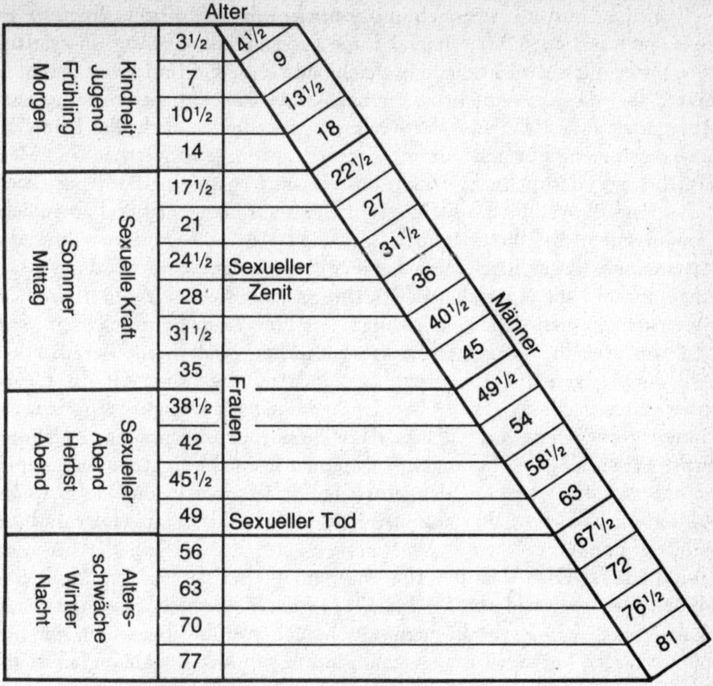

Die Lebenskraft Erlischt. Rückkehr zu den Elementen. Tod

Dann läßt er sein sonstiges Leben an sich vorüberziehen. Er blickt auf eine Laufbahn zurück, die ihn wie kaum einen anderen auf die höchsten Höhen menschlicher Macht führte. Nicht nur seinen Kaiser hat er ausschließlich für sich gewonnen, sondern zeitweise selbst den Herrscher Rußlands: »Die Einigkeit, die ich zwischen dem Zaren und uns zu schaffen gewußt habe, grenzt an ein Wunder. Wenn man denkt, von welchem gänzlich gegenteiligen Standpunkt ich ausgehen mußte, um dazu zu gelangen, daß die beiden Kaiserreiche nur mehr eines geben, bin ich oft versucht zu glauben, ich träume[3].« – »Der Zar und ich . . . haben in diesem Augenblick keinerlei Streitgegenstand, und so etwas ist immer glücklich[4].«

Aber nicht nur in Österreich und vermeintlich in Rußland gebietet Clemens, auch in Italien, Griechenland und Spanien will er es tun. In England versucht er mit allen Mitteln, das gleiche durch die Gräfin Lieven durchzusetzen, aber da geht es nicht so reibungslos ab wie beim Zaren. In London haben noch andere Leute in der Regierung mitzureden, nicht der König allein zu gebieten. Übrigens nimmt Georg IV. kaum jemand ernst, und Metternich schon gar nicht. Er erklärt ihn schlankweg als ein »Baby par excellence«, und Babys, die das sechzigste Lebensjahr überschritten haben, liebt Clemens nicht. Bei dieser Beurteilung spielt aber auch die Einstellung des Staatsmannes gegenüber einem Land mit einer ihm so verhaßten Verfassung mit und die Tatsache, daß Canning keineswegs gewillt ist, einem Metternich zu gehorchen. Allerdings, das Eingreifen Frankreichs in Spanien, um dort die uneingeschränkte Herrschergewalt wiederherzustellen, wird auch gegen den Einspruch Englands durchgeführt. Gräfin Lieven unterrichtet Clemens genau über die Strömungen am englischen Hof, besonders gerne wiederholt sie ihm als heiße Gegnerin Cannings des Königs Georg IV. abfällige Äußerungen über seinen eigenen Minister des Äußeren. Sie unterschätzt allerdings den britischen Staatssekretär, den sie nicht für voll nimmt, weil er nicht ganz ihrer Gesellschaftsklasse angehört und viel zu liberal denkt.

»Du kannst Dich darauf verlassen, man arbeitet daran, Canning loszuwerden«, schreibt sie am 15. März 1823 an Metternich[5]. Sie hätte statt »man« ruhig »ich« sagen können. Doch auch von ihr abgesehen, hat sich eine förmliche Verschwörung gegen Canning gebildet, der anfänglich selbst der König nicht fernsteht. Canning aber wartet nicht erst Angriffe ab, er attackiert selbst und verfehlt nicht, seinem allerhöchsten Herrn darzulegen, der österreichische Minister wolle die ganze Welt beherrschen und jede Verfassung, also auch die englische, von der Erdoberfläche wegwischen[6].

Der Kanzler ist so sehr verfassungsfeindlich, weil er sich sagt: wie bei einem Orchester oder einem Haushalt müsse schließlich immer einer dirigieren, soll alles zusammenklingen. »Und einer der Reize des konstitutionellen Systems«, sagt er ironisch, »ist der ewige Wechsel in den Ministerien ... Das Mittel zum Ruin an Stelle von Ordnung und Sparsamkeit in einem Haushalt findet sich in dem ständigen Wechsel von Angestellten und Dienerschaft. Was also für einen solchen gilt, ist nicht weniger für ganze Reiche maßgebend[7] ...«

Lorel in Paris hat in dieser Zeit ständig Kopfschmerzen und geht kaum mehr aus. »Mein einziges Vergnügen«, schreibt sie damals, »ist das Lesen, und das tue ich von früh bis abends[8].« Politisch vertritt sie nach wie vor die Ansichten ihres Mannes und wird nie zugeben, daß er sich überschätzt, wenn er zum Beispiel sagt: »Unter tausend Köpfen ist nur *ein einziger* wirklich gediegener zu finden und unter Hunderttausenden bloß *ein* wirklich tief und groß angelegter vorhanden[9].« Er sagt es wohl nicht, aber man fühlt es heraus, daß er sich für den einen unter den hunderttausend hält.

»Ich kann meine Existenz nur mit der eines Schachspielers vergleichen«, philosophiert der Kanzler. »Ich sitze ruhig da und habe die Karte Europas vor mir. Von der Art und Weise, wie ich die Steine darauf vor- oder zurückrücken lasse, hängt Gewinn oder Verlust der Partie ab.«

Beim Werben um England soll ihm seine Freundin Lieven helfen, und so macht er ihr in dieser Zeit wieder mehr den Hof. »Du fehlst mir in meinem Leben wie einem Haus das Dach«, läßt er sich vernehmen und bewundert wieder einmal ihre Kunst, fesselnde Briefe zu schreiben. »Meine Freundin«, meint er im Zusammenhang damit, »weißt Du, daß die Welt einen großen Verlust erlitte, wenn ihr die *Kenntnis unserer Korrespondenz vorenthalten* würde? Es findet sich sozusagen die *gesamte Zeitgeschichte darin,* und unser gegenseitiges Gefühl nimmt da seinen reichlich bemessenen Platz ein. Trotzdem bleibt noch so viel, daß irgendein Kompilator geheimer Memoiren sie gewiß nicht verachtete. *Man würde uns mit Gier lesen, denn wir sind dessen auch wert*[10].«

Auf Dorothees eifersüchtig-besorgte Frage, wie es mit ihm und den Frauen stehe, sucht er sie auf jede Weise zu beruhigen. Unwillkürlich denkt man nun an Clemens' eigenes Kind der Liebe mit der Fürstin Bagration, die »arme kleine Clementine«, um die sich Lorel nach wie vor in so rührend selbstloser Weise kümmert und von der sie ihrem Gatten immer wieder berichtet. Diesmal unterrichtet sie auch Clemens, daß Frau von Caumont, seine einstige Jugendliebe, plötzlich an Herzschlag verstorben ist. Lange hält Metternich dies Blatt in den Händen, und Erinnerungen an die ersten Jugendjahre steigen in ihm auf.

Mitte Mai des Jahres 1823 hat nun endlich Lorel der Sehnsucht nachgegeben und ihre Rückkehr nach Wien verwirklicht. In »unaussprechlicher Freude« ist sie in St. Pölten und bald danach vor den Toren Wiens eingetroffen. Metternich findet seine Frau nach den drei Jahren, die er die Seinen nicht mehr gesehen, verhältnismäßig gut aussehend, die Kinder natürlich unendlich verändert und gewachsen. Aus Angst, die Rückkehr Lorels könnte Dorothee in London wieder auf sie eifersüchtig machen, betont Metternich gerade in diesen Tagen neuerlich seine Neigung für die Freundin, wenn die Worte auch etwas gepreßt klingen: »Ich liebe Dich aus ganzem Herzen, meine gute Dorothee, ich wäre gleichzeitig das undankbarste und dümmste Wesen, wenn ich es nicht täte[11].«

Zudem hat er es auch notwendig, so zu sprechen, denn nun wäre eine Annäherung der Standpunkte des Kaisers, Metternichs und des Königs von England in politischer Beziehung sehr zu begrüßen. »Es ist also«, schreibt

Clemens seiner Freundin, »an Dir, im Jahre 1823 rührig zu sein, wenn eine Annäherung statthaben soll. Seit langem finde ich nichts so unerträglich wie mein Leben[12].«

Immer dann, wenn der Staatsmann auf Widerstand stößt, enthalten seine Briefe schwarzseherische Bemerkungen. Aber die Klagen sind nur Phrasen, in Wirklichkeit hängt Clemens mit allen Fasern seines Herzens an der Machtstellung, die er einnimmt. Sonst aber empfindet er es als angenehm, daß seine Familie bei ihm weilt: »Mein Haus ist nicht mehr leer, und ich finde großes Glück in dieser Tatsache ... Der Mensch ist entschieden nicht geschaffen, um allein zu leben, und diejenigen, die das Gegenteil fühlen, sind an Geist und Herz krank. Was mich entzückt, ist die so natürliche Verbindung, die sich zwischen unseren beiden Familien gebildet hat ... Meine Frau liebt Dich ausgesprochen, und Du wärst erstaunt, wenn Du wüßtest, wie gut sie Dich kennt. Sie besitzt diese Art Takt in hohem Grad[13].« Der letzte Satz entspricht den Tatsachen sehr; weniger jener von der Natürlichkeit der Verbindung und der Liebe der Fürstin für Dorothee.

Inzwischen ist das französische Heer wirklich in Spanien eingedrungen, hat am 23. Mai 1823 Madrid genommen und alle alten selbstherrlichen Einrichtungen wieder eingeführt. Metternich, der »verteufelt in den Geschäften steckt«, freut sich über diese Entwicklung. Besonders, daß der Zar Alexander in der spanischen Angelegenheit so völlig gleicher Meinung mit ihm ist, um sogar russische Truppen für das »Ordnungmachen« in Spanien zur Verfügung stellen zu wollen. »Ich habe nur wahrste Lobeshymnen über Kaiser Alexander zu singen. Er geht geradewegs und prachtvoll, und besonders auf der Linie engster Verbindung mit mir, seines Weges«, betont Clemens[14]. Um so mehr ärgert Englands Haltung den österreichischen Staatsmann. Das schnelle Ende der Revolution in Spanien wird von Clemens bei dem Beiseitestehen Großbritanniens als eine Niederlage des Königs und Wellingtons gewertet. Clemens hat dem letzteren einen »energischen« Brief geschrieben, den dieser aber ärgerlicherweise nicht beantwortet. »Er scheint sich zu gut, um sich geschlagen zu bekennen«, meint Metternich darüber, »und zu schwach, um es zuzugeben.«

Aber was ist Politik, was sind die großen Geschäfte der Welt, wenn ein weibliches Herz eifersüchtig ist! Wieder hat sich jemand gefunden, der Frau von Lieven von der allerneuesten Neigung des österreichischen Kanzlers gesprochen hat. Sofort ergeht ein Schreiben Dorothees, das, im Ton eines Verhörs gehalten, Clemens ärgert. »Ich bekam eben Deinen Brief vom 6. Juni«, antwortet er, und ganz ungewöhnlich stark ist diesmal seine Reaktion, die zeigt, daß jetzt wirklich etwas daran ist. »Muß ich Dir antworten? Ich bin fast versucht, es nicht zu tun. Wer ist denn dieser Augenzeuge? Dieser Imbécile ohne Augen und Ohren?! Wenn jemals eine Dummheit aus den Wolken geholt ist, so ist es jene, die dieser einfältige Kerl erfunden hat. Denn ich leugne, daß er etwas gesehen oder gehört hätte, wo es nichts zu hören und zu sehen gab.

Eine halbtolle Mutter mit zwei bécasses« (Schnepfen, Ausdruck etwa wie Fratzen) »von Töchtern trat auf. Sie blieben zehn oder zwölf Tage hier, und während dieser Zeit sah ich sie zweimal bei mir zum Diner. Niemals habe ich meinen Fuß in ihr Haus gesetzt. Niemals auch haben sie mich, außer in Anwesenheit von fünfzig oder hundert Personen, gesehen. Da hast Du die volle Wahrheit, und man muß schon ein sehr erfindungsreiches Wesen sein, um auf diese Tatsachen einen Roman zu gründen. Ich verstehe es, denn ich erwarte alles von seiten gewisser Leute. Es handelt sich um eine Frau, und ich bin ein Mann. So ist also alles möglich, und oft ist, wie auch hier, das Unwahrscheinliche wahr ... Ich möchte um jeden Preis wissen, wer Dir das hinterbracht hat, damit ich ihn meiden kann, wenn ich ihm jemals begegne[15] ...«

Die drei Damen, um die es sich handelt, sind die Freiinnen von Leykam, Frau und Töchter eines Sohnes jenes Leykam, der seinerzeit als Beamter des Fürsten Kaunitz mit Metternichs Mutter so gut bekannt war. Er hat eine neapolitanische Sängerin von einst großer Schönheit geheiratet, die aber ein recht unbeständiges und merkwürdiges Leben führte und noch führt. Ihre sehr jungen Töchter aber sind bildhübsch, wohlerzogen und entzükken jeden, der sie sieht. Dem haben sie es auch zu verdanken, daß sie bei so kurzem Aufenthalt zweimal bei Metternich geladen waren, wozu in bescheidenem Maße der in seinem Haus wohlbekannte Name Leykam beigetragen haben mag.

Diese Familie ist dazu bestimmt, den Beziehungen Clemens' zu der Gräfin Lieven in der Zukunft mehr oder weniger ein Ende zu setzen. Sie haben sich schon zu lange nicht gesehen, und immer nur in Briefen verliebt bleiben müssen verliert mit der Zeit seinen Reiz. Auch politisch hört Metternich so manches, was verdächtig darnach aussieht, als ob die Gräfin von seinen Grundsätzen abwiche und langsam doch auf die Strömungen zu hören beginne, die sich mit dem neuen Staatssekretär des Auswärtigen, Canning, in England geltend machen. Und politische Gegensätze sind für alle Beziehungen mit Metternich höchst gefährlich und noch immer der Ausgangspunkt für jeden Bruch des Staatsmannes selbst mit engverbundenen Persönlichkeiten gewesen.

Nicht nur in Spanien, auch in Portugal beginnen sich freiheitliche Neigungen zu zeigen, auch dort Unruhe und Verfassungswünsche zu entstehen. Die grundsätzlichen Streitigkeiten, das Einführen und Wiederabschaffen von Verfassungen, bewegen auch die öffentliche Meinung Englands in hohem Maße. »Ja, es beginnt schwierig zu werden, die Welt zu regieren«, bemerkt Metternich, »was sagt wohl Wellington dazu? ... Ach, nichts ist so dumm wie ein Liberaler[16].«

In langen Gesprächen mit dem nunmehrigen Gesandten Englands in Wien, Stewart Wellesley, sucht der österreichische Kanzler auf die englische Politik in antifreiheitlichem Sinn einzugehen. Dorothee aber sieht, sie kommt gegen Canning nicht recht auf, und beginnt langsam und allmählich umzuschwenken.

Der allgemeine Verlauf der Dinge ist zudem, trotz der Niederwerfung der Revolution in Spanien, nicht nach dem Geschmack Metternichs. In Frankreich zeigt sich heftiger Widerstand gegen das Eingreifen dort. Schon glaubt der Kanzler, dort bereite sich wieder eine Revolution vor, und jetzt ist kein Mann da, der einer solchen entgegentreten würde. »Frankreich ähnelt heute einem Schiff«, findet Clemens, »das auf hoher See mit den Wellen kämpft und mit recht armseligen Matrosen bemannt ist ... Ein einziger Mann dort hat das Geschäft eines Ertöters der Revolutionen verstanden. Und dieser Mann war Bonaparte[17].«

Um ein Haar ertappt sich Metternich dabei, daß er den, wie er immer behauptet, von ihm gestürzten Korsen wieder herbeisehnt. Clemens' Erfolge bei dem Durchsetzen seiner Ideen sind also doch nicht so groß, wie er gedacht hat. Auch am Zarenhof hat er sie etwas überschätzt. Die Kriegspartei in Petersburg ist nicht so schnell beschwichtigt wie der Monarch, und darum muß eine neuerliche Zusammenkunft zwischen den beiden Kaisern, diesmal in Czernowitz, die stets wieder aufkeimende Kriegsgefahr zwischen Rußland und der Türkei zu beschwören suchen. Auf der Reise dahin erfaßt den österreichischen Kanzler, sehr zur Unzeit, ein heftiger Bronchialkatarrh, er kann nicht weiter und muß sich in Galiziens Hauptstadt zu Bett legen.

Lorel in Wien ist sehr unruhig, als sie dies hört. Sie hat das gleiche Angstgefühl, das sie immer überkommt, wenn eines ihrer Kinder krank wird, was nach den zahlreichen, die sie verlor, kein Wunder ist. So macht sie eine neuntägige Bittandacht in Mariahilf mit, um die Wiederherstellung ihres Gatten zu erflehen. Und wirklich, nach vierzehn Tagen ist Clemens soweit genesen, daß er in Rekonvaleszenz tritt.

Lorel ist glücklich, daß sich die Krankheit nun so schnell wieder gebessert hat. Mit Interesse hört sie jetzt, wie ihr Mann seine Gefühle während dieser Zeit schildert[18]: »Stelle Dir meine moralische Position vor! Der einzige meines Zeichens, das heißt der einzige in die Geschäfte Eingeweihte (le seul homme d'affaires), liegt in Lemberg im Bett, während die beiden Kaiser im Tête-à-tête in Czernowitz weilen. Das Ergebnis ihrer Besprechungen kann nur entweder sofortiger Krieg zwischen Rußland und der

Pforte oder Frieden sein. Und ich, der ich den Frieden in der Hand halte, der ich allein das Geheimnis kenne, wie man ihn sichert, liege zu Bett! ... Doch habe ich die Sache vor der Zusammenkunft so vorbereitet, daß das, was ich nicht tun konnte, durch die Gewalt der Dinge beendet wurde. Der Friede ist gesichert, alles ist in wunderbarer Weise gelöst und der Triumph ein vollständiger .... Der Doktor hat mich wunderbar behandelt, obwohl er im Jahre 1809 ein wenig in Liberalismus gearbeitet hat (un peu donné dans le libéralisme). Auch hat der Kaiser von Rußland mich, als er diese Tatsache erfuhr, ohne Zögern anflehen lassen, auf Gift achtzugeben.«

Jetzt, wo die Sorge um die Gesundheit ihres Gatten von Lorel genommen ist, kann sie auch wieder an die gesellschaftlichen und künstlerischen Ereignisse in der Wienerstadt denken. Alle Welt spricht zur Zeit von einer wunderbaren Oper, die Carl Maria von Weber herausbringt, der Komponist des »Freischütz«, der so großen Anklang fand und selbst Beethoven sehr begeisterte. Weber hatte seither bei dem großen Künstler gewonnenes Spiel. Er besuchte den tauben Meister öfters in seinem maßlos unordentlichen Raum, wo Musikblätter, Geld und Kleidungsstücke kunterbunt auf dem Boden lagen, das Bett oft ungemacht blieb und gebrauchtes Kaffee- oder sonstiges Geschirr auf dem Tisch stand.

Webers neues Werk widerspricht völlig der herrschenden Geschmacksrichtung, die nach wie vor durch Rossini und die italienische Musik bedingt ist. »Euryanthe« heißt die Oper, deren Ouvertüre er erst in den letzten vierzehn Tagen vor der Aufführung schrieb. Auch Lorel Metternich wohnt dieser Premiere bei, und ihre Kritik beweist, wie schwer es für Künstler ist, sich gegen vorwaltenden Geschmack durchzusetzen, und zeigt zudem, wie nicht nur Beethoven, sondern auch Weber zu ihrer Zeit revolutionär wirkten.

»Man hat uns gestern mit einer Oper des Karl Weber beglückt«, berichtet Lorel ihrem Gatten[19], »niemals ist etwas Barbarischeres, ja, ich möchte fast sagen, Schmerzhafteres aufgeführt worden. Man hat den Eindruck, als ob einem bei lebendigem Leib die Haut abgezogen würde (qu'on vous écorche tout vif). Die ganze Oper, die drei Akte hat, ist in einer Art Raserei (fougue) geschrieben, ich kann mich nicht anders ausdrücken. Es ist unverständlich, wie es möglich ist, solche Musik überhaupt zu singen ... Es ist ebenso falsch oder dumm, einem Ding wie dem da Beifall zu klatschen wie überhaupt es zu schaffen. Das letztere ist noch schlechter, denn es ist natürlicher, einem Unglücklichen, der *solche* Einfälle hat, als einer ganzen Nation zu begegnen, die von einer derartigen Geisteskrankheit erfaßt ist. Auch liebe ich es, um der Wiener willen zu glauben, daß es nur die Freunde des Komponisten waren, die ihn nach jedem Akt herausriefen, und zweifle nicht, daß trotz dieser Höflichkeit das Theater bei der nächsten

Vorstellung leer sein wird. Ruffo (der neapolitanische Gesandte) tat mir leid, und gleichzeitig lachte ich über ihn, denn er sah aus wie jemand, den man gekreuzigt hat. Doch muß ich zugeben, daß ein Jägerchor vorkommt, der einen entzückenden Eindruck macht, obwohl es nur eine Wiederholung jenes aus dem Freischützen ist ... Doch dieses Vergnügen, das tatsächlich ein solches ist, dauert bloß fünf Minuten und kommt erst um halb zehn Uhr abends, und da hat man schon so viel gelitten und ist bereits so müde, daß man es fast nicht mehr genießen kann.«

Unsere Zeit kann es gar nicht mehr begreifen, wie man ein solches Urteil abgeben kann, auch weil wir nicht mehr so sehr im Bann der damals noch alles überragenden italienischen Musik stehen. Es war ja nicht nur Lorels Meinung allein, denn in einem Punkt behielt sie recht: die Oper wurde nicht mehr oft aufgeführt. Nach der zwanzigsten Wiederholung schon mußte man sie absetzen. Heute gehört der »Freischütz« zum ewigen Bestand aller Opernhäuser der Welt, »Euryanthe« wird aber nur selten gespielt, nur Teile, vor allem die wundervolle Ouvertüre, gehören zur Konzertmusik. Metternich aber nimmt sich vor, dieser Oper auszuweichen, und kehrt, zufrieden mit sich selbst und dem, was auf der großen Weltbühne geschehen soll, nach Wien zurück.

Sein allerdings schon behobenes Leiden bleibt ihm aber eine willkommene Ausrede, nicht nach Italien fahren zu müssen, wohin sich die Gräfin Lieven auf einige Monate begeben hat, die physisch und vielleicht auch ein wenig politisch erkrankt war. Und dies, obwohl er sich eigentlich dort mit ihr ein Rendezvous gegeben hatte. Seit Verona hat er nicht mehr gar sehr viel für sie übrig; politisch hat sie ihren Einfluß verloren, droht selbst von seiner Linie abzurücken und sich dem Feind Canning manchmal bedenklich zu nähern. Zudem hat ihn der Reiz schöner junger Mädchen in Wien, der in unmittelbarer Nähe auf ihn wirkt, von seiner fernen Geliebten langsam, aber sicher abgezogen.

Auch der König von England, obwohl in Gräfin Lieven verliebt, scheint nicht mehr solch große Festigkeit Canning gegenüber zu zeigen. Langsam beginnt sich Dorothee daher vom Kampf gegen den britischen Staatsmann zurückzuziehen, obwohl sie es innerlich sehr ungern tut. Metternich aber findet Canning nach wie vor »durch die Natur sehr stiefmütterlich begabt« und »nicht viel mehr Staatsmann« als Clemens' »für seine Dummheit berühmter Kammerdiener Giroux«; als Gegner ist er sicherlich unbequem, doch meint er schon viel gefährlichere gesehen zu haben. Wenn sich aber die Freundin in London diesem Mann nähert, verliert sie im selben Maße für Metternich an Interesse. Er kommt also nicht nach Italien und gibt Dorothee den Rat, mit Ruhe zu warten, ob und wann er auch kommen könne. Das kränkt die Gräfin außerordentlich. Ihre persönliche Eitelkeit

Wien im Jahre 1814
Nach einem Aquarell

Marie Louise und der König von Rom
Nach einem zeitgenössischen Gemälde

Fürstin Dorothee Lieven
Nach einem Gemälde von Sir Thomas Lawrence

Antonie Freiin von Leykam, Gräfin von Beilstein,
zweite Gemahlin Metternichs
Nach einem Gemälde von Johann Ender

Fürstin Melanie Metternich, geb. Gräfin Zichy-Ferraris,
dritte Gemahlin Metternichs
Nach einem Gemälde von Friedrich Naumann

Kaiser Ferdinand und Kaiserin Maria Anna
in der Loge des Burgtheaters
Nach einer zeitgenössischen Lithographie

Franz Joseph I., Kaiser von Österreich
Nach einem Stich von Goebel

Fürst Clemens von Metternich
Letzte photographische Aufnahme

ist da im Spiel. Entrüstet und empört schreibt sie fortwährend an Clemens, ärgert sich, daß er nur selten antwortet, fragt, warum er sie denn aufgefordert habe, nach Italien zu kommen. Sie will, daß die Gewohnheit der Wochenbriefe, deren Metternich nun schon hundertfünfzig geschrieben, aufrecht bleibe. Aber die früheren Liebesworte machen schon manch unangenehmen Wahrheiten Platz. So ist sie sogar mit Capodistrias einverstanden, wenn dieser bemerkt, das russische Volk werde es einmal als Schande empfinden, daß sein Zar sich von einem österreichischen Minister beherrschen ließ. Immer aber noch hofft Dorothee in ihrem Ehrgeiz, Metternich werde sich doch überreden lassen, etwa im Dezember 1823 zu kommen; aber nein, andere Magnete ziehen Clemens an.

Gräfin Lieven sucht den Grund für sein Nichtkommen gewiß nicht in des Kaisers von Österreich Plänen oder in geschäftlichen Gründen, sondern ganz richtig in den ihr in reichem Maße zukommenden Nachrichten, wonach Metternich in eine junge Dame verliebt sei. Er sieht, es geht nicht mehr an, diese, wie das erstemal, bloß als eine flüchtige Bekanntschaft zu bezeichnen. Er muß Dorothee nun ausführlichere Kunde geben: »Danke, meine Freundin, daß Du über meine Liebe zu Fräulein von Leykam so ruhig urteilst. Ich will Dir unsere Geschichte erzählen. Die Familie Leykam lebte früher in München, vor drei Jahren kam sie hierher, von wo sie auch stammt, und wartet nun auf ein in Aussicht stehendes Konsulat. Meine Schöne war sieben Jahre alt, als ich sie kennenlernte, und ist heute sechzehn ... Die Kleine ist sehr anmutig und wohlerzogen ... Bei den Wiener Tratschereien wird man gewiß ein Vergnügen daran haben und sich kein Gewissen daraus machen, einen Menschen wie mich als einen Verbrecher und die unschuldige Kleine für eine Spitzbübin zu erklären[20].«

Immer noch will Metternich Dorothee glauben machen, daß sie als einzige in seinem Herzen thront, aber sie weiß es schon besser, und sein Ausbleiben bei dem geplanten Zusammentreffen in Italien ist ihr Beweis genug. Die Gräfin ärgert sich über gewisse Aussprüche des Freundes über dieses Land, das sie begeistert. Überhaupt findet sie parallel mit ihrem aus der Eifersucht erwachsenden Unmut über Metternich, daß seine Urteile über alle Welt in letzter Zeit viel zu scharf werden. So, wenn er sagt: »Paris hat nur ein Gesicht: das der Frivolität. Italien hat keine Männer, Deutschland erschöpft sich in Ideologien, und der Rest liegt in tiefem Schlaf. Was mir zudem weh tut, wenn ich mit Engländern zusammen bin, das ist die Dosis von Wahnsinn, die mehr oder weniger in jedem von ihnen zu finden ist.« Und dann, kurz darauf, mit Rücksicht auf die politische Lage, die Bemerkung[21]: »Ich bin in den Geschäften der einzige, der weiß ist wie der Schnee. Alle meine Kollegen sind mehr oder weniger mit schwarzen Flekken beschmutzt.«

Man muß nicht erst aus Eifersucht verärgert sein, um solche Urteile und derartiges Selbstlob unangenehm zu empfinden. Metternich aber ist in dieser Zeit ganz besonders scharf gegen seine Kollegen in aller Welt eingestellt; und warum? Nur, weil sie sich nicht in seine Ideen fügen wollen. »Ich hasse vor allem Dummheit«, erklärt er. »Sie bringt mich außer Rand und Band, denn in der höchsten Region der Geschäfte sollte sie nicht bestehen[22] ...« Aber Metternich überschätzt seine Kräfte, und es wird langsam gefährlich für ihn, scharfe Angriffe gegen fremde Staatsmänner Dorothee nach London weiterzugeben, denn wenn ihre Liebe schwindet, wird ihre weltbekannte Indiskretion bodenlos gefährlich. Worauf denn eigentlich gründet sie ihren so starken Einfluß auf die politischen Geschehnisse der Welt? Neben dem persönlichen Eindruck, den sie auf den König und auf viele maßgebende Staatsmänner ausübt, vor allem auf das Geschick, mit dem sie jedem das ihn Interessierende mitzuteilen weiß, das sie bei ihrem ausgedehnten Bekanntenkreis anderweitig erfährt.

Als die Gräfin nun im Mai von Italien, ohne Clemens gesehen zu haben, wieder nach London zurückkehrt, kommt sie gerade in den scharfen Kampf, den Canning gegen seinen eigenen König und die ultrakonservativen Kräfte in der Frage der Länder Südamerikas führt, die die Herrschaft Spaniens durch Revolution abgeworfen haben. Noch einmal lebt die Verschwörung auf, Canning darüber zu Fall zu bringen. Ja, von englischer Seite, und zwar von einem dem Kabinett angehörenden Minister, wird beim österreichischen Legationsrat von Neumann, dem engsten Vertrauten Metternichs, angeregt, der österreichische Kanzler solle der britischen Regierung Waffen in die Hand geben, um den Staatssekretär zu stürzen. Auch der König selbst ist daran beteiligt.

Da schaltet sich Gräfin Lieven doch wieder in den Kampf gegen Canning ein. Dieser erkennt, daß hinter all diesen Intrigen Metternich steckt, der sich der Gräfin als Werkzeug zu seinem Sturz bedienen will. Das ist besonders gefährlich bei der Abneigung auch des Königs, der, will man der Gräfin glauben, über seinen Staatssekretär sagte: »Er ist ein Lump, und ich hasse ihn täglich mehr[23].« Clemens rät dem Gesandten Paul Esterházy, sich möglichst im Hintergrund zu halten und die Gräfin Lieven, und Neumann alles machen zu lassen. Canning aber durchschaut das Spiel, und grenzenlose Wut erfaßt ihn. Seine Ansicht über Metternich faßt er in der Bemerkung zu Lord Grenville zusammen: »Sie sollen zuerst hören, was ich von ihm denke, er ist der größte Schurke und Lügner auf dem Kontinent, vielleicht überhaupt in der zivilisierten Welt[24].«

Der Brite holt sofort zum Gegenschlag aus, droht mit seinem Rücktritt, wenn die südamerikanischen Republiken nicht anerkannt werden, macht aber auch gar kein Hehl daraus, in aller Öffentlichkeit erklären zu wollen, daß höchstgestellte und hohe Persönlichkeiten die vertraulichsten Staatsgeheimnisse Großbritanniens an Handlanger fremder Mächte verraten und mit ihnen gegen Mitglieder der Regierung intrigieren. Das könnte zu einem geradezu furchtbaren Skandal werden, und um den zu verhindern, sieht der König keine andere Möglichkeit, als sofort auf der ganzen Linie nachzugeben.

Die Niederlage von Metternich, Lieven, Neumann, Esterházy und der politisch zu ihnen haltenden Glieder der hohen englischen Hierarchie ist vollständig. Jetzt wird die Gräfin Lieven für den österreichischen Kanzler politisch gänzlich bedeutungslos, ja im Gegenteil, seine Verbindung zu ihr eine Verlegenheit. Die Gefahr, durch sie bloßgestellt zu werden, wird ihm in diesem Augenblick drohend klar.

XVI. LOREL METTERNICHS KRANKHEIT UND TOD

1824–25

Metternich liegt indes in neuen Liebesbanden, die zwar zunächst keinerlei Aussicht auf Erfolg haben, aber doch sein Herz und seine Gedanken sehr beschäftigen. Im Haus der Gräfin Zichy sticht ihm Melanie sehr in die Augen, die sich in letzter Zeit recht erholt hat und ein reizendes und fesselnd unterhaltendes junges Mädchen geworden ist. Doch ist ihre Familie in schwerer wirtschaftlicher Not, weil sie weit über ihre Verhältnisse gelebt hat. Der Kanzler hat da eingegriffen, dann mit Rothschild gesprochen und auch die Neigung des Zaren Alexander benützt, der der Gräfin Molly zur Zeit des Wiener Kongresses etwas den Hof machte. Er gibt nun seine Zustimmung zu einer durch russische Bankiers und Rothschild garantierten Anleihe für die Familie Zichy. So ist ihr augenblicklich geholfen, und Clemens kann seinen Bericht darüber mit den Worten schließen: »Also damit ist die große Affäre beendet. Adieu, meine liebe Molly, aber jetzt seien Sie vernünftig und machen Sie nicht einen Heller neue Schulden mehr[1].«

Mitte April des Jahres 1824 erhält Metternich in Ischl auf einmal schlechte Nachrichten von seiner Frau. Ein Blutsturz hat sie plötzlich in Lebensgefahr gebracht. Er wiederholte sich allerdings nicht, hat sie aber doch sehr geschwächt und deutlich darauf hingewiesen, wie bedenklich ihr Lungenleiden zunimmt. Es besteht gar kein Zweifel, und auch Metternich sagt sich, das Wiener Klima tue ihr gar nicht gut. So denkt er daran, Lorel wieder nach Paris zurückzuschicken. Diesmal erholt sich die Fürstin nicht so schnell. Bis tief in den Sommer hinein fühlt sie sich schwer krank. Man schickt sie nach Bad Ems, aber auch da wird es nur sehr langsam besser, so daß sie ihrem Gatten schreibt: »Ich beginne mich schrecklich über mein Übel zu ärgern, das diesmal so hartnäckig ist[2].« Clemens hat mittlerweile in Frankfurt zu tun, wo sein Erscheinen größtes Aufsehen hervorruft. Lorel wundert sich gar nicht darüber, bedauert ihren Gatten aber dennoch, denn sie meint, wenn solche Berühmtheit auch sehr ehrenhaft sei, ein wenig mehr Freiheit und Unabhängigkeit würde wertvoller sein.

Von Frankfurt begibt sich Metternich auf sein schönes Weingut Johannisberg am Rhein, wo er stolz sein Gästebuch durchblättert und findet, daß es eine Art »Revue der ganzen Welt« darstellt[3]. »Es kommt mir vor«, bemerkt er, »als stecke in mir ein Stück Altdeutschtums, das mich den Rhein als den schönsten der Flüsse empfinden läßt, dem ich mich immer mit dem gleichen Gefühl nähere, mit welchem die Inder den Ganges ansehen.« Vom Johannisberg, den der Kanzler den »Zentralpunkt der lachenden und liebenswürdigen Welt« nennt, sucht er den herrlichen Weinen Absatz zu verschaffen. Rothschild, der damit beauftragt ist, kümmert sich zuwenig darum, und so bittet er Dorothee scherzend, sie möge sich ein wenig in Bewegung setzen, um seinen Wein »en vogue« zu bringen. Dann bestellt er die Pferde, um nach Ischl zurückzukehren.

Der Tag für die Abreise ist festgelegt, aber irgend etwas hält ihn zurück, und er kann erst am folgenden Tag fahren: »Nun hat man in den Zeitungen berichtet, ich wäre krank. Augenblicklich sanken die Papiere um drei Viertel Prozent. Als ich aber dann den übernächsten Tag ankam, sind sie sofort wieder um eineinhalb Prozent gestiegen, was den guten Leuten wohlgezählte zweieinviertel Prozent in zwei Tagen getragen hat. Man sieht, daß ich sogar schon soweit gelangt bin, die Welt Geld gewinnen zu lassen[4].«

Von Lorel, die Mitte August auch nach Johannisberg kommen will, erhält Clemens indes Nachricht, der Großfürst Konstantin von Rußland weile nun auch in Ems. Seine Frau war schon vor ihm ebenso krank wie Lorel angekommen. Der Anblick der Prinzessin erinnert Lorel an ihre arme verstorbene Marie; der gleiche schleppende Gang, die gleiche blasse Miene und Magerkeit, und sie denkt nicht nur an Marie, sie denkt auch an sich selbst. Es ist ihr, als sähe sie ihr eigenes künftiges Schicksal in dieser Frau verkörpert und vor Augen geführt. Als dann Anfang September Lorel nach längerem Aufenthalt auf dem Johannisberg nun wieder nach Paris und nicht mehr nach Wien zurückkehrt, kommt es ihr, obwohl Clemens gar nicht bei ihr ist, so vor, als nähme sie auch von ihm schweren Herzens Abschied.

Fürstin Lorel kommt in Paris gerade zur Totenfeier für Ludwig XVIII. zurecht, der am 16. September des Jahres verstorben ist. Auf Metternich macht der Tod des Monarchen geringen Eindruck. »Der alte König war als Persönlichkeit nicht viel wert«, findet er. »Wenn er ein einfacher Bürger gewesen wäre, hätte die falsche Richtung seines Geistes und Herzens ihn noch dazu gebracht, Jakobiner zu werden ... (Sein Nachfolger) Karl X. ist bedeutender; er hat ein geradliniges Herz und ebensolchen Geist[5].« Clemens denkt, es werde sich durch den Thronwechsel in Paris nicht viel ändern. Nur sein Verhältnis zu England hat dringend Besserung nötig. Georg IV. hat ihm zwar persönlich einen förmlichen Liebesbrief geschrieben, auf dem links oben dreimal unterstrichen die Worte »Für Sie allein« stehen. Und doch schreibt er gleich an Freundin Lieven darüber: »Der Brief ist der eines Ultras. Hört man den König, so wird er die Felsen spalten und die Asche der Liberalen in alle Winde streuen[6].«

Trotzdem weiß Clemens genau, Canning hat in London stark an Boden gewonnen. Also hat der österreichische Kanzler Dorothee wieder mehr den Hof zu machen, denn sie muß ihm ja doch wieder in den Sattel verhelfen. »Du meine Freundin«, hat er ihr gerade erst versichert, »Du bist vollkommen, Du stehst immer auf Seite der Wahrheit. Alles, was Du siehst und sagst, ist wahr, und was Du willst, ist gut. Ich würde Dir morgen schon meine Regierung, mein Szepter und meine Feder anvertrauen. Habe ich Dir nicht schon mein Herz geschenkt?«

Mittlerweile ist der Winter herangekommen, und am 4. November 1824 heiratet Sophie, die Tochter des Königs Max Joseph von Bayern, aus dem zweiten Zwillingsschwesternpaar, den Erzherzog Franz Karl von Österreich, den jüngsten lebenden Sohn des Kaisers Franz. Beim Zustandekommen dieser Ehe hat Metternich keine so große Rolle gespielt wie sonst gewöhnlich. Diesmal haben die bayrische Familie und die Kaiserin direkt alles besprochen. Clemens findet die Braut sehr ansprechend. »Alle Welt«, bemerkt er über sie zur Gräfin Zichy, »wird Ihnen sagen, daß Erzherzogin Sophie eine sehr schöne und angenehme junge Person ist, es gibt über sie nur eine Stimme. Sie besitzt Würde, mit viel Natürlichkeit gemischt, und einen gütigen Ausdruck, und diese Eigenschaften ließen ihr das gewinnen, was man bei Hof Herzen nennt ... Ich überzeuge mich jeden Tag mehr, daß der Himmel mich mit einer gewissen Naturanlage bedacht hat, die mich das Wesen der Menschen schon von recht weitem vorausahnen läßt[7].«

Zur Zeit steht als gefährliche Nebenbuhlerin für Gattin wie Geliebte die nun achtzehnjährige reizende kleine Freiin Antoinette Leykam in Clemens' Gunst im Vordergrund. Sie vereint südliches Temperament und dunkle Augen mit liebenswürdiger deutscher Anmut. Da die Familie nicht in den besten Verhältnissen lebt, denkt man zur Zeit daran, Antoinette als Gesellschaftsdame an den Hof des Herzogs Ernst von Coburg zu bringen. Nicht gerade eine glückliche Idee bei dem bewegten Liebesleben des durch körperliche Schönheit ausgezeichneten Don Juan von einem Herzog!

Metternich ist bestrebt, Lorel von seinem steigenden Interesse für dieses schöne junge Mädchen abzulenken. Bei der Gräfin Lieven gelingt dies Clemens viel schlechter, obwohl sie zur Zeit wieder guter Hoffnung ist, aber immer noch nicht ganz von ihm lassen will. Auch er schreibt ihr fortgesetzt weiter, trotz allem, was geschehen ist. Er versucht immer noch, wenn schon der Sturz Cannings nicht durchzusetzen ist, wenigstens dessen »verstockten Sinn« zu ändern. Dorothee ihrerseits will Metternich mit dem Herzog von Wellington versöhnen, aber in England hat der österreichische Staatsmann nicht viel Glück. Da kann er sich nicht wie sonst rühmen, aller Welt zu befehlen und sie nach seinem Willen arbeiten lassen.

Fürstin Lorel fährt inzwischen fort, das Interesse des ihr angetrauten Gatten bei den in Frankreich herrschenden Bourbonen zu vertreten. Insbesondere hat sie bei dem seit dem Jahre 1821 als Ministerpräsident wirkenden Grafen Villèle einen Stein im Brett und ihrem Mann dadurch auch weiter in vielem nützen können. Diese Bemühungen laufen im wesentlichen auch da auf Bekämpfung revolutionärer Umtriebe hinaus. Im übrigen kommen von der Fürstin persönlich schlechte Nachrichten; ihre schwache Lunge bereitet ihr große Beschwerden, und Metternich zeigt sich schon sehr besorgt darüber. Ende November des Jahres 1824 verdichten sich die von verschiedenen Seiten eintreffenden Nachrichten über den elenden Gesundheitszustand Lorels so sehr, daß Clemens seine Befürchtungen in einem Brief ernstlich zum Ausdruck bringt[8]: »Ich versichere Dir, daß die Unsicherheit über Dein Befinden der Wirkung eines in meinem Herzen bohrenden Wurmes gleichkommt; ich wäre schon lange nach Paris gefahren, wenn ich nicht mit eisernen Klammern an meinen Aufenthaltsort gefesselt wäre.«

Neuerlich steht man vor Verwicklungen, die eines Tages plötzlich zu einem Krieg führen könnten. Und da ist Clemens wieder einmal gänzlich verschiedener Meinung mit Dorothee, die den russischen Krieg gegen die Türkei aus Vaterlandsliebe als unvermeidlich und zudem auch noch für leicht hält. »Das eine wie das andere ist falsch«, erklärt ihr Metternich. »Wäre er leicht, hätte er schon längst stattgefunden, und wäre er unvermeidlich, würdest Du ihn jetzt *mich* beginnen sehen. Ich bin nicht gewohnt, im Gefolge anderer einherzulaufen, ich gehe voran, allen weit voran. Nein, meine Freundin, *Krieg kann nur das Ergebnis ungeheurer Fehler sein*, und Herr Canning, der ihn auch nicht will, könnte uns doch dazu führen. *Krieg wäre der Tod der menschlichen Gesellschaft* (Corps Sociale), *der Tod Rußlands, Österreichs und der ganzen Welt* ... Der Krieg wäre nicht nur eine Angelegenheit russisch-türkischer Rivalität .... nein, meine Freundin, *Krieg wäre eine der großen Elementarkatastrophen, die alles von unterst zuoberst kehren. Alle Elemente würden aufeinanderstoßen und bei ihrem Zusammenkrachen alles zermalmen, was sich zwischen ihnen fände; das heißt ganz Europa.* Er wird also nicht stattfinden, außer wenn Herr Canning der Deus ex machina wäre, der dieses ungeheure Werk von Zerstörung und Tod in Gang brächte; er wäre fähig dazu[9] ...«

Clemens ist überzeugt, er sei der einzige, der noch imstande wäre, eine solche Katastrophe abzuwehren. Und dies allein kraft des Einflusses und der Macht, die ihm durch das grenzenlose Vertrauen seines Kaisers und Herrn gegeben ist. Eben hat er wieder, nach seiner Darstellung, einen schlagenden Beweis dafür erhalten, wie weit dieses Vertrauen geht. »Ich beginne mehr oder weniger die Meinung zu teilen«, berichtet Metternich darüber seiner Freundin, »die mir der Kaiser in letzter Zeit ausgesprochen hat ... *›Wenn Sie sterben müssen‹, sagte er mir, ›würde ich mich aufhängen!‹ Ich finde, er hat recht. Du würdest sehr schnell die schöne Verwirrung sehen, die überall entstünde, und wie eilig die Heilige Allianz weltlich würde.* So habe ich Seiner Majestät gesagt, ich erlaubte mir, auf sein Versprechen zu zählen ... Wenn ich in dieser Welt am Ende etwas Schlechtes tue, wird mir der liebe Gott wenigstens meine Arbeit zugute halten und die Mühe anrechnen, die ich mir für seinen größeren Ruhm gebe, *denn es ist, weiß Gott, eine Mühe, gegen das Kaisertum der Dummheit anzukämpfen*[10].«

Die bösen Nachrichten über die Gesundheit Lorels bleiben indes unverändert. Ihr Zustand bessert sich nicht mehr. Trockener Husten quält sie tagsüber, und Mitte Dezember bekommt sie neuerlich einen, diesmal viel bedenklicheren Blutsturz. Aber immer noch findet sich ein Arzt, der keine Besorgnis hegt und glaubt, erklären zu können, die Lunge sei nicht angegriffen. Krank und schwach, wie sie ist, fiebrig und unter nächtlichen Schweißausbrüchen, kann sie oft nicht schlafen und beschäftigt sich mit Lesen, derzeit des Ségurschen Buches über den Feldzug 1812 in Rußland. »Welch abenteuerliche Unternehmung«, denkt sie, »und wie sieht man da, daß der große Mann nicht mehr der alte war und ihn das Glück ganz umgemodelt hatte (la prospérité l'a changé). Er hatte den Maßstab für Möglichkeit oder Unmöglichkeit von Dingen vollkommen verloren und rannte daher in sein Verderben[11].«

Traurig beginnt Lorel das neue Jahr; sie kann sich gar nicht mehr erholen. Metternich verläßt sich ganz auf seinen Sohn, dem er die sorgfältigste Pflege der Mutter ans Herz legt, gedenkt aber immer noch nicht, nach Paris zu fahren, und redet sich weiter auf die Geschäfte aus, die ihn davor zurückhalten. »Auf jeden Fall«, betont er[12], »werde ich meine Entscheidung erst treffen, bis ich klarer sehe.« Die zu einer Beratung zusammentretenden Ärzte kommen schließlich zu der Entscheidung, die sie schon vor Jahren hätten treffen sollen, die Kranke von Paris weg in ein mildes Klima zu schicken, und schlagen ihr die Inseln von Hyères vor. Aber jetzt im Winter und mit einer hochfiebernden Frau ist doch eine Wagenreise von zweihundert Meilen unmöglich.

Metternich hört von allen Seiten beängstigende Mitteilungen, aber immer noch zögert er mit der Abreise und philosophiert über die zwei Naturen in seinem Wesen und die Behauptung, keine physischen oder moralischen Leiden könnten ihn jemals daran hindern, seiner öffentlichen Pflicht nachzukommen. »Ich denke unabhängig von meinen Gefühlen«, versichert[13] er der Freundin in London und geht dann auf politische Fragen über.

Die arme Lorel aber will sich noch nicht aufgeben: »Ich beginne zu hoffen, daß der augenblickliche Sturm sich legen wird und der liebe Gott mir erlaubt, noch ein wenig mit Euch, meine Guten, verbleiben zu können! Ich gestehe, ich empfinde süße Freude darüber, es hätte mir sehr viel gekostet, *dieses Leben zu verlassen, in dem ich, mit alleiniger Ausnahme der schrecklichen Verluste, die mich niederdrückten, immer glücklich gewesen bin. Das verdanke ich Dir, mein guter, ritterlicher Gatte. Du hast mir nie auch nur einen Augenblick Kummer bereitet, warst nur mit meinem Glück beschäftigt, und es ist Dir gelungen, es herbeizuführen, denn ich war immer sehr glücklich.* Und selbst mit vierzig Jahren noch hätte ich mein Leben mit Genuß genauso wieder von neuem begonnen. Aber ich muß zu Ende kommen; Viktor wird schon unmutig, daß ich soviel schreibe und mich dabei zu sehr rühren lasse[14].«

Doch die Besserung ist nur eine trügerische; zwei Tage darauf verfällt Lorel in eine Ohnmacht. Als sie erwacht, fühlt sie sich dermaßen schlecht, daß sie schon glaubt, ihre letzte Stunde habe geschlagen. Metternich kommt immer noch nicht, bis ihm General von Vincent, der österreichische Gesandte in Paris, meldet, man würde der allgemeinen Meinung nach hier überrascht sein, ihn nicht kommen zu sehen.

Auch Gräfin Lieven in London, die eben im 250. Sammelbrief an Metternich schrieb, sie habe einen fünften Sohn bekommen, und dies mit der Bemerkung »Es ist zu dumm« quittiert, hört von der Gefahr, in der die Fürstin schwebt. Man sagt ihr auch, Clemens werde wohl jetzt nach Paris kommen, und das freut sie wieder. Er könnte dann nach London weiterfahren, denkt sie, dabei vielleicht versuchen, sein Verhältnis zu Canning zu bessern, und, in dem allerdings jetzt gerade besonders unpassenden Augenblick, seine Geliebte wiedersehen.

Metternich fährt erst nach Paris, als eigentlich jede Hoffnung, seine

Gattin noch zu retten, dahingeschwunden ist. Sie sehnt sein Kommen innig herbei; obwohl sie in einem Atem sagt, sie sei so schwach, daß sie kaum mehr den kleinen Finger bewegen könne, schreibt sie dem Gatten: »Es kommt mir vor, ich würde fast gesund werden, wenn ich Dich wiedersähe. Zumindest aber wäre ich sehr beruhigt und ermutigt[15].« Schon zerbricht sie sich den Kopf, wie Clemens am besten und bequemsten unterzubringen wäre. Am Morgen des 14. März trifft der Kanzler endlich in Paris ein und begibt sich augenblicklich zu seiner Frau, die ihn mit größter Ungeduld erwartet. Nun sieht er seine Gattin, die Mutter seiner Kinder, schwer atmend, in einem Zustand völliger Erschöpfung, blaß wie ihr Leintuch, wieder. »Das Glück, mich zu sehen, hat für den Augenblick mächtig auf ihren körperlichen Zustand eingewirkt«, schreibt Clemens seiner Mutter. Zwanzigmal wiederholt Lorel ihrem Gatten: »Nun ist es wieder ganz heimlich um mich und in mir.« Die arme Frau liebt Clemens bis zu ihrem letzten Atemzug. Aber bald weicht die erste Freude wieder tiefster Erschöpfung. Heimlich, hinter dem Rücken der Kinder, hat Lorel sich die Letzte Ölung geben lassen, dann bittet sie ihren Gatten, nach dessen Zeugnis, ihr anzugeben, was sie in ihrem Letzten Willen über ihr Vermögen verfügen solle. Metternich entwirft daraufhin ein Schreiben, das sie nur noch unter allergrößter Anstrengung zu unterzeichnen imstande ist.

Nichtsdestoweniger empfängt Metternich noch am selben Tag seiner Ankunft den Besuch aller französischen Regierungsmitglieder, wie er geschmeichelt seinem Kaiser meldet. Begreiflich, denn das durchaus rückschrittliche, klerikale und ultraroyalistische Ministerium des Grafen Villèle, das ganz im Sinne seines neuen Herrn, des Königs Karl X., dem Bruder seiner beiden bourbonischen Vorgänger, regiert, teilt die Überzeugungen Metternichs vollkommen. Und übernächsten Tages schon meldet sich der österreichische Kanzler beim König, der ihn bittet, den Zeitpunkt für eine längere Audienz »nach Maßgabe seiner privaten Verhältnisse zu wählen«. Obwohl es seiner Frau immer schlechtergeht, erscheint Clemens gleich am nächsten Tag wieder am Hof und verbringt zwei volle Stunden beim Monarchen. Auch da verläßt ihn seine stolze Eitelkeit nicht. »Ich bin in die schrecklichste persönliche Lage versetzt und gleichzeitig in die für einen Staatsmann großartigste ... Ich gehe aus dem Zimmer, wo mein Dasein in Brüche geht, in das Kabinett des Herrn von Villèle hinüber, um zu verhindern, daß nicht das gleiche auch der menschlichen Gesellschaft geschehe ... Der König empfing mich wie einen alten Freund. Er verlieh mir die Kette des Heiligen-Geist-Ordens und bemerkte, mich umarmend, er nehme die ›Rechte der Accolade‹ in Anspruch.«

Metternich schmeichelt seinem Herrn und zugleich sich selbst durch die Meldung, der König hätte erwähnt, Kaiser Franz stünde »als Grundpfeiler allen Heiles in Europa« da, und alle Klugheit gebiete, sich eng und vertrauensvoll an Österreichs Politik anzuschließen. Dann stattet der Kanzler auch noch den übrigen Mitgliedern des königlichen Hauses Besuche ab und spricht mit den Ministern über griechische Angelegenheiten, die amerikanischen Kolonien und Cannings »büffelartige Hartnäckigkeit«. »Wie strafbar ist der Mann, der die englische Politik nun auf lauter Abwege führt«, meldet Metternich seinem Kaiser. »Es geht mir heute ebenso wie in manchen Perioden größter Wichtigkeit. Nämlich viele wollen das gleiche, aber keiner unter ihnen weiß das *Wie* zu bestimmen. So Gott will, werde ich das *Nützliche* finden, und mehr kann der Mensch nicht leisten ... Die Menschen stehen mir hier gegenüber wie Schwämme, welche Ideen einzusaugen begierig sind. Was ich ihnen bieten kann, werde ich nicht versäumen[16].«

Dann kehrt Clemens zu seiner armen Frau zurück, die sich, soweit sie überhaupt noch folgen kann, für seine Erzählungen und Berichte nach wie vor höchlichst interessiert. In seinen Briefen an die übrige Welt bedauert Metternich sich selbst um die Leere, in der er wird leben müssen, wenn die Katastrophe eintritt. Und das, wie er sagt, »nach einem gemeinsamen Leben von dreißig Jahren, das durch keine Wolke getrübt wurde[17]«. Nun, diese Wolkenlosigkeit ist wohl nur der verzeihenden Güte jener Frau zuzuschreiben, die da auf dem Sterbebett liegt.

Am Abend des 18. März zieht sich Metternich einen Augenblick von der Todkranken zurück. Weinend umstehen die drei Kinder das Bett ihrer Mutter. »Ich werde diese Nacht nicht mehr überleben«, stößt sie mühsam hervor, »und ich sage es euch, damit euch die Nachricht meines Todes nicht zu sehr erschreckt. Hört noch einige gute Ratschläge!« Segnend mahnt Lorel Metternich sie zu gutem Leben, spricht mit letzter Anstrengung zu den Kindern, ohne zu stocken, ohne sich zu wiederholen: »Seit langem fühle ich mich sterbend. Ich habe mich nur einer einzigen Täuschung hingegeben, denn mein Herz zwang mich dazu: der nämlich, ich würde euch erst dann verlassen, wenn ihr alle verheiratet wäret. Aber es soll nicht so sein.« Bei diesen Worten verbirgt Fürstin Lorel ihr Gesicht in den Händen. »Ich wünschte diejenigen zu kennen, denen die Aufgabe zufallen wird, euch glücklich zu machen, aber Gott hat es nicht gewollt. Zu glücklich wäre ich darüber gewesen, so aber werde ich es erst bei ihm sein!«

Der besorgte Arzt meldet Metternich die Szene, er eilt hinunter und bittet die Kinder, das Zimmer zu verlassen, damit sie ihrer Mutter nicht schaden. Noch versucht Lorel, ihrem Gatten zuzulächeln und so zu tun, als wäre sie ruhig, als würde es ihr nicht so schlecht gehen. Und dies, um ihm nicht so weh zu tun und ihn noch in letzter Stunde über ihren Zustand zu täuschen. In derselben Nacht noch, gegen halb vier Uhr morgens, tut die Fürstin den letzten Atemzug. »Ihr Ende war wie ihr Leben«, meint Metternich dazu, »man kann ihr keinen schöneren Nachruf halten ... Wenn jemals eine Seele den Weg zum Himmel gefunden hat, so ist es wohl die ihre ...« Aber schon bemerkt er: »Ein Vater kann den Kindern die Mutter nicht ersetzen[18].«

Als die Gräfin Lieven vom Hingang der Fürstin hört, läßt sie sich sofort in einem Brief vernehmen, der aus der Feder einer erfolgreichen Rivalin mehr als peinlich wirkt[19]: »Gerade habe ich Deine traurige Nachricht erhalten. Gott, wie ich um Dich leide! Für diesen Schmerz gibt es keinen Trost. Ich weiß nichts anderes zu sagen, als daß mein Herz so schwer ist wie das Deine ...«

Nun erhält der Staatskanzler unzählige Beileidskundgebungen aus aller Welt. Die innigste stammt von Melanie, der zwanzigjährigen Tochter Molly Zichys. Sie spricht vom traurigen Zustand seines armen Herzens, bedauert, daß sie, da er ferne weilt, nicht den Trost genießt, mit ihm weinen zu können, und schwört, dies sei für sie eine sehr, sehr empfindliche Prüfung. »Ich beende diesen Brief«, steht am Schluß zu lesen, »der viel zu lang würde, wenn ich darin auch nur einen Teil der Gefühle malen wollte, die ich empfinde[20].« Und zwei Tage später: »Verzeihen Sie, mein lieber, angebeteter Fürst, daß ich wieder schreibe ... Schenken Sie mir die köstliche Illusion, mit Ihnen noch ein wenig plaudern zu können[21].«

Ein herzlicher Trostbrief kommt auch von Melanies Mutter Molly Zichy. Sie antwortet auf die Mitteilungen Metternichs, seine Ankunft habe die letzten Kräfte seiner Frau geweckt, diese Aufregung aber dann sofort Todesschwäche hervorgerufen. »Ich habe sie drei Tage lang sterben gesehen, und meine Seele war gebrochen«, hatte Metternich ihr geschrieben. Nun dankt er ihr für ihre Trostesworte und meint[22]: »Der Mensch in mir ist ausgelöscht, doch der Minister lebt ... Ich arbeite mich heraus, so gut ich kann ...« In jedem ihrer Briefe, mit denen Gräfin Molly in diesen Tagen den Kanzler überschüttet, steht am Schluß, daß ihre Melanie ihm die »allerherzlichsten und zärtlichsten Dinge« sagen läßt.

Dieses Mädchen hat eine große Schwäche für den Kanzler, die sich zu einer schwärmerischen Verehrung für den mächtigen Staatsmann entwikkelt hat, der, wie sie weiß, über alle, selbst den Kaiser, gebietet. Er ist gerührt, daß sie so innigen Anteil an seinem Schicksal nimmt, versichert, daß er inmitten seines Schmerzes »über den nicht wiedergutzumachenden Verlust« viel an sie denke. In gleichem Sinne schreibt er dann Dorothee nach London, der Freundin »in Kummer und Glück«, die ihn »in allen Lagen des Lebens verstehe«. »Mein Seele ist schwer angegriffen ... Ich war wohl niemals verliebt in meine Frau; wenn jemals eine reine Zweckehe geschlossen wurde, so war es die meine. Ich war sehr jung, selbst zu jung, als ich heiratete. Meine Frau a voulu de moi; von ihrer Seite hat Liebe vor allem anderen ihre Wahl bestimmt. Ich bin dem Wunsch meiner Eltern und der Vernunft gefolgt. Seither hat sich meiner Ehe neben Pflichtgefühl Wohlmeinung beigesellt. Nun, meine Freundin, diese Kette ohne jeden Roman, diese Bande reiner Gewohnheit, sind für mich zu einem zweiten Leben geworden! Dreißig Jahre haben es gut geheißen, und nicht ein Augenblick Zwist hat seinen Verlauf gestört. Das Glück eines solchen Zuhause hat für mich fast den gleichen Wert bedeutet, wie er der Gesundheit innewohnt, dieses Glück, das man niemals genug schätzt, wenn man es besitzt, und das nichts ersetzen kann, wenn man es verlor. Mein Kummer ist nichtsdestoweniger wirklich und wahr, so wahr wie Geschichte und wie alles, was ich Dir sage[23].«

Metternich beteuert so sehr, was er da schreibe, sei wahr, und doch wissen wir aus allem, was wir bisher gelesen und gesehen, daß dem nicht so ist! Aber er will einfach immer noch die Freundin glauben lassen, sie sei die einzige gewesen, die ihn völlig fesselte und entzückte, und dies, obwohl er sich innerlich schon längst von ihr gelöst und, wenn überhaupt, an ganz andere denkt. Und doch liest man, etwas peinlich berührt, wie er so kurz nach dem Tod seiner Frau, die ihn so vergöttert hat, von seinen nie vorhanden gewesenen Gefühlen für sie schreibt. Er sagt freilich nichts Böses über sie und hat allen Grund, von ihr gut zu sprechen. Ihr verdankt er so vieles, was er geworden; nie wäre er ohne sie als zur Auswanderung gezwungener Flüchtling, ohne irgendwelche Prüfungen, auf einen Gesandtenposten gelangt. Das geschah hauptsächlich, weil er die Enkelin des großen Kaunitz geheiratet hatte. Dem gleichen Umstand verdankte er es dann auch, daß er den damals weitaus wichtigsten Posten eines kaiserlichen Vertreters in Paris, am Hof Napoleons, bekam. Auch da hat des Namens Kaunitz Zauberklang und die Erinnerung an dessen frankreichfreundliche Politik den Urgrund für seine Berufung gebildet, weil man hoffte, er werde in die Bahnen des Großvaters seiner Frau einlenken. Lorel hat ihn auf diesem gefährlichen Platz durch Klugheit und Takt in allen Lagen gestützt und ihm über die so peinliche Situation hinweggeholfen, in die er durch seine Liebesgeschichten in der Stadt an der Seine geriet.

Lorel liebte Clemens von allem Anfang an und ließ ihm alles hingehen, weil sie die erste war, die zugab, sie vermöge nicht zu verstehen, wie irgendeine Frau ihm widerstehen könnte. Sie hat freilich auch – aber daran ist sie unschuldig – den Keim schwerer Krankheit, der in ihr selbst lag, auf Metternichs Kinder übertragen, wodurch nicht nur ihr, sondern auch ihrem Mann unendlicher Schmerz zuteil wurde. Aber am Ende ihres Lebens war sie doch ein Hemmschuh für ihn geworden; da sie mit den Kindern fern von ihm lebte, konnte sie ihm auch keine Häuslichkeit mehr bieten. So dauert die Trauer Clemens Metternichs nicht allzulange. Seine Eitelkeit und sein Beruf gewinnen schnell die Oberhand über die schmerzlichen Gefühle, die er ohne Zweifel in diesen Tagen empfand. »In sonstiger Beziehung«, betont er nun[24], »habe ich die begründetsten Ursachen, mit meinem Aufenthalt in Paris zufrieden zu sein, und er wird nicht ohne Nutzen bleiben.«

In den ersten Apriltagen hat sich Metternich schon völlig wiedergefunden. »Ich beginne mich neuerdings in den Abgrund der Geselligkeit hinabziehen zu lassen«, läßt er sich zu Dorothee hören, und bald besucht er auch schon wieder Soireen; die erste ist eine solche der siebzigjährigen Gräfin von Laval. »Die jüngste der anwesenden Damen war sechzig«, beruhigt er Dorothee. »Das war das Haus, in dem sich Herr von Talleyrand seit vierzig Jahren anbeten ließ. Aber jetzt ist er bloß ein alter, verzopfter Dummkopf geworden.« Da Metternich sonst der Ansicht war, Talleyrand sei sein ganzes Leben nur geistvoll gewesen, scheint es, daß der allerdings schon greise Staatsmann Clemens' Ansichten damals nicht geteilt hat, sonst wäre es kaum zu so einem schroffen Urteil gekommen. Nun schwimmt Metternich wieder gänzlich in politischem Fahrwasser.

»Die Ereignisse«, schreibt er seiner Mutter[25], »haben mir einen besonderen Sitz in der Gesellschaft Europas eingeräumt, und ich habe davon hier einen Begriff bekommen. Ich fülle in Paris einen Platz aus, der bisher nicht besetzt war und es auch nicht so bald in gleicher Weise sein wird . . . Die einzigen Fremden, die meines Wissens jemals mit den Königen von Frankreich speisten, sind der Herzog von Wellington nach der Schlacht von Waterloo und Lord Moira in seiner Eigenschaft als Freund während der Verbannung (der Bourbonen). So macht meine Zuziehung hier das allergrößte Aufsehen. Die Royalisten sehen darin ein enges Bündnis und die revolutionäre Beseitigung der Pressefreiheit und Triumph der Jesuiten. Ich habe viel Ehre und viel Langeweile gehabt. Wenn ich alle Tage so essen müßte wie gestern, so würde ich daran sterben.

Stelle Dir eine gewaltig große ovale Tafel vor. Der König, der Dauphin, die Dauphine, die Herzogin von Berry, endlich ich und mindestens fünfzig Kammerdiener und Lakaien in Schlachtordnung um dieses eindrucksvolle Oval gruppiert. Da ich inmitten von alldem das Wundertier vorstelle, waren aller Augen auf mich gerichtet. Ich nahm es auf mich, die Gesellschaft zu unterhalten, und erzählte dem König, ich weiß nicht mehr, welche Anekdote, an der er vor Lachen fast erstickte. Der Dauphin verschluckte sich, der Dauphine kam etwas in die falsche Kehle, und die Herzogin von Berry, die ich sicherlich sehr liebe, hat wie verrückt gelacht. Ich vermeinte schon, die fünfzig bedienenden Leute im Chor in das Gelächter einfallen zu sehen, und dankte Gott, als das Diner zu Ende war. Wir sind dann in den Salon des Königs hinübergewechselt und unterhielten uns da, um den runden Tisch sitzend, noch über zwei Stunden.« Nun waren aber erst kaum drei Wochen seit dem Tod der Fürstin Lorel vergangen, und man muß sich am königlichen Hof einige Gedanken darüber gemacht haben, wie schnell Metternich seine Laune wiedergefunden hat.

Es wäre naheliegend gewesen, daß Clemens nun, wie es die Gräfin Lieven wünschte, ebenso in London einen politischen Besuch abstatte, und er hätte dies auch gewiß sehr gerne getan. Aber von dorther wird abgewinkt. Canning hat kurz vorher Grenville sein Herz darüber ausgeschüttet, wie die »Bande Metternich-Lieven-Esterházy« an seinem Sturz gearbeitet habe. Bei dem bekannten Gefühl und dem Urteil des britischen Staatssekretärs über den österreichischen Staatsmann hätte der Besuch auch keinerlei günstige politische Folgen haben können. Clemens bleibt also fern, begnügt sich damit, Canning einen Dummkopf zu nennen, und die Lieven sieht ihn wieder nicht, was Metternich aber kaum mehr schmerzlich empfindet. Es ist ihm schon zuviel, wie ihn seine Freundin dort eifersüchtig hofmeistert. Aber immer noch verteidigt er sich, wenn er auch manchmal um ein Geständnis nicht vorbeikommt.

Dorothee hat von einem Besuch Clemens' bei der Fürstin Bagration und der Herzogin von Dino gesprochen. Zuerst also muß er von der Fürstin reden: »Du weißt, was ich über sie denke und welch Gefühl ich heute für sie hege. Aber zwischen ihr und mir gibt es ein geheiligtes Band. Die Mutter ist (aus meinem Gesichtskreis) entschwunden, doch die Tochter ist da und gerät weit über meine Hoffnungen hinaus sehr gut. Ohne dieses Band hätte ich nie den Fuß in das Haus der Fürstin gesetzt ... und Frau von Dino? Diese Schwester Wilhelmine Sagans« (Dorothea, Herzogin von Talleyrand-Dino) »habe ich bloß zweimal während meines Aufenthalts gesehen und war nicht ein einziges Mal bei ihr. Und zwar beim Tod meiner Frau, denn damals hat die Herzogin deren Bett nicht verlassen. Lorel liebte sie, und sie war die einzige Fremde, die sie zu sehen wünschte. Auch hat sie ihr Dienste geleistet, wie man sich solche sonst nur von einer Tochter erwarten kann. Und ich hätte sie nicht sehen sollen? ... Es war nicht sehr vernünftig von Dir, mir so zu schreiben, und auch nicht Deiner würdig. Du bist einem Gefühl gefolgt, dessen Du Dir vielleicht selbst nicht bewußt bist – der Eifersucht; doch niemals war sie weniger am Platz[26].«

So wandeln sich die Briefe der Liebe in solche der Bitterkeit. Doch schließt das Schreiben mit den Worten: »Adieu, meine Freundin der letzten sieben Jahre und aller Zukunft[27].«

In England verliert Metternich auch sonst mehr und mehr an Terrain. Selbst der König muß sich seinem gefürchteten Außenminister wieder etwas annähern. Damit ist auch die Gräfin Lieven von Canning auf der ganzen Linie geschlagen und kündigt ihre Abreise und einen längeren Aufenthalt in Petersburg an. Metternich aber begibt sich mit seinem Sohn nach Italien und fährt zunächst nach Mailand. Die Revolutionen sind dort zu Ende, und er kann da noch einmal nach dem Rechten sehen. Clemens hat wohl unmittelbar nach dem Tod seiner Frau Schmerz gefühlt, aber wenn man ihm tief ins Herz sieht, so scheint es doch, daß er diesen Verlust in Wirklichkeit als eine Art Befreiung empfindet. Und nun beginnt ein neuer Abschnitt in seinem Leben.

XVII. POLITISCHE NIEDERLAGEN UND WIEDERVERMÄHLUNG

1825–1829

Metternich fühlt sich in Mailand vollkommen sicher. »Ich bürge mit meinem Kopf, daß die Revolution in Italien zu Ende ist«, erklärt er[1]. Beruhigt feiert er seinen Geburtstag, zu dem ihn Melanie Zichy wieder besonders warm beglückwünscht. Clemens hat viel übrig für dieses Mädchen. »Ich habe es gern, wenn meine Freunde diesen Tag lieben«, meint[2] er und fügt für die kleine Gräfin gleich hinzu: »Ich brauche Ihnen nicht erst zu sagen, daß ich unter jenen Sie zu einem sehr hohen Rang erhebe; wenn ein vom Gefühl verliehener genügen würde, um vor der Welt zum Gesetz zu werden, hätten Sie allen Anspruch auf die Würde einer Prinzessin eines königlichen Hauses ... Wenn ich nach Wien zurückkomme, werde ich, soviel ich kann, melanisieren«, verspricht er. Solche Worte freuen im Hause Zichy, und Melanies Neigung wird durch ihre Mutter in jeder Weise unterstützt. Sie weiß zu genau, was Clemens alles vermag; nur er wird imstande sein, sie vor Verlegenheiten auch finanzieller Natur zu schützen, und überhaupt würde ihr gegebenenfalls eine Vermählung ihrer Tochter mit einer solchen Größe in jeder Weise passen. Metternichs Frau ist zwar kaum erst gestorben, aber niemand zweifelt daran, daß er wieder heiraten wird. Sein Kaiser hat es ihm ja vorgemacht, und man ist überzeugt, er wird dem Beispiel seines allerhöchsten Herrn folgen. Metternich plant auch tatsächlich, sich wieder zu verheiraten. Er verneint es zu oft, als daß dem nicht so wäre. Aber Dorothee soll glauben, daß er nicht daran denkt. Immer wieder und auch da zeigt es sich, wie sachte man vorgehen muß, bevor man Äußerungen Metternichs zu Frau von Lieven als bare Münze nehmen kann. Zu sehr versucht er in den Briefen an die Freundin, seine wahre Meinung zu verschleiern.

»Ich weiß es nicht«, schreibt er zum Beispiel damals, wo er zwischen zwei schönen jungen Mädchen schwankt, »ob sich Europa damit beschäftigt, mir eine Frau zu geben. Soviel mir bekannt ist, denke ich nicht daran. Nicht, daß ich nicht vielleicht mehr als jedermann sonst den Zauber eines Heims schätzen könnte. Im Gegenteil, es macht das Glück meines Lebens aus. Aber je mehr dies der Fall ist, um so weniger wüßte ich, wer es mir sichern könnte. Eine Witwe? Ich wüßte keine, die ich haben wollte. Eine sehr junge Person? Was für Eigenschaften und Sicherheiten müßten denn gegeben sein, damit ihre Wahl mir nicht als Wahnsinn erschiene! Ein Fräulein vernünftigen Alters? ... Die Gefährtin, die ich mit beiden Händen nehmen würde«, verneigt sich da Metternich vor der Freundin, »ist verheiratet. Ich kann sie also nicht haben. So steht es mit mir, und die Welt ist ein recht schlechter Beurteiler persönlicher Situationen. Man muß die Leute reden lassen und niemals die eigene Sache vor diesem Richterstuhl verfechten[3].«

Während Frauen daran denken, wie man ihn erobern könnte, hegt man, politisch gesehen, größtes Mißtrauen gegen Metternich. Bei des Kanzlers Verweilen in Paris haben seine Feinde ihn sehr genau beobachtet; vor allem der russische Botschafter, Graf Pozzo di Borgo, jener Korse und erbittertste Feind Napoleons von jeher, der wegen des österreichischen Ministers seinerzeitiger Verständigungspolitik mit diesem in schärfsten Gegensatz zu Clemens geriet und auch nach dessen Frontwechsel im Jahre 1813 darin verharrte. Pozzo ärgert sich maßlos, daß Metternich sich in Paris dem König und auch den Ministern gegenüber rühmte, den Zaren völlig unter seinen Einfluß gebracht und die Ostfragen nach seinem, des Österreichers, Sinne, und nicht nach dem Rußlands, gelenkt zu haben. Er ist entrüstet darüber, daß Kaiser Franz' Minister darauf hinweist, wie es ihm gelungen sei, Alexander I. durch ständiges Vormalen des Revolutionsgespenstes ins Bockshorn zu jagen. Der russische Diplomat meldet dies nach Petersburg, nicht ohne am Rande auch hämisch anzuführen, Clemens sei schon sechs Tage nach dem Hingang seiner Frau gelegentlich eines Konzertes bei der Fürstin Bagration erschienen. Auch Canning bemerkt dazu, »die Leichtgläubigkeit, ja das Hinters-Licht-Führen des Zaren durch Metternich sei infolge dessen Ruhmredigkeit in Paris Tagesgespräch geworden«.

Dabei täuscht sich der Österreicher über seine tatsächlichen Erfolge bei Alexander I. Sie sind keineswegs so groß, wie er meint. Im Gegenteil, er beginnt schon selbst zu fühlen, wie des Zaren am Wiener Kongreß bewiesene Abneigung gegen Metternich für Rußlands Interessen günstiger gewesen ist als das bei den letzten Kongressen gezeigte Einlenken. Nun wirken die Meldungen Pozzo di Borgos auf den empfindsamen Zaren so stark[4], daß er sich wieder – und diesmal auch unter dem Einfluß der Gräfin Lieven, die jetzt gegen Metternich eingenommen ist – fast gänzlich von österreichischen Kanzler abwendet. Der Zar legt um so mehr Wert auf die nunmehrige Meinung Dorothees, als er genau weiß, in welch enger Beziehung die Gräfin jahrelang zu Metternich gestanden ist. Nun sieht er, daß sie genau die gleiche Erfahrung gemacht zu haben scheint wie er, und zieht die Folgerungen daraus. So bedeutet der Besuch der Gräfin Lieven in Petersburg im Juni und Juli des Jahres 1825 für Clemens eine böse Wendung. Der russische Kaiser will nun aus der Heiligen Allianz heraus in eine besondere Verbindung mit England treten und womöglich zu einem Vertrag gelangen, der die Türken aus Europa hinausweist. Die Gräfin Lieven soll das vermitteln; sie greift zu und widmet sich dieser Aufgabe mit höchstem Eifer. Für Metternich aber wird aus der verliebten politischen Freundin eine gefährliche Gegnerin.

Clemens gegenüber tut Dorothee allerdings so, als wäre sie noch auf seiner Seite. Nach ihrem Besuch in Rußland hatte sie ihm noch von der Reise geschrieben, es bestünde in Petersburg »eine gewisse Kälte gegen ihn[5]«. Sie rät, Versöhnlichkeit zu zeigen, das heißt, versucht, ihn dazu zu bringen, in den Ostfragen nachgiebig zu sein. Folgt er ihrem Rat – um so besser, dann hat sie ja doch erreicht, was sie und der Zar wollen. Doch besteht wenig Aussicht darauf. Clemens bleibt hartnäckig: »Man ist recht böse auf mich ... Inmitten eines Sturmes sind es die Wogen, die die stärkeren scheinen. Sowie das Gewitter vorüber ist, zeigt sich der Felsen nach wie vor auf seinem Platz, doch die Wellen sind verschwunden[6].« – »Das ist die lautere Wahrheit und meine Lage ... Alles mag sich rund um mich anders gestalten; ich aber werde fest und unbeweglich auf der Grundlage bleiben, auf die ich mich gestellt sehe ... Was ich Dir gestern und seit vier Jahren gesagt habe, wiederhole ich heute: Ich habe nichts zurückzunehmen und nichts hinzuzufügen[7].«

Gräfin Lieven wird aber deshalb doch in England im Sinne ihres Herrschers weiterwirken, was um so leichter fällt, als sie bei ihrer Rückkehr feststellt, der Gegensatz Canning-Metternich, ja der förmliche Krieg zwischen deren beiden Ländern, halte nach wie vor in ungetrübter Schärfe an. Im selben Maße, als ihre neue Orientierung es erfordert, muß sie gänzlich ihre frühere Gegnerschaft zu Canning vergessen und mit fliegenden Fahnen zu ihm übergehen.

Die Gräfin Lieven hat den Zaren wohl gesund vorgefunden, doch über seine Lebensweise und trüben Stimmungen Bedenkliches gehört. Mystisch-religiöse Neigungen zeigen sich beim Herrscher in beunruhigendem

Maße; auch hat er sich von aller Gesellschaft nahezu völlig zurückgezogen und in der letzten Zeit fast wie ein Mönch gelebt. Als plötzlich die Kunde vom gänzlich unerwarteten, angeblich am 1. Dezember 1825 erfolgten Tod des Zaren Alexander die Welt durcheilt, wirkt sie wie ein Blitz aus heiterem Himmel. Ob der Monarch damals wirklich gestorben ist oder nicht, ob er als Bauer in Sibirien weiterlebte oder sonstwo untertauchte, ist heute noch eine ungelöste Frage. In den von den Sowjets geöffneten Särgen der Zaren fand sich überall der betreffende Tote. Nur der Sarg Alexanders I. soll leer vorgefunden worden sein. Aber dies tut nichts zur Sache, für die Welt und die Politik ist er jedenfalls wirklich tot. Viele Leute wollen sich nun erinnern, vom Zaren in den letzten Jahren oft die Worte gehört zu haben: »Ich werde irgendwo in einem Waldeswinkel oder in einem Graben am Wegrand sterben, und niemand wird davon ein Aufhebens machen[8].«

Auf Metternich macht die Nachricht ebensolch großen Eindruck. Er ist sich dessen noch nicht ganz bewußt geworden, wie weit er gerade in der letzten Zeit seinen Einfluß auf den Zaren verloren hatte. Ob der neue Zar sich wohl gegen alle bösen, wie freiheitlichen und umstürzlerischen Bestrebungen auf seine Seite schlagen wird? Das ist nun für ihn eine wichtige offenstehende Frage. Mit Sorge sieht Metternich den sogenannten Dekabristenaufstand des Dezember 1825, eine Offiziers- und Truppenmeuterei, die ob der Unklarheit der Thronfolge ausgebrochen ist, denn der Großfürst Konstantin verzichtet auf die Krone, und sein jüngerer Bruder will sie aus lauter Großmut nicht annehmen. Endlich entscheidet es sich aber, daß dieser neunundzwanzigjährige Großfürst Nikolaus den Thron besteigt. »Das alte Rußland existiert nicht mehr«, läßt sich Clemens nun auch Dorothee gegenüber hören[9]. »Nikolaus ist berufen, ein neues zu schaffen, und meine aufrichtigsten Wünsche begleiten ihn bei dieser gewaltigen und edlen Aufgabe. Du siehst, meine Freundin, daß ich kein Feind Rußlands bin, wie es Eure Plaudertaschen und Großmäuler (vos caillettes et vos grosses épaules) gerne glauben machen möchten.«

Wenn Metternich auch merkt, wie sich die Welt in steigendem Maße gegen ihn und seine Meinungen wie Überzeugungen richtet, fühlt er sich für seine Person durch die unerschütterliche Zuneigung seines Kaisers geborgen: »Er betrachtet mich als den sichersten Freund und liebt mich, wie ich ihn liebe[10].« Ausführlich schreibt die Gräfin Lieven wieder über Nikolaus und lobt ihn über alles: »Er besitzt ein Herz aus Stahl und hohen Gedankenflug[11].« Hoffentlich ist das auch wirklich ihre Meinung und nicht genauso falsch und unwahr, wie der an Metternich gerichtete Satz in demselben Brief: »Du bist der einzige Mensch auf der Welt, dem ich vertraue.« Davon ist gar keine Rede mehr, im Gegenteil. Dorothee ist überzeugt, daß nun die Politik ihres Landes noch viel mehr zu jener Metternichs in

Gegensatz geraten wird, jetzt, da ein junger Mann mit von ihr so hervorgehobener Tatkraft die Zügel des gewaltigen Zarenreiches in die Hände bekommt. Erst viel später wird Clemens erkennen, daß sich, um seinen eigenen Ausdruck zu gebrauchen[12], »die Bande der großen Allianz ob des über ganz Europa gespannten Revolutionsnetzes lösten und dieselbe vom Beginn des Jahres 1826 an nur mehr ein leerer Wortschall war«.

Die Gräfin hat indes ganze Arbeit getan; sie versöhnt nicht nur sich mit Canning, sondern auch ihr Land mit Großbritannien. Metternich wird ausgeschaltet, und England und Rußland arbeiten im Frühjahr 1826 innig zusammen. Das Ehepaar Lieven wird nun vom Zaren gelegentlich seiner Krönung mit dem Fürstentitel belohnt. Dorothee steht besonders in der orientalischen Frage ganz auf der Seite ihrer Heimat, während Metternich seufzt: »Gott erlöse uns davon, erst dann werde ich wieder aufleben.« Man weiß, wie sehr die Fürstin damals schon von Clemens abgerückt ist, und doch hat sie ihrem Freund in letzter Zeit wieder geschrieben, welch braver Mann er sei. Er jedenfalls dankt ihr, mit sich selbst zufrieden, für diese Anerkennung: »Ich eile nicht, gehe aber vorwärts und komme deshalb wahrscheinlich auch wirklich an. Sieh nur, wie ich die Welt hinter mir zurückgelassen habe. Wieviel Ermüdete, ja Krüppel, hinken hinter mir nach[13]!« Soviel Selbstbewußtsein erbost Dorothee; sie ärgert sich über Clemens' Liebeleien, von denen man ihr berichtet, sie ärgert sich über seine Politik, die Rußland in der orientalischen Frage widerstrebt, und doch liebt sie ihn nach wie vor. Im Juni des Jahres 1826 haben ihre Sammelbriefe an Clemens die Zahl 279 erreicht. Doch weniger Politik – Eifersucht gibt den Ausschlag, und sie und nichts anderes scheint Liebe in Haß zu verwandeln.

Metternich hat indes in der derzeit für Europa wichtigsten Frage, nämlich im Nahen Osten und in Griechenland, fast nichts zu sagen, und in dem Petersburger Protokoll vom 4. Oktober 1826 wird zwischen dem Zaren und England auch über die Zukunft Griechenlands in zu der Meinung des österreichischen Ministers in Widerspruch stehendem Sinn entschieden. Entrüstet empfängt Clemens diese Nachricht und bezeichnet das Protokoll als »elendes Machwerk«. Canning aber empfindet höchstes Vergnügen über des Staatskanzlers Ärger, und Fürstin Lieven tut gleichfalls so. »Metternich scheint über die Petersburger Vorgänge wütend zu sein«, bemerkt[14] sie, »das war ja zu erwarten, aber es handelt sich auch nicht darum, ihm zu gefallen.«

Der österreichische Staatskanzler weiß zwar nicht, daß Dorothee schon so von ihm spricht und schreibt, doch darüber ist er nicht in Zweifel, daß die Beziehungen ein Leck haben. Seine Eitelkeit ist in diesem Fall schwer getroffen, schon deshalb, weil er sich in dem Bewußtsein sonnte, nicht nur eine tiefe Leidenschaft für diese Frau gehegt, sondern auch ihr eine solche für immer eingeflößt zu haben, und nun sieht er sich darin getäuscht. Hat er aber nicht auch Grund genug dazu gegeben? Vermied er nicht in letzter Zeit geradezu, sie zu treffen? Macht er nicht schönen jungen Mädchen den Hof, nicht nur Melanie, die sich so eifrig um ihn bemüht, auch der reizenden Antoinette Leykam, die zwar nicht aus so vornehmer Familie stammt, die Ungarin aber doch durch ihre Anmut in den Schatten stellt?

Fürstin Lieven erfährt alles, sie hat ihre Vertrauten überall: »Lady Georgina Wellesley hat mir Deinen Brief gebracht, sie läßt nicht ab, von Dir zu sprechen, erzählt mir alles, was ich hören will, und auch manches, was ich nicht hören will. Zu dem letzteren gehören Deine täglichen Besuche bei Mademoiselle Leykam, von der einige behaupten, sie würde Deine zukünftige Frau, andere, sie sei Deine derzeitige Geliebte ... Ich bitte Dich, mich weiter ebenso liebzubehalten wie bisher ... trotz den jungen Damen. Was bist Du doch für ein sonderbarer Mensch? Ich würde glauben, lächerlich zu erscheinen, wenn ich mich mit einem kleinen Jungen abgäbe[15].«

Um aber zu zeigen, daß sie sich scheinbar nichts daraus macht, obwohl sie sich in Wirklichkeit wütend und eifersüchtig über Metternich erbost, schreibt Dorothee ihm einen ellenlangen Brief über die angebliche Liebe des Königs zu ihr, die sie jedoch am Schluß des Schreibens selbst wieder anzweifelt. Die Korrespondenz flaut nun fast ganz ab. Die Fürstin denkt schon daran, ihre Briefe an ihn zurückzuverlangen. Damit macht das Verhältnis Lieven-Metternich gleichsam sein Testament.

Der Staatskanzler hat indessen Plaß, eine große Herrschaft in Böhmen, gekauft, ohne sie auch nur vorher besichtigt zu haben. Kaiser Franz legte ihm die Erwerbung dieses ehemaligen Klosterbesitzes als einen sehr vorteilhaften Kauf in Gnaden nahe, wobei die geforderten vier Millionen Franc dafür nicht gleich erlegt werden müßten. Die Zahlung wird auf Jahrzehnte verteilt, die Besitzung ist aber äußerst wertvoll, weil Steinkohlenlager und Eisenwerke nebst ausgedehnten Waldungen dazugehören. Dort errichtet Metternich seine Familiengruft, und dahin läßt er die sterblichen Überreste von Frau und Töchtern überführen. Plaß wird nun sein bevorzugter Aufenthaltsort.

Während sich Metternich, wie aus dieser Erwerbung zu ersehen ist, in guten Vermögensverhältnissen befindet, steht es ganz anders mit der ihm so befreundeten Familie Zichy. Darum schlägt er Kaiser Franz eine Geldtransaktion zugunsten der gräflichen Familie vor, stößt jedoch an einen ihm sonst ganz ungewohnten Widerstand. Dem Kaiser war nämlich vielfach, und insbesondere durch des Staatskanzlers Widerpart, den Grafen Franz Anton Kolowrat, vorgestellt worden, Metternich verstehe von Geld und überhaupt von wirtschaftlichen Angelegenheiten nichts. Das habe er schon zu Napoleons Zeiten anläßlich des damals geplanten französisch-österreichischen Handelsvertrages zur Genüge bewiesen. Man stellt dem Monarchen vor Augen, wie weitgehend der Staatskanzler in den Fängen der großen Bankiers, besonders der Rothschilds, sei. Wirklich sind auch die Finanzen Österreichs in ziemlicher Unordnung.

Der Einblick, den Metternich in die zerrütteten Verhältnisse der Familie Zichy gewonnen hat, beeindruckt ihn sehr. Es war langsam auch ihm sonnenklar geworden, daß Gräfin Molly die Absicht hat, ihn für eine ihrer noch unvermählten Töchter zu gewinnen. Und man muß sagen, der Eifer Metternichs, der Familie zu dienen, und bestimmte, sehr warme Briefe geben auch die Berechtigung, zu glauben, er stehe dieser Idee nicht ferne.

Die nun zweiundzwanzigjährige Melanie, in ihrer dunklen, rassigen Schönheit und ihrem mutwilligen, launenhaften, graziös originellen Geist kommt Clemens weiter sehr entgegen. Er verkehrt auf vertrautestem Fuß mit ihr, kennt er sie doch schon seit ihrer ersten Kindheit. Er schreibt ihr auch oft, immer in witziger, spöttischer Art, und schließt etwa[16]: »Adieu, meine gute, liebe, kleine Schlimme, guten Tag, meine sehr liebe und reizende Freundin.«

Nach solchen Briefen ist es zu begreifen, daß Mutter und Tochter sich einige Hoffnungen machen. Aber in Wirklichkeit hat sich Metternich anderweitig tiefer eingelassen. Zur Zeit füllt die ungemein liebliche Antoinette Leykam sein Sinnen und Trachten völlig aus. Er liebt es, die Abende bei dieser Familie zu verbringen, wo Musik mit munteren Gesprächen wechselt und das junge Mädchen mit Bescheidenheit und unbefangener Ruhe die Huldigungen des nicht mehr jungen Fürsten-Staatsmannes entgegennimmt. Clemens freut vornehmlich, wie wißbegierig und mit sichtbarer Teilnahme sie seinen interessanten und unterhaltenden Gesprächen folgt und die seltene Gabe aufmerksamen Zuhörens besitzt. Er gewinnt den besten Eindruck auch von ihrem einwandfreien Charakter. Am meisten gefällt ihm, daß sie nicht eitel zu sein scheint; eine Eigenschaft, die er besonders verachtet, obwohl er sie selbst in so hohem Maße besitzt.

Dorothee Lieven in London wird fortlaufend über diese Neigung des Fürsten unterrichtet. Die letzten Briefe Metternichs zeigen, wie weitgehend schon seine Gefühle für sie erkaltet sind. »Du hast die Gewohnheit verloren, mich zu erraten«, ist in einem davon zu lesen. Von Liebe steht gar nichts mehr darin, wohl aber viel von seiner Tätigkeit, Erfahrung und Gabe, die Dinge zu durchschauen. »Seit dreißig Jahren habe ich keinen Augenblick die große Weltszene verlassen ... Gott verlieh mir, die Dinge zu verstehen und zu sehen, wie sie sind ... Ich kenne ihren Wert, mit einem Wort, ich irre mich nicht.«

Auch Dorothee fühlt, es ist zu Ende, und beschwört Metternich, ja nicht zu vergessen, ihr ihre Briefe testamentarisch zu vermachen. »Ich glaube«, sagt auch sie nun, »daß unsere Korrespondenz für einen Biographen der Geschichte unserer Zeit von größtem Wert sein müßte[17].« Noch einmal schreibt Clemens, und zwar den Sammelbrief Nr. 174, der aber nicht mehr erhalten zu sein scheint. Er hat damit die Fürstin Lieven, wie sie sagt, »freudig überrascht«. Sie bedauert das Ende des Briefwechsels doch; im Grunde ihrer Seele hängt sie ja trotz allem immer noch an dem betörenden Staatsmann, genauso wie die Bagration, die Sagan und so viele andere, die ihn nicht vergessen können. Die Frauen sind verlassen worden, nicht Metternich, und Dorothee trauert darüber, daß seine Briefe ausbleiben: »Laß uns von neuem beginnen. Es würde Dir wie mir schwerfallen, auf der ganzen Welt Menschen unseres Formats zu finden. Unsere Herzen passen zueinander, unser Geist auch, und unsere Briefe sind sehr vergnüglich[18] ...«

Mit diesen Worten schließt die lange, aufschlußreiche Reihe der Briefe. Während Metternich alle Rücksicht bewahrt, zwar nicht mehr schreibt, aber Dritten gegenüber niemals etwas Böses über die Fürstin sagt, artet bei ihr die einstige Zuneigung mit der Zeit fast in das Gegenteil aus. Dorothee kann anscheinend nicht anders als entweder lieben oder hassen. Zudem paßt ihr dieser Wandel zur Zeit sehr gut in die große Politik. »Metternich und Canning hassen einander ebenso herzhaft nach wie vor«, schreibt die Fürstin in dieser Zeit[19]. Aber auch da wieder hat der österreichische Staatsmann Glück, wie so oft in seinem Leben. Sein Widerpart Canning stirbt am 8. August 1827. »Jeder nicht Metternichsche ist in Verzweiflung«, ruft Fürstin Lieven aus[20].

Clemens steht nun im vierundfünfzigsten Lebensjahr; immer noch ist er eine blendende Erscheinung, nur zeigt sein gelocktes Haar einen silbernen Schimmer, seine Gesichtszüge treten schärfer hervor, und ein ironischer Ausdruck ist über sie gebreitet. Dafür ist er jedoch ruhiger und auch würdevoller im Auftreten als in früheren Zeiten. Er ist nun vom Zauber der einundzwanzig Jahre Antoinette Leykams so sehr erfüllt, daß er eines Tages den Entschluß faßt, sie zu seiner Frau zu machen. Dagegen sprechen viele Stimmen. Die Familie wird von den Dreihundert der »Hofgesellschaft« schief angesehen, schon weil man der Mutter als Künstlerin wie jeder solchen in dieser Zeit von vorneherein nicht allzu strenge Sitten zuschreibt[21]. Dazu kommen die Enttäuschten, die sich auf Metternichs Hand Hoffnungen gemacht haben.

Der Kaiser hat am meisten Verständnis für den Wunsch seines Paladins. Er, der nicht weniger als vier Frauen geheiratet hat, versteht zu gut, daß sein getreuer Staatsmann nicht allein sein will, und macht jedem Einwand ob der Herkunft der Braut durch Erhebung Antoinettes zu einer Gräfin von Beilstein ein Ende. Dankerfüllt schreibt[22] Clemens darüber: »Die sichersten Freunde meines Lebens sind meine Familie und mein Herr und Meister.«

Trotzdem erregt der Entschluß der »Säule der Aristokratie, Ebenbürtigkeit und Legitimität«, wie man Clemens nennt, in Wien ungeheures Aufsehen. Eigentlich beurteilt man die Standeserhöhung der Braut als Beleidigung, denn damit wird zugegeben, daß sie früher für einen Metternich nicht gut genug war. Clemens hat das gleiche Gefühl, denn er schreibt seinem Sohn Viktor am 7. Oktober 1827[23]: »Morgen wird das Handbillett des Kaisers erscheinen, und dann werde ich meine bevorstehende Heirat ›gestehen‹.«

Auch Flore Wrbna findet den Entschluß unpassend und unerhört, während Clemens sonst mit dem Verhalten seiner Familie zufrieden ist, die sich langsam an den Gedanken gewöhnt hat, Antoinette in ihrer Mitte aufzunehmen. Die Hochzeit findet nun am 5. November 1827 im kaiserlichen Lustschloß zu Hetzendorf statt. Im Freien ist es unfreundlich und kalt, Schnee bedeckt den Garten, ein eisiger Wind fegt durch die Kapelle, und auch die Zeremonie ermangelt einer heimeligen Wärme. Der Geistliche, der die Trauung vollzieht, hält eine nicht allzu passende Rede, weil er selbst fühlt, daß starker Widerspruch in der Luft liegt und der Altersunterschied der Brautleute drückend wirkt. Endlich setzt man sich um ein Uhr zum Hochzeitsfrühstück, an dem ebenso wie an der Trauung selbst bloß die wenigen allerengsten Mitglieder der Familie teilnehmen.

Da plötzlich erscheint mitten während des Mahles ein kaiserlicher Adjutant und meldet die völlig unerwartete Nachricht, die vereinigten Flotten Englands, Rußlands und Frankreichs hätten die türkische im Hafen von Navarino unvermittelt angegriffen und in vier Stunden völlig vernichtet. Die Schlacht war losgebrochen, nachdem die Verbündeten den Messenien barbarisch verwüstenden Befehlshaber der türkischen Armee in Griechenland, Ibrahim Pascha, aufgefordert hatten, dieses Land sofort zu verlassen und die Flotte heimzusenden. Eben hat Metternich die Pforte dahin bringen wollen, ihn um Vermittlung zu bitten, als die Seeschlacht die gesamte Lage verändert.

Bestürzt spricht der Staatskanzler von einer entsetzlichen Katastrophe, während die Russen darüber jubeln. Aber die Teilnehmer an dem Vermählungsdiner wollen in diesem Zwischenfall ein schlechtes Vorzeichen für die Zukunft dieser Verbindung sehen. In dieses Horn stößt auch die Familie Zichy. Die Enttäuschung, daß nicht Melanie die Erwählte ist, läßt die Gräfin Molly in wahre Wut gegen die Mutter Leykam geraten. So weit, wie der französische Botschafter Sainte-Aulaire berichtet, ging es allerdings nicht. Nach seiner Behauptung wäre die Gräfin vor lauter Empörung der Frau von Leykam sogar in die Haare gefahren. Jedenfalls ziehen sich die Zichys nun stark zurück, und um zu zeigen, man sei nicht auf Metternich angewiesen, wird bald darauf die Verlobung Melanies mit einem ihrer eifrigsten Anbeter, dem Legationsrat Freiherrn Clemens von Hügel, verkündet, einem Mann, der sich durch tiefschürfende historische und naturwissenschaftliche Interessen auszeichnet.

In der, wie der Gesandte in England meldet[24], »niederträchtigsten Weise« äußert sich die Fürstin Lieven über die Heirat. Sie hat »hartnäckig daran gearbeitet, die Angelegenheit in einem Licht zu zeigen, das geeignet ist, sie als lächerlich, ja als herabsetzend zu betrachten«. Und mit Behagen wiederholt sie über die Vermählung ihres einstigen Liebhabers die beißenden Worte: »Le chevalier de la Sainte Alliance finit par une mésalliance.« Von da ist dann kein weiter Weg mehr zu ihrem Urteil[25]: »Was ist nur aus Metternichs Talenten und Intelligenz geworden? Denn intelligent war er, und ganz außerordentlich. Ich erinnere mich, daß Viscount Castlereagh ihn zuweilen ›einen politischen Harlekin‹ nannte, das war nicht übel bemerkt.« Beleidigter Frauenstolz und politische Nützlichkeit haben dem Verhältnis Lieven-Metternich den Todesstoß versetzt.

Nun, da der Staatskanzler wieder eine junge Frau besitzt, entschließt er sich, ein noch viel größeres Haus zu führen als in der letzten Zeit. Und dies um so mehr, als er die Wiener Gesellschaft zwingen will, seine Gattin als ebenbürtig aufzunehmen, wobei das einfache Wesen und würdige Benehmen der neugebackenen Fürstin sehr zu Hilfe kommt. Ihre Eltern hält Metternich tunlichst fern. Da Antoinette auf Befehl des Kaisers bei Hof wohlwollend empfangen wird, bleibt auch den hochgeborenen Damen, die die Nase rümpften, nichts anderes übrig, als einzulenken, und sie beginnen wieder des Staatskanzlers Salon zu füllen. Nur Flore Wrbna trotzt weiter.

Ist also in der neuen Häuslichkeit alles eitel Wonne, so steht es nicht ebenso mit der allgemeinen politischen Lage. Der Kanzler beobachtet Rußland höchst mißtrauisch. Dieses will groß Anleihen abschließen, hört er durch Rothschild, und dem will er entgegentreten. »Rußland sucht Geld, um seine Pläne zu verfolgen, und diese Pläne stören die politische Ruhe der Welt«, notiert Clemens[26], weshalb er dem Bankhaus abrät, sich dem Zarenreich gegenüber in irgendwelche Bindungen einzulassen. Auch von Frankreich her hegt der Kanzler Besorgnisse. Zudem hat die drohende Lage am Balkan zum Krieg Rußlands mit der Türkei geführt. So feiert Metternich unter Sorgen aller Art, aber doch auch in seinem neuen Eheglück selig, den fünfundfünfzigsten Geburtstag durch ein Fest in der Villa am Rennweg, bei dem seine junge Frau ihm mehrfach Überraschungen bereitet. Vor allem durch das erste Auftreten des großen Geigenkünstlers Paganini in einem privaten Kreis.

Nach wie vor ist Clemens von seiner Unentbehrlichkeit und persönlichen Bedeutung erfüllt. Stolz schreibt er an diesem Geburtstag dem Sohn Viktor[27]: »Die Welt braucht mich noch, und wäre es nur darum, weil ich einen Platz einnehme, den kein anderer ausfüllen könnte. Um das zu sein, was ich bin, braucht man eine ungeheure Zahl von Vorbedingungen; man kann einen alten Minister ebensowenig ersetzen wie einen alten Baum.« Aufmerksam verfolgt er die Kriegsereignisse am Balkan und freut sich über jeden etwa vorkommenden Mißerfolg der Russen ebenso, wie seine einstige Freundin Lieven bei jedem Sieg derselben jauchzt und hofft, daß »Metternich & Co. darüber die Gelbsucht bekämen[28]«. Es bereitet ihr großes Vergnügen, wenn der König von England ihren Zaren lobt, während er von des österreichischen Staatskanzlers »schurkischem Betragen (rascally behaviour)« spricht[29].

Neuerlich stört ein schwerer Schlag Metternichs Privatleben. In der letzten Zeit hat seiner Mutter Gesundheit stark nachgelassen. Die alte Fürstin hat nun das vierundsiebzigste Lebensjahr erreicht, ist sehr schwach und von erschreckender Magerkeit. Es geht schnell bergab mit ihr, und am 23. November des Jahres 1828, just an Clemens' Namenstag, tut sie ihren letzten Atemzug, bis zuletzt voller Stolz über die Laufbahn ihres Sohnes, die er nicht zum geringsten ihrer weisen Obsorge verdankt. Hat doch sie das größte Verdienst am Zustandekommen seiner ersten Heirat, die das Sprungbrett zu Clemens' schwindelhohem Emporsteigen bildete.

Während aber mit ihr eine Frau dahingeht, die ihre Aufgabe in der Welt mehr oder weniger vollendet hat, bereitet sich ein neuer Verlust vor, der den Kanzler ebenso hart, wenn nicht noch härter treffen sollte. Es ist stets furchtbar, die Mutter, fast ebenso bitter, ein geliebtes junges Wesen zu verlieren, das noch des Lebens Fülle vor sich haben sollte. Am 7. Jänner des Jahres 1829 bringt Fürstin Antoinette zu Metternichs Stolz und unbändiger Freude einen gesunden, kräftigen Knaben zur Welt, der den Namen Richard erhält. Anfangs scheint alles gutzugehen, doch kurz darauf, wohl durch einen Kunstfehler der Ärzte, die die heutigen Errungenschaften noch nicht kannten, tritt Kindbettfieber auf, und die junge Frau fällt ihm schon am 17. Jänner, also zehn Tage nach der Niederkunft, zum Opfer.

»Die furchtbarste Katastrophe ist über mich hereingebrochen«, schreibt[30] Metternich noch am selben Abend. »Da bin ich nun wieder allein auf der Welt[31]!« – »Nichts fehlte mir[32], und nun habe ich alles für den Rest meiner Tage verloren.« Molly Zichy, an die diese Worte gerichtet sind, und Flore Wrbna können nur schwer in diesem traurigen Augenblick ihre ganz anders gearteten Gefühle verhehlen, was Metternich nicht wenig erbost.

Am härtesten ist die Familie Leykam betroffen. Die Mutter, die sich noch am Tag vorher auf einem Ball des Erzherzogs Karl in den Strahlen des Glücks ihrer Tochter gesonnt hat, fällt aus allen Himmeln. »Alles ist zu Ende«, schreibt Metternich seinem Sohn Viktor[33], »und gähnende Leere herrscht heute da, wo ich für den Rest meiner Tage die Verkörperung allen Glücks eingesetzt hatte.«

Nur vierzehn Monate hatte dieses gedauert, und der Verlust traf Metternich wirklich sehr tief, ganz anders als damals der Hingang Lorels. Sein Wort: »Mein Leben ist mit dem ihren ausgelöscht[34]«, ist, wie die Zukunft zeigen wird, übertrieben, aber in dem Augenblick herzlich gefühlt. Die Fürstin Lieven jedoch bleibt auf diese Todesnachricht hin kühl bis ans Herz hinan. Nicht das geringste Mitleid mit Clemens bewegt sie. Er hat sie schließlich verschmäht, und sie ist jetzt geradezu glücklich, auch in politischen Dingen gänzlich mit ihm zerfallen zu sein. Sie scheut in späteren Tagen nicht einmal mehr davor zurück, ihn als den »größten Spitzbuben auf Erden« zu erklären[35].

Metternich aber hat nicht lange Zeit, traurigen Gedanken nachzuhängen. Er muß sich nicht nur um Politik, auch um tausenderlei andere Dinge sorgen und sich nach wie vor auch der Verlegenheiten anderer, insbesondere solcher von Mitgliedern der kaiserlichen Familie, annehmen. Schon lange ist ihm bekannt, daß Marie Louise von Parma, die einstige Kaiserin der Franzosen, uneheliche Kinder besitzt. Es ist ein »secret de polichinelle«, obwohl die Kleinen nicht offiziell im Palais von Parma aufgezogen werden. Die Herzogin hat aber dabei gemeinsam mit Neipperg getrachtet, die materielle Zukunft dieser ihrer Kinder zu sichern. Und zwar soll dies aus den Einkünften der von ihr beherrschten Herzogtümer geschehen, deren Überschüsse nach Ansicht Neippergs Marie Louise gebühren. Nun betragen sie zur Zeit angeblich ungefähr die Summe von zehneinhalb Millionen Franc[36]. Der Graf wendet sich daher an Metternich und bittet ihn, im Interesse Marie Louises zu handeln, und dies im Hinblick auf »all die Opfer, die sie für das Wohlergehen und die Ruhe Europas brachte«. Das soll wohl ein zarter Hinweis auf die Schuld des Staatskanzlers sein.

Clemens berät sich nun mit dem Hause Rothschild, er will sich der Herzogin in jeder Weise gefällig zeigen, ist sie nicht auch die Tochter seines Kaisers? So rät er ihr, diese Überweisung von der Staatskasse in ihr Privateigentum besser nicht vor das Publikum zu bringen. Sie soll eine Anleihe aufnehmen, einen hübschen Teil zur Bildung eines Allodialvermögens für die Kinder benützen, den Rest aber »ihren Untertanen zum Geschenk machen«. So gelingt es, bei sehr geschickter Begebung einer parmensischen Staatsanleihe durch die Rothschilds eine Summe von 5–6 Millionen Franc zur freien Verfügung zu erhalten und daraus für die Kinder ein Kapital in einer Weise zu sichern, daß es ihnen von niemand mehr streitig gemacht werden kann. Der Rest soll für gemeinnützige Bauten im Land aufgewendet und so der üble Eindruck einer neuen Anleihe verdeckt werden. Wohl wurde die parmensische Staatsschuld dadurch nahezu verdoppelt, aber durch die geschickte Begebung hatte vorläufig jedermann seinen Nutzen dabei, und die Kinder waren versorgt.

Marie Louise ist wirklich dankbar. Sie hat schon gänzlich vergessen, wie sie dereinst durch Metternich wie eine Ware verhandelt wurde, berücksichtigt auch kaum, daß er nur sehr geringe Sympathie für ihren Sohn, den Herzog von Reichstadt, hegt, denn sie lebt nur mehr in ihren neuen Interessen und denen ihrer Kinder zweiter Ehe. Graf Neipperg wußte wohl, warum er die Herzogin veranlaßte, jetzt für ihre gemeinsamen Kinder vorzusorgen. Seine Gesundheit ist sehr geschwächt, seine Tage sind gezählt, und im Februar des Jahres 1829 kann man nicht mehr an ein Aufkommen glauben. Und wirklich, am 22. schon rafft der Tod Neipperg hinweg. In seinem Testament spricht er von der Heirat mit Marie Louise, die nie öffentlich kundgemacht war, und von seinen Kindern mit ihr. Da sieht Metternich, es geht nicht mehr an, darum weiter ein Geheimnis walten zu lassen. Er und Kaiser Franz wissen natürlich schon lange davon, sind vielleicht nur nicht ganz genau über das Datum ihrer Geburt unterrichtet. Marie Louise aber hat ihrem Vater gegenüber noch nichts eingestanden. Nun aber, nach dem Testament Neippergs, muß sie ihrem Vater gegenüber endlich zum Geständnis gebracht werden.

So tut Metternich, als wüßte er weder das Datum der Geburt der Kinder noch das der morganatischen Ehe mit Neipperg, und fordert Marie Louise auf, darüber endlich klaren Wein einzuschenken. Der Staatskanzler nimmt daraufhin das peinliche Geständnis entgegen und erfährt so aus ihrem Mund, daß der Herzogin und Neippergs Tochter Albertine am 1. Mai 1817 und der Sohn Wilhelm am 8. August 1819 zur Welt gekommen waren, obwohl Napoleon erst am 5. Mai 1821 starb und ihre morganatische Heirat mit Neipperg am 7. August dieses Jahres geschlossen wurde[37].

Metternich findet nun, man müsse das bestandene Eheverhältnis bekanntgeben, ohne aber Neippergs Testament zu veröffentlichen. So soll insbesondere auch die allgemeine Kenntnis der finanziellen Maßnahmen zugunsten der Kinder vermieden werden. Auf das volle Geständnis Marie Louises tut Clemens weiter so, als hätte sein allerhöchster Herr vorher gar nichts gewußt, und schreibt ihr[38]: » . . . Ich habe so die Gesamtbeichte (im Namen Euer Majestät) abgelegt. Und das Ergebnis hat meinen Erwartungen entsprochen. Der Kaiser will Euer Majestät selbst über die Sache schreiben. Doch kann ich dafür Gewähr leisten, daß die Liebe zu seiner Tochter dadurch nicht beeinträchtigt ist.«

Kaiser Franz bestätigt dies, nicht aber ohne zu bemerken, wie ihn die bisherige Unaufrichtigkeit gekränkt habe. Dem Herzog von Reichstadt werde er wohl von der Heirat und den Kindern Mitteilung machen, dabei aber kein Geburtsdatum nennen. Marie Louise findet nun tausend Dankesworte für Metternich und denkt dabei gar nicht daran, wie wenig er für ihren Sohn aus erster Ehe übrig hat. Wenn er sich einmal um den Prinzen kümmern *mußte*, dann tat er das »mit der Miene eines Mannes, der eine bittere Medizin schluckt[39]«. Dementsprechend sind auch die Gefühle des Herzogs von Reichstadt für Clemens nicht gerade die wärmsten, und daraus mag auch die falsche Mär entstanden sein, als habe Metternich absichtlich und mit Bewußtsein den jungen Prinzen eine Lebensweise führen lassen, die seinen frühen Tod fördern mußte.

Von ihrem Sohn aus erster Ehe getrennt, ist Marie Louise seelisch ziemlich von ihm abgerückt und viel mehr an den mit Übersetzung des Namens Neipperg ins Italienische Montenuovo genannten Kindern interessiert. So haben sie die Nachrichten über des Herzogs in letzter Zeit geschwächte Gesundheit kühler gelassen, als sonst eine Mutter die Erkrankung eines Kindes aufnimmt. Die Beziehungen zwischen Marie Louise und Metternich aber sind in den ersten Monaten des Jahres 1830 besonders warm. So nimmt sie auch größeren Anteil an des Kanzlers persönlichem Schicksal. Sie hört mit Bedauern, daß dessen nun sechsundzwanzigjähriger Sohn Viktor die gleichen Zeichen jener bösen Krankheit aufweist, der die Mutter und auch seine vor ihm dahingegangenen Geschwister zum Opfer gefallen sind.

Doch all das kann Metternich nicht davon abbringen, auch weiter schönen Frauen unter den Hut zu sehen. Schließlich aber raubt ihm der Ernst des Lebens und das traurige Schicksal, das über den Kindern seiner ersten Ehe schwebt, nun auch am 30. November 1829 den geliebten Viktor. So sind nun alle drei Söhne, die ihm Lorel Kaunitz geschenkt, neben zwei ihrer Töchter dahingegangen, und es bleiben ihm nur mehr die nun achtzehnjährige Leontine und die vierzehnjährige Hermine, die ihren Vater zu überleben bestimmt sind. Seine größte Freude aber bleibt der kleine Richard aus zweiter Ehe, der wohl seiner Mutter das Leben gekostet hat, nun aber frisch und gesund heranwächst, ohne das bittere Erbe der Lungenkrankheit, das die arme Lorel ihren Kindern hat mitgeben müssen. So wird Metternich in der Folge Trost in diesem Knaben finden, der ihn, in der Ähnlichkeit mit seiner Mutter, an diese entzückende Frau erinnert und dabei eine Klugheit und einen Scharfsinn an den Tag legt, die jedermanns Bewunderung hervorrufen.

Zu dem traurigen Verlust Viktors kommt noch politisches Leid hinzu. Das Jahr 1829 hat den Sieg der Russen über die Türken gebracht, und der

Friede von Adrianopel spricht im Februar 1830 das aus, was Metternich so lange bekämpft hat – die Unabhängigkeit Griechenlands. Das ist eine neue Niederlage, denn die Londoner Konferenz darüber schaltet Österreich so gut wie aus und geht somit über dessen Staatskanzlers Willen achtlos hinweg. Die Welt aber steht unmittelbar vor einem großen Ereignis, das wieder, wie einst, das Gesamtgefüge Europas in Gefahr zu bringen und zu erschüttern droht.

XVIII. METTERNICHS DRITTE EHE UND KRONPRINZ FERDINANDS HEIRAT

1830–1832

Die Bourbonen, nach dem Sturz Napoleons wieder in die Herrschaft über Frankreich eingesetzt, zeigten sich ihrer Aufgabe nicht voll gewachsen. Ludwig XVIII. war zwar eher gemäßigt, kein Ultra, aber doch nicht tatkräftig genug, um während seiner Regierung dem Einfluß seines rückschrittlich gesinnten Bruders entgegenzutreten, der ihm im Jahre 1824 nachfolgte. Karl X. begann nach seiner Thronbesteigung durch eine Amnestie mit einer Verbeugung vor den Liberalen, kehrte aber dann völlig in die alten Bahnen zurück. Er billigte Villèles konservative, metternichfreundliche Politik und berief im August 1829 einen Mann seines Herzens, den fanatischen Grafen Polignac, an die Spitze der Regierung.

Dieser rät seinem König, angesichts der Widerstände, die er vorfindet, im Juni 1830 zu einem Staatsstreich, und wirklich werden fünf Verordnungen erlassen, denen zufolge die Freiheit der Presse aufgehoben, Zensur eingeführt, die Kammer aufgelöst und neue Grundsätze für die Wahlen aufgestellt werden. Das bedeutet soviel wie Revolution, angesichts der großen Zahl freiheitlich Gesinnter im Land, denen sich Karl X. gänzlich verschließt. Inmitten des scharfen Gegensatzes der absolut regierten Oststaaten und der Verfassungsländer des Westens versucht Karl X. so, seine Absichten über den Kopf der Bevölkerung hinweg und auch gegen den Willen des reichen und mächtigen Bürgerstandes durchzusetzen. Die Empörung darob überwindet aber seine Macht, die Truppen gehen zu den Aufständischen über, und Karl X. muß Paris flüchtend verlassen, worauf die Abgeordneten seine Entthronung und die Berufung Louis Philippes von Orléans beschließen. Es ist der Sohn jenes Philippe Egalité, der dereinst für den Tod Ludwigs XVI. gestimmt hatte, und ist so recht der Kandidat des freiheitlichen Bürgertums, das fortschrittlichen Geist hegt.

Für Metternich ist die Kunde von diesem Einbruch in die legitimistische Ordnung ein Greuel. Er sieht den Sicherheitsdamm durchbrochen, die Fluten der Revolution über Europa hinwegbrausen. Er will am liebsten sofort marschieren, um in Paris ebenso wie nach den letzten Kongressen in Italien das wiederherzustellen, was er Ordnung nennt. Aber im Falle Frankreichs ist das nicht so leicht; ein Feldzug gegen dieses große Land, hinter dem zur Zeit auch noch England steht, ist etwas anderes als Strafexpeditionen gegen kleine italienische Staaten. Metternich ist so schwer betroffen, daß er das Bedürfnis hat, die Dinge zu besprechen, sich Rat zu suchen und daher wieder Zuflucht zu alten Gefährten und Freunden zu nehmen. Gentz käme da zunächst in Betracht, aber er bläst nicht mehr ganz in dasselbe Horn wie Metternich, hat sich von dessen Ideen abgewendet, und das verträgt der Kanzler am allerwenigsten. Dazu ist Gentz politisch auch nicht mehr so interessiert wie in früheren Zeiten. Sein Herz und sein Sinn weilen anderswo. Er hat sich mit seinen sechsundsechzig Jahren in die reizende neunzehnjährige Tänzerin Fanny Elßler verliebt. Völlig berückt und eitel begeistert, schreibt[1] er: »Ich habe sie einzig und allein durch die Zauberkraft meiner Liebe gewonnen«, und dies, während er gleichzeitig sein Gold in wohlgeprägten Dukaten zu Fanny hinträgt. Er liegt Metternich, Rothschild und allen Leuten, von denen er Geld erwarten kann, ständig in den Ohren, um ihr Geschenk über Geschenk und Luxus jeder Art vermitteln zu können, und spricht bloß mehr über die schöne Tänzerin mit Metternich und Melanie Zichy, die fortwährend beisammen sind, denn des Mädchens Verlobung ist bezeichnenderweise nicht lange nach dem Tod der Fürstin Antoinette aufgehoben worden. Beide, besonders die stolze Melanie, sehen dieser Liebe von Gentz mit gemischten Gefühlen zu, Metternich ironisch, Melanie mit Verachtung für eine Schauspielerin. »Er denkt nur an sie«, meint Clemens[2], »und was ist eine Revolution im Vergleich zu den unsagbaren Reizen einer Fanny! Er ist fröhlich und sieht alles nur rosig.« Als dann kurz nachher auch noch Nachrichten kommen, daß sich die Cholera, von Rußland kommend, drohend dem Kaiserstaat nähere und schon einzelne Fälle in Galizien zu verzeichnen sind, meint Metternich weiter[3]: »Ich bin von zwei Seiten gepackt. Die Revolutionen greifen mich in der Front an und der Choleramorbus im Rücken. Diese schreckliche Krankheit überzieht eine russische Provinz nach der anderen. Eben habe ich Gentz diese Nachricht mitgeteilt, er aber lachte mir ins Gesicht: ›Woß (sic) sind Revolutionen, woß ist die Cholera! Fanny lebe hoch!‹ Da habt ihr unseren Philosophen und unseren Staatsmann.«

Mit Gentz ist also nichts anzufangen und kaum mehr etwas zu beraten.

Da erinnert sich Clemens seiner alten Liebe, der Herzogin von Sagan, die ihm doch 1813 bei der wichtigsten Entscheidung seines Lebens so gut geraten hat. Sie heißt zwar infolge ihrer dritten Ehe seit 1819 Gräfin Schulenburg, doch niemand nennt sie anders als weiter Herzogin von Sagan. Jahrelang war sie auf Reisen gewesen, jetzt ist sie wieder nach Wien zurückgekehrt. In diesen schweren Tagen erscheint Metternich förmlich hilfesuchend bei dieser ihm einst so nahe gestandenen Ratgeberin. Als Witwer, noch immer Witwer, fühlt er sich bei ihr besser aufgenommen. Schon deswegen geht er gerne zu Wilhelmine, weil er hört, daß die Herzogin auch schroff gegen die Revolution eingestellt ist, sie nicht mehr nur gegen Adel, Würde und dergleichen, »sondern als gegen den Besitz überhaupt gerichtet ansieht und alles, was vorgeht, als einen Krieg derer beurteilt, die nichts haben, gegen jene, die etwas haben[4]«. Außerdem steht diese Frau, wie er weiß, ja immer noch in Verbindung mit Rußland. Der Fürstin Lieven kann sich Clemens zu einer Annäherung an das Zarenreich nicht mehr bedienen. Sie ist zu seiner Gegnerin geworden. Metternich will sich aber jetzt mit Rußland besserstellen, denn er weiß, Nikolaus I. ist Aufruhr gegenüber genauso eingestellt wie er und sieht daher Louis Philippes Emporkommen gleich ungern.

Inmitten all der Sorgen empfindet Metternich endlich das Alleinsein zu Hause als unerträglich und entschließt sich, Melanie Zichy zu ehelichen. Metternich heiratet nun in die Familie einer der ältesten Adelsgeschlechter Ungarns, das seinen Ursprung bis an das Ende des 12. Jahrhunderts zurückleitet und tatarischer Abstammung ist. Männer wie Frauen dieser Familie sind zumeist Prachtgestalten und durch Schönheit ausgezeichnet. Melanie ist da nicht aus der Regel gefallen, obwohl sie ganz, ganz anders aussieht als die anmutige, bescheidene Antoinette Leykam. Eine dunkle Schönheit mit ebenholzschwarzem Haar und feurigen Augen, tritt sie tatkräftig und selbstbewußt auf und hat einen fast herausfordernden Ausdruck. Viel stärker, als Antoinette war, hat sie eher schroffe Bewegungen und zeigt im Verkehr mit nicht ganz ihresgleichen zuweilen ein Benehmen, das nur als Hochmut beurteilt werden kann. Im nächsten Augenblick aber kann Melanie Zichy wieder von hinreißender Liebenswürdigkeit sein, jedenfalls besitzt sie einen viel lebhafteren Geist als die zarte, liebliche, nicht so »brillante« zweite Frau Metternichs. Von Bewunderung für ihren Bräutigam erfüllt, wird sie – das zeigt sich sofort – in jedermann einen Feind erblicken, der von dessen Meinung auch nur im entferntesten abweicht.

Metternich hat schon einige Übung im Schreiben von Liebesbriefen, und man meint, solche an seine erste Frau wieder zu lesen, wenn man die Zeilen an Melanie aus der Verlobungszeit vor sich hat: »Ich grüße meine

Freundin ... Hat sie an mich gedacht? Was macht meine gute Melanie? ... Und nach alldem liebe mich viel, recht viel, außerordentlich viel, denn *zuviel* fürchte ich ganz und gar nicht[5].«

Darauf folgt ein feuriger Liebesbrief Melanies. Das tut Clemens unendlich wohl: »Ach, meine Gute, ich werde leider nicht ewig leben, sonst würde ich die Forderung erheben, mich bis zum Ende aller Zeiten lieben zu lassen!« Am selben Tag, da Metternich diesen Brief schreibt, weilt er kurz in Preßburg, und die Familie Zichy benützt diese Gelegenheit, um einen großen Ball zu geben. Die junge Gräfin erscheint prächtig geschmückt »als Königin des Festes«, und alles erwartet nun die Verkündigung der Verlobung. Melanie hat nur eine Sorge. Sie weiß zuviel von der Herzogin von Sagan, auch daß Clemens in letzter Zeit wieder oft bei dieser Frau weilt, und kann nicht daran glauben, daß es sich nur um politische Gespräche handelt.

Metternich beeilt sich, sie zu beruhigen: »Ich sage Dir, meine liebe Freundin, ich wäre der unglücklichste Mensch von der Welt, wenn die berühmte Herzogin sich jemals erlauben würde, zu glauben, sie könnte mir das sein, was Du mir bist ... Wenn jemals zwei menschliche Wesen in Gedanken und Art verschieden waren, so die Herzogin und ich. Sie ist pedantisch und im übrigen alles, was ich nicht bin. Hätte sie Reize, die über ihre fünfundvierzig Jahre hinausgingen, würde sie trotzdem keine mehr für mich haben. Und wenn sie sich aus allen denkbar berückenden Eigenschaften zusammensetzte, würde sie doch keine für mich haben. Denn es liegt in meiner guten Natur, niemals mehr als *einem* Einfluß des Herzens zugänglich zu sein. Du, nur Du allein, außer Dir nichts[6].« Und weiter: »Mein Leben gehört heute Dir und wird bis zu meinem letzten Atemzug Dein sein ... Mein Herz ist voll von Dir[7].«

Die Familie Metternichs redet viel zuviel über die neue Verbindung, vor allem, daß der achtundfünfzigjährige Bräutigam für eine so junge Frau zu alt erscheint, und das ärgert ihn maßlos. »Du kennst meine Ideen über Verwandte, die über den ersten Grad hinausgehen«, schreibt er wütend an Melanie[8], »Onkel, Tanten, Vettern und Cousinen sind immer das, was große Steinbrocken auf den Straßen sind. Das heißt, sie sind entweder selber Steine des Anstoßes oder finden solche heraus.«

Nun, am 11. November 1830, mitten in einer Konferenz, schreibt Metternich Gentz mit Bleistift ein Zettelchen mit den Worten: »Ich heirate Melanie; sprechen Sie niemand davon als ihr.« – »Es gehört zu dem rasenden Glück, das den Fürsten stets verfolgt hat«, bemerkt Gentz dazu, »nach einer Frau wie seiner verstorbenen, wieder einen so guten Fund zu machen[9].«

»Heute habe ich unsere Angelegenheit veröffentlicht«, schreibt Metternich an Melanie[10]. »In drei und einer Viertelminute war die Neuigkeit vom Ballhausplatz bis zur Jägerzeile (Praterstraße) gedrungen. Nicht einmal die Gedanken eilen so schnell. Flore ist nachmittags gekommen, um sich in meine Arme zu werfen. Ich habe sie nicht allzu warm an mich gedrückt, denn ich wünsche nicht einmal, meine Arme lügen zu lassen. Sie sagte mir, daß sie Dich anbete und ich von allen Möglichkeiten nichts Besseres hätte tun können ... Adieu, meine liebe, gute Melanie, ich werde meinen Abend bei der Herzogin von Sagan verbringen.«

Metternich findet immer neue gute Eigenschaften an seiner Braut. Ihre Schreiben entzücken ihn. »Welch herrliche Briefstellerin meine Melanie ist! Das ist ein Charme mehr, den ich an ihr erkenne ... Es ist gar kein Zweifel, daß der Stil den Geist oder das Herz ausdrückt, und wenn er beides auf einmal tut, ist er anbetungswürdig. So danke ich Dir, daß Du Du bist, und alles beweist mir, daß ich Dir jeden Tag mehr dafür danken werde. Heute hat sich mein Dasein in Empfängen erschöpft, mindestens fünfzig Personen haben mir drei Dinge versichert: erstens, daß sie mich adorieren, dann, daß sie in Dir ein anbetungswürdiges Wesen finden, endlich, daß ich ihnen ein übernatürliches Vergnügen damit bereite, Dich zu ehelichen. Bravo! war ich fast fünfzigmal versucht auszurufen[11].«

Immer wieder beruhigt Clemens seine Braut über die Sagan, geht aber doch stets hin. »Heute abend werde ich sie besuchen. Es ist in den Salons nur eine einzige Stimme darüber, wie sehr, wie unendlich alt sie geworden ist. Noch vor zwei Monaten hatte ich ganz und gar nicht diesen traurigen Eindruck von ihr. Welch Verheerung kann doch ein so kurzer Zeitraum anrichten? Du aber, meine liebe Melanie, Du bist keine leichtsinnige Frau, Du hast Geist ...« Vielleicht macht gerade der Wunsch der Herzogin von Sagan, jünger zu erscheinen und sich so zu tragen, besonders alt, aber Metternich kann doch nicht ganz von ihr los. Gerade, daß er sich fortwährend entschuldigt und immer wieder auf sie zurückkommt, zeigt, daß sie nach wie vor eine Rolle in seinem Leben spielt. Er schenkt Melanie ein herrliches Halsband und sagt dazu: »Es kommt von der Herzogin von Sagan und mir. Ich werde Dir dann die merkwürdige ›complication de délicatesse‹ auseinandersetzen, die sich bei diesem Geschenk ergibt. Liebe mich allein und sei freundlich mit der Herzogin[12].«

In der Welt geht es indes drunter und drüber, Metternich muß nach wie vor die auswärtigen Geschäfte leiten, aber er wie Gentz, die es tun sollen, weilen auf einem anderen Stern. Fanny Elßler, die lange Zeit in Berlin gewesen, ist am 13. Dezember zurückgekehrt, und Clemens bemerkt dazu: »Gentz ist also nicht mehr von dieser Welt. Er hat sich eben in Cythera niedergelassen. Der Ambrosiatrank fließt in Strömen, und die Natur erscheint für ihn in einem völlig anderen Licht[13].« So redet Metternich von

Gentz, aber mit ihm selbst ist es nicht viel anders bestellt. »Ich schreibe Dir nur wenige Worte«, läßt er sich Melanie gegenüber hören[14], »denn die Staatskonferenz tagt bei mir, und Du, die Konferenz, polnische Wirren, Liebe, Belgien und Hochzeit bilden ein wahres Ragout in mir.«

Der Staatskanzler sieht nur mehr seine Braut, während aus der Welt eine Hiobsbotschaft nach der anderen eintrifft. In den letzten Novembertagen des Jahres 1830 haben sich die Polen gegen die russische Herrschaft erhoben, und der dort entbrennende Krieg erscheint in seinen Folgen unabsehbar. Jetzt, sagt sich Metternich, erhält Nikolaus von Rußland endlich auch einen schlagenden Beweis, welche Gefahren liberale Ideen in sich bergen, und erhofft damit, daß nun auch der neue Zar zu seinen, des Kanzlers, Grundsätzen so hinfinden werde, wie es der Vorgänger in den Zeiten der Kongresse von Troppau, Laibach und Verona getan.

Aber dem Kanzler ist es für den Augenblick doch noch wichtiger, seine junge Braut heimzuholen. Am Sonntag, dem 30. Jänner 1831, führt der achtundfünfzigjährige Staatsmann die um zweiunddreißig Jahre jüngere Gräfin Melanie Zichy, »das schönste Mädel von Wien«, wie Freiherr von Prokesch sagt, zum Altar. Um halb zehn Uhr desselben Tages erscheint Gentz noch in der Staatskanzlei und bespricht, als ob es ein ganz gewöhnlicher Tag wäre, mit dem Fürsten die wichtigsten eingelaufenen Nachrichten. Dann geht es zum Nuntius; die üppig-schöne, geistvolle, feurige junge Braut in mit Diamanten übersätem weißen Hochzeitsstaat, neben dem etwas langsam einherschreitenden ordengeschmückten Staatsmann mit ergrauendem Haar. Ja, reizend ist diese junge Magnatentochter, aber so sehr verschieden von Metternichs letzter Frau! Viele der Anwesenden gedenken nun des Augenblicks, da die verewigte Fürstin Antoinette vor dem Altar lieblich, anmutig und bescheiden ihr »Ja« lispelte, während die junge, leidenschaftliche Schönheit Melanie es in Ehrgeiz und Stolz über ihren Erfolg förmlich hinausschmettert. Während damals, bei der zweiten Hochzeit Metternichs, alles in Rührung zerfloß, herrscht jetzt »viel steife Pracht, und alles geht ohne Tränen vorüber[15]«.

Kaum hat die dritte Frau Metternichs den Altar verlassen, bezaubert sie alle Welt mit ihrer Lebhaftigkeit. »Je me trouve en alle je ne sais quelle grâce qui me charme toujours et jamais ne me lasse[16]«, sagt eine reisende Fremde von ihr, und Metternich ist in seiner Eitelkeit ganz besonders entzückt, weil er sieht, wie Melanies Liebe, Verehrung und Bewunderung für ihn unbegrenzt sind.

Ungezählte Hochzeitsangebinde fliegen dem Paar zu, aber das wesentlichste ist ein der Politik nicht ganz fern stehendes Geschenk: von der Rückzahlung der Schuld der Familie Zichy an den Zaren ist keine Rede mehr. Nikolaus I. verzichtet auf dieses Geld und erwartet sich wahrscheinlich auch eine Wirkung dieser Geste. Die neue Fürstin greift sofort nach der Heirat in die Geschäfte ihre Mannes ein. Sie will nicht nur Frau und Geliebte, sie will auch seine tätige Mitarbeiterin und vertraute Sekretärin sein. Schon am 23. Februar klagt Gentz dem Baron Prokesch-Osten gegenüber sehr über die Einmischung der Fürstin in die Geschäfte. »Alles will sie verstehen, alle abgehenden Depeschen liest sie, viele der eingehenden öffnet sie sogar zuerst[17].«

Verschieden wird Melanie geschildert. Die einen finden sie »wechselnd, eigenwillig und gebieterisch«, den anderen gefällt ihr »lebhaftes Wollen und Schalten, ihre Begeisterungsfähigkeit und Entschiedenheit« ungemein. Doch hütet sie im Gespräch zuwenig ihre Zunge, und das ist bei der Kenntnis aller Staatsgeheimnisse eine große Gefahr. Metternich kann seiner Frau schwer etwas verbergen, wenn sie die Depeschen vor ihm liest, allerdings schont er damit seine geschwächten Augen. Daß eine Frau auf diese Weise alles erfährt, ärgert Gentz, der auch sonst unmutig ist, weil die Fürstin seine Schwärmerei für Fanny Elßler übelnimmt und für einen Mann seines Alters lächerlich findet. Melanie übersieht allerdings dabei, daß der Altersunterschied zwischen ihr und ihrem Mann auch nicht viel anders erscheint. Gentz aber ist so erfüllt von Fanny, daß er von ihr sagt: »Nur bei ihr vergesse ich manchmal Kummer, Alter und Tod. Ich betrachte sie wie ein Geschenk des Himmels, wie eine Frühlingsblume, die mir mitten unter Eisfeldern und Gräbern blüht[18].«

Doch das Ehepaar Metternich kann da nicht mit. Der Fürst sieht nur mehr, daß Gentz seine politischen Meinungen nicht mehr teilt, und damit ist der Mann für ihn erledigt. Fast regelmäßig schon gerät er nach einem Gespräch mit ihm in hellen Zorn. Melanie sucht den Gatten dann immer zu beruhigen, indem sie auch leidlich über Gentz schimpft, denn das freut jenen sehr. Clemens will stets, daß man seine Ansichten restlos teilt und für die bestmöglichen hält. Das tut Melanie wie niemand sonst, und so segnet er seinen Entschluß, dieses Mädchen geheiratet zu haben.

Hat Metternich in dieser Beziehung für sich selbst gesorgt, so tut er es nun auch für den geistig und körperlich so zurückgebliebenen Thronfolger Ferdinand, den bereits gekrönten König von Ungarn. Er ist doch schon achtunddreißig Jahre alt, und die Welt schüttelt bedauernd den Kopf, weil er offenbar heiratsunfähig zu sein scheint. Nun ist es also höchste Zeit, da, wenn möglich, Wandel zu schaffen. Nach Metternichs Glaubensbekenntnis kann die Braut natürlich nur aus dem Kreis der seinen Ideen nahestehenden Herrscherhäuser der Welt genommen werden. Und da ist wenig Wahl. Zudem weiß man ja, daß der Kronprinz Österreichs epileptisch und geistig zurückgeblieben ist, und man muß daher in Wien besonders bei den großen regierenden Familien mit peinlicher Ablehnung rechnen.

Nur von einem Staat, in dem die engverwandte sardinische Königsfamilie herrscht, waren Anspielungen gemacht worden, daß man doch gerne eine Verbindung mit dem künftigen Kaiser Österreichs schließen würde. In Turin herrscht zur Zeit König Karl Felix, der letzte aus der Hauptlinie des Hauses Savoyen, der die Neapolitanerin Marie Christine, eine Enkelin der großen Maria Theresia, zur Frau hat. Er ist ein König ganz nach Metternichs Sinn, vom Gottesgnadentum seiner Stellung beseelt, gleich dem Österreicher ein erbitterter Feind alles Liberalen und entschlossen, niemals auch nur das geringste seiner Rechte zugunsten einer Volksvertretung aufzugeben. Altväterisch herrscht er und schwimmt völlig in des Wiener Staatsmannes Fahrwasser. Eine Prinzessin aus diesem Kreis wäre Clemens für Ferdinand völlig recht, aber bisher haben die Ärzte den Zustand des Kronprinzen so bedenklich gefunden, daß sie nicht zu einer Heirat raten zu können glaubten. Die Gerüchte davon waren auch bis an den sardinischen Königshof gedrungen. Die Schwester der dritten Frau des Kaisers Franz, Königinmutter Marie Therese, spielt dort eine sehr große Rolle. Vieles hängt von ihrer Entscheidung ab, besonders allfällige Heiratsabsichten.

Eines Tages, am 3. November des Jahres 1830, spricht die Königinmutter mit dem österreichischen Gesandten Graf Senfft. Neugierig will sie aus ihm die näheren Gründe herausbringen, warum man noch nicht an eine Verehelichung des Thronfolgers gedacht habe. Senfft antwortet der Königin etwas unvorsichtig, nach der Meinung des Leibarztes, Baron Stifft, liege in der Ehe eine gewisse Gefahr für die Gesundheit Ferdinands. Königin Marie Therese widerspricht dem und führt als Beispiel die günstige Wirkung der Heirat des gleichfalls epileptischen Erzherzogs Karl auf dessen Gesundheit an. Immer wieder kommt sie darauf zurück. Senfft war da etwas zuwenig hellhörig, sonst hätte ihm dieses Beharren auffallen müssen. Aber in Wien weiß man schon besser, auch ohne den Gesandten, was man in Turin denkt. Da inzwischen die Ärzte ihre Ansicht geändert haben, so ergeht am 16. November 1830 folgender »gleichmäßig heikle wie geheime Auftrag« an den Diplomaten[19]: »Der König von Ungarn und Thronfolger hat bisher jede Neigung zu einer Heirat verleugnet. Da seine Ideen sich nun verändert haben, beeilt sich der Kaiser, seinen Wünschen zu entsprechen. Seine Kaiserliche Majestät denkt an die Frau Prinzessin Maria Anna von Sardinien ... Sie haben in erster Linie nach der Geneigtheit des Königs und in der Folge auch jener der Prinzessin in Rücksicht auf dieses Etablissement vorzufühlen. Sie werden sich aber das Geheimnis darüber ganz besonders angelegen sein lassen, damit der hohe Werber durch eine Absage nicht etwa bloßgestellt werde. Wenn die Prinzessin zu dieser Heirat vielleicht nicht geneigt wäre, müssen wir klipp und klar darüber unterrichtet werden ... eine etwaige Absage darf nicht anders aussehen, als wenn niemals eine Anfrage erfolgt wäre.«

Senfft freut sich, mit diesem Auftrag beehrt zu sein. Sofort schwärmt er von den herrlichen Eigenschaften der Prinzessin und erklärt, er kenne »den Wert des Schatzes, den die kaiserliche Familie damit erwerben würde«. Nun geht Senfft befehlsgemäß zuerst zum König; dieser ist voll Begeisterung und spart nicht mit freimütigen Ausdrücken seiner lebhaften Genugtuung über das vorteilhafte »Etablissement«, das sich da seiner geliebten Nichte biete und ihr »Glück« sichere. Zuerst denkt der König daran, sie durch ihren Beichtvater bearbeiten zu lassen. Dann aber kommt er davon ab und schreibt seiner Schwägerin, von der er weiß, welch bestimmenden Einfluß sie auf ihre Töchter übt. In diesem Brief stellt er ihr die Gründe vor, die es nicht gestatteten, auch nur entfernt Bedenken zu hegen, und besteht auf einem kategorisch klaren Ja.

Der König rennt damit offene Türen ein; die ehrgeizige Königinmutter sieht nur den strahlenden Glanz der Kaiserkrone und wirkt entsprechend auf die Prinzessin ein. Sofort, augenblicklich, muß Maria Anna einen Brief schreiben, der ihr volles Einverständnis zu der Verbindung mit einem kranken, geistig zurückgebliebenen Mann erklärt. Und das Mädchen gehorcht: »Von Euer Majestät aufgefordert, noch heute vormittag meine endgültige Antwort auf den Vorschlag des österreichischen Hofes zu geben, habe ich die göttliche Hilfe für diese Entscheidung erfleht, und nachdem ich mir bei meiner Mutter Rat geholt, bin ich bereit zuzustimmen[20].«

Aber gänzlich kann sie ihre Befürchtungen doch nicht zurückdrängen. Sie verharrt »einen Augenblick« bei den Bedenken, zu denen der Gesundheitszustand des Königs von Ungarn Anlaß geben könnte, doch der Monarch beteuert, man hege diesbezüglich keine ernste Sorge[21]. »Einen Augenblick«, sagt Graf Senfft nur, doch in Wirklichkeit steht man da vor der Tragödie einer Prinzessin, die sich dessen bewußt ist, daß sie sich noch ganz anders aufopfert als seinerzeit Marie Louise. Diese hatte wenigstens einen gesunden Mann heiraten müssen. »Gott allein weiß«, schrieb Freiherr von Wessenberg später einmal in sein Tagebuch, »welch Widerstreit sich in ihrem fassungslosen Herzen abspielte, dem keine Hoffnung, keine Aussicht auf ein glückliches Leben mehr blieb.« Doch ist Maria Anna zu unbedingtem Gehorsam erzogen, der fast ohne Ausnahme in allen fürstlichen Familien Sitte ist.

Nun hat Metternich sein Opfer; eine Prinzessin aus einem seinen Grundsätzen huldigenden Haus, ein Mädchen, das sich so ergeben verhandeln läßt, wird ihm, so glaubt er, auch als Kaiserin keine Schwierigkeiten bereiten und von ihm genauso geführt werden können, wie sie sich von den Ihren hat beeinflussen lassen. Ohne Verzug will er nun den Ehepakt aufsetzen lassen und drückt dem Grafen Senfft seine höchste Genugtuung über das günstige Ergebnis des »schmeichelhaften Auftrages« aus. Doch paßt es ihm nicht, daß die Prinzessin ihren italienischen Beichtvater und zwei ihrer Damen mitnehmen will. Er wünscht ja die künftige Kronprinzessin sofort unter seinen ausschließlichen Einfluß und den seiner Vertrauten, geistlichen oder weltlichen Charakters, zu bekommen. Sofort läßt er seine Geschütze auffahren. Senfft soll in Turin bemerken, es würde »schlechten Eindruck machen, wenn Prinzessin Maria Anna, gegen die bestehende Gewohnheit, den gewiß ausgezeichneten Klerus ihres künftigen Vaterlandes im voraus verschmähen und bloß einem Geistlichen ihrer früheren Heimat ihr Vertrauen schenken wollte[22] . . .«

Schließlich wird auch wirklich erreicht, daß der italienische Beichtvater und bloß eine Dame die Reise nach Wien mitmachen, um dann nach kurzem Aufenthalt gleich wieder nach Turin zurückzukehren. Metternich hat in seiner Grausamkeit den Kaiser dazu gebracht, das zu verlangen, und auch Marie Louise dafür eingespannt[23]. Nun verfaßt der Kanzler auch die Briefe, die Ferdinand an den Onkel, die Mutter der Braut und diese selbst richtet. Da ist vom »Gegenstand aller seiner Wünsche«, der hohen Meinung über die ausgezeichneten Eigenschaften der Braut sowie von der Neigung des Herzens die Rede und davon, diese Prinzessin »so glücklich zu machen, als es ihm möglich ist«. Das ist immerhin eine vielsagende Einschränkung[24].

Die Königinmutter Marie Therese von Sardinien ist außer sich vor Freude; alle sind begeistert, nur das Opfer läßt sich nicht weiter hören. Senfft wird von der Königinmutter am 21. Jänner in Turin in Anwesenheit ihrer beiden Töchter empfangen und mit Gnadenbeweisen überschüttet. Immer wieder redet man nur von Glück. Als der Graf sich aber an die Prinzessin selbst wendet, da überkommt sie mit einemmal das Bewußtsein der Folgenschwere ihrer Entscheidung. »Die erhabene Prinzessin«, meldet[25] Senfft, »wurde plötzlich von einer Verwirrung erfaßt, die ihr kaum gestattete, selbst nur einige vorbereitete Worte herauszubringen. Aber«, fügt der gewiegte Hofdiplomat hinzu, »lebhafte Genugtuung des Herzens strahlte durch diese charmevolle Verlegenheit hindurch . . . und die liebliche Prinzessin sprach von ihrer Dankbarkeit, unter so vielen ausgewählt worden zu sein, die zu dem nun ihr bestimmten hohen Rang hätten erhoben werden können.« Senfft ist begeistert, und als die Braut am Hofball erscheint, meint jemand, schon durch die Art ihres Einherschreitens zeige sie sich »als wahre Göttin[26]«. Der Diplomat versichert, dies Wort sei in aller Munde, so gut gebe es das allgemeine Gefühl wieder.

Nach der Heirat durch Stellvertretung, die am 12. Februar 1831 in Turin stattfindet, besteigt die achtundzwanzigjährige Braut den Wagen, um über

Mailand die Reise nach Wien anzutreten. König Karl Felix begleitet sie noch bis zur lombardischen Hauptstadt; es ist ein Abschied fürs Leben; kaum zwei Monate darauf stirbt er, und Karl Albert von Savoyen-Carignan, der Metternich lange nicht so weitgehend genehm ist wie der Verstorbene, besteigt den sardinischen Thron. Um so wichtiger ist es jetzt für den österreichischen Staatskanzler, sich die künftige Kaiserin in der Folge völlig gefügig zu machen.

Am 28. Februar findet die Hochzeit statt, doch schon am Tag darauf wird der Jungvermählte von »einer Indisposition befallen« und muß sich zu Bett legen. Das macht den schlechtesten Eindruck; Kaiser Franz beeilt sich, der Königinmutter von Sardinien dies als unwesentlich darzustellen und zu erklären, daß es seinem Sohn wieder so gut gehe als möglich. Gleichzeitig benützt er die Gelegenheit, dieser hohen Frau, die stets revolutionäre Ereignisse befürchtet, im Sinne Metternichs zu versichern: »Meine lebhafte Sorge wendet sich den sardinischen Staaten zu, und ich werde gewiß nichts vernachlässigen, was in meiner Macht steht, um dort die Herrschaft des guten Rechts aufrechtzuerhalten[27].«

Kaum ist der Hochzeitsreigen verklungen, kommen Nachrichten von neuen Unruhen in der Welt. Die Pariser Julirevolution wirkt ansteckend, und die in Italien vorwaltende Gärung kommt zuerst im Kirchenstaat zum Ausbruch. Auch in Modena, Parma und Ferrara bricht Aufruhr aus und versetzt Marie Louise in Angst und Erregung. Österreichische Regimenter rücken in die aufständischen Provinzen ein, und die so jäh in ihrem Regierungs- und Familienidyll in Parma gestörte Herzogin dankt Metternich innig für dieses Eingreifen, dem sie »ihr Heil« verdanke: »Ach, warum sind nicht alle Kabinette und alle Minister vom gleichen Gefühl beseelt wie Sie, mein lieber Fürst? Dann würden wir nicht alle diese traurigen Ereignisse über uns kommen sehen ... Man würde eine zweite Erschütterung dieser Art nicht überleben. Sie hat mir einen wahren Ekel vor Welt und Leben eingeflößt[28].«

Während aber die österreichischen Truppen den Freiheitlichen in ganz Italien entgegentreten, besetzt Frankreich plötzlich mit Landungstruppen eines Geschwaders die Stadt Ancona und zeigt damit, daß es gegenüber dem auf Metternichs Eingreifen zurückzuführenden Despotismus die Sache der Völker vertreten will. Das erhöht des Staatskanzlers Haß und Entrüstung über den »illegitimen Bürgerkönig«, und er möchte am liebsten gleich wie in Italien auch in Frankreich mit Gewalt eingreifen. Doch macht sich dagegen in Österreich selbst scharfer Widerstand geltend. Clemens hätte den Kaiser schließlich gewonnen, doch war der Monarch nicht kriegslustig und nicht mehr im selben Maße wie einst von vorneherein mit jedem Rat und Vorschlag seines Ministers einverstanden. Ist er doch alt geworden und will nicht mehr viel aufs Spiel setzen. Und doch läßt er Vorbereitungen treffen, bespricht die allfällige Frage des Oberbefehls, und der Kanzler hätte schließlich seine schwachen Einwendungen leicht zum Schweigen gebracht. Doch machen sich andere wichtige Einflüsse geltend. Vor allem findet man Metternichs persönlichen Feind, den Erzherzog Karl, wieder quer auf des Staatsmannes Weg. Er, der nie für Krieg eintrat, ist auch diesmal dagegen, vertritt diese Meinung in einem Gespräch vom 6. März 1831 bei seinem Bruder, dem Kaiser, und unterstreicht sie noch mit einer ausführlichen Denkschrift[29]: »Der Krieg, der besprochen wird, führt die Staaten Europas ohne Ausnahme einem Abgrund zu, dessen Tiefe unermeßlich ist. Der einzelne darf sich sowenig wie eine weise Regierung leichtfertig, ohne Not und Vorbedacht demselben nähern.«

Der Kaiser übermittelt diese Ausführungen sofort Metternich, der eine Gegenschrift verfaßt, die des Erzherzogs Meinung scharf bekämpft: »... Wofür wir uns rüsten müssen, ist der Kampf der Anarchie gegen die bestehende Ordnung der Dinge; ein Kampf auf Leben und Tod aller Staaten Europas für ihre Existenz. Wir müssen demnach rüsten oder uns zum nahen Untergang vorbereiten[30].«

Metternich sieht, des Erzherzogs Memoire macht auf den Kaiser doch großen Eindruck, weil es dessen geheimem Wunsch nach Ruhe entspricht. Auch viele andere, wie Kolowrat, sprechen gegen einen Krieg. So sucht der Kanzler nun Karl dadurch zum Gegenteil zu bekehren, daß er ihm schweren Herzens den Oberbefehl über die Armee anbieten läßt, obwohl er seinerzeit, in den Jahren nach dem Feldzug 1809 stets militärische Unfähigkeit des Erzherzogs vertreten und seine Betrauung mit der gleichen Würde über die verbündeten Armeen gegen Napoleon hintertrieben hat. Aber Karl lehnt ab. Metternich gerät darob in Wut. Schon weil er sehr genau vorausfühlt, daß die Denkschrift des Erzherzogs und seine gesamte Haltung in der Angelegenheit nichts anderes darstellen als eine vernichtende Kritik der derzeitigen auswärtigen Politik des Kanzlers, die den Kaiserstaat in ein unabsehbares Abenteuer zu verwickeln droht. Erbost denkt Clemens einen Augenblick daran, den Erzherzog öffentlich bloßzustellen und den Bruch mit ihm vor aller Welt zu vollziehen. Sein militärischer Berater, General Graf Clam-Martinitz, aber rät ab: »... Euer Durchlaucht gelten für einen Feind des Erzherzogs. Ursache mehr, daß Sie den äußersten Entschluß nicht früher als nach dem fruchtlosen Versuch der äußersten Mittel ergreifen[31]!«

Diese Meinung macht gewaltigen Eindruck auf Metternich. Er sieht, er würde da ein sehr großes Spiel wagen, bei dem der Sieg keineswegs sicher ist. Sicher ist bloß, daß im Falle des Mißerfolgs des Staatskanzlers ganze Laufbahn, sein gesamtes Lebensgebäude jäh zusammenstürzen könnten, und so tut er Wasser in seinen Wein. Auch bei Gentz findet er keine Unterstützung. Der ist ihm nun fast so feindlich wie der Erzherzog; die Damen sorgen schon dafür, daß Metternich durch Melanie davon erfährt. Lori Fuchs flüstert der Fürstin unter vier Augen ins Ohr, Gentz sei ein Revolutionär geworden und nehme jetzt die Partei der Polen gegen die Russen. Des Staatskanzlers Gattin sagt ihr zwar, sie könne sich beruhigen, ihr Mann bleibe davon völlig unberührt, sie verurteilt sich aber gleichzeitig unbewußt selbst, indem sie in ihr Tagebuch schreibt[32]:

»Alle Frauen wollen heutzutage Politik machen, und der Erfolg ist nur Konfusion.« Aber Lori Fuchs hat in einem recht: Gentz ist völlig vom Fürsten abgefallen und spricht von ihm als von einem »höchst liebenswürdigen, aber leichtsinnigen, nachlässigen, mutlosen, vom größten Eigendünkel befallenen Mann. Er glaubt, keines Menschen zu bedürfen und die ganze Welt zu regieren. Er kann ihnen einzelne Vorzüge zugestehen, aber sich selbst betrachtet er als den Ausbund der Vollkommenheit. Es ist schwer, seinen Egoismus zu erreichen; es ist unmöglich, diesen zu überbieten; dennoch kann, wer ihn kennt, ihn nicht hassen[33]«.

Bei diesem scharfen Urteil spielt allerdings Gentz' Verärgerung ob der Haltung des Ehepaares Metternich seiner Fanny gegenüber mit. Aber es zeigt auch, wieviel weitblickender Gentz war als der Fürst und wie er erkannte, man könne sich dem liberalen Zug der Zeit nicht ewig starr entgegenstemmen und müsse gewisse Zugeständnisse machen, wollte man nicht das Kind mit dem Bade ausschütten.

Der Staatskanzler fügt sich nur der Gewalt der Umstände, wenn er den Feldzugsplan gegen Frankreich nicht verwirklicht, aber seine Mißgunst der Herrschaft des Königs Louis Philippe gegenüber bleibt aufrecht, und er sucht diesem zu schaden, wo er kann. Louis Philippe soll Metternich überall auf seinem Weg finden. Er will diesem Monarchen, der die Grundsätze des österreichischen Staatsmannes so gar nicht zu teilen scheint, trotz allem zeigen, wie weit seine Macht und sein Einfluß reichen und daß man sich diesem nicht ungestraft entgegenstellen darf. Dabei ist aber Louis Philippe nun, da er König ist, gar kein solcher Revolutionär mehr! Er muß natürlich freiheitlich tun, um die Leute, die ihn hochgebracht haben, nicht zu verärgern; aber in Wirklichkeit wünscht er nichts sehnlicher, als auch die konservativen Großmächte Preußen, Rußland und Österreich mit seiner Herrschaft zu versöhnen. Dazu beabsichtigt er, sich vor allem seiner außerordentlich wohlgeratenen Kinder zu bedienen. Da die Königin, eine Neapolitanerin, eine Enkelin der großen Maria Theresia ist, so denkt man zunächst einmal daran, eine Heiratsbeziehung mit diesem Hof, der ja auch zu den ultrakonservativen gehört, anzuspinnen. Dort ist gerade im November 1830 der zwanzigjährige Ferdinand II., ein Urenkel Maria Theresias, König geworden, und es würde so passen, ihn mit einer der eben erblühten Töchter Louis Philippes, Louise oder Marie, zu verheiraten.

Sowie dies aber Metternich zu Ohren kommt, gibt er seinem Gesandten in Neapel Befehl, sofort alles zu tun, damit die »Thronräuberfamilie« dort nicht festen Fuß fasse. Um dies ja zu verhindern, fördert er mit allen Mitteln eine andere Absicht, nämlich die Ehe des jungen Königs mit einer Prinzessin aus dem ihm gleichgesinnten Königshaus von Savoyen. Es handelt sich um die Prinzessin Marie Christine, aber da ergeben sich Schwierigkeiten. Königin Marie Therese, die Witwe nach dem 1824 verstorbenen König Viktor Emanuel I., erhebt diesmal Einspruch, und Metternich sagt sich, wenn diese Heirat nicht möglich wäre, müßte eine österreichische Erzherzogin einspringen, damit um Gottes willen der König von Neapel nicht am Ende doch noch eine der Orléanstöchter heirate. Dazu nimmt der Staatskanzler die im Augenblick erst fünfzehnjährige Erzherzogin Marie Therese, Tochter des Erzherzogs Karl, in Aussicht. Obwohl dieser einen vom Staatskanzler, seinem alten Feind, vorgeschlagenen Schwiegersohn höchst ungern aus dessen Händen entgegennähme, so wäre es doch ein König, und diese sind nicht so reich gesät. So wendet er sich zwar nicht dagegen, erklärt aber am 16. November 1831 berechtigter- und vorsichtigerweise, seine Tochter sei noch zu jung, und man müsse daher noch zweieinhalb Jahre warten.

Doch schon am 29. März 1832 stirbt die Königinmutter Marie Therese von Sardinien, und damit ist das Haupthindernis für die Ehe des Königs von Neapel mit der savoyischen Prinzessin hinweggeräumt. Sofort sattelt Metternich um und arbeitet wieder für das Zustandekommen dieses Eheplans. Das führt endlich zum Erfolg, und am 21. November 1832 heiratet der junge König Marie Christine von Sardinien, zu Metternichs Triumph und Louis Philippes Ärger. Die Ablehnung ist angesichts der nahen Verwandtschaft zwischen dem neapolitanischen und dem französischen Königshaus besonders kränkend, doch schiebt der Bürgerkönig die Schuld daran mehr auf Neapel als, wie es berechtigter gewesen wäre, auf den österreichischen Staatskanzler.

Während dieser sich in so fern liegende Angelegenheiten einmischt, um den »moralischen Choleramorbus«, wie er sagt, zu bekämpfen, hat sich inzwischen im eigenen Land bedenklicher Widerstand gegen sein Übergewicht gezeigt. Und dies insbesondere in den inneren Angelegenheiten des Staates, wo sich Franz Anton Graf Kolowrat, seit 1826 Präsident der politischen Abteilung des Staatsrates und Staats- und Konferenzminister, in vielen Dingen zu Metternich in Gegensatz stellt. Clemens hat von Finanzen immer nur sehr wenig verstanden, und da diese in Österreich in schlechtem Zustand sind, hat es Kolowrat verhältnismäßig leicht, dem in solchen Dingen höchst genauen Kaiser vorzustellen, wie bedenklich des Kanzlers Unzulänglichkeit darin das Wohlergehen des Staates schädige. Der Graf versucht den ausschließlichen Einfluß Metternichs auf den Monarchen zu brechen, was ihm allerdings nicht gelingt, doch bringt ihn Franz nicht, wie man erwarten könnte, sofort zum Schweigen. Kolowrat macht den Kaiser aufmerksam, wie gefährlich das Spiel mit dem Krieg für die Finanzen sei, wie gefährlich sich auch überhaupt die Lage nach innen und außen gestalte und wie verhaßt der Kanzler sei, der unter dem Titel »Konferenz« alle Geschäfte an sich ziehe. Der Herrscher hört ihn zwar an, schneidet ihm aber endlich die Rede mit den Worten ab: »Metternich hat mir große Dienste geleistet[34].«

Der Staatskanzler andererseits weiß genau, wie man gegen ihn wühlt, und bleibt dem Grafen gleichfalls nichts schuldig. »Es ist stets ein Unglück für die Individuen«, bemerkt[35] er zu seinem allerhöchsten Herrn, »wenn die Kräfte des Geistes und Gemütes nicht in Einklang stehen. Dies ist der Fall mit Graf Kolowrat.« So stehen die zwei maßgebendsten Staatsmänner des Kaiserstaates zueinander. Die Leitung der Innen- wie der Außenpolitik muß unter solchem Zustand auf jeden Fall leiden. Kaiser Franz versteht es aber, in diesen letzten Jahren seines Lebens, die beiden gegeneinander geschickt abzustimmen, und hält beide, trotz ihrer Feindschaft, weil er von jedem etwas hält.

Die junge Ehe Metternichs wird indes am 27. Februar 1832 durch ein Töchterchen gekrönt, das nach der Mutter den Namen Melanie erhält. Die Eltern sind überglücklich, und Clemens führt in Freude und Stolz jedermann zur Wiege der Neugeborenen. Selbst Gentz muß das Kind bewundern, obwohl seine Beziehungen zum Staatskanzler schon recht gespannt sind.

Doch ist indes die Lebensuhr des Verehrers Fannys abgelaufen. Die junge reizende Freundin hat ihm wohl Glück geschenkt, dadurch aber auch sein Leben verkürzt. Als es ihm schon sehr schlecht geht, will er keine Mittel nehmen, die ihm der Arzt vorschreibt, und so bittet man Melanie, ihn doch zum Gehorsam zu bewegen, was sie auch versucht. Doch am 9. Juni 1832 stirbt Gentz, und die »Feder Europas und Metternichs« ist damit zerbrochen. Trotz den Unstimmigkeiten der letzten Zeit macht dieser Todesfall auf den Staatskanzler tiefen Eindruck, der nun zum Entsetzen Melanies oft auch von seinem eigenen Tod spricht. Clemens läßt sofort in den Papieren des Verstorbenen nach Dokumenten suchen, die ihn, den Staatskanzler, bloßstellen könnten, insbesondere nach einer Darstellung des Wiener Kongresses, von deren Abfassung durch den Verewigten er wußte. Aber Gentz hat das Manuskript vor seinem Ende dem Flammentod geweiht. »Er scheint die Bloßstellung gewisser Personen gefürchtet zu haben«, bemerkt Wessenberg und fügt hinzu: »Der Verlust ist vielleicht ebenso bedauernswert wie jener der Geschichtsbücher des Titus Livius[36].«

Metternich aber tröstet sich bald über den Tod des einstigen Freundes, weil er politisch nicht mehr auf gleicher Bahn mit ihm stand und persönlich kaum mehr eines Vertrauten in Liebessachen bedarf.

XIX. FRANZÖSISCHE SORGEN UND TOD VON KAISER FRANZ

1832–1835

In dieser Zeit erschüttert die Welt, die bemerkenswert starken Anteil am Schicksal des Sohnes Napoleons nimmt, eine unerwartete Nachricht. Lange Zeit hatte man nur in engstem Kreis gewußt, wie sehr sich der Gesundheitszustand des Herzogs von Reichstadt verschlechtert hatte. Doch nun betrachtet man an verschiedenen Höfen mit Unmut die unglückliche Art der ärztlichen Behandlung des jungen Mannes, dessen Lunge gelitten hat. Auch die verwitwete Königin Karoline von Bayern zum Beispiel findet es ganz unzulänglich, daß Dr. Malfatti den Kranken nur nach Ischl senden will, und bestürmt die Erzherzogin Sophie mit Briefen, man solle ihn doch in ein warmes Klima, etwa nach Nizza, schicken und ihn nicht »wegen elender weltlicher Bedenken wie Politik aufopfern«. Ein Menschenleben sei es doch wohl wert, daß man derlei beiseite setze[1].

Aber trotzdem denkt man nicht daran, ihn in die Nähe Frankreichs zu lassen. Im übrigen stehen die Ärzte der Tuberkulose zur Zeit hilflos gegenüber. Ein von dieser würgenden Krankheit Erfaßter ist verloren, die Bevölkerung ist sich dessen mehr oder weniger bewußt und zeigt ihr Mitgefühl durch oft ganz unsinnige Ratschläge, wie man dem Herzog helfen soll[2]. Alle Leute rügen Metternich, wie wenig er sich um den Sohn Napoleons kümmert, und das hat seinen Grund nicht zuletzt auch in der Unvorsichtigkeit Melanies, die, weil ihr Gatte für den Herzog nicht viel übrig hat und ihn für einen Komödianten hält, in das Horn ihres Mannes stößt und dieses Urteil noch verschärft äußert[3]. Der junge Reichstadt seinerseits soll in dem Staatskanzler, der seinen Vater gestürzt hat, einen auch für ihn unversöhnlichen Feind gesehen und ihn als das einzige große Hindernis zwischen sich und dem Thron Frankreichs betrachtet haben[4]. Sicher ist, daß der Staatskanzler ihn stets als eine politische Verlegenheit empfand. Er hätte auch, wäre er gesund geblieben, sicherlich noch manches Rätsel zu lösen aufgegeben, denn nach Prokesch' Überzeugung wäre er bereit gewesen, sich entführen zu lassen, und wartete lediglich darauf, daß sich ihm dazu aus Frankreich eine Hand hilfreich entgegenstrecke[5].

Angesichts solcher Möglichkeiten betrachtet Metternich daher die fortschreitende Verschlechterung in des Herzogs Befinden, der sein Ende durch Unklugheit auch noch selbst beschleunigt, gleichgültiger als andere Menschen. Auch unterläßt es der Staatskanzler, Marie Louise von Parma vom ernsten Zustand ihres Sohnes frühzeitig zu unterrichten. Nur im letzten Augenblick geschieht es, und die Mutter entschließt sich erst nach einem Blutsturz des Prinzen, die Reise nach Wien anzutreten. Bald darauf, am 22. Juli 1832 schon, tut der junge Herzog von Reichstadt seinen letzten Atemzug. Der Kaiser ist nicht anwesend, er weilt in Linz, da selbst in der Hofburg einige Todesfälle an Cholera vorgekommen waren. Bedeutete der Herzog für Metternich eine politische Verlegenheit, so ist sie nun aus der Welt geschafft, wie er förmlich erleichtert feststellt[6]. Diese Thronfolgefrage in Frankreich besteht nicht mehr. In seiner Abneigung gegen das Emporkommen Louis Philippes unterstützt der Kanzler die altbourbonische legitimistische Partei, die versucht, ihre alten Rechte wieder geltend zu machen. Der einzige Erbe des älteren Zweiges der Bourbonen ist der posthum geborene Sohn des am 13. Februar 1820 ermordeten Herzogs von Berry, des zweiten Sohnes Karls X. Die Mutter, Marie Caroline von Neapel, Herzogin von Berry, ist mit heißer Seele bemüht, ihrem minderjährigen Sohn wieder zur Krone zu verhelfen.

Nach der Revolution des Jahres 1830 war sie nach Rom geflohen, wo sie aber alles versuchte, um nach Frankreich zurückzukönnen und das Volk dort für ihr Kind aufzurufen. Nun landet sie im April 1832 in Marseille, wird zwar von der Polizei Louis Philippes dort noch nicht gefaßt, es gelingt ihr aber auch nicht, einen Aufstand gegen diesen herbeizuführen. Darum verlegt sie das Feld ihrer Tätigkeit nach der Vendée, die Erhebung dort wird aber sofort niedergeschlagen, worauf sich die Herzogin Monate hindurch in Nantes versteckt hält. Von dort aus richtet sie einen schmeichelnden Brief um Beistand an Metternich, von dem sie weiß, daß er ihre Ansichten teilt. Er soll seinem Kaiser ein Schreiben von ihr übergeben, in dem es heißt[7]: »Der Friede Deutschlands ist Ihre Arbeit, Majestät, und während fünfzehn Jahren war Europa dieser Wohltat teilhaftig. Jetzt aber besteht wieder Gefahr, und der Brand, der in Frankreich entstehen könnte, wäre imstande, Europa zu verzehren. Hören Sie die Persönlichkeit an, die ich Ihnen sende, Sire ... Möge, was sie Ihnen sagen wird, Euer Majestät einer Sache günstig stimmen, mit der die Ruhe Europas verknüpft ist. Marie Caroline, Regentin Frankreichs.«

Als solche spielt sich die Herzogin also auf, und obwohl sich Louis Philippe bisher scheute, gegen seine Nichte vorzugehen, muß er diese Haltung endlich aufgeben. So wird die Herzogin am 15. November verhaftet, nachdem sie in abenteuerlicher Weise durch Wald und Feld zu fliehen versucht hat. Man bringt sie nach Blaye, wo sie hinter Schloß und Riegel gesetzt wird. Aber ihre nachsichtigen Aufseher lassen sie mit aller Welt Briefe wechseln. So kann ein Herr von Chouleau mit einem hilfeflehenden Brief der Herzogin an Metternich nach Wien gelangen. Er hatte sie noch in den Wäldern versteckt erlebt, wo sie gezwungen war, die Nächte zu verbringen. Herzzerreißend erzählt er über die schwierige Lage dieser Fürstin. Sowie die Nachricht von der Verhaftung nach Wien kommt, erscheint auch der Herzog von Blacas bei Metternich und bittet ihn himmelhoch um Hilfe für die bedauernswerte Frau. Er findet den Kanzler sehr geneigt, alle Schritte zu unternehmen, die ihm möglich sind[8].

Auf die Meldung davon beeilt sich der in Prag in Emigration lebende König Karl X., Metternich seinen Dank für alle Sorge und Mühe zu sagen, die er sich zugunsten seiner Schwiegertochter geben wird[9]. Gar so arg ist es aber nicht um sie bestellt. In diesen Tagen erhält die Herzogin von Maine in Wien einen Brief von ihr: »Liebe Schwester! Meine lieben kleinen Freunde! Ihr müßt wissen, daß ich zur Zeit eine Gefangene bin, doch im übrigen geht es mir gut. Seid nicht unruhig ... Und Du, mein allerliebster Henri, denke daran, daß Deine Mutter mit ihrem Ahnherrn[10] sagen kann: ›Alles ist verloren, nur die Ehre nicht[11].‹«

Soweit wäre alles wieder zu lösen gewesen, wenn nicht ein für die Legitimisten höchst peinlicher Zwischenfall eingetreten wäre. Ein General Bergeaud erscheint, von Louis Philippe mit dem Auftrag gesandt, ein Geständnis der Herzogin über ihre Aufruhrversuche zu erlangen. Sie aber leugnet alles, bis jener Offizier endlich sagt: »Ich mache Sie, Hoheit, aufmerksam, daß die königliche Regierung mit Sicherheit darüber unterrichtet ist, Sie befänden sich im sechsten Monat der Erwartung. Wenn Sie nicht die Wahrheit sagen wollen, so habe ich dennoch Befehl, Sie viel strenger zu behandeln als bisher.«

Auf das hin bittet die hohe Gefangene den General, sie einen Augenblick allein zu lassen. Als Bergeaud zugleich mit dem Arzt des Gefängnisses, namens Guitroc, wieder vor der Herzogin erscheint, gibt sie folgende Erklärung ab: »Also ja, Sie haben recht, ich bin in Erwartung.«

»Ja, wieso?« fragt Dr. Guitroc. »Hat man gegenüber Eurer Hoheit etwa gar Gewalt gebraucht?«

»Nein, keineswegs, aber ich bin im geheimen verheiratet.«

»Und Frankreich und Ihre Kinder?«

»Ja, ich weiß, alle meine Rechte sind verspielt. Ich habe meine Kinder

der Dauphine anvertraut und alles verloren außer der Ehre, aber meine Freunde werden nicht über mich zu erröten haben[12].«

Die Regierung Louis Philippes beeilt sich nun, diese Erklärung durch die Presse schleunigst der ganzen Welt zu verkünden. Die Herzogin ist sich im klaren, daß damit ihre Rolle als Kronprätendentin ausgespielt und sie, wenn nicht der Schande, so doch der Lächerlichkeit ausgesetzt ist, denn niemand glaubt an die geheime Ehe. In allen legitimistischen Kreisen der Welt und auch bei Metternich und seinen Gesinnungsgenossen schlägt diese Nachricht wie eine Bombe ein. »Die Unüberlegtheit dieser unglücklichen Frau übersteigt alle Grenzen«, meint Königin Karoline von Bayern dazu[13]. »Sich bei der Möglichkeit, in der Hoffnung zu sein, einer Gefangennahme auszusetzen, übersteigt alle Einbildungskraft.«

Selbst die Legitimisten der Umgebung Karls X. glauben nicht an eine geheime Ehe, obwohl die Herzogin erklärt, sie werde, sowie sie wieder nach Italien könne, die Beweise dafür erbringen. Viele Leute geraten in Verdacht, am Zustand der Dame schuld zu sein. Sie aber bleibt dabei, mit einem Grafen Lucchesi-Palli verheiratet zu sein, doch selbst wenn dies zu Recht besteht, hält man die Angelegenheit in legitimistischen Kreisen für höchst unglücklich. Die Königin von Bayern aber meint zu ihrer Tochter Sophie: ». . . Ich glaube, daß diese Erklärung eine neue Unbedachtsamkeit ist, noch übler als die übrigen, denn sie hat nicht in Rechnung gezogen, wie genau man weiß, wo dieser Graf Hektor (Lucchesi-Palli) zu der kritischen Zeit weilte, und die Zeitungen verfehlen nicht, dies aufzudecken[14].«

Metternich hält sein Versprechen und setzt sich für die Befreiung der Herzogin ein, allerdings erst auf ihre Beteuerung, sie werde sich nicht mehr in Politik einlassen. Er findet, sie könnte nach dem Vorgefallenen der legitimistischen Partei in Frankreich nur mehr schaden. Da auch Louis Philippe der Meinung ist, sie sei dadurch politisch ungefährlich geworden, wird Marie Caroline nach Italien entlassen. Metternich will erst die Wiederversöhnung der schwerbeleidigten königlichen Familie mit ihr herbeiführen, wenn sie die gesetzliche Feststellung ihrer Heirat beschaffen kann, was ihr auch tatsächlich gelingt. Doch bleibt Karl X. mißtrauisch. Er ist nach wie vor überzeugt, jene Heirat sei erst nachträglich abgemacht und durchgeführt worden. Der vertriebene Monarch gestattet aber, daß sie unweit von Prag in dem durch Kaiser Franz zur Verfügung gestellten Schloß Brandeis Aufenthalt nimmt. Doch als Ergebnis dieser wechselvollen Ereignisse verdoppelt sich der Haß, nicht nur der legitimistisch-bourbonischen Partei Frankreichs, sondern auch Metternichs gegen die Person Louis Philippes, den dieser noch bedenklich zu spüren bekommen soll.

Während der Kanzler mit fremden Königen und Regierungen derart umspringt, zeigen sich in Wien und Österreich selbst Widerstände gegen das

Überwuchern seiner Macht, an denen Fürstin Melanie nicht ganz unschuldig ist. Bei oft leidenschaftlicher Auffassung der Dinge rings um sie her äußert sie in ihrer Lebhaftigkeit alles, was ihr durch den Kopf geht, und das ist in ihrer Lage gefährlich. Keiner Verstellung fähig, setzt sie sich unbefangen über gar vieles hinweg und urteilt über alles, ob es jetzt Politik, Regierung, Kunst, Religion oder der liebe Nebenmensch ist. Wechselnd, eigenwillig und gebieterisch, zeigt sie jedermann unzweideutig ihre Gunst oder Ungunst, und auch das ist nicht ungefährlich. Sie hat die Etikette im Hause Metternich verschärft und wacht mit Argusaugen darüber, daß das berühmte Kanapee auch wirklich nur von denen besetzt wird, die ihrer Meinung nach Anspruch darauf besitzen. Nur die vornehmsten Anwesenden dürfen darauf Platz nehmen, so bei einem großen Ball das Kronprinzenpaar, der Palatin von Ungarn und die Erzherzogin Sophie.

Mit den Einladungen ist die Fürstin sehr streng und sparsam, lädt zum Beispiel zu einem Ball die jungen Herren der diplomatischen Vertretungen nicht ein, so daß ihr Gatte »einen förmlichen Aufruhr[15]« derselben feststellen muß. Das führt zu einer Erörterung zwischen dem Botschafter Frankreichs und Metternich über die Frage, ob Einfluß von Frauen auf Staatsmänner notwendig oder abzulehnen sei. Metternich, der schon weiß, daß man Melanie allerhand zuschreibt, bemüht sich, Sainte-Aulaire darzulegen, daß sich in Österreich Frauen niemals in öffentliche Angelegenheiten mengten. Ihre Männer sagten ihnen manchmal allerdings einiges von dem, was sie beschäftigt, aber der Frauen Meinung besitze in der Waage kein Gewicht. Doch qui s'excuse s'accuse, und dieses Sprichwort gilt da auch für Clemens. Denn die Fürstin übt steigenden Einfluß auf ihn aus, weil sie seine Eitelkeit in weitgehendster Weise nährt, ihn verhimmelt und in ihm geradezu einen Gott sieht. Manchem wäre dies weitaus zuviel gewesen, Metternich aber nicht.

Seine Eitelkeit fällt zahlreichen Menschen stark auf die Nerven, vor allem dem Grafen Kolowrat. Er kann einfach nicht zuhören, wenn der Kanzler über Napoleon spricht und darlegt, er wäre zwar sein Feind gewesen und habe ihn gestürzt, doch des Korsen Größe könne niemand in Zweifel ziehen. Und dies, um zu verstehen zu geben, daß also er, Metternich, als der Sieger um so viel höher zu werten sei. »Die lächerliche Eitelkeit dieses europäischen Mannes«, bemerkt der Graf[16], »übersteigt alle Grenzen und wird uns, gut ausgedeutet, noch manche Verlegenheit bringen.« Man muß allerdings bei der Beurteilung dieser Bemerkung immer die persönliche Gegnerschaft dieser beiden Männer bedenken. Doch es nützt dem Grafen nichts: zu stark ist der Kanzler bei seinem allerhöchsten Herrn verankert. Zu sehr beherrscht er ihn durch Ausnützung der Furcht des Monarchen vor dem Gespenst der Revolution und durch den steten

Hinweis auf seine Verdienste. So wird Clemens, der nun am 15. Mai 1833 sein sechzigstes Lebensjahr vollendet, im Sattel bleiben, solange Kaiser Franz lebt, wenn er auch nicht mehr alles restlos durchsetzen kann, was er will, wie der nicht zustande gekommene Grundsatzkrieg gegen das Frankreich der Julirevolution zeigt.

Innerhalb der kaiserlichen Familie jedoch hat Metternich sehr viel, wenn nicht alles, zu reden. Man muß zum Beispiel der Regierungsaufgaben gegenüber völlig hilflosen Marie Louise in Parma einen neuen Mann an die Seite setzen, da Neipperg ja tot ist. Auch dorthin soll nach Metternichs Geschmack ein Gegner der derzeitigen Regierung in Frankreich kommen, und dieser bietet sich in dem Grafen Karl von Bombelles, der zur Zeit der Julirevolution als Offizier in Nancy seiner Dienst versah und aus Protest gegen den Thronraub Louis Philippes Frankreich verließ. Das ist nun die beste Empfehlung bei Metternich, und so ernennt er ihn sozusagen als Majordomus für Parma. Der achtundvierzig Jahre alte, vornehme Graf, dem man nur nachsagt, etwas hochmütig zu sein, nimmt die Betrauung an. Marie Louise ist zwar Metternich gegenüber kaum je ganz aufrichtig, aber jetzt schreibt sie[17]: »Der Graf Bombelles, den ich fürchtete, entzückt mich, soweit ich ihn in der kurzen Zeit beurteilen kann; er vereinigt alles in sich, was man sich nur wünscht. Besonders Festigkeit und angenehme Manieren; er ist ein so tugendhafter Mensch, ein wahrer Schatz.« Anfangs schien er der Herzogin sogar etwas zu tugendhaft zu sein, und so hilft Marie Louise eines Tages etwas nach.

Eben hat Albertine Montenuovo einen Grafen San Vitale, Kammerherrn der Herzogin, geheiratet, und der Anblick dieses jungen Glücks scheint auch Marie Louises Liebessehnen wiedererweckt zu haben. So macht sie Bombelles, kaum sechs Monate nach dessen Ankunft in Parma, den Vorschlag, sie zu heiraten, was ihn höchlichst überrascht haben soll. Und wirklich werden der neue Obersthofmeister und die doppelte Witwe ein Paar, doch wird auch diese Eheschließung zunächst geheimgehalten. Damit hat Metternich wieder einen seiner Vertrauensleute verläßlich an die Seite Marie Louises gestellt.

Des Kanzlers Blick schweift von Süd nach Nord. Bald steht die Sorge um die Stellung Österreichs in Italien, bald der Kampf um die Seele des Zaren im Mittelpunkt seiner Gedanken und Bestrebungen. Sehr wichtig ist es für ihn, den neuen Herrscher aller Reußen das erstemal von Angesicht zu Angesicht sehen und studieren zu können. Da auch Nikolaus ein klares Bild über sein Verhältnis zu Österreich gewinnen will, wird für den September 1833 eine Zusammenkunft in Münchengraetz festgesetzt. In zwei Dingen stimmen der Zar und der österreichische Staatskanzler überein: im angriffsbereiten Konservativismus und der Abneigung gegen das Julikönigtum in Frankreich. Beide Teile sind aber nicht sehr aufrichtig. Nikolaus tut so, als würde er die Überlegenheit Metternichs anerkennen. »Ich kam hierher«, soll er ihm angeblich gesagt haben[18], »um mich unter die Befehle meines Vorgesetzten zu stellen.« Und auch: »Ich zähle auf Sie, damit Sie mir anzeigen, wenn ich Fehler machen sollte.« Wir kennen diese Aussprüche nur aus Metternichs Behauptung. Sind sie tatsächlich in solcher Art gefallen, so dürften sie darauf beruhen, daß der Zar über die Eitelkeit des österreichischen Staatsmannes genau unterrichtet ist. Diese Worte, denkt er, werden ihre Wirkung nicht verfehlen, und er wird dank jener Eigenschaft die darunter verborgene Ironie nicht merken. Und wirklich, Fürstin Melanie, die bei der Begrüßung auch anwesend war, nimmt die Bemerkung als bare Münze und führt sie mit Genugtuung in ihrem Tagebuch an. Auch Metternich meint dazu: »Als Rußland einen anderen Weg ging wie den, so ich gewählt hatte, ließ ich es laufen; heute gehe ich mit ihm, weil es mit mir geht[19].«

Das Ehepaar Metternich überstürzt sich in liebenswürdigem Entgegenkommen für den Zaren. Die hübsche junge Fürstin läßt all ihre Koketterie spielen und gewinnt Nikolaus schließlich, wenn dieser auch anfangs ihre Stimme als geradezu unausstehlich bezeichnete. Aber wie in ihrer Abneigung für König Louis Philippe finden sich die beiden auch in Tanz, Billard und Kartenspiel. Der Zar erinnert sich seiner Bekanntschaft mit Gräfin Molly, und das Gedenken an das seinerzeitige große Geldgeschenk fördert noch die Liebenswürdigkeit Melanies, die so die Dankbarkeit der Familie Zichy unterstreichen will. Nikolaus I. zeigt wirkliche Freundschaft für den Kaiser und seine Familie, so daß der Zar, als Franz I. ihm seinen schwachen Nachfolger für die Zukunft ans Herz legt, schwört, ihm stets nach Kräften beistehen zu wollen.

Damit verläuft das Zusammentreffen in herzlichster Wärme. Und am 22. September schreibt Nikolaus seiner Gemahlin: »Ich machte es mir eben bequem und setzte mich zur Arbeit, da erschien Metternich bei mir ... Er zeigte sich sehr liebenswürdig und interessant und sprach mit mir über Österreichs Zukunft. Der Kaiser habe ihm befohlen, in sein Testament die Bestimmung aufzunehmen, er lege seinen Söhnen ans Herz, in den engsten Beziehungen zu Rußland zu verharren und außerdem niemals etwas Wichtiges zu unternehmen, ohne ihn, den Kanzler, um Rat zu fragen[20].« Clemens muß dies dem Zaren gesagt haben, womit auch bewiesen ist, daß der Staatskanzler den Entwurf zu Kaiser Franz' Testament auf seines allerhöchsten Herrn Wunsch abzufassen hat. Doch ärgert es Nikolaus, wie sehr Metternich und seine Gattin sich in den Vordergrund stellen, so daß Österreichs Herrscher und Herrscherin förmlich vor dem Kanzlerpaar zurückstehen. Sein monarchisches Gefühl empört sich dagegen. In Wirklichkeit läßt sich der Zar von dem österreichischen Staatsmann nicht völlig betören. »Er ist ein Schwätzer«, bemerkt er[21]. »Aber mitunter amüsant. Jedesmal, wenn ich mich ihm nähere, bitte ich Gott, mich vor dem Teufel zu bewahren.« Nichtsdestoweniger verständigt man sich in Münchengraetz im allgemeinen und kommt auch insgeheim überein, gegebenenfalls bei einem Zusammenbruch der Türkei einträchtig vorzugehen.

In dieser Zeit erhält Metternich nach langem wieder einmal ein Lebenszeichen von Wilhelmine Schulenburg-Sagan. Sie weilt nun in Paris und hat einen Herrn der österreichischen Gesandtschaft getroffen, der eben nach Wien zurückmuß. Da kann sich die Herzogin nicht enthalten, ihm einige Zeilen an den einst so sehr geliebten Mann mitzugeben: »Es ist lange her, seit Sie mir auch nur ein einziges kleines Wort geschrieben haben. Diese Entbehrung empfinde ich lebhaft, doch kenne ich Sie und weiß, daß, wenn Ihre Beschäftigungen und Zerstreuungen Sie auch völlig beanspruchen, Ihr Herz immer gleich bleibt. Ich habe ein Recht auf Erinnerung und mache es mit Vertrauen geltend ... Ich höre nicht auf, die wärmsten Wünsche für alles zu hegen, was Sie betrifft. Adieu, mein Freund – ich habe Sie zu sehr geliebt, um es nicht immer zu tun ... Sagen Sie mir, daß Sie mir auch nur ein wenig von jenem Interesse bewahrt haben, dessen mein Herz stets bedarf[22].«

Lange hält Clemens dies Blatt in Händen, und die Tage von Dresden, Ratiboržitz und London steigen wieder auf in seiner Erinnerung. Immer noch liebt Wilhelmine ihn, wie dieser Brief beweist, und reiht sich so in die Zahl aller Frauen ein, die jemals mit Metternich in Beziehungen standen. Mag er sich auch noch so sehr von ihnen abgewendet und anderen Blüten zugeflossen sein, im Grunde ihrer Seele haben sie ihm alle – keine ausgenommen – trotz allem Liebe und Zuneigung bewahrt, mögen sie ihn auch, wie im Fall Lieven, zeitweise sogar gehaßt haben. Ja, Metternichs Wirkung auf die Frauen ist bleibend und nachhaltig, sein bezwingender Charme wirkt fortdauernd nach.

Kaum von Münchengraetz zurück, muß Metternich nach Linz, wo sich das bayrische Königspaar bei Franz I. zu Besuch angesagt hat. Der Kanzler plant, dort den ihm gegenüber stets mißtrauisch gebliebenen Ludwig I. für neue Maßnahmen zum Schutz gegen »Angriffe der radikalen Partei im Innern sowohl als gegen die verschmitzte Politik des revolutionären Auslands[23]« zu gewinnen. Er unterhält sich dann auch stundenlang mit dem König von Bayern. »Ich war mit ihm zufrieden«, schreibt Clemens weiter, »und habe heute früh erfahren, daß er von mir entzückt war ...«

Als Metternich nach Wien zurückkehrt, erwartet ihn eine Überraschung. Der als tollkühner Reiter bekannte Graf Moritz Sándor erscheint beim Staatskanzler und bittet ihn um die Hand seiner Tochter Leontine.

Er besitzt große Güter, die er mit eiserner Strenge und ein wenig tyrannisch führt, aber man liebt ihn doch. Sein Hauptvergnügen besteht darin, mit wilden Pferden im Viererzug dahin zu rasen; so brach er bei unzähligen Stürzen mit Wagen und Pferd so ziemlich alles, was man sich brechen kann. Einmal fuhr er mit einem Engländer, der von seiner Fahrkunst Märchenhaftes gehört, in sausender Fahrt im Fünferzug über Hindernisse und Serpentinen dahin, und als der Fremde bemerkte: »Sehr schön, aber ich habe dergleichen schon gesehen«, da lenkte der Graf seine fünf Rosse im Galopp gegen einen Abhang und warf dann mit den Worten: »Haben Sie auch das schon gesehen?« die Zügel in die Pferde. Im Nu lagen Wagen, Tiere und Insassen in einem großen, kaum entwirrbaren Knäuel am Boden[24]. Genauso ungestüm und ohne Vorbereitung, etwas unvermittelt, wie Metternich meint, verlangt er nun Leontine zur Frau. Der Vater äußert einige Bedenken und bemerkt mit Hinweis auf die Lebensgefahr, in die sich der Freier stets begebe, er hätte wenig Geschmack für tote Schwiegersöhne, sein zweiundzwanzigjähriges Töchterlein solle noch ein Jahr warten, um sich zu prüfen. Sie aber betrachtet sich schon als Graf Sándors erklärte Braut.

Fürstin Melanie ist für des Freiers Wünsche eingenommen, und so hat er alle Aussicht, sie auch zu verwirklichen. Sie beginnt eine wachsende Rolle an Metternichs Seite zu spielen, was für den Staatskanzler nicht immer ganz bequem ist. Charles C. F. Greville sagt von ihr[25]: »Eine feine, hübsche Frau, schlecht erzogen, unverschämt, sorglos und genügend kurz angebunden, aber sonst flink und unterhaltend.« Melanie mengt sich in Politik genauso wie in ihres Gatten wirtschaftliche Angelegenheiten und gibt, da sie auch über Dinge urteilt, die sie nicht versteht und verstehen kann, manche Nuß zu knacken. Ist sie auch das lebende Echo der Meinungen, Ideen und Absichten ihres Gemahls, so will Metternich doch nicht immer, daß sein Echo wiederholt[26], was er denkt.

Zeugnis dafür ist ein Zwischenfall, bei dem die Fürstin wohl ganz im Sinne und Gedankengang ihres Gatten, aber nicht eben diplomatisch, sondern nach ihrem Charakter handelt und damit ihren Mann in größte Verlegenheit bringt. Bei einem Diner am Neujahrstag des Jahres 1834 erscheint Melanie besonders geschmückt mit einem herrlichen Diamantdiadem im Haar. Neben ihr sitzt der französische Gesandte Graf von Sainte-Aulaire, der zu seiner Tischnachbarin bewundernd äußert: »Es ist, als trügen Sie die Kronjuwelen, Fürstin.«

»Mag sein, aber sie sind mein Eigentum, und ich habe sie wenigstens nicht gestohlen.«

Der Diplomat findet vorerst nichts an dieser Antwort und unterhält sich weiter völlig unbefangen mit Melanie. Sie aber hat den Ausspruch mit einer gegen Louis Philippe gerichteten Spitze getan, dem sie nach wie vor, gleichwie ihr Gatte, allen Haß weiht. Am 8. Jänner dann findet ein Ball bei Sainte-Aulaire statt. Melanie ist sehr schlechter Laune, erstens, weil sie überhaupt zu diesem Fest des Vertreters des Bürgerkönigs gehen muß, und zweitens, weil dort »schreckliche Hitze« herrscht. »Kaum auszuhalten«, meint sie. In ihrem Unmut soll die Fürstin in Erinnerung an jene Bemerkung über ihr Diadem mehreren Gästen erzählt haben, sie hätte dem Botschafter eine harte Pille als Antwort zu schlucken gegeben und ihm auch noch allerhand gesagt. Dies macht sofort die Runde in Wien.

Alle Welt, auch die Erzherzoge sprechen darüber, und Sainte-Aulaire hört zu seiner Bestürzung davon. Überzeugt, eine Geschichte, die so in aller Munde ist, werde auch seinem König in Paris zu Ohren kommen, sagt er sich, er müsse da sofort Aufklärung fordern, obwohl es ihm sehr peinlich fällt. So bittet er die Fürstin um eine Unterredung in Anwesenheit ihres Gemahls. Melanie antwortet auf der Stelle äußerst artig und bestimmt den nächsten Vormittag des 12. Jänner für den Besuch. Des Nachts besprechen die beiden Gatten, wie sie sich dabei benehmen werden. Anderntags erscheint also Herr von Sainte-Aulaire mit sehr ernstem Gesichtsausdruck, und Melanie ist entschlossen, alles möglichst abzuschwächen und zu leugnen. Der Gesandte beginnt etwas verlegen: »Sie haben, Fürstin, kürzlich eine Bemerkung gemacht, die mehr oder minder schicklich sein mag, doch dachte ich nicht daran, daß Sie diese dann wiederholen würden. Sie sollen sich jener Äußerung geradezu gerühmt haben, wodurch erst ihr beleidigender Sinn zum Ausdruck kommt, und man behauptet sogar, Sie hätten noch hinzugesetzt: ›Ich sagte ihm noch ganz andere Dinge[27].‹«

Die Fürstin leugnet zunächst, die Sache öffentlich wiederholt zu haben, aber Sainte-Aulaire geht auf die Ausflüchte nicht ein. Endlich gesteht Melanie halb und meint: »Ich möchte mir Augen und Haare aus Reue darüber ausreißen[28]«, und auch der Gatte sagt ihr unverhohlen, so etwas sei fast ein Verbrechen. Der französische Diplomat und Metternich kommen schließlich überein, der Angelegenheit möglichst ihre Spitze zu nehmen und vorläufig einfach nicht weiter darüber zu reden; vielleicht werde alles von selbst im Sand verlaufen. Zwei Tage darauf, am 14. Jänner, findet in Wien ein großer Hofball statt, an dem Melanies Bemerkung das Hauptgespräch bildet. Alle Erzherzoge, deren viele Metternich gram sind, sprechen davon.

Am 19. Jänner erscheint Sainte-Aulaire bei Clemens, spricht wohl wieder über die Diademgeschichte, zeigt sich aber gerührt und erklärt, man habe ihn offenbar mit dem Staatskanzler entzweien wollen, die Sache sei vergessen und erledigt. Metternich bedeutet nun seiner Frau, der ein Stein vom Herzen fällt, sie solle über diese abgetane Sache nie mehr sprechen. So hätte sich alles in Wohlgefallen aufgelöst, wenn nicht ein Journalist die fatale Geschichte wieder aufgewärmt und in Paris in der Zeitung »Quotidienne« am 2. März in gehässiger Weise besprochen hätte. Jetzt sieht sich Sainte-Aulaire gezwungen, seiner Regierung reinen Wein einzuschenken. »... Niemand aber«, meint er in seinem Bericht[29], »gibt eine vorgefaßte Absicht zu, die Regierung des Königs zu beleidigen, und so ließ ich den ganzen Klatsch fallen, den Niedertracht heute wieder zu beleben versucht.«

In dieser Form geht der Bericht ab. In dem Entwurf aber war noch der zudem unterstrichene Satz enthalten gewesen: »Die Fürstin, die der französischen Regierung feindlich, aber deren Charakter reumütig und loyal ist.« Metternich aber bat, diese Worte auszulassen, was auch geschah. Sainte-Aulaire gibt dem Staatskanzler da zwar nach, betont aber des Abends in einem langen Gespräch, daß Frauen doch immer wieder großen Einfluß auf Staatsgeschäfte erlangen und sicherlich auch die Fürstin Metternich solchen auf die Geschicke der Welt ausübe. Melanie verfehlt nicht, stolz in ihrem Tagebuch auf dieses Gespräch hinzuweisen[30], was ihren Ehrgeiz in solcher Beziehung zur Genüge zeigt.

Diese Geschichte trägt aber keineswegs dazu bei, die feindseligen Gefühle zu verbessern, die Metternich und seine Frau gegen Louis Philippe und seine Regierung hegen. Sie wollen nach wie vor der Politik und den Wünschen des Königs von Frankreich entgegentreten. Und dies, obwohl Louis Philippe nun, da er die Königskrone erreicht hat, eigentlich die gleichen konservativen Gefühle hegt und mit allen angestammten Dynastien in beste Beziehungen zu treten beginnt. Die revolutionäre Gefahr, die Metternich und auch der Zar jetzt fortwährend als von den Orléans ausgehend predigen, besteht in Wirklichkeit gar nicht. Der österreichische Staatskanzler, der sonst dem Inhalt aufgefangener Briefe einen so großen Wert beilegt, wenn sie in seine Pläne passen, geht über ein Interzept hinweg, wenn es, wie zum Beispiel das folgende, Gutes über den König der Franzosen berichtet[31]: »In Paris will die Regierung sich unter keiner Bedingung den Wechselfällen eines Krieges aussetzen, und solange Louis Philippe lebt, wird der allgemeine Friede gewiß nicht gestört werden. Jedermann muß dem König übrigens Gerechtigkeit widerfahren lassen. Er ist gewandt und gescheit wie nur einer und in der Staatsverwaltung gewiß ebenso groß wie Napoleon. Die Königin ist die achtbarste, liebenswürdigste Frau und das engere Familienleben des Schlosses über alles Lob erhaben.«

Melanies unvorsichtiges Gerede hat ihrem Mann doch rechte Unannehmlichkeiten bereitet, und auch sonst ist nicht immer alles glatt abgegangen. Aber als sie ihm am 14. Oktober einen Sohn schenkt, ist gleich alles vergessen. Die Fürstin ist grenzenlos glücklich bei dem Gedanken, daß ihre bedauernswerte Vorgängerin nun gar nichts mehr vor ihr voraushat.

Melanie ist sehr religiös, bringt ihren weltläufigen und bisher sehr zweiflerisch veranlagten Gatten den Glaubensfragen näher und erweckt in ihm durch Lektüre besonders das Interesse am Leben und Wirken des Apostels Paulus[32]. So erklärt er, sich diesen Mann zum Vorbild zu nehmen, und beschließt daher, seinen Kleinen auf den Namen Paul taufen zu lassen.

Während in Metternichs häuslichen Kreisen alles rosig aussieht, erfährt er in seinem Hauptarbeitsgebiet, der Außenpolitik, in der er vollkommen unabhängig herrscht, Niederlage auf Niederlage. In Spanien waren Thronstreitigkeiten entstanden. Ferdinand VII. war ohne männliche Nachkommen gestorben, und sein Bruder Don Carlos wäre der nächste Agnat zum Thron gewesen, wenn nicht der König das Erbfolgegesetz unter dem Einfluß seiner vierten Frau, der Neapolitanerin Marie Christine, zugunsten seiner Töchter geändert hätte. Die Königinwitwe wurde Regentin für diese, Don Carlos aber erhob, von der Kirche und allen konservativen Kräften gestützt, Einspruch. Nun geht der Bürgerkrieg zwischen den Angehörigen der Regentin, den sogenannten Christinos, und dem Thronprätendenten los, für den Metternich mit Eifer und Leidenschaft Partei nimmt. Auch in der Königin Tochter Isabella sieht Clemens wie in Louis Philippe den Grundsatz der Revolution verkörpert, und damit ist sein Standpunkt gegeben. Was nicht seinem System entspricht, bekämpft er auf das stärkste.

Der Kanzler mischt sich überall ein, fürchtet auch immer, daß Mitglieder der kaiserlichen Familie ihm seine Kreise stören, und sinnt schon lange nach, wie dem einmal gründlich abzuhelfen wäre. Er mengt sich in die Heiratsabsichten nicht nur der eigenen, auch fremder Fürstlichkeiten. Die freiheitlichen, verfassungsfreundlichen unter ihnen sollen überall behindert, die Ehepläne der konservativen, des Staatskanzlers Ideen nahestehenden in jeder Weise unterstützt werden.

In seiner Überzeugung von »gefährlichen Folgen einer jeden etwa eintretenden Verbindung mit der königlich-französischen Familie«, die er seinem Kaiser immer vorhält[33], will er auch weiter alles tun, um die Einheirat der Kinder Louis Philippes in andere Fürstenhäuser auf jede Weise zu hintertreiben. »Dieser aus dem Schaum der Revolution geborene und durch illegitime Mittel hochgekommene König« soll seinen Metternich kennenlernen. Der Monarch ahnt damals nicht, wie weitgehend der österreichische Staatskanzler entschlossen ist, seinen Absichten entgegenzutreten. Er glaubt, man werde in Wien mit beiden Händen zugreifen, wenn er den bildschönen und liebenswürdigen, kerngesunden Erben der französischen Krone als Gatten für eine Erzherzogin anbiete. Das französische Königspaar ist Feuer und Flamme für diese Idee, während der Ministerpräsident, Herzog von Broglie, seine Bedenken hat; er kennt Metternich besser und befürchtet einen Korb. Aber man hört nicht auf ihn. Die Einwände, die er macht, beschleunigen nur seinen Sturz, und als Broglie im April 1834 zurücktritt, wird die Heiratsangelegenheit spruchreif. Sofort erhält Graf von Sainte-Aulaire in Wien die amtliche Mitteilung, das Königspaar wünsche eine Doppelheirat zwischen dem Kronprinzen und der Tochter des Erzherzogs Karl einerseits sowie dessen ältestem Sohn Albrecht mit Louis Philippes Tochter Clementine von Orléans andererseits. Vorerst soll aber dem Wiener Hof gegenüber nur von einer Reise des Kronprinzen gesprochen werden, die dieser nach der Donaustadt unternehmen wolle, falls er auf einen guten Empfang rechnen könnte[34].

Metternich ist sofort auf der ganzen Linie dagegen; er freut sich, daß Sainte-Aulaire den Plan selbst nicht gleich dem Kaiser mitteilen lassen will. So kann der Kanzler unabhängig von des Kaisers Willen alles hinhaltend und ablehnend beantworten. Gewiß, man werde den Herzog mit allen, Verwandten gebührenden Ehren empfangen, aber sonst könne man für die Haltung des Publikums nicht bürgen. Es wäre besser, Kronprinz Louis Ferdinand steige in der Gesandtschaft als in der Hofburg ab; für die Gefühle der kaiserlichen Familie könne der Kanzler nicht einstehen, er kenne das Programm des Kaisers noch nicht genau und dergleichen mehr.

Jeder Unvoreingenommene hätte sofort herausgefühlt, daß zumindest Metternich nicht wolle, und vielleicht war man sich auch in Paris darüber klar; aber das dortige Königspaar hält ihn denn doch nicht für so mächtig, als daß er über eine Eheangelegenheit des Erzhauses souverän entscheiden könnte. Um so mehr, als man von seiten der kaiserlichen Familie geheime, allerdings unverbindliche Winke erhalten zu haben glaubt, wonach man dem Plan dort nicht unfreundlich gegenübersteht.

Die Schwierigkeiten, die Metternich in diesem Fall bereitet, sind nicht nur in seiner Abneigung gegen Louis Philippe, sondern auch in dem feindseligen Verhältnis begründet, in dem er zu Erzherzog Karl steht. Es könnte ihm gar nicht passen, wenn dieser Prinz, den er immer fürchtet, durch Verbindung seiner Tochter mit dem Kronprinzen von Frankreich eine gewaltige Erhöhung seines Ansehens erfahren würde. Erzherzog Karl ist der einzige von allen Angehörigen der kaiserlichen Familie gewesen, der sich zu dem Grafen Sainte-Aulaire über König Louis Philippe gut ausgesprochen hat, und der Gesandte weiß genau, wie er »durch das Übelwollen des Fürsten Metternich vom aktiven Dienst ausgeschaltet ist«.

Nun wird der Graf zur Berichterstattung nach Paris berufen. Der König will in der Angelegenheit klarersehen. Vor seiner Abreise nimmt der Diplomat Audienz bei Kaiser Franz, der ihm neben liebenswürdigen Grüßen für die königliche Familie überhaupt auch ausdrücklich solche für den Herzog von Orléans aufträgt, den er noch nicht zu kennen bedauere. Der Gesandte horcht auf und sieht in dieser Bemerkung mehr, als sie bedeutet, weil er sich nicht vorstellen kann, daß Metternich seinem Kaiser wirklich noch gar nichts gesagt haben sollte. Und doch ist es so.

Man merkt bald in Paris, bei dem Staatskanzler Österreichs ist Widerstand zu erwarten, wenn man ihn auch lange nicht so stark einschätzt, als man es nach dessen Benehmen tun müßte. Nun erinnert man sich Metternichs einstiger inniger Beziehungen zu der Herzogin von Sagan. Vielleicht kann *sie* näher herausbringen, wie er sich zu der Heiratsfrage stellt. Auf verschiedenen Wegen versucht man sie auszuhorchen, als sie aber dann meldet, Clemens rate von dem Besuch ab, beachtet man ihre Worte weiter nicht, denn man *will* dergleichen nicht verstehen. Auch König Louis Philippe gehört zu jenen, die nur das wirklich hören, was sie hören wollen.

Inzwischen aber droht ein Ereignis die Grundlage von Metternichs ungeheurer Machtstellung im Kaiserstaat mit einemmal zu untergraben. Kaiser Franz, der nun das sechsundsechzigste Lebensjahr erreicht hat, erkrankt gegen Ende Februar des Jahres 1835 zunächst an einer scheinbar harmlosen Erkältung. Er schätzt den Fürsten Metternich so hoch, daß er Melanie nach ihrem Zeugnis einmal gesagt haben soll: »Beten Sie, liebe Fürstin, daß das Leben Ihres Gemahls noch länger dauere, denn ich könnte ohne ihn nicht sein[35].« Der Kaiser hat auch wiederholt über die Abfassung seines Letzten Willens mit diesem seinem getreuen Paladin gesprochen, und Metternich ist sofort entschlossen, aus solcher Tatsache für seine künftige Stellung Nutzen zu ziehen. Denn wenn Kronprinz Ferdinand nicht Kaiser würde, was angesichts seines Gesundheits- und Geisteszustands doch im Interesse des Landes unbedingt geboten wäre, dann würden die Erzherzoge Karl, Johann und Joseph, die sich der Staatskanzler im Laufe der Zeit mehr oder weniger alle zu Feinden gemacht hat, in den Vordergrund treten und die Lage für Metternich höchst peinlich werden.

Zudem hat ja der Staatskanzler doch auch seinen gefährlichen Rivalen, den Grafen Kolowrat, dessen gegnerische Stellung der Feldmarschall Graf Bellegarde mit dem Witzwort kennzeichnet: »Metternich und Kolowrat bilden den kaiserlichen Adler. Der eine Kopf schaut nach rechts, der andere nach links.« Diese beiden Herren der Staatsregierung sind offene Gegner, und Kolowrat würde bei jeder anderen Thronfolge bestimmt die Oberhand erhalten. Also, sagt sich Metternich, muß ich alles tun, damit Kronprinz Ferdinand trotz seinem Zustand auf den Thron gelangt. Erstens kann ich meinem allerhöchsten Herrn sagen, daß damit die legitime Thronfolge unberührt bleibt, und zweitens werde ich, wenn diese völlig unzulängliche Persönlichkeit Kaiser wird, sie leicht gänzlich beherrschen und mehr oder weniger tun können, was ich will. Nur muß ich dafür sorgen, daß die mir feindlich gesinnten Erzherzoge keinen Einfluß auf den willenlosen Mann gewinnen. Daher muß ich mich ihm noch durch den alten Kaiser empfehlen und als seinen Berater und Vertreter einen Erzherzog einsetzen lassen, der mir gewogen und auch leicht zu beeinflussen ist. Dazu ist der jüngste der Brüder des Monarchen, Erzherzog Ludwig, geeignet.

Diesem Gedankengang folgend, bereitet Metternich einen Entwurf für das Testament seines kaiserlichen Herrn vor. Noch aber braucht er dazu mächtige Unterstützung. Die Kirche will ihren Einfluß nicht verlieren, fühlt sich vielfach bedroht und hat bisher in Metternich einen zu geringen Schützer und Freund besessen. Erst seit der Heirat mit Melanie Zichy ist das etwas besser geworden. Vertrauliche Verhandlungen laufen nun zwischen dem Staatsmann und den Vertretern der Kirche. Burgpfarrer Bischof Wagner, der Beichtvater des Kaisers, führt sie, und Metternich scheint bestimmte Zugeständnisse gemacht zu haben. Jedenfalls findet er Wagner in der Angelegenheit des Letzten Willens des Kaisers an seiner Seite. Dieser berät den Monarchen im Sinne der Wünsche des Staatskanzlers, was im Augenblick besonders wichtig ist, da Franz I. in folgendem Satz des Metternichschen Entwurfs den ausgebliebenen Namen einsetzen soll: »Als den Mann, den Ich Meinem Sohn als treuen, seines vollsten Vertrauens würdigen Ratgeber dringend empfehle, bezeichne Ich . . .«

Bischof Wagner geht dem allerhöchsten Herrn bei der endgültigen Fassung an die Hand. Der Kaiser vermeint, sein Zustand sei nicht so ernst, daß all dies so dringend nötig wäre, und doch ist es so. Was zuerst als eine leichte Erkältung beurteilt wird, geht plötzlich in Lungenentzündung über. Die Erzherzoge dringen auf ein Konsilium, von dem der Leibarzt Stifft aber nichts wissen will, ja bei dieser Zumutung sogar grob wird. Alles verliert den Kopf am Hof, nicht einmal ein Wagen ist zu finden, um einen der Ärzte aus dem Spital zu holen. Am 28. Februar dann, als des Kaisers Befinden sich immer mehr verschlechtert, treten die Professoren endlich doch zu einer Beratung zusammen.

Metternich ist an diesem Tag in hoher Aufregung; einerseits, weil er seinem kaiserlichen Herrn, der ihm zeitlebens so sehr die Stange gehalten, wirklich anhänglich und verbunden ist, andererseits aber auch, weil er noch nicht weiß, wie es mit dem Letzten Willen des Monarchen steht, und überzeugt ist, er müßte seinen Sturz befürchten, wenn sein Testamentsentwurf nicht wenigstens im allgemeinen und sinngemäß angenommen wird[36]. Doch geschieht an diesem Tag, was der Staatskanzler will. Der Kaiser setzt in jenem Satz des Entwurfs, der unvollständig ist, den gewünschten Namen ein. »Übertrage auf den Fürsten Metternich, meinen treuesten Diener und Freund, das Vertrauen, welches ich ihm während einer so langen Reihe von Jahren gewidmet habe«, lautet das Testament nunmehr. »Verrücke nichts an den Grundlagen des Staatsgebäudes, regiere, verändere nicht . . . Schenke meinem Bruder, dem Erzherzog Ludwig . . .

volles Vertrauen. Ziehe ihn in wichtigeren inneren Angelegenheiten fortan zu Rate[37].« Von Graf Kolowrat kein Wort. Alles ist so, wie der Kanzler es wünscht.

Am nächsten Tag, dem 1. März, ist der Kanzler viel beruhigter, obwohl es dem Monarchen schlechtergeht. Wahrscheinlich hat er durch Bischof Wagner vom Inhalt des letzten Handschreibens des Herrschers an seinen Sohn Ferdinand Kenntnis erhalten. Tags darauf, am 2. März, um dreiviertel ein Uhr nachts, scheidet Franz I., bis zuletzt bei vollem Bewußtsein, aus dem Leben. Nun besteigt wirklich Ferdinand den Thron, der Mann, von dem Erzherzog Johann in sein Tagebuch schreibt: »Wir kennen den neuen Kaiser, ein treffliches Herz, ein guter Wille – aber die Natur gab sonst nichts, das weiß nur ein Teil der Welt ... In den jetzigen Verlegenheiten geht er zur Kaiserin fragen, diese soll raten. Alle Augenblicke geht er hin, einige, denen das auffiel, fragen, was das ist. Da sagte sie, er wolle nur Rat. Povero uomo! Die Kaiserin, eine gute Frau, beschränkt durch ihre klösterlich-italienische Erziehung, gottesfürchtig, skrupulös, die Welt nicht kennend – was soll diese raten? ... Und dabei ist es notwendig, den Glauben an des Kaisers Eigenschaft zu erhalten ... Dazu gehört vor allem, daß der neue Herrscher keine Audienzen gibt. Beim alten Herrn war es zum Sprichwort geworden ... daß, wenn er kein Mariahilf, er doch stets ein Mariatrost gewesen[38].«

Beim neuen Herrn werden aber alle bald erkennen, wie es um ihn steht. Wenn er sich öffentlich, in der Kirche oder sonst irgendwo zeigen muß, ist er stets von grenzenloser Unbeholfenheit, weiß nie, »ob er sitzen oder stehen, ob bedeckt oder unbedeckt bleiben solle[39]«. Als die Erzherzoge zur Kenntnis des Testaments gelangen, sehen sie, sie werden Metternich nicht los. Im Gegenteil, er wird noch mächtiger werden als je. Sie möchten ihn gerne stürzen, nur Erzherzog Ludwig nicht, der sich geschmeichelt fühlt und den Clemens wohl gut gewählt hat, denn er ist, wie Kolowrat sagt, »nichts als ein tätiger Hofrat«.

Der Staatskanzler ist vom Hingang seines allerhöchsten Herrn erschüttert und ihm tief dankbar, daß er den langjährigen treuen Diener nicht vergessen hat. Er sieht begeistert seine Herrschaft gefestigt und die ihm obliegenden Aufgaben in Zukunft noch leichter zu bewältigen als unter Kaiser Franz. Dieser wollte doch immer alles wissen, tat in letzter Zeit nicht mehr so willig, was Metternich wünschte, und hatte schon neben ihm auf andere, besonders auf Kolowrat gehört. Doch durch sein Testament hat er klar gezeigt, zu wem er in seinem Innersten wirklich immer gehalten hat. Jetzt kehrt des Kanzlers gute Laune wieder. Nun erzählt er, was am 1. März, als der Kaiser noch lebte, seiner Köchin Merkwürdiges geschehen. Sie hatte angesichts der schweren Erkrankung des Monarchen die Nummer 12 (Geburtsdatum des Kaisers, 12. Februar), 43 (denn vor 43 Jahren war er auf den Thron gekommen) und 67 (des allerhöchsten Herrn Alter) in der kleinen Lotterie gesetzt, und wirklich, alle drei Nummern kamen heraus, und sie gewann den Terno von 28.000 Gulden 13 Kreuzern. Metternich kann sich über dieses merkwürdige Zusammentreffen, das er noch am letzten Tag der Kaiserin als glückliches Vorzeichen mitgeteilt hatte, nicht beruhigen. Doch die harte Wirklichkeit zerstörte die Hoffnung.

Immerhin, er muß auf der Hut sein. Man kann den willenlosen neuen Monarchen am Ende doch gegen ihn einnehmen, denn wenn auch Kolowrat im Testament nicht genannt ist, der Graf will unbedingt wenigstens die Leitung der inneren Angelegenheiten behalten. Und die Erzherzoge sind auch noch da. »Man muß dafür sorgen, daß der Kaiser nicht in ihr Garn geht (ne donne pas dans le panneau), das ist es, was ich fürchte«, schreibt Melanie am 3. März in ihr Tagebuch[40].

Während Metternich sich zu versichern bemüht, Ferdinand I. habe »weit mehr Regierungsfähigkeiten, als Leute glauben, die ihn nicht kennen[41]«, sagt Erzherzogin Sophie, die in Kenntnis der wahren Verhältnisse über die Thronbesteigung Ferdinands erbittert ist, Melanie später einmal darüber[42]: »Was ich einzig Ihrem Gatten vorwerfe, besteht darin, daß er eine unmögliche Sache wollte: die Monarchie ohne Kaiser führen und mit einem Trottel als Repräsentanten der Krone.« Wenn die Erzherzogin diesen harten Ausdruck wohl auch sicher nicht gebraucht hat, gemeint wird sie in der Tat nicht viel anderes haben. Sie aber, ebenso wie alle Erzherzoge, beugen sich, obwohl die drei fähigsten unter ihnen völlig ausgeschaltet sind und der schwächste zum Ratgeber bestimmt ist. Es fällt dem französischen Botschafter Sainte-Aulaire auf, wie geduldig die kaiserlichen Prinzen alle in den Vorzimmern Metternichs warten und wie bescheiden sie ihm in den Salons der Burg entgegentreten. Ihr Plan, ihn zu Fall zu bringen, scheiterte; mehr als je müssen sie nun mit ihm rechnen.

Zu dieser Zeit gedenkt der Staatskanzler der Herzogin Marie Louise und schreibt ihr[43]: »Ich habe in dem seligen Kaiser mehr als einen Vater, mehr als einen Herrn, den Freund meines ganzen Lebens, jenes Herz und jenen Geist verloren, die mit mir am meisten übereinstimmten und die ich ebenso zu verstehen wußte ... Ich werde sicher den Mahnungen meines verstorbenen Herrn niemals untreu werden. Der Geist des dahingegangenen Monarchen waltet weiter fort ... Seien Sie so gnädig, Majestät, mir Ihr Vertrauen auch weiterhin zu schenken ... und mich als Ihren ergebensten und eifrigst bemühten Freund zu betrachten. Das Heil der Welt beruht darauf, daß sich *hier nichts verändere.*«

Metternich bleibt also, was er unter Kaiser Franz gewesen: völlig unumschränkter Herr in der Außenpolitik, Herr auch über die Schicksale der

Mitglieder der kaiserlichen Familie und über Wille und Tat des unzulänglichen, schwachen Kaisers. Franz I. ist dank dem Kanzler in der Meinung gestorben, er gehe mit »kolossalem Ruf in die Nachwelt ein«. Und dies alles als Wirkung der Tätigkeit Metternichs. Fürstin Melanie wenigstens behauptet, der Monarch hätte ihr einmal von ihrem Gatten gesagt: »Er ist es, der mir stets alle Ehre zuschiebt, wann immer etwas Gutes und Gescheites geschieht.« Aber ein sehr kluger Mann, Freiherr von Wessenberg, urteilt über den verewigten Monarchen[44]: »Des Kaisers Hauptfehler war zuwenig Vertrauen in seine eigene Einsicht; alle, die mit ihm näher verkehrten, müssen die Richtigkeit seiner Ansichten in den meisten Fällen bezeugen.«

Aber der Kaiser ließ sich von Metternich das Ruder aus der Hand nehmen, was dieser mit größtem Geschick und einfühlender Sorgfalt einleitete. Da der Staatsmann auch noch Glück hatte und ihm der Sturz Napoleons in den Augen seines kaiserlichen Herrn eine unvergängliche Ruhmeskrone verlieh, war es zu diesem einzigartigen Vertrauensverhältnis zwischen den beiden Männern gekommen, dessen Wirkung Metternich auch über des Kaisers Tod hinaus zu verlängern verstand.

XX. WIDER DEN KÖNIGSSOHN FRANKREICHS UND DIE SCHÖNE ZARENTOCHTER OLGA

1835–1847

»Hier steht alles im alten, und besseres läßt sich nicht wünschen«, schreibt Metternich am 30. April 1835 an Erzherzog Johann. Ja, für den Staatskanzler persönlich in der nunmehrigen Lage freilich nicht, aber ob man dies auch für ganz Österreich sagen kann, muß sich erst zeigen. Die beiseite geschobenen, jeder in seiner Art begabten drei Erzherzoge Karl, Joseph und Johann sind jedenfalls nicht der Ansicht des Ministers, versuchen sich zur Geltung zu bringen, beugen sich aber zunächst vor dem Wortlaut des Testaments des verewigten Kaisers. Nur Erzherzog Karl vermeint im Oktober seine Ernennung zum Oberbefehlshaber des Heeres und militärischen Berater des neuen Monarchen durchzusetzen, was aber Metternich zu durchkreuzen versteht. Er kann an dieser Stelle keinen Mann dulden, von dem er weiß, daß er seine Grundsätze keineswegs teilt und ihm persönlich abgeneigt ist.

Der andere harte Gegner, Kolowrat, wird nicht sofort ausgeschaltet: es war ja ein Sieg des Staatskanzlers, daß dieser Mann in Kaiser Franz' Testament unerwähnt blieb. Er will schon dafür sorgen, daß mit der Zeit auch dieser Widerpart verschwindet und er in Kaiser Ferdinand nur mehr einen willenlosen Unterzeichner, in Erzherzog Ludwig ein geschmeicheltes, ihm völlig verfallenes Werkzeug besitzt.

Dem Erzherzog Karl will er auf keinen Fall einen Wirkungskreis einräumen. Hat er sich nicht erst kürzlich so scharf gegen einen Krieg mit Frankreich ausgesprochen? Hält er nicht dem Clemens so verhaßten Louis Philippe die Stange, dessen nun fünfundzwanzig Jahre alter Sohn Louis Ferdinand von Orléans Metternich noch immer keine Ruhe gibt? Kaum ist man in der Hofburg in Wien nach dem Thronwechsel zu Atem gekommen, regnen schon wieder bezeichnende Anfragen wegen einer Reise dieses französischen Kronprinzen dahin. Da der amtliche Weg bisher keine befriedigenden Ergebnisse gezeigt hat, versucht man es auf Umwegen. James Rothschild wird in Paris vom König empfangen, der ihm sagt, er würde gerne seinen Sohn nach Wien schicken, wisse aber nicht, wie er dort aufgenommen würde. James soll ihm das doch vertraulich herausbringen[1]. Nun, diesem Rothschild will Metternich schon entsprechend abwinken.

Marie Louises geheimgehaltene Heirat beginnt indes langsam durchzusickern und der Öffentlichkeit bekannt zu werden. Bombelles bewohnt ja dieselben Zimmer wie einst Neipperg, die Räume stehen in direkter Verbindung mit jenen Marie Louises, und der Hof klatscht darüber, man sehe den Grafen oft in intimster Kleidung aus den Zimmern der Herzogin kommen[2]. Metternich muß also darüber nachdenken, ob man nicht besser auch diese Heirat wieder öffentlich kundtun solle.

Zudem liegt ihm auch die Herzogin von Berry immer in den Ohren, er möge sich bei König Karl X. und dem Kaiser weiter für sie verwenden und den Grafen Lucchesi empfangen[3]. In Metternichs Überzeugung, der Legitimismus müsse überall und unter allen Umständen geschützt und hochgehalten werden, ist er auch stets bereit, ihr, wo er kann, zu helfen[4].

Im übrigen aber ist der Staatskanzler vornehmlich damit beschäftigt, sich als Grundlage für seine weitere Machtstellung das neue Kaiserpaar entsprechend in die Hand zu richten. Vom Monarchen spricht man am besten nicht. Er kommt fast überhaupt nicht in Betracht. Seine savoyische Gemahlin, der man in der Folge eine viel größere Bedeutung zuschreiben muß, ist sympathisch, gütig und sehr fromm, aber wenig tatkräftig und zeigt eigenen Willen nur dann, wenn man ihre besonderen Neigungen entweder schmeichelnd berücksichtigt oder aber ihnen irgendwie entgegentritt. In letzterem Fall kann sie gelegentlich recht unangenehm werden. Aber auch sie ist ihrer schwierigen Stellung nicht gewachsen. Da sie die Dinge eher schwer begreift, ist sie eine leichte Beute für einen Metternich.

Von ihrer Seite hat er nichts zu befürchten, wenigstens nicht für seine Stellung im Staat.

In diesen Tagen erhält der Kanzler nach langer Zeit wieder ein Lebenszeichen von der Fürstin Lieven. Sie hat schwere Zeiten durchgemacht. Nach der Abberufung vom Botschafterposten in London hatte das Ehepaar Lieven in Petersburg Aufenthalt genommen und erlebte dort im Frühjahr des Jahres 1835 das furchtbare Unglück, seine beiden jungen Söhne innerhalb von vier Wochen an Scharlach zu verlieren. Dorothee ist in voller Verzweiflung. Das letzte Band, das die beiden Gatten aneinander fesselte, ist damit zerrissen. Sie will fort, weit, weit weg, am besten nach dem Süden. Im Mai nimmt sie Abschied von der Heimat, entschließt sich endlich, nach Paris zu gehen und dort ständigen Aufenthalt zu nehmen. Metternich hat von ihrem Unglück gehört, ihr sein Beileid ausgedrückt, und nun kommt die Antwort[5]: »Ich danke Ihnen, daß Sie verstanden haben, daß Ihr Erinnern mir in diesem Augenblick guttun würde. Ich habe alles verloren. Für mich gibt es keinen Trost, mein Leben ist zerstört, zu Ende, das Gefühl der Verzweiflung hat mich diese schreckliche Gegend fliehen lassen. Da bin ich nun in Europa hingeworfen, ohne Pläne, ohne Ziel, ohne Interessen. Ich weiß nicht, wohin ich gehen soll. Ich suche Freunde, und wenn ich welchen begegne, so finde ich, daß sie nicht weit her sind! Ich wünsche nur zu sterben und mich bis dahin dessen würdig zu zeigen, die Engel, die ich verloren habe, wieder aufzusuchen ... Adieu, da Sie sich von meinem Kummer berührt zeigen, versprechen Sie mir, sich über meinen Tod zu freuen, dann werden Sie mich verstehen, und dies zum letztenmal.«

Fürstin Melanie bemüht sich indes, ihrem Gatten in der Bestrebung, seine Stellung auszubauen und sie förmlich zu verewigen, in jeder Weise beizustehen. Im allgemeinen verträgt sich das fürstliche Ehepaar ausgezeichnet, nur in einem Punkt stimmen sie nicht überein: Melanie ist ja doch eine Ungarin und liebt das Land der Herkunft ihrer Familie. Clemens aber urteilt immer sehr scharf über seiner Gattin Heimat, die auf ihre Verfassung so stolz ist und für Freiheit soviel übrig hat, was beides einem Metternich nicht gefallen kann. So ist es kein Wunder, wenn die Fürstin sich darüber ein wenig ärgert und findet, er beurteile dieses unglückliche Land viel zu streng.

Von einer Karlsbader Kur im September 1835 reist nun Metternich weiter zu einer Fürstenzusammenkunft nach Teplitz. Die Beziehungen zwischen Österreich und Rußland, und in gewissem Sinne auch zu Preußen, sind damals sehr gute, weil der Zar als Schirmherr der monarchischen Ordnung mit jenen beiden Mächten zusammen einen Block zur Abwehr westlicher Freiheits- und Umsturzgedanken bilden will und sich damit auf

Metternichs Linie stellt, wenn er auch diesem Mann mit einigem Mißtrauen gegenübersteht. Nikolaus I. kommt mit seiner Gemahlin und seinem reizenden Töchterchen. Außer ihm sind noch mehr als fünfzig Fürstlichkeiten mit ihren Obersthofmeistern, Kämmerern und Hofdamen eingetroffen, und Metternich bildet sich ein, sie alle seien seine Hampelmänner und tanzten nach seiner Pfeife. »Ich bin es«, betont er, »der diese ganze Maschine in Bewegung setzt[6].«

Kaiserin Maria Anna ist in großer Sorge über die Rolle, die ihr Gatte spielen wird, nach Teplitz gekommen, aber der Zar weiß so taktvoll mit Ferdinand umzugehen, daß sie sich beruhigt, obwohl der russische Herrscher freilich insgeheim über das Wesen seines kaiserlichen Kollegen entsetzt ist. Metternich, sehr zufrieden mit den Ergebnissen politischer Natur, hofft, den neuen Zaren genauso zu gewinnen und an seinen Wagen zu spannen, wie es ihm zur Zeit der Kongresse von Laibach und Verona eine Zeitlang trotz allen Gegensätzen mit Alexander I. gelang. Aber die Zukunft wird zeigen, daß diese Hoffnung nicht stichhältig ist.

Die Zarin, älteste Tochter Friedrich Wilhelms III., begrüßt den österreichischen Kanzler mit den Worten: »Ich nehme an, daß Sie der Fürst Metternich sind. Sie werden mich sehr verändert finden!«

»Verändert nicht«, erwidert der Staatsmann, »aber ausnehmend gewachsen!« Sie war nämlich sieben Jahre alt gewesen, als er sie während seiner Gesandtenzeit in Berlin gesehen hatte[7].

Clemens bemüht sich, das russische Kaiserpaar zu zerstreuen und besonders Alexandra Feodorowna weidlich zum Lachen zu bringen. »Ich muß mich damit unterhalten, verliebt zu sein, meine liebe, gute Frau«, schreibt Clemens an Melanie, »und der Gegenstand dieser Verliebtheit ist die kleine Großfürstin Olga. Das ist eine reizende kleine Person, dreizehn Jahre alt, die ihrem Vater ähnelt wie ein entzückendes Spiegelbild. Sie ist ganz der Kaiser Nikolaus, nur durch einen verkehrten Gucker gesehen. Da findest Du alle seine Züge in zartere umgewandelt. Sie ist ausgezeichnet erzogen, einfach, natürlich und höflich. Jeder Vater wäre glücklich, eine Tochter wie sie zu besitzen, was ich dem Zarenpaar auch gesagt habe[8].« – »Ich bin in die Kleine verliebt, und um in Ordnung zu bleiben, habe ich Vater und Mutter davon unterrichtet, die damit äußerst zufrieden zu sein scheinen[9].« Metternich schwärmt so von Olga in den höchsten Tönen. Er ahnt noch nicht, welch grausame Rolle er gerade ihr gegenüber spielen und wie sehr er einmal aus bestimmten Gründen alle ihre Vorzüge plötzlich unter den Scheffel stellen wird.

Nun löst sich der Kongreß von Teplitz auf, und die meisten Teilnehmer, auch der Zar, der Kaiser von Österreich und Metternich verfügen sich nach Prag. Da geschieht etwas, was den guten Clemens höchlichst überrascht.

Er, der sich als der Mann fühlt, der nach seiner eigenen Bemerkung die Schnüre all dieser fürstlichen Hampelmänner in der Hand hält, hört auf einmal, der Zar tue etwas, ohne ihn vorher zu fragen. Am 8. Oktober erscheint Nikolaus I. auf einmal bei Kaiser Ferdinand und erklärt ihm, er fahre nach Wien. Gleich läßt er auch Metternich holen, um ihm dasselbe mitzuteilen. »Setzen Sie sich hin und schreiben Sie Ihrer Frau einen Brief«, befiehlt der Zar dem verblüfften Kanzler[10], »ich werde ihn selbst überbringen.« Alle Welt hat erwartet, der Kaiser werde sofort nach Rußland zurückkehren, und so macht Clemens große Augen. Aber Nikolaus wiederholt: »Ja, es ist kein Spaß, ich reise geradewegs nach Wien, in achtundvierzig Stunden bin ich dort und am Montag wieder hier.«

Was will der Zar in Wien? fragt sich der Staatskanzler erstaunt, und das in einem Augenblick, wo weder das Kaiserpaar noch ich in der Residenz weilen! In der Staatskanzlei am Ballhausplatz ist man genauso verblüfft, daß überhaupt etwas geschehen kann, wobei der hohe Chef seine Hand nicht im Spiel hat. Nikolaus I. aber wünscht, einmal nicht von Clemens vorher bearbeitete Mitglieder des Kaiserhauses zu sprechen und besonders die Kaiserinwitwe sowie auch den Erzherzog Joseph zu sehen. Nun will er sich unterrichten, wie es nach dem Tod Franz' I. innerhalb der kaiserlichen Familie in Wirklichkeit aussieht. Er wünscht einmal festzustellen, ob diese einig sei, wie sie sich zu der Unzulänglichkeit des neuen Herrschers verhalte, und nicht zuletzt auch, ob und welche Aussichten sich in Zukunft vielleicht für eine der heranwachsenden beiden Zarentöchter ergeben könnten. Das alles geht fern von den beobachtenden Augen Metternichs wesentlich besser und angenehmer. Der Staatsmann hat zwar augenblicklich den Erzherzog Ludwig und den Polizeipräsidenten durch einen Sonderkurier gewarnt, doch ist es sehr fraglich, ob diese beiden früher verständigt werden können, als der Zar ankommt.

Die Überrumplung Metternichs ist auf diese Weise völlig gelungen. Nikolaus spricht mit der Kaiserinwitwe über den »état maladif« des neuen Monarchen und macht sich nach seiner Unterredung mit Erherzog Joseph ein klares Bild über den derzeitigen Stand der Verhältnisse in Österreich. Um den Staatskanzler etwas zu beruhigen, stattet der Zar der schönen Fürstin Melanie mehrere Besuche ab, bei denen sie sich in komischer Weise mit der Anwesenheit ihrer beiden Stieftöchter wappnet, und macht ihr in allen Ehren ein wenig den Hof. Mit den Worten: »Da kommt ein Kurier einer ganz neuen Sorte«, überbringt der Monarch den kurzen Brief ihres Gatten, in dem, obgleich er versiegelt war, wohlweislich nichts, aber schon gar nichts Wesentliches enthalten ist.

Politisch ist aber die Lage für Metternich nicht ungünstig. Allerdings stehen die drei konservativen Ostmächte den zwei freigeistigen Westmächten gegenüber, aber es gibt doch vernünftige Menschen, die für Frieden sprechen, zum Beispiel der Coburger Leopold von Belgien, der sagt: »Die Schleusen für einen allgemeinen europäischen Krieg leichtsinnig zu öffnen würde – das glaube ich fest – zu den furchtbarsten Umwälzungen führen[11].«

Der verfemte König Louis Philippe in Frankreich neigt aber innerlich gleichfalls mehr zu den erhaltenden Grundsätzen, wenn er auch natürlich den Freiheitlichen, denen er seine Macht verdankt, nicht gänzlich abschwören kann. So haben der Monarch und die königliche Familie Frankreichs den Wunsch, Anschluß an die Mächte im Osten zu gewinnen, die Widerstände in Österreich und Rußland gegen ihre Herrschaft zu besiegen und den schmucken Kronprinzen Louis Ferdinand mit einer österreichischen Erzherzogin zu vermählen. Man hat sich diese Absicht so sehr in den Kopf gesetzt, daß sie zum Mittelpunkt des gesamten politischen Denkens des Königspaares geworden ist. Und dies bleibt auch so, obwohl alle bisherigen vorfühlenden Schritte wegen Metternichs Abneigung gegen den Plan ganz unmißverständlich beantwortet wurden. Man hält trotz allem daran fest. Clemens macht auch sofort seine Gegenzüge; hat er nicht schon seinerzeit die Tochter des Erzherzogs Karl mit dem König von Neapel verheiraten wollen, und jetzt ist dieser schon wieder Witwer, denn seine junge sardinische Frau ist nach kaum vierjähriger Ehe im Kindbett gestorben. Sofort geht eine »lettre particulière et secrète« an den kaiserlichen Gesandten in Neapel ab, er solle diesen einstigen Plan wiederaufnehmen. Das würde die beste Parade gegen die Versuche von Paris sein. Clemens bearbeitet auch jede einzelne Dame des Erzhauses je nach ihrer besonderen Sinnesart. Die Frauen sind nun viel wichtiger, denn der Monarch zählt nicht, Erzherzog Ludwig ist in Metternichs Fahrwasser und die anderen kaiserlichen Brüder mehr oder weniger gänzlich ausgeschaltet.

Für die gegen die Heirat einer österreichischen Erzherzogin mit dem französischen Thronfolger in den höchsten Kreisen geschaffene Stimmung ist also vor allem der Staatskanzler verantwortlich; er ruft sie hervor und nährt sie unausgesetzt. Warum ist er aber gar so dagegen? Erstens und vor allem, weil er Louis Philippes Emporkommen durch die Revolution von Haus aus bekämpft hatte und es als Niederlage empfand, daß es ihm nicht gelang, damals Krieg gegen ihn zu entfesseln. Immer noch hält er die Krone jenes Königs für höchst unsicher. Zweitens ist er gegen den Plan, weil dessen Verwirklichung die Stellung seines Feindes Erzherzog Karl besonders gekräftigt und erhöht hätte, was für Metternichs Macht nach den derzeitigen Verhältnissen höchst gefährlich werden kann. Und drittens weil doch der Zar gleichfalls Louis Philippes Herrschaft abgeneigt ist und daher durch eine Heirat des französischen Kronprinzen mit einer Österreicherin verstimmt werden könnte. Dies letztere könnte auch der einzige stichhältige Grund sein, doch wird sich später zeigen, daß Metternich in einer zweiten, dem Zaren unverhältnismäßig wichtigeren, ja ihm am Herzen liegenden Heiratsangelegenheit keineswegs so zarte Rücksichten übt, und dies auf die Gefahr hin, Rußland nicht nur zu verärgern, sondern geradezu ins Gesicht zu schlagen.

Angstvoll erwartet Clemens Nachrichten aus Neapel, aber so schnell kann man von dort keine Entscheidung erreichen. Die Königin ist erst am 31. Jänner 1836 gestorben. Trotz allen Abmachungen steht die Ankunft des französischen Kronprinzen und seines Bruders in Wien in kurzer Zeit bevor, und bis dahin kann man doch die neapolitanische Ehe nicht überstürzend verwirklichen. Metternich hat aber nicht nur in der weiteren kaiserlichen Familie vor dem Pariser Plan gewarnt, er hat auch den Nächstbeteiligten, der Erzherzogin Marie Therese und ihrem Vater, leidenschaftlich abgeraten. Mit der jungen, in Prinzessinnengehorsam erzogenen, aber doch auf den schmucken Königssohn neugierigen Erzherzogin hat er nur vom schrecklichen Tod Marie Antoinettes am Schafott und vom Martyrium Marie Louises an der Seite des »machtvollen, überspannten« Napoleon gesprochen[12] und so in ihr wirklich Angst erregt sowie ein halbes Versprechen erwirkt, dem Herzog einen Korb zu geben. Allerdings hat Clemens dabei vergessen, seine eigene Rolle bei der Heirat des Korsen zu erwähnen. Beim alten Gegner, dem Erzherzog-Feldmarschall, jedoch hat er es schwerer, weil dieser darüber entrüstet ist, nicht einmal in seiner engsten Familie vor Metternichs Bevormundung sicher zu sein. Aber auch er beginnt zu schwanken, als ihm der Kanzler in den schwärzesten Farben die Unsicherheit schildert, der seine Tochter entgegengeht. Er weist zudem auch auf den Gegensatz zu der übrigen kaiserlichen Familie hin und vergißt nicht die in Aussicht stehende Königinkrone von Neapel wieder vor den Augen des Erzherzogs blinken zu lassen. So glaubt Clemens ruhig dem nun einmal unabwendbaren Kommen der beiden Prinzen entgegensehen zu können.

In Paris aber dreht sich alle Politik Louis Philippes um diese Heirat[13]. Trotz allen Abmahnungen und Ausreden, allem mehr oder weniger deutlichen Abwinken Metternichs, kommen die beiden Orléansschen Prinzen am 29. Mai 1836 in Wien an. Gut, der Kanzler will sie schon beschäftigen; sie sollen nicht zu Atem kommen und von einer Sehenswürdigkeit und einem Diner zum anderen jagen müssen, daß ihnen Hören und Sehen vergeht. Acht engbeschriebene Seiten umfaßt das für sie entworfene Programm.

Die Prinzen zeigen alle Rücksicht und Höflichkeit für Metternich, nur seiner Frau statten sie zu deren Entrüstung keinen besonderen Besuch ab.

Zu deutlich hat man ihnen gesagt, wie geringe Sympathien Melanie für die Familie Orléans hegt und wie sie dies auch unmißverständlich äußert. Nun, sie will es ihnen schon heimzahlen und ihre Bemühungen mit jenen ihres Gatten vereinen, den Bestrebungen des Herzogs eine gründliche Niederlage zu bereiten, der ja – das ist jedermann klar – auf Brautschau gekommen ist.

Louis Ferdinand bringt Metternich wohl einen Brief seines Vaters, des Königs, der ihn politisch über die Zukunft beruhigen soll und eine Absage an die Revolutionäre aller Farben enthält. Darin wird versichert, Frankreich werde fortfahren, Europa Gewähr für Frieden und Sicherheit zu bieten[14]. Aber das nützt alles nichts; der französische Botschafter Sainte-Aulaire sieht schon, Metternich will nicht, also muß man die Sache auf ein anderes Geleise umlegen, sich am besten geradewegs an Erzherzog Karl wenden und die Angelegenheit so aus dem politischen in das private Gebiet versetzen. In der Familie sieht Sainte-Aulaire in Erzherzogin Sophie die leidenschaftlichste Gegnerin. Der Kanzler schiebt sie dem Diplomaten gegenüber auch so stark vor, um seine eigene ausschlaggebend verneinende Rolle besser zu tarnen[15].

Am 7. Juni nun eröffnet Louis Ferdinand dem Erzherzog Karl ohne Rückhalt seinen Herzenswunsch, worauf der kaiserliche Prinz erwidert, von seiner Tochter – auf die der schöne Königssohn tiefen Eindruck gemacht hat – sei vielleicht kein Widerstand zu erwarten, wohl aber von Metternich, der unglücklicherweise über den Namen des Kaisers verfüge. Karl bemerkte auch zu seinem Bruder Ludwig, er sehe gar nicht ein, was denn so Übles an der Heirat wäre. Aber so unwahrscheinlich es von einem Mann klingt, dessen Denkmal auf dem Heldenplatz emporragt und von dem die Geschichte wahre Wunder erzählt, Erzherzog Karl ist im Grunde keine Kämpfernatur. Er möchte wohl sehr, sehr gerne diesem jungen, stattlichen Königssohn seine Tochter geben, doch haben die Gegner vielleicht recht, und wenn es dann schlecht ausginge, würde jede Verantwortung auf ihn, den Vater, fallen. Zudem müßte alles wider den Kaiser geschehen. Scheinbar freilich nur bei dessen geistiger Verfassung, aber es ist doch der Kaiser. Hieße das nicht Frieden und Eintracht der Familie stören, ungehorsam sein gegen den Letzten Willen des verstorbenen Monarchen? Steht nicht außerdem auch noch eine andere, sicherere Königinnenkrone dort in Neapel in Aussicht? Solche Erwägungen nehmen dem kaiserlichen Prinzen den Mut, mit aller Tatkraft für die französische Heirat zu kämpfen, und ohne Kampf kein Sieg. Da auch Marie Therese dies nicht versteht und ihr die Namen Marie Antoinette und Marie Louise mahnend in den Ohren klingen, die Metternich ihr in teuflischer List ununterbrochen vorsagt, erfüllt sich ihr Schicksal.

So müssen die beiden Prinzen abreisen, ohne etwas Entscheidendes durchgesetzt zu haben. Der phrasenreiche Brief des Kanzlers an König Louis Philippe, den dieser dem Herzog mitgibt und der von Verhimmelung des jungen Prinzen, von Gerührtheit über das ihm entgegengebrachte Vertrauen überfließt, verhüllt nur schlecht das Gefühl des Triumphes, das Clemens erfüllt, nun auch da wieder seine Übermacht gezeigt und seinen Willen gegen so viele Widerstände durchgesetzt zu haben. Trotz allem bittet der Herzog von Orléans am 11. Juli 1836 den Erzherzog Karl nochmals brieflich geradewegs um die Hand seiner Tochter[16], während Metternich dringende Depeschen nach Neapel richtet, die die Eifersucht und Eitelkeit des Königs wecken und ihn zu beschleunigter Werbung um die Erzherzogin bringen sollen.

In der Zwischenzeit aber war ein allerdings mißglückter Anschlag auf das Leben Louis Philippes in Paris erfolgt, und das schwächt Erzherzog Karls halben Willen völlig. Jetzt streckt er die Waffen, und da auch Marie Therese nicht kämpft, folgt nun ein endgültiger Absagebrief des Erzherzogs an den hartnäckigen Freier. Das bedeutet den Sieg Metternichs in dieser Angelegenheit, und nun kann er einem Freund begeistert schreiben, »diese odiose Sache« sei zu Ende[17]. Eifrig wird nunmehr die neapolitanische Heirat betrieben. In Kürze ist alles abgemacht, worauf der König sich am 9. Jänner 1837 mit der Erzherzogin Marie Therese vermählt. Unverzüglich ehelicht sodann der Herzog von Orléans, noch am 5. April desselben Jahres, eine Prinzessin von Mecklenburg.

Wenn aber Erzherzog Karl nachträglich überdenkt, was denn da eigentlich wirklich geschehen ist, und im Geiste den schmucken französischen Kronprinzen mit seinem nunmehrigen Schwiegersohn vergleicht, faßt ihn erneut hellste Wut über diesen Mann, der ihm immer wieder entgegentritt und ihm auch in seine engsten Familienverhältnisse hineinredet. Seine Entrüstung darüber ist aber lediglich daran zu merken, daß er Metternich, aber auch Bruder Ludwig von nun ab meidet, wo immer er nur kann.

Eines hat die verfehlte Orléanssche Heiratsgeschichte den Staatskanzler gelehrt: gar so einfach ist seine Stellung der kaiserlichen Familie gegenüber denn doch nicht. Er hat sie noch lange nicht so sehr am Gängelband, wie es ihm wünschenswert erscheint. Erzherzog Karl hat in der Frage der Verheiratung seiner Tochter bedenklich geschwankt, ja fast gemeutert, bis er sich schließlich doch herbeiließ, Metternichs Willen zu folgen. Wie leicht könnte solch ein widerborstiger Erzherzog dem Kaiser einmal eine Unterschrift oder Entscheidung entlocken, die des Staatsmannes Kreise empfindlich stören würde. Er glaubt den Versicherungen Franz Karls nicht ganz, er, Clemens, könne immer und restlos auf ihn und Erzherzogin Sophie zählen[18].

Wie also soll er sich gegen etwaige, ihm nicht passende Entscheidungen des Kaisers schützen? Am besten wäre es, denkt der Staatskanzler, dem Monarchen irgendeine, Metternich unbedingt verläßlich ergebene, vielleicht ärztliche Bewachung zu geben. Wie gedacht, so getan. Er wendet sich an den Kammerherrn August Graf Ségur-Cabanac mit einem vertraulichen Vorschlag. Der seinem Kaiser bis aufs äußerste treue Ségur aber ist entsetzt, daß man seinem allerhöchsten Herrn zumuten soll, ununterbrochen einen Aufpasser in seinem Zimmer dulden zu müssen.

Inzwischen hat auch der dem Staatskanzler anhängliche General Karl Graf Clam-Martinitz, der anscheinend von Metternich in dieser Angelegenheit nicht gänzlich ins Vertrauen gezogen wurde, durch einen Privatbrief von solchen Absichten erfahren. Clam meint, man solle die Sache nicht so anpacken, weil das nur böses Gerede zur Folge haben würde und das nachteiligste Aufsehen mit sich brächte. Andererseits ist er aber der Ansicht, die sich ihm bei jeder unmittelbaren Berührung mit dem Hof in engstem Sinne aufdrängt, daß »der gänzliche Mangel an Plan, Ordnung und Disziplin, der in dieser Sphäre herrscht, täglich zunehmen und endlich zu einer ernsthaften Kalamität werde führen müssen[19] . . .«

Ordnung und Disziplin bei Hof, ja, aber die letztere nur im Sinn des Gehorsams Metternich gegenüber, *das* ist gemeint! Der Kanzler nimmt sich den Ratschlag zu Herzen; es muß also etwas geschehen, um ihm mehr, ja unumschränkte Macht über die Mitglieder des kaiserlichen Hauses zu übertragen. Jetzt, ja jetzt ist der Augenblick gekommen, einen Vorschlag wieder aufleben zu lassen, den er schon Kaiser Franz gemacht, der Monarch aber wie so vieles Unwillkommene, ohne ausdrücklich ja oder nein zu sagen, auf die lange Bank geschoben hat.

Es soll also ein Statut geschaffen werden, in dem in der Hauptsache die Rechte des Familienoberhaupts gegenüber sämtlichen Gliedern des Erzhauses und vor allem die Pflichten der letzteren, allerdings auch ihre Rechte, aber diese erst an sechster Stelle, festgestellt werden sollen. Die Grundidee Metternichs geht dahin, alle Verfügung über Leben, Heirat und Tod sämtlicher Familienmitglieder in die Hände des Kaisers zu legen. Da dieser aber in der bekannten unzulänglichen Verfassung ist, heißt dies mehr oder weniger alle Macht über jedes einzelne Glied des Erzhauses restlos dem Staatskanzler übertragen. Wohl teilt er den nach seinen grundlegenden Weisungen vom Freiherrn von Lebzeltern verfaßten Entwurf dazu den maßgebenden kaiserlichen Prinzen zur Prüfung und Äußerung mit, doch die Einwendungen der Erzherzoge werden nur in bescheidenem Maße berücksichtigt, das Wesentliche aber bleibt im Sinne Metternichs aufrecht, und eines Tages erhalten die Mitglieder des Erzhauses die Mitteilung, daß Seine k. k. Majestät nach reiflicher Erwägung der eingelangten Bemerkungen, vermöge allerhöchster Machtvollkommenheit als Souverän und Familienoberhaupt das Statut zu beschließen und zu sanktionieren geruht haben[20].

In diesem denkwürdigen Dokument, das auch heute noch in Geltung ist, kann man lesen[21]: »Dem Kaiser und Familienoberhaupt steht nicht bloß die Souveränität und Gerichtsbarkeit über sämtliche Familienmitglieder, sondern auch noch das Recht einer besonderen Aufsicht zu, das sich insbesondere auf Vormundschaften, Kuratelen und Verehelichungen, überhaupt aber auf alle Handlungen und Verhältnisse der Allerhöchsten Familienmitglieder erstreckt, die auf die Ehre, Würde, Ruhe, Ordnung und Wohlfahrt des Durchlauchtigsten Erzhauses Einfluß haben können ... Kein Prinz und keine Prinzessin des Kaiserhauses darf eine eheliche Verbindung ohne Einwilligung des jeweiligen Familienoberhaupts eingehen ... Es ist notwendig, daß das Familienoberhaupt fortan das Recht hat, eine genaue und sorgfältige Aufsicht über jede Handlung der Familienmitglieder auszuüben, die auf Ehre und Nutzen des Kaiserhauses einen nachteiligen Einfluß üben könnte ...«

Damit ist so ziemlich alles erreicht, was überhaupt möglich ist. Metternich kann jede ihm nicht passende Handlung eines Angehörigen des Erzhauses kraft der besonderen Aufsichtsbefugnis beeinflussen bzw. mit Aufhebung der Rechte des Betreffenden beantworten. Der Kanzler kann jede ihm nicht willkommene eheliche Verbindung verhindern, selbst die Leute in der Umgebung der Erzherzoge, die ihm nicht zusagen, entfernen und die Erziehung der künftigen Thronerben leiten. In diesem Falle auch jene Franz (Josephs), des Sohnes der Erherzogin Sophie, die gerade in diesem Punkt bemerkenswerten Eigenwillen zeigt. Es ist ein Meisterstreich Metternichs, der da am 24. Februar 1839 in Kraft tritt.

Der Sommer 1837 führt den Kanzler nach einem Besuch beim »spanischen Hof« der nach Österreich geflüchteten Verwandten des Prätendenten Don Carlos von Salzburg nach München und von da nach Regensburg, um die Walhalla zu besichtigen, jenen deutschen Ruhmestempel und gewaltigen Marmorbau, den Ludwig I. von Bayern zur Aufnahme der Büsten der größten Deutschen errichten ließ. »Ich habe kaum je einen widersprechenderen Eindruck gewonnen als nach der Besichtigung dieses Kolossalbaues (cette bâtisse, j'avoue quasi dire bâtise[22])«, meint der österreichische Kanzler dazu. Dann muß er eilen, um zum Besuch des Königs Friedrich Wilhelm III. von Preußen nach Teplitz zurechtzukommen, wo er fünf Stunden auf ihn einredet, »ohne auch nur die Zeit zu haben, sich zu schneuzen[23]«.

Der alte Monarch bleibt also nach wie vor völlig im Fahrwasser Metternichs. »Ich habe Grund«, schreibt dieser Melanie, »vollkommen mit allem zufrieden zu sein . . . Der heutige Tag ist wunderschön, und jeder Sonnenstrahl erinnert mich an Dich. Du wirst auf der Terrasse sitzen, sage ich mir, und die Kinder werden im Garten mit ihrem Lämmchen spielen. Und während Ihr Euch so gut beschäftigt, bin ich dabei . . . Europa den Puls zu fühlen (d'éplucher l'Europe)[24].«

Auch in der heiklen religiösen Frage hat der Kanzler einiges erreicht. Bei dem Zwiespalt zwischen dem preußischen Monarchen und den Katholiken in seinem Land, insbesondere auch in der Frage der gemischten Ehen mit Protestanten, ist es nicht leicht, den Herrscher einigermaßen zum Einlenken zu bringen, und doch hat Metternich eine Zusammenkunft des Königs mit dem päpstlichen Legaten Capaccini durchgesetzt. »Das ist der größte Staatsstreich, den ich je in meinem Leben gemacht habe«, rühmt er sich, »und der hat auch nur mir gelingen können. Den König von Preußen und den Heiligen Vater unter dieselbe Haube zu bringen ist ein moralisches Wunder, und es ist mir gelungen[25] . . .«

Ausgezeichneter Laune ist der Kanzler von dieser Zusammenkunft nach Plaß zurückgekehrt, und seine Briefe an Melanie zeugen davon. »Tausend Liebes Dir und den Kindern. Die Holztiere (les bêtes), die ich ihnen aus Teplitz geschickt habe, werden zur Stunde sicher zerbrochen sein; glücklicherweise gibt es aber im Artikel Bêtes Ressourcen in Wien[26].« Wo er kann, macht Metternich immer wieder einen Ausfall gegen die Kaiserstadt und ihre Bewohner, in der er nie heimisch geworden ist, trotz den Jahrzehnten, die er schon hier haust, und der ungeheuren Rolle, die er da spielt.

Sein nächster Weg führt ihn nach Königswart, wo er den Fürsten Lieven empfängt, den »mari de mon amie«, wie er Melanie schreibt, den Mann, den er betrogen hat und der nun getrennt von seiner Frau lebt. Jetzt erfährt er über diese Näheres durch den eigenen Gatten. Sie hat in Paris wieder einen politischen Salon eröffnet und ist dabei dem Staatsmann und Historiker François Guizot nahegetreten. Sie verliebt sich in der Folge so sehr in ihn, daß sie sich im Juni 1837 fürs Leben aneinanderketten. Der rechtmäßige Gatte aber trägt bei seinem Besuch schon den Todeskeim in sich, er hat nur mehr bis in den Jänner 1839 zu leben.

Ungern wie immer kehrt Metternich von seinen böhmischen Gütern wieder nach Wien zurück. Schon die Staatskonferenz, zu deren ständigen Mitgliedern außer dem Kanzler die ihm ergebenen Erzherzoge Franz Karl und Ludwig und der Gegner Graf Kolowrat zählen, ist ihm unleidlich. Denn diese Konferenz, ursprünglich unter dem Vorsitz des Kaisers gedacht, findet nun unter jenem des ältesten Mitglieds, also Metternichs, statt. Schon wegen der Anwesenheit Kolowrats war sie für Clemens immer unerfreulich, und der Kanzler weiß genau, daß der Graf »ein unversöhnlicher Feind der Staatskonferenz ist«. Metternich sagt zwar, er wolle die Macht nicht, aber er sowohl wie Kolowrat wollen sie doch. Clemens überlegt und sagt sich: »Wir können diesen nicht vor die Tür setzen, denn er würde irgendwie als Geist wieder erscheinen, und was mich betrifft, wird immer noch der Augenblick kommen, wo man ohne mich nicht auskommen kann[27].«

In diesem Jahr schenkt am 12. September Melanie ihrem Gatten wieder einen Sohn, der den Namen Lothar erhält und zu dem man Metternich mit den Worte ngratuliert, er möge auch »eines Tages die Stütze der Legitimität und der guten Sache in den zukünftigen politischen Gewittern werden[28]«. Obwohl die junge Frau nun bei ihrem alternden Gatten einen unverrückbaren Stein im Brett hat, bleibt sie in einem Winkel ihres Herzens doch immer ein wenig eifersüchtig auf dessen frühere Frauen und Lieben. Aufmerksam verfolgt sie jede weitere Beziehung zu den noch lebenden unter den letzteren, den Fürstinnen Bagration, Sagan und Lieven.

Die Widerstände, die der Staatskanzler innen und außen findet, zehren wohl an seiner Lebenskraft, doch fühlt er sich mit seinen fünfundsechzig Jahren noch gar nicht alt, obwohl die Umwelt findet, daß er seit der dritten Heirat geistig und körperlich stark zurückgeht. Er merkt sein Älterwerden vorläufig nur daran, daß die Menschen langsam dahinschwinden, die dereinst in seinem Dasein eine große Rolle gespielt haben. Am 17. Mai des Jahres 1838 ist Talleyrand aus dem Leben geschieden, der Mann, der zu Napoleonischer Zeit Metternich von so ungeheurem Nutzen gewesen war und ihm dann auf dem Kongreß von Wien seine diplomatische Überlegenheit bewies. Mit ihm ist »der Aristokrat mit der Bischofshaube, der roten Jakobinermütze, dem Adler, der Lilie und dem Hahn« dahingegangen, wie Freiherr von Kübeck den höchst wendsamen Mann kennzeichnet[29], der sich unter den verschiedensten Regierungen immer ober Wasser zu halten wußte.

Kurz danach folgt ihm die vierundfünfzig Jahre alt gewordene einstige Geliebte Metternichs, die Herzogin von Abrantès, in den Tod. Sie hat ihre letzten Jahre in schlechten Verhältnissen verlebt und sich über Balzacs Rat mit dem Veröffentlichen von Memoiren befaßt, während jener Schriftsteller sie in der »Femme de trente ans« angeblich in der Figur der Madame d'Aiglemont porträtierte[30]. Sie schrieb zahlreiche Bände Erinnerungen und sandte sie, kaum fertig, an Metternich, der darin stets in den Himmel gehoben wird, selbst aber, besonders seiner Frau gegenüber, die Wirkung dieser Bücher abzuschwächen sucht. Er gleitet so in eleganter Weise über die einstige heikle Episode hinweg.

Immerhin macht all dies auf Metternich doch einen traurigen Eindruck. Er ist überhaupt im Juni des Jahres 1838 eher niedergeschlagen, weil die politischen Dinge ihm nicht nach Wunsch gehen und nun auch Melanie an einer Darminfektion ziemlich ernst erkrankt, die aber einen guten Verlauf nimmt. Der Kanzler muß in dieser Zeit neuerlich nach Schlesien, um den Zaren und auch den König von Preußen in Teplitz zu treffen. »›Dein‹ Kaiser ist angekommen«, schreibt Metternich seiner Frau[31]. »Ich werde heute bei Tatistscheff und der ganzen ›boutique russe‹ speisen. Nach dem Willen des höchsten Herrn, der in seinem Land mit seinen getreuen Untertanen hemmungslos nach Willen verfährt, steht diese ganze Boutique auch mir zur freien Verfügung.«

Clemens neckt seine Frau immer mit »ihrem« Zaren: »Adieu, liebe mich sehr, nicht ein wenig, sondern viel, gänzlich, wie Du Nikolaus liebst ... Ich habe den Kaiser ... gesehen und bin Zeuge der unsagbaren Begeisterung Nanny Herbersteins über ihn gewesen. Du hast an ihr eine scharfe Nebenbuhlerin, und ich habe es ihr wohl gesagt, daß ich Dich davon in Kenntnis setzen werde. Sie sage mir in einem Anfall von Verzückung, er sei das schönste Werk der Schöpfung. Die Gefühle des Kaisers scheinen mir jedoch nicht ungünstig für Dich zu stehen ... Nun ... ich werde die Rolle eines eifersüchtigen Gatten spielen ...«

Die Gesundheit der Fürstin Melanie bessert sich indes so weit, daß sie die für den Herbst des Jahres in Aussicht genommene Italienreise zur Krönung Ferdinands als König der Lombardei und Veneziens mitmachen kann. In Florenz hat Clemens es vermieden, Caroline Murat wiederzusehen, die seit dem Jahr 1831, obwohl von Neapel her aufs äußerste beargwohnt, in jener Stadt geduldet wird. Sie hatte nie aufgehört, um ihre Vermögensansprüche zu kämpfen; es blieb aber fast alles vergeblich, und so gab sie es in letzter Zeit als zwecklos auf, Metternich um seine Hilfe zu bitten. Im Jahre 1838 war es ihr aber doch gelungen, eine kleine Pension für sich herauszuschlagen. Der Kanzler fürchtet nur, sie könnte Memoiren veröffentlichen, doch bringt sie es zu seiner Beruhigung nicht zustande, solche zu schreiben. Schon im nächsten Jahr, am 18. Mai 1839, stirbt sie in Florenz an Magenkrebs, dem gleichen Leiden, das auch ihren genialen Bruder dahingerafft hat.

Auch Metternich, dessen Gesundheit, mit Ausnahme jener vorübergehenden Augenentzündung, bisher stets außerordentlich gut und widerstandsfähig gewesen war, muß endlich seinen Tribut zahlen und wird im Sommer 1839 zum Schrecken Melanies ernstlich krank. Weinkrämpfe, seelische Niedergeschlagenheit und trübe Ahnungen quälen ihn. Er, der immer alles rosig beurteilte, sieht nun schwarz und zerfällt mehr und mehr mit der Welt rings um sich. Doch ist er immer noch überzeugt, nur er allein habe recht, alle anderen irrten sich; dieses Bewußtsein verbleibt ihm auch in den Stunden der Krankheit und Niedergeschlagenheit. Sowie es ihm wieder bessergeht, greift er erneut in die Zügel und will weiter lenken, leiten und Einfluß nehmen wie bisher.

Die Umwelt ist geneigt, seinen Zustand schlimmer zu sehen, als er wirklich ist. Ein russischer Diplomat wenigstens meldet von ihm[32]: »Der Kanzler ist ein alter, wiederkäuender Schwätzer geworden, dessen Einfluß jeden Augenblick in großen wie in kleinen Dingen durch Kolowrat begegnet wird. Die Fürstin Melanie klagt bitter darüber.« Das Urteil ist nicht ganz richtig. Gerade Rußland soll in Kürze spüren, wie sehr Metternich immer noch in Wien die Oberhand hat und besonders die kaiserliche Familie regiert.

Auch in den Orientfragen steht es gar nicht gut. »Clemens ist traurig und gequält mit dem Verlauf, den diese nehmen«, bemerkt die Fürstin, »und wir ärgern uns infolgedessen über den Kaiser von Rußland[33].« Es zeigt sich immer mehr, der Zar hat seine eigenen Ideen und Wünsche und wird Metternich nicht so einfach Gefolgschaft leisten, wie sich dieser nach den Münchengraetzer und Teplitzer Begegnungen erhofft hat.

Ängstlich wacht der Kanzler im Verein mit dem ihm hörigen Erzherzog Ludwig, daß nicht etwa die bayrischen und italienischen Frauen der kaiserlichen Familie zu großen Eigenwillen zeigen. Nicht einmal ihre Palastdamen darf die Kaiserin ernennen, ohne den Kanzler vorher darüber zu befragen. Metternich muß um so peinlicher auf jede Schmälerung seines Einflusses bedacht sein, da er genau weiß, wie sehr ihm Graf Kolowrat überall entgegenarbeitet, der damals über sein Verhältnis zum Staatskanzler bemerkt[34]: »Der Fürst Metternich und ich meinen es beide redlich, und ich habe die größte Achtung für den Verstand und den Charakter des Fürsten, aber wir können uns nimmermehr verstehen. Er nimmt immer den Ton der Belehrung gegen mich an ... Dazu die unausstehliche Eitelkeit des Mannes, der in seinem ganzen Leben nie unrecht hatte, alles voraussagte und voraussieht, was geschah und nicht geschah, kurz, mit dem ich nicht gehen kann.«

Oft sagt sich Clemens, es fehle ihm der Rat der Herzogin von Sagan, jener Frau, die in seinem Leben politisch und privat dereinst eine so große Rolle gespielt hat. Ja, Melanie ist lieb und gut, ihm bis zum äußersten treu und ergeben, bewundert ihn in wohltuender Weise, aber guten politischen Ratschlag zu geben, wie jene es konnte, ist sie nicht imstande. Sie sieht in ihrem Mann einen solchen Grad von Vollkommenheit und in jedem Wort von ihm die allein mögliche Lösung, daß es ihr vermessen erscheinen würde, etwas anderes vorzuschlagen. Und Metternich hat doch gerade dies nun nötig, in einer Zeit, da seine Gaben schwächer zu werden beginnen, das Gehör immer schlechter wird und seine Erfolge in der Welt bedenklich abflauen.

Die Herzogin von Sagan ist viel auf Reisen, kehrt aber oft wieder nach Wien in ihre Wohnung in der Wollzeile zurück, die einem wahren Museum gleicht, das mit herrlichen Kunstschätzen, insbesondere mit kostbaren Gemälden alter Meister reich geschmückt ist. Obwohl Wilhelmine Alter und Krankheit zusetzen, ist sie die große Weltdame geblieben, die trotz ihrer Lebenserfahrung und ihres Verstandes nur *eine* Schwäche hat, nämlich den Wunsch, mit ihren achtundfünfzig Jahren weit jünger zu erscheinen, als sie ist. Niemand aber gleicht ihr, wenn sie sich mit ihrem herrlichen Familienschmuck zeigt. Lange, sehr lange war sie schön geblieben, eigentlich erst im Jahre 1835 begann sie zusehends zu altern. Und als sie nun am 29. November 1839 nach nur ganz kurzer Krankheit ohne jeden Schmerz, leicht und leise, gleichsam unendlich müde, dahingeht, ist Metternich von der Trauernachricht tief betroffen. Melanie erschrickt, wie furchtbar dieser Todesfall ihren Gatten hernimmt. Denkt er vielleicht in dieser Stunde darüber nach, wie alles gekommen wäre, wenn er seinerzeit ihrem sehnlichen Wunsch nachgegeben, sich von seiner ersten Frau getrennt und sie zu seiner Gemahlin gemacht hätte?

Wilhelmine von Sagan ist trotz ihrer Schönheit und ihrem Reichtum niemals glücklich gewesen. Dreimal verheiratet, starb sie nun ohne Kinder, und solche wollte Metternich immer gerne haben. Ihr Witz und Rat hätten ihm auch weiter viel genützt, und sie wäre vielleicht klüger gewesen als seine drei Frauen, sicher aber vorsichtiger und geschickter als Melanie, die, bei aller Liebe und Ergebenheit, oft »gaffes« macht. Aber hat er nicht jetzt, im siebenundsechzigsten Lebensjahr, in dieser ein junges, strahlend schönes Weib an seiner Seite, das ihm bereits zwei Söhne und eine Tochter geschenkt hat? Nein, es ist doch so gut gewesen, wie er gehandelt hat! So denkt der alternde Staatskanzler und tröstet sich damit, obzwar solche Todesfälle einst so nahe stehender Menschen doch größere Gemütsbewegungen in ihm hervorrufen und Gedanken an das eigene Ende Raum geben.

In der Öffentlichkeit spricht man Metternich nunmehr die alte Spannkraft ab, und auch seine Frau beginnt in ihrem Tagebuch zu sagen, sie fürchte, er sei schon zu alt, um zu kämpfen[35]. Aber nein, das glaubt man nur; auch Melanie schätzt ihren Mann da zu niedrig ein.

Der Kanzler hat es noch lange nicht aufgegeben, auch auf die Fürsten anderer Staaten bestimmenden Einfluß zu üben. Deswegen ist er sehr erschüttert von dem am 7. Juni 1840 erfolgten Tod König Friedrich Wilhelms III. der für Clemens' Ziele gänzlich gewonnen war, während er doch bei dem Nachfolger Friedrich Wilhelm IV. seiner Sache keineswegs sicher sein kann. Der Verlust des Grafen Clam, den zu Beginn des Jahres 1840 ein plötzlicher Tod ereilt und Metternich einen so engen Freund und militärischen Berater entreißt, trifft Clemens schwer, und wieder zeigt er sich »entmutigt, ja angeekelt von allem[36]«.

Wenn es aber nach innen und außen in der österreichischen Monarchie nicht gutgeht, so ist dies die logische Wirkung des Eintretens Metternichs für die Thronbesteigung des Kaisers Ferdinand. Das Land ermangelt eines obersten Führers, und Clemens hat sich überschätzt und nicht in Rechnung gezogen, daß auch er älter geworden ist und den fehlenden kaiserlichen Herrn nicht so ersetzen kann, wie er sich das vorgestellt hat. Doch ist der Kanzler weit davon entfernt, anderen die Zügel freiwillig zu überlassen. Zu süß ist die Allmacht, die er nun schon so lange Jahre, nur wenig gestört, ausübt, zu süß der Herrschaftsgedanke, der ihn erfüllt und in dem ihn seine junge Gattin bestärkt. Denn sie sieht in ihm nach wie vor den unfehlbaren Mann und schiebt, ebenso wie Clemens selbst, die Schuld an allem, was nicht nach Wunsch geht, der übrigen Menschheit in die Schuhe. Täglich betet sie zu Gott, ihr Gatte möge »um des Glücks der Welt wegen[37]« erhalten bleiben.

Metternich fühlt auch, wie die Widerstände gegen seine Machtstellung sich innerhalb des kaiserlichen Hauses verstärken; da aber kommt ihm das Familienstatut zugute, das schon seit Jahr und Tag in Kraft steht. Des Zaren Töchterchen, die Großfürstin Olga, nun zu einem wunderschönen, schlanken und liebreizenden Mädchen von achtzehn Jahren erblüht, ist der Stolz ihres Vaters. Man erhofft am russischen Hof eine Königinnenkrone für sie und trifft alle gebotenen Einleitungen dazu. Der Kronprinz Maximilian von Bayern ist noch unvermählt, und man weiß, daß er auf Brautschau aus ist. So wurde zunächst im Jahre 1837 gelegentlich eines Besuches des Zarenpaars eine Zusammenkunft dieser jungen Leute in Berlin veranstaltet. Aber Max und Olga finden keinen Geschmack aneinander; die Begegnung verläuft kühl, nur die ältere Schwester, Großfürstin Marie, verliebt sich in den schmucken Herzog von Leuchtenberg, was nicht gerade eine für eine Zarentochter überwältigend gute Partie darstellt. So ist man weiter in Petersburg bestrebt, die bayrische Heirat für Olga doch noch zustande zu bringen.

Inzwischen hat auch Erzherzog Karl daran gedacht, für seinen nun im Jahre 1840 dreiundzwanzigjährigen ältesten Sohn Albrecht die schöne Großfürstin, die beste Partie Europas und das Idol ihres Vaters, zu gewinnen. Aus diesem Grund wird Albrecht im Juni an den russischen Hof gesandt, wo er, wie General Graf Grünne bezeichnend schreibt, angeblich gleich »les premiers transports d'une passion naissante[38]« für die Großfürstin Olga fühlt. Aber der Augenblick ist höchst ungünstig. Zar und Zarin hoffen damals noch auf Maximilian von Bayern, und Erzherzog Albrecht kehrt nach Wien zurück, ohne Sicherheit, ob er bei Olga Aussicht auf Erfolg habe. Sie aber fürchtet die Epilepsie, der der Vater Albrechts verfallen ist, und überdies gefällt ihr der kaiserliche Prinz gar nicht. Obwohl Graf Nesselrode sich für den Heiratsplan einsetzt, läßt der Zar über Wunsch seiner Tochter »die Eröffnung fallen«, was für den Vater Erzherzog Karl eine schmerzliche Enttäuschung bedeutet. Graf Ficquelmont hatte augenblicklich, als er den Brief des Erzherzogs bekam, Metternich dessen Pläne in einem geheimen Schreiben mitgeteilt. Entrüstet, daß dergleichen hinter seinem Rücken eingeleitet werden konnte, meldet dies der Kanzler gleich dem Erzherzog Ludwig, und nun, nach dem Fehlschlag, freuen sich beide, daß diese »Intrige« des Feldmarschalls für ihn und seinen Sohn so schlecht ausgefallen ist.

Erzherzog Karl wendet sich indes, in seinen Hoffnungen enttäuscht, gleich einer neuen Ehemöglichkeit für seinen Sohn mit einer bayrischen Prinzessin zu. Inzwischen aber hat sich Kronprinz Maximilian von Bayern nach langer Suche auf seinen, wie Vater Ludwig sagt, »wundgelaufenen Freiersfüßen[39]« entschlossen, die Prinzessin Marie von Preußen zu heiraten. In den letzten Tagen des Jahres 1841 entscheidet sich dies, und schon wird die Hochzeit für den Herbst 1842 angesetzt. Auf diese Nachricht hin läßt nun der Zar beim Erzherzog Stephan anklopfen, dem sechsundzwanzigjährigen Sohn des Erzherzogs Joseph aus jenem Zweig der kaiserlichen Familie, der Rußland aus früherer Verbindung am nächsten steht. Sein Name soll schon gelegentlich des Besuches Albrechts in Petersburg gefallen sein. »Dahinter steckt wohl die Aussicht, daß er einst entweder Palatin von Ungarn oder Generalgouverneur von Galizien werden könnte«, schreibt[40] der ganz in Metternichs Sinn denkende Erzherzog Ludwig und will damit auf eine dann wohl zu gewärtigende russische Einflußnahme in diesen Gebieten hinweisen. Metternich ist entschlossen, auch diese Absicht unbedingt zu verhindern, und hat es da leichter, weil Stephan persönlich nicht zu heiraten wünscht. Dem Kanzler wäre es genauso unangenehm, wenn die Stellung des Erzherzogs Joseph erhöht würde wie die dessen Bruders Karl. Beide sind ihm niemals grün gewesen.

Der Zar aber legt sich mit aller Macht ins Zeug und lädt Metternich im September 1843 nach Warschau ein. »Nikolaus setzt Himmel und Erde in Bewegung, um die Heirat seiner Tochter Olga mit dem Erzherzog Stephan einzuleiten«, schreibt[41] der Kanzler an Ficquelmont und läßt durch ihn dem Zaren mitteilen, er bedauere, nicht nach Warschau kommen zu können. Das zeigt klar genug, wie Clemens denkt. Ungarn macht ihm ohnedies schon Sorgen genug, weil es sich seinem Einfluß mehr und mehr zu entziehen sucht, da soll der ungarische Erzherzog schon gar nicht solch einen Erfolg buchen können. Clemens will jede nur denkbare Möglichkeit ausschöpfen, die Heirat zu verhindern. Zum Glück liegt Religionsverschiedenheit vor, das gibt eine gute Handhabe. Darauf muß man hinweisen, damit Schwierigkeiten bereiten. Das wird auch bei Kaiserin Maria Anna und bei Erzherzogin Sophie seine Wirkung nicht verfehlen. Ja, so wird man unter religiösen Vorwänden die Politik entlasten können[42].

Merkwürdig – es wäre doch eine herrliche Partie! Das Mädchen ist wunderschön, die Verbindung müßte die Freundschaft Österreichs zu Rußland unendlich stärken, Ablehnung aber zumindest ebenso schädigen. Metternich jedoch setzt sich leichten Sinnes über diese Erwägungen hinweg, und ebenso wie der Zar »remue ciel et terre«, um sie zustande zu bringen, setzt er Himmel und Hölle – mehr Himmel als Hölle – in Bewegung, um die Heirat zu verhindern.

Statt Metternich ist Ficquelmont nach Warschau gereist, was schon von vorneherein als eine Beleidigung für den russischen Kaiser angesehen werden muß. Trotzdem läßt sich Nikolaus auch diesem Vertreter gegenüber in vollem Vertrauen und ohne jeden Rückhalt über seine Pläne mit Olga hören. Ficquelmont fühlt sich dementsprechend auch höchst unbehaglich und warnt seinen Chef vor den peinlichen Folgen, die ein Nichteingehen auf des Zaren Wünsche notwendigerweise mit sich bringen muß. Nikolaus I. hat darüber keinen Zweifel gelassen, aber diesmal nimmt Metternich keinerlei Rücksicht auf die Beziehungen Österreichs zu Rußland, während er seinerzeit bei dem Heiratswunsch Louis Ferdinands von Orléans jene als ausschlaggebenden Grund für seine Ablehnung vorgeschoben hat.

Die Ausreden Ficquelmonts, die er auf des Staatskanzlers Geheiß gebrauchen muß, lassen den Herrscher aller Reußen erkennen, mit Metternich sei nichts zu machen, also müsse die kaiserliche Familie selbst bearbeitet werden. Sie, denkt der Monarch, muß doch erkennen, welch ungeheure Vorteile er ihr biete. Aber er ahnt nicht, wie sehr alle Glieder des Erzhauses von Metternich abhängig sind, wie weit dieser schon beim weiblichen Teil vorgearbeitet und, deren Gläubigkeit geschickt ausnützend, mit dem Religionsunterschied operiert hat. Der Brief, den Nikolaus nun in der Angelegenheit geradewegs an die Kaiserinwitwe richtet, führt also ebensowenig zu Erfolg wie jener an die regierende Kaiserin Maria Anna. Der Zar hat auch dem Vater des auserwählten Erzherzogs, dem Palatin von Ungarn, geschrieben, und dieser wäre auch mit einer solchen Ehe seines Sohnes höchst einverstanden, traut sich aber gleichfalls nicht, irgend etwas gegen den Willen des Kaisers zu tun, obwohl er genau weiß, daß dieser ja gar keinen besitzt. So erhält Nikolaus' I. Sondergesandter Graf Orloff keine zufriedenstellende Antwort; Metternich verweist ihn an den Papst, an diesen solle man sich wenden; der Kanzler will schon dafür sorgen, daß der Heilige Vater durch den Botschafter beim Vatikan entsprechend gegen den Plan bearbeitet werde. Trotz allen Schwierigkeiten versteift sich der Monarch weiter auf den Erzherzog Stephan für seine Olga und hofft, diesen Plan immer noch durchzusetzen, obwohl er vorsichtshalber für sie schon in Württemberg ein zweites Eisen ins Feuer legt.

Inzwischen ist Metternich am 15. Mai 1843 siebzig Jahre alt geworden; ein Festtag, der allerdings durch die Nachricht getrübt wird, sein erstes Enkelkind, Leon Sándor, sei eben im zartesten Alter gestorben. Auch die Weltereignisse machen Clemens in dieser Zeit keine Freude. Er hat nicht durchsetzen können, daß sich der älteste Sohn seines Schützlings Don Carlos von Spanien mit Marie Christines Tochter Isabella vermähle und so ein Ausgleich zwischen den beiden streitenden Parteien getroffen werde. Seine spanische Politik endet schließlich mit der Abdankung von Don Carlos im Mai 1845 und bedeutet gleichfalls eine empfindliche Niederlage des Fürsten.

Nach wie vor ist der Kanzler in seiner antiliberalen Einstellung ein Feind des Frankreichs Louis Philippes. Doch auch ein solcher Englands, wo seit 1837 Viktoria Königin ist, die am 10. Februar 1840 den Prinzen Albert von Sachsen-Coburg heiratet, für welches Haus Clemens nicht sehr viel übrig hat. Metternich findet das englische Kabinett »die Dupe des pfiffigen und geschickten Louis Philippe« und schreibt dies der seiner Ansicht nach »gänzlichen Unfähigkeit des Earls of Aberdeen«, des Staatssekretärs des Auswärtigen, zu. Die Tochter des Königs von Frankreich hat Leopold von Coburg geheiratet, und so ist diese Familie sowohl mit der herrschenden französischen wie englischen verbunden, Grund genug, daß der österreichische Kanzler sie überall, wo er kann, befehdet. »Die endlichen Umstürze«, meint er, »werde ich nicht mehr erleben, deren Anfänge aber kann ich noch sehen, wenn Gott mich dazu verdammt!«

Das Mißfallen ist aber durchaus gegenseitig; das zeigt sich, als im Sommer 1845 Viktoria und ihr Gemahl mit dem König von Preußen eine Rheinfahrt unternehmen und Metternich bei dieser Gelegenheit der Königin vorgestellt wird. Die Begegnung verläuft sehr kühl, und die junge Herrscherin bemerkt in ihrem Tagebuch darüber: »Ich habe den Fürsten viel älter gefunden, als ich erwartete. Sehr lehrhaft, sehr viel und langsam sprechend, sonst aber äußerst freundlich.« Auch dem Prinzgemahl geht des Kanzlers stets belehrendes Sprechen stark auf die Nerven. Von diesen beiden ist für des Staatskanzlers Zukunft nicht viel zu erwarten. Trotz dem unerhörten Tempo seines eigenen Lebens kann er jetzt nicht mehr mit. Mehr reden als handeln, mehr belehren als entschließen, mehr warten und aufschieben, was schwierig oder unangenehm ist, dabei aber versteifthartnäckig bei bestimmten sogenannten Grundsätzen bleiben, das ist der augenblickliche Stand des Metternichschen Wesens!

Das eigensinnige Festhalten an gewissen Meinungen – mögen sie sich auch mit der Zeit als schädlich herausstellen – zeigt sich besonders auch in dem weiteren Verlauf der Angelegenheit der Heirat der Großfürstin Olga. Der Zar exponiert sich viel mehr, als es im bürgerlichen Leben irgend jemand in einem gleichen Fall getan hätte. Der Monarch muß doch schon sehen, daß auch der junge Erzherzog nicht heiraten will, denn sonst hätte er sich trotz Metternich mehr bemerkbar gemacht! Nur einmal, als Nikolaus I. nach Prag kommt, wo Stephan Höchstkommandierender ist, zeigt sich der Erzherzog, muß er sich notgedrungen zeigen! Der Zar ist auf der Durchreise nach Rom: ein wahrer Gang nach Canossa, mit dem Zweck, die ihm von Wien angedeuteten kirchlichen Schwierigkeiten an der Quelle zu besiegen. Metternich und der Kaiserinwitwe ist dabei etwas Unangenehmes passiert; sie wußten beide nichts vom Bestand eines Familienvertrags zwischen den Häusern Habsburg und Romanow, der für den Fall von Heiraten zwischen Mitgliedern derselben immer noch Gültigkeit hat. Aber auch da hat der Kanzler schließlich irgendeine Ausrede gefunden. Der Zar sagt schon in steigendem Unmut: »Unser Bündnis ist zu Ende, jetzt fürchte ich, ganz allein zu bleiben.« Und doch geht er nach Rom. Der Papst seinerseits ist erbost, weil er sieht, daß Metternich das Odium der Ablehnung der Heirat auf ihn abwälzen will, und bald erkennt Nikolaus zu seinem Zorn, daß in Wien, und zwar nur dort und in Wirklichkeit lediglich bei Metternich, der gesamte Widerstand gegen das Heiratsprojekt zu suchen sei.

So entschließt sich der Zar also, Olga dem württembergischen Kronprinzen zu geben und bei seiner Rückfahrt in Wien mehr als deutlich erkennen zu lassen, wie zutiefst verletzt er sich fühlt und wie auf äußerste gereizt er infolge dieser Vorgänge gegen das dortige Kabinett ist. Jetzt erst werden die hohen Damen der kaiserlichen Familie gewahr, wie sehr sie durch den Kanzler vorgeschoben worden sind, und Karoline Auguste, die Kaiserinwitwe, spricht sich klipp und klar zu ihrem Bruder, dem König Ludwig I. von Bayern, darüber aus: »Ich will Dir nicht verhehlen, daß der Zar besonders über mich ärgerlich war. Fürst Metternich hat nämlich gleich anfangs (vor mehr als zwei Jahren) für gut befunden, mich, und zwar ganz ohne mein Wissen, vorzuschieben.« Nun hat der Kanzler beim Herrscher Rußlands gründlich ausgespielt! »Er ist ein abgefeimter Spitzbube, wenn es je in der Welt einen gegeben hat«, lautet des Kaisers Urteil über ihn. Noch ist das Treuekapital, das seinerzeit in Münchengraetz versprochen wurde, nicht ganz aufgezehrt, aber es ist auf dem besten Wege dazu. Wie in der Zeit des Wiener Kongresses herrscht nun bittere Feindschaft zwischen dem regierenden Zaren und Metternich.

Auch Fürstin Melanie, für die der Monarch früher eine gewisse Schwäche an den Tag legte, vermag diese Stimmung nicht mehr zu verändern.

Der Zar macht ihr zwar seinen Besuch, aber auch hier verläßt ihn die furchterregende Strenge in Blick und Haltung nicht. Sie findet ihn sehr verändert, und er ist es auch in der Tat. Einen Augenblick zweifelt sie, ob ihr Gatte wohl auch diesmal richtig gehandelt habe, aber dann siegt doch ihre grenzenlose Bewunderung und restlose Überzeugung von der Unfehlbarkeit ihres Mannes.

Die Folgen dieser Spannung aber werden in ihrer weiteren Entwicklung zu einem furchtbaren Schicksalsschlag für die österreichische Monarchie. Es ist wohl nicht zuviel gesagt, wenn man behauptet, daß sie den Ausgangspunkt sogar für deren Untergang bilden. Nimmt man alles in allem, war Metternich niemals ein Freund Rußlands und hat diese Linie im großen und ganzen stets beibehalten. Diese Einstellung wurde nur zeitweise dann unterbrochen, wenn der jeweilige Zar dem österreichischen Kanzler in seinen Ideen und Wünschen vorübergehend nachgab oder aber Österreich die Hilfe Rußlands dringend brauchte. Sonst aber, die ganze Zeit über bis 1813, dann am Wiener Kongreß und später besonders in den orientalischen Fragen, fand Rußland Metternich stets quer auf seinem Weg.

In der ganzen Welt, auch in Italien, beginnt es jetzt unruhig zu werden. Ja, das »revolutionäre Gift scheint schon überall einzudringen«, sagt der Kanzler. In Spanien ist zur Zeit die französische Politik siegreich, Louis Philippe und die Königin Marie Christine verheiraten die Töchter nach ihrem Willen, und Metternich muß dem ohnmächtig zusehen. Aber seine Stellung in Wien scheint nach wie vor unerschütterlich. Äußerlich zeigt sich dies auch darin, daß im März 1847 der Umbau der Villa am Rennweg zu einem prachtvollen Palais begonnen wird, das heute noch dort steht.

Auch weiter hält sich Metternich für den Mentor nicht nur der eigenen kaiserlichen Familie, sondern auch auswärtiger Fürstlichkeiten, was von den betreffenden allerdings meist höchst übel genommen wird. König Ludwig von Bayern zum Beispiel, der wegen seines originellen Wesens und seiner freiheitlichen Gesinnung niemals des Kanzlers besondere Sympathien genossen hat, ist im einundsechzigsten Lebensjahr in einen schweren Widerstreit seines Herzens mit der Königswürde geraten. Er hat sich Hals über Kopf und hoffnungslos in die schöne, leidenschaftliche Tänzerin Lola Montez verliebt[43], die einen abenteuerlichen Lebenswandel hinter sich hat. Alle Welt versucht den Monarchen, der doch fast dreimal so alt ist wie die Schöne, von diesem Wahn abzubringen, aber umsonst. Jeder erfährt nur die schärfste Ablehnung ob unbefugter Einmischung. Auch Kaiserin Karoline Auguste, Ludwigs Schwester, fühlt sich verpflichtet, einzugreifen, ohne irgend etwas anderes als die lakonische Antwort zu erreichen: »Jeder kümmere sich um das, was ihn angeht.«

Metternich nimmt sich kein Blatt vor den Mund; er spricht von Verrücktheit und Verzaubertsein des Königs; er philosophiert über Hexen und bemerkt, ein Funke erlösche, wenn er auf einen nichtentzündlichen Stoff treffe; also könne Ludwig I. kein solcher sein. Der Kanzler hat da wohl nicht ganz unrecht; der König gibt selbst zu, er fühle sich manchmal wie behext. Wenn man des Monarchen Verhalten mit dem Leben des österreichischen Kanzlers vergleicht, so muß man freilich sagen, daß auch Clemens sich den »Hexen« nicht gerade fernhielt, doch hat er sein Herz dabei zeitlebens von seinem Verstand beherrschen lassen. Dies ist nun bei Ludwig I. nicht der Fall; sein trotz dem Alter leidenschaftliches Herz kostet ihm deshalb auch die Krone.

Im April des Jahres 1847, in dem dieses Drama zu spielen beginnt, stirbt Erzherzog Karl, der Mann, den Metternich stets so hart befehdet und gewaltsam um Glücksfälle gebracht hat, die sich ihm und seiner Familie in äußerst günstigen Heiratsmöglichkeiten boten. Nur vier Tage war der kaiserliche Prinz krank, dann hauchte er am 30. April 1847 seine Seele aus. In der letzten Zeit hat er sich schon gar nicht mit Clemens vertragen können, denn während der Staatsmann in den ausgefahrenen Geleisen seines »erhaltenden Systems« verharrte, vertrat der Erzherzog die Ansicht, man müsse mit dem Fortschritt gehen. »Der Geist der Zeit gleicht einem mächtigen Strom«, schrieb der kaiserliche Prinz[44]. »Man darf ihm weder voraneilen noch hinter ihm zurückbleiben.«

Wenn man das Verhältnis Metternichs und des Erzherzogs in den letzten Jahren kennt und überdenkt, wirkt des Kanzlers Rundschreiben an die Häupter der verschiedenen Vertretungen im Ausland, worin nur von der »glorreichen Laufbahn, dem berühmten Heerführer und Helden, dem edelsten und reinsten Mann« die Rede ist, geradezu peinlich. Aber die Welt liebt es, zu loben, wenn jemand dahingegangen und so ungefährlich geworden ist. Und darin macht auch Metternich keine Ausnahme. Er fürchtete immer, der Erzherzog werde auf den vermutlichen jugendlichen Erben der österreichischen Krone, den nun schon im siebzehnten Lebensjahr stehenden Franz Joseph, einen ihm unlieben Einfluß ausüben. Darum schon hat sich der Kanzler auf jenen Absatz des von ihm selbst verfaßten Familienstatuts über die Erziehung gestützt und den gänzlich in seinen Ideen lebenden Grafen Bombelles an die Seite des jungen Erzherzogs gestellt.

Der Staatskanzler erreicht auch, diesem wöchentlich eine Stunde über Regierungskunst und Politik Vorträge halten zu können. Sie bestehen im Wesen in einem geschichtlichen Rückblick auf Clemens' Tätigkeit, der an blumenreicher Schilderung dabei nicht zu kurz kommt. Metternich weiß vorzubauen; genauso jetzt wie seinerzeit im Fall der Nachfolge für Kaiser Franz. Bei der Hilflosigkeit und dem körperlichen Zustand des gegenwärtigen Monarchen weiß der Kanzler, es müsse über kurz oder lang dazu kommen, daß der junge Erzherzog an Ferdinands I. Stelle trete. So muß man zeitgerecht zusehen, auf den Jüngling Einfluß zu gewinnen. Man glaubt zu wissen, daß Erzherzog Franz Karl für seine Person keinen Anspruch auf den Thron machen und seine Rechte zugunsten des Sohnes zurückzustellen beabsichtigt.

Fürstin Melanie benützt indes gelegentliche Gespräche mit den beiden Kaiserinnen, um ihnen vieles über »Mißgriffe« zu sagen, die ihrer Ansicht nach in der inneren Verwaltung begangen werden[45]. Damit meint sie Maßnahmen aller ihrem Gatten widerstrebenden Elemente. Aber diese Vorhaltungen machen nicht mehr ganz den gleichen Eindruck wie in früheren Zeiten. Kaiserin Karoline Auguste und Erzherzogin Sophie beginnen in dem Kanzler einen überalterten Mann zu sehen, der der überall herrschenden Verwirrung nicht mehr Herr werden kann, von der auch Melanie nun immer spricht[46]. Doch die Zeit schreitet unaufhaltsam weiter; einer nach dem anderen von Metternichs großen Mitspielern auf der Bühne der Welt geht dahin. Am 17. Dezember 1847 ist auch Herzogin Marie Louise von Parma einer Lungenentzündung erlegen. An ihrer Bahre stehen ihr dritter Gatte, Graf Bombelles, und die Kinder Neippergs, die den fürstlichen Namen Montenuovo führen.

Nur der Staatskanzler bleibt wie ein Fels in der Brandung in dem immer stärker brausenden Sturm der Zeiten stehen, will nicht wanken und weichen, weiß den Augenblick nicht zu erfassen, da ein Sänger, dem die Stimme zu versiegen droht, oder eine Liebhaberin, die über die erste Jugend hinaus ist, rechtzeitig und mit Ehren von der Bühne zu scheiden bereit sein sollen. Die Gattin aber bewundert ihn gerade deswegen. Sie findet zwar mit Sorge, Clemens scheine manchmal recht aufgeregt, aber von da bis zu dem Entschluß, seinen Posten zu verlassen, ist noch ein weiter Weg. Nein, Metternich bleibt trotz zunehmendem Alter, Schwerhörigkeit und vielfachem Versagen. Freiwillig geht er nicht, nein, niemals! Die Welt kann ja gar nicht sein ohne ihn, denken er und Melanie; aber dies glauben bald nur mehr die beiden ganz allein.

XXI. STURZ UND AUSKLANG

1848–1859

So naht das Jahr 1848 heran, ohne daß der nun in das fünfundsiebzigste Lebensjahr eintretende Staatsmann die Zeit richtig zu erkennen versteht. Wohl beschleicht ihn eine Ahnung, wenn er einem Neujahrsglückwunsch die Worte hinzufügt: »Freilich wage ich nicht, die Garantie zu geben, daß das Jahr auch gut sein wird.« In sein starres Grundsatzgebäude eingesponnen, unfähig zu glauben, daß auch er einmal im Irrtum befangen sein könnte, immer nur der Überzeugung, daß *alle anderen* sich irren, geht er seinem Schicksal entgegen.

Friedrich Graf Vitzthum gibt ein Bild des Augenblicks, wenn er seiner Mutter am 29. Februar 1848 über Clemens schreibt[1]: »Der Zauberklang des Namens Metternich ist verklungen. Wenn man ihn so sieht, den schwachen, stocktauben, fast zu einem Schatten zusammengeschrumpften Mann, in längst verbrauchte Phrasen und Redensarten eingepuppt, ein Kind gewordener Greis, so begreift man, daß dieser Kopf nicht mehr stark genug ist, den jetzigen Stürmen zu trotzen. Und der Kaiser, mein Gott! Zum erstenmal sah ich ihn neulich auf dem Hofball. So schlimm dachte ich ihn mir nicht... Die einzige, einiges Vertrauen einflößende Persönlichkeit ist Erzherzogin Sophie... Jedenfalls scheint nur sie die Gefahr zu ahnen... Der Bankrott steht vor der Tür.«

Melanie meint es gut mit ihrem Mann, doch sie blickt nur durch seine Brillen und bestärkt ihn noch in seiner Starrheit; aber nun beginnt selbst sie in den ersten Märztagen zu ahnen, was kommen wird: »Clemens ist bewunderungswürdig, so unerschrocken, aber zuweilen sehr aufgeregt... Alle Welt scheint in Schlaf versunken und mit Blindheit geschlagen. Schließlich verzweifelt man an allem; klar ist mir nur, daß der allgemeine Haß wider uns entbrannt ist und die Kraft unserer Gegner wie die unglaubliche Schwäche unserer Freunde uns zugrunde richten werden[2].«

Ihr Gatte jedoch will das kommende Gewitter immer noch nicht wahrhaben; in der kaiserlichen Familie dagegen und auch bereits in vielen Häusern der Aristokratie sieht man es schon drohend heraufziehen. Vor allem erkennt es Erzherzog Johann, der doch nun, nach dem im Jahre 1847 erfolgten Tod des Palatins Joseph, der letzte von den drei begabten, dem Kanzler feindlichen und daher von ihm mehr oder weniger ausgeschalteten Erzherzogen ist. Er beginnt zu fürchten, das von Erzherzog Ludwig unterstützte »Greisenregiment Metternichs« würde die Dinge so verfahren, daß der Bestand der Dynastie und damit die Thronfolge des jungen, so vielversprechenden, an Geist und Körper wohlgeratenen Franz Joseph in Frage gestellt werden könnte. Und Erzherzogin Sophie sieht mit Unwillen, daß sich die dritte, etwas zu hochmütige Gattin des Fürsten zu sehr scharfen Kritiken verleiten läßt und sich in alles einmischt, was der greise Gemahl ruhig mit ansieht. Sie steht der Mutter Franz Josephs wenig sympathisch gegenüber, nicht zuletzt auch weil sie eine Ungarin ist und Sophie gegen alles Ungarische eine merkwürdige Abneigung hegt.

Neben dieser hohen Frau gibt es noch andere große Damen der Gesellschaft, die düster in die Zukunft sehen. »Es ist merkwürdig«, schreibt[3] Vitzthum in dieser Zeit, »daß eigentlich nur die hiesigen Frauen eine Ahnung von dem nahen Gewitter zu haben scheinen.« Wirklich kommen von allen Seiten schlechte Nachrichten, insbesondere aus Italien, wo in Mailand der Belagerungszustand verkündet werden mußte. Aber auch aus Frankreich, was Metternich allerdings mit einem trockenen und einem nassen Auge mit ansieht. Melanie bewundert ihren Mann, der nach außen eine geradezu olympische Ruhe zeigt. Sie findet es unpassend, wenn man in solch kritischen Zeitläuften bei einer Haustheateraufführung ausgerechnet ein Stück wählt, das den Titel »Wirrwarr« führt.

Da muß man am 29. Februar von einem Pfeiler des Kärntnertors das nächtlicherweile angebrachte Plakat: »In einem Monat wird Fürst Metternich gestürzt sein! Es lebe das konstitutionelle Österreich!« entfernen, und am selben Tag telegrafiert Rothschild aus Paris: »Revolution, Louis Philippe gestürzt, Republik in Frankreich.« Bei aller Feindschaft gegen jenen König – eine Republik! Das ist zuviel für Metternich.

»Nun, mein Lieber, jetzt ist alles zu Ende«, sagt der Staatskanzler dem Überbringer der Nachricht. Dazu kommt auch von Ungarn so schlechte Kunde, daß selbst Melanie von ihren Landsleuten bemerkt[4]: »Sie machen so viel wahnsinnige Dinge, als nur möglich ist.« Und am Abend des 12. März schon fragt Gräfin Félicie Esterházy Melanie wenig taktvoll, ob es wahr sei, daß sie und ihr Gatte demnächst weggeschickt würden, sie hätte dies von einem Herrn aus dem Gefolge der Erzherzogin Sophie gehört.

Diese hohe Frau hat in der letzten Zeit von verschiedensten Seiten anonyme Briefe erhalten, sie solle doch eingreifen und dem Treiben der »Metternich und Konsorten« ein Ende machen. Für den 12. März schon erwartet man Unruhen, gerüchtweise wurde verlautet, die Studenten planten etwas. Doch ist der Staatskanzler selbst an diesem Vorabend entscheidender Ereignisse überzeugt, es handle sich nicht um eine ernste Gefahr. Auch die Polizei sieht die Dinge nicht für gefährlich an. Am 13. März jedoch tönt plötzlich zu den Sälen der Reichskanzlei der schallende Ruf empor: »Fort mit Metternich!« Von allen Seiten werden Zusammenrottungen gemeldet, und schon spricht man davon, daß es zu Ausschreitungen kommen könnte. Der Kanzler aber behandelt die Sache »noch immer als Lappalie«, lächelt über die Äußerung, es könnte Bürgerblut fließen, und versichert der bei Erzherzog Ludwig vorsprechenden Abordnung der Ständeversammlung, die Meuterei werde bald unterdrückt sein.

Doch scheut der Kaiser vor jedem Blutvergießen zurück. Das Militär wird in seiner Bewegungsfreiheit gelähmt; man hat an oberster Stelle das dumpfe Gefühl, die Bevölkerung sei im Recht, und so wird nicht *die* Tatkraft angewandt, die allein den Hoffnungen Metternichs entsprochen hätte. »Er hielt sich über alle Schicksale erhaben«, meint Wessenberg[5], »und wollte auch bei der nahen, bereits unzweifelhaften Gefahr noch nicht daran glauben.«

Nun verdoppelt sich die Angst der Erzherzogin Sophie; sie bangt um die Zukunft der Dynastie und die Nachfolge ihres Sohnes. Die Kaiserin Maria Anna ist sich nun schon klar, daß ein Weiterverbleiben ihres Gatten auf dem Thron unmöglich ist, daß aus anderem Holz geschnitzte Leute vonnöten sind als ihr Mann. Von ihr kann Metternich keine Unterstützung erwarten, obwohl sie am ehesten dazu geneigt gewesen wäre; sie hat einfach nicht die Macht dazu. Erst jetzt, da die Aufrührer schon in Massen auf dem Ballhausplatz erscheinen, erkennt der Kanzler den Ernst der Volkserhebung. Nun wünscht er »sofortiges Zuschlagen«. Erzherzog Ludwig soll es veranlassen, doch die Deputationen haben auch diesen in Schrecken versetzt; die letzte Säule Metternichs in der kaiserlichen Familie wankt. Die übrigen Mitglieder erinnern sich der Art, wie der Staatsmann mit so vielen von ihnen umgesprungen ist. Keiner rührt mehr eine Hand für ihn, zur höchsten Entrüstung Melanies, die sich nicht genugtun kann, über die Undankbarkeit des Erzhauses zu toben, weil sie stets alles nur danach beurteilt, ob es für ihren Gatten vorteilhaft ist oder nicht. Doch im übrigen beweist sie ein tapferes Herz; man rät ihr schon um der Kinder willen zu fliehen, denn man verlange den Kopf ihres Mannes. »Ich werde dies niemals tun«, entgegnet die Fürstin. »Wenn meine Kinder in Gefahr sind, werde ich sie anderswohin schicken, mein Platz aber ist an der Seite meines Mannes; mit ihm zu leben oder zu sterben ist meine Pflicht[6].«

Noch am selben Abend, als die Abdankung Metternichs schon beschlossen und erklärt ist, läßt ihn Kaiserin Maria Anna noch einmal zu sich rufen. Sie hatte schon früher einmal gewünscht, ihr Gatte solle die Krone niederlegen, der Kanzler aber sie an solcher Absicht immer gehindert. Es war ihm klar, daß eine derartige Veränderung auch an seiner eigenen Stellung nicht spurlos vorübergehen könnte. Und als die hohe Frau jetzt wieder dazu drängt, erhebt Clemens immer noch Einspruch. Er hofft nach wie vor auf eine Wendung, er will nicht fliehen, erst gehen, wenn ihn die kaiserliche Familie gänzlich im Stich läßt. Noch einmal fragt Clemens an, ob er bleiben oder abreisen solle, und hört nun aus dem Mund Erzherzog Ludwigs, des einzigen, auf den er noch zählen zu können vermeint, er möge Wien verlassen, sein Leben schwebe in Gefahr.

Verzweifelt sieht Melanie diese Entwicklung mit an. Ihr Gatte, der beliebte, mit allen Ehren überschüttete erste Staatsdiener, nun in seinem Alter auf einmal abgrundtief von seiner Höhe gestürzt, obdachlos und dazu vielleicht ein Bettler! Entrüstung erfaßt sie über die kaiserliche Familie, die Beamten und die Gesellschaft, über die Ratten, die sich beeilen, das sinkende Schiff zu verlassen. Der einzige Trost in diesen Stunden ist sie, Metternichs treue Frau, die erhobenen Hauptes, Wut im Herzen, aber keinen Augenblick verzagend, nun ihren halbtauben, an Nierenschmerzen leidenden Gatten auf seiner Flucht begleitet.

»Wir fliehen jetzt allein, ganz allein«, ruft die Fürstin aus[7], wenn dies auch wörtlich nicht ganz richtig ist. Die Kinder werden anderweitig in Sicherheit gebracht. Schwester Pauline Württemberg flieht mit ihren siebenundsiebzig Jahren auf ein Donauschiff, einen neuartigen Dampfer, wie sie mit einem solchen noch nie gefahren. Mitten unter Flüchtlingen und bewaffneten Proletariern gerät sie in Todesangst, weil man sie einen Augenblick wegen Ähnlichkeit mit ihrem Bruder für den als Frau verkleideten Fürsten gehalten hat. Indessen gelangen Monsieur et Madame Matteux, wie der Deckname des Metternichschen Ehepaares lautet, am 20. März zum Liechtensteinschen Schloß Felsberg, von wo aus die Weiterfahrt dem Rhein zu angetreten wird.

Als Erzherzogin Sophie sieht, die Revolution schieße weit über das hinaus, was sie sich selbst erwartet und gedacht hat, gedenkt sie des geflohenen Staatsmannes, und jetzt kommt ihr erst so recht zu Bewußtsein, welch ungeheure Wandlung das alles bedeutet. Das Ergebnis ist ein herzlicher, warmer Brief an Metternich, dessen Wortlaut nicht liebenswürdiger und gnädiger gehalten sein kann.

In der Antwort, in der Clemens von seiner tiefen Ergebenheit und seinem Vertrauen in die Sache der Ordnung der Welt spricht und unter anderem bemerkt: »Ich bin als Sozialist im wahren Sinne des Wortes geboren«, kommt er auf den jungen Franz (Joseph) zu sprechen und bittet die Erzherzogin Sophie, ihm zu sagen, er, der Staatskanzler von einst, trage ihn in seinem Herzen und lasse ihm versichern, er werde niemals einen falschen Weg beschreiten, wenn er sich in guten und schlechten Lagen an die Vorschrift halte, die er in den vergangenen Jahren geben durfte.

Seit dem 20. April hat Metternich in London Zuflucht gesucht, wo er vor vierundfünfzig und zuletzt nochmals vor vierunddreißig Jahren gewesen ist. Kaum ist er dort angelangt, erhält er einen Brief[8] von – der Fürstin Lieven. »Ich erwartete von Ihnen, mein Fürst, nicht nur Ihre Visitenkarte, sondern ein etwas herzlicheres Erinnerungszeichen. Sie aber sind nicht gekommen... Ich empfände aufrichtiges Vergnügen, Sie wiederzusehen, aber muß doch wissen, ob es auch geteilt wird. Ganz die Ihre, Dorothee von Lieven.«

Wirklich, nun stattet Metternich der Fürstin mit seiner Gattin Melanie einen Besuch ab. Der greise Staatsmann ist fünfundsiebzig, die einstige Freundin dreiundsechzig, seit sechsundzwanzig Jahren haben sich die beiden nicht mehr gesehen, seit einundzwanzig fast nicht mehr geschrieben. Kaum aber sitzen sie wieder beisammen, tauchen sie erneut mitten in die große Politik, als wäre bloß an den letzten Brief Nr. soundsoviel anzuknüpfen. Aber verstohlen mustert eines das andere, und ein prüfender Blick Dorothees trifft auch Melanie. »Sie ist dick, gewöhnlich, natürlich, ganz gut, mit einfachen Manieren«, urteilt sie dann[9]. »Er (Metternich) voll der Abklärung innerer Selbstzufriedenheit, nicht enden wollender Geschwätzigkeit, mühsam, langsam, schwerfällig, sehr metaphysisch, langweilig, wenn er von sich selbst und seiner Unfehlbarkeit spricht, entzükkend, wenn er von der Vergangenheit und besonders dem Kaiser Napoleon erzählt.« Die Fürstin Lieven selbst sieht nach wie vor äußerst vornehm aus; ganz schwarz gekleidet, mit einem großen Fächer erscheint sie, und nur der grüne Augenschirm, den sie trägt, läßt auf die Wirkungen ihres zunehmenden Alters schließen.

Im Mai kommt Clemens wieder ein Brief der Kaiserin Maria Anna zu. Er freut sich über jedes Wort, das er von der kaiserlichen Familie erhält, während Melanie sich in ihrer Entrüstung über diese noch nicht beruhigen kann. Sie scheut sich nach wie vor keineswegs, die Sache ihres Gemahls eifrigst zu vertreten, wobei das Erzhaus nicht gerade günstig wegkommt.

Indessen ist der Sturm des Aufruhrs über ganz Europa hinweggebraust. Die französische Februarrevolution, die zur Republik führte, hat Schule gemacht, und Unruhen entwickeln sich nicht nur in Wien, sondern auch in Berlin, Ungarn und Italien. Ganz Europa wird in den Wirbel gezogen, nur an den Toren Rußlands brandet der rote Strom zurück, ohne sich in dessen Inneres ergießen zu können. Der Metternichs Ideen nahestehende britische Staatsmann Benjamin Disraeli wünscht sich, auf Clemens anspielend, in Wien wieder ein großes politisches Genie, um aus diesem Gewirr herauszufinden, aber weit und breit ist kein solches zu sehen. Kaiser Ferdinand tritt allerdings nun endlich zurück und bezieht den Hradschin in Prag. Der achtzehnjährige Sohn der Erzherzogin Sophie besteigt als Kaiser Franz Joseph den Thron. Metternich hört eine Woche später davon; er erhofft auch für sich Gutes von diesem Wechsel. Noch steht dem neuen jugendlichen Herrscher in Heinrich Graf Bombelles der Mann zur Seite, den Clemens dereinst an diesen Platz gestellt hat.

»Der Kaiser, mein Gemahl, hat mit all den hohen Eigenschaften, die Sie an ihm kennen, Verzicht geleistet, er war großzügig genug dazu, und jetzt ist er bewunderungswert und immer heiter«, schreibt[10] Maria Anna in diesen Tagen an Clemens. »Sie würden nicht glauben, wie ausgezeichnet sich die gute Sophie in diesen für mich so schrecklichen Zeiten benommen hat! Sie war mir wie eine wahre Schwester, und wir gingen immer und in allem völlig einig vor ... Überhaupt hat sich auch bei dieser Gelegenheit wie sonst stets die Familie tadellos bezeigt und klar jene gute und wahre Einigkeit bewiesen, die unter deren Mitgliedern herrscht.«

Melanie begleitet den Brief wohl mit einigen ironischen Bemerkungen, aber sie freut sich doch auch, daß darin von Dankbarkeit Clemens gegenüber die Rede ist. Ja, fürwahr, Gesellschaftspolitik hat in weitem Maße ausgespielt. »Die Frauen haben ihre Herrschaft eingebüßt, seit die öffentlichen Interessen die Männer von ihren sentimentalen Beschäftigungen abzogen«, schreibt Wessenberg[11] in dieser Zeit.

In England aber, das von der Revolution gar nicht berührt ist, bleiben die Salons, zu denen nun auch jener Metternichs gehört, nach wie vor politisch interessiert. Eines nur ist Melanie und ihrem Gatten unangenehm: Königin Viktoria zeigt kein wie immer geartetes Interesse an den Flüchtlingen und nimmt nicht einmal Notiz von ihnen. Alle Anhänger des Außenministers der im Amt befindlichen liberalen Regierung Henry John Temple Palmerstons meiden den Fürsten, während die den Tories nahestehenden Kreise, darunter auch einzelne den Whigs feindlich gesinnte Mitglieder der königlichen Familie, den einstigen österreichischen Kanzler aufsuchen.

Mit höchstem Interesse verfolgt Metternich den Aufruhr und die kriegerischen Ereignisse in Italien, wo der Kaiserstaat an der Donau um seine Herrschaft in der Lombardei und Venetien kämpfen muß. In einer Denkschrift[12] gibt Clemens zwar zu, der Teil des europäischen Festlands, der den Namen Italien trägt, habe wohl begründeten »Anspruch auf eine Nationalität, und zwar eine italienische«, verneint aber »kategorisch« einen solchen auf politische Einheit dieses Landes.

In einem Brief an die Kaiserin Karoline Auguste versichert Metternich, der 13. März 1848 habe eine Scheidewand zwischen der Vergangenheit und Zukunft gezogen. »Den Fuß auf den Abhang zum Schlund der Revolution zu setzen ist meiner moralischen Natur zuwider«, beteuert er[13]. Auch in Ungarn geht alles drunter und drüber, und Stephan Graf Széchényi, der seine Nation als gemäßigter Liberaler »mit starkem Eigenleben in zeitgemäßer Form« führen wollte, ist aus Verzweiflung über den Bruch Ungarns mit der österreichischen Regierung wahnsinnig geworden.

Trotz allem, was geschehen ist, bleibt Clemens in seiner Selbstsicherheit unbelehrbar. Am 17. Jänner 1849 schreibt er ganz ruhig: »Während meiner langen Ministerlaufbahn bin ich unter den Regierenden der einzige dazu fähige gewesen[14]!« In diesem Bewußtsein will er keineswegs darauf verzichten, weiter Einfluß auch auf den jugendlichen Kaiser Franz Joseph auszuüben, und mahnt ihn schriftlich, sich gute Ratgeber zu wählen. Schon wird dem Monarchen in geschickter Weise nahegelegt, es sei doch höchst unglücklich, den besten von ihnen fern in der Verbannung zu belassen.

Franz Joseph ist damals bei den gefahrdrohenden Fortschritten der ungarischen Revolution gezwungen, nach Warschau zu gehen und den Zaren Nikolaus mit Hinweis auf seine einstigen Münchengraetzer Versprechungen um Hilfe zu bitten. Clemens' alte Freundin, Fürstin Lieven, hat sich zu dieser Zusammenkunft auch nach Warschau begeben und schreibt begeistert, wie schmuck der junge Herrscher anzusehen sei und welch innige Beziehung sich da zwischen den beiden Kaisern offenbare: »Wenn man sie so zu Pferd sieht, einen neben dem anderen an der Spitze der Truppen, hat man das Gefühl, daß die Welt noch nicht zusammenstürzen und sich noch nicht gänzlich der Verruchtheit überlassen wird[15].«

Klug weiß Metternich den Weg für seine Rückkehr ins Vaterland vorzubereiten, die er heiß ersehnt. Aus Brighton, wo er im April 1849 weilt, schreibt[16] er der Kaiserin Maria Anna als »alter Arzt in dem großen Spital, das den Namen menschliche Gesellschaft führt« seine Ideen über das, was in der Folge geschehen wird. Das Jahr 1849 werde die Leere der Pläne der sogenannten Reformatoren erweisen, und auch für den nach Gaëta geflohenen Heiligen Vater werde der Tag der Rückkehr kommen, die ihm genommene weltliche Macht wiedergegeben und die römische Republik zu Fall gebracht werden. Der einstige Staatskanzler weiß, wie man sich bei Kaiserin Maria Anna ein Bild einlegt. »Ich kann mir das Bedauern nicht versagen«, fügt er hinzu, »nicht imstande gewesen zu sein, meine lange Laufbahn in den öffentlichen Angelegenheiten durch eine vierte Wiederherstellung der zeitlichen Gewalt des Papstes, des sichtbaren Oberhauptes der Kirche, unter meinem persönlichen Einfluß zu beschließen.«

Zur größten Freude Metternichs erhält er in den ersten Augusttagen des Jahres 1849 einen Brief von Kaiser Franz Joseph, der dem gestürzten Staatsmann versichert, er habe seine Dienste nicht vergessen und hoffe, daß glücklichere Verhältnisse den Fürsten in nicht allzu langer Zeit wieder nach Wien zurückführen werden[17]. Metternich erwartet auch weiter, durch den ihm seine Stellung verdankenden Bombelles alle wichtigen Vorfälle in der nächsten Umgebung des jungen Herrschers zu erfahren, doch will das Unglück, daß der Graf im April des Jahres 1850 plötzlich stirbt. Um so nötiger ist es nun, sich mit der Bitte um Erlaubnis der Rückkehr an Erzherzogin Sophie zu wenden. Metternich entschließt sich auch, einen direkten Schritt zu schnellerer Herbeiführung seiner Rückkehr zu unternehmen. Er geht parallel mit einem solchen seiner Tochter Leontine, die eine zeitweilige Erkrankung ihre Vaters benützt, um durch Schwarzenberg an allerhöchster Stelle zu bitten, ihm irgendeine Gnadenbezeugung zukommen zu lassen. Der einstige Kanzler sendet nämlich seinen Sohn aus Brüssel, wo er schon der Heimat näher weilt, mit Briefen an das Hoflager, die ihm den Weg zur Rückkehr ebnen sollen.

Richard erledigt sich seiner Mission mit großem Takt und Geschick; Erzherzogin Sophie, die durch ihn auch einen Brief bekommen hat, antwortet mit Ausdrücken der Bewunderung, wie schmuck Richard geworden sei, der einige Grundzüge des Charakters seines Vaters, besonders »seine Ruhe und Sanftmut« aufweise. Sie spricht von dem »schweren Kreuzweg«, den die letzten acht Monate für sie bedeuteten, erklärt den 2. Dezember 1848 als ihren »Auferstehungsmorgen aus tiefem Leid« und spricht in vagen Worten von der Hoffnung, Clemens einst wiederzusehen[18]. Und Karoline Auguste beschließt ihre Antwort auf den für sie bestimmten Brief mit den Worten[19]: »Ich werde stets demjenigen Dankbarkeit bewahren, den der Unvergeßliche« (Kaiser Franz) »noch auf dem Sterbebett seinen *besten* Freund nannte.«

Alles in allem sind die Antwortbriefe, auch jener der Kaiserin Maria Anna, auf die durch Richard überbrachten Schreiben sehr liebenswürdig gehalten, aber die Frage der Rückkehr wird, wenn überhaupt, nur oberflächlich und ausweichend berührt. Erzherzogin Sophie läßt Clemens andeuten, er solle in absehbarer Zeit zuerst einmal auf seine Güter nach Böhmen zurückkehren, dann werde es allmählich möglich werden, ihn nach Wien kommen zu lassen und mit dem jungen Kaiser die Fühlung erneut aufzunehmen. Melanie aber ist dem Plan gänzlich abgeneigt; sie will mit offenem Visier direkt nach der Residenz kommen können oder aber gar nicht.

Von Wien treffen indes auch Nachrichten ein, die viel weniger rücksichtsvoll lauten als jene aus dem Kreis der kaiserlichen Familie. Der Walzerkönig Johann Strauß hatte schon bei einem Besuch in Richmond von der Undankbarkeit der Wiener Metternich gegenüber gesprochen, der ihnen doch – man könne sagen, was man wolle – dreißig Friedensjahre gesichert habe. Und kaum ist er entlassen und entfernt, so haben wieder unzählige Mütter und Gattinnen für ihre Söhne und Männer zu bangen. Immer noch aber ist die Stimmung in der Residenz sehr gespannt und Metternich keineswegs günstig. Während er früher mehr oder weniger der ganzen Welt seine belehrenden Schriften zusandte, sind nun sein Sohn Richard sowie sein wohl ihm zuzuschreibender unehelicher Sohn Hübner diejenigen, über die sich die politischen Predigten ergießen. Oft enthalten sie aber auch kostbare Perlen wahrer Erfahrung, so, wenn er versichert, daß er nun erst erkenne, wie Arbeitsstunden ihm doch so viel lieber seien als das Salonleben, das gemeinhin als Vergnügen gelte: »Nichtstun ist das Synonym der Leere, und nachdem die Natur die Leere haßt, füllen sie stets schlechte Dinge, wenn ihnen nicht gute den Zugang wehren[20].«

Spricht der einstige Kanzler aber von Politik, so endet doch immer alles in der Verkündigung der gleichen »erhaltenden« Grundsätze, besonders wenn er die Napoleonische Epoche erwähnt, die er im Gegensatz zu der Zeit vor 1789 und jener nach 1814 als die heroische bezeichnet. »Napoleon war das Produkt der sozialen Revolution«, meint er[21], »er hatte dieselbe in sich personifiziert und mit großem Geschick zu seinen persönlichen Zwecken zu benützen gewußt.«

Das Ehepaar Metternich denkt mittlerweile vornehmlich nur an Rückkehr nach Wien. Der Schwiegersohn, Graf Sándor, spricht dort mit den maßgebenden Persönlichkeiten, und da zeigt sich, daß die meisten, darunter auch Erzherzogin Sophie, nur etwas Angst vor Melanie haben, vor ihrem geringen Takt und ihrer zu scharfen Zunge. Endlich trifft am 6. April 1851 ein auch vom Kaiser gegengezeichneter Brief des Ministers Schwarzenberg ein, in dem nichts Geringeres steht als die Worte, der Monarch werde sich sehr freuen, Metternich wieder in Wien zu sehen. Mit größtem Jubel wird dies aufgenommen und beschlossen, über den Johannisberg in die Heimat zurückzukehren.

Doch bleibt es immer noch ein großes Fragezeichen, wie die Öffentlichkeit ihn empfangen wird. In Wien erwartet ihn auch eine unglückliche Tochter. Ihr Gatte Sándor ist infolge der vielen, bei waghalsigen Reiterkunststücken erlittenen Verletzungen plötzlich geisteskrank geworden. »Das Übel«, schreibt Metternich seinem Sohn[22], »hat sicher seinen Grund in der Erschütterung des Gehirns durch die neunundneunzig Stürze mit oder vom Pferd, welche er als ebenso viele Heldentaten malen ließ ... und denen die Geisteskraft des eingebildeten Helden schließlich unterlegen ist.«

Am 23. September 1851 steigen Clemens und seine Gattin nach einer ohne Zwischenfall zurückgelegten Fahrt in Nußdorf unter großem Menschenzulauf aus dem Donaudampfer an Land. Sie finden all ihren Besitz unberührt vor, als hätten sie ihn nicht vor fast vier Jahren, sondern eben erst verlassen. Und gleich wieder empfangen sie Besuche bedeutender Persönlichkeiten wie des Herzogs von Cambridge, der seine Abreise ausschließlich ihretwegen verschoben hat. Alle Befürchtungen von Zwischenfällen sind unbegründet, nichts rührt sich, Ankunft und Empfang spielen sich klaglos ab. Die Leute haben sich schon wieder mit der Rückkehr zu früheren Ideen vertraut gemacht, wozu das Ruhebedürfnis nach den so unsicheren Revolutions- und Kriegsjahren viel beitrug. Metternich hat sich also nicht getäuscht, wenn er sich Kaiser Franz Joseph auf dem Weg zur Wiedereinführung absoluter Herrschaft vorstellte, und kommt so gleich wieder in eine ihm genehme politische Atmosphäre.

»Von den Oktobertagen 1848 ist keine Spur mehr zu entdecken«, meint Metternich zu seinem Sohn[23]. »In der Erinnerung des Volkes stehen diese und andere Tage in hohem Mißkredit. Der wahre Charakter der Tagesgefühle ist der der *Ruhe*, und die Volksstimme in betreff der kaiserlichen Kundgebung vom letztverflossenen 20. August (Programm der Autokratie) spricht sich in den einfachen Worten aus: ›Gott sei Dank, wir wissen nun wieder, wem wir zu gehorchen haben.‹«

Sonst aber verhält sich Clemens Metternich in der Heimat zunächst äußerst vorsichtig und zurückhaltend, nur seine Gattin kann sich nicht enthalten, nicht nur in ihrem Tagebuch, sondern auch sonst zu erklären[24], jetzt, da ihr Gatte zurück ist, werde alles besser werden.

Kaiser Franz Joseph weilte noch fern, als Clemens in Wien eintraf. Am 2. Oktober erst kehrt er von seiner Galizienreise zurück und stattet schon am Tag darauf Metternich einen zweistündigen Besuch ab, wobei nicht nur die persönliche Stellung des Staatsmannes, sondern auch die große Politik ausgiebig zur Sprache kommt. »Sein Aussehen und seine ganze Haltung tragen das Gepräge sicherer und moralischer Kraft«, urteilt der greise Staatsmann über den jungen Herrscher. »Mehr hat niemand das Recht zu fordern noch selbst zu wünschen[25].«

Von den Mitgliedern des Kaiserhauses haben Sophie und Maria Anna in den letzten Jahren zu Metternich gehalten. Die Kaiserin hat sich mit ihrem Gatten, dem abgedankten Herrscher, nach Prag zurückgezogen und benützt nunmehr wieder die Gelegenheit der Rückkehr des Staatsmannes, um in unzweideutigen Worten ihre Übereinstimmung mit seiner Denkweise kundzutun: »Der aufrechte Mann ist immer vom lieben Gott beschützt, der ihn wieder emporhebt und tröstet, indem er ihm die Kraft gibt, Unglück zu ertragen ... Ich verstehe, daß Ihre Lage, wie immer sie auch sei, niemals Ihre Grundsätze wird ändern können. Ihre große Seele war, wie ich so oft zu bewundern Gelegenheit hatte, in dieser Überzeugung immer unerschütterlich. Ich habe Sie selbst an jenem Abend darum beneidet, der Ihre Verhältnisse nur nach außen hin verändern konnte. Ich kann Ihnen versichern, daß auch ich so unverrückbar auf meinen Grundsätzen fuße, die Sie kennen: nur allein die römisch-katholische, apostolische Kirche und eine absolute Regierung sind stets imstande, Leben zu schenken[26].« Was nun geschieht, liegt ganz in der Linie dieser beiden; es ist kein Zweifel, daß Metternich den jungen Kaiser Franz Joseph in dem Tun bestärkt, das am 31. Dezember 1851 in dem Außerwirksamkeitsetzen der noch nicht beschworenen Reichsverfassung und der Widereinführung der absoluten Monarchie gipfelt.

Melanie ist aber nicht imstande, sich mit der Kaiserinmutter gut zu stellen; beiderseits ist das Mißtrauen zu groß. Widerstrebend läßt sich die Fürstin herbei, auf einem von Felix Schwarzenberg am 4. Jänner 1852 in der Reichskanzlei gegebenen Ball zu erscheinen. An derselben Stätte, wo ihr Gatte durch so viele Jahrzehnte als unumschränkter Herrscher gewirkt hat! »Es schien mir, als müßte Österreich vor mir die Augen niederschlagen, denn nicht ich habe Veranlassung zu erröten«, findet sie und bemerkt etwas spöttisch, daß die gesamte sogenannte zweite Gesellschaft da geladen ist. Als Kaiserin Karoline Auguste Melanie begrüßt, kann die Kaiserinwitwe nicht umhin, ein Wort der Verwunderung über ihr Erscheinen fallen zu lassen, worauf Melanie, nicht faul, die Antwort findet: »Ich dächte übrigens, wir könnten uns alle darüber wundern, uns hier wiederzufinden[27].«

Es ist klar, daß die Fürstin Metternich die Führung der inneren und äußeren Politik durch Schwarzenberg nicht günstig beurteilen kann. Viel zu sehr von der Unfehlbarkeit ihres Gatten erfüllt, erklärt sie die nunmehrige Leitung der Politik als in jeder Beziehung leichtsinnig[28] und hätte auch jene eines beliebigen anderen so bezeichnet. Aber der Ministerpräsident zeigt bedenkliche Zeichen erlahmender Gesundheit, die Clemens Metternich nicht entgehen. Und wirklich, schon am 5. April 1852 trifft den Fürsten Felix, während er sich die Hände wäscht, bevor er zu einem Diner geht, der Herzschlag, und er bricht tot zusammen. Melanie kann sich nicht enthalten, in diesem Ereignis eine Art Gottesgericht zu sehen; dem jungen Kaiser aber ist sein wichtigster Ratgeber entzogen und damit der Neigung Vorschub geleistet, die Führung in seine eigene ungeübte Hand zu nehmen. Was nun kommt, ist die Folge von Franz Josephs Willen und geschieht unter seiner persönlichen Verantwortung.

Metternich beobachtet die Vorkommnisse genau. Er steht mit König Leopold von Belgien in Verbindung, politische Briefe gehen hin und her, und auch die Fürstin Lieven beginnt ihm wieder Nachrichten über den Eindruck der letzten Ereignisse am englischen Hof mitzuteilen[29]. Nun seines bisherigen Ratgebers beraubt, findet sich Franz Joseph öfter bei dem greisen Staatsmann und früheren Lehrer ein, und dadurch wächst der Einfluß Metternichs wieder. So hat er in seinem neunundsiebzigsten Lebensjahr begründete Hoffnung, neuerlich bestimmend in das Schicksal der Monarchie eingreifen zu können.

Im Juli dieses Jahres hört Clemens, die Fürstin Bagration habe von ihrem Pariser Aufenthaltsort plötzlich auf sechs Wochen nach Wien zu kommen beschlossen, und dies vornehmlich, um ihren einstigen Freund wiederzusehen. Mit ungewöhnlichem Aufwand erscheint sie und trägt kostbare Toiletten. Diese haben nur einen großen Fehler, sie lassen erkennen, die originelle Trägerin habe vergessen, daß sie alt geworden ist. Die arme Frau weist nur mehr die Haut einer Zitrone auf, sechs bis sieben vergilbte Haare decken ihr Haupt, der Körper gleicht einem klappernden Gerippe, aber das Hemd ist aus feinstem Batist, mit rosa oder lichtblauen Schleifen gebunden. Den verwitterten kleinen Kopf ziert ein Hut, den eine achtzehnjährige Schäferin nur mit Zögern aufgesetzt haben würde. Und ihre Blicke hängen mit einem Ausdruck rührender Liebe so schwärmerisch an Clemens, das man Mühe hat, nicht hell aufzulachen. Mit ironischer Würde führt Metternich diese arme Mumie zu Tisch[30]. Und doch, in den unendlich feinen Manieren, in ihren Bewegungen zeigt sich, daß man dem greisen gespenstischen Überrest einer der Grandes dames Rußlands gegenübersteht, die in den letzten Jahrzehnten in aller Welt so glanzvoll auftraten. Und ihre Anhänglichkeit an Clemens spricht nur dafür, daß sie das Liebesabenteuer mit ihm auch in ihren spätesten Tagen nicht vergessen kann.

Die meisten einstigen Geliebten Metternichs finden sich nun im Greisenalter nach und nach wieder bei ihm ein, so zum achtzigsten Geburtstag im Mai 1853 auch Dorothea von Dino, Herzogin von Talleyrand-Périgord, nunmehrige Herzogin von Sagan. Auch sie hat Metternich geliebt wie ihre Vorgängerin in dieser Würde. Alle waren ihm verfallen, er aber hat mehr mit diesem Gefühl gespielt, seine wahre Geliebte war die Politik. Mag er auch noch so oft der Freundin Lieven über sein Leben als das eines armen Arbeitstiers geklagt haben, im Grunde waren und sind noch immer Politik und Machtwille seines innersten Wesens höchste Freude.

Nun steht wieder die Kernfrage im Vordergrund des Interesses: das Verhältnis Österreichs zu Rußland. Nikolaus I., der doch Franz Joseph durch sein Eingreifen in Ungarn gerettet hat, rechnet nun auf Dankbarkeit. Rührend und wahrhaft innig streckt der Zar dem jungen Kaiser seine Freundeshand entgegen. Dieser würde nun jemanden brauchen, der ihm sagt, er dürfe sie nicht ausschlagen. Schicksal und Bestehen seines Reiches hänge von seiner Haltung in dieser Stunde ab.

Metternich ist zur Zeit von schwerer Sorge heimgesucht. Zwei Frauen und fünf Kinder, Freund und Feind hat er sterben gesehen, er aber steht nach wie vor wie ein Fels, während rings um ihn einer nach dem anderen dahinsinkt. Auch seine um so vieles jüngere Frau, die dritte, die mit ihm gelebt, erkrankt an einem schweren, schmerzhaften Unterleibsleiden, und das zu einer Zeit, da der junge Kaiser sich mit der entzückendsten Prinzessin verlobt, die die Erde trägt. Die gesamte Monarchie jubelt der anmutigen Elisabeth von Bayern zu, und Metternich fehlt nicht in der Reihe jener, die dem jungen Monarchen und seiner Mutter begeistert Glück wünschen. »Der Kaiser ist *sehr, sehr* glücklich! Er ist verliebt, wie ich nie geglaubt hätte, daß er es sein könnte«, antwortet Erzherzogin Sophie in ihrem Dankbrief[31]; doch in grellem Gegensatz dazu sind die politischen Schwierigkeiten in aller Welt zur Zeit ungeheuer groß.

Rußland, das nun eine Art Vorherrschaft in Mitteleuropa ausübt, betrachtet den Augenblick für gekommen, die Gebiete der europäischen Türkei teilweise oder ganz ihrem Einfluß zu entziehen. Es will im Einvernehmen mit Österreich und Preußen, deren es sicher zu sein glaubt, die Lösung der Balkanfrage ins Rollen bringen. Die Westmächte treten dem Zarenreich stark entgegen, und so entsteht ein Spannungszustand, der Österreich vor schwerwiegende Entscheidungen stellt. Metternich ist keineswegs der Ansicht, daß sein Alter die politische Voraussicht in irgend etwas getrübt habe. Der alte Hochmut ist zum Teil wiedergekehrt, von neuem erklärt er von hoher Warte herab: »Die Welt gleicht täglich mehr einem Narrenhaus. Krieg wird nicht werden, weil kein auch nur halbwegs Vernünftiger ihn wollen kann[32].« Aber das hat man schon so oft gehört, und die Menschheit ist doch viel, viel unvernünftiger, als man sich in den wildesten Träumen vorstellen kann.

Da verlangt Rußland von der Türkei binnen vierzehn Tagen die Räumung der Donaufürstentümer, und als dieser Forderung nicht entsprochen wird, erfolgt am 23. Oktober, entgegen Metternichs Voraussagen, des Zaren Kriegserklärung. Jetzt, wo Kaiser Franz Joseph vor wichtigster Entscheidung steht, sieht man ihn wieder häufig bei dem greisen Staatsmann, dem einstigen Liebling seines Großvaters. Inwieweit er ihm folgt und auf ihn hört, ist schwer festzustellen. Des einstigen Kanzlers Ratschlag empfiehlt kein klares Parteiergreifen, er ist nur nach wie vor von Haß gegen Revolution und Liberalität besessen. So sieht er im Vorgehen des Zaren vornehmlich nur die Gefahr, daß die Partei des Umsturzes dadurch gestärkt werden könnte. Daher kann man, meint Clemens, nicht mit ihm gehen. »Es bleibt uns nichts übrig, als undankbar zu sein«, soll er gesagt haben.

Kaiser Franz Joseph soll also nicht Krieg führen! Nein, hinausmanövrieren soll er den Zaren aus den Fürstentümern. Aber wie? Unklar und phrasenhaft waren Clemens' Ratschläge. Unklar auch und überaus schädlich erweist sich die Politik des Sich-zwischen-zwei-Stühle-Setzens, die das österreichische Kabinett nun beginnt, als sich der russisch-türkische Krieg durch Teilnahme der Westmächte zum Krimkrieg weitet. Die Verantwortung liegt nicht mehr bei Metternich, aber er schlägt sich nicht auf die Seite jener, wie Feldmarschall Graf Radetzky, die Mehrzahl der Generäle und eine starke Partei in Wien, die zu unbedingter Aufrechterhaltung der Freundschaft mit dem Zaren und zum Vorgehen im Einvernehmen mit Rußland raten. Eine solche Politik wäre ja auch ganz außerhalb der gesamten, in den verflossenen vierzig Jahren eingehaltenen Linie des österreichischen Kanzlers gelegen. An Melanie aber hat Clemens wohl eine Bewunderin, eine ihm schrankenlos verfallene, treue, wenn auch nicht allzu taktvolle Freundin und Gattin, aber keine Beraterin gehabt, wie es Wilhelmine Sagan für ihn gewesen ist. Unter dem fortdauernden Einfluß dieser Frau auf Metternich hätte sich vielleicht auch das Verhältnis zu Rußland, das Grundproblem des Bestandes des österreichischen Kaiserstaates, anders gestaltet. Auf sie hätte er vielleicht auch weiter gehört, wie er es 1813 bei dem wichtigsten Entschluß seines Lebens, allerdings auch damals nur notgedrungen, getan.

Nun rafft das schwere Leiden, das die Fürstin Melanie in den letzten Jahren erfaßt hat, auch Clemens' dritte Gemahlin am 3. März 1854 hinweg. In tönenden Worten preist er aller Welt gegenüber die Dahingegangene. Der greise Staatsmann hat wohl recht, sie zu loben, sie war ihm stets eine aufopfernd treue Gattin, und dazu bedurfte er so sehr eines Wesens, das ihn immerzu verhimmelte und alles für gut und unvergleichlich fand, was er tat und dachte. Sie hat ihm Kinder geschenkt, die bestimmt waren, sein Blut weiterzutragen. Doch war ihr nicht vergönnt, das fünfzigste Lebensjahr zu erreichen, und der greise Staatsmann überlebt lange, lange seine dritte angetraute Frau.

Einsam wird es um Clemens, während die Welt wieder in Kriegswirren erbebt und Österreich im Begriff steht, ohne Freunde im Westen zu gewinnen, Rußlands nahe und gefährliche Feindschaft zu ernten. Ein Jahr darauf, 1855, verläßt Metternich auch seine vierundachtzigjährige Schwester Pauline Württemberg, deren Lebensglück er dereinst gegen so große Schwierigkeiten durchgesetzt hat. Jetzt folgt ein Schlag dem anderen für den greisen Staatsmann, der sich immer noch zur Geltung zu bringen versucht, aber vielleicht nicht mehr ganz voll genommen wird, wenn man ihm auch oft zuhört. Immer noch kann er das Belehren nicht lassen, aber für Richard ist es doch eine wertvolle Schule politischer Erziehung.

Die Weltgeschichte nimmt indes ihren Lauf. Als den Zaren Österreichs »Sommation mit Kriegsdrohung«, nämlich die Donaufürstentümer wieder zu räumen, erreicht und damit das Abrücken Franz Josephs von Rußland klar gegeben ist, dreht Nikolaus I. in seinem Arbeitszimmer entrüstet das Porträt des jungen Kaisers gegen die Wand und schreibt eigenhändig dazu: »Du Undankbarer[33]!« Aufs tiefste erbittert verfolgt nun der Zar, im Krieg allein geblieben, den Verlauf der Operationen und die wechselvolle Belagerung von Sewastopol. Die Kränkung und die Aufregungen tragen dazu bei, daß eine schon lange in ihm schlummernde Krankheit zum Ausbruch kommt und er am 2. März des Jahres 1855 dahinstirbt. Er erlebt nicht mehr das Ende des Krieges, nicht den am 30. Juni 1856 in Paris unterzeichneten Friedensschluß, der das Zurückrücken Rußlands in zweite Linie und den Übergang des Schiedsrichteramtes in Europa auf das französische Kaisertum bedeutet. Die Kluft zwischen Rußland und Österreich, die sich damit aufgetan, bleibt geöffnet, und auch der Nachfolger, Alexander II., übernimmt ein Gefühl der Bitternis gegenüber dem jungen österreichischen Kaiser, der seinen Vater dem Tod näher gebracht hat.

Metternich überblickt das Ergebnis zu Neujahr 1857 und erkennt, daß nichts besser geworden ist: »Österreich steht heute allein. Diese Stellung ist keine bequeme. *Dies alles unter vier Augen gesagt*[34] . . .« Unter vier Augen, sagt Metternich seinem Sohn, denn er ist vorsichtig. Kaiser Franz Joseph darf nicht hören, daß er sich eine Kritik erlaubt.

Immer einsamer, auch geistig einsamer, wird es um Clemens. Am 27. Jänner des Jahres 1857 verläßt ihn eine Frau für immer, die in seinem Leben eine ungeheure Rolle gespielt. An diesem Tag hat die Fürstin Lieven ausgerungen. In den letzten Augenblicken sagte sie noch: »Geht fort! Geht fort, ihr alle! Ich will schlafen[35].« Und sie schlief ein für immer. Mit ihr ist eine Frau dahingegangen, die ein merkwürdiges Gemisch von Verstand und Herz gewesen. Der kalte, politisch diplomatische Geist, ihr höchstes Lebensinteresse, lag im Kampf mit einem eitlen, liebenden und eifersüchtigen Frauenherzen und erhielt erst freie Bahn, als das letztere sich enttäuscht fühlte. Jetzt wandelte sich Liebe fast in Haß, um endlich nach Jahrzehnten alles vergessend, mit dem einstigen Geliebten wieder durch Politik in Fühlung zu treten.

Indiskret war diese Frau in geradezu unendlichem Maße; alles, was sie links hörte, sagte sie rechts weiter, alles trug sie von einem zum anderen und fand doch ihren Weg durch das Gestrüpp von Neigung und Abneigung, das sie dadurch rings um sich schuf. »Ich warne dich, ich warne dich!« sagte Metternich einst dem ihm zugeschriebenen unehelichen Sohn Alexander von Hübner. »Der Umgang mit dieser Frau ist bezaubernd, aber gefährlich[36].« Hübner mag vielleicht nicht geahnt haben, wie sehr dieser Ratschlag aus eigenster Erfahrung geschöpft war.

Ja, weiß Gott, gefährlich war Clemens diese Frau wirklich geworden in Liebe und in Haß. Doch der Verbindung mit ihr verdankt die Welt den tiefsten Blick in Metternichs Leben und Herz. Ihrer beider höchste Leidenschaft war Politik. Durch sie sind sie zur Liebe gekommen oder zu dem, was beide so nannten und in das sich besonders Clemens mehr hineinphilosophiert und hineingeredet hat. Bei ihm bleibt auch in den Achtzigern die Leidenschaft für Politik vorherrschend, jene noch viel gefährlichere Dame als solche aus Fleisch und Blut. Denn diese gehen eine nach der anderen den Weg alles Irdischen, während Dame Politik leider ewig und unsterblich ist.

Ein Festmahl vereinigt die gesamte Familie Metternich. Aufgeregt erwartet Clemens eine Nachricht, denn sein Sohn Richard, der seine eigene Nichte, Pauline, geborene Gräfin Sándor, geheiratet hat, erwartet Familienzuwachs. Gerade an seinem Geburtstag soll der einstige Kanzler Urgroßvater werden und harrt angstvoll der telegrafischen Nachricht. »Nun, das Telegramm läßt auf sich warten! ... Eine andere Art von Mouche ist mir indessen in den Salon geflogen«, schreibt Metternich[37], »ein Gespenst schien in denselben zu treten: In seiner Enthüllung zeigte es sich als die Fürstin Bagration. Sie kommt über Berlin und reist nach Italien ... Im Verlauf einer Stunde hat sie uns mehr über und von Paris erzählt, als ich wohl seit Monaten gehört und gewußt hatte!« Freiherr von Hübner hat sie noch in den letzten Jahren in ihrem schönen Palais in der Rue St-Honoré in Paris besucht. Schwere Vorhänge aus gelber Seide ließen das Tageslicht kaum eindringen, damit kein verräterischer Sonnenstrahl auf die »in duftige Gazeschleier gehüllte letzte Überlebende der Göttinnen des Wiener Kongresses falle und ihren wahren Zustand enthülle[38]«. Doch hat ihr lebhafter Geist immer wieder körperliche Schwäche und Hinfälligkeit zu überwinden gewußt. So ist sie auch in den Tagen, da Metternich sein vierundachtzigstes Lebensjahr vollendet, wieder nach Wien gekommen.

Endlich kommt die Nachricht, daß Pauline Metternich ihrem Gatten eine Tochter schenkte[39], die den Namen Sophie erhielt. Nur wenig später reist die Fürstin Bagration nach Venedig ab. Am Abend zuvor hat sie noch bei Clemens gespeist, vier Tage später kommt eine telegrafische Verständigung aus der Lagunenstadt, die ihren Tod meldet. »Ich kann über ihr Ableben nicht erstaunt sein«, meint Metternich dazu. »Das Wundersame war, daß sie, wie sie war, noch leben konnte. Ihr Aussehen übertraf alle Ideologie. Es bot keinen anderen Vergleich als den mit einer gehenden, essenden und sprechenden Mumie ...«

Diese Worte zeigen nicht gerade warmes Gedenken für diese Frau, obwohl ein Kind von ihr als der einzigen seiner Geliebten aus der großen Welt von dieser Neigung Zeugnis gab. Aber auch dieses entzückende Geschöpf war schon 1829 in der Blüte seiner Jahre nach der Heirat mit dem Grafen Blome im Kindbett gestorben[40].

Da der Tod schon unter den Metternich Nahestehenden so reiche Ernte hält, so rafft er auch seine einst so schöne Cousine Flore Gräfin Wrbna hinweg, die sich, nach dreiundvierzigjähriger Ehe Witwe geworden, mit einer alten Freundin in eine Villa nach Ischl zurückgezogen hatte. Sie war in den letzten Jahren an einem Auge erblindet und lebte in steter Furcht, ihr

Augenlicht gänzlich zu verlieren. Ihr Hinscheiden legt Clemens mehr als das der beiden anderen Frauen den Gedanken an den eigenen Tod nahe.

Doch die Weltgeschichte setzt ihren Weg unbeirrt fort. Das nun nach seiner unglücklichen Politik im Krimkrieg vereinsamt gebliebene Österreich sieht sich plötzlich wieder den Befreiungsbestrebungen seiner italienischen Provinzen gegenüber. Graf Cavour zieht nun den Vorteil aus seiner so viel geschickteren Politik entschlossener, klarer Parteinahme in jenem Krieg, der zufolge er schon im Pariser Friedenskongreß gute Früchte sichern konnte. »Kein dauernder Friede in Europa, solange Italien nicht nationale Selbständigkeit erringt«, hat er dort erklärt. Nun wirbt er um die Hilfe des nach der Revolution des Jahres 1848 an die Macht gekommenen, 1852 zum Kaiser erwählten Napoleon III. Metternich bezeichnet diesen als den einzigen Steuermann, der zur Zeit noch lebt[41]«. Das sei ein ganz anderer als Ludwig XVIII., der »dem von Haus aus elenden Liberalismus die Tür öffnete[42]«.

Der jetzt herrschende Neffe des großen Korsen läßt Metternich wieder an den besonders im Feld genialen Oheim zurückdenken. Er sieht in den letzterschienenen kulturhistorischen Werken, wie insbesondere in der »Histoire du Consulat et de l'Empire« von Thiers, den Beweis, daß *er, Clemens, und er allein,* die großen Eigenschaften wie Fehler Napoleons I. genau durchschaut habe. »Daß ich den Gang unseres Reiches infolge dieser Erkenntnis in das richtige Geleise zu bringen vermochte«, meint er dazu[43], »ist eine historische Wahrheit, für die jeder Tag neue Belege bieten wird. Wird heute ebenso planmäßig gehandelt? Ich fürchte, *nein!*«

Der einstige Kanzler beurteilt die politische Lage zu Ende des Jahres 1857 als eine allgemeine Verwirrung auf jedem Gebiet und sieht die Ursache davon immer noch »im Zusammenbrechen der wesentlichsten Stützen der Ordnung im Jahre 1848 und dem Mangel an Baumeistern zu deren Wiederaufbau«. Auch findet der greise Staatsmann das Verhalten des Erzherzogs Ferdinand Max, Bruder des jungen Kaisers, als Statthalter der Lombardei und Venetiens »reichlich nebelhaft« und nennt ihn Kaiser Franz Joseph gegenüber einen Phantasten[44]. Wie wird sich Napoleon in der italienischen Frage verhalten? fragt sich der nun selbst schon fast einer Mumie ähnelnde Metternich, die Ruine des einst so schmucken, so erfolgreichen Betörers der Frauen. Für Italiens Einheit hat er nichts übrig; obwohl er glaubt, in seiner fünfzigjährigen Praxis dieses Land genau kennengelernt zu haben, findet er die »unità dell'Italia nur ein Shibolett der Ruhestörer«. Aber mit dem plötzlichen scharfen Vorgehen Österreichs diesem Land gegenüber ist er doch nicht einverstanden. Er fürchtet, dies gehöre auch in die Gattung nicht planmäßigen, überstürzten Handelns. Jetzt beginnt sich die Haltung Rußland gegenüber zu rächen. Obwohl Napoleon III. doch im Krimkrieg der Feind des Zarenreiches war, sieht dieses nun mit verschränkten Armen zu, wie der Neffe des Korsen gegen das »undankbare« Österreich zu Felde zieht und die Einheit Italiens vollenden hilft.

So nimmt Metternich bis in seine letzten Tage tiefen, ernsten Anteil an den Fragen der großen Politik. Anteil sicherlich, hat er aber auch Einfluß? Hat er diesen vielleicht doch noch in weit größerem Ausmaß geübt, als man gemeinhin annimmt? Noch überlebt Metternich das österreichische Ultimatum an Sardinien vom 23. April 1859, noch kommt Franz Joseph, sowie die Dinge am Kriegsschauplatz schlechtergehen, immer häufiger zu ihm um Rat. Aber der Ausgang des Krieges sieht den einstigen Kanzler Österreichs nicht mehr am Leben. Die Uhr ist abgelaufen, die letzte Stunde gekommen. Am 11. Juni 1859 schließt Metternich, eigentlich ohne krank gewesen zu sein, einfach aus Entkräftigung die Augen für immer.

Fünf Kaiser hat der Mann, der »im Kongreß der Fürsten für sie handelte, für sie dachte«, in seinem Leben an der Regierung gesehen, einen von ihnen, seinen Schützer und Gönner, durch volle dreiundvierzig Jahre. Drei ihm angetraute Frauen sind ihm vorangegangen. Seine Lieben aus der Napoleonischen Zeit, wie etwa Caroline Murat und Laure Junot, sind schon seit Jahrzehnten tot, nur die George lebt immer noch als eine unförmig dicke, runzelige Ruine, die, ärmlich gekleidet, ein karges Leben fristet. Die drei großen Betörerinnen dieses Mannes, die leidenschaftliche, eifersüchtige Bagration, die wundervolle Sagan, die kluge, eiskalte und doch liebende Lieven, haben ihn schon verlassen. Nur die zwei Damen Politik und Eitelkeit schwebten noch über dem Sterbebett des greisen Fürsten und trösteten ihn in seinen letzten Stunden.

Kann nun Metternich wirklich als ein *Phänomen des Glücks* gelten, wie Gentz und auch Wessenberg unabhängig voneinander gesagt haben[45]? Man möchte es bezweifeln, wenn man nun am Ende der Betrachtung seiner Lebenslaufbahn steht. Er meinte stets zu führen und wurde selbst durch unsichtbare Mächte gelenkt. Wie er Wien nie geliebt, so wurde er nie in vollem Sinne ein wahrer Österreicher und half dessen Kaiser 1813 auch nicht wieder in Gesamtdeutschlands Sattel zurück. Ein solcher wurde erst sein ausgezeichneter, hochgebildeter Sohn Richard, dem das Schicksal das Erbe der Stellung seines Vaters versagte, zu der er hervorragend geeignet gewesen wäre und die er sicherlich besser ausgefüllt hätte als alle, die an seiner Stelle tatsächlich Minister des Äußeren wurden.

Aber Clemens Metternich hat ein reiches, ja vielleicht das reichste Leben seiner Zeit gelebt. Er kostete die schönsten Frauen aus, er genoß Zauber und Rausch der Macht, selbst über höchstgestellte Menschen, er liebte seine Kinder und wurde von ihnen wie von deren Müttern über alles geliebt.

Und wenn er auch viele verlor, so standen doch zwei blühende Söhne und drei Töchter an seiner Bahre. Fast sein ganzes Leben war ihm eiserne Gesundheit beschieden; er lebte bis zu den äußersten Grenzen menschlichen Daseins, und erst das höchste Alter konnte ihm einige Beschwerde bereiten. Ein Phänomen des Glücks – nein, das ist zuviel gesagt, sowohl für ihn persönlich wie für das Land, in dem er wirkte. Aber ein Phänomen im Erfassen und Durchkosten alles dessen, was mannigfaltigstes Leben einem Mann bieten kann.

Er war nicht immer bescheiden im Urteil über sich selbst, aber ein Wort von ihm an seinen Sohn kann jedermann bestätigen: »Soviel ist auf alle Fälle sicher, daß meine Persönlichkeit und mein Name in der Geschichte jener Zeiten stets eine Stelle behaupten wird[46] . . .«

Das Lied ist verklungen, die Weise versungen, ein unendlich ausgefülltes, in Höhen und Tiefen dramatisch bewegtes, von mehr oder minder schönen, guten und klugen Frauen belebtes Dasein hat seinen Abschluß gefunden.

ANMERKUNGEN

KAPITEL I

[1] Siehe hiezu wie zu anderem Heinrich Ritter von Srbiks großangelegtes Werk »Metternich«, das auch eine Synthese der gesamten irgend erlangbaren Literatur über diesen Staatsmann darstellt. München, 1925, S. 67.
[2] Kaiser Joseph an Großherzog Leopold von Toskana. 28. Juli 1768. Wien, Staatsarchiv.
[3] Metternich an die Fürstin Lieven. Coblenz, 1. Dezember 1818. Jean Hanoteau, Lettres du Prince de Metternich à la Comtesse de Lieven, 1818–19. Paris, 1909, S. 41.
[4] Clemens Metternich an Lorel Kaunitz. 7. Juni 1795. Státni Archiv Zemědělsky, Praha (von nun an abgekürzt: St. A. Z., P.).
[5] Metternich an Gräfin Lieven. Coblenz, 1. Dezember 1818. Hanoteau, a. a. O., S. 42.
[6] Metternich an Gräfin Lieven. 2. Februar 1819. Hanoteau, a. a. O., S. 177.
[7] Clemens Metternich an Lorel Kaunitz. 1. August, Prag, 4. August, Königswart, 11. und 14. August 1796. St. A. Z., P.
[8] Clemens Metternich an Lorel Kaunitz. Königswart, Briefe vom 17., 18. und 25. August 1795. St. A. Z., P.
[9] Clemens Metternich an seine Braut Lorel Kaunitz. Königswart, 14. August 1795. St. A. Z., P.
[10] Clemens Metternich an seine Frau. 24. August 1797 aus Mitzomieřitz. St. A. Z., P.
[11] Clemens Metternich an seine Frau. Mitzomieřitz, 23. September 1797. St. A. Z., P.
[12] Clemens Metternich an seine Frau. Stremberg, 25. November 1797, 11 Uhr nachts. St. A. Z., P.
[13] Clemens Metternich an seine Frau. 2. Dezember 1797. In nachgelassenen Papieren ausgelassen. St. A. Z., P.
[14] Clemens Metternich an seine Frau. 12. Dezember 1797. Nachgelassene Papiere, I/257. Orig. St. A. Z., P.
[15] Clemens Metternich an seine Frau Lorel. Briefe vom 13. und 16. April 1798. St. A. Z., P.
[16] Clemens Metternich an seine Frau Lorel. Briefe vom 16., 17. und 19. April 1798. St. A. Z., P.
[17] Clemens Metternich an seine Frau Lorel. Frankfurt, 22. April 1798. St. A. Z., P.
[18] Clemens Metternich an seine Frau Lorel. Rastatt, 30. April 1798. In nachgelassenen Papieren ausgelassen. St. A. Z., P.
[19] Nachgelassene Papiere, I/31 f.

KAPITEL II

[1] A. Graf de la Garde-Chambonas, Fêtes et souvenirs du Congrès de Vienne. Paris, 1843, I/88.
[2] Metternich an Gräfin Lieven, 5. Jänner 1819. Hanoteau, a. a. O., S. 111.
[3] Mémoires du Maréchal Marmont Duc de Raguse de 1792–1841. Paris, 1857, VI/375.
[4] Mémoires de M. de Bourrienne sur Napoléon. Paris, 1829. VI/217.
[5] Hanoteau, a. a. O., S. 186.
[6] Bericht des Grafen Colloredo an Kaiser Franz. 7. Mai 1805. Wien, St. A.
[7] Clemens Metternich an seine Frau Lorel. 28. Juni und 2. August 1806. St. A. Z., P.

KAPITEL III

[1] Clemens Metternich an seine Frau Lorel. Paris, 20. August und 12. September 1806. St. A. Z., P.
[2] Tagebuch Zinzendorf. 16. Oktober 1806. Wien, St. A.
[3] Ein Ofen, der niemals wärmt und auf dem nichts zum Kochen gelangt.
[4] P. A. Cheramy, Mémoires inédits de Mademoiselle George. Paris, 1912, S. 202.
[5] Louis de Launey. Un amoureux de Madame Récamier. Le journal de J. J. Ampère. Paris, 1927, S. 23.
[6] Bericht aus Paris. 4. März 1801. Wien, St. A.
[7] Siehe die Darstellung dieser Episode in Marcel Duponts Caroline Bonaparte. Paris, 1937, S. 164 f.
[8] Schmidt-Weißenfels, Fürst Metternich. Prag, 1860, S. 64.
[9] Der sonst so verläßliche Adam Wolf erklärt in seiner »Eleonore Fürstin Liechtenstein«, Wien, 1875, von Metternich ohne jeden näheren Beleg: »Er war der Schöpfer des Krieges von 1809. Seine Frau hat dafür in Wien gesprochen und gehetzt.« Das ist nun beides keineswegs wahr, die Gräfin war in der kritischen Zeit überhaupt nicht in Wien, doch diese Sätze, von hervorragenden Historikern übernommen und dadurch bestärkt, sind in zahlreichen Werke übergegangen. Der Schöpfer des Krieges von 1809 ist und bleibt Stadion.
[10] Tagebuch Zinzendorf. 28. November 1808. Wien, St. A.
[11] Eugen Guglia, Kaiserin Maria Ludovika von Österreich. Wien, 1894. S. 47.
[12] Tagebuch Zinzendorf. 16. März 1808. Wien, St. A.
[13] Tagebuch Zinzendorf. 12. Februar 1808. Wien, St. A.
[14] Jules Bertaut, Talleyrand. Paris, 1945, Kapitel 10.
[15] Stadion eigenhändig an Metternich. (Wien) 31. August 1808. St. A. Z., P.
[16] Stadion an Metternich. Preßburg, 16. Oktober 1808. Wien, St. A.
[17] Metternich an Philipp Stadion. Paris, 17. Jänner 1809. Wien, St. A.
[18] Stadion an Metternich. Wien, 11. April 1808. St. A. Z., P.
[19] Stadion an Metternich. (Wien), 9. Februar 1809. St. A. Z., P.
[20] Metternich an Philipp Stadion. Paris, 23. März 1809. Wien, St. A.

[21] Metternich an Philipp Stadion. Paris, 26. März 1809. Wien, St. A.
[22] Kaiserin Maria Ludovika an Erzherzog Johann. Wien, 16. April 1809. Siehe Hans von Zwiedineck-Südenhorst, Erzherzog Johann von Österreich im Feldzug von 1809. Graz, 1892, S. 16.
[23] Metternich an Philipp Stadion. Paris, 9. April 1809. Wien, St. A.
[24] Dekret des Kaisers Napoleon vom 24. April 1809. Kopie. Wien, St. A.
[25] Mitteilung des Briefes in einem solchen des Grafen Grünne an den Fürsten de Ligne. Pest, 28. Oktober 1809. Wien, St. A.
[26] Tagebuch Zinzendorf. 14. Mai 1809. Wien, St. A.
[27] Napoleon nannte die kaiserliche-österreichische Familie absichtlich nicht anders.
[28] Briefe einer Dame an Metternich, dat. Wien, 25. und 26. März 1809. Vollinhaltlich St. A. Z., P., auszugsweise im »Moniteur« Nr. 173 vom 27. Juni 1809.
[29] Hans Delbrück, Erzherzog Karl. In »Preußische Jahrbücher«. 105. Bd. Berlin, 1901, S. 384.
[30] Maria Ludovika an ihre Mutter. Buda, 6. Mai 1809. Estensisches Archiv, Wien, St. A.
[31] Die Worte der Geisterschrift beim Gastmahl des babylonischen Königs Belsazar: Gezählt, gewogen und zu leicht befunden.
[32] Marie Louise an Erzherzog Franz Karl. Ofen, 24. Mai 1809. Wien, St. A.
[33] Marie Louise an Erzherzog Franz Karl. Ofen, 29. Mai 1809. Wien, St. A.
[34] Graf Althan an Kaiser Franz. Ofen, 26. und 30. Mai 1809. Wien, St. A.
[35] Kaiserin Maria Ludovika an Erzherzog Johann. Ofen, 23. Mai 1809. Zwiedineck-Südenhorst, Erzherzog Johann, a. a. O., S. 28.
[36] Erzherzog Joseph an Erzherzog Johann. Pápa, 22. August 1809. Zwiedineck-Südenhorst, Erzherzog Johann, a. a. O., S. 187.

KAPITEL IV

[1] Metternichs nachgelassene Papiere, a. a. O., I/77.
[2] Varnhagen, Tagebuchblätter, 9. August 1838.
[3] Précis d'une conversation entre M. l'ambassadeur comte de Metternich et M. de Champagny. 6. Juni 1809. Dieses Dokument ist die Grundlage für die spätere gewaltige Laufbahn Metternichs.
[4] Erzherzog Karl an Kaiser Franz. Deutsch-Wagram, 23. Juni 1809. Wien, St. A.
[5] A. Graf Thürheim, Feldmarschall Karl Joseph Fürst de Ligne. Wien, 1877, S. 198.
[6] Maria Ludovika an ihre Mutter. Erlau, 3. Juli 1809. Estens. A. Wien, St. A.
[7] Maria Ludovika an ihre Mutter. Erlau, 7. Juli 1809, noch ohne Kenntnis von der Schlacht bei Wagram. Estens. A. Wien, St. A.
[8] Aus dem Nachlaß Varnhagens von Ense. Tagebücher von Friedrich von Gentz. Leipzig, 1873/74, S. 184.
[9] Clemens Metternich an Hudelist. Jablunkapaß, 13. Juli 1809. Wien, St. A.
[10] Napoleon an Erzherzog Karl. Znaim, 10. Juli 1809. Wien, St. A.
[11] Maria Ludovika an ihre Mutter. Erlau, 13. Juli 1809. Estens. A. Wien, St. A.
[12] Metternich an seine Mutter. Komorn, 18. Juli 1809. St. A. Z., P.

[13] Stadion an Metternich. 21. Juli 1809. St. A. Z., P.
[14] Die folgenden Teile des Briefes Metternichs vom 25. Juli 1809 sind in den nachgelassenen Papieren ausgelassen worden.
[15] Maria Ludovika an ihre Mutter. 12. Juli 1809. Estens. A. Wien, St. A.
[16] Maria Ludovika an ihre Mutter. 17. Juli 1809. Estens. A. Wien, St. A.
[17] Graf Bubna an Metternich. Wien, 30. Juli 1809. Wien, St. A.
[18] Metternich an seine Mutter. 1. August 1809. Nachgel. Papiere, I/232 f., und St. A. Z., P.
[19] Metternich an Kaiser Franz. Altenburg, 17. August 1809. Wien, St. A.
[20] Metternich an seine Mutter. 13. August 1809. St. A. Z., P.
[21] Zwiedineck-Südenhorst, Erzherzog Johann, a. a. O., S. 187.
[22] Helmuth Rößler, Österreichs Kampf um Deutschlands Befreiung. Hamburg, 1940, S. 74.
[23] Copie d'une note du prince Jean de Liechtenstein à Son Excellence le comte de Metternich. Ohne Datum, nach Lage etwa 28. September 1809. Wien, St. A.
[24] Äußerungen des Grafen Bubna in Totis, dort aufgezeichnet am 18. Oktober 1809. Wien, St. A.
[25] Fürst Johann Liechtenstein an Kaiser Franz. Wien, 2. Oktober 1809. Wien, St. A.
[26] Clemens Metternich an seinen Vater, Totis, 4. November 1809. St. A. Z., P.
[27] Clemens Metternich an seine Frau Lorel. Totis, 14. November 1809. St. A. Z., P.
[28] Instruktion für den als kaiserlich-österreichischer Botschafter nach Paris gesandten Fürsten Karl Schwarzenberg. Totis, 29. Oktober 1809. Wien, St. A.
[29] Clemens Metternich an seine Frau Lorel. Totis, 1. November 1809. St. A. Z., P.
[30] Metternich an seine Frau Lorel. Totis, 14. November 1809. St. A. Z., P.

KAPITEL V

[1] Précis d'une entretien du conseiller d'ambassade Floret avec M. de Champagny. 21. November 1809. Wien, St. A.
[2] Schwarzenberg an Metternich. Paris, 4. Dezember 1809. Wien, St. A.
[3] Metternich an Schwarzenberg. Wien, 25. Dezember 1809. Wien, St. A.
[4] Schwarzenberg an Metternich, eigenhändig 4. Dezember 1809. St. A. Z., P.
[5] Baron Ernouf, Maret, duc de Bassano. Paris, 1878, S. 273.
[6] Schwarzenberg an Metternich. Paris, 21. Dezember 1809. Wien, St. A.
[7] Correspondance de Marie Louise, 1799–1844. Vienne, 1887, S. 143.
[8] Baron de Bourgoing, Das Herz der Kaiserin. Essen, 1937, S. 5.
[9] Lorel Gräfin Metternich an ihren Gatten. 7. Jänner 1810. Wien, St. A.
[10] Gentz an Wessenberg. Prag, 11. Jänner 1810. Wien, St. A.
[11] Lorel Gräfin Metternich an ihren Gatten. In den nachgel. Papieren nicht wiedergegebener Teil des Briefes vom 7. Jänner 1810. Wien, St. A.
[12] Lorel Gräfin Metternich an ihren Gatten. Sammelbrief, 13. Jänner 1810. Wien, St. A.
[13] Schwarzenberg an Metternich. Paris, 13. Jänner 1810. Wien, St. A.

[14] Siehe August Fournier, Zur Heirat Napoleons I. mit Marie Louise. In: Historische Studien und Skizzen, 3. Reihe, S. 95.
[15] Geb. Adelaide Filleul, 1761–1836, verwitwete Frau von Flahault, einstige Geliebte Talleyrands.
[16] B. des Androuin an Metternich. Paris, 27. Jänner 1810. St. A. Z., P.
[17] Tagebuch Zinzendorf. 20. September 1810. Wien, St. A.
[18] Gräfin Metternich an ihren Gatten. Paris, 7. Februar 1810. Wien, St. A.
[19] Gräfin Metternich an Clemens. Paris, 7. Februar 1810. Wien, St. A.
[20] Clemens Metternich an seine Frau Lorel. 14. Februar 1810. St. A. Z., P.
[21] Metternich an Gräfin Lieven. 26. November 1820. St. A. Z., P.
[22] Siehe den Bericht Schwarzenbergs an Metternich. Paris, 31. Jänner 1810. Wien, St. A.
[23] Metternich an Schwarzenberg. Wien, 27. Jänner 1810. Wien, St. A.
[24] Metternich aus Wien an seine Gemahlin in Paris. 27. Jänner 1810.
[25] Dieser Schluß des »ostensiblen« Briefes fehlt in den nachgel. Papieren höchst bezeichnender Weise.
[26] Metternich an seine Frau Lorel. (Wien) 27. Jänner (1810). St. A. Z., P. Siehe Faksimile.
[27] Metternich an Kaiser Franz. Vortrag, 7. Februar 1810. Wien, St. A.
[28] Gräfin Metternich an ihren Gatten. Paris, 7. Februar 1810. Wien, St. A.
[29] Schwarzenberg an Metternich. Paris, 13. Februar 1810. St. A. Z., P.
[30] Metternich, nachgelassene Papiere, a. a. O., I/99 f.
[31] Maria Ludovika an ihre Mutter. Wien, 19. Februar 1810. Estens. A., Wien, St. A.
[32] Metternich an seine Frau Lorel. 17. Februar 1810. St. A. Z., P.
[33] Metternich an seine Frau Lorel. 18. Februar 1810. St. A. Z., P.
[34] Metternich an Schwarzenberg in Paris. Wien, 19. Februar 1810. Wien, St. A.
[35] Metternich an Schwarzenberg in Paris. 21. Februar 1810. Wien, St. A.
[36] Fürst Dietrichstein an Kaiser Franz. Nikolsburg, 18. und 19. Februar 1810. Wien, St. A.
[37] Graf Otto an Champagny. Wien, 19. Februar 1810. Interzept, Wien, St. A.
[38] Tighe Hopkins. The women Napoleon loved. S. 242.
[39] Piquot an den König von Preußen. Wien, 21. Februar 1810. Interzept, Wien, St. A.
[40] Metternich an seine Frau Lorel. 25. Februar 1810. In den nachgelassenen Papieren I/236 bis auf die ausgelassenen Worte »redressée et retapée« bereits veröffentlicht, sonst St. A. Z., P.
[41] Stadion an Metternich, eigenhändig. Prag, 25. Februar 1810. St. A. Z., P.
[42] Mémoires de la comtesse Potocka (1794–1820). Publiées par Casimir Stryienski. Paris, 1897, S. 200.
[43] Schwarzenberg an Metternich. 2. März 1810. Wien, St. A.
[44] Clemens Metternich an seine Frau Lorel. Wien, 3. März 1810. St. A. Z., P.
[45] Graf Otto an Champagny. Wien, 11. März 1810. Wien, St. A.
[46] Napoleon an Erzherzog Karl. 25. Februar 1810. In Privatbesitz.
[47] Tagebücher von Gentz, a. a. O., Eintragung vom 21. Februar 1810. I/228 (ivre de joie).
[48] Metternich an Graf Saint-Julien. Wien, 15. März 1810. Wien, St. A.
[49] Metternich an seine Frau Lorel. Wien, 12. März 1810. St. A. Z., P.
[50] Tagebücher Gentz, a. a. O., von Ende März 1810. I/249.
[51] Metternich an Kaiser Franz. Vortrag, Wien, 14. März 1810. Wien, St. A.

[52] Metternich an Kaiser Franz. Ulm, 21. März 1810. Wien, St. A.
[53] Napoleon an Erzherzog Karl. Compiègne, 28. März 1810. Wien, St. A.
[54] Dietrichstein an Kaiser Franz. Wien, 19. April 1810. Wien, St. A.
[55] Mémoires du Chancelier Pasquier. Paris, 1893, S. 383.
[56] Metternich an Franz I. Paris, 4. April 1810. Wien, St. A.
[57] Metternich an Kaiser Franz. Paris, 16. April 1810. Vorträge, Wien, St. A.
[58] Metternich an Kaiser Franz. Compiègne, 29. März 1810. Wien, St. A.
[59] Bourgoing, Herz der Kaiserin, a. a. O., S. 42, offenbar nach dem Reisetagebuch Marie Louises zitiert.
[60] Marie Louise an Franz Karl. St-Cloud, 4. Juli 1810. Wien, St. A.
[61] Schwägerin des Botschafters, Gemahlin des Fürsten Joseph.
[62] Metternich an Kaiser Franz. 3. Juli 1810. St. A. Z., P.
[63] Metternich an Kaiser Franz. Paris, 9. Juli 1810. Vorträge, Wien, St. A.
[64] Metternich an Kaiser Franz. Paris, 9. Juli 1810. St. A. Z., P.
[65] Metternich an Kaiser Franz. 28. Juli 1810. St. A. Z., P.
[66] Herr von Finkenstein an den König von Preußen. Interzept, Wien, 14. Juli 1810. Wien, St. A.
[67] Graf Otto an Champagny. Wien, 19. Juli 1810. Interzept, Wien, St. A.
[68] Mémorial, a. a. O., II/487–489 der Erstausgabe.
[69] Siehe das höchst aufschlußreiche Werk: Comtesse Jean de Pange, Auguste-Guillaume Schlegel et Madame de Staël. Paris, 1938, S. 272.
[70] Lady Blennerhassett, Frau von Staël. Berlin, 1887–89. III/275. Siehe auch Metternichs eigene Darstellung im Teil des vorliegenden Buches.
[71] Précis sommaire d'une conversation avec l'Empereur Napoléon après son lever à St-Cloud le 20 septembre 1810. Wien, St. A.
[72] Frédéric Masson. L'Impératrice Marie Louise. Paris, 1902, S. 141.

KAPITEL VI

[1] Metternich an Kaiser Franz. Marburg, 20. Oktober 1810. Wien, St. A.
[2] Vortrag Metternichs an Kaiser Franz. Wien, 16. Juni 1811. Wien, St. A.
[3] Tagebuch Zinzendorf. 20. Dezember 1810. Wien, St. A.
[4] Erzherzog Joseph Palatin an Zarin-Mutter Marie Feodorowna. Wien, 30. Dezember 1810. Interzept, Wien, St. A.
[5] Vortrag Metternichs an Franz I. vom 17. Jänner 1811. Wien, St. A.
[6] Die Erinnerungen der Baronin du Montet. Wien, o. J. S. 163.
[7] Vortrag Metternichs. 26. März 1811. Wien, St. A.
[8] Schwester auch der Königin Friederike Wilhelmine von Bayern, der Königin Friederike Dorothea von Schweden und der Erbgroßherzogin von Hessen-Darmstadt.
[9] Anton Graf Apponyi an Metternich, o. D., nach Lage Karlsruhe, 20. Februar 1811. Wien, St. A.
[10] Vortrag Metternichs an Kaiser Franz vom 8. Juni 1811. Mit Randbemerkungen des Kaisers. Wien, St. A.
[11] Graf Otto an den Herzog von Cadore. Wien, 12. Juni 1811. Interzept, Wien, St. A.

[12] Bericht Fürst Clarys nach Wien. 15. Juli 1811. Wien, St. A.
[13] Schwarzenberg an Metternich. Paris, 4. Juli 1811. St. A. Z., P.
[14] Graf Otto an Herzog von Bassano. Wien, 27. Juli 1811. Interzept, Wien, St. A.
[15] Graf St-Julien an Metternich. Petersburg, 1. September/20. August 1811. Wien, St. A.
[16] Tagebuch Zinzendorf, 20. Mai 1811. Wien, St. A.
[17] Maria Ludovika an ihre Mutter. Schloß Persenbeug, 20. Juli 1811. Estens. A., Wien, St. A.
[18] Friedrich von Engel-Jánosi. Der Freiherr von Hübner, 1811–1892. Innsbruck, 1933, S. 11.
[19] Vortrag Metternichs an Kaiser Franz. Wien, 28. November 1811. Wien, St. A.
[20] In der deutschen und französischen Ausgabe von Metternichs nachgelassenen Papieren sind die *kursiv* gedruckten Worte ausgelassen.
[21] Graf Otto an den Herzog von Bassano. Wien, 28. Dezember 1811. Interzept, Wien, St. A.
[22] Tagebuch Zinzendorf. 6. Oktober 1811. Wien, St. A.
[23] Graf Otto an den Herzog von Bassano. Wien, 25. Jänner 1812. Interzept, Wien, St. A.
[24] Metternich an Kaiser Franz. Wien, 15. Jänner 1812. Wien, St. A.
[25] Allianztraktat zwischen Kaiser Franz I. und Napoleon. Paris, 14. März 1812. Ratifiziert Wien, 26. März 1812. Wien, St. A.
[26] Lebzeltern an Metternich. 7. April/26. März 1812. Wien, St. A.
[27] Metternich an St-Julien, eigenhändig. Wien, 25. April 1812. Wien, St. A.
[28] Ottokar Lorenz, Staatsmänner und Geschichtsschreiber des XIX. Jahrhunderts. Berlin, 1896, S. 30 und 32.
[29] Metternich an St-Julien. Wien, 25. April 1812. Wien, St. A.
[30] Zarin Marie Feodorowna an Erzherzog Joseph. Petersburg, 7. Mai 1812. Interzept, Wien, St. A.

KAPITEL VII

[1] Maria Ludovika an ihre Mutter. Prag, 2. und 6. Juni 1812. Wien, St. A.
[2] Metternich an Hudelist. Dresden, 23. und 25. Mai 1812. Wien, St. A.
[3] Maria Ludovika an ihre Mutter. Prag, 6. und 10. Juni 1812. Estens. A., Wien, St. A.
[4] Im Dienste Napoleons. Erinnerungen des Grafen von Lavalette. Stuttgart, o. J., II/26.
[5] Las Cases, Mémorial de Ste-Hélène, a. a. O.
[6] Grand-Duc Nicolas Mikhailowitch, Correspondance de l'Empereur Alexandre Ier avec sa sœur la Grande-Dûchesse Catherine, 1805–1818. St-Pétersbourg, 1910, S. 20.
[7] Maria Ludovika an ihre Mutter. 6. Juni 1812. Estens. A., Wien, St. A.
[8] Zar Alexander I. von Rußland an den Großfürsten Nikolai. Wilna, 13./25. Juni 1812. Interzept, Wien, St. A.
[9] Madame de Staël an Metternich. Wien, 8. Juni 1812. St. A. Z., P.

[10] Erzherzog Ferdinand an Kaiserin Maria Ludovika. Wien, 9. Juli 1812. Interzept, Wien, St. A.
[11] Maria Ludovika an ihre Mutter. 21. Juni 1812. Estens A., Wien, St. A.
[12] Tagebuch Zinzendorf. 16. Juni und 30. Juli 1812. Wien, St. A.
[13] Metternich an Kaiser Franz. Prag, 16. Juni 1812. Eigenhändig, Wien, St. A.
[14] Kaiserin Maria Ludovika an Kronprinz Ferdinand. Prag, 22. Juni 1812. Interzept, Wien, St. A.
[15] Prag, 24. Juni 1812. Interzept, Wien, St. A.
[16] Maria Ludovika an Kronprinz Ferdinand. Teplitz, 11. Juli 1812. Interzept, Wien, St. A.
[17] Maria Ludovika an Gräfin Almesloë. Teplitz, 7. Juli 1812. Interzept, Wien, St. A.
[18] Maria Ludovika an Erzherzog Rudolf, Teplitz, 18. Juli 1812, und an Kronprinz Ferdinand, Teplitz, 23. Juli 1812. Interzept, Wien, St. A.
[19] Dr. Richard Maria Werner, Goethe und Gräfin O'Donell. Berlin, 1884, S. 26.
[20] Metternich an seine Tochter Marie. Königswart, 7. Juli 1812. St. A. Z., P. Gemeint sind Goethes Gedichte »An Ihre der Kaiserin von Österreich, Ihre des Kaisers von Österreich und Ihre der Kaiserin von Frankreich Majestät«. Siehe Propyläen-Ausgabe von Goethes sämtlichen Werken, 23. Bd., S. 233 f.
[21] Metternich an seine Frau Lorel. Preßburg, 21. Juli 1812. St. A. Z., P.
[22] Erzherzog Joseph Palatin an Maria Ludovika. Ofen, 15. Juli 1812. Interzept, Wien, St. A.
[23] Maria Ludovika an Erzherzog Joseph Palatin. Teplitz, 27. Juli 1812. Interzept, Wien, St. A.
[24] Gemeint Amor.
[25] Maria Ludovika an Gräfin Christiane Esterházy, Persenbeug, 16. September 1812. Interzept, Wien, St. A.
[26] Maria Ludovika an Gräfin Althan. Wien, 27. September 1812. Interzept, Wien, St. A.
[27] Metternich an Hudelist. Schloß Königswart, 7. Juli 1812. Wien, St. A.
[28] Soloviev, Alexandre Ier. S. 234.
[29] Metternich an Graf Mier. Wien, 26. September 1812. Wien, St. A.
[30] Metternich an Kaiser Franz. Vortrag, 4. Oktober 1812. Wien, St. A.
[31] Metternich an Kaiser Franz. Vortrag, 14. Oktober 1812. Wien, St, A.
[32] Langeron an Bonnay. Napolonitz, 7./19. November 1812. Interzept, Wien, St. A.
[33] Metternich an Kaiser Franz. Wien, 27. November 1812. Wien, St. A.
[34] Schwarzenberg an seine Frau Marie Anna, geb. Gräfin Hohenfeld. 29. November 1812. In: »Briefe des Feldmarschalls Fürst Karl Schwarzenberg an seine Frau, 1799–1816«. Wien, 1913, S. 274.
[35] Metternich an Kaiser Franz. Vortrag, Wien, 5. Dezember 1812. Wien, St. A.
[36] Aus dem Tagebuch Florets. Paris, 17. Dezember 1812. Wien, St. A.
[37] Zar Alexander an Kaiser Franz. Wilna, 27. Dezember 1812. Wien, St. A.
[38] Erzherzog Joseph Palatin an die Zarin-Mutter von Rußland. Wien, 23. Jänner 1813. Interzept, Wien, St. A.
[39] Metternich an Kaiser Franz. Vortrag, Wien, 7. Februar 1813. Wien, St. A.
[40] Gentz an Wessenberg. Wien, 10. März 1813. Wien, St. A.
[41] Metternich an Lebzeltern, eigenhändig. Wien, 29. April 1813. Wien, St. A.
[42] Albert Sorel, Essay d'histoire et de critique. Paris, 1894, I/41.
[43] Zar Alexander an Kaiser Franz. Schweidnitz, 30. Mai 1813. Wien, St. A.

[44] Metternich an seine Tochter Marie. Gitschin, 8. Juni 1813. St. A. Z., P.

[45] Gentz an Pilat. 14. Juni 1813. Briefe von Gentz an Pilat, herausgegeben von Dr. Mendelssohn-Bartholdy. Leipzig, 1868, S. 8–11.

[46] Emilie von Binzer, Drei Sommer in Löbichau, 1819–21. Stuttgart, 1877, S. 37, 38.

[47] Hudelist an Metternich. 18. Juni 1813. Wien, St. A.

[48] Metternich an Stadion. Gitschin, 23. Juni 1813. Wien, St. A.

[49] Rößler, a. a. O., II/145.

[50] Die Darstellung, die Metternich über diese Unterredung in den nachgelassenen Papieren, I/149–157, gibt, ist lange nach dem Sturz Napoleons und dementsprechend wie alles, was er nachher gesagt und geschrieben hat, in dem Sinne abgefaßt und umgefärbt, daß Metternich immer alles vorausgesehen, niemals überzeugt napoleonische Politik gemacht und auch nie an den Stern des Korsen geglaubt habe. Napoleons Darstellungen wieder sind in seinem Sinne gefärbt, aber im allgemeinen glaubhafter als die Metternichs. Man muß allen Schilderungen des Ministers über diese Zusammenkunft, die *vor* Napoleons Sturz gegeben wurden, wie zum Beispiel dem hier herangezogenen Brief an seine Tochter, viel größeren, wenn auch nicht vollkommenen Glaubens- und Vertrauenswert zubilligen.

[51] Metternich an seine Tochter Marie. Gitschin, 2. Juli 1813. St. A. Z., P.

[52] Metternich an Kaiser Franz. Brandeis, 12. Juli 1813. Wien, St. A.

[53] Aus dem Nachlaß Varnhagens von Ense, Tagebücher von Friedrich von Gentz, Bd. 1, S. 265.

[54] Metternich an seine Tochter Marie. Prag, 16. Juli 1813. St. A. Z., P.

[55] Kaiserin Maria Ludovika an Franz I., o. D., 1813. Wien, St. A.

[56] Metternich an seinen Vater. Prag, 26. Juli 1813. St. A. Z., P.

[57] Hudelist an Metternich. Wien, 30. Juli 1813. Wien, St. A.

[58] Wien, St. A.

[59] Metternich an seine Tochter Marie. Prag, 4. September 1813. St. A. Z., P.

[60] Metternich an Graf Mier. 24. März 1813. Wien, St. A.

[61] Hudelist an Metternich. Wien, 7. September 1813. Wien, St. A.

[62] Metternich an seinen Vater. Teplitz, 14. September 1813. St. A. Z., P.

[63] Metternich an seine Tochter Marie. Teplitz, 15. September 1813. St. A. Z., P.

[64] Randbemerkung Metternichs auf Brief Hudelists vom 1. Oktober 1813. Prag, 6. Oktober 1813. Wien, St. A.

[65] Metternich an Hudelist. Komotau, 8. Oktober 1813. Wien, St. A.

[66] Metternich an Hudelist. Altenburg, 15. Oktober 1813. Abends 9 Uhr. Wien, St. A.

[67] Wessenberg, Eigenhändige Aufzeichnungen. Wien, St. A.

KAPITEL VIII

[1] Fürst Karl Schwarzenberg an Kaiser Franz. Zeiz, 21. Oktober 1813. Wien, St. A.

[2] Randbemerkung Metternichs auf einem Brief Hudelists vom 18. Oktober 1813, datiert Gera, 23. Oktober 1813. Wien, St. A.

[3] Erzherzogin Maria Beatrix an ihren Sohn Francesco. Wien, 1. Dezember 1813. Estens. A., Wien, St. A.

[4] Metternich an seinen Vater. Frankfurt, 17. November 1813. Nachgel. Papiere, a. a. O., I/260, und St. A. Z., P.
[5] Antwort des Fürsten Metternich auf eine ausdrückliche Frage des Grafen Mier. Freiburg, 25. Dezember 1813. Wien, St. A.
[6] Traité entre les Cours de Vienne et de Naples, Kopie. Naples, 2. Jänner 1814. Wien, St. A.
[7] Siehe hiezu auch Srbik, Metternich, a. a. O., I/197, und Rößler, Österreichs Kampf, a. a. O., S. 170.
[8] Lorel Metternich an ihren Gatten. Wien, 15. Jänner 1814. St. A. Z., P.
[9] Lorel Metternich an ihren Gatten. Wien, 22. Jänner 1814. St. A. Z., P.
[10] Mutter Metternich an Clemens. Wien, 17. Jänner 1814. St. A. Z., P.
[11] Metternich an Hudelist, anscheinend Freiburg, 3. Jänner 1814, irrtümlich noch von 1813 datiert. Wien, St. A.
[12] Hudelist an Metternich. Wien, 14. Jänner 1814. Wien, St. A.
[13] Metternich an seine Tochter Marie. Basel, 17. Jänner 1814. St. A. Z., P.
[14] Briefe des Feldmarschalls Fürst Schwarzenberg an seine Frau, a. a. O., S. 369.
[15] Lorel Metternich an ihren Gatten. 4. März 1814. St. A. Z., P.
[16] Metternich an Hudelist. 16. Februar 1814. Wien, St. A.
[17] Metternich an Hudelist. Troyes, 9. Februar 1814. Wien, St. A.
[18] Metternich an Hudelist. Chaumont, 21. und 25. Februar 1814. Wien, St. A.
[19] Mémoires du Chancelier Pasquier, publiés par M. le Duc d'Audiffret-Pasquier. Paris, 1893. III/111.
[20] Lorel an Metternich. 1. Februar 1814. St. A. Z., P.
[21] Lorel an Metternich. 23. April 1814. St. A. Z., P.
[22] Marie Metternich an ihren Vater. 27. Jänner 1814. St. A. Z., P.
[23] Metternich an Hudelist. Dijon, 7. April 1814. Wien, St. A.
[24] Kaiserin Marie Louise an Kaiser Franz. Kopie ohne Datum, der Brief wurde am 9. April 1814 dem Monarchen übergeben. Siehe Bourgoing, Herz der Kaiserin, a. a. O., S. 217.
[25] Dr. Anton Schlossar, Erzherzog Johann von Österreich und sein Einfluß auf das Kulturleben der Steiermark. Wien, 1878, S. 119 f.
[26] Metternich an seine Tochter Marie. Dijon, 5. April 1814. St. A. Z., P.
[27] Metternich an Hudelist. Dijon, 7. April 1814. Wien, St. A.
[28] Metternich an Hudelist. Dijon, 4. April 1814. Wien, St. A.
[29] Mutter Metternich an Clemens. Wien, 19. April 1814. St. A. Z., P.
[30] Lorel an Metternich. 27. April 1814. St. A. Z., P.
[31] Souveraines et grandes dames. La générale Junot Duchesse d'Abrantès, 1784–1838. Paris, 1901, S. 317.
[32] Mémoires de Madame la Duchesse d'Abrantès. Ausgabe Paris, o. J. Garnier frères in 10 Bänden. Bd. 10, S. 400.
[33] Kaiser Franz an Metternich. Troyes, 12. April 1814. St. A. Z., P. Siehe auch Bourgoing, Herz, a. a. O., S. 246.
[34] Hudelist an Metternich. Wien, 30. Mai 1814. Wien, St. A.
[35] Fournier, Studien und Skizzen, 2. Reihe. Marie Louise und der Sturz Napoleons. S. 246.
[36] Metternich an Hudelist. Paris, 21. April 1814. Wien, St. A.
[37] Marie Louise an Napoleon. Original. 28. April 1814. St. A. Z., P.
[38] Marie Louise an Kaiser Franz. O. D. Original. St. A. Z., P.

39 Abgedruckt bei Bourgoing, Herz der Kaiserin, a. a. O., S. 277.
40 Metternich an Marie Louise, eigenhändig. Paris, 5. Mai 1814. St. A. Z., P.
41 Lorel an Metternich. 26. Mai 1814. St. A. Z., P.
42 Konfidentenberichte des Polizeipräsidenten Hager vom 25. und 28. Juni 1814. St. A. Z., P.
43 Metternich an seine Tochter Marie. 15. Mai 1814. St. A. Z., P.
44 Marie Louise an Napoleon. 8. Mai 1814. Original. St. A. Z., P.
45 Siehe das Werk: Corti, »Ich, eine Tochter Maria Theresias«. München, 1950, Bruckmann Verlag. 810 Seiten, 105 Abbildungen.
46 Lorel an Metternich. 26. Februar 1814. St. A. Z., P.
47 Maria Ludovika an ihre Mutter. 16. Mai 1814. Estens A., Wien, St. A.
48 Hermann Frh. v. Egloffstein, Maria Ludovika von Österreich und Maria Paulowna. Leipzig, 1909, S. 26, 27.
49 Wittichen, a. a. O., Gentz an Metternich. Wien, 5. Februar 1814. III/240.
50 Ausführliches über die Herzogin von Sagan, ihre Schwester sowie über die gesamte kurländische Familie siehe in Clemens Brühl, Die Sagan, Berlin, 1941, wo auch ihr Verhältnis zu Metternich auf den Seiten 147–192 schön herausgearbeitet ist.
51 Marie Louise an Kaiser Franz, eigenhändig, o. D. St. A. Z., P.
52 Metternich an Hudelist, Paris, 25. Mai 1814. Wien, St. A.
53 Hudelist an Metternich. Wien, 30. Mai 1814. Wien, St. A.
54 Metternich an Kaiser Franz, eigenhändig. London, 25. Juni 1814. Wien, St. A.
55 Großfürstin Katharina an den Großfürsten von Württemberg. Franzensbad, 5. August 1814. Interzept, Wien, St. A.
56 Kronprinz Wilhelm von Württemberg an Großfürstin Katharina. 13. August 1814. Interzept, Wien, St. A.
57 Fmlt. von Koller an Metternich. Petersburg, 7. September 1814. Wien, St. A.
58 Metternich an Kaiser Franz, eigenhändig. Paris, 7. Juli 1814. Wien, St. A.
59 Metternich an Kaiser Franz. Baden, 2. September 1814. Wien, St. A.
60 Metternich an Kaiserin Marie Louise, eigenhändig. Baden, 10. September 1814. St. A. Z., P.

KAPITEL IX

1 Mier an Metternich. Bologna, 6. April 1814. Wien, St. A.
2 Metternich an Feldmarschall Graf Bellegarde. Paris, 19. Mai 1814. Wien, St. A.
3 Mier an Metternich. Neapel, 20. Mai 1814. Wien, St. A.
4 Mier an Metternich. Neapel, 23. August 1814. Wien, St. A.
5 Metternich an seine Frau Lorel. Wien, 19. September 1814. St. A. Z., P.
6 Aus dem Nachlaß Varnhagens von Ense. Leipzig, 1865, S. 111, 112.
7 Jean Hanoteau, Lettres du prince de Metternich à la comtesse de Lieven, 1818–1819. Paris, 1909, S. 111.
8 August Fournier, Die Geheimpolizei auf dem Wiener Kongreß. Wien, 1913, S. 151.
9 Metternich an Kaiser Franz. Wien, 24. Oktober 1814. Wien, St, A.

[10] M. G. Pallain, Correspondance inédite du prince de Talleyrand et du roi Louis XVIII. pendant le congrés de Vienne. Paris, 1881. Vienne, 9. Oktober 1814, S. 31.
[11] Maria Beatrix an ihren Sohn Francesco. Wien, 21. Oktober 1814. Estens. A., Wien, St. A.
[12] Heinrich Sybel, Historische Zeitschrift, neue Folge, 24. Bd. (60. Bd.). München und Leipzig, 1888.
[13] Sie heiratete ihn bald darauf, am 12./24. Jänner 1816, in Petersburg.
[14] Dorothea von Schlegel, geb. Mendelsohn, und deren Söhne Johannes und Philipp Veit. Briefwechsel, herausgegeben von Dr. J. M. Raich. Mainz, 1881, 2 Bde., II/291.
[15] Fréderic de Reichenbach, Prince Metternich in love and war. London, 1938, S. 383, 385.
[16] Metternich an Kaiser Franz. 25. Mai 1815, als Metternich um eine Geldaushilfe bittet. St. A. Z., P.
[17] Metternich an Kaiser Franz. Wien, 8. Februar 1815. Wien, St. A.
[18] Marie Louise an Metternich. Schönbrunn, 11. Februar 1815. St. A. Z., P.
[19] Talleyrand an König Ludwig XVIII. Wien, 25. November 1814. Pallain, Correspondance inédite, a. a. O., S. 144, 145.
[20] Jaucourt an Talleyrand. Paris, 4. Jänner 1815. Correspondance du comte de Jaucourt avec la prince de Talleyrand, publiée par son petit-fils. Paris, 1905, S. 110.
[21] Ludwig XVIII. an Talleyrand. 7. Jänner 1815. M. G. Pallain, Correspondance inédite, a. a. O., S. 220.
[22] Erzherzogin Maria Beatrix an ihren Sohn Franz. Wien, 15. März 1815. Estens, A., Wien, St. A.
[23] Metternich an Kaiser Franz. Vortrag, Wien, 3. April 1815. Wien, St. A.
[24] Siehe Bourgoing, Herz, a. a. O., S. 404, eine Kopie davon St. A. Z., P.
[25] Memoiren des kgl. preußischen Generals der Infanterie Ludwig Frh. von Wolzogen. Leipzig, 1851, S. 280.
[26] August Fournier, Gentz und Wessenberg. Wien und Leipzig, 1907, S. 86.
[27] Frau von Méneval an ihren Gatten in Schönbrunn. Paris, 12. April 1815. Interzept, Wien, St. A.
[28] Aus einem Brief Murats an den Prinzen von Canino aus Neapel vom 10. März 1815 und der Meldung Lebzelterns an Metternich. Rom, 13. März 1815. Wien, St. A.
[29] Metternich an Kaiser Franz. 25. März 1815. Vorträge, Wien, St. A.
[30] Caroline Murat an Metternich. O. D. Acta secreta. Wien, St. A.
[31] Metternich an Caroline Murat. Wien, 2. Mai 1815. St. A. Z., P.
[32] Lebzeltern an Metternich. Neapel. 13. Juni 1815. Wien, St. A.
[33] Caroline Murat an Joachim Murat, o. D., unmittelbar nach der Ankunft in Triest am 6. Juni 1815 geschrieben. Interzept, Wien, St. A.
[34] Caroline Murat an Napoleon, o. D. (6. Juni 1815). Interzept, Wien, St. A.
[35] Caroline Murat an Marie Louise, o. D. (wohl 6. Juni 1815). Interzept, Wien, St. A.
[36] Karl Frh. v. Lilien an Metternich. Triest, 13. Juni 1815. Wien, St. A.
[37] Frh. v. Ottenfels an Metternich. Wien, 6. Mai 1815. St. A. Z., P.
[38] Instruktion für Frh. v. Ottenfels. Wien, 9. Mai 1815. St. A. Z., P.
[39] Dieser und die folgenden Briefe: Kaiserin Marie Louise an Frh. v. Wessenberg. 10. bis 30. Mai 1815. Wien, St. A.
[40] Metternich an seine Tochter Marie. Heidelberg, 22. Juni 1815. Nachgelassene Papiere, a. a. O., II/517, und St. A. Z., P. Der Brief ist veröffentlicht, nur steht bei der

Bemerkung über Hut und Mantel Napoleons bei ihm selbst »pris« statt wie im Original »attrapé« und »Napoleon« statt wie im Original »petit bonhomme«.

41 Metternich an seine Tochter Marie. Heidelberg, 24. Juni 1815. St. A. Z., P.

42 Marie Louise an Wessenberg. 4. Juli und 16. Juli 1815. Wien, St. A.

43 Marie Metternich an ihren Vater. Baden, 2. Juli 1815. St. A. Z., P.

44 Der Brief Metternichs an seine Tochter Marie, Sarrebourg, 2. Juli 1815, ist unter dem irrigen Datum 3. Juli in den nachgelassenen Papieren wiedergegeben, doch fehlt hier diese im Original vorhandene Bemerkung über Napoleon. Nachgelassene Papiere, a. a. O., II/522, und St. A. Z., P.

45 Hoppé an Metternich. 8. Juli 1815. Wien, St. A.

46 Metternich an seine Tochter Marie. Paris, 13. Juli 1815. Nachgel. Papiere, a. a. O., II/522, und St. A. Z., P.

47 Metternich an Marie Louise. Paris, 18. Juli 1815. Nachgelassene Papiere, a. a. O., II/524, 525, und St. A. Z., P.

48 Marie Louise an Wessenberg. 13. August 1815. Wien, St. A.

49 Marie Louise an Metternich. Baden, 26. Juli 1815. Wien, St. A.

50 Marie Louise an Metternich. 23. August 1815. St. A. Z., P.

51 Metternich an seine Tochter Marie. Paris, 13. Juli 1815. Nachgelassene Papiere, a. a. O., II/523, und St. A. Z., P.

KAPITEL X

1 Metternich an Kaiser Franz. Paris, 3. August 1815. Vorträge, Wien, St. A.

2 Metternich an Kaiser Franz. Paris, 2. November 1815. Wien, St. A.

3 Kaiser Franz an Erzherzog Karl. Heilbronn, 3. Juni 1815. Wien, St. A.

4 Metternich an Kaiser Franz. Mannheim, 27. Juni 1815. Wien, St. A. Mit Randerledigung von Kaiser Franz.

5 Maria Beatrix Gräfin Metternich an ihren Sohn Clemens. Wien, 4. November 1815. St. A. Z., P.

6 Franz Georg Graf Metternich an seinen Sohn Clemens. Wien, 4. Dezember 1815. St. A. Z., P.

7 Marie Metternich an ihren Vater. 17. September 1815. St. A. Z., P.

8 Dieser wohl ungewollt ironisch wirkende Name scheint auch Metternich unangenehm gewesen zu sein. Jedenfalls blieb es nicht dabei, und der Minister erhielt im September 1818 ein Dekret des Königs von Neapel, das ihm den Titel eines Herzogs von Portelle verlieh. Es ist der Name der ersten Ortschaft im neapolitanischen Königreich, die österreichische Truppen im Feldzug des Jahres 1815 besetzten.

9 Hudelist an Metternich. Wien, 17. Februar 1816. Wien, St. A.

10 Maria Ludovika an ihre Mutter Maria Beatrix. Mailand, 16. März 1816. Estens. A., Wien, St. A.

11 Gentz an Wessenberg. Wien, 16. April 1816. Wien, St. A.

12 Hoppé an Metternich. Wien, 13. April 1816. Wien, St. A.

13 Metternich an Hruby in München. Verona, 7. April 1816. Wien, St. A.

[14] Lulu Gräfin Thürheim, Mein Leben. München, 1913, II/192, 193.

[15] Metternich an Frh. v. Hruby. Mailand, 16. Jänner 1816. Wien, St. A.

[16] Metternich an Frh. v. Hruby. Laibach, 21. Mai 1816. Wien, St. A.

[17] Hruby an Metternich. Salzburg, 8. Juni 1816. Wien, St. A.

[18] Metternich an Kaiser Franz, eigenhändig. Wien, 4. Juni 1816. Mit Randerledigung des Kaisers aus St. Johann in Tirol vom 6. Juni 1816. Wien, St. A.

[19] Großherzog Ferdinand von Toskana an Kaiser Franz. Florenz, 25. Juni 1816. Wien, St. A.

[20] Egon Caesar Conte Corti, Ludwig I. von Bayern. Ein Ringen um Freiheit, Schönheit und Liebe. München, 1937, S. 228.

[21] Kronprinz Ludwig an König Max Joseph. Würzburg, 13. September 1816. Königl. Hausarchiv, München.

[22] Herr von Weißenberg an Metternich. München, 18. September 1816. Wien, St. A.

[23] Metternich an Kaiser Franz. Wien, 18. Oktober 1816. Wien, St. A.

[24] Metternich an Kronprinz Ludwig. Wien, 23. Oktober 1816. Königl. Hausarchiv, München.

[25] Metternich an Frh. v. Hruby. Wien, 10. Oktober 1816. Wien, St. A.

[26] Joseph Schwarzenberg an Metternich. Privatbrief, nachts zum 31. Oktober 1816. Wien, St. A.

[27] Randbemerkung des Kaisers vom 1. November 1816 auf Metternichs Bericht vom 31. Oktober 1816. Wien, St. A.

[28] Kronprinz Ludwig von Bayern an seine Frau. München, 1. November 1816. Königliches Hausarchiv, München.

KAPITEL XI

[1] Metternich an Marie Louise, eigenhändig. Wien, 28. Oktober 1816. St. A. Z., P.

[2] Julie Gräfin Zichy-Festetics an Dorothea Schlegel in Wien. Karlburg, 10. Juni 1815. Siehe Dorothea von Schlegel, geb. Mendelsohn, und deren Söhne Johannes und Philipp Veit. Briefwechsel, hg. von Dr. J. M. Raich. Mainz, 1881, II/310.

[3] Julie Gräfin Zichy an Dorothea Schlegel. Karlburg, 31. August 1816. Dorothea von Schlegel, Briefwechsel, a. a. O., II/376.

[4] Metternich an Gräfin Lieven. Coblenz, 1. Dezember 1818. Hanoteau, Lettres, a. a. O., S. 45 f.

[5] Herzog Ferdinand von Württemberg an Metternich. Aachen, 16. März 1817. St. A. Z., P.

[6] Metternich an Hudelist, eigenhändig. 28. Juli 1816. Wien, St. A.

[7] Metternich an seine Frau Lorel. Florenz, 18. Juni 1817. Nachgelassene Papiere, a. a. O., III/27.

[8] Metternich an seine Frau Lorel. Florenz, 28. Juli 1817. In den nachgelassenen Papieren ausgelassen.

[9] Metternich an seine Frau Lorel. 29. Juni 1817. Nachgelassene Papiere, a. a. O., III/31.
[10] Metternich an seine Tochter Marie. Florenz, 3. Juli 1817. St. A. Z., P.
[11] Metternich an seine Frau Lorel. Bagni di Lucca, 28. Juli 1817. St. A. Z., P.
[12] Kronprinz Pedro von Brasilien an Kaiser Franz. Rio de Janeiro, 12. November 1817. Wien, St. A.
[13] Edouard Gachot, Marie Louise intime. Paris, 1912, S. 252.
[14] Metternich an seine Tochter Marie. Wien, 13. Oktober 1817. St. A. Z., P.
[15] Metternich an seine Frau Lorel. Graz, 5. November 1817. St. A. Z., P.
[16] Metternich an seine Tochter Marie. Wien, 6. Juni 1818. St. A. Z., P.
[17] Metternich an seine Tochter Marie. Wien, 9. Juni 1818. St. A. Z., P.
[18] Lorel Metternich an ihre Tochter Marie. Baden, 24. Juni (1818). St. A. Z., P.
[19] Lorel Metternich an ihren Gatten. Baden, 5. Juni 1818. St. A. Z., P.
[20] Dies und das folgende Metternichs Briefe an seine Frau Lorel. Karlsbad, 29. Juli, 10. August und 11. Juli 1818. St. A. Z., P.
[21] Metternich an seine Mutter. Franzensbad, 13. August 1818. Nachgelassene Papiere, a. a. O., III/106.
[22] Lorel Metternich an ihren Gatten. Baden, 22. August 1818. St. A. Z., P.
[23] Metternich an seine Frau Lorel. Briefe vom 4. und 11. September 1818. St. A. Z., P.
[24] Metternich an seine Frau Lorel. Mainz, 23. September 1818. Nachgelassene Papiere, a. a. O., III/119.

KAPITEL XII

[1] Metternich an seine Frau Lorel. Aachen, 18. Oktober 1818. St. A. Z., P.
[2] Lorel Metternich an ihren Gatten. Wien, 15. Oktober 1818. St. A. Z., P.
[3] Quennell, Vertrauliche Briefe der Fürstin Lieven. Berlin, 1939, S. 67.
[4] Marie Esterházy an ihre Mutter. Aachen, 16. November 1818. St. A. Z., P.
[5] Lorel Metternich an ihren Gatten. Wien, 5. Dezember 1818. St. A. Z., P.
[6] Annex zum Protokoll des Kongresses zu Aachen. Aachen, 13. November 1818. Wien, St. A.
[7] Im Jahre 1909 erschienen im Verlag Plon Nourrit in Paris eine Anzahl von Briefen Metternichs an Frau von Lieven vom 15. November 1818 bis inkl. 30. April 1819. Jean Hanoteau (nicht zu verwechseln mit dem großen Historiker Gabriel Hanotaux), der diese Briefe herausgab, führte nicht an, woher er sie besaß, doch waren sie unzweifelhaft echt. In Wirklichkeit ging der Briefwechsel auch nach dieser Zeit aufs intensivste bis 1827 fort, wobei Metternichs Sammelbriefe die Zahl 174, jene der Gräfin etwa die Zahl 285 erreichten.
[8] Hanoteau, Lettres, a. a. O., S. 69.
[9] Hanoteau, Lettres, a. a. O., S. 208.
[10] Hanoteau, Lettres, a. a. O., S. 61.
[11] Gräfin Lieven an Metternich. 12. April 1820. Quennell, a. a. O., deutsche Ausgabe, S. 49.

[12] Ernest Daudet, Une vie d'ambassadrice. La princesse de Lieven. Paris, 1903. S. 101.
[13] Lorel Metternich an Marie Esterházy. 20. Mai 1819. St. A. Z., P.
[14] Dies und das folgende nach den Briefen Marie Esterházys an ihre Mutter. Paris, 13. und 21. Dezember 1818 und 15. Jänner 1819. St. A. Z., P.
[15] Metternich an Gräfin Lieven. 20. Dezember 1818. Hanoteau, Lettres, a. a. O., S. 69.
[16] Hanoteau, Lettres, a. a. O., S. 213.
[17] Hanoteau, Lettres, a. a. O., S. 269.
[18] Hanoteau, Lettres, a. a. O., S. 291.
[19] Hier, mit dem Brief vom 3. Mai 1819 aus Neapel, setzen die von Hanoteau nicht veröffentlichten Briefe Metternichs an die Gräfin Lieven ein, die jenem nicht zur Verfügung standen.
[20] Auszüge aus Metternichs Briefen an Gräfin Lieven aus Neapel vom 3., 6., 7., 11. und 12. Mai und aus Salerno vom 19. Mai 1819. St. A. Z., P.
[21] Briefe Metternichs an Gräfin Lieven aus dem Aufenthalt in Perugia. 16.–23. Juni 1819. St. A. Z., P.
[22] Metternich an Gräfin Lieven. Florenz, 30. Juni und 2. Juli 1819. St. A. Z., P.
[23] Briefe Metternichs an Gräfin Lieven. Florenz, 8. Juli, und München, 18. Juli 1819. St. A. Z., P.
[24] Metternich an seine Frau Lorel. Teplitz, 28. Juli 1819. St. A. Z., P.
[25] Metternich an seine Frau Lorel. Karlsbad, 3. August 1819. St. A. Z., P.
[26] Metternich an Gräfin Lieven. Karlsbad, 17. August 1819. St. A. Z., P.
[27] Metternich an Gräfin Lieven. Karlsbad, 23. Juli 1819. St. A. Z., P.
[28] Metternich an Gräfin Lieven. 29. Juli 1820. St. A. Z., P.
[29] Metternich an Gräfin Lieven. 7. Oktober 1819. St. A. Z., P.
[30] Metternich an Gräfin Lieven. 5. Dezember 1819. St. A. Z., P.
[31] Metternich an Gräfin Lieven. 2. Jänner 1820. St. A. Z., P.
[32] Metternich an Gräfin Lieven. 9. Jänner 1820. St. A. Z., P.
[33] Metternich an Gräfin Lieven. 3. Jänner 1820. St. A. Z., P.
[34] Metternich an Gräfin Lieven. 3. Jänner 1820. St. A. Z., P.
[35] »Pope« of Holland House. Selections from the Correspondence of John Whishaw and his friends, 1813–1840. London, 1906. Lady Mackintosh to Mr. Whishaw, Dec. 22nd 1814. S. 80–83.
[36] Metternich an Gräfin Lieven. 8. Jänner 1820. St. A. Z., P.
[37] Metternich an Gräfin Lieven. 13. Jänner 1820. St. A. Z., P.
[38] Metternich an Gräfin Lieven. 16. Jänner 1820. St. A. Z., P.
[39] Metternich an Gräfin Lieven. 17. Jänner 1820. St. A. Z., P.
[40] Metternich an Gräfin Lieven. 20. Jänner 1820. St. A. Z., P.
[41] Metternich an Gräfin Lieven. 27. und 14. Jänner 1820. St. A. Z., P.
[42] Gräfin Lieven an Metternich. 15. und 17. Februar 1820. St. A. Z., P. Abschrift London.
[43] Französischer Polizeibeamter, Randbemerkung zu interzipiertem Brief. 23. Februar 1820. St. A. Z., P.
[44] und [45] Gräfin Lieven an Metternich. 24. März und 12. April 1820. Französisches Interzept, Abschrift. St. A. Z., P.
[46] Gräfin Lieven an Metternich. London, 25. Juni 1820. St. A. Z., P.

KAPITEL XIII

[1] Gräfin Lieven an Metternich. 26. April 1820. Quennell, a. a. O., S. 53.
[2] Gräfin Lieven an Metternich. 2. Juni 1820. Quennell, a. a. O., S. 57.
[3] Gräfin Lieven an ihren Bruder Alexander. London, 8. Februar 1820. Robinson, a. a. O., S. 47.
[4] 5. Juli 1820. Nachgelassene Papiere, a. a. O.
[5] Metternich an Gräfin Lieven. 5. September 1820. St. A. Z., P.
[6] Metternich an Gräfin Lieven. 20. Februar 1820. St. A. Z., P.
[7] Metternich an seine Frau Lorel. Prag, 6. Juni 1820. St. A. Z., P.
[8] Metternich an seine Frau Lorel. Prag, 29. Mai 1820. St. A. Z., P.
[9] Metternich an Gräfin Lieven. Prag, 11. und 25. März 1820. St. A. Z., P.
[10] Metternich an Gräfin Lieven. 1. Juni 1820. St. A. Z., P.
[11] Metternich an Gräfin Lieven. 31. Mai 1820. St. A. Z., P.
[12] Metternich an Gräfin Lieven. 12. Mai 1820. St. A. Z., P.
[13] Metternich an Gräfin Lieven. 24. März 1820. St. A. Z., P.
[14] Metternich an Gräfin Lieven. 24. März 1820. St. A. Z., P.
[15] Metternich an Gräfin Lieven. 20. April 1820. St. A. Z., P.
[16] Metternich an Gräfin Lieven. 6. Juni 1820. St. A. Z., P.
[17] Metternich an Gräfin Lieven. Königswart, 19. Juni 1820. St. A. Z., P.
[18] Metternich an Gräfin Lieven. 12. August 1820. St. A. Z., P.
[19] und [20] Metternich an Gräfin Lieven. 5. September 1820. St. A. Z., P.
[21] Metternich an Gräfin Lieven. 17. Juli 1820. St. A. Z., P.
[22] Metternich an Gräfin Lieven. Laibach, 7. Jänner 1821. St. A. Z., P.
[23] Metternich an Gräfin Lieven. 9. August 1820. St. A. Z., P.
[24] Metternich an Gräfin Lieven. 28. Juli 1820. St. A. Z., P.
[25] Lorel Metternich an ihren Gatten. München, 1. Oktober, Ulm, 3. Oktober, und Straßburg, 6. Oktober 1820. St. A. Z., P.
[26] Metternich an seine Frau Lorel. Wien, 4. Oktober 1820. St. A. Z., P.
[27] und [28] Metternich an Gräfin Lieven. 7. und 20. September 1820. St. A. Z., P.
[29] Metternich an Gräfin Lieven. 31. Oktober 1820. St. A. Z., P.
[30] Metternich an Gräfin Lieven. 26. Oktober 1820. St. A. Z., P.
[31] Metternich an Gräfin Lieven. 21. September 1820. St. A. Z., P.
[32] und [33] Gräfin Lieven an Metternich. 21. und 30. Juli 1820. Quennell, a. a. O., S. 73, 76.
[34] Metternich an Gräfin Lieven. Troppau, 21. Oktober 1820. St. A. Z., P.
[35] Metternich an seine Frau Lorel. Troppau, 25. Oktober 1820. St. A. Z., P.
[36] Metternich an Gräfin Lieven. 16. November 1820. St. A. Z., P.
[37] Metternich an Gräfin Lieven. 24. November 1820. St. A. Z., P.
[38] Metternich an Gräfin Lieven. Laibach, 4. Jänner 1821. St. A. Z., P.
[39] Metternich an Gräfin Lieven. Laibach, 7. Jänner 1821. St. A. Z., P.
[40] Metternich an Gräfin Lieven. 13. Jänner 1821. St. A. Z., P.
[41] Metternich an Gräfin Lieven. 24. und 25. Jänner 1821. St. A. Z., P.
[42] Metternich an seine Frau Lorel. Laibach, 2. Februar 1821. St. A. Z., P.
[43] Metternich an Gräfin Lieven. 10. August 1824. St. A. Z., P.
[44–46] Metternich an seine Frau Lorel. 2., 8. und 11. Februar 1821. St. A. Z., P.
[47] Lorel an Metternich. Paris, 17. März 1821. St. A. Z., P.

[48] Lorel an Metternich. Paris, 19. Februar 1821. St. A. Z., P.
[49] Metternich an Gräfin Lieven. 26. Februar 1821. St. A. Z., P.
[50] Metternich an Gräfin Lieven. 24. Februar 1821. St. A. Z., P.
[51] Metternich an Gräfin Lieven. 4. März 1821. St. A. Z., P.
[52] Lorel an Metternich. 4. März 1821. St. A. Z., P.
[53] Metternich an Gräfin Lieven. 22. März 1821. St. A. Z., P.
[54] Metternich an seine Frau Lorel. Laibach, 5. März 1821. St. A. Z., P.
[55] Metternich an Gräfin Lieven. Laibach, 30. März 1821. St. A. Z., P.
[56] Metternich an Gräfin Lieven. 18. März 1821. St. A. Z., P.
[57] Metternich an seine Frau Lorel. Laibach, 2. Februar 1821. St. A. Z., P.
[58] Metternich an seine Mutter. Laibach, 26. März 1821. St. A. Z., P.
[59] Metternich an Gräfin Lieven. 28. März 1821. St. A. Z., P.
[60] Lorel an Metternich. Paris, 31. März 1821. St. A. Z., P.
[61] Viktor Metternich an seinen Vater. 1. April 1821. St. A. Z., P.
[62] Metternich an Gräfin Lieven. 3. Mai 1821. St. A. Z., P.
[63] Metternich an Gräfin Lieven. 28. Mai 1821. St. A. Z., P. In den nachgelassenen Papieren ausgelassen.

KAPITEL XIV

[1] Brief vom 16. August 1821. Correspondance de Marie Louise, 1799–1844, Vienne, 1887, S. 228.
[2] Metternich an (seine Frau?). Wien, 13. Juli 1821. St. A. Z., P.
[3] Metternich an seine Frau Lorel. 4. Dezember 1821. St. A. Z., P.
[4] Metternich an seinen Sohn Viktor. Wien, 24. Jänner 1828. St. A. Z., P.
[5] Laure Gräfin Fuchs, die schöne Gattin des Bankiers Ignaz Graf Fuchs.
[6] Metternich an seine Frau Lorel. Wien, 14. Juni 1821. St. A. Z., P.
[7] Viktor Metternich an seinen Vater. Dublin, 22. August 1821. St. A. Z., P.
[8] Lorel an Metternich. 18. September 1821. St. A. Z., P.
[9] Metternich an Gräfin Lieven. 16. Dezember 1821. St. A. Z., P.
[10] und [11] Metternich an Gräfin Lieven. 12. und 23. Juli, 11. August 1821. St. A. Z., P.
[12] Metternich an seine Frau Lorel. 5. und 23. August 1821. St. A. Z. P.
[13] Metternich an seine Frau Lorel. Baden, 27. August, und Wien, 7. September 1821. St. A. Z., P.
[14] Metternich an Gräfin Lieven, 29. August 1821. St. A. Z., P.
[15] Metternich an seine Frau Lorel. Wien, 1. Oktober 1821. St. A. Z., P.
[16] Metternich an seine Frau Lorel. 4. Dezember 1821. St. A. Z., P.
[17] Metternich an seine Frau Lorel. Hannover, 25. Oktober 1821. St. A. Z., P.
[18] Montgomery Hyde, Lieven, a. a. O., S. 158 f.
[19] Metternich an Gräfin Lieven. 5. Jänner 1822. St. A. Z., P.
[20] Metternich an seine Frau Lorel. Frankfurt, 9. November 1821. St. A. Z., P.
[21] Lorel an Metternich. Paris, 19. November 1821. St. A. Z., P.
[22] Metternich an seine Frau Lorel. Wien, 12. Dezember 1821. St. A. Z., P.

23 Lorel an Metternich. 30. Jänner 1822. St. A. Z., P.
24 Lorel an Metternich. 13. Jänner 1822. St. A. Z., P.
25 Metternich an seine Frau Lorel. 3. März 1822. St. A. Z., P.
26 Metternich an Viktor. Wien, 2. September 1825. St. A. Z., P.
27 Metternich an Gräfin Lieven. 5. Februar 1822. St. A. Z., P.
28 Metternich an seine Frau Lorel. Wien, 23. April 1822. St. A. Z., P.
29 Lorel an Metternich. Paris, 17. März 1822. St. A. Z., P.
30 Metternich an Gräfin Lieven. 8. April 1822. St. A. Z., P.
31 Metternich an Gräfin Lieven. 8. April 1822. St. A. Z., P.
32 Nachgelassene Papiere, a. a. O., III/521. 23. Jänner 1822.
33 Metternich an Kaiser Franz. Wien, 3. Juni 1822. Nachgelassene Papiere, a. a. O., III/554.
34 Metternich an seine Frau Lorel. Wien, 14. Juni 1822. St. A. Z., P.
35 Metternich an seine Frau Lorel. Baden, 24. Juni 1822. St. A. Z., P.
36 Metternich an Gräfin Lieven. 14. Juni 1822. St. A. Z., P.
37 Metternich an Gräfin Lieven. 20. Juli 1822. St. A. Z., P.
38 Metternich an Gräfin Lieven. 1. August 1822. St. A. Z., P.
39 Lorel an Metternich. 16. Juni 1822. St. A. Z., P.
40 Metternich an Gräfin Lieven. 8. Juli 1822. St. A. Z., P. Metternich setzt in den Briefen stets für alle vorkommenden Namen Chiffren ein.
41 Metternich an seine Frau Lorel. 25. Februar 1822. St. A. Z., P.
42 Quennell, Lieven, a. a. O., S. 205. 14. August 1822.
43 Metternich an Gräfin Lieven. 22. August 1822. St. A. Z., P.
44 Viktor Metternich an seine Mutter. Innsbruck, 8. Oktober 1822. St. A. Z., P.
45 Verona, 1. Dezember 1822. Robinson, a. a. O., S. 59.
46 Viktor Metternich an seine Mutter. 29. Oktober 1822. St. A. Z., P.
47 Lorel an Metternich. Paris, 30. Oktober 1822. St. A. Z., P.

KAPITEL XV

1 Metternich an seine Frau Lorel. Wien, 17. Jänner 1823. St. A. Z., P.
2 Lorel an Metternich. 23. August 1823. St. A. Z., P.
3 Metternich an seine Frau Lorel. Wien, 4. April 1823. In den nachgelassenen Papieren, a. a. O., IV/7, anders.
4 Metternich an Gräfin Lieven. 13. Jänner 1823. St. A. Z., P.
5 Montgomery Hyde, a. a. O., S. 181.
6 Quennell, a. a. O., S. 255, 185, 266.
7 Metternich an Wessenberg. Kopie, Wien, 4. Februar 1823. Wien, St. A.
8 Lorel an Metternich. Paris, 16. Februar 1823. St. A. Z., P.
9 Metternich an Gräfin Lieven. 24. März 1823. St. A. Z., P.
10 Metternich an Gräfin Lieven. 24. März 1823. St. A. Z., P.
11 Metternich an Gräfin Lieven. 27. Mai 1823. St. A. Z., P.
12 Metternich an Gräfin Lieven. 20. Mai 1823. St. A. Z., P.

[13] Metternich an Gräfin Lieven. 27. Mai 1823. St. A. Z., P.
[14] Metternich an Gräfin Lieven. 6. Juni 1823. St. A. Z., P.
[15] Metternich an Gräfin Lieven. 20. Juni 1823. St. A. Z., P.
[16] Metternich an Gräfin Lieven. 2. Juli 1823. St. A. Z., P.
[17] Metternich an Gräfin Lieven. Briefe vom 28. Juli und 29. August 1823. St. A. Z., P.
[18] Metternich an seine Frau Lorel. Lemberg, 17. Oktober 1823. Bis auf die Bemerkung über den liberalen Arzt auch in den nachgelassenen Papieren, a. a. O., IV/19.
[19] Lorel an Metternich. 26. Oktober 1823. St. A. Z., P.
[20] Metternich an Gräfin Lieven. 14. Februar 1824. St. A. Z., P.
[21] Metternich an Gräfin Lieven. 18. Jänner 1824. St. A. Z., P.
[22] Metternich an Gräfin Lieven. 30. Jänner 1824. St. A. Z., P.
[23] Gräfin Lieven an Metternich. 2. September 1824. Quennell, a. a. O., S. 314.
[24] Stapleton, Canning and his times. London, o. J., S. 427.

KAPITEL XVI

[1] Metternich an Molly Gräfin Zichy. Wien, 17. Mai 1824. St. A. Z., P.
[2] Lorel an Metternich. 16. Juli 1824. St. A. Z., P.
[3] Metternich an Molly Gräfin Zichy. Johannisberg, 17. Juni 1824. St. A. Z., P.
[4] Metternich an Molly Gräfin Zichy. Ischl, 30. Juli 1824. St. A. Z., P.
[5] Metternich an Gräfin Lieven. 23. September 1824. St. A. Z., P.
[6] Metternich an Gräfin Lieven, 26. Oktober 1824. St. A. Z., P.
[7] Metternich an Molly Gräfin Zichy. 10. November 1824. St. A. Z., P.
[8] Metternich an seine Frau Lorel. Wien, 22. November 1824. St. A. Z., P.
[9] Metternich an Gräfin Lieven. 28. November 1824. St. A. Z., P.
[10] Metternich an Gräfin Lieven. 21. Dezember 1824. St. A. Z., P.
[11] Lorel an Metternich. Paris, 21. Dezember 1824. St. A. Z., P.
[12] 12. Jänner 1825. Nachgelassene Papiere, a. a. O., IV/147.
[13] Metternich an Gräfin Lieven. 20. Jänner 1825. St. A. Z., P.
[14] Lorel an Metternich. Paris, 28. Jänner 1825. St. A. Z., P. Siehe Faksimile.
[15] Letzter Brief Lorels an ihren Gatten, zittrig und schwer lesbar. Paris, 11. Februar 1825. St. A. Z., P.
[16] Metternich an Kaiser Franz. Paris, 17. März 1825. Wien, St. A.
[17] Paris, 14. Februar 1825. Nachgelassene Papiere, a. a. O., IV/149.
[18] Metternich an seine Mutter, Paris, 19. März 1825. St. A. Z., P.
[19] Gräfin Lieven an Metternich. 22. März 1825. Quennell, a. a. O., S. 329.
[20] Melanie Zichy an Metternich. Wien, 6. März 1825. St. A. Z., P.
[21] Melanie Zichy an Metternich. 8. März 1825. St. A. Z., P.
[22] Metternich an Molly Zichy. Paris, 19. und 29. März 1825. St. A. Z., P.
[23] Metternich an Gräfin Lieven. 2. April 1825. St. A. Z., P.
[24] Metternich an Baron Stürmer. Paris, 18. März 1825. Wien, St. A.
[25] Metternich an seine Mutter. Paris, 11. April 1825. St. A. Z., P.
[26] Metternich an Gräfin Lieven. 18. April 1825. St. A. Z., P.
[27] Metternich an Gräfin Lieven. 20. April 1825. St. A. Z., P.

KAPITEL XVII

[1] Metternich an seine Mutter. Mailand, 17. Juni 1825. St. A. Z., P.

[2] Metternich an Melanie Zichy. Mailand, 23. Mai 1825. St. A. Z., P.

[3] Metternich an Gräfin Lieven. 1. Oktober 1825. St. A. Z., P.

[4] Siehe Heinrich Ritter von Srbik. Metternich. München, 1925. I/628.

[5] Gräfin Lieven an Metternich. 2. September 1825. Quennell, a. a. O., S. 334.

[6] Metternich an Gräfin Lieven. 1. Oktober 1825. St. A. Z., P.

[7] Metternich an Gräfin Lieven. 22. Dezember 1825. St. A. Z., P.

[8] De Chateaubriand, Congrès de Verone, Guerre d'Espagne. Leipzig, 1838, I/148.

[9] Metternich an Gräfin Lieven. 20. März 1826. Zum Teil in den nachgelassenen Papieren, a. a. O.

[10] Metternich an seinen Sohn Viktor, Wien, 27. März 1826. St. A. Z., P., und nachgelassene Papiere, a. a. O., IV/269.

[11] Gräfin Lieven an Metternich. London, 6. Jänner 1826. Quennell, a. a. O., S. 337.

[12] Konzept Metternichs an Herrn von Werther, ohne Datum. Wien, St. A.

[13] Metternich an Fürstin Lieven. 28. April 1826. St. A. Z., P.

[14] Tagebuch Lieven, a. a. O., deutsche Ausgabe, S. 120.

[15] Fürstin Lieven an Metternich. 16. Mai 1826. Quennell, a. a. O., S. 347.

[16] Metternich an Melanie Zichy. Wien, 30. August 1827. St. A. Z., P.

[17] Fürstin Lieven an Metternich. 9. November 1826. Quennell, a. a. O., S. 351.

[18] Fürstin Lieven an Metternich. 22. November 1826. Quennell, a. a., O., S. 352.

[19] Fürstin Lieven an ihren Bruder Alexander. Brighton, 27. Jänner/8. Februar 1827. Robinson, a. a. O., S. 91.

[20] Fürstin Lieven an ihren Bruder Alexander. 29. Juli und 10. August 1827. Robinson, a. a. O., S. 104.

[21] Srbik, Metternich, a. a. O., IV/243.

[22] Metternich an Molly Gräfin Zichy. Wien, 20. Oktober 1827. St. A. Z., P.

[23] Nachgelassene Papiere, a. a. O., IV/336.

[24] Fürst Paul Esterházy an Metternich. London, 29. November 1827. Wien, St. A.

[25] Fürstin Lieven an Earl Grey. 31. Dezember 1828. Correspondence of Princess Lieven and Earl Grey. London, 1890. S. 215.

[26] Eigenhändige Notiz Metternichs, 1828. Wien, St. A.

[27] Metternich an seinen Sohn Viktor. 15. Mai 1828. St. A. Z., P.

[28] und [29] Fürstin Lieven an ihren Bruder Alexander. 13./25. Juli und 10./22. August 1828. Robinson, a. a. O., S. 146, 149.

[30] Nachgelassene Papiere, a. a. O., IV/530. 17. Jänner 1829.

[31] Metternich an seinen Sohn Viktor. 30. Jänner 1829. St. A. Z., P.

[32] Metternich an Molly Gräfin Zichy. 23. Jänner 1829. St. A. Z., P.

[33] Metternich an seinen Sohn Viktor. Wien, 27. Februar 1829. St. A. Z., P.

[34] Hanoteau, Lettres, a. a. O., S. 336.

[35] Bemerkung zu Earl Grey im Jahre 1836. Hanoteau, Lettres, a. a. O., S. 347.

[36] Siehe Egon Caesar Conte Corti, Der Aufstieg des Hauses Rothschild. Leipzig, 1927, I/376–389, wo dieses Geschäft ausführlich beleuchtet wird.

[37] Alles Nähere siehe Jean de Bourgoing, Fils de Napoléon. Paris, 1932, S. 175–181.

[38] Metternich an Marie Louise. Wien, 30. März 1829. Wien, St. A.

[39] Bourgoing, Fils, a. a. O., S. 194.

KAPITEL XVIII

[1] Dr. Karl Mendelssohn-Bartholdy, Friedrich von Gentz. Leipzig, 1867, S. 109.
[2] Metternich an Melanie Zichy. Teplitz, 16. August 1830. St. A. Z., P.
[3] Metternich an Melanie Zichy. 22. Oktober 1830. St. A. Z., P.
[4] Aus den Tagebüchern des Grafen Prokesch von Osten. Wien, 1909. S. 57. 12. November 1830.
[5] Metternich an Melanie Zichy. 2. Oktober 1830. St. A. Z., P.
[6] Metternich an Melanie Zichy. 28. Oktober 1830. St. A. Z., P.
[7] Metternich an Melanie Zichy. 9. November 1830. St. A. Z., P.
[8] Metternich an Melanie Zichy. 29. Oktober 1830. St. A. Z., P.
[9] Gentz an Rahel. 25. November 1830. Gentz, Schriften, a. a. O., S. 214.
[10] Metternich an Melanie Zichy. Wien, 17. November 1830. St. A. Z., P.
[11] und [12] Metternich an Melanie Zichy. 19. November 1830 und 26. Jänner 1831. St. A. Z., P.
[13] und [14] Metternich an Melanie Zichy. 13. und 16. Dezember 1830. St. A. Z., P.
[15] Gentz, Tagebücher, a. a. O., S. 257. 30. Jänner 1831.
[16] F. Trollope, Wien und die Österreicher, Leipzig, 1838, II/136.
[17] Tagebücher Prokesch, a. a. O., S. 84. 23. Februar 1831.
[18] Gentz, Schriften, a. a. O., S. 220. 22. Jänner 1831.
[19] Metternich an Graf Senfft, eigenhändig. Preßburg, 16. November 1830. Wien, St. A.
[20] Graf Senfft an Metternich. Genua, 28. November 1830 . St. A. Z., P.
[21] Annuaire Wessenberg. Wien, St. A.
[22] Metternich an Graf Senfft. 3. Jänner 1831. Wien, St. A.
[23] Vortrag Metternichs an den Kaiser. Wien, 12. Jänner 1831. Wien, St. A.
[24] Kronprinz Ferdinand an König Karl Felix. Wien, 10. Jänner 1831. Wien, St. A.
[25] Graf Senfft an Metternich. Turin, 23. Jänner 1831. Wien, St. A.
[26] Graf Senfft an Metternich. Turin, 27. Jänner 1831. Wien, St. A.
[27] Kaiser Franz an Königinmutter Marie Therese von Sardinien. Wien, 1. März 1831. Eigenhändiger Entwurf. Wien, St. A.
[28] Marie Louise an Metternich. Plaisance, 1. März 1831. Wien, St. A.
[29] Erzherzog Karl an Kaiser Franz. Wien, 7. März 1831. Wien, St. A.
[30] Denkschrift Metternichs über jene des Erzherzogs Karl. 7. März 1831. Wien, St. A.
[31] General Karl Graf Clam-Martinitz an Metternich. 22. März 1831. Wien, St. A.
[32] Nachgelassene Papiere, a. a. O., V/95. 17. April 1831.
[33] Prokesch, Tagebücher, a. a. O., S. 22. 25. März 1830 .
[34] Kübeck, Tagebücher, a. a. O., I/469.
[35] Metternich an Kaiser Franz, eigenhändig. Wien, 26. Juli 1831. Wien, St. A.
[36] Wessenberg, Papiere. Wien, St. A. Der römische Historiker Titus Livius schrieb die Geschichte Roms in Form von Annalen in 142 Büchern, wovon nur die ersten 10 Bücher und jene von 21 bis 45 erhalten sind, während alle übrigen verloren sind.

KAPITEL XIX

[1] Königin Karoline von Bayern an Erzherzogin Sophie. München, 28. April 1832, und Karlsruhe, 25. Mai 1832. Wien, St. A.
[2] Die letzten Tage des Herzogs von Reichstadt, Tagebuchblätter des Freiherrn Johann Karl von Moll, herausgegeben von Jean de Bourgoing. Wien, 1948, S. 149. So sollte zum Beispiel der Kranke 64 lebende Schnecken ungeteilt schlucken.
[3] Prokesch, Tagebücher, a. a. O., S. 82. 16. Februar 1831.
[4] Bourgoing, Fils de Napoléon, a. a. O., S. 195.
[5] Friedrich von Engel-Jánosi, Die Jugendzeit des Grafen von Prokesch-Osten. Innsbruck, 1938, S. 102.
[6] Engel-Jánosi, Jugendzeit Prokeschs, a. a. O., S. 110.
[7] Marie Caroline, Herzogin von Berry, an Metternich. 29. Sept. 1832. St. A. Z., P.
[8] Herzog von Blacas an den Grafen von Ponthieu. Wien, 16. November 1832. Interzept, Wien, St. A.
[9] Damas an Blacas in Wien. Prag, 19. November 1832. Interzept, Wien, St. A.
[10] König Franz I. von Frankreich schrieb 1525 nach der Schlacht von Pavia seiner Mutter: »Madame, tout est predu, fors l'honneur.«
[11] Herzogin von Berry an Herzogin von Maine in Wien. Schloß Blaye, 17. November 1832. Interzept, Wien, St. A.
[12] Herr von Montbel an den Herzog von Blacas. Wien, 17. März 1833. Wien, St. A.
[13] Königin Karoline von Bayern an Erzherzogin Sophie. München, 4. März 1832. Wien, St. A.
[14] Königin Karoline von Bayern an Erzherzogin Sophie. Pillnitz, 26. Mai 1833. Wien, St. A.
[15] Nachgelassene Papiere, a. a. O., V/417. 25. Jänner 1833.
[16] Tagebücher Kübeck, a. a. O., II/618.
[17] Max Billard, Kaiserin Marie Louise und ihre Gatten. Deutsche Ausgabe, Berlin, o. J., S. 166.
[18] Nachgelassene Papiere, a. a. O., V/433. 10. September 1833.
[19] Prokesch, Tagebücher, a. a. O., S. 199. 25. Dezember 1833 .
[20] Theodor Schiemann, Geschichte Rußlands unter Nikolaus I. Berlin, 1913, III/238.
[21] Schiemann, Geschichte Rußlands, a. a. O., III/235.
[22] Wilhelmine Schulenburg-Sagan an Metternich. Paris, 1. September 1833. St. A. Z., P.
[23] Corti, Ludwig I., a. a. O., S. 391.
[24] Pauline Metternich-Sándor, Geschehenes, Gesehenes, Erlebtes. Wien, 1920. S. 41–47.
[25] Charles C. F. Greville, A journal of the reigns of King George IV. and King William IV. London, 1874, III/187.
[26] H. du Coudray, Metternich. New Haven, 1936, S. 244.
[27] Nachgelassene Papiere, a. a. O., V/541. 12. Jänner 1834.
[28] Prokesch, Tagebücher, a. a. O., S. 202. 12. Jänner 1834.
[29] Sainte-Aulaire an den Duc de Broglie. Wien, 4. März 1834. Wien, St. A.
[30] Nachgelassene Papiere, a. a. O., V/547 f. Eintragung vom 5. März 1834.
[31] Ein Herr Schachten an einen Herrn Drachenfels. Paris, 3. August 1834. Interzept, Wien, St. A.

[32] Dr. Ernst Widmann, Die religiösen Anschauungen des Fürsten Metternich. Darmstadt, 1914, S. 82 f.

[33] Siehe Egon Caesar Conte Corti, Ein Korb an einen Königssohn, Wien, 1944, wo diese ganze Episode, genau dokumentiert, geschildert ist.

[34] Sainte-Aulaire, Souvenirs, a. a. O., S. 124.

[35] Miss Trollope, Wien und die Österreicher. Leipzig, 1838, III/118.

[36] Tagebuch Erzherzog Johanns, Eintragung vom 28. Februar 1835. Meran-Archiv, Graz.

[37] Kaiser Franz an seinen Sohn Ferdinand. Wien, 28. Februar 1835. Wien, St. A.

[38] Tagebuch Erzherzog Johanns. Meran-Archiv, Graz.

[39] Tagebuch Kempen, a. a. O., 14. Juni 1835. Wien, St. A.

[40] Nachgelassene Papiere, a. a. O., V/627. 3. März 1835.

[41] Auch Srbik, Metternich, a. a. O., I/555, sieht in der Thronfolge eines armen Kranken ein verhängnisvolles Übel.

[42] Hans Schlitter, Aus Österreichs Vormärz. Zürich-Leipzig, 1920. IV/122. Tagebuch der Fürstin Melanie Metternich, Eintragung vom 5. Oktober 1851.

[43] Metternich an Marie Louise. Wien, 21. März 1835. Abschrift, Wien, St. A.

[44] Wessenberg, Papiere. Rückblick auf die Ereignisse in Österreich im Jahre 1848. Wien, St. A.

KAPITEL XX

[1] James Rothschild an Leopold von Wertheimstein. Paris, 28. März 1835. Wien, St. A.

[2] Graf Hartig an Metternich. Mailand, 9. Juni 1835. Wien, St. A.

[3] Herzogin von Berry an Metternich. Ischl, 1. August, und Grätz, 19. Dezember 1835. St. A. Z., P.

[4] Lettre particulière an Herzogin von Berry. Wien, 16. November 1836. Wien, St. A.

[5] Fürstin Lieven an Metternich. Berlin, 23. Mai 1835. St. A. Z., P.

[6] Metternich an seine Frau Melanie. 28. September 1835. Nachgelassene Papiere, a. a. O., VI/74, 75.

[7] Nachgelassene Papiere, a. a. O., VI/72. 27. September 1835.

[8] Metternich an seine Frau Melanie. Teplitz, 27. September 1835. Nachgelassene Papiere, a. a. O., VI/73.

[9] Metternich an seine Frau Melanie. Teplitz, 2. Oktober 1835. St. A. Z., P.

[10] Metternich an seine Frau Melanie. Prag, 9. Oktober 1835. St. A. Z., P., und nachgelassene Papiere, a. a. O., VI/84.

[11] König Leopold I. von Belgien an Erzherzog Johann. Brüssel, 18. Februar 1836. Meran-Archiv, Graz. Siehe Egon Caesar Conte Corti, Leopold I. von Belgien. Sein Weltgebäude Coburger Familienmacht. Wien, 1922, S. 67.

[12] Corti, Korb an einen Königssohn, a. a. O., S. 118.

[13] Journal du Comte Rodolphe Apponyi, a. a. O., S. 227.

[14] Louis Philippe von Orléans an Metternich. Paris, 1. Mai 1836. St. A. Z., P.

[15] Corti, Korb an einen Königssohn, a. a. O., S. 171.
[16] und [17] Corti, Korb an einen Königssohn, a. a. O., S. 171.
[18] Tagebuch Melanie. 19. Dezember 1837 und 24. Jänner 1838. Nachgelassene Papiere, a. a. O., VI/174, 223.
[19] Graf Clam-Martinitz an Metternich. Ischl, 23. Juli 1837. Wien, St. A.
[20] Metternich an die Erzherzoge. Wien, 28. Februar 1839. Wien, St. A.
[21] Familienstatut. Original unterzeichnet von Kaiser Ferdinand, Metternich und Franz Freiherrn von Lebzeltern-Kollenbach. 3. Februar 1839. Wien, St. A.
[22] Metternich an seine Frau Melanie. Plaß, 19. Juli 1837. In den nachgelassenen Papieren, a. a. O., VI/199, ausgelassen.
[23] Metternich an seine Frau Melanie. Teplitz, 23. Juli 1837. In den nachgelassenen Papieren, a. a. O., VI/200, ausgelassen.
[24] Metternich an seine Frau Melanie. Teplitz, 23. Juli 1837. Das Wesentliche in den nachgelassenen Papieren, a. a. O., VI/200–201, ausgelassen.
[25] Metternich an seine Frau Melanie. Königswart, 1. August 1837. In den nachgelassenen Papieren, a. a. O., VI/203, anders und ausgelassen.
[26] Metternich an seine Frau Melanie. Plaß, 25. und 26. Juli 1837. St. A. Z., P.
[27] Metternich an Graf Clam-Martinitz. 6. August 1837. Nachgelassene Papiere, a. a. O., VI/210.
[28] Erzherzog Franz von Österreich-Este an Metternich. Modena, 22. September 1837. Wien, St. A.
[29] Tagebücher Kübeck, a. a. O., II/792. Eintragung vom 25. Mai 1838.
[30] Joseph Turquan, La générale Junot, duchesse d'Abrantès. Paris, 1901, S. 340.
[31] Metternich an seine Frau Melanie. 20. Juli 1838. Nachgelassene Papiere, a. a. O., VI/279. (Das »Dein« vor Kaiser hier ausgelassen.)
[32] Peter von Meyendorff an Nesselrode. Berlin, 4. und 16. November 1839. Peter von Meyendorff, Ein russischer Diplomat an den Höfen von Berlin und Wien. Berlin, 1923, I/82.
[33] Nachgelassene Papiere, a. a. O., VI/322. 22. Oktober 1839.
[34] Tagebücher Kübeck, a. a. O., II/846.
[35] Tagebuch Melanie. 18. Jänner 1840. Nachgelassene Papiere, a. a. O., VI/368.
[36] Tagebuch Melanie. 18. Jänner 1840. Nachgelassene Papiere, a. a. O., VI/368.
[37] Tagebuch Melanie. 22. November 1840. Nachgelassene Papiere, a. a. O., VI/396.
[38] Siehe E. C. C. Corti, Unter Zaren und gekrönten Frauen. Salzburg, 1936. S. 24 f. Die gesamte Episode der vereitelten Heirat der Großfürstin Olga und auch die Rolle Metternichs dabei ist in diesem Buch ausführlich dargestellt. Die obigen Ausführungen geben daher nur ein kurz zusammengefaßtes Bild.
[39] E. C. C. Corti, Ludwig I., a. a. O., S. 426.
[40] Erzherzog Ludwig an Metternich. 21. Juli 1840. Wien, St. A.
[41] Metternich an Graf Ficquelmont in Teplitz. Wien, 13. September 1843. Wien, St. A.
[42] Metternich an Graf Ficquelmont. 16. September 1843. Wien, St. A.
[43] Corti, Ludwig I. von Bayern, a. a. O., in welcher Arbeit die ganze Angelegenheit ausführlich dargestellt ist.
[44] Dr. Karl Fuchs, Erzherzog Karls Lebensweisheit. In: Die Kultur, 9. Jahrgang, 1908, S. 182.
[45] Tagebuch Melanie. Dezember 1847. Nachgelassene Papiere, a. a. O., VII/314.
[46] Tagebuch Melanie. September 1847. Nachgelassene Papiere, a. a. O., VII/309.

KAPITEL XXI

[1] Friedrich Graf Vitzthum, Berlin und Wien in den Jahren 1845–1852. Stuttgart, 1886, S. 71 f.
[2] Tagebuch Melanie, März 1848. Nachgelassene Papiere, a. a. O., VII/530.
[3] Vitzthum, Berlin und Wien, a. a. O., S. 71.
[4] Tagebuch Melanie, März 1848. Nachgelassene Papiere, a. a. O., VII/533.
[5] Wessenberg-Papiere, 1856/57. Wien, St. A.
[6] Helfert, Geschichte der Revolution, a. a. O., S. 254.
[7] Tagebuch Melanie, März 1848. Nachgelassene Papiere, a. a. O., VII/545.
[8] Fürstin Lieven an Metternich. 26. April (1848). St. A. Z., P.
[9] Fürstin Lieven an Barante. 19. Jänner 1849. Souvenirs du Baron de Barante, 1782–1866. Paris, 1893.
[10] Maria Anna an Metternich. Prag, 19. XII. 1848. St. A. Z., P.
[11] Nachlaß Wessenberg. Feuilles volantes. Wien, St. A.
[12] Metternich über die italienische Frage, eigenhändig. St. A. Z., P.
[13] Metternich an Kaiserin Karoline Auguste. Brüssel, 17. Juli 1850. St. A. Z., P.
[14] Nachgelassene Papiere, a. a. O., VIII/203. 17. Jänner 1849.
[15] Fürstin Lieven an Metternich. Warschau, 23. Mai 1849. St. A. Z., P.
[16] Metternich an Kaiserin Maria Anna. Brighton, April 1849. St. A. Z., P.
[17] Kaiser Franz Joseph an Metternich, 26. Juli 1849. Nachgelassene Papiere, a. a. O., VIII/61.
[18] Erzherzogin Sophie an Metternich. Schönbrunn, 10. August 1850. St. A. Z., P.
[19] Kaiserin Karoline Auguste an Metternich. Ischl, 20. August 1850. St. A. Z., P.
[20] Metternich an seinen Sohn Richard. Brüssel, 14. Februar 1851. St. A. Z., P.
[21] Metternich an seinen Sohn Richard. Brüssel, 29. Jänner 1851. St. A. Z., P.
[22] Metternich an seinen Sohn Richard. Wien, 21. September 1853. St. A. Z., P.
[23] Metternich an seinen Sohn Richard. Wien, 7. Oktober 1851. St. A. Z., P.
[24] Tagebuch Melanie, 1851. Nachgelassene Papiere, a. a. O., VIII/111.
[25] Metternich an seinen Sohn Richard. Wien, 3. Oktober 1851. St. A. Z., P.
[26] Kaiserin Maria Anna an Metternich. Prag, 24. November 1851. St. A. Z., P.
[27] Tagebuch Melanie, 4. I. 1852. Nachgelassene Papiere, a. a. O., VIII/118.
[28] Srbik, Metternich, a. a. O., II/460.
[29] Unterredung Metternichs mit dem König der Belgier. 28. April 1852. St. A. Z., P.
[30] Metternich-Sándor, Geschehenes, a. a. O., S. 18.
[31] Erzherzogin Sophie an Metternich. Ischl, 26. August 1853. St. A. Z., P.
[32] Metternich an seinen Sohn Richard. Wien, 5. Oktober 1853. St. A. Z., P.
[33] Siehe Constantin de Grundwalds ausgezeichnetes Buch: La vie de Nicolas I. Paris, 1946, S. 292.
[34] Metternich an seinen Sohn Richard. 4. Jänner 1857. St. A. Z., P.
[35] Montgomery Hyde, Lieven, a. a. O., S. 340.
[36] Joseph Alexander Graf von Hübner, Neun Jahre der Erinnerungen eines österreichischen Botschafters in Paris unter dem zweiten Kaiserreich, 1851–1859. Berlin, 1904, I/27.
[37] Metternich an seinen Sohn Richard. 16. 5. 1857. St. A. Z., P.
[38] Hübner, Erinnerungen, a. a. O., I/44.
[39] Spätere Fürstin von Oettingen-Spielberg, 1857–1941.

[40] Prinzessin Clementine Bagration, 1802–1829, heiratete 1828 den österreichischen General Graf Otto Blome.

[41] und [42] Metternich an seinen Sohn Richard. Wien, 4. Februar 1857. St. A. Z., P.

[43] Metternich an seinen Sohn Richard. Wien, 4. Februar 1857. St. A. Z., P.

[44] J. K. Mayr, Das Tagebuch des Polizeiministers Kempen von 1848–1859. Wien, 1931, S. 494.

[45] Wessenberg, Aufzeichnungen. Wien, St. A.

[46] Metternich an seinen Sohn Richard. Wien, 8. Mai 1857. St. A. Z., P.

NAMENREGISTER

VERZEICHNIS DER ABBILDUNGEN

Antonie Freiin von Leykam, Gräfin von Beilstein, zweite Gemahlin Metternichs
(Nach einem Gemälde von Johann Ender)

Fürstin Melanie Metternich, geb. Gräfin Zichy-Ferraris, dritte Gemahlin Metternichs
(Nach einem Gemälde von Friedrich Naumann)

Kaiser Ferdinand und Kaiserin Maria Anna in der Loge des Burgtheaters
(Nach einer zeitgenössischen Lithographie)

Franz Joseph I., Kaiser von Österreich
(Nach einem Stich von Goebel)

Fürst Clemens von Metternich
(Letzte fotografische Aufnahme)

Bildnachweis:
Sämtliche Abbildungen außer jener von Feldmarschall Erzherzog Karl (Archiv) stammen aus dem Bildarchiv der Österreichischen Nationalbibliothek.